V&R unipress

Beihefte zum Preußischen Urkundenbuch

Band 5

Herausgegeben namens
der Historischen Kommission für ost- und
westpreußische Landesforschung
von Arno Mentzel-Reuters und Jürgen Sarnowsky

Joachim Laczny

Schuldenverwaltung und Tilgung der Forderungen der Söldner des Deutschen Ordens in Preußen nach dem Zweiten Thorner Frieden

Ordensfoliant 259 und 261, Zusatzmaterial

Mit 8 Abbildungen

V&R unipress

MIX
Papier aus verantwortungsvollen Quellen
FSC www.fsc.org FSC® C083411

Bibliografische Information der Deutschen Nationalbibliothek
Die Deutsche Nationalbibliothek verzeichnet diese Publikation in der Deutschen Nationalbibliografie; detaillierte bibliografische Daten sind im Internet über http://dnb.d-nb.de abrufbar.

Umschlagabbildung: GStA PK, XX. HA Hist. StA Königsberg, OF 261, vordere Außenseite des Pergamenteinbands. Mit freundlicher Genehmigung erfolgte die Druckfreigabe des Titelbilds (und der Abbildungen 3 bis 8) durch das Geheime Staatsarchiv Preußischer Kulturbesitz, Berlin.
Druck und Bindung: CPI books GmbH, Birkstraße 10, D-25917 Leck
Printed in the EU.

Vandenhoeck & Ruprecht Verlage | www.vandenhoeck-ruprecht-verlage.com

ISSN 2366-0538
ISBN 978-3-8471-0942-6

Meinen Eltern
Eva-Maria und Detlef

Inhalt

Abbildungsverzeichnis

Abkürzungsverzeichnis

BArch	Bundesarchiv, Berlin-Lichterfelde
NLA, St. Stade	Niedersächsisches Landesarchiv, Standort Stade
LASA	Landesarchiv Sachsen-Anhalt, Magdeburg
StA	Stadtarchiv
TNA	The National Archives, London-Kew
DOZA	Deutschordens-Zentralarchiv, Wien
GStA PK	Geheimes Staatsarchiv Preußischer Kulturbesitz, Berlin-Dahlem
HA	Hauptabteilung
OF	Ordensfoliant
OBA	Ordensbriefarchiv
Perg.-Urk.	Pergament-Urkunde
OsF	Ostpreußischer Foliant

m.	Mark
gld.	Gulden
rh.	rheinisch
ung.	ungarisch
f.	Firdung
sc.	Scot
d.	Denarius bzw. Pfennig
scl.	Scheffel
l.	Last

Vorwort

> Mensch! verspotte nicht den Teufel,
> Kurz ist ja die Lebensbahn,
> Und dort unten die Verdammniß
> Ist kein bloßer Pöbelwahn.
>
> Mensch! bezahle deine Schulden,
> Lang ist ja die Lebensbahn,
> Und du mußt noch manchmal borgen,
> Wie du es so oft gethan.[1]
>
> Heinrich Heine (1797–1856)

Die vorliegende Studie wurde im Wintersemester 2017/2018 als Dissertationsschrift von der Fakultät für Geisteswissenschaften der Universität Hamburg angenommen. Ohne die oft äußerst mannigfaltige Unterstützung von vielen Seiten wäre dieses Forschungsvorhaben nicht realisierbar gewesen. Zunächst möchte ich den Mitarbeiterinnen und Mitarbeitern der besuchten Archive meinen Dank aussprechen, insbesondere denen des Geheimen Staatsarchivs Preußischer Kulturbesitz in Berlin, namentlich Albrecht Eckhardt sowie ausdrücklich Dr. Dieter Heckmann, für deren stets umfassende Unterstützung und Hilfestellung während meiner dortigen Aufenthalte.

Den Kolleginnen und Kollegen am Historischen Seminar und der zahlreichen Bibliotheken der Universität Hamburg danke ich für deren oftmalige, umfangreiche Hilfestellung während der Zeit der Promotion. Namentlich ist an die-

1 Heinrich Heine. Historisch-kritische Gesamtausgabe der Werke: Buch der Lieder, hrsg. v. Manfred WINDFUHR, Bd. 1,1, Hamburg 1975, S. 246.

ser Stelle Dr. Sebastian Kubon als ein über viele Jahre fachkundiger, diskussionsfreudiger und stets geschätzter Kollege am Historischen Seminar zu erwähnen.

Herausragend gebührt mein herzlicher Dank meinem akademischen Lehrer, Förderer und Doktorvater Prof. Dr. Jürgen Sarnowsky für die immerwährende und oftmals intensive Betreuung meines Promotionsvorhabens mit Rat und Tat während meiner Tätigkeit zwischen 2010 und 2016 als wissenschaftlicher Mitarbeiter am Historischen Seminar. Daneben stand mir apl. Prof. Dr. Marie-Luise Heckmann, nicht nur als weitere Gutachterin, immerwährend mit fachlichem Rat und ermutigend zur Seite, wofür ich ihr ebenfalls besonders dankbar bin.

Unzählige wertvolle Hinweise, Diskussionsanregungen, u. a. während Tagungsvorträgen in Toruń/Polen und in Galway/Irland, sowie Ratschläge, ohne die dieses Vorhaben nicht vollendet worden wäre, gaben – im Bewusstsein, Zahlreiche an dieser Stelle nicht zu erwähnen – zudem Prof. Dr. Roman Czaja, Dr. Christina Link und Dr. Krzysztof Kwiatkowski. Ihnen gilt auch mein großer Dank.

Den Reihenherausgebern Prof. Dr. Jürgen Sarnowsky und apl. Prof. Dr. Arno Mentzel-Reuters danke ich für die Aufnahme des Bandes in die Reihe *Beihefte zum Preußischen Urkundenbuch*. Den Mitarbeiterinnen und Mitarbeitern des Verlags Vandenhoeck & Ruprecht für die sorgfältige Umsetzung der Veröffentlichung der gedruckten und digitalen Publikation ist zu danken wie auch Ann Jackson für das Lektorat der englischsprachigen Zusammenfassung.

Unendliche Geduld, Fürsorge, Unterstützung und Ermutigung in so manch angespannter Situation brachten mir in dieser vereinzelt entbehrungsreichen Zeit nicht nur meine Eltern Eva-Maria und Detlef Laczny, sondern vor allem meine Frau Dr. Cordula Franzke entgegen; dafür an dieser Stelle abschließend mein herzlicher Dank.

Berlin, im Juni 2019 Joachim Laczny

1 Einleitung

But *Creditors, Poor Richard* tells us, *have better Memories than Debtors;* and in another Place says, *Creditors are a superstitious Sect, great Observers of set Days and Times.* The Day comes round before you are aware, and the Demand is made before you are prepared to satisfy it.[2]

Benjamin Franklin (1706–1790)

1.1 Forschungsinteresse

Aus einer Mitteilung des *Deutschen Ärzteblattes* zur besinnlichen Adventszeit des Jahres 2000:

> ***Deutscher Orden: Nicht mehr zahlungsfähig.***
>
> Rund 5 000 Mitarbeiter vorerst ohne Gehalt
>
> Der Deutsche Orden, Träger von 120 sozial-karitativen Einrichtungen (Krankenhäuser, Behinderten-, Senioren- und Suchthilfeeinrichtungen), ist wegen Überschuldung zahlungsunfähig. Die Ordenswerke konnten ihren Mitarbeitern Novembergehalt und Weihnachtsgeld nicht auszahlen.[3]

Kurze Rückblende:

Am Freitag, den 9. Juli 1999, und damit 810 Jahre nach der Gründung einer Spitalgemeinschaft im Heiligen Land während der Kreuzzüge vor den belagerten Toren Akkons,[4] aus welcher wenig später ein Ritterorden hervorgehen sollte, lohnte es sich nach langer Zeit endlich wieder, schweißtreibend Mann gegen Mann mit dem schwarzen Kreuz der Brüdergemeinschaft auf der Kleidung

---

2 Richard SAUNDERS, Poor Richard improved: being an almanack and ephemeris [...] for the year of our Lord 1758. Printed and sold by B. Franklin, and D. Hall., Philadelphia 1758, fol. 15r.

3 Deutscher Orden, in: Deutsches Ärzteblatt 97, 50, 15. Dezember 2000, S. A-3378.

4 S. Udo ARNOLD, Entstehung und Frühzeit des Deutschen Ordens. Zur Gründung und inneren Struktur des Deutschen Hospitals von Akkon und des Ritterordens in der ersten Hälfte des 13. Jahrhunderts, in: Die geistlichen Ritterorden Europas, hrsg. v. Josef FLECKENSTEIN, Manfred HELLMANN, Sigmaringen 1980, S. 81–107, hier S. 83.

für einen Sieg zu Felde zu kämpfen – wenn auch lediglich in weißen Trikots mit 11 Mann auf dem Fußballfeld.

Der amtierende Deutsche Meister FC Bayern München wohnte dem Freundschaftsspiel als Gegner des TSV Weyarn, den die Deutsche Brüderprovinz des Deutschen Ordens repräsentativ als stark expandierender Wohlfahrtsträger sponserte, diesem historischen Ereignis im Sommer 1999 in Oberbayern bei.[5] Leider unterlag der TSV Weyarn mit 10:1, doch hatte der FC Bayern vorsichtshalber zuvor auch zahlreiche seiner Fußballstars als Auswahl auf den Platz geschickt.[6]

Im Jahr 1990 hatte der Prior des deutschen Ordenszweigs, Gottfried Keindl,[7] das Deutsch-Ordens Hospitalwerk (DOH), eine GmbH, gegründet, wobei als Gesellschafter die Deutsche Brüderprovinz des Ordens auftrat, als Orden seit 1218 exemt und damit nur dem Heiligen Stuhl unterstellt.[8] Mehr als 100 Krankenhäuser, Behinderten- und Altenheime, Drogentherapie-Einrichtungen sowie Reha-Kliniken wurden über die Jahre in den 1990er Jahren unter dem Slogan der selbst gegebenen Unternehmensphilosophie *Der Mensch im Mittelpunkt*[9] aufgekauft.[10]

---

5 S. Kicker tragen Kreuz des Deutschen Ordens, in: Süddeutsche Zeitung, Bayern, 12. Juli 1999, S. L7.

6 Mit Dank für die Mitteilung des finalen Spielstands durch den TSV Weyarn per E-Mail mit Anfrage vom 7. August 2014.

7 Zur Person s. Katholische Pfarrei St. Nikolaus Mainz-Mombach, Gottfried Keindl (Pfarrer), online unter: http://www.kath-kirche-mombach.de/index.php/Pfarrer.html (letzte Einsichtnahme 6.10.2017).

8 S. Der »Kopf« des Unternehmens, in: DOH aktuell 1 (1995), S. 8–9, hier S. 8; Adelheid SCHMID, Michael BIALDYGA, Monika BAUMÜLLER, Stefan BOES, Charivari Spezial, Der Deutsche Orden und Weyarn, in: Charivari 12, 1 (1998), S. 51–76, hier S. 63–64; Peter WENSIERSKI, »Da kann man richtig Geld machen«, in: DER SPIEGEL 25, 2000, S. 60–62, hier S. 60; Bayerischer Landtag, 14. Wahlperiode, Schlussbericht des Untersuchungsausschusses zur Prüfung etwaiger unzulässiger staatlicher Vergünstigungen für den Deutschen Orden, Brüder vom Deutschen Haus Sankt Mariens in Jerusalem – Deutsche Provinz – durch Mitglieder der Staatsregierung, bayerische Behörden und/oder bayerische Amtsträger (Drs. 14/9016), S. 47, online unter: https://www.bayern.landtag.de/fileadmin/www/ElanTextAblage_WP14/Drucksachen/0000012401/wp14_0012600.pdf (letzte Aktualisierung 26.5.2003). S. zur Exemtion Thomas KRÄMER, Der Weg zur Exemtion des Deutschen Ordens im Kontext der Erinnerung an seine Ursprünge, in: La mémoire des origines dans les ordres religieux-militaires au Moyen Âge. Die Erinnerung an die eigenen Ursprünge in den geistlichen Ritterorden im Mittelalter, hrsg. v. Gert MELVILLE (Vita regularis, Abhandlungen, 51), Berlin, Münster 2012, S. 179–98.

9 TRESSLER-Verwaltungs- und Beteiligungs-GmbH, in: DOH aktuell 4 (1997), S. 22–23, hier S. 22.

10 S. SCHMID u. a., Orden und Weyarn (wie Anm. 8); Conny NEUMANN, »Verrückte Ideen, die ganze Zeit«, in: Süddeutsche Zeitung, Bayern, 30. Juli 1998, S. L6; Katalog für Geschenke aus Sozial-Werkstätten, in: Süddeutsche Zeitung, Bayern, 21. Dezember 1998, S. 32; Otto WALSER, Ins Krankenhaus gehören Manager, in: Süddeutsche Zeitung, München, 22. März 1999, S. L6;

Jedoch war die Einkaufstour nicht nur auf den karitativen Bereich beschränkt.[11] Die gewerblich ausgerichtete Tressler GmbH[12] versuchte durch angegliederte Unternehmen in den Bereichen Catering, Reinigungsbetriebe, Umwelt- und Qualitätsmanagement und IT-Anbieter Gewinne für den Ordenszweig zu erwirtschaften.[13] Das Gestüt St. Georg in Thomasburg bei Lüneburg[14]

Elisabeth HÖFL-HIELSCHER, Konzern Deutscher Orden, in: Süddeutsche Zeitung, Bayern, 9. September 1999, S. L5; Karte, in: DOH aktuell 2 (1998), S. 79–80. Für eine Auswahl in Bayern s. SCHMID u. a., Orden und Weyarn (wie Anm. 8), S. 63. Für einige Übernahmen s. Orden mit Orden. Mit gegenseitigem Respekt in eine sichere Zukunft, in: DOH aktuell 1 (1996), S. 4–7; Bruno TILTMANN, »Erst ein Jahr alt, aber er läuft schon«. Ambulanter Pflegedienst arbeitet in St. Marien äußerst wirtschaftlich, in: DOH aktuell 1 (1997), S. 36–37; Im alten Schloß ein Altenheim. Die Modernisierung ist in vollem Gange und fordert DOH Managementerfahrung, in: DOH aktuell 1 (1997), S. 13; Eine Perle in der Krankenhauslandschaft. St. Elisabeth in Dillingen – ein 240-Betten-Haus in Verantwortung des DOH, in: DOH aktuell 1 (1997), S. 10–11; Den guten Ruf des Hauses erhalten. Buchloer Krankenhaus-Übergabe stand vorab in der Zeitung, in: DOH aktuell 1 (1997), S. 12; Werner CONRAD, Wichtigste Unternehmensentscheidung in 1997, in: DOH aktuell 3 (1997), S. 3; Rainer HOMBÜCHER, »Ich bin der etwas andere Chef«. DOH zum ersten Mal Träger eines Kinderheimes – Festakt in Parsberg, in: DOH aktuell 2 (1998), S. 20–21.

11 S. die Grafik Michael BIALDYGA, Margit HANFLAND, Öffentlichkeitsarbeit und Unternehmenskommunikation, in: DO aktuell 3 (1998), S. 12–15, hier S. 14.

12 *Die TRESSLER GmbH ist eine gewerbliche Gesellschaft des Deutschen Ordens (DO) und die Schwesterorganisation des gemeinnützigen und förderungswürdigen Deutsch-Ordens Hospitalwerks GmbH (DOH). Gegenstand des Unternehmens ist die »Koordinierung der gewerblichen Aktivitäten des Deutschen Ordens Brüder vom Deutschen Haus Sankt Mariens in Jerusalem (Deutsche Provinz) e.V. sowie das Halten von und der Erwerb von Beteiligungen an Unternehmen mit gleichem Gesellschaftszweck«.* Verwaltungs- und Beteiligungs-GmbH (wie Anm. 9), S. 22. *Der Bereich gewerbliche Dienstleistungen und Produkte bildet eine Ergänzung zu den sozial-karikativen Werken.* SCHMID u. a., Orden und Weyarn (wie Anm. 8), S. 60. S. exempl. zur einstigen Funktion des *Tressleramtes* im Deutschen Orden Jürgen SARNOWSKY, Die Wirtschaftsführung des Deutschen Ordens in Preußen (1382–1454) (Veröffentlichungen aus den Archiven Preußischer Kulturbesitz, 34), Köln 1993, S. 52–61.

13 S. Verwaltungs- und Beteiligungs-GmbH (wie Anm. 9), S. 23; TRESSLER-Unternehmensbereich Catering, in: DOH aktuell 4 (1997), S. 29; TRESSLER-Unternehmensbereich Reinigungsbetriebe und Dienstleistungen, in: DOH aktuell 4 (1997), S. 28; Medizert. Qualitätsmanagement im Gesundheits- und Sozialwesen GmbH, in: DOH aktuell 4 (1997), S. 24–25; H. K. System- und Datentechnik, in: DOH aktuell 4 (1997), S. 26–27; Ökologie mit Ökonomie verbinden. Umweltmanagement mit TRESSLER, in: DOH aktuell 2 (1998), S. 61–63.

14 S. Michael BIALDYGA, Regeneriert den Körper und beflügelt den Geist. Stutenmilch von St. Georg – artgerechte Haltung garantiert beste Qualität, in: DOH aktuell 1 (1997), S. 24–29; TRESSLER-Unternehmensbereich Gestüt St. Georg, in: DOH aktuell 4 (1997), S. 30–31. S. zum Ordenspatron *St. Georg* exempl. Udo ARNOLD, Georg im Deutschen Orden bis zur Regelreform im 17. Jahrhundert, in: Sankt Georg und sein Bilderzyklus in Neuhaus, Böhmen (Jindřichův Hradec). Historische, kunsthistorische und theologische Beiträge, hrsg. v. Ewald VOLGGER (Quellen und Studien zur Geschichte des Deutschen Ordens, 57), Marburg 2002, S. 161–71; DERS., Elisabeth und Georg als Pfarrpatrone im Deutschordensland Preußen. Zum Selbstverständnis des Deutschen Ordens, in: Elisabeth, der Deutsche Orden und ihre Kirche. Festschrift

sollte durch den Verkauf von Stutenmilchprodukten der Produktlinie *NATIVA* seinen Anteil zum Gewinn der Tressler GmbH beisteuern,[15] so auch mit dem nach mongolischer Art bezeichneten Produkt aus gegorener Milch:

> NATIVA-Airag[:] Fein schäumendes, leicht alkoholisches Stutenmilchgetränk, das passend zu seinem prickelnden und säuerlichen Geschmack in Piccolo-Sekt-Fläschchen abgefüllt wird.[16]

Doch blieb die wirtschaftliche Prosperität nicht nur auf die mit dem Gesundheitswesen verbundenen Geschäftsfelder beschränkt, wie die Aktivitäten im Bereich des Versicherungswesens,[17] der Aufbau einer Eigenmarke und Logistiksparte[18] und selbst eine Beteiligung an einem Hotel in Jericho[19] zeigen.[20] Durch

---

zur 700jährigen Wiederkehr der Weihe der Elisabethkirche Marburg 1983, hrsg. v. Udo ARNOLD, Universität Marburg (Quellen und Studien zur Geschichte des Deutschen Ordens, 18), Marburg 1983, S. 163–85; DERS., Georg und Elisabeth. Deutschordensheilige als Pfarrpatrone in Preußen, in: Die Rolle der Ritterorden in der Christianisierung und Kolonisierung des Ostseegebietes, hrsg. v. Zenon Hubert NOWAK (Ordines militares, 1), Toruń 1983, S. 69–78.

15 S. WENSIERSKI, »Da kann man richtig Geld machen« (wie Anm. 8), S. 60, 62; Monika MAIER-ALBANG, Matthias DROBINSKI, Deutscher Orden zahlungsunfähig, in: Süddeutsche Zeitung, Bayern, 1. Dezember 2000, S. L12.

16 Gestüt St. Georg (wie Anm. 14), S. 31. S. zudem die Werbeanzeige SCHMID u. a., Orden und Weyarn (wie Anm. 8), S. 52.

17 S. 300 Mark und mehr für den eigenen Geldbeutel. Versicherungs- und Sparmodell für DOH Mitarbeiter, in: DOH aktuell 2 (1998), S. 31–32; Margit HANFLAND, Mehr im Geldbeutel. »Unschlagbare« Versicherungsangebote für Deutsch-Ordens Mitarbeiter und Mitarbeiterinnen, in: DO aktuell 1 (1999), S. 32–33; Top-Angebote für die private Altersvorsorge. Noch dieses Jahr Steuern sparen – mit den attraktiven Lebensversicherungsangeboten des Deutschen Ordens, in: DO aktuell 4 (1999), S. 37; »Top«-Angebot für die private Altersvorsorge, in: DO aktuell 2/3 (1999), S. 55.

18 S. Michael BIALDYGA, »Aus der Praxis für die Praxis«. DOH präsentiert Eigenmarke und läßt Qualität kritisch hinterfragen, in: DO aktuell 1 (1998), S. 26–29; Zentraleinkauf. Nur noch eine Frage der »LogiG«, in: DO aktuell 1 (2000), S. 30–32.

19 S. Margit HANFLAND, Regeneration für Körper und Geist. Hoteleröffnung in Jericho, in: DO aktuell 1 (1999), S. 14–15. Der Orden hielt 26 Prozent der *Jericho Motel Company* und stellte damit nach eigener Aussage den größten Einzelaktionär dar. S. Michael GRAF, Deutscher Orden weiter auf Wachstumskurs. Managementverträge erhalten zunehmende Bedeutung, in: DO aktuell 4 (1999), S. 35–36, hier S. 36.

20 *Tatsächlich hatte sich aber – vor allem durch die Möglichkeit, den Namen des Deutschen Ordens werbekräftig nutzen zu können – um den eigentlichen Orden ein Konzern mit Jahresumsatz von damals mehr als 400 Millionen DM gebildet. Dieser bestand längst nicht mehr nur aus Unternehmungen mit sozialem Engagement, sondern aus Firmen wie der Tressler-GmbH (Catering, medizinische Produkte, Stutenmilch-Präparate u. ä.), die rein marktwirtschaftlich ausgerichtet und damit gewinnorientiert und entsprechend risikobehaftet arbeiteten.* Bayerischer Landtag, Schlussbericht (wie Anm. 8), S. 105–06. S. ebd., S. 27. *Festzustellen ist zunächst, dass sich das wesentliche Vermögen des Ordens [in Deutschland] aus seiner Gesellschafterstellung der gemeinnützigen DOH-GmbH und der gewerblichen Tressler-Gruppe ergab.* Ebd., S. 76. S. zudem zur frühen Überschuldung der Tressler Verwaltungs- und Beteiligungs-GmbH ebd., S. 77, 106.

die Gründung einer eigenen Stiftung sollte dem Ordenszweig ebenfalls Unterstützung zuteil werden.[21]

Eine Deutsch-Ordens-Universität in der Region Augsburg u. a. für die Fächer Medizin und Zahnmedizin, die der Freistaat Bayern mit 150 Millionen DM bezuschussen sollte, konnte trotz erster Planungen nicht realisiert werden, wie auch der nicht ausgeschlossene Gang an die Börse.[22] Den Bestrebungen im höchsten Bildungsbereich war eine erfolgreiche Expansionstätigkeit von der Berufsfachschule bis hin zur Fachhochschule vorausgegangen.[23]

Nach eigenen Angaben entwickelte sich innerhalb kurzer Zeit ein Konzern mit Beteiligungen im In- und Ausland und mit rund 420 Millionen DM eigenem und 250 Millionen DM gemanagtem Umsatz.[24] Denn bereits seit 1997 ist das

---

21 S. Deutscher Orden mit eigener Stiftung, in: DO aktuell 2/3 (1999), S. 24; DO-Stiftung geht neue Wege: Erfindungsgeist ist gefragt, in: DO aktuell 1 (2000), S. 19; Das aktuelle Interview. Mit Werner Conrad, Geschäftsführer der Deutsch-Ordens Werke, in: DO aktuell 2/3 (1999), S. 7–14, hier S. 14; Bayerischer Landtag, Schlussbericht (wie Anm. 8), S. 51–55.

22 S. NEUMANN, »Verrückte Ideen, die ganze Zeit« (wie Anm. 10); Wissen ist Wertschöpfung. Über die Notwendigkeit eines lebenslangen Lernens, in: DO aktuell 1 (1999), S. 48–51, hier S. 48–49; Kicker tragen Kreuz (wie Anm. 5); Interview (wie Anm. 21), S. 13; Mit unserer Vision ins 21. Jahrhundert. Neue Wege gehen – Den Menschen in seiner Ganzheit sehen, in: DO aktuell 1 (2000), S. 40–43, hier S. 41; MAIER-ALBANG, DROBINSKI, Orden zahlungsunfähig (wie Anm. 15); Sebastian BECK, »Durchweg positiv«, in: Süddeutsche Zeitung, Bayern, 19. März 2003, S. 11; Bayerischer Landtag, Schlussbericht (wie Anm. 8), S. 29, 44.

23 S. Für ein Leben in Fülle. DOH übernimmt Berufsfachschule, in: DOH aktuell 2 (1997), S. 12–15; Margit HANFLAND, Verantwortung für Fachhochschule. Innovationen für die bundesdeutsche Bildungslandschaft, in: DO aktuell 3 (1998), S. 16–21; Wissen (wie Anm. 22); Die Akademie des Deutschen Ordens, in: DO aktuell 2/3 (1999), S. 48–50; Margit HANFLAND, Know-why und nicht »nur« Know-how. Zusätzliches Angebot an der Fachhochschule Riedlingen, in: DO aktuell 4 (1999), S. 76–78; Fachhochschule Riedlingen – auf dem Weg zur Internationalisierung. Die Fachhochschule zieht eine glänzende Bilanz, in: DO aktuell 1 (2000), S. 9–10. Für 50 Beschäftigte der DO-eigenen Einrichtungen sollte es Ende 1999 die Möglichkeit geben, auch durch den Anreiz der Arbeitszeitreduktion von einer Stunde außerhalb der Semesterferien, ein Studium an der DO-eignen Fachhochschule aufzunehmen, wobei die monatlichen Studiengebühren von 580 DM ggf. über eine eigens, vom Bereich Finanzen der Deutsch-Ordens Werke, zugeschnittene Kreditaufnahme finanzierbar gewesen wäre. S. Studieren leicht gemacht, in: DO aktuell 4 (1999), S. 75.

24 S. Bayerischer Landtag, Schlussbericht (wie Anm. 8), S. 3; Dietrich MITTLER, Deutscher Orden soll Gemeinnützigkeit verlieren, in: Süddeutsche Zeitung, Deutschland, 28. Juni 2001, S. 36. S. für detaillierte Zahlen des Jahres 1998 mit einem Gesamtumsatz von 426 Mio. DM und einem Gewinn von 1 Mio. DM (Vorjahr 7 Mio.), aber auch mit Anlaufverlusten über 2,6 Mio. DM. S. GRAF, Wachstumskurs (wie Anm. 19). Für das Jahr 1999 wurde ein Gewinn von rund 5 Mio. DM prognostiziert.

Vertrauen immens in die Führung des »Unternehmen Deutscher Orden«,[25] sodass der »Kopf des Unternehmens«, Diplom-Kaufmann Werner Conrad,[26] mitteilen ließ:

> Noch deutlicher als mit Worten läßt sich das an den Kreditlinien ablesen, die Großbanken bereit sind, dem DOH einzuräumen: Sie rangieren in zweistelliger Millionenhöhe und werden ohne Sicherheiten angeboten. Inzwischen zählt allein der gute Name.[27]

Bei den Bestrebungen kam dem Ordenszweig, der seinen Ordenssitz vom hessischen Frankfurt-Sachsenhausen ins ehemalige Chorherrnstift der Augustiner in die rund 3.000 Einwohner zählende Gemeinde Weyarn bei Miesbach Ende 1998 verlegte,[28] zugute, dass diesem der Status einer kirchlichen Körperschaft des öffentlichen Rechts u. a. nach dem bayerisch-vatikanischen Konkordat von 1924[29] am 20. Mai 1998 zugesprochen worden war – alleinig vertreten durch den Prior Gottfried Keindl –,[30] welches eine staatliche Beschränkung oder Aufsicht ausschloss.[31] Daraufhin wurden zahlreiche der zuvor gegründeten GmbH in diese überführt.[32] Der neue Rechtsstatus brachte nicht nur eine Befreiung von der

---

25 S. BIALDYGA, HANFLAND, Öffentlichkeitsarbeit (wie Anm. 11), S. 15.

26 S. exempl. Gottfried KEINDL, Werner CONRAD, Danke, in: DOH aktuell 1 (1995), S. 23; Kopf (wie Anm. 8); CONRAD, Unternehmensentscheidung (wie Anm. 10); »Das ist eine Mordsverantwortung«. Werner Conrad im Gespräch mit Michael Bialdyga, in: DOH aktuell 2 (1997), S. 4–11; Interview (wie Anm. 21). Werner Conrad war zudem Familiar des Deutschen Ordens. S. Mordsverantwortung (wie Anm. 26), S. 6, sowie weiterführend zu Familiaren, Anm. 37. Zur Bündelung der Verantwortung bemerkt Werner Conrad: *[…] Der Prior rief mich [im November 1992], um Entscheidungen als Vorsitzender zu fällen – allein, ohne Abstimmung. Es kann nur einer die Verantwortung tragen. An dieser Meinung des Priors [Gottfried Keindl] hat sich nichts geändert.* Ebd., S. 5.

27 Ebd., S. 6.

28 S. SCHMID u. a., Orden und Weyarn (wie Anm. 8), S. 68–73; Michael BIALDYGA, »Vergelt's Gott«. Der Deutsche Orden feierte mit der Bevölkerung den neuen Sitz Weyarn, in: DO aktuell 3 (1998), S. 8–11; Bayerischer Landtag, Schlussbericht (wie Anm. 8), S. 105.

29 S. Bayerischer Landtag, Schlussbericht (wie Anm. 8), S. 3, 26–28, 30, 84–85; Hermann-Joseph BUSLEY, Bayerisches Konkordat, 1924. In: Historisches Lexikon Bayerns, online unter: http://www.historisches-lexikon-bayerns.de/artikel/artikel_44534 (letzte Aktualisierung 29.11.2013, letzte Einsichtnahme 6.10.2017).

30 S. zur Abbildung der Urkunde Michael BIALDYGA, Neue Rechtsform ist ein Garant für die Zukunft. Der Deutsche Orden ist Körperschaft des öffentlichen Recht, in: DOH aktuell 2 (1998), S. 4–7, hier S. 5.

31 S. BIALDYGA, Rechtsform (wie Anm. 30); Fritz GRAF, Status und Rechte einer Körperschaft des öffentlichen Rechts, in: DO aktuell 3 (1998), S. 3–7; Matthias DROBINSKI, Monika MAIER-ALBANG, Dietrich MITTLER, Viel Selbstbewusstsein, wenig Akten, in: Süddeutsche Zeitung, Deutschland, 5. Dezember 2000, S. 11. *Im Ergebnis unterlag der Orden tatsächlich weder einer staatlichen Aufsicht, noch wurde eine kirchliche Aufsicht ausgeübt.* Bayerischer Landtag, Schlussbericht (wie Anm. 8), S. 84.

32 S. Werner CONRAD, Editorial, in: DOH aktuell 2 (1998), S. 3; Neues Leben im alten Chorher-

Körperschafts- und Gewerbesteuer, eine günstigere Versicherung für die Altersvorsorge der Beschäftigten sowie vorteilhafte Kreditbedingungen bei den Banken,[33] sondern auch den Ausschluss eines Konkurses mit sich.[34]

Entsprechend der einführenden Worte des Priors Keindl zum Umzug nach Weyarn 1998, »Und von hier aus, das verspreche ich, wird ein machtvolles Kapitel Deutsch-Ordensgeschichte geschrieben, getreu unserem Motto: ›Menschen helfen, daß ihr Leben gelingt und Freude bereitet‹«,[35] sollte durchaus – in einer gewissen Weise – ein *machtvolles* Kapitel der über 820 Jahre andauernden Ordensgeschichte folgen, denn das wirtschaftliche Fortkommen nahm nicht wie geplant seinen erhofften Lauf[36] und der weitere Fortgang der Ereignisse, der sich in eine Krise für den gesamten Deutschen Orden ausweiten sollte, schlug in Bayern selbst politisch hohe Wellen.[37]

---

renstift, in: Süddeutsche Zeitung, München, 18. Juni 1998, S. N4; Andrea SCHWARZ, Neues Leben im alten Kloster, in: Süddeutsche Zeitung, Bayern, 17. Dezember 1999, S. L6; Bayerischer Landtag, Schlussbericht (wie Anm. 8), S. 28.

33 S. Interview (wie Anm. 21), S. 9; Michael STILLER, Kredite an Orden werden überprüft, in: Süddeutsche Zeitung, Bayern, 30. Oktober 2002, S. 47; Bayerischer Landtag, Schlussbericht (wie Anm. 8), S. 43–44. Daneben wurde dreimalig der Deutsche Orden um eine Entbindung vom Steuergeheimnis gegenüber dem Bayerischen Landtag gebeten, welche stets verwehrt wurde. S. Bayerischer Landtag, Schlussbericht (wie Anm. 8), S. 47.

34 S. ebd., S. 32–39.

35 SCHMID u. a., Orden und Weyarn (wie Anm. 8), S. 53.

36 Zahlreiche Berichte sind in weiteren Presseorganen wie Focus, Frankfurter Rundschau, Kölner Stadt-Anzeiger, Südkurier und weiteren regionalen Zeitungen, oftmals die unmittelbaren Auswirkungen vor Ort erörternd, erschienen. Diese spezifischen Entwicklungen können an dieser Stelle jedoch nicht weiter verfolgt werden.

37 Nicht unbedeutend war auch ein Schreiben des bayerischen Ministerpräsidenten Edmund Stoiber (CSU), seit 1996 Familiar des Deutschen Ordens, an den zuständigen Kultusminister. S. Dietrich MITTLER, Deutscher Orden noch immer ohne Sanierungskonzept, in: Süddeutsche Zeitung, Deutschland, 23. April 2001, S. 36; Deutscher Orden schützt Stoiber, in: Süddeutsche Zeitung, Bayern, 29. November 2002, S. 44; Peter FAHRENHOLZ, Stoiber bestreitet Mitschuld an Ordens-Pleite, in: Süddeutsche Zeitung, Bayern, 11. April 2003, S. 46; Bayerischer Landtag, Schlussbericht (wie Anm. 8), S. 32 vs. 106, 111–113. S. zum Untersuchungsausschuss, der in 26 Sitzungen u. a. 51 Personen als Zeugen vernahm Sozialkonzern auf Pump, in: Süddeutsche Zeitung, Bayern, 11. April 2002, S. 45; Martina NIX, Peter WENSIERSKI, SPIEGEL ONLINE: Ordensschulden. Stoiber muss vor Untersuchungsausschuss, online unter: http://www.spiegel.de/politik/deutschland/ordensschulden-stoiber-muss-vor-untersuchungsausschuss-a-185524.html (letzte Aktualisierung 5.3.2002, letzte Einsichtnahme 6.10.2017); Orden schützt Stoiber (wie Anm. 37); Berthold NEFF, Intervention für ein abgelehntes Projekt, in: Süddeutsche Zeitung, Bayern, 4. Dezember 2002, S. 46; Sebastian BECK, Zeuge spricht von Korruption, in: Süddeutsche Zeitung, München, 22. Januar 2003, S. 55; DERS., Der Zeuge erhebt Anklage, in: Süddeutsche Zeitung, Bayern, 23. Januar 2003, S. 42; DERS., Aktenzeichen DO ungelöst, in: Süddeutsche Zeitung, Bayern, 29. Januar 2003, S. 51; Peter FAHRENHOLZ, »Ich habe die Ritter immer verwechselt«, in: Süddeutsche Zeitung, Bayern, 19. Februar 2003, S. 52; BECK, Durchweg positiv (wie Anm. 22); DERS., Der letzte Zeuge, in: Süddeutsche Zeitung, Bayern, 10. April 2003, S. 48; Bayerischer Landtag, Schlussbericht (wie Anm. 8), S. 66;

In den übernommenen, karikativen Einrichtungen sollten ein modernes Managementsystem, Betriebswirtschaft, Qualitätssicherung und der Dienst am Menschen vereint werden, um eine Gewinnmaximierung anzustreben.[38] Während der aktuellen Entwicklungen vermissten jedoch »Mitarbeiter [..] christliches Profil und kritisierten den luxuriösen Lebensstil der Ordensoberen.«[39]

So hatte 1997 der Prior zum deutsch-ungarischen Freundschaftstag noch in die Kommende Sachsenhausen zum Ordensfest geladen, bei welchem nicht nur 60 Mitglieder der Deutsch-Ungarischen Gesellschaft, sondern auch die Mitglieder der Geschäftsleitung des DOH und der Hochmeister Arnold Wieland[40] anwesend waren.

Sebastian BECK, Ende eines Debakels, in: Süddeutsche Zeitung, Bayern, 17. Mai 2003, S. 54. S. zu den Familiaren (Deutschherrenbund e. V.) Rolf HANSTEIN, Der Deutsche Orden nach dem zweiten Weltkrieg als Beispiel zeitgemässer Zusammenarbeit von Priestern und Laien unter Führung des Hochmeisters Marian Tumler. Festgabe der Familiaren des Dt. Ordens zur Vollendung des 80. Lebensjahres des regierenden Hochmeisters des Dt. Ordens Dr. Marian Tumler O. T. (Quellen und Studien zur Geschichte des Deutschen Ordens), Bad Godesberg 1967; Maximilian REISS, Deutschordensfamiliaren in Deutschland in drei Jahrzehnten (1957–1988). Eine Bildmonographie (Quellen und Studien zur Geschichte des Deutschen Ordens, 46), Marburg 1991; Gerard MÜLLER, Die Familiaren des Deutschen Ordens (Quellen und Studien zur Geschichte des Deutschen Ordens, 13), Marburg [2]2010, S. 216–273, 279–305, 330–338, 354–362; Das Ordensbuch. Die Regeln und Statuten des Ordens der Brüder und Schwestern vom Deutschen Haus Sankt Mariens in Jerusalem – Deutscher Orden, Wien [2]2001, S. 242–60.

38 *Qualität, Wirtschaftlichkeit, Wachstum und Ausprägung eines christlichen Menschenbildes, heißen die Ziele.* SCHMID u. a., Orden und Weyarn (wie Anm. 8), S. 60. S. Neues Outfit für die Häuser. Neu beschildert bis zum Jahresende, in: DOH aktuell 2 (1997), S. 44–45; Flexibilität angemahnt. Erste Visitation in Haan, in: DOH aktuell 1 (1996), S. 11; Fast eine Million erscheint möglich. Ermutigender Schritt zu mehr Kostenbewußtsein bei den Labors, in: DOH aktuell 2/3 (1996), S. 12–13; Es hat etwas bewirkt. Die Arbeitskreise – eine Bestandsaufnahme, in: DOH aktuell 1 (1996), S. 8–9; Die Organisation in den DOH Krankenhäusern, in: DOH aktuell 3 (1997), S. 9; Und es geht doch! Laborkooperation stellt nicht für möglich gehaltene Ergebnisse vor, in: DOH aktuell 2 (1998), S. 44; GRAF, Wachstumskurs (wie Anm. 19); Michael BIALDYGA, Orden, Werke und Mitarbeiter bilden eine unschlagbare Einheit. Vision, Hoshin Management und Zielvereinbarungsprozeß sind die Voraussetzungen für dauerhaften Erfolg und sichere Arbeitsplätze, in: DO aktuell 1 (1999), S. 4–8; Vision ins 21. Jahrhundert (wie Anm. 22). S. zudem Neues Leben im alten Chorherrenstift (wie Anm. 32); NEUMANN, »Verrückte Ideen, die ganze Zeit« (wie Anm. 10).

39 MAIER-ALBANG, DROBINSKI, Orden zahlungsunfähig (wie Anm. 15).

40 S. zum seinerzeit zwischen 1988 und 2000 amtierenden Hochmeister Arnold Wieland (1940–) Udo ARNOLD, Arnold Wieland, in: Die Hochmeister des Deutschen Ordens 1190–2012, hrsg. v. Udo ARNOLD (Quellen und Studien zur Geschichte des Deutschen Ordens, 40; Veröffentlichungen der Internationalen Historischen Kommission zur Erforschung des Deutschen Ordens, 6), Weimar [2]2014, S. 345–48, hier S. 348.

Das Magazin *DOH aktuell*[41] verkündete in seiner mit einer Auflage von 20.000 Exemplaren erschienenen Ausgabe, u. a. für die Leserschaft der Beschäftigten des DOH, wie folgt zu diesem Ereignis:

> Der Hausherr, Pater Prior Gottfried Keindl, war bester Laune an diesem heißen Tag, denn die Veranstaltung war so recht in seinem Sinne. Wißbegierige Zuhörer, die seine bisweilen höchsteigene Interpretation der achthundertjährigen Ordensgeschichte mit Applaus auf offener Szene goutierten:
>
> »...Und darum sind wir stolz, daß der Beginn unseres Ordens aus Chaoten [Sic!] und Heiligen bestand, und diese Tradition hat sich bis heute gehalten. Kontinuität ist durchaus ein Kennzeichen unserer Ordensgemeinschaft. ... Der Hochmeister gehört natürlich zu den Heiligen!«
>
> Dampfende Töpfe und sich unter der Last der guten Speisen biegende Tische [Sic!] weckten auch heimatliche Gefühle, die Geborgenheit und Wohlbefinden signalisierten, da sie einmal mehr verdeutlichten, daß die Ursprünge als Hospitalbruderschaft [Sic!] nicht in Vergessenheit geraten sind – im Gegenteil gepflegt und mit immer wieder neuem Ideenreichtum aktualisiert werden. [...] Die weiteren Auslagen übernahm das DOH.[42]

Desgleichen trug die Nutzung von Firmenfliegern und kostspieligen Firmenwagen, teilweise mit Fahrern,[43] nicht unbedingt zum positiven Imagegewinn des Ordens bei.[44] Gar sei das zuvor Geschilderte »die Geschichte eines teuren Größenwahns.«[45]

Im November 1999 deuteten sich am Horizont erste Anzeichen für das drohende Unheil an, als der »Geschäftsführer Werner Conrad [...] 1999 als ein Jahr der Konsolidierung [beschrieb]«.[46] Mitte Juni 2000 warfen zwei Hamburger

---

41 S. BIALDYGA, HANFLAND, Öffentlichkeitsarbeit (wie Anm. 11); Martina DÄUMICHEN, Ein Blick hinter die Kulissen. Die Arbeit des neuen DOH Büros Bonn, in: DOH aktuell 1 (1995), S. 11.

42 Michael BIALDYGA, »Ein Scherflein guten Willens«. Beim Deutsch-Ungarischen Freundschaftstag war Tarján mit im Raum, in: DOH aktuell 3 (1997), S. 38–40, hier S. 38–39.

43 S. Mordsverantwortung (wie Anm. 26), S. 10–11; Brüder in Nöten, in: Stern 53, 25, 2000, S. 182; WENSIERSKI, »Da kann man richtig Geld machen« (wie Anm. 8), S. 62; Bayerischer Landtag, Schlussbericht (wie Anm. 8), S. 49–50.

44 S. WENSIERSKI, »Da kann man richtig Geld machen« (wie Anm. 8), S. 62; MAIER-ALBANG, DROBINSKI, Orden zahlungsunfähig (wie Anm. 15). Ergänzend für die Regeln der Brüder s. Ordensbuch (wie Anm. 37), S. 33–34, BR 27–32, insbesondere 32.

45 Matthias DROBINSKI, Kreuzritter auf Betteltour, in: Süddeutsche Zeitung, Bayern, 2. Dezember 2000, S. 4. S. Rolf LINKENHEIL, Kreuzfahrer mit Größenwahn, in: DER TAGESSPIEGEL, 7. Dezember 2000, S. 4. *Wo wird das DOH am 31.12.2000 stehen? [Werner Conrad:] »Ich bin sicher, daß wir dann zu den fünf größten Trägern in Deutschland gehören. Wir schaffen es leider nicht so ganz, bis dahin der größte zu sein oder vielleicht doch.«* Mordsverantwortung (wie Anm. 26), S. 11.

46 Vision ins 21. Jahrhundert (wie Anm. 22), S. 46. Ferner *Bei 300 Bankkonten sei die Liquiditätssteuerung beim Finanzclearing noch ein Problem, ein wichtiges Ziel sei deshalb, ein schnelles Finanzplanungsinstrument zu entwickeln.* Ebd., S. 42. Zu Umstrukturierungsmaßnahmen der

Magazine in ihren jeweiligen Ausgaben dem Orden zum einen »finanzielle Schwierigkeiten«[47] und zum anderen in einem ausführlichen Beitrag u. a. vor, »statt karitativer kapitalistische Methoden einzuführen«,[48] welches daraufhin durch den zuständigen Pressesprecher des Ordenszweigs scharf zurückgewiesen wurde.[49] Gleichzeitig musste jedoch eingestanden werden, dass einige Mitarbeiter bereits Anfang Mai über die Dauer von einer Woche auf das Gehalt hatten warten müssen, wobei jedoch die Bank die Schuld für diese versehentliche Verzögerung aufgrund der Mai-Feiertage träfe.[50] Im August deuteten sich umfangreiche notwendige Kostensenkungen an, wobei Entlassungen vermieden werden sollten.[51]

Mit einem Schreiben vom 30. November 2000, an den bayerischen Ministerpräsidenten und weitere Ministerien gerichtet, bat die Deutsche Brüderprovinz des Deutschen Ordens um staatliche Unterstützung aufgrund umfangreicher wirtschaftlicher Probleme, um dabei nicht den Hinweis auf die Gefährdung von 5.500 Arbeitsplätzen zu vergessen.[52]

Anfang Dezember betrug die Schuldenlast wohl rund 280 Mio. DM und daraufhin musste der erst vor kurzem gewählte 65. Hochmeister Bruno Platter,[53] zunächst nach Rom gerufen, aus Wien herbeieilen zwecks Krisenmanagement in großer Runde mit zahlreichen der Involvierten, doch wurde eine Überbrückungshilfe über 15 Mio. DM augenblicklich nicht gewährt.[54] Auch größere, zuvor angekündigte, absehbare Geldzugänge entpuppten sich als nicht haltbar.[55]

Dienstleistungsbetriebe, u. a. der Verkauf des Gestüts St. Georg, S. Interview (wie Anm. 21), S. 8–10 sowie zuvor Anm. 13, 14.

47 Brüder in Nöten (wie Anm. 43).

48 WENSIERSKI, »Da kann man richtig Geld machen« (wie Anm. 8), S. 60.

49 S. Stefani WANDL, Deutscher Orden vermutet »infame Strategie«, in: Süddeutsche Zeitung, Bayern, 21. Juni 2000, S. L9.

50 S. WANDL, Deutscher Orden vermutet »infame Strategie« (wie Anm. 49); MAIER-ALBANG, DROBINSKI, Orden zahlungsunfähig (wie Anm. 15); Bayerischer Landtag, Schlussbericht (wie Anm. 8), S. 31; Brüder in Nöten (wie Anm. 43).

51 S. Deutscher Orden unter Sparzwang, in: Süddeutsche Zeitung, Bayern, 10. August 2000, S. L8.

52 S. Bayerischer Landtag, Schlussbericht (wie Anm. 8), S. 62.

53 Zur Person des seit dem 25. August 2000 amtierenden Hochmeisters Bruno Johann Platter (1944–) s. Udo ARNOLD, Bruno Platter, in: Die Hochmeister des Deutschen Ordens 1190–2012, hrsg. v. Udo ARNOLD (Quellen und Studien zur Geschichte des Deutschen Ordens, 40; Veröffentlichungen der Internationalen Historischen Kommission zur Erforschung des Deutschen Ordens, 6), Weimar ^{2}2014, S. 348–53.

54 S. DROBINSKI, MAIER-ALBANG, MITTLER, Viel Selbstbewusstsein, wenig Akten (wie Anm. 31).

55 S. Dietrich MITTLER, Dieter BAUR, Deutscher Orden entlässt seine Chefs, in: Süddeutsche Zeitung, Deutschland, 6. Dezember 2000, S. 48; LINKENHEIL, Kreuzfahrer mit Größenwahn (wie Anm. 45); Bayerischer Landtag, Schlussbericht (wie Anm. 8), S. 61.

Somit schien zur Weihnachtszeit 2000 der Deutsche Orden in Deutschland zahlungsunfähig und rund 5.500 Beschäftigte liefen Gefahr, kein Geld zu erhalten.[56] Auch waren damit unmittelbare Folgen in der Versorgung hilfsbedürftiger Menschen nicht ausgeschlossen.[57] Erst durch ein von den betroffenen Banken, dem Gesamt-Orden, der katholischen Kirche und der Landesanstalt für Aufbaufinanzierung in aller Eile geschnürtes »Liquiditätshilfepaket« über 48 Mio. DM konnten die fälligen Gehälter, Steuer- sowie Sozialversicherungsabgaben ausgezahlt werden.[58]

Im Jahr 1998 hatte der zuständige Prior Keindl noch verkündet, dass

> Es [..] einfach unverantwortlich [ist], unter dem Mantel der Frömmigkeit schlechte Arbeit zu leisten oder unprofitabel zu wirtschaften, wenn Gewinne für Bedürftige und Grenzaufgaben erwirtschaftet werden sollen. Es steht nirgendwo in der Bibel, daß es irgendwem erlaubt ist, Altenheime schlecht und unwirtschaftlich zu führen.[59]

Nachdem u. a. der soeben zitierte und zuständige Prior von seinen Aufgaben entbunden worden war,[60] versuchte die neue Leitung[61] in Zusammenarbeit mit einem von den Gläubigerbanken akzeptierten Sanierungsexperten der finanziellen Notlage entgegenzusteuern, doch konnte der Orden nur bedingt die Beträge für Zins und Tilgung für rund 20 Schuldnerbanken aufbringen, sodass damals ein Schuldenerlass über 120 Mio. DM diskutiert wurde.[62]

---

56 S. MAIER-ALBANG, DROBINSKI, Orden zahlungsunfähig (wie Anm. 15); Deutscher Orden (wie Anm. 3); DROBINSKI, Kreuzritter auf Betteltour (wie Anm. 45); DROBINSKI, MAIER-ALBANG, MITTLER, Viel Selbstbewusstsein, wenig Akten (wie Anm. 31).

57 S. DROBINSKI, MAIER-ALBANG, MITTLER, Viel Selbstbewusstsein, wenig Akten (wie Anm. 31); MITTLER, BAUR, Orden entlässt seine Chefs (wie Anm. 55).

58 S. Bayerischer Landtag, Schlussbericht (wie Anm. 8), S. 62.

59 SCHMID u. a., Orden und Weyarn (wie Anm. 8), S. 63. Ferner *Ausdrücklich schloß er [Werner Conrad] sich dem Satz Pater Gottfrieds an. »Wer unwirtschaftlich ist, handelt zutiefst unchristlich.«* BIALDYGA, Orden, Werke und Mitarbeiter (wie Anm. 38), S. 5.

60 S. MITTLER, BAUR, Orden entlässt seine Chefs (wie Anm. 55); Bayerischer Landtag, Schlussbericht (wie Anm. 8), S. 3.

61 S. Deutscher Orden bestellt neuen Geschäftsführer, in: Süddeutsche Zeitung, Deutschland, 8. Dezember 2000, S. 22; Dietrich MITTLER, Deutscher Orden wählt Thüx zum Prior, in: Süddeutsche Zeitung, München, 29. Dezember 2000, S. L8. Die Staatsanwaltschaft München II stellte die Ermittlungen gegen einstige Führungskräfte des Ordens Ende 2003 wegen des Verdachts der Untreue, des Betrugs, der Konkursverschleppung, der Bilanzfälschung und der Steuerhinterziehung ein. S. Dietrich MITTLER, »Deal« der Justiz mit Ordens-Anwalt kritisiert, in: Süddeutsche Zeitung, Deutschland, 3. Juli 2001, S. 40; DERS., Das Ende einer Affäre, in: Süddeutsche Zeitung, Bayern, 29. November 2003, S. 51.

62 S. Peter FAHRENHOLZ, Deutscher Orden wieder in Geldnot, in: Süddeutsche Zeitung, Deutschland, 15. Dezember 2001, S. 61; Dietrich MITTLER, Deutscher Orden kann Schulden nicht zahlen, in: Süddeutsche Zeitung, Bayern, 19. April 2001, S. 55; MITTLER, Orden wählt Thüx zum Prior (wie Anm. 61).

> Der Sanierer hat als Organisationsmaßnahme einen runden Tisch eingerichtet, an dem ein Teil der Gläubigerbanken, die so genannten Kernbanken, die in hohem Umfang oder ohne eigene Sicherheiten dem Orden Kredite gewährt hatten, sowie die Erzdiözese München und Freising und ein Vertreter des Staatsministeriums für Arbeit und Sozialordnung für den Freistaat Bayern teilnahmen. Zunächst wurde dieser runde Tisch Sanierungsausschuss, später »Arbeitskreis Deutscher Orden« genannt. [...] Alle wesentlichen Entscheidungen des Deutschen Ordens wurden vom Sanierungsausschuss kontrolliert. Alle Zahlungsanweisungen des Deutschen Ordens wurden vom Sanierer gegengezeichnet.[63]

Damit war faktisch der Ordensführung der Deutschen Brüderprovinz die finanzielle Unabhängigkeit und Gestaltungshoheit bis auf weiteres entzogen worden, und diese hatte sich als Schuldner in umfangreiche Abhängigkeit begeben. Zwei bayrische Ministerinnen und ein Minister bemühten sich Ende Juli 2001 um finanzielle Unterstützung durch den Heiligen Stuhl und auch die Deutsche Bischofskonferenz sollte um einen Beitrag gebeten werden.[64] Wenige Tage zuvor hatte bereits der bayerische Ministerpräsident in Rom mit dem Kardinalstaatssekretär u. a. das wenige Tage später stattfindende Krisengespräch seiner Minister vorbereitet.[65]

Insgesamt belief sich die Schuldensumme des Ordens zum 31. Dezember 2001 auf 364 Mio. DM.[66] Laut eines Sanierungsplans sollten u. a. die Banken auf 80 Mio. DM verzichten, wonach der Orden damit 100 Mio. DM an Darlehen über einen längeren Zeitraum aus den Büchern zu tilgen habe.[67]

Abermals zur Weihnachtszeit 2001 mussten einige Gehälter wohl gestundet werden und im Juni 2002 bestanden weiterhin offenbar äußerst ernste Liquiditätsprobleme.[68] Durch intensive Sanierungsbemühungen,[69] wie durch den Verkauf von Kliniken (Buchloe und Dillingen, Hagen, Wickede, Konstanz), oft an

63 Bayerischer Landtag, Schlussbericht (wie Anm. 8), S. 61. S. ebd., S. 62. S. zudem MITTLER, Orden kann Schulden nicht zahlen (wie Anm. 62).

64 S. Peter FAHRENHOLZ, Ungewöhnliche Reise nach Rom, in: Süddeutsche Zeitung, Deutschland, 25. Juli 2001, S. 40; Bayerischer Landtag, Schlussbericht (wie Anm. 8), S. 64–65.

65 S. Bayerischer Landtag, Schlussbericht (wie Anm. 8), S. 64.

66 S. ebd., S. 61, 67.

67 S. FAHRENHOLZ, Orden wieder in Geldnot (wie Anm. 62); Peter FAHRENHOLZ, Claudia FUCHS, Deutscher Orden verkauft Klinken, in: Süddeutsche Zeitung, Deutschland, 19. Dezember 2001, S. 22; Dietrich MITTLER, Deutscher Orden – der Sozialfall des Jahres, in: Süddeutsche Zeitung, Bayern, 28. Dezember 2001, S. 53.

68 S. Deutscher Orden bleibt Weihnachtsgeld schuldig, in: Süddeutsche Zeitung, Deutschland, 7. November 2001, S. 48; Deutscher Orden zahlt Weihnachtsgeld in Raten, in: Süddeutsche Zeitung, Deutschland, 7. Dezember 2001, S. 45; Deutscher Orden kann Gehälter nicht bezahlen, in: Süddeutsche Zeitung, Bayern, 29. Juni 2002, S. 59.

69 S. MITTLER, Orden noch immer ohne Sanierungskonzept (wie Anm. 37).

kommunale Träger,[70] einem Zuschuss des Deutschen Ordens von anderen Brüderprovinzen, einem Verzicht der Gläubigerbanken und einem Beitrag der katholischen Kirche konnte die Schuldenlast letztendlich auf 134 Mio. DM minimiert werden,[71] wobei zudem zeitweilig die Gemeinnützigkeit von Staats wegen gar angezweifelt worden war.[72]

> Die finanzielle Situation geriet jedoch infolge zu rascher Expansion zur Katastrophe, die erhebliche Aufmerksamkeit in der Öffentlichkeit erregte. Nur durch gewaltige Anstrengungen des gesamten Ordens, der katholischen Kirche in Deutschland und der öffentlichen Hand konnte nach Veräußerung vieler Einrichtungen die Weiterarbeit in kleinerem Umfang als »Deutschordenswerke« – nunmehr voll im Besitz der deutschen Brüderprovinz – gewährleistet werden. Die Arbeitsfelder mit mehreren tausend Mitarbeitern sind Alten-, Behinderten-, Jugend- und Suchthilfe.[73]

Von den einst 5.000 Beschäftigten sollte sich die Zahl auf 2.500 dezimieren.[74] Mitte 2002 hatte die durch die Brüdergemeinschaft im November 2000 angeforderte, nicht ausschließlich auf Koordinierungsmaßnahmen beschränkte, staatliche Unterstützung[75] bei der dann noch andauernden finanziellen Sanierung des erst wenige Jahre zuvor u. a. basierend auf dem bayerisch-vatikanischen Konkordat von 1924 privilegierten, deutschen Zweigs des Deutschen Ordens ihren vorläufigen Abschluss gefunden.[76] Dem Bericht des im Zuge der Entwicklungen des im Jahre 2003 eingesetzten parlamentarischen Untersuchungsausschusses in Bayern ist Folgendes zu entnehmen:

> Der wirtschaftliche Niedergang des Deutschen Ordens [in Deutschland] war bei der letzten Behördenentscheidung [, der Verleihung der Körperschaftsrechte 1998,] – objektiv – noch

---

70 S. Peter FAHRENHOLZ, Deutscher Orden soll zerschlagen werden, in: Süddeutsche Zeitung, Deutschland, 7. Juli 2001, S. 57; Deutscher Orden kränkelt weiter, in: Süddeutsche Zeitung, Bayern, 15. November 2001, S. 54; FAHRENHOLZ, FUCHS, Orden verkauft Klinken (wie Anm. 67); Bayerischer Landtag, Schlussbericht (wie Anm. 8), S. 61.

71 S. Bayerischer Landtag, Schlussbericht (wie Anm. 8), S. 61, 67.

72 S. MITTLER, Orden soll Gemeinnützigkeit verlieren (wie Anm. 24); Peter FAHRENHOLZ, Deutscher Orden wehrt sich gegen Finanzamt, in: Süddeutsche Zeitung, Deutschland, 1. September 2001, S. 57; DERS., Deutscher Orden jetzt wieder gemeinnützig, in: Süddeutsche Zeitung, Deutschland, 23. Oktober 2001, S. 46; Bayerischer Landtag, Schlussbericht (wie Anm. 8), S. 47. Zuvor Thomas DEGOTT, Gemeinnützigkeit und Gewinnorientierung. Ein Widerspruch? Auch ein Sozialunternehmen ist zum wirtschaftlichen Arbeiten verdammt, in: DO aktuell 1 (1998), S. 56–57.

73 Udo ARNOLD, Deutscher Orden (19.–21. Jahrhundert), in: Historisches Lexikon Bayerns, online unter: http://www.historisches-lexikon-bayerns.de/artikel/artikel_45982 (letzte Aktualisierung 16.12.2013, letzte Einsichtnahme 6.10.2017).

74 S. Sozialkonzern auf Pump (wie Anm. 37).

75 S. Bayerischer Landtag, Schlussbericht (wie Anm. 8), S. 42, 44, 63, 67.

76 S. Sozialkonzern auf Pump (wie Anm. 37); Bayerischer Landtag, Schlussbericht (wie Anm. 8), S. 61, 67.

lange nicht eingeleitet und auch nicht in Ansätzen erkennbar. Bekannt wurde die wirtschaftliche Problematik erst im Herbst 2000.[77]

Sämtliche Beteiligten hatten hinsichtlich der potentiell gefährdeten Arbeitsplätze im sozialen Bereich, bei Verlust auch mit weitreichenden Folgen für hilfsbedürftige Menschen, ein hohes Interesse – soweit irgend möglich – diese Arbeitsplätze zu erhalten,[78] da die Verweigerung einer Unterstützung nicht akzeptabel bzw. der breiten Öffentlichkeit nicht zu vermitteln gewesen wäre. Die beteiligten Gläubigerbanken nahmen den realisierten Kapitalverlust durch Schuldenerlass hin, vermutlich auch, um ein mögliches, negatives Image zu vermeiden. Daneben dürfte durch die große Anzahl an Gläubigern nach dem Mehrheitsprinzip, bzw. den jeweiligen Abhängigkeitsverhältnissen untereinander, diese Entscheidung getroffen worden sein, um letztendlich die Zahlungsunfähigkeit des Schuldners zu vermeiden und damit die Möglichkeit der Tilgung der verbliebenden Außenstände zu gewährleisten. Neben der bestehenden Exemtion des Ordens wurde der deutschen Bischofskonferenz seitens des Heiligen Stuhls die finanzielle Unterstützung des Ordenszweiges nicht verwehrt bzw. auf diese hingewirkt.[79] Damit war es den Vatikanvertretern in Rom gelungen, eine direkte Haftung für den Ordenszweig zu vermeiden.[80] Durch die Unterstützung bzw. Haftung seitens der katholischen Kirche in Deutschland hatte sich der deutsche Ordenszweig in eine gewisse Abhängigkeit zu dieser, im Einverständnis mit dem Vatikan, begeben. Und weiter heißt es resümierend im Bericht des Untersuchungsausschusses:

> Das Desaster des Deutschen Ordens [in Deutschland] war zwar ein bisher einmaliger Ausnahmefall, der aber auch Folgendes deutlich gemacht hat: Dieser Orden päpstlichen Rechts, der keiner ortskirchlichen und erst recht keiner staatlichen Aufsicht unterliegt, ist in seiner wirtschaftlichen Betätigung nicht ausreichend kontrolliert worden. Es ist Sache des Heiligen Stuhls, sich dieses Problems anzunehmen, zumal es an den Schutzfunktionen der – nicht gegebenen – Insolvenzfähigkeit fehlt.[81]

Noch im Jahr 2005 war der Orden weiterhin mit immensen Forderungen seitens der Gläubiger konfrontiert,[82] doch ließ einige Jahre später der in Wien residierende und amtierende Hochmeister mitteilen:

---

77 Bayerischer Landtag, Schlussbericht (wie Anm. 8), S. 66. Erste Medienberichte erfolgten Mitte Juni 2000, s. Anm. 47 und 48.

78 S. ebd., S. 67.

79 S. ebd., S. 65.

80 S. ebd., S. 64.

81 Ebd., S. 67.

82 S. Dietrich MITTLER, Deutscher Orden muss Millionenbetrag zahlen, in: Süddeutsche Zeitung, Bayern, 4. März 2005, S. 53.

> Diese Probleme [in Deutschland] habe man hinter sich gelassen, sagt Platter. Er ließ sparen und Immobilien verkaufen. Die größte Herausforderung bleibt weiter, wie die Ordenseinrichtungen finanziert werden können. Und die Sorge um den Nachwuchs.[83]

Ob, wie der bayrische Ministerpräsident Edmund Stoiber als Zeuge im Rahmen eines – gewiss auch von politischen Parteiinteressen beeinflussten –[84] parlamentarischen Untersuchungsausschusses ausführte, die wirtschaftlich desolate Situation des Deutschen Ordens ausschließlich auf die »unentschuldbaren kaufmännischen Fehlplanungen und des krassen Missmanagements in der Vergangenheit«[85] als einzige kausale Zusammenhänge anzusehen sind, soll künftigen Historikergenerationen für eine detaillierte Analyse und Auswertung der Entwicklung dieser jüngsten Ereignisse in Umbruchszeiten für den Deutschen Orden zu Beginn des 21. Jh.s vorbehalten bleiben. Auch die Auseinandersetzungen innerhalb der katholischen Kirche in Deutschland sowie innerhalb der Gläubigerbanken bedürfen zukünftig einer näheren Betrachtung.

Auf welche Weise die Führungsebene des Ordens der Brüder vom Deutschen Haus Sankt Mariens in Jerusalem, lateinisch Ordo fratrum domus hospitalis Sanctae Mariae Teutonicorum in Jerusalem, abgekürzt Ordo Teutonicus bzw. OT,[86] die Krise erfolgreich bewältigte und mit welchen Strukturreformen im Detail intern bzw. ob auch mit personellen Entscheidungen innerhalb der Bruderschaft auf die auslösenden Umstände der Krise reagiert wurde, um zukünftig durch menschliches Handeln ausgelöste, äußerst dynamische Prozesse mit weitreichenden, drohenden Folgen, nicht nur für die Angestellten im sozial-karikativen Bereich, sondern auch letztendlich für die hilfsbedürftigen Menschen, zu vermeiden, bleibt ebenfalls noch zu untersuchen. So wurde u. a. im Februar 2001 ein Aufsichtsrat berufen und zudem ein zweiter Geschäftsführer im deutschen Zweig des Ordens eingestellt.[87]

---

83 András SZIGETVARI, Die letzten Ritter von Wien, in: DER STANDARD, 18. August 2009, S. 8.

84 S. Bayerischer Landtag, Schlussbericht (wie Anm. 8), S. 68, sowie die dort folgenden beiden Minderheitenberichte ab S. 69.

85 Zitiert nach FAHRENHOLZ, Stoiber bestreitet Mitschuld (wie Anm. 37). S. ferner WENSIERSKI, »Da kann man richtig Geld machen« (wie Anm. 8), S. 62. Im Mai 2011 betrachtete der einstige Prior Gottfried Keindl die zuvor geschilderten Entwicklungen: *Als Provinzial des Deutschen Ordens hatte ich damals in der Tat die volle Verantwortung zu tragen, doch das heißt nicht, dass ich persönlich kriminell wurde oder gar Schaden verursacht habe. Sonst wäre ich heute nicht mit Begeisterung katholischer Priester und als Pfarrer in Mombach tätig.* Kokolores und Zusammenbruch der Deutschordenswerke, in: Der Mainzer. Die Stadtillustrierte 248, 5, 2011, S. 4–5, hier S. 5.

86 S. Ordensbuch (wie Anm. 37), S. 8–9.

87 S. Bayerischer Landtag, Schlussbericht (wie Anm. 8), S. 61.

Jedoch nicht erstmalig in der langen Ordensgeschichte war eine Ordensleitung bei der Bewältigung mit einem krisenhaft anmutenden Schuldenmanagement konfrontiert.

Abermals findet eine Rückblende, diesmal 530 Jahre vor den soeben geschilderten Ereignissen und nunmehr ins Ordensland Preußen, genauer nach Königsberg, statt. Einem Pergamentblatt, welches ungefähr 19 cm in der Breite und 16,5 cm in der Höhe misst und offenbar einst mit einem angehängten Siegel versehen war, ist folgender Textausschnitt zu entnehmen:

> noch schuldig sein vor sienem dienst sold unnd schaden 80 m. geringer prewscher montcze unnd haben uns mit em dorumb also vortragen das wir em uff Martini im cweundsiebenczigsten jar sullen geben 30 m. unnd dornoch im dreiundsiebenczigsten jar ouch uff Martini 30 m. unnd ins letczte im vierunndsiebenczigsten jor uff Martini 20 m. bissolange das solliche summe geldes zcu vollem genuge gentczlich unnd gar werde uszgerichtet und beczalet.[88]

Mit diesem Schreiben bestätigte Hochmeister Heinrich von Richtenberg im Jahr 1471 einen Tilgungsplan für eine ausstehende Schuldensumme von 80 Mark für geleistete Söldnerdienste und Schadensersatzansprüche an einen gewissen Caspar Doberschitcz, stets zahlbar am 11. November für die Jahre 1472 bis 1474.[89] Offenbar plagten auch bereits diesen einstigen Hochmeister Schulden und die damit einhergehenden Gläubiger.

Im weiteren Verlauf der Studie soll unmittelbar der Zeitraum ab 1466 nach dem Zweiten Thorner Frieden bis zur Amtsübernahme Herzog Friedrichs von Sachsen (1498 Sept. 29–†1510 Dez. 14)[90] in den Mittelpunkt rücken, in welchem die preußische Ordensleitung ebenfalls – nach einer Redensart – *bis über beide Ohren in Schulden steckte.*[91]

---

88 GStA PK, XX. HA Hist. StA Königsberg, Perg.-Urk. 3310, Schiebl. XIII 47. S. exempl. zudem GStA PK, XX. HA Hist. StA Königsberg, Perg.-Urk. 3311, Schiebl. XIII 48.

89 Nicht nur Soldforderungen standen offen, auch andere Gegenstände konnten auf Kredit erworben werden wie Bücher. *Dorauf entphangen 25 m. geringe bleibenn ym noch 25 m. sc[h]uldig mith den 2 buchrnn dy wyr van yn gekawfeth haben.* GStA PK, XX. HA Hist. StA Königsberg, OBA 17796.

90 S. Dieter HECKMANN, Amtsträger des Deutschen Ordens in Preußen und in den Kammerballeien des Reiches. Oberste Gebietiger, Komture, Hauskomture, Vögte, Pfleger und Großschäffer, Werder, online unter: http://www.researchgate.net/publication/264901590_Dieter_Heckmann_Amtstrger_des_Deutschen_Ordens_in_Preuen_und_in_den_Kammerbal leien_des_Reiches_%28oberste (letzte Aktualisierung 21.8.2014, letzte Einsichtnahme 6.10.2017).

91 S. »Schuld«. Auszug aus Munzinger Online/Duden – Das große Wörterbuch der deutschen Sprache, CD-ROM, Mannheim [4]2012.

1.2 Forschungsstand und Fragestellung

Dazu kam die stets gleiche Finanzbedrängnis, aus der bei allen möglichen Masznahmen und größter Sparsamkeit ebensowenig Rettung zu sein schien,[92] so die desolate Beschreibung des Deutschen Ordens in Preußen in der zweiten Hälfte des 15. Jh.s aus dem Jahr 1908. Jedoch soll das Augenmerk im Folgenden nicht weiter auf die Jugendbuchliteratur - wie soeben geschehen -, sondern auf die Forschungsentwicklung gelenkt werden.

Von daher sei zunächst an dieser einleitenden Stelle auf das mehrbändige Werk des Schriftstellers August VON KOTZEBUE *Preußens ältere Geschichte,* welches insgesamt kritisch einzuordnen ist, hingewiesen.[93] Der Autor ließ zwar seine Darstellung vor dem hier betrachteten Zeitraum enden,[94] doch erhielt der Autor 1805, ohne amtliche Stellung ausgestattet, als einer der ersten Außenstehenden Zugang zu dem, zuvor ansonsten ausschließlich auf den Dienstgebrauch beschränkten, 1804 aus dem Etats-Ministerium hervorgegangenen »Geheimen Archiv« in Königsberg, und damit auch zum Ordensarchiv. Ein forschungsgeleiteter Zugang wurde somit, durch einen Türspalt geöffnet, gewährt, wie dieses KOTZEBUE der breiten Öffentlichkeit in seinem Werk mitteilte.[95] Leider fanden durch diese Öffnung auch einige Urkunden den Weg irrigerweise aus dem Archiv heraus, sodass diese später aus KOTZEBUEs Nachlass zurückgekauft werden mussten.[96] Wenige Jahre zuvor hatte bereits Ludwig VON BACZKO vor 1800 das Archiv für seine *Geschichte Preußens* genutzt,[97] wobei die Thematik einer hohen Schuldenlast sowie ungeduldige Gläubiger darin bereits Erwähnung fanden.[98] Eine weitere Öffnung des Archivs auch für die dortige Universität war weiterhin

92 Wilhelm HOLZGRAEFE, Der Deutsche Ritterorden. Unter Benutzung der Quellenschriften (Sammlung belehrender Unterhaltungsschriften für die deutsche Jugend, 9), Berlin ^{2}1908, S. 184.

93 S. zur Einordnung über die Jh. Wolfgang WIPPERMANN, Der Ordensstaat als Ideologie. Das Bild des Deutschen Ordens in der deutschen Geschichtsschreibung und Publizistik (Einzelveröffentlichungen der Historischen Kommission zu Berlin, 24), Berlin 1979.

94 S. August von KOTZEBUE, Preußens ältere Geschichte, Bd. 4, Riga 1808, S. 233–40.

95 S. Kurt FORSTREUTER, Das Preußische Staatsarchiv in Königsberg. Ein geschichtlicher Rückblick mit einer Übersicht über seine Bestände (Veröffentlichungen der Niedersächsischen Archivverwaltung, 3), Göttingen 1955, S. 42–44; Johannes VOIGT, Das königlich-preußische Provinzial-Archiv zu Königsberg, in: Zeitschrift für die Archive Deutschlands 2 (1853), S. 185–94, hier S. 185.

96 S. VOIGT, Provinzial-Archiv (wie Anm. 95), S. 186; FORSTREUTER, Staatsarchiv in Königsberg (wie Anm. 95), S. 47, 57.

97 S. Max HEIN, Das Staatsarchiv Königsberg und seine nationale Bedeutung (Preußenführer, [3]), Elbing 1933, S. 13.

98 S. Ludwig von BACZKO, Geschichte Preußens, Bd. 4, Königsberg 1795, S. 25, 56–57, 59, 61–62, 69–70, 72–73, 126.

in den Jahren nach 1804 nicht erwünscht, und das Archiv blieb eine Verwaltungsbehörde bis 1821/22.[99]

Johannes VOIGT[100] widmete 1839 in seinem letzten Band der beachtlichen und quellenintensiv erarbeiteten *Geschichte Preußens* bereits einzelne Abschnitte der *Tilgung der Soldschulden*, der *Finanzverwaltung* und dem Aspekt der *Finanzbedrängnisse des Hochmeisters* und würdigte damit die Herausforderung im Umgang mit den auf dem Orden lastenden Schulden.[101] Zwar sei nach FORSTREUTERs Meinung aus dem Jahr 1955 *am wenigsten gelungen [..] der letzte Band, der die lange Zeit von 1467 bis 1525 behandelt. Voigt ist im Material steckengeblieben.*[102] Nichtsdestoweniger ist dieser Band gerade wegen seiner Materialfülle weiterhin unverzichtbar,[103] auch wenn einige Einschätzungen mittlerweile verständlicherweise als überkommen eingeordnet werden können.

Bereits wenige Jahre nach VOIGT wurden die Titel der Werke aussagekräftiger, wie von Kurd VON SCHLÖZER, der vom *Verfall und Untergang der Hansa und des deutschen Ordens in den Ostseeländern*, zu berichten wusste, doch widmete er nur wenige Zeilen jener hier zu betrachtenden Zeit, denn

> die Folgen des [Zweiten] Thorner Friedens hatte der an sich schon kranke Ritterstaat nicht zu überwinden vermocht. Die Beschränkung seiner territorialen Macht so wie die Abhängigkeit von Polen verhinderten jede Erneuerung seiner früheren Kraft. Von Deutschland aus war ihm keine Hülfe.[104]

Immerhin erwähnte, wenn auch nur am Rande, Lotar WEBER 1878 in seinem Buch *Preussen vor 500 Jahren* die entstandenen *Kriegskosten* vor dem Zweiten

---

99 S. FORSTREUTER, Staatsarchiv in Königsberg (wie Anm. 95), S. 52, 58–59.

100 S. Erich MASCHKE, Johannes Voigt als Geschichtsschreiber Altpreußens, in: Altpreußische Forschungen 5, 1 (1928), S. 93–127. Zur Person s. Wolfgang LEESCH, Die deutschen Archivare 1500–1945, Bd. 2, München 1992, S. 637.

101 S. Johannes VOIGT, Geschichte Preussens, von den ältesten Zeiten bis zum Untergange der Herrschaft des deutschen Ordens. Die Zeit vom Tode des Hochmeisters Ludwig von Erlichshausen 1467 bis zum Untergange der Herrschaft des Ordens unter dem Hochmeister Albrecht von Brandenburg 1525, Bd. 9, Königsberg 1839, S. 6–238.

102 FORSTREUTER, Staatsarchiv in Königsberg (wie Anm. 95), S. 55. Zuvor eher wohlwollend DERS., Vom Ordensstaat zum Fürstentum. Geistige und politische Wandlungen im Deutschordensstaate Preußen unter den Hochmeistern Friedrich und Albrecht (1498–1525), Kitzingen/Main 1951, S. 126.

103 S. Matthias THUMSER, Schriftlichkeit in der Spätzeit der preußischen Deutschordensherrschaft. Kanzleitätigkeit und Aufzeichnungen des hochmeisterlichen Sekretärs Liborius Naker († 1502/1503), in: Schriftkultur und Landesgeschichte. Studien zum südlichen Ostseeraum vom 12. bis zum 16. Jahrhundert, hrsg. v. Matthias THUMSER, Köln 1997, S. 155–218, hier S. 159, Anm. 13.

104 Kurd von SCHLÖZER, Verfall und Untergang der Hansa und des Deutschen Ritter Ordens in den Ostseeländern, Berlin 1853, S. 122. S. zudem Heinrich von TREITSCHKE, Das deutsche Ordensland Preußen, Leipzig 1862=ca. 1915, S. 78–81.

Thorner Frieden in einem eigenständigen Abschnitt[105] und auch Gustav AUBIN streifte lediglich, mit Rückgriff auf VOIGT, die Schulden- und Söldnerfrage.[106] Onno KLOPP, mit Synonym J. VOTA, plante ebenfalls, den *Untergang des Ordensstaates Preußen [...]. Aus den Quellen dargestellt* eingehender zu beleuchten, doch kam er während der Erstellung seines Werkes nicht über die im Wiener Archiv lagernden Dokumente, neben den Urkundenbüchern, hinaus[107] und griff folglich lediglich auf den Chronisten GRUNAU zurück, um über Kriegsschäden berichten zu können.[108] Einige Zeit zuvor stellte Hans PRUTZ fest, dass

> in späterer Zeit [..] die Barmittel des Ordens verzehrt [wurden] durch den wachsenden Aufwand für die Söldner, die zur Verteidigung des Landes gegen Polen und zur Niederhaltung der aufsässigen Untertanen nötig waren. Daraus ergaben sich innere und äußere Schwierigkeiten, an denen der Ordensstaat dahinsiechte.[109]

Aus der Weimarer Zeit sei das zwar wirtschaftsorientierte, doch durch nationalistischen Charakter geprägte Werk von Paul OSTWALD kurz angeführt, jedoch ist dieses im Weiteren eher wenig hilfreich, wenn im Schlusskapitel nur zum *Untergang des Ordens* erkennbar ist, dass

> der für den Orden und damit auch für das Deutschtum so schmachvolle zweite Thorner Friede im Jahre 1466 [folgte], der Westpreußen und das Ermland ganz an Polen brachte und den Orden auf Ostpreußen beschränkte, das dieser aber auch nur als polnisches Lehen erhielt.[110]

Für Wilhelm SAHM war aus nationalsozialistischer Perspektive die Lage nach 1466 eindeutig, wenn *in Königsberg, wohin nach dem Verluste der Marienburg der Hochmeister seine Residenz verlegte, [..] der totwunde Orden seinem Ende*

---

105 S. Lotar WEBER, Preussen vor 500 Jahren in culturhistorischer, statistischer und militairischer Beziehung. Nebst Special-Geographie, Danzig 1878, S. 675–79.

106 S. Gustav AUBIN, Zur Geschichte des gutsherrlich-bäuerlichen Verhältnisses in Ostpreußen von der Gründung des Ordensstaates bis zur Steinschen Reform, Leipzig 1910, S. 106–09.

107 S. Walther HUBATSCH, Die inneren Voraussetzungen der Säkularisation des deutschen Ordensstaates in Preußen, in: Archiv für Reformationsgeschichte 43 (1952), S. 145–72, hier S. 146, Anm. 1.

108 S. Onno KLOPP, (VOTA, J.), Der Untergang des Ordensstaates Preußen und die Entstehung der preußischen Königswürde. Aus den Quellen dargestellt, Mainz 1911, S. 18.

109 Hans PRUTZ, Die geistlichen Ritterorden. Ihre Stellung zur kirchlichen, politischen, gesellschaftlichen und wirtschaftlichen Entwicklung des Mittelalters, Berlin 1908, S. 397.

110 Paul OSTWALD, Die wirtschaftliche Entwicklung Preußens unter dem Deutschen Ritterorden, Berlin 1919, S. 68–69. S. Erich JOACHIM, Vom Kulturzustande im Ordenslande Preußen am Vorabende der Reformation, in: Altpreußische Forschungen 1, 1 (1924), S. 1–22, hier S. 2.

entgegen [siechte].[111] Christian KROLLMANN[112] schrieb zu politischen Aspekten,[113] wobei die Anzahl der Belegnachweise eher übersichtlich ausfiel.

Im sechs Jahre nach Ende des Zweiten Weltkriegs erschienenen Werk von Kurt FORSTREUTER[114] zum Übergang des *Ordensstaates zum Fürstentum*, vorwiegend den Zeitraum zwischen 1498 und 1525 analysierend, fand die wirtschaftliche Situation vor 1498 keine nennenswerte Beachtung.[115] Jedoch wurde dieser Aspekt 1955 in einem weiteren Werk durch FORSTREUTER kurz eingeordnet.[116] Erich WEISE[117] stellte ergänzend in seinem letzten Teil der *Edition zu den*

---

111 S. Wilhelm SAHM, Des Deutschordensstaates Untergang, seine Ursachen und Folgen, in: Der ostpreußische Erzieher (1937), S. 283–87.

112 S. zur Person LEESCH, Archivare, 2 (wie Anm. 100), S. 342–43.

113 S. Christian KROLLMANN, Zur Geschichte des Unterganges des Ordensstaates Preussen, in: Oberländische Geschichtsblätter 14 (1912), S. 523–32; DERS., Politische Geschichte des Deutschen Ordens in Preußen, Königsberg i. Pr. 1932. S. zur Wahrnehmung des Ordens im vergangenen Jh. Udo ARNOLD, Der Deutsche Orden im deutschen Bewußtsein des 20. Jahrhunderts, in: Vergangenheit und Gegenwart der Ritterorden die Rezeption der Idee und die Wirklichkeit, hrsg. v. Zenon Hubert NOWAK, Roman CZAJA (Ordines militares, 11), Toruń 2001, S. 39–53; Jerzy SERCZYK, Die Wandlungen des Bildes vom Deutschen Orden als politischer, ideologischer und gesellschaftlicher Faktor im polnischen Identitätsbewußtsein des 19. und 20. Jh., in: Vergangenheit und Gegenwart der Ritterorden die Rezeption der Idee und die Wirklichkeit, hrsg. v. Zenon Hubert NOWAK, Roman CZAJA (Ordines militares, 11), Toruń 2001, S. 55–64.

114 S. LEESCH, Archivare, 2 (wie Anm. 100), S. 161; Familienarchive und Nachlässe im Geheimen Staatsarchiv Preußischer Kulturbesitz. Ein Inventar, bearb. v. Ute DIETSCH (Veröffentlichungen aus den Archiven Preußischer Kulturbesitz Arbeitsberichte, 8), Berlin 2008, S. 331. Für ein Porträtfoto s. Michael KRUPPE, Das Staatliche Archivlager in Göttingen (1953–1979). Seine Geschichte, seine Bedeutung, in: Preußenland 6 (2015), S. 126–62, hier S. 139, Abb. 3.

115 S. FORSTREUTER, Ordensstaat zum Fürstentum (wie Anm. 102), S. 21. Auch TUMLER widmete sich nur kurz jener Zeit: *Die Hochmeister von 1467 bis 1497 regierten ihr Rumpf-Preußen klug und tatkräftig und gingen energisch an die Rodung des Urwaldgürtels.* Marian TUMLER, Der Deutsche Orden im Werden, Wachsen und Wirken bis 1400. Mit einem Abriß der Geschichte des Ordens von 1400 bis zur neuesten Zeit, Wien 1955, S. 557. Zu seiner Person (1887–1987) als Hochmeister und Wissenschaftler s. Udo ARNOLD, Marian Tumler als Wissenschaftler, Pressespiegel, in: Deutscher Orden. Zeitschrift des Ordens für seine Brüder, Schwestern, Familiaren und Freunde 4 (1987), S. 29–36; DERS., Marian Tumler, in: Die Hochmeister des Deutschen Ordens 1190–2012, hrsg. v. Udo ARNOLD (Quellen und Studien zur Geschichte des Deutschen Ordens, 40; Veröffentlichungen der Internationalen Historischen Kommission zur Erforschung des Deutschen Ordens, 6), Weimar ^{2}2014, S. 330–36; Marcus WÜST, Marian Tumler, in: Biographisch-bibliographisches Kirchenlexikon. Ergänzungen XXI, hrsg. v. Friedrich Wilhelm BAUTZ, Traugott BAUTZ, Hamm 2012, Sp. 1426–1428.

116 S. Kurt FORSTREUTER, Preußen und Rußland. Von den Anfängen des Deutschen Ordens bis zu Peter dem Großen, Göttingen 1955, S. 61.

117 S. zur Person LEESCH, Archivare, 2 (wie Anm. 100), S. 656, sowie die jeweiligen Erwähnungen in Stefan LEHR, Ein fast vergessener »Osteinsatz«. Deutsche Archivare im Generalgouvernement und im Reichskommissariat Ukraine (Schriften des Bundesarchivs, 68), Düsseldorf 2007. Insbesondere zu seiner äußerst fragwürdigen Einstellung gegenüber polnischen Kollegen, wie Karol Górski oder Marian Biskup, s. ebd., S. 335–36.

Staatsverträgen[118] für den fraglichen Zeitraum zahlreiche Dokumente zur Verfügung.

Das Menschenalter, das dem Frieden [Sic!] *von 1466 folgte, ist das traurigste in der Geschichte des Deutschen Ordens in Preußen,*[119] so FORSTREUTER im Jahre 1951. Nicht ein Mangel an bedeutenden Persönlichkeiten der amtierenden Hochmeister habe geherrscht, *aber es war eine Zeit der Not, namentlich der wirtschaftlichen Not des Ordens, der auf den östlichen Teil seines preußischen Besitzes beschränkt worden war.*[120] SCHUHMACHER hingegen honorierte die Situation dahingehend, dass *Immerhin [..] die Zähigkeit anerkannt werden [muß], mit der der sterbende Orden die Wiedererlangung seiner alten Größe erstrebte.*[121]

In neueren Überblickswerken zur Geschichte des Deutschen Ordens unterliegt die Zeitperiode nach 1466 bis zur Reformation selten einer detaillierten Betrachtung.[122] Wirtschaftliche Fragestellungen zur Ordensgeschichte wurden – verstärkt in letzter Zeit – näher beleuchtet, um doch vorwiegend den Zeitraum

---

118 S. Die Staatsverträge des Deutschen Ordens in Preußen im 15. Jahrhundert (1467–1497), hrsg. v. Erich WEISE, Bd. 3, Marburg 1966; Die Staatsverträge des Deutschen Ordens in Preußen im 15. Jahrhundert. Register zu Band 3, hrsg. v. Erich WEISE, Marburg 1969. Die Manuskripte befinden sich im Nachlass Weise NLA, St. Stade, Rep. 91/10 Nr. 59; NLA, St. Stade, Rep. 91/10 Nr. 60; NLA, St. Stade, Rep. 91/10 Nr. 66, für die Vorarbeiten ab dem Jahr 1439 s. zudem NLA, St. Stade, Rep. 91/10 Nr. 10.

119 FORSTREUTER, Ordensstaat zum Fürstentum (wie Anm. 102), S. 9.

120 Ebd.

121 Bruno SCHUMACHER, Geschichte Ost- und Westpreußens, Würzburg ^{7}1987, S. 139.

122 S. Sylvain GOUGUENHEIM, Les chevaliers teutoniques, Paris 2007, S. 556–58; Danielle BUSCHINGER, Mathieu OLIVIER, Les chevaliers teutoniques, Paris 2007, S. 282–87; Hartmut BOOCKMANN, Der Deutsche Orden. Zwölf Kapitel aus seiner Geschichte, München ^{5}2012, S. 209–14; Klaus MILITZER, Die Geschichte des Deutschen Ordens (Kohlhammer Urban Taschenbücher, 713), Stuttgart ^{2}2012, S. 235–39; Jürgen SARNOWSKY, Der Deutsche Orden (Beck'sche Reihe, 2428), München ^{2}2012, S. 105–06. S. zudem für einen Überblick Ernst OPGENOORTH, Stationen der Geschichtsschreibung des Preußenlandes von Peter von Dusburg bis zu Hartmut Boockmann, in: 75 Jahre Historische Kommission für Ost- und Westpreußische Landesforschung. Forschungsrückblick und Forschungswünsche, hrsg. v. Bernhart JÄHNIG (Tagungsberichte der Historischen Kommission für ost- und westpreußische Landesforschung, 13), Lüneburg 1999, S. 114–37.

vor 1466 zu analysieren.[123] Vor allem die Studien von Roman CZAJA[124] und Jürgen SARNOWSKY,[125] neben denen von Marian DYGO,[126] brachten grundlegende Ergebnisse. Für sozialgeschichtliche Aspekte ist der Aufsatz von Jürgen SARNOWSKY anzuführen.[127] Zur Münzpolitik in Preußen sind vor allem die Forschungen durch Oliver VOLCKART von 2001 für diese Studie bedeutsam.[128] Hinsichtlich des Finanzwesens in Europa ist der Beitrag von Klaus MILITZER einzubeziehen.[129]

123 S. Werner BÖHNKE, Der Binnenhandel des Deutschen Ordens in Preußen und seine Beziehung zum Außenhandel um 1400, in: Hansische Geschichtsblätter 80 (1962), S. 26–95; Bernhart JÄHNIG, Zur Wirtschaftsführung des Deutschen Ordens in Preußen vornehmlich vom 13. bis zum frühen 15. Jahrhundert, in: Zur Wirtschaftsentwicklung des Deutschen Ordens im Mittelalter, hrsg. v. Udo ARNOLD (Quellen und Studien zur Geschichte des Deutschen Ordens, 38; Veröffentlichungen der Internationalen Historischen Kommission zur Erforschung des Deutschen Ordens, 2), Marburg 1989, S. 113–47. S. zuletzt Cezary KARDASZ, Economic relations between Gdańsk and Königsberg in the years 1466–1525, in: Zapiski historyczne 82, 1 (2017), S. 37-54. doi:10.15762/ZH.2017.03.

124 S. Roman CZAJA, Der Handel des Deutschen Ordens und der preußischen Städte. Wirtschaft zwischen Zusammenarbeit und Rivalität, in: Ritterorden und Region. Politische, soziale und wirtschaftliche Verbindungen im Mittelalter, hrsg. v. Zenon Hubert NOWAK (Ordines militares, 8), Toruń 1995, S. 111–23; DERS., Handelsbeziehungen der Großschäffer des Deutschen Ordens zu den preußischen Städten am Anfang des 15. Jahrhunderts, in: »Kopet uns werk by tyden«. Beiträge zur hansischen und preußischen Geschichte. Walter Stark zum 75. Geburtstag, hrsg. v. Nils JÖRN, Walter STARK, Schwerin 1999, S. 201–09; DERS., Preußische Hansestädte und der Deutsche Orden. Ein Beitrag zu den Beziehungen zwischen Stadt und Landesherrschaft im späten Mittelalter, in: Hansische Geschichtsblätter 118 (2000), S. 57–76; DERS., Die wirtschaftliche Lage des Ordenslandes Preußen und die Entwicklung der europäischen Wirtschaft im 13.–15. Jahrhundert, in: Ostmitteleuropa im 14.–17. Jahrhundert. Eine Region oder Region der Regionen?, hrsg. v. Marian DYGO, Sławomir GAWLAS, Hieronim GRALA (Zentrum für ostmitteleuropäische Geschichte des Historischen Instituts der Universität Warschau, Colloquia, 3), Warszawa 2003, S. 103–13.

125 S. SARNOWSKY, Wirtschaftsführung (wie Anm. 12).

126 S. Marian DYGO, Die Münzpolitik des Deutschen Ordens in Preußen in der ersten Hälfte des 15. Jahrhunderts (Fasciculi Historici, 14), Warszawa 1987; DERS., Strukturen und Konjunkturen in der Wirtschaft der ostmitteleuropäischen Länder, in: Ostmitteleuropa im 14.–17. Jahrhundert. Eine Region oder Region der Regionen?, hrsg. v. Marian DYGO, Sławomir GAWLAS, Hieronim GRALA (Zentrum für ostmitteleuropäische Geschichte des Historischen Instituts der Universität Warschau, Colloquia, 3), Warszawa 2003, S. 61–80.

127 S. Jürgen SARNOWSKY, »Land und Städte«. Ansätze zu einer Sozial- und Wirtschaftsgeschichte Preußens im 14. und 15. Jahrhundert, in: Beiträge zur Geschichte Westpreußens 15 (1997), S. 27–47.

128 S. Oliver VOLCKART, Die Münzpolitik im Ordensland und Herzogtum Preußen von 1370 bis 1550 (Quellen und Studien, Deutsches Historisches Institut Warschau, 4), Wiesbaden 1996.

129 S. Klaus MILITZER, Die Einbindung des Deutschen Ordens in das europäische Finanzsystem, in: Die Ritterorden in der europäischen Wirtschaft des Mittelalters, hrsg. v. Roman CZAJA, Jürgen SARNOWSKY (Ordines militares, 12), Toruń 2003, S. 7–18, hier S. 14–15. Zudem Stuart JENKS, Die Finanzierung des hansischen Handels im Spätmittelalter am Beispiel von Preußen, in: Hansische Geschichtsblätter 128 (2010), S. 1–18.

Vor allem Wilhelm RAUTENBERG widmete sich in seiner Dissertationsschrift aus dem Jahre 1953 intensiv der Geschichte der Söldner während des Dreizehnjährigen Städtekrieges, doch vorwiegend für den Zeitraum zwischen 1454 und 1466. In einem abschließenden, kurzen Kapitel richtete der Autor den Blick auch auf Soldabfindungen sowie den Verbleib und die Tätigkeit böhmischer Söldner nach dem Krieg, ohne hierbei jedoch im Detail auf die finanziellen und wirtschaftlichen Aspekte einzugehen.[130] Marian BISKUP wies in einem Aufsatz aus dem Jahre 1963, hierbei die polnische Geschichtswissenschaft im Fokus habend, auf die Notwendigkeit einer vertieften Auseinandersetzung mit u. a. den wirtschaftlichen Auswirkungen nach dem Zweiten Thorner Frieden hin.[131]

Dieses wurde von Lothar DRALLE aufgegriffen, der sich in seiner Dissertationsschrift aus dem Jahre 1975 u. a. ökonomischen Aspekten, jedoch vorwiegend hinsichtlich der Einnahmesituation des Deutschen Ordens zwischen 1466 und 1497 in Preußen, widmete.[132] Eine intensive Auseinandersetzung mit den immensen Forderungen seitens der zahlreichen Gläubiger war nicht erklärtes Ziel seiner Studie.[133] Emil Johannes GUTTZEIT setzte sich detailliert mit Landverschreibungen nach 1466 auseinander, ohne jedoch auf andere Tilgungsarten einzugehen.[134] Auch nach dieser Studie forderte Marian BISKUP 1986 wiederum eine vertiefte Auseinandersetzung mit der Verwaltungseinteilung des nach 1466 verbliebenden Ordenslandes.[135]

---

130 S. Wilhelm RAUTENBERG, Böhmische Söldner im Ordensland Preußen. Ein Beitrag zur Söldnergeschichte des 15. Jahrhunderts, vornehmlich des 13jährigen Städtekriegs, 1454–1466: T. 1: Quellen, Literatur und Text, Dissertation [maschinenschr.], Hamburg, 1953, S. 253–271, insbesondere S. 256–257; DERS., Böhmische Söldner im Ordensland Preußen. Ein Beitrag zur Söldnergeschichte des 15. Jahrhunderts, vornehmlich des 13jährigen Städtekriegs, 1454–1466: T. 2: Anm. und Anh., Dissertation [maschinenschr.], Hamburg, 1953, S. 111–19. RAUTENBERG zieht in diesem Kapitel ca. 100 OBA-Archivalien, drei Pergament-Urkunden und zwei Ordensfolianten hinzu. Daran anschließend s. Uwe TRESP, Söldner aus Böhmen. Im Dienst deutscher Fürsten: Kriegsgeschäft und Heeresorganisation im 15. Jahrhundert (Krieg in der Geschichte, 19), Paderborn, München, Wien, Zürich 2004.

131 S. Marian BISKUP, Der Zusammenbruch des Ordensstaates in Preußen im Lichte der neuesten polnischen Forschungen, in: Acta Poloniae Historica 9 (1963), S. 59–76, hier S. 61.

132 S. Lothar DRALLE, Der Staat des Deutschen Ordens in Preußen nach dem II. Thorner Frieden. Untersuchungen zur ökonomischen und ständepolitischen Geschichte Altpreußens zwischen 1466 und 1497 (Frankfurter Historische Abhandlungen, 9), Wiesbaden 1975, S. 9–53. DRALLE zog jedoch nicht die Vorarbeiten RAUTENBERGs mit ein.

133 S. ebd., S. 19, 39, 45-46, 170, Anm. 65.

134 S. Emil Johannes GUTTZEIT, Grundbesitzverschiebungen im Kreise Heiligenbeil als Folge des Dreizehnjährigen Krieges [Forschungsbericht], in: Zeitschrift für Ostforschung 17 (1968), S. 66–90, hier S. 66.

135 S. die dt. Übersetzung Marian BISKUP, Das Ordensland Preußen als Lehen der polnischen Krone (1466–1525), in: Die Geschichte des Deutschen Ordens in Preußen. Wirtschaft, Gesellschaft, Staat, Ideologie, hrsg. v. Marian BISKUP, Gerard LABUDA, Jürgen HEYDE (Clio in Polen,

Sven EKDAHL legte 1986, im Jahr 2000 ergänzt um einen weiteren Band mit Indices einschließlich personengeschichtlicher Kommentare, die Edition des Soldbuchs des Deutschen Ordens von 1410/11 vor.[136] Klaus NEITMANN wertete 2006 bereits zahlreiche Handfesten nach 1466 aus, berücksichtigte jedoch nicht umfassend Pfandverschreibungen von Dienstgütern, Dörfern und Städten.[137] Zuletzt bezog Grischa VERCAMER in seiner Dissertationsschrift, die sich speziell der Komturei Königsberg zwischen dem 13. und 16. Jh. widmet, die Schuldverschreibungen von Dörfern an die Söldner schließlich mit ein.[138] Eine Auswer-

6), Osnabrück 2000, S. 471–532, hier S. 471, Anm. 1.

136 S. Das Soldbuch des Deutschen Ordens 1410/1411. Die Abrechnungen für die Soldtruppen. Teil 1. Text mit Anhang und Erläuterungen, bearb. u. ediert v. Sven Ekdahl (Veröffentlichungen aus den Archiven Preußischer Kulturbesitz, 23,1), Köln 1988; Sven EKDAHL, Das Soldbuch des Deutschen Ordens 1410/1411. Teil 2. Indices mit personengeschichtlichen Kommentaren, Bd. 2 (Veröffentlichungen aus den Archiven Preußischer Kulturbesitz, 23,2), Köln 2010.

137 S. Klaus NEITMANN, Arbeitsinstrumente der hochmeisterlichen Kanzlei. Handfestenregister des 15. Jahrhunderts, in: Preußens erstes Provinzialarchiv. Zur Erinnerung an die Gründung des Staatsarchivs Königsberg vor 200 Jahren, hrsg. v. Bernhart JÄHNIG, Jürgen KLOOSTERHUIS (Tagungsberichte der Historischen Kommission für ost- und westpreußische Landesforschung, 20), Marburg 2006, S. 123–84, hier S. 130, Anm. 24, 158–161.

138 S. Grischa VERCAMER, Siedlungs-, Sozial- und Verwaltungsgeschichte der Komturei Königsberg in Preußen (13.–16. Jahrhundert) (Einzelschriften der Historischen Kommission für ost- und westpreußische Landesforschung, 29), Marburg 2010, S. 126–131, 221–230.

tung der polnischsprachigen Literatur konnte lediglich eingeschränkt stattfinden. Auch eine Auseinandersetzung mit Schulgeschichtsbüchern[139] und anderen publizistischen Beiträgen[140] wurde nicht weiter verfolgt.

Zwar befanden sich die Schulden oftmals im Fokus der Forschung,[141] doch bisher liegt keine Studie zur Verwaltung der Schulden des Deutschen Ordens in

---

139 S. exempl. Hartmut BOOCKMANN, Gotthold RHODE, Thesen zur Geschichte des Deutschen Ordens, in: Deutschland, Polen und der Deutsche Orden. Sonderdruck der Deutschen Unesco-Kommission, [Köln] [ca. 1974], S. 7–18, hier S. 3, 16; Marian BISKUP, Die Rolle des Deutschen Ordens in Preußen in der Geschichte Polens, in: Deutschland, Polen und der Deutsche Orden. Sonderdruck der Deutschen Unesco-Kommission, [Köln] [ca. 1974], S. 19–29, hier S. 27; Stanislaw TRAWKOWSKI, Der Deutsche Orden in den polnischen Schulbüchern, in: Internationales Jahrbuch für Geschichts- und Geographie-Unterricht 16 (1975), S. 257–64, hier S. 257, 263; Udo ARNOLD, Der Deutsche Orden im Schulbuch der Bundesrepublik Deutschland, in: Internationales Jahrbuch für Geschichts- und Geographie-Unterricht 16 (1975), S. 276–91, hier S. 287; abermals DERS., Der Deutsche Orden im Schulbuch der Bundesrepublik Deutschland, in: Deutscher Orden und Preußenland. Ausgewählte Aufsätze anläßlich des 65. Geburtstages, hrsg. v. Udo ARNOLD, Bernhart JÄHNIG, Georg MICHELS (Einzelschriften der Historischen Kommission für ost- und westpreußische Landesforschung, 26), Marburg 2005, S. 49–66, hier S. 61–62; Zenon Hubert NOWAK, Das mittelalterliche Preußenland im Schulbuch der Volksrepublik Polen, in: Preußenland 16, 3/4 (1978), S. 6–19, hier S. 15–16; Udo ARNOLD, Deutschordensgeschichte und deutsch-polnische Schulbuchgespräche, in: Von Akkon bis Wien: Studien zur Deutschordensgeschichte vom 13. bis zum 20. Jahrhundert. Festschrift zum 90. Geburtstag von Althochmeister P. Dr. Marian Tumler O. T. am 21. Oktober 1977, hrsg. v. Udo ARNOLD, Marian TUMLER, Marburg 1978, S. 344–61, hier S. 346; William URBAN, Der Deutsche Orden in amerikanischen Schulbüchern, in: Beiträge zur Geschichte des Deutschen Ordens, hrsg. v. Udo ARNOLD (Quellen und Studien zur Geschichte des Deutschen Ordens, 36; Veröffentlichungen der Internationalen Historischen Kommission zur Erforschung des Deutschen Ordens, 1), Marburg 1986, S. 111–22.

140 S. exempl. Klaus MILITZER, Der Deutsche Orden – von der Gründung bis 1525. Von Akkon ins Preußenland, in: Damals 39, 1 (2007), S. 20–27; Siegrid SCHMIDT, Deutschordensritter im Film, in: Mittelalterliche Kultur und Literatur im Deutschordensstaat in Preussen. Leben und Nachleben, hrsg. v. Jarosław WENTA, Sieglinde HARTMANN, Gisela VOLLMANN-PROFE (Sacra bella septentrionalia, 1), Toruń 2008, S. 641–52; Christophe TALCZEWSKI, arte: Die Deutschen Ordensritter (Dokumentation). 50 min. Frankreich/Polen 2011; Christian UHDE, Martin. Mit einem Ordensritter in Preußen; Erzählung, Lüneburg 2002.

141 S. exempl. Uwe SCHIRMER, Die Institutionalisierung fürstlicher Schulden in Sachsen im 15. und 16. Jahrhundert. Wissenschaftliches Symposium zum Thema Staatsfinanzen – Staatsverschuldung – Staatsbankrotte in der europäischen Staaten- und Rechtsgeschichte an der Friedrich-Schiller-Universität Jena vom 17. bis 20. März 1998, in: Staatsfinanzen – Staatsverschuldung – Staatsbankrotte in der europäischen Staaten- und Rechtsgeschichte, hrsg. v. Gerhard LINGELBACH, Köln 2000, S. 277–92; Detlev HELLFAIER, Kommenden, Schulden, Ausverkauf. Wirtschaftsgeschichtliche Quellen des Detmolder Augustinerkanonessen-Klosters Marienanger aus dem 16. Jahrhundert, in: Lippische Mitteilungen aus Geschichte und Landeskunde 74 (2005), S. 129–54; Jürgen SCHLUMBOHM, Kreditsicherung und Schuldbeziehungen seit dem späten Mittelalter. Ein Kommentar, in: Schuldenlast und Schuldenwert. Kreditnetzwerke in der europäischen Geschichte. 1300–1900, hrsg. v. Gabriele B. CLEMENS (Trierer historische For-

Preußen nach 1466 vor. Ziel ist im Folgenden zunächst nicht die Einordnung des Schuldenphänomens in politische Vorgänge oder eine Analyse von politischen Hintergründen bzw. die Berücksichtigung konkreter individueller Zusammenhänge, sondern vorrangig sind die Verwaltungsvorgänge und Zusammenhänge der komplexen Schuldentilgungsprozesse zu strukturieren, zu analysieren und die Ergebnisse nachhaltig durch eine Edition der Forschung zugänglich zu machen,[142] um somit eine vertiefte Auseinandersetzung unter wirtschaftlichen, sozialen und politischen Gesichtspunkten unter Einbeziehung der ausstehenden Schuldforderungen zu ermöglichen.[143]

Während des Forschungsverlaufs ergab sich die Erkenntnis, dass ein seit den Wirren zum Ende des Zweiten Weltkriegs nicht archivarisch gelisteter und möglicherweise für das Forschungsvorhaben bedeutender Ordensfoliant verschollen ist. Von daher erfolgt zunächst eine Darstellung der Überlieferungshistorie und erstmals im Detail eine Erörterung der Transporte des Archivguts aus Königsberg gen Westen zum Ende des Krieges sowie der sich anschließenden

---

schungen, 65), Trier 2008, S. 239–44; Franz IRSIGLER, Kreditgewährung und Formen der Kreditsicherung im Mittelalter, in: Schuldenlast und Schuldenwert. Kreditnetzwerke in der europäischen Geschichte. 1300–1900, hrsg. v. Gabriele B. CLEMENS (Trierer historische Forschungen, 65), Trier 2008, S. 67–84; Peter SCHUSTER, The Age of Debt? Private Schulden in der spätmittelalterlichen Gesellschaft, in: Schuldenlast und Schuldenwert. Kreditnetzwerke in der europäischen Geschichte. 1300–1900, hrsg. v. Gabriele B. CLEMENS (Trierer historische Forschungen, 65), Trier 2008, S. 37–52; Thomas WIRTZ, Schulden und Krise in spätmittelalterlichen Städten, in: Krisen und Schulden. Historische Analysen und gegenwärtige Herausforderungen. Exzellenzcluster Gesellschaftliche Abhängigkeiten und Soziale Netzwerke, hrsg. v. Curt W. HERGENRÖDER, Wiesbaden 2011, S. 215–19; David GRAEBER, Ursel SCHÄFER, Schulden. Die ersten 5000 Jahre, Stuttgart [6]2012; Peter SCHUSTER, Soziale und kulturelle Aspekte des Schuldenmachens im ausgehenden Mittelalter, in: Prekäre Ökonomien. Schulden in Spätmittelalter und Früher Neuzeit, hrsg. v. Gabriela SIGNORI (Spätmittelalterstudien, 4), München 2014, S. 17–34.

142 S. Klaus NEITMANN, Die Pfandverträge des Deutschen Ordens in Preußen, in: Zeitschrift für Ostforschung 41 (1992), S. 1–67, hier S. 2.

143 »Als *altgermanische* Substantivbildung zu dem unter sollen behandelten Verb bezeichnet *mittelhochdeutsch* schulde, schult, *althochdeutsch* sculd(a), *niederländisch* schuld, *altenglisch* scyld, *schwedisch* skuld zunächst die rechtliche Verpflichtung zu einer Leistung (Abgabe, Dienst, Strafe und dergleichen). Denselben Sinn zeigen verwandte *baltische* Wörter, zum Beispiel *litauisch* skolà »*Geldschuld*«, skilti »*in Schulden geraten*« [...]« »Schuld«. Auszug aus Munzinger Online/Duden – Das Herkunftswörterbuch, CD-ROM, Mannheim [5]2014. »*I. das (durch einen Schuldner) Geschuldete, insb. in Form von Geld; Leistungsverpflichtung, Verbindlichkeit, Obliegenheit.* [...] *II. das (von einem Gläubiger) Beanspruchte, insb. in Form von Geld; Anspruch, Forderung; vereinzelt auch die anfallenden Zinsen;* Schuld fordern *einen Anspruch erheben, eine Forderung geltend machen.*« Deutsches Rechtswörterbuch. Wörterbuch der älteren deutschen Rechtssprache, hrsg. v. Andreas DEUTSCH, Almuth BEDENBENDER, Bd. 12, Weimar 2013, Sp. 1278, 1282.

Entwicklungen, jedoch verbleibt der in einem Verzeichnis von 1944 nachgewiesene Ordensfoliant 260 – trotz intensiver Recherchen – weiterhin vermisst.[144]

1.3 Überlieferungslage und methodisches Vorgehen

Während der Kampfhandlungen des Dritten Kreuzzugs um die Stadt Akkon im Heiligen Land *do haben etzliche cristglaubige manne von Bremen und Lubecke mit barmhertzigkeyt bewegt, eyn spitall under eynen sigell eyns schyffs, das man eyn kockt nennet, gebawet, und aufgericht, under welchs sy gar vyll und manchen krancken vorsamelten und das bemelt spitall mit groser andacht vorsorgten,*[145] soweit ein Auszug aus einer Übersetzung aus der zweiten Hälfte des 15. Jh.s der in der Mitte des 13. Jh.s entstandenen *Narratio de primordiis ordinis Theutonici* des *Deutschen Ordens.*[146] Nach den soeben geschilderten Ereignissen[147] ist seit 1190 eine Spitalgemeinschaft in Akkon vertreten,[148] die nach 1192 über Akkon

144 S. Anm. 339.

145 Ueber die Gründung des deutschen Ordens, in: Scriptores rerum Prussicarum. Die Geschichtsquellen der preußischen Vorzeit bis zum Untergange der Ordensherrschaft, hrsg. v. Theodor HIRSCH, Leipzig 1866, S. 709–12, hier S. 710–11. S. De primordiis ordinis Theutonici narratio, in: Scriptores rerum Prussicarum. Die Geschichtsquellen der preußischen Vorzeit, hrsg. v. Walther HUBATSCH, Frankfurt a. M. 1968, S. 22–29; Dietrich R. EHMEK, Die Fahrt der Bremer und Lübecker nach Akkon und die Stiftung des Deutschen Ordens, in: Bremisches Jahrbuch 2, 1 (1866), S. 156–84; Christian PROBST, Das deutsche Feldspital vor Akkon (1190). Die älteste derzeit nachweisbare militärmedizinische Einrichtung des christlichen Abendlandes, in: Wehrmedizinische Monatsschrift 11, 5 (1967), S. 167–69; Ulrich ALERTZ, Zur Erfindung des Schiffsentwurfs, vorgestellt im Modell der Kreuzfahrerschiffe im Hafen von Akkon, in: Burgen und Schlösser 2 (2009), S. 126–29; Marie-Luise FAVREAU-LILIE, Die Routen der Kreuzzugsflotten im Mittelmeer und ihre Häfen, in: Burgen und Schlösser 2 (2009), S. 121–25.

146 S. Udo ARNOLD, Die Anfänge der Ordensgeschichtsschreibung, in: Neue Studien zur Literatur im Deutschen Orden, hrsg. v. Bernhart JÄHNIG, Arno MENTZEL-REUTERS (Zeitschrift für deutsches Altertum und deutsche Literatur, 19), Stuttgart 2014, S. 177–95; DERS., Die Narratio de primordiis Ordinis Theutonici. Der offizielle Blick des Deutschen Ordens auf seine Anfänge, in: La mémoire des origines dans les ordres religieux-militaires au Moyen Âge. Die Erinnerung an die eigenen Ursprünge in den geistlichen Ritterorden im Mittelalter, hrsg. v. Gert MELVILLE (Vita regularis, Abhandlungen, 51), Berlin, Münster 2012, S. 95–120; DERS., De primordiis ordinis Theutonici narratio, in: Preußenland 4 (1966), S. 17–30.

147 S. Marie-Luise FAVREAU, Studien zur Frühgeschichte des Deutschen Ordens, Stuttgart 1974, S. 35–63; Klaus MILITZER, Von Akkon zur Marienburg. Verfassung, Verwaltung und Sozialstruktur des Deutschen Ordens 1190–1309 (Quellen und Studien zur Geschichte des Deutschen Ordens, 56; Veröffentlichungen der Internationalen Historischen Kommission zur Erforschung des Deutschen Ordens, 9), Marburg 1999, S. 9–17.

148 S. Udo ARNOLD, Der Leiter der Hospitalgemeinschaft in Akkon 1190–1198, in: Die Hochmeister des Deutschen Ordens 1190–2012, hrsg. v. Udo ARNOLD (Quellen und Studien zur Geschichte des Deutschen Ordens, 40; Veröffentlichungen der Internationalen Historischen Kommission zur Erforschung des Deutschen Ordens, 6), Weimar ^{2}2014, S. 4–8. Zu den inneren

hinaus – nicht nur im Heiligen Land – prosperieren sollte.[149] Kurze Zeit nach den Vorgängen in Akkon am 6. Februar 1191 wurde den *deutschen Brüdern der Marienkirche in Jerusalem*[150] der Schutz des Papstes Clemens III. zugesichert.[151]

Das zuletzt genannte und nicht unbedeutende Schriftstück,[152] seit 1198 ist die Gemeinschaft als Ritterorden ausgerichtet,[153] ist seit dessen Unterzeichnung

Strukturen s. ARNOLD, Entstehung (wie Anm. 4), S. 98–107.

149 S. ARNOLD, Entstehung (wie Anm. 4), S. 97; Nicholas Edward MORTON, The Teutonic knights in the Holy Land 1190–1291, Woodbridge 2009, S. 118–21.

150 *dilectis filiis fratribus Theotonicis ecelesie sánete Marie Ierosolimitane.* Ernst Gottfried Wilhelm STREHLKE, Tabulae ordinis Theutonici. Ex tabularii regii Berolinensis codice potissimum, Berlin 1869, S. 263, Nr. 295.

151 Offen soll an dieser Stelle die Frage nach den nicht unmittelbar eindeutigen Gründungszusammenhängen des Ordens bleiben. S. zur Kontinuitäts- bzw. Diskontinuitätstheorie Udo ARNOLD, Jerusalem und Akkon. Zur Frage von Kontinuität oder Neugründung des Deutschen Ordens 1190, in: Mitteilungen des Instituts für Österreichische Geschichtsforschung 86 (1978), S. 416–32; abermals DERS., Jerusalem und Akkon. Zur Frage von Kontinuität oder Neugründung des Deutschen Ordens 1190, in: Deutscher Orden und Preußenland. Ausgewählte Aufsätze anläßlich des 65. Geburtstages, hrsg. v. Udo ARNOLD, Bernhart JÄHNIG, Georg MICHELS (Einzelschriften der Historischen Kommission für ost- und westpreußische Landesforschung, 26), Marburg 2005, S. 117–32; Gerard MÜLLER, Jerusalem oder Akkon? Über den Anfang des Deutschen Ordens nach dem gegenwärtigen Stand der Forschung, Bad Münstereifel [2]1989; Shlomo LOTAN, Jerusalem in the Traditions of the Teutonic Military Order. Symbolism and Uniqueness, in: Zapiski historyczne 4 (2010), S. 7–17, hier S. 10–11; Gerard LABUDA, Die Anfänge des Deutschen Ordens. In Jerusalem oder in Akkon?, in: Jahrbuch für die Geschichte Mittel- und Ostdeutschlands 52 (2006), S. 153–72.

152 S. GStA PK, XX. HA Hist. StA Königsberg, Perg.-Urk. 4201, Nr. 1, Schiebl. 1, 1a. Stets erfolgt für den Nachweis des entsprechenden Schriftstücks aus dem Bestand der *Pergament-Urkunden* zunächst die Nennung der fortlaufenden Nummer des Regestenwerkes, Regesta historico-diplomatica Ordinis S. Mariae Theutonicorum. Regesten der Pergament-Urkunden aus der Zeit des Deutschen Ordens (1198–1525), hrsg. v. Walther HUBATSCH, Erich JOACHIM (Ps. 2), Göttingen 1948, gefolgt von der älteren Schiebladen-Angabe. Die Archivalien des Bestandes *Ordensbriefarchiv* werden ausschließlich nach den Nummern des entsprechenden Regestenwerkes nachgewiesen. Druck der Urkunde s. STREHLKE, Tabulae (wie Anm. 150), S. 263–264, Nr. 295. Für eine Abbildung s. Unter Kreuz und Adler. Der Deutsche Orden im Mittelalter; Ausstellung des Geheimen Staatsarchivs Preußischer Kulturbesitz anläßlich des 800jährigen Bestehens des Deutschen Ordens, hrsg. v. Friedrich BENNINGHOVEN, Mainz 1990, S. 25 (A 12). S. Walther HUBATSCH, Quellen zur Geschichte des Deutschen Ordens und Altpreußens in Venedig, in: Zeitschrift für Ostforschung 3 (1954), S. 261–63, hier S. 261.

153 S. Udo ARNOLD, Vom Feldspital zum Ritterorden. Militarisierung und Territorialisierung des Deutschen Ordens (1190–ca. 1240), in: Balticum. Studia z dziejów polityki, gospodarki i kultury XII–XVII wieku; ofiarowane Marianowi Biskupowi w siedemdziesiata rocznice urodzin, hrsg. v. Zenon Hubert NOWAK, Marian BISKUP, Toruń 1992, S. 25–36, hier S. 30–31; abermals DERS., Vom Feldspital zum Ritterorden. Militarisierung und Territorialisierung des Deutschen Ordens (1190–ca. 1240), in: Deutscher Orden und Preußenland. Ausgewählte Aufsätze anläßlich des 65. Geburtstages, hrsg. v. Udo ARNOLD, Bernhart JÄHNIG, Georg MICHELS (Einzelschriften der Historischen Kommission für ost- und westpreußische Landesforschung, 26), Marburg 2005, S. 133–42; Walther HUBATSCH, Montfort und die Bildung des Deutschordensstaates

von Ordensmitgliedern und anschließend von Archivaren an unterschiedliche Orte über tausende Kilometer hinweg zunächst aus Outremer und später durch weite Teile Europas transportiert worden, um heute in einem Berliner Gebäude im Ortsteil Dahlem als älteste Urkunde des dortigen Archivbestandes des Deutschen Ordens verwahrt zu werden.

Nicht nur solch schriftlich beurkundeten, päpstlichen Schutz wollten die späteren Ordensmitglieder für die weitere Zukunft unter rechtlichen Gesichtspunkten erhalten wissen, sondern auch interne Schriftstücke wie Abrechnungen zu Verwaltungszwecken[154] waren von hoher Bedeutung, sodass diese sicher gelagert werden sollten.[155] Zwar war der Hochmeister des Ordens, Hermann von Salza (1209–1239),[156] in der Folgezeit zum einen häufig auf Reisen und führte

---

im Heiligen Lande, in: Nachrichten der Akademie der Wissenschaften in Göttingen, Philologisch-Historische Klasse 5 (1966), S. 161–99, hier S. 169–70.

154 Als Hinweise in den Statuten bzw. Beschlüssen auf die notwendige Anfertigung von Verwaltungsschriftgut innerhalb des Deutschen Ordens, jedoch ohne Aufbewahrungspflicht *In allen hûsern sol man rechennen ze dem minsten in zwein mânoden einest, alsô daz man darzů neme eteliche die besten der brůder.* Die Statuten des Deutschen Ordens nach den ältesten Handschriften, hrsg. v. Max PERLBACH, Halle a. S. 1890, S. 137 (VI. 10). Während einer Übergabe *alsô daz ein iglich ambehtman mit schrifte ûfgebe, wie er daz hûs habe entphangen unde wie er lâze ez an gelde unde an schulde.* Ebd., S. 96–97, Gw 7. Ferner *Ouch sulen dî landescommendûre iêrgeliches zu einem mâle grôz capitel halden unde von ir undertânen ûfnemen ir ambeht in dem selben capitele, also daz ein igelich ambehtman mit schrifte ûfgebe, wie er er daz hus habe entphangen unde wie er ez lâze an gelde unde an schult.* Ebd., S. 102, Gw 18. S. zur jährlichen Verantwortung bzw. weiteren Regelungen ebd., S. 59, G IIa, 60, G IIb, 107, Gw 31. S. beispielhaft für andere Orden, insbesondere zur frühen Verschriftlichung der Wirtschaftsverwaltung Florent CYGLER, Gert MELVILLE, Jörg OBERSTE, Aspekte zur Verbindung von Organisation und Schriftlichkeit im Ordenswesen. Ein Vergleich zwischen den Zisterziensern und Cluniazensern des 12./13. Jahrhunderts, in: Viva vox und ratio scripta. Mündliche und schriftliche Kommunikationsformen im Mönchtum des Mittelalters, hrsg. v. Clemens M. KASPER, Klaus SCHREINER (Vita regularis, 5), Münster 1997, S. 205–80, hier S. 270–77.

155 S. HUBATSCH, Montfort (wie Anm. 153), S. 168. S. grundlegend Mario GLAUERT, Von Akkon bis Königsberg. Das Archiv der Hochmeister des Deutschen Ordens, in: Preußens erstes Provinzialarchiv. Zur Erinnerung an die Gründung des Staatsarchivs Königsberg vor 200 Jahren, hrsg. v. Bernhart JÄHNIG, Jürgen KLOOSTERHUIS (Tagungsberichte der Historischen Kommission für ost- und westpreußische Landesforschung, 20), Marburg 2006, S. 27–52; Udo ARNOLD, Einleitung, in: Die Urkunden des Deutschordens-Zentralarchivs in Wien. Regesten: 1222–Januar 1313, hrsg. v. Udo ARNOLD (Quellen und Studien zur Geschichte des Deutschen Ordens, 60,1; Veröffentlichungen der Internationalen Historischen Kommission zur Erforschung des Deutschen Ordens, 11,1), Marburg 2006, S. IX–XXXIV, hier S. IX–XXIX.

156 S. Udo ARNOLD, Hermann von Salza 1209–1239, in: Die Hochmeister des Deutschen Ordens 1190–2012, hrsg. v. Udo ARNOLD (Quellen und Studien zur Geschichte des Deutschen Ordens, 40; Veröffentlichungen der Internationalen Historischen Kommission zur Erforschung des Deutschen Ordens, 6), Weimar [2]2014, S. 12–16; DERS., Der Deutsche Orden zwischen Kaiser und Papst im 13. Jahrhundert, in: Die Ritterorden zwischen geistlicher und weltlicher Macht im Mittelalter, hrsg. v. Zenon Hubert NOWAK (Ordines militares, 5), Toruń 1990, S. 57–70; Bodo HECHELHAMMER, Mittler zwischen Kreuz und Krone. Hermann von Salza und der

dabei bedeutende Dokumente zunächst stets mit sich, doch zum anderen ist davon auszugehen, dass ebenfalls in den Ordensniederlassungen in Akkon sowie auf Montfort[157] erste archivähnliche Strukturen[158] geschaffen worden waren.[159] Nicht nur aus pragmatischen Gründen, sondern auch zwecks dezentraler und damit einhergehender Risikominimierung eines potentiellen Totalverlustes wäre eine Hinterlegung von Dokumenten, ob Original oder Abschrift, außerhalb des Heiligen Landes in Barletta,[160] gelegen in der Ordensballei Apulien, denkbar.

Kreuzzug Friedrichs II., in: Zeitschrift des Vereins für Thüringische Geschichte 61 (2007), S. 31–58. Zur Kritik bzw. einer angedrohten Beschränkung der Reisetätigkeit s. MILITZER, Akkon (wie Anm. 147), S. 135–36.

157 S. HUBATSCH, Montfort (wie Anm. 153), S. 174, 183–184, 186–198; DERS., Hochmeister-Residenzen des Deutschen Ordens, in: Württembergisch Franken: Jahrbuch des historischen Vereins für Württembergisch Franken 60 (1976), S. 3–13, hier S. 5; Denys R. PRINGLE, A Thirteenth-century Hall at Montfort Castle in Western Galilee, in: The Antiquaries Journal 66, 1 (1986), S. 52–81. doi:10.1017/S0003581500084481; Adrian J. BOAS, Rabei KHAMISSY, The Teutonic Castle of Montfort/Starkenberg (Qal'at Qurein), in: L'Ordine Teutonico tra Mediterraneo e Baltico/Der deutsche Orden zwischen Mittelmeerraum und Baltikum. Incontri e scontri tra religioni, popoli e culture; atti del convegno internazionale (Bari–Lecce–Brindisi, 14–16 settembre 2006), hrsg. v. Hubert HOUBEN, Galatina 2008, S. 347–61. Mein Dank gilt Shula und Dan Lindemann (gest.), Kibbuz Cabri, Israel, für den Besuch der archäologischen Stätten in Akkon und Montfort sowie Yishai Lindemann, Israel, von ausgewählten Stätten in Jerusalem in 2011.

158 S. HUBATSCH, Montfort (wie Anm. 153), S. 186. Der Begriff *Archiv*, zumindest für die preußischen Quellen, ist erstmalig 1641 in Verbindung mit dem Begriff *Registratur* nachweisbar. S. Bernhart JÄHNIG, Vom Etatsministerium zum Geheimen Archiv. Kanzlei, Registratur und Archiv in Königsberg von der ausgehenden Ordenszeit bis zum beginnenden 19. Jahrhundert, in: Preußens erstes Provinzialarchiv. Zur Erinnerung an die Gründung des Staatsarchivs Königsberg vor 200 Jahren, hrsg. v. Bernhart JÄHNIG, Jürgen KLOOSTERHUIS (Tagungsberichte der Historischen Kommission für ost- und westpreußische Landesforschung, 20), Marburg 2006, S. 53–84, hier S. 69.

159 S. GLAUERT, Akkon bis Königsberg (wie Anm. 155), S. 28. S. zuletzt Jürgen SARNOWSKY, Das Historische Staatsarchiv und die Erschließung seiner Bestände, in: Das »Virtuelle Archiv des Deutschen Ordens«. Beiträge einer internationalen Tagung im Staatsarchiv Ludwigsburg am 11. und 12. April 2013, hrsg. v. Maria Magdalena RÜCKERT, Stuttgart 2014, S. 93–105, hier S. 94–95.

160 S. Hans E. MAYER, Introduction, in: Tabulae Ordinis Theutonici ex Tabularii Regii Berolinensis Codice pottissimum, hrsg. v. Ernestus STREHLKE, Toronto 1975=1869, S. 7–81, hier S. 77–78; Helmuth KLUGER, Hochmeister Hermann von Salza und Kaiser Friedrich II. Ein Beitrag zur Frühgeschichte des Deutschen Ordens (Quellen und Studien zur Geschichte des Deutschen Ordens, 37), Marburg 1987, S. 28; Hubert HOUBEN, La presenza dell'Ordine Teutonico a Barletta (secc. XII–XV), in: Barletta crocevia degli Ordini religioso-cavallereschi medioevali. Seminario di Studio, Barletta 16 giugno 1996 (Melitensia, 2), Taranto 1997, S. 23–50; DERS., Der Deutsche Orden im Mittelmeerraum, in: Der Deutsche Orden in Europa, hrsg. v. Gesellschaft für staufische Geschichte e. V., Göppingen 2004, S. 29–48; DERS., Friedrich II., der Deutsche Orden und die Burgen im Königreich Sizilien. Eine unbekannte Urkunde Honorius' III. von 1223, in: Deutsches Archiv für Erforschung des Mittelalters 56 (2000), S. 585–91, hier S. 590.

Die Ordensführung strebte zu keiner Zeit eine Zentralisierung der Privilegien und damit des Archivs an, jedoch existieren noch Verzeichnisse aus dem 14. Jh., aus welchen der jeweilige Aufbewahrungsort einer Urkunde, vorwiegend derer vor 1309, entnommen werden kann.[161]

Nach der Belagerung und der daraufhin erzwungenen Aufgabe Montforts 1271, bei welcher die Mitnahme der restlichen dort verbliebenen und nicht bereits ausgelagerten Dokumente wahrscheinlich nicht verwehrt wurde,[162] zog der Orden sich nach Akkon zurück,[163] doch durch die Einnahme der Stadt im Jahre 1291 bestand die Notwendigkeit, das Heilige Land zu verlassen,[164] welches eine

161 S. FORSTREUTER, Staatsarchiv in Königsberg (wie Anm. 95), S. 12; GLAUERT, Akkon bis Königsberg (wie Anm. 155), S. 32.

162 *it was agreed that they should leave the fortress and go wherever they wished, though they were to take with them neither money nor weapons.* Muḥammad Ibn-ʿAbd-ar-Raḥīm IBN-AL-FURĀT, Ursula LYONS, J. S. C. RILEY-SMITH, Ayyubids, Mamlukes and crusaders. Selections from the Tārīkh al-Duwal wa'l-mulūk of Ibn al-Furāt, Bd. 2, Cambridge 1971, S. 151. S. Walter RADDATZ, Die Uebersiedlung des Deutschen Ritterordens von Palästina nach Venedig und Marienburg (1291–1309), Dissertation, Halle, 1914, S. 18–19; BOAS, KHAMISSY, Montfort (wie Anm. 157), S. 349.

163 S. Marie-Luise FAVREAU-LILIE, The Teutonic Knights in Acre after the Fall of Montfort (1271). Some Reflections, in: Outremer. Studies in the history of the Crusading Kingdom of Jerusalem: presented to Joshua Prawer, hrsg. v. B. Z. KEDAR, H. E. MAYER, Jerusalem 1982, S. 272–84; Shlomo LOTAN, Governing the Teutonic Order from *Outremer*. The Teutonics Headquarters Competing in the Last Era of the Latin Kingdom of Jerusalem, in: Herrschaft, Netzwerke, Brüder des Deutschen Ordens in Mittelalter und Neuzeit. Vorträge der Tagung der Internationalen Historischen Kommission zur Erforschung des Deutschen Ordens in Marburg 2010, hrsg. v. Klaus MILITZER (Quellen und Studien zur Geschichte des Deutschen Ordens, 72), Weimar 2012, S. 25–38.

164 S. Erwin STICKEL, Der Fall von Akkon (Geist und Werk der Zeiten, 45), Bern 1975, S. 10, 13, 17, 42, 53, 61, 71–72, 82, 93; Indrikis STERNS, The Teutonic Knights in the Crusader States, in: A history of the crusades. The impact of the crusades on the Near East, hrsg. v. Kenneth M. SETTON, Norman P. ZACOUR, Harry W. HAZARD, Madison 1985, S. 315–78, hier S. 376–77; Marie-Luise FAVREAU-LILIE, The Military Orders and the Escape of the Christian Population from the Holy Land in 1291, in: Journal of Medieval History 19, 3 (1993), S. 201–27, hier S. 205–207, 210, 216–217; Shlomo LOTAN, *Querimonia desolacionis terre sancte*. The fall of Acre and the Holy Land in 1291 as an emotional element in the Tradition of Teutonic Order, in: Mirabilia 15, 2 (2012), S. 47–55. Zum Verlust des Archivs des Johanniterordens s. STICKEL, Fall von Akkon (wie Anm. 164), S. 84. Vor der Eroberung waren wohl einige Archivalien des Deutschen Ordens abtransportiert worden. S. Max PERLBACH, Die Reste des Deutschordensarchives in Venedig, in: Altpreußische Monatsschrift 19 (1882), S. 630–50, hier S. 632.

Verlagerung des dortigen Schriftguts in die – als Kompromiss zweier widerstreitender Ordensflügel ausgemachte[165] – Stadt Venedig mit sich zog.[166]

In der Lagunenstadt an der Adria bezog der Hochmeister neue Räumlichkeiten, in welchen auch die Kanzlei und das Archiv untergebracht waren.[167] Von hier aus führte einige Jahrzehnte später Hochmeister Siegfried von Feuchtwangen während seines Umzugs 1309 auf die Marienburg,[168] dem neuen Hauptsitz des Ordens,[169] offenbar keine Urkunden und Privilegien mit.

---

165 S. Udo ARNOLD, Der Deutsche Orden und Venedig, in: Militia sacra. Gli ordini militari tra Europa e Terrasanta, hrsg. v. Enzo COLI, Maria de MARCO, Francesco TOMMASI, Perugia 1994, S. 145–65; abermals DERS., Der Deutsche Orden und Venedig, in: Deutscher Orden und Preußenland. Ausgewählte Aufsätze anläßlich des 65. Geburtstages, hrsg. v. Udo ARNOLD, Bernhart JÄHNIG, Georg MICHELS (Einzelschriften der Historischen Kommission für ost- und westpreußische Landesforschung, 26), Marburg 2005, S. 207–24, hier S. 211; Kurt FORSTREUTER, Der Deutsche Orden am Mittelmeer (Quellen und Studien zur Geschichte des Deutschen Ordens, 2), Bonn 1967, S. 193.

166 S. Riccardo PREDELLI, Le reliquie dell'archivio dell'ordine Theutonico in Venezia, in: Atti del Reale Istituto Veneto di Scienze, Lettere ed Arti 64, 2 (1904), S. 1379–463; RADDATZ, Übersiedlung (wie Anm. 162), S. 19; Barbara BOMBI, Due inediti rotoli pergamenacei. L'Ordine Teutonico e la sua organizzazione archivistica al principio del XIV secolo, in: Scrineum – Rivista 1 (2003), S. 1–25; GLAUERT, Akkon bis Königsberg (wie Anm. 155), S. 29; ARNOLD, Venedig (wie Anm. 165), S. 214–15.

167 S. Max PERLBACH, Das Haus des Deutschen Ordens zu Venedig, in: Altpreußische Monatsschrift 17 (1880), S. 269–85, hier S. 270, 282; RADDATZ, Übersiedlung (wie Anm. 162), S. 22.

168 S. PERLBACH, Venedig (wie Anm. 167), S. 282, 284; Klaus MILITZER, Die Übersiedlung Siegfrieds von Feuchtwangen in die Marienburg, in: Die Ritterorden in Umbruchs- und Krisenzeiten, hrsg. v. Roman CZAJA, Jürgen SARNOWSKY (Ordines militares, 16), Toruń 2011, S. 47–61, hier S. 57, insbesondere Anm. 56. Anders hingegen FORSTREUTER, Staatsarchiv in Königsberg (wie Anm. 95), S. 12; GLAUERT, Akkon bis Königsberg (wie Anm. 155), S. 34. S. zu den Kanzleien Max HEIN, Die Ordenskanzleien in Preußen 1310–1324, in: Altpreußische Forschungen 9 (1932), S. 9–21.

169 S. HUBATSCH, Hochmeister-Residenzen (wie Anm. 157), S. 8; Udo ARNOLD, Akkon – Venedig – Marienburg. Der Deutsche Orden vom Mittelmeer- zum Ostseeraum, in: Acri 1291. La fine della presenza degli ordini militari in Terra Santa e i nuovi orientamenti nel XIV secolo, hrsg. v. Francesco TOMMASI, Perugia 1996, S. 69–74, hier S. 73–74; Bernhart JÄHNIG, Organisation und Sachkultur der Deutschordensresidenz Marienburg, in: Vorträge und Forschungen zur Residenzenfrage, hrsg. v. Peter JOHANEK (Residenzenforschung, 1), Sigmaringen 1990, S. 45–75; abermals DERS., Organisation und Sachkultur der Deutschordensresidenz Marienburg, in: Vorträge und Forschungen zur Geschichte des Preußenlandes und des Deutschen Ordens im Mittelalter. Ausgewählte Beiträge zum 70. Geburtstag am 7. Oktober 2011, hrsg. v. Bernhart JÄHNIG, Hans-Jürgen KÄMPFERT, Münster/Westf. 2011, S. 113–49, hier S. 120; GLAUERT, Akkon bis Königsberg (wie Anm. 155), S. 29, 32; Udo ARNOLD, Von Venedig nach Marienburg. Hochmeister und Deutscher Orden am Ende des 13./Beginn des 14. Jahrhunderts, in: Kirche und Gesellschaft im Wandel der Zeiten. Festschrift für Gabriel Adriány zum 75. Geburtstag, hrsg. v. Hermann-Josef SCHEIDGEN, Nordhausen 2012, S. 75–90.

Innerhalb des Gebäudekomplexes der Marienburg lässt sich die genaue Lage einer *briffkamer*, die oftmals in den erhaltenen Zeugnissen Erwähnung findet,[170] nicht exakt ausfindig machen, doch zumindest ist die Lokalität der Kanzlei und des Archivs im Hochmeisterpalast auf das Erdgeschoss unterhalb des Winterremters eingrenzbar.[171] Ohnehin waren auf der Marienburg mehrere Registraturen und Kanzleien verteilt tätig.[172] Neben den Dokumentensammlungen vor Ort begleiteten den Hochmeister während seiner Umritte[173] eine mobile Kanzlei und ein Archiv, je nach Bedarf vor dem Ritt mit Abschriften, Transsumpten[174] und der aktuellen Registratur zusammengestellt.[175]

Nach beinahe 150 Jahren war, aufgrund der finanziell äußerst angespannten Lage des Ordens, Hochmeister Ludwig von Erlichshausen[176] (1450–1467) nach dem Verkauf der Marienburg gezwungen,[177] den Herrschaftssitz am

170 S. GLAUERT, Akkon bis Königsberg (wie Anm. 155), S. 34.

171 S. Bernhard SCHMID, Kanzlei und Archiv in der Marienburg, in: Mitteilungen des Vereins für die Geschichte von Ost- und Westpreußen 18, 1 (1943/44), S. 1–6; Kazimierz POSPIESZNY, Der Hochmeisterpalast der Marienburg. Forschungen zum Ostteil des Hauptgeschosses, in: Burgen kirchlicher Bauherren, hrsg. v. Thomas BILLER, Wartburg-Gesellschaft zur Erforschung von Burgen und Schlössern, München 2001, S. 71–94, hier S. 90; GLAUERT, Akkon bis Königsberg (wie Anm. 155), S. 35–38; JÄHNIG, Sachkultur (wie Anm. 169), S. 130. S. zur Kanzleigeschichte ferner Otto GÜNTHER, Schreiberdienst auf der Marienburg im 14. Jahrhundert, in: Mitteilungen des Westpreußischen Geschichtsvereins 16 (1917), S. 53–58; Rudolf GRIESER, Das älteste Register der Hochmeisterkanzlei des Deutschen Ordens, in: Mitteilungen des Österreichischen Instituts für Geschichtsforschung 44 (1930), S. 417–56; Max HEIN, Das Urkundenwesen des Deutschordensstaates unter Hochmeister Dietrich von Altenburg (1335–1341), in: Altpreußische Forschungen 18 (1941), S. 1–20.

172 S. HUBATSCH, Hochmeister-Residenzen (wie Anm. 157), S. 9; GLAUERT, Akkon bis Königsberg (wie Anm. 155), S. 38–49; Dieter HECKMANN, Aspekte der Neuordnung des Kanzleiwesens im preussischen Ordensland nach dem 2. Thorner Friedensschluss, in: Zapiski historyczne 81, 4 (2016), S. 101–16, hier S. 107. doi:10.15762/ZH.2016.51; SCHMID, Kanzlei (wie Anm. 171), S. 5.

173 S. Klaus NEITMANN, Der Hochmeister des Deutschen Ordens in Preußen – ein Residenzherrscher unterwegs. Untersuchungen zu den Hochmeisteritineraren im 14. und 15. Jahrhundert (Veröffentlichungen aus den Archiven Preußischer Kulturbesitz, 30), Köln 1990, S. 46–47.

174 S. Erich WEISE, Zur Diplomatik der Staatsverträge des Deutschen Ordens seit 1400, in: Altpreußische Forschungen 12 (1935), S. 218–31, hier S. 229–30.

175 S. GLAUERT, Akkon bis Königsberg (wie Anm. 155), S. 39–41.

176 S. Bernhart JÄHNIG, Ludwig von Erlichshausen (Ellrichshausen) 21.3.1450–4.4.1467, in: Die Hochmeister des Deutschen Ordens 1190–2012, hrsg. v. Udo ARNOLD (Quellen und Studien zur Geschichte des Deutschen Ordens, 40; Veröffentlichungen der Internationalen Historischen Kommission zur Erforschung des Deutschen Ordens, 6), Weimar ²2014, S. 134–42.

177 S. Gustav KLEIN, Der Verkauf der Marienburg. Ein Beitrag zur Söldnergeschichte im deutschen Ordenslande während des 13jährigen Krieges (1454–1467), Dissertation [maschinenschr.], Königsberg, 1922; Wilhelm RAUTENBERG, Der Verkauf der Marienburg 1454–1457. Mit Beiträgen zum zeitgenössischen Pfand- und Herrschaftsrecht sowie zur Treuepflicht im Lehnsrecht, in: Studien zur Geschichte des Preußenlandes. Festschrift für Erich Keyser zu seinem 70. Geburtstag dargebracht von Freunden und Schülern, hrsg. v. Ernst BAHR, Erich KEYSER, Marburg 1963, S. 119–50, hier S. 138–42.

6. Juni 1457[178] zu verlassen, und er gelangte unter abenteuerlichen Umständen nach Königsberg,[179] um in die einst für den Obersten Marschall erbauten Räumlichkeiten einzuziehen.[180] Bereits lange Zeit zuvor, am 8. August 1456, waren von der Burg Marienburg *des herrn̄ homeisters schriberr us iren̄ kam̄eren*[181] vertrieben worden und hatten in der Stadt Unterkunft gefunden.[182]

Auf welchen verschlungenen Wegen das ausgewählte Material des Archivs von der Marienburg in die samländische Burg Tapiau[183] und nach Königsberg gelangte, ist leider nicht rekonstruierbar.[184] Beim Verlassen der Marienburg konnte höchstwahrscheinlich nicht der Gesamtbestand des dortigen Archivs verlagert werden, sodass – naheliegend – zum einen ein Schwerpunkt auf die jüngste Vergangenheit bzw. aktuelle Vorgänge gelegt wurde und damit billigend Verluste aufgrund der Sachzwänge hingenommen werden mussten.[185] Daneben

178 S. Geschichte von wegen eines Bundes, in: Scriptores Rerum Prussicarum. Die Geschichtsquellen der preußischen Vorzeit bis zum Untergange der Ordensherrschaft, hrsg. v. Theodor HIRSCH, Bd. 4, Leipzig 1870, S. 75–211, hier S. 185.

179 S. Johannes VOIGT, Geschichte Preussens, von den ältesten Zeiten bis zum Untergange der Herrschaft des deutschen Ordens. Die Zeit vom Hochmeister Konrad von Erlichshausen, 1441 bis zum Tode des Hochmeisters Ludwig von Erlichshausen 1467, Bd. 8, Königsberg 1838, S. 530–33; FORSTREUTER, Staatsarchiv in Königsberg (wie Anm. 95), S. 34; RAUTENBERG, Verkauf (wie Anm. 177), S. 142.

180 S. RAUTENBERG, Verkauf (wie Anm. 177), S. 142; Tomasz TORBUS, Die Konventsburgen im Deutschordensland Preußen (Schriften des Bundesinstituts für Ostdeutsche Kultur und Geschichte/Bundesinstitut für Ostdeutsche Kultur und Geschichte, 11), München 1998, S. 292–293, 452; Bernhard SCHMID, Gebietiger-Gemächer in den Ordenshäusern, in: Mitteilungen des Vereins für die Geschichte von Ost- und Westpreußen 17 (1942/43), S. 33–43, hier S. 34–36; Fritz GAUSE, Die Geschichte der Stadt Königsberg in Preußen. Von der Gründung der Stadt bis zum letzten Kurfürsten, Bd. 1, Köln ^{3}1996, S. 182–83; Wulf Dietrich WAGNER, Das Königsberger Schloss. Eine Bau- und Kulturgeschichte. Von der Gründung bis zur Regierung Friedrich Wilhelms I. (1255–1740), Bd. 1 (Publikationen des Museums der Stadt Königberg, 5,1), Regensburg 2008, S. 58–61, 67–68; WAGNER, Königsberger Schloss, 1 (wie Anm. 180), S. 67–68.

181 Geschichte von wegen eines Bundes (wie Anm. 178), S. 172.

182 S. RAUTENBERG, Böhmische Söldner, T. 1 (wie Anm. 130), S. 142; Erich WEISE, Eine Dokumentensammlung zum Verkauf der Marienburg vom Jahre 1457. Entgegnung auf Manfred Hellmann, in: Jahrbuch für die Geschichte Mittel- und Ostdeutschlands 9/10 (1961), S. 311–17, hier S. 314.

183 S. TORBUS, Konventsburgen (wie Anm. 180), S. 669–76; Conrad Emanuel STEINBRECHT, Preussen zur Zeit der Landmeister. Beiträge zur Baukunst des deutschen Ritterordens, Berlin 1888, S. 124; Adolf BOETTICHER, Die Bau- und Kunstdenkmäler der Provinz Ostpreußen. Natangen, Bd. 2, Königsberg 1892, S. 168; Handbuch der historischen Stätten. Ost- und Westpreußen, hrsg. v. Erich WEISE (Kröners Taschenausgabe, 317), Stuttgart 1981 [ND 1966], S. 219–20. S. die Abbildung Christophorus HARTKNOCH, Alt- und Neues Preussen Oder Preussischer Historien Zwey Theile, Franckfurt, Leipzig, Königsberg 1684, S. 398.

184 S. HUBATSCH, Hochmeister-Residenzen (wie Anm. 157), S. 10; FORSTREUTER, Staatsarchiv in Königsberg (wie Anm. 95), S. 16–17; GLAUERT, Akkon bis Königsberg (wie Anm. 155), S. 46–47.

185 S. FORSTREUTER, Staatsarchiv in Königsberg (wie Anm. 95), S. 14–15.

bildeten einen weiteren Schwerpunkt die bedeutenden Pergamenturkunden, oftmals Privilegien,[186] wovon nicht wenige 1465 das ferne Domkapitel in Magdeburg - Sicherheitsaspekten geschuldet - erreichten.[187]

Nicht vor dem 31. Januar 1468 trafen Teile des Archivs, wahrscheinlich mit dem Pferdewagen spediert, in Tapiau ein,[188] da erst jetzt der livländische Meister die Burg an den Hochmeister übergab und das hierbei erstellte Inventarverzeichnis ein Archiv nicht gesondert ausweist.[189] Der Deutschmeister erwähnte am 25. Juli 1474, dass Bücher aus *unnsers ordenns liberie zu Tapiaw*[190] in der Zeit 1469/70 verkauft worden seien,[191] welches den Rückschluss nahelegt, dass auch Bestände des Archivs in den Burggemäuern sicher aufbewahrt worden waren.[192]

Inwiefern ein Austausch bzw. eine Verlagerung von Schriftgut zwischen den Archiven in Königsberg und der etwa 30 Kilometer pregelaufwärts in der Komturei gelegenen Burg Tapiau stattfand, lässt sich nicht nachweisen, da lediglich ein Findbuch aus Königsberg von 1525 sowie eines für Tapiau aus der Mitte des 16. Jh.s erhalten sind.[193] Dennoch ist zu Beginn des 16. Jh.s ein Großteil des Archivs wohl in Tapiau anzutreffen.[194] Erst 1722 sollte das Tapiauer Archiv end-

186 S. ebd., S. 14. Vgl. Abb. 2: Verteilung der Bestände (Perg.-Urk./OBA), 15. Jh., S. 87.

187 S. GLAUERT, Akkon bis Königsberg (wie Anm. 155), S. 49.

188 S. FORSTREUTER, Staatsarchiv in Königsberg (wie Anm. 95), S. 17–18.

189 S. GStA PK, XX. HA Hist. StA Königsberg, OBA 16131. Druck: Liv-, Esth- und Curländisches Urkundenbuch nebst Regesten (1460–1472), hrsg. v. Friedrich Georg von BUNGE, Hermann HILDEBRAND, Philipp SCHWARTZ u. a., Bd. 12, Reval, Riga 1900, S. 301–302, Nr. 553.

190 GStA PK, XX. HA Hist. StA Königsberg, OBA 16495. Druck: Arno MENTZEL-REUTERS, Arma spiritualia. Bibliotheken, Bücher und Bildung im Deutschen Orden (Beiträge zum Buch- und Bibliothekswesen, 47), Wiesbaden 2003, S. 287–88.

191 Zur Bibliothek s. MENTZEL-REUTERS, Arma spiritualia (wie Anm. 190), S. 285–93; Eckhard GRUNEWALD, Das Register der Ordensliberei Tapiau aus den Jahren 1541–1543. Eine Quelle zur Frühgeschichte der ehem. Staats- und Universitätsbibliothek Königsberg, in: Berichte und Forschungen. Jahrbuch des Bundesinstituts für ostdeutsche Kultur und Geschichte 1 (1993), S. 55–91.

192 S. FORSTREUTER, Staatsarchiv in Königsberg (wie Anm. 95), S. 17–18; GLAUERT, Akkon bis Königsberg (wie Anm. 155), S. 48; HECKMANN, Neuordnung des Kanzleiwesens (wie Anm. 172), S. 109.

193 S. Bernhart JÄHNIG, Das älteste Findbuch der Deutschordensfolianten (um 1525) und deren Schicksal(e) im 19. Jahrhundert, in: Deutschsprachige Literatur des Mittelalters im östlichen Europa. Forschungsstand und Forschungsperspektiven, hrsg. v. Ralf G. PÄSLER, Dietrich SCHMIDTKE, Heidelberg 2006, S. 29–55, hier S. 42–55; GStA PK, XX. HA Hist. StA Königsberg, OsF 14241a; Kurt FORSTREUTER, Das »Hauptstadtproblem« des Deutschen Ordens, in: Jahrbuch für die Geschichte Mittel- und Ostdeutschlands 5 (1956), S. 129–56, hier S. 153.

194 S. FORSTREUTER, Staatsarchiv in Königsberg (wie Anm. 95), S. 21–22.

gültig aufgelöst und zumindest räumlich dem Königsberger Bestand beigeordnet werden. Die von dort stammenden Pergament-Urkunden wurden zuletzt in zahlreichen großen Kisten verstaut.[195]

Seit der Übergabe der Marienburg an die Söldner durch den Hochmeister in der zweiten Hälfte des 15. Jh.s befanden sich somit Teile des Ordensarchivs im Königsberger Schloss und nach der soeben erwähnten Zusammenführung der komplette Bestand letztendlich im westlichen Teil des Nordflügels.[196] Nach dem Krakauer Frieden von 1525 waren zwar einige Urkunden an Polen übergeben worden, jedoch erfolgten danach keine weiteren bedeutenden Aufteilungen der Bestände.[197] Über die Zeit wandelte sich das Archiv – insbesondere seit 1823 für die Erforschung von Schriftgut aus der Zeit vor 1525 bedingt freigegeben –,[198] ausgehend von einer ausschließlichen Verwaltungsbehörde, zu einer für die wissenschaftliche Forschung zugänglichen und auf diese auch ausgerichteten Einrichtung.[199]

---

195 S. VOIGT, Provinzial-Archiv (wie Anm. 95), S. 185; FORSTREUTER, Staatsarchiv in Königsberg (wie Anm. 95), S. 34, 45-47. Zur weiteren Entwicklung s. JÄHNIG, Etatsministerium (wie Anm. 158); Wulf Dietrich WAGNER, Heinrich LANGE, Das Königsberger Schloss. Eine Bau- und Kulturgeschichte. Von Friedrich dem Großen bis zur Sprengung (1740–1967/68); das Schicksal seiner Sammlungen nach 1945, Bd. 2 (Publikationen des Museums der Stadt Königberg, 5,2), Regensburg 2011, S. 128–32.

196 S. FORSTREUTER, Staatsarchiv in Königsberg (wie Anm. 95), S. 115, Abb. 1 u. 2; TORBUS, Konventsburgen (wie Anm. 180), S. 457; HEIN, Staatsarchiv (wie Anm. 97), S. 3–14.

197 S. FORSTREUTER, Staatsarchiv in Königsberg (wie Anm. 95), S. 20–21, 90. Vom Warschauer Hauptarchiv Alter Akten wurden im Januar 1941 74 Urkunden (1215–1455) nach Königsberg transportiert, insbesondere u. a. von WEISE mit »staatspolitischen« Motiven begründet. S. LEHR, Osteinsatz (wie Anm. 117), S. 123–25; GStA PK, I. HA, Rep. 178, Nr. 2420, Bl. 161r, 165r–v. Ferner s. Torsten MUSIAL, Staatsarchive im Dritten Reich. Zur Geschichte des staatlichen Archivwesens in Deutschland 1933–1945 (Potsdamer Studien, 2), Potsdam 1996, S. 131, 132; Johanna WEISER, Geschichte der preußischen Archivverwaltung und ihrer Leiter. Von den Anfängen unter Staatskanzler von Hardenberg bis zur Auflösung im Jahre 1945 (Veröffentlichungen aus den Archiven Preußischer Kulturbesitz, Beiheft, 7), Köln 2000, S. 182. S. für das Verzeichnis Jadwiga KARWASIŃSKA, Straty Archiwum Koronnego [Verluste des Kronarchivs], in: Straty archiwów i bibliotek warszawiskich w zakresie rękopiśmiennych źródeł historycznych. Archiwum główne akt dawnych, hrsg. v. Adam STEBELSKI, Warszawa 1957, S. 29–69, hier S. 37–49.

198 S. FORSTREUTER, Staatsarchiv in Königsberg (wie Anm. 95), S. 59.

199 Zur weiteren Kanzleigeschichte bzw. zu den umfangreichen Erschließungsmaßnahmen bzw. Ordnungsarbeiten s. ebd., S. 23–71, 79–81. Für einen Überblick s. Rainer TÄUBRICH, Archive in Ostpreußen vor und nach dem Zweiten Weltkrieg. Unter Einschluß des Memellandes und des Soldaugebietes, Bonn 1990, S. 46–50; Bericht über einen Vortrag von Archivrat Dr. Joachim »Über Archive, insbesondere die Königsberger«, in: Sitzungsberichte des Vereins für die Geschichte von Ost- und Westpreussen 9 (1915), S. 333–35, hier S. 333–34. Die Leitung des Königsberger Archivs erfolgte in den jeweiligen Zeiträumen des 19./20. Jh.s durch Ernst Hennig (1811–1815), Daniel Friedrich Schütz (1815–1817), Johannes Voigt (1817–1863), Friedrich Meckelburg (1863–1874), Rudolf Philippi (1874–1887), Erich Joachim (1887–1921),

Nach beinahe einem halben Jahrtausend reichte der Platz im Schloss zu Beginn des 20. Jh.s dann doch nicht mehr aus,[200] sodass die Archivalien, teilweise aus den alten Eichenschiebladen, im Herbst 1930 in einen Neubau am Hansaring 31, später in Adolf-Hitler-Straße umbenannt,[201] im Stile der Neuen Sachlichkeit errichtet, in insgesamt 38 Möbelwagen befördert, umzogen.[202] Nach 1940 hatten Archivare, wie Kurt FORSTREUTER, gezielt Dokumente aus osteuropäischen Archiven entwendet und den Königsberger Beständen hinzugefügt.[203]

Keine 15 Jahre sollten die Schriftstücke im neuen Bau verwahrt werden, da durch die sich verändernde Frontlage des Zweiten Weltkriegs entschieden worden war, Teile der Bestände, vorwiegend aus den Jahren vor 1808, darunter insbesondere das Ordensarchiv, auf eine zunächst ungewisse Reise in Eisenbahnwaggons gen Westen zu schicken.[204] Zuvor waren die ersten, umfangreichen

---

Paul Karge (1921–1927), Max Hein (1927–1945). S. Wolfgang LEESCH, Die deutschen Archivare 1500–1945, Bd. 1, München 1985, S. 63. Zum übrigen Personal s. FORSTREUTER, Staatsarchiv in Königsberg (wie Anm. 95), S. 75–78; LEESCH, Archivare, 1 (wie Anm. 199), S. 63–64.

200 S. FORSTREUTER, Staatsarchiv in Königsberg (wie Anm. 95), S. 81–82.

201 S. Fritz GAUSE, Die Geschichte der Stadt Königsberg in Preußen. Vom Ersten Weltkrieg bis zum Untergang Königsbergs, Bd. 3, Köln [2]1996, S. 130.

202 S. Max HEIN, Das neue Gebäude des Staatsarchivs zu Königsberg, in: Archivalische Zeitschrift 40 (1931=1975), S. 17–25; Robert LIEBENTHAL, Preußisches Staatsarchiv Königsberg i. Pr., in: Zentralblatt der Bauverwaltung 51, 22 (1931), S. 313–18; Die Archive, hrsg. v. Paul WENTZCKE, Gerhard LÜDTKE, Bd. 1 (Minerva-Handbücher), Berlin 1932, S. 190–91; FORSTREUTER, Staatsarchiv in Königsberg (wie Anm. 95), S. 81–83, 116, Abb. 3 u. 4; 7. Umfang der Bestände der Preußischen Staatsarchive, in: Mitteilungsblatt der Preussischen Archivverwaltung 2 (1937), S. 11–12, hier S. 11. Zur Person Robert Liebenthal (1884–1961) s. Kurt FORSTREUTER, Robert Liebenthal, in: Altpreußische Biographie. Ergänzungen zu Band I und II, hrsg. v. Christian KROLLMANN, Kurt FORSTREUTER, Marburg 1975, S. 1003.

203 S. Cordelia HESS, »Some short business trips«. Kurt Forstreuter and the Looting of Archives in Poland and Lithuania, 1939–1942, in: Yad Vashem studies 42, 2 (2014), S. 91–122 vs. Arno MENTZEL-REUTERS, NS-„Archivschutz" in Ziehenau, in: Preußenland 6 (2015), S. 100–25. S. zuletzt Cordelia HESS, The Absent Jews. Kurt Forstreuter and the Historiography of Medieval Prussia, New York, NY 2017.

204 S. Wilhelm ROHR, Die zentrale Lenkung deutscher Archivschutzmaßnahmen im Zweiten Weltkrieg, in: Der Archivar 3 (1950), Sp. 105–122, hier Sp. 118–119; FORSTREUTER, Staatsarchiv in Königsberg (wie Anm. 95), S. 88–92; TÄUBRICH, Archive (wie Anm. 199), S. 54–55; WEISER, Geschichte der preußischen Archivverwaltung (wie Anm. 197), S. 203–04. S. zu Luftschutzmaßnahmen Wilhelm LENZ, Die Verlagerung des Revaler Stadtarchivs im Rahmen des »Archivschutzes« während des Zweiten Weltkrieges, in: Reval. Handel und Wandel vom 13. bis zum 20. Jahrhundert, hrsg. v. Norbert ANGERMANN, Wilhelm LENZ (Schriften der Baltischen Historischen Kommission, 8), Lüneburg 1997, S. 397–443, hier S. 404. Zur Situation und Maßnahmen polnischer Archive nach dem Krieg s. Herta von RAMM-HELMSING, Schicksal, Verbleib und Organisation der ostdeutschen Archive im Rahmen der polnischen Archivgesetzgebung. I. Teil, in: Der Archivar 5 (1952), Sp. 5–21; DIES., Schicksal, Verbleib und Organisation der ostdeutschen Archive im Rahmen der polnischen Archivgesetzgebung. II. Teil, in: Der Archivar 6 (1953), Sp. 209–234. Fünf Prozent der Königsberger Bestände sind 1951 im Allensteiner Archiv anzutreffen, darunter einige Urkunden aus der Deutschordenskanzlei. S. Ernst

Luftschutzmaßnahmen im Sommer 1941 durch den Transport von Archivgut in das Kellergeschoss des Archivgebäudes eingeleitet worden.[205] Im Jahr darauf erfolgten die ersten Verlagerungen – meist in Möbelwagen und auch in Lastkraftwagen der Polizei – in Ausweichstellen,[206] die 1943 weiter fortgesetzt wurden,[207] auch durch den Einsatz von Kindern, Schülern und Kriegsgefangenen

BAHR, Das Staatliche Wojewodschaftsarchiv in Allenstein, in: Zeitschrift für Ostforschung 13 (1964), S. 535–43, hier S. 536–537, 539.

205 *Im Juni wurde ein grosser Teil des historischen Archivs in den unter dem Magazingebäude liegenden Luftschutzkeller überführt, im Herbst in die Magazine zurückgebracht und im November infolge eines neuen Luftangriffs erneut in den Keller geschafft, wo es sich noch befindet. Das 6. (oberste) Magazingeschoss ist von Archivalien geräumt worden.* Rep. 178, Nr. 2420 (wie Anm. 197), Bl. 159r. Zuvor war das Staatsarchiv Königsberg als sicherer Auslagerungsort für im Westen gelegene Archive angesehen worden, sodass Bremer Bestände dorthin gelangten. S. MUSIAL, Staatsarchive im Dritten Reich (wie Anm. 197), S. 97. Auch Kieler Bestände hatten den Weg nach Königsberg gefunden. S. hierzu die Transportliste vom 29. November 1944 von Königsberg ins Bergwerk Grasleben *3 Kisten des Staatsarchivs Kiel,* [im Original unterstrichen] *Inhalt hier nicht bekannt.* LASA, C 22, Nr. 180, Bl. 100 (tlw. ohne Seitenzählung). Zuvor wurde dieses in der Ausweichstelle Burg Lochstädt gelagert. S. GStA PK, I. HA, Rep. 178, Nr. 2429, Bl. 91, 212. Vgl. die *Verfügungen an die westlichen Staatsarchive, wertvolle Bestände nach Königsberg zu senden* vom 24. Oktober 1940 (AVg.31/40): BArch, R 1506/1034, Bl. 51. S. überblicksartig die *Rundverfügungen des Generaldirektors der Staatsarchive und Direktors des Reichsarchivs Potsdam, Kommissars für den Archivschutz über Luftschutzmaßnahmen bei den Archiven* vom 4. Februar 1944, ebd., Bl. 48–54 und s. insbesondere zuvor die Besprechung für die Maßnahmen das Staatsarchiv Königsberg betreffend vom 24. Februar 1943 zwischen Dr. Hein und Dr. Rohr in Posen einschließlich dessen stenografischen Notizen, BArch, R 1506/1027, Bl. 125–140.

206 *Im Interesse der Sicherung der wertvollsten Bestände gegen Luftangriffsgefahren wurden im Juli ein grosser Teil der Ordensfolianten und die wichtigsten Ostpreussischen Folianten nach der Domäne Brandenburg, im Dezember das Ordensarchiv nach dem Schloss Heilsberg gebracht. 3 Kaiserurkunden mit Goldsiegel wurden im Tresor der Dresdner Bank in Königsberg hinterlegt. Diese Massnahmen waren umso notwendiger, als der noch vor Kriegsbeginn eingerichtete Aktenkeller des Staatsarchivs, der als bombensicher gelten darf, infolge eines im Frühjahr erfolgten Wasserrohrbruchs feucht geworden war und geräumt werden musste. An den Ausweichstellen befinden sich etwa 5% des Gesamtbestandes.* Rep. 178, Nr. 2420 (wie Anm. 197), Bl. 173r. U. a. für das Verzeichnis der in der Domäne Brandenburg lagernden Bestände s. Rep. 178, Nr. 2429 (wie Anm. 205), Bl. 30–32, 40. Zur zweiten Ausweichstelle mit entsprechendem Verzeichnis s. ebd., Bl. 43–44, 53–55. Lediglich werden hier oftmals nur die Blattangaben für die Verzeichnisse mit Deutschordensarchivalien angegeben.

207 *Nachdem 1942 hauptsächlich mittelalterliche und frühneuzeitliche Bestände in die Ausweichstellen Domäne Brandenburg und Schloss Heilsberg überführt worden waren, gelangte 1943 der grösste Teil des Aktenarchivs, der wichtigeren Deposita, der Karten, der Findbücher und ein Teil der Bibliothek in Ausweichstellen und zwar im April nach Schloss Waldburg (Kr. Samland), im Juli nach Burg Lochstädt (Kr. Samland) und ins Amtsgericht Kreuzingen (Kr. Elchniederung), im November und Dezember in die Amtsgerichte Liebstadt, Landsberg, Kreuzingen und Nordenburg, in die Schlösser Grunenfeld (Kr. Heiligenbeil) und Grünhoff (Kr. Samland) und in das Pfarrhaus Eisenberg (Kr. Heiligenbeil). Am Schluss des Jahres blieben noch die Akten kleinerer Verwaltungs- und Spezialbehörden, ein Teil der Deposita, ein Teil der aus Plock sowie die aus*

zur Entladung unterstützt,[208] und die Mitte 1944 vermeintlich abgeschlossen waren.[209] Damit bot das Gebäude in Königsberg nur noch sehr wenigen Archivalien eine Unterkunft.[210]

Kauen übernommenen Archivalien, sowie ein weiterer Teil der Bibliothek fortzubringen. [...] In der Hauptsache war die Abtransportierung der Königsberger deutschen Akten mit Ablauf des Jahres 1943 beendet. Rep. 178, Nr. 2420 (wie Anm. 197), Bl. 185–186. Zudem im März 1943 in das Fort Quednau, womit 18 Prozent des Gesamtbestandes ausgelagert waren. S. Rep. 178, Nr. 2429 (wie Anm. 205), Bl. 74–75. Ende April bereits 20 Prozent; für das Verzeichnis Waldburg s. ebd., Bl. 83–85. U. a. für die Auslagerungsliste in der Ordensburg Lochstädt in zwei der Plauenschen Gemächer s. ebd., Bl. 87, 90–91. Für die Verzeichnisse Liebstadt s. ebd., Bl. 103–104, 112–119. Für die Verzeichnisse Landsberg, Grunenfeld, Grünhoff, Kreuzingen, Eisenberg, Nordenburg s. ebd., Bl. 124–130, 133–134. S. exempl. für einige Mietverträge GStA PK, I. HA, Rep. 178, Nr. 336, Bl. 135–136, 138–139, 155–159, 162–163, 174–176, 211–212. Für Abrechnungen mit der Speditionsfirma Walter Steiner, Königsberg, s. Rep. 178, Nr. 336 (wie Anm. 207), Bl. 128, 152–154, 160–161, 164, 179, 181–183, 186–187, 218; Rep. 178, Nr. 2429 (wie Anm. 205), Bl. 78, für Spedition Krause, Liebstadt, s. Rep. 178, Nr. 336 (wie Anm. 207), Bl. 222. Für die Fotokopien der Findbücher s. Rep. 178, Nr. 336 (wie Anm. 207), Bl. 141, 145–146, 151, 185, 216; Rep. 178, Nr. 2429 (wie Anm. 205), Bl. 109. Am 23. Oktober 1943 sind vom *Archiv der Ordenszeit [..] etwa 98 % nach Ausweichstellen gebracht, der Rest befindet sich in dem vor dem Kriege angelegten und damals für bombensicher angesehenen Aktenkeller, der eine Zeit lang infolge eines Wasserrohrbruchs unbenutzbar war, jetzt aber wieder benutzbar ist. Dort sind auch die Findbücher untergebracht [...]. Die 1942 hier verbliebenen 2 % Ordensarchivalien wurden damals für laufende Arbeiten hier behalten; sie werden [folgt Streichung: zum Teil] bei dem für etwa 10. November vorgesehenen 2. Transport nach dem Amtsgericht Liebstadt zu einem erheblichen Teil mitgenommen und dort in einem Keller untergebracht werden.* Rep. 178, Nr. 2429 (wie Anm. 205), Bl. 108.

208 S. Rep. 178, Nr. 2429 (wie Anm. 205), Bl. 53, 102, 124; Rep. 178, Nr. 336 (wie Anm. 207), Bl. 169, 178.

209 S. FORSTREUTER, Staatsarchiv in Königsberg (wie Anm. 95), S. 91–92; MUSIAL, Staatsarchive im Dritten Reich (wie Anm. 197), S. 100. *Nachdem der grösste Teil des deutschen Staatsarchivs und ein Teil der Bücherei bereits 1942 und 1943 in Ausweichstellen überführt worden waren, wurden die Findbücher, fast der ganze Rest des deutschen Archivs, vormals polnische und litauische Bestände sowie ein weiterer Teil der Bücherei im Januar nach dem Schloss Labiau, auf die Domäne Richau bei Wehlau und in das Schloss Willkühnen (Kr. Samland), im Februar nach Schloss Reichertswalde (Kr. Mohrungen) überführt; ein zweiter Transport nach Willkühnen erfolgte im Mai. Im selben Monat wurde auf Wunsch der Wehrmacht ein Teil der im Schloss Grünhoff (Kr. Samland) untergebrachten Bestände nach dem Gutshaus Maldeuten (Kr. Pr. Holland) verlegt.* GStA PK, I. HA, Rep. 178, Nr. 2868, Bl. 1. Für die Verzeichnisse Willkühnen, Richau, Reichertswalde s. Rep. 178, Nr. 2429 (wie Anm. 205), Bl. 137–143, 145–146, 152–153. Umlagerung von Grünhoff nach Maldeuten s. ebd., Bl. 149–150.

210 Aus einem Berliner Schreiben vom Februar 1944: *Die frühzeitige Einreichung des Jahresberichtes trotz der geringen Belegschaft des Staatsarchivs und des Ausfalles des eingearbeiteten Bürobeamten findet meine volle Anerkennung. Das Staatsarchiv ist in der Verminderung seines Personalbestandes nunmehr wohl an einem Endpunkt angelangt. Es gilt, den Dienstbetrieb mit dem Restbestand der Gefolgschaft einigermaßen aufrechtzuerhalten, wobei die Sicherungsmaßnahmen an den eigenen Beständen und an den staatlichen und nichtstaatlichen Schrift- und Archivgutbeständen im Lande im Mittelpunkt steht.* Rep. 178, Nr. 2420 (wie Anm. 197), Bl. 201r. Mitte Februar 1944 sind im Königsberger Archivgebäude weiterhin, *um eine Fortführung der Arbeit*

Per Fernschreiben, welches – wie auch der ab diesem Zeitpunkt oftmals folgende Schriftverkehr – als *geheim* eingestuft worden war, wandte sich der Königsberger Archivdirektor Dr. Max Hein (1885–1949)[211] am 24. Juli 1944 an den Generaldirektor der Staatsarchive, Dr. Ernst Zipfel (1891–1966),[212] mit der Bitte um Anweisung zwecks umfangreicher Auslagerung der Königsberger Akten, *im hoechstfall 5000 zentner,*[213] ins innere Reichsgebiet, woraufhin dieser wenige Tage später bereits mitteilte:

> Für gänzlich ausgeschlossen halte ich einen Abtransport des gesamten Staatsarchivs. Ich ersuche daher eine strenge Auswahl zu treffen und für eine Bergung in erster Linie etwa folgende Bestände vorzusehen: Ordensarchiv, Herzogliches Briefarchiv, Etat[s]ministerium, Foliantenarchiv. Die hierfür benötigte Zahl von Güterwagen ist mir umgehend anzuzeigen.[214]

Da Eile geboten schien, benachrichtigte der Generaldirektor in Berlin am 7. August 1944 den Königsberger Archivdirektor wie folgt:

> Da sich die Lage täglich ändern kann, ersuche ich, alle Maßnahmen vorzubereiten, die einen möglichst raschen Abtransport von 1–2 Waggons der wichtigsten Archivalien erleichtern könnten. Von den in Pommern genannten Ausweichstellen ersuche ich zunächst abzusehen, dafür aber das Salzbergwerk Grasleben bei Helmstedt in Aussicht zu nehmen. [...] Zum Einbringen der Archivalien in den Schacht müßte an sich ein Vertreter des Staatsarchivs zugegen sein. Da Sie aber Königsberg wohl nicht verlassen können, habe ich Staatsarchivrat Dr. Grieser in Söder, Post Großdüngen bei Hildesheim, angewiesen, gegebenenfalls die Einlagerung der Archivalien in Grasleben zu überwachen.[...] Schon bei Annäherung der Front an ostpreußisches Gebiet seien Archivbestände durch Kriegseinwirkung (Luftangriffe, Verhalten der eigenen Truppen, überstürzte Räumungen usw.) besonders gefährdet; dabei handele es sich um einmaliges, unersetzliches Traditionsgut, dessen Verlust ein nationales Unglück bedeuten würde.[215]

Nach der Beladung am 15. und 16. August 1944 rollten bereits in den ersten beiden Waggons aus Liebstadt Teile des Adelsarchivs, des Etatsministeriums, der Registratur der dortigen jüdischen Gemeinde und zahlreiche Folianten in Richtung des Bergwerks Grasleben, nördlich von Helmstedt gelegen, wobei die

---

am Preussischen Urkundenbuch zu ermöglichen, 27 Ordensfolianten, 10 Kästen mit Urkunden und 1 Kasten des Ordensbriefarchivs vorläufig hier behalten; diese Bestände sollen beim Fortschreiten der Arbeit allmählich in die Ausweichstelle Heilsberg ausgelagert werden. Rep. 178, Nr. 2429 (wie Anm. 205), Bl. 145.

211 S. LEESCH, Archivare, 2 (wie Anm. 100), S. 236.

212 S. LEESCH, Archivare, 2 (wie Anm. 100), S. 695; WEISER, Geschichte der preußischen Archivverwaltung (wie Anm. 197), S. 203, 210.

213 Rep. 178, Nr. 2429 (wie Anm. 205), Bl. 162.

214 Ebd., Bl. 164.

215 LASA, C 22, Nr. 179, Bl. 5r. Abermals s. Rep. 178, Nr. 2429 (wie Anm. 205), Bl. 168.

Akten komplett und die Folianten nur zum großen Teil gebündelt waren.[216] Insgesamt hatte Archivdirektor Dr. Hein fünf bis sechs Güterwaggons für den Abtransport der Auswahl der Archivbestände angemeldet,[217] die auch trotz des vorherrschenden Mangels an Transportkapazitäten bzw. trotz Sperrungen im Schienenverkehr zugesichert worden waren.[218] Ursprünglich war eine Reisedauer für die beiden Waggons von fünf Tagen angenommen worden,[219] jedoch waren am 22. August die Waggons noch nicht am Bestimmungsort eingetroffen. Dieses nahm die zuständige Stelle vom Staatsarchiv Hannover zum Anlass, dem Archivdirektor in Königsberg – mit der Hoffnung verbunden, dass beim Transport *alles gut*[220] ginge – mitzuteilen, dass zukünftig zwischen den jeweiligen Entsendungen eines Waggons zwei bis drei Tage Differenz liegen mögen, da ansonsten die Entladung vor Ort erschwert sei. Endlich trafen am 24. und 25. August die ersten Archivalien aus Königsberg in Grasleben ein und gelangten unmittelbar in den Schacht.[221]

Wenige Tage später verursachten britische Bomberverbände in Königsberg durch zwei Angriffe mit wahrscheinlich mehr als tausend Toten in den Nächten vom 26./27. August sowie vom 29./30. August 1944 mit jeweils rund 180 Flugzeugen heftige Zerstörungen,[222] wobei auch der Königsberger Dom und das

216 S. LASA, C 22, Nr. 179 (wie Anm. 215), Bl. 6r. Güterwagen: B 257268 und Posen 24018. S. die Telegramme LASA, C 22, Nr. 179 (wie Anm. 215), Bl. 7r, 8r; Rep. 178, Nr. 2429 (wie Anm. 205), Bl. 169v. Zu den eiligen Verladearbeiten in Liebstadt durch *genügend weibliche Hilfskräfte* und Verzögerungen, *weil eins der beiden Pferde, die dem Liebstädter Spediteur zur Verfügung stehen, zusammenbrach.* Rep. 178, Nr. 2429 (wie Anm. 205), Bl. 169r.

217 *Die in der angezogenen Verfügung genannten Bestände, die Findbücher und einige andere kleinere Bestände, wie z. B. die drei Kisten des Staatsarchivs Kiel, wiegen zusammen rund 1500 Zentner, es würden also fünf Güterwagen zu ihrem Abtransport benötigt werden. Da diese Bestände aber auf sieben Ausweichstellen verteilt sind und die Beladung der Güterwagen ja sehr schnell erfolgen muss, wird es notwendig sein, sechs Güterwagen vorzusehen. An Ansichtsfläche beanspruchen diese Bestände rund 450 qm.* Ebd., Bl. 165.

218 *Der Sachbearbeiter sagte mir die Gestellung von 6 Wagen zu, die allerdings nur allmählich und ohne vorherige Terminfestsetzung erfolgen könnte.* Ebd., Bl. 169. Zu Sperrungen s. ebd., Bl. 213–214.

219 S. Telegramm zur Bestellung zweier Hotelzimmer (19./20.8), Anweisung zu Einlagerungsarbeiten LASA, C 22, Nr. 179 (wie Anm. 215), Bl. 9r, 10r.

220 Ebd., Bl. 11r. Ferner s. ebd., Bl. 12r.

221 S. ebd., Bl. 13r, 306r. S. für das Staatsarchiv Königsberg die Aufstellung der *Archivalienbergung – Osten* das Schriftstück aus der Handakte des Archivdirektors Dr. Vogel, BArch, R 1506/1028.

222 S. Alastair NOBLE, A Most Distant Target. The Bombing of Königsberg, August 1944, in: War & Society 25, 1 (2006), S. 55–75, hier S. 63–73. doi:10.1179/072924706791601964. *Das Staatsarchiv hat nur erheblichen Fenster- und geringen Türschaden erlitten. […] Bei dem Bombenangriff am 30. August wurden zahlreiche Fenster zerschlagen. Während die Scheiben im Verwaltungsgebäude allmählich wieder eingesetzt wurden, konnte [folgt Streichung: n] für Treppenhaus und Magazingebäude kein Glas bewilligt werden. Magazinverwalter Büttner und Angestellter*

Schloss, in welchem die Archivalien einst gelagert hatten, schwer beschädigt wurden.[223] Am Gebäude des Staatsarchivs gingen lediglich 60 Fensterscheiben zu Bruch.[224] Bereits Ende August 1942 hatten russische Flieger einen nächtlichen Angriff auf Königsberg durchgeführt, doch das Staatsarchiv blieb damals unbeschädigt, woraufhin wenige Tage später am Anfang des darauffolgenden Monats ein Flakgeschütz auf dem Dach des Archivs platziert wurde und die Angriffe weiter andauerten.[225] Zu diesem Zeitpunkt befanden sich noch 95 Prozent des Archivbestandes in den Räumlichkeiten des Königsberger Staatsarchivs.[226]

Für die Unterbringung von Archivalien stellte die Gewerkschaft Braunschweig-Lüneburg in Grasleben mit eigenem Anschlussgleis zum Salzbergwerk Räumlichkeiten unter Tage und Personal zur Verfügung. Zunächst hatte die Verwaltung des Staatsarchivs Hannover die Koordination dieser archivalischen Sicherungsmaßnahmen übernommen, doch wurde die Betreuung aufgrund der zu lang andauernden Anreise zum Salzbergwerk am 20. September 1944 dem Staatsarchiv Magdeburg übergeben.[227] Zu diesem Zeitpunkt lagerte bereits der Inhalt zweier Waggons, zuvor in Loren geladen,[228] mit Archivalien des Staatsarchivs Königsberg im Stollen auf der insgesamt bereitgestellten Fläche von

---

Albrecht haben daher dort die zerbrochenen Scheiben durch Holzfaserplatten ersetzt, die sich bisher gut bewährt haben. Rep. 178, Nr. 2868 (wie Anm. 209), Bl. 2–3.

223 S. NOBLE, Most (wie Anm. 222), S. 70.

224 S. Rep. 178, Nr. 2429 (wie Anm. 205), Bl. 185.

225 S. ebd., Bl. 41–43. S. FORSTREUTER, Staatsarchiv in Königsberg (wie Anm. 95), S. 88.

226 S. Rep. 178, Nr. 2429 (wie Anm. 205), Bl. 68.

227 S. LASA, C 22, Nr. 179 (wie Anm. 215), Bl. 1r–v, 2r–v, 39r, 88r.

228 S. ebd., Bl. 16v.

ca. 2.500 m^2,[229] geschätzt für ca. 40 Ladungen ausreichend.[230] Seitens der Gewerkschaft sollte die angestrebte Stapelhöhe wenigstens 2 m betragen,[231] doch sei laut Generaldirektor der Staatsarchive

> eine Stapelung von Archivalien nach dem Wunsche der Bergwerksleitung bis zu einer Höhe von mindestens 2 m [..] nach allen bisherigen Erfahrungen sehr unzweckmäßig, da derartige Stapel – oft erst nach Wochen und Monaten – ins Rutschen kommen, einstürzen und damit Ordnung und Erhaltung der Aktenpakete gefährden.[232]

Im Stollen handelte es sich um den ca. 30 m breiten und ca. 65 m langen Abbau Nr. 5 auf der 430 m-Sohle, wobei das Klima bei 20° C und rund 60 Prozent Luftfeuchtigkeit als für die Lagerung verhältnismäßig günstig zu bewerten war.[233] Ausschließlich durch ausreichende Gänge und Zwischenräume konnten die Bestände der jeweiligen Archive voneinander getrennt werden, da weder Arbeitskraft noch Holzmaterial für Trennwände o. ä. aufgebracht werden konnten. Als nachteilig wurde empfunden, dass kein Verschlag mit Tür auf voller Breite geschaffen werden könne, doch nach Einschätzung des Grubeninspektors bestünde keine Gefahr, da das eingelagerte Archivgut ohnehin *kein Interesse bei den beschäftigten Leuten findet.*[234] Dennoch sollte die Lagerfläche wenigstens mit Stacheldraht abgesperrt werden.[235]

Am 19. Oktober 1944 drängte aufgrund der militärischen Entwicklungen die zuständige Stelle in Berlin abermals zur Eile:

229 Am 27. November 1944 ist von den insgesamt 3.400 m^2 noch eine Freifläche von 1.600 m^2 und damit 3.200 m^3 verfügbar, doch 17 Archive sollten noch folgen. S. ebd., Bl. 169r. Am 29. November bestätigt die zuständige Berliner Stelle die vollständige, geplante Ausschöpfung des Fassungsvermögens in Grasleben. S. ebd., Bl. 175r–v. Ferner mit Stand vom 4. September 1944 *Name und Ort: Salz[berg]werk Grasleben l(XIb*[=Magdeburg-Anhalt, Halle-Merseburg]*), Braunschweig - Lüneburg [...] Verfügbare Fläche: 1.500 qm[,] Firma: Kulturgüter[,] Produkt: Einlagerung.* Decknamenverzeichnis deutscher unterirdischer Bauten des Zweiten Weltkrieges, hrsg. v. Hans Walter WICHERT, Marsberg 1999, S. 57.

230 S. LASA, C 22, Nr. 179 (wie Anm. 215), Bl. 2r, 30r, 31r. S. für drei Kaiserurkunden mit goldenem Siegel und zwei Briefe von Nikolaus Kopernikus im Tresor der Königsberger Dresdner Bankfiliale und deren Abtransport, da die Bank nach dem Luftangriff vom 30. August 1944 zerstört wurde, Rep. 178, Nr. 2429 (wie Anm. 205), Bl. 36, 189, 190. S. zum Versand am 7. September 1944 nach Grasleben, Versicherungssumme über 50.000 Reichsmark LASA, C 22, Nr. 179 (wie Anm. 215), fol. 26r, 101r. Noch am 5. Januar 1945 erkundigt sich Archivdirektor Hein nach einem sicheren Lagerort für diese drei Urkunden. S. ebd., Bl. 264r. Zwei der Goldsiegel (Regesten der Pergament-Urkunden (JH II) (wie Anm. 152), S. 13–14, Nr. 91, S. 82–83, Nr. 681) gingen dennoch verloren. S. GStA PK, I. HA, Rep. 178 G, Nr. 46, Schreiben vom 1.4., 9.4., 28.4.1947.

231 S. LASA, C 22, Nr. 179 (wie Anm. 215), Bl. 152v.

232 Ebd., Bl. 175v.

233 S. ebd., Bl. 16r. Zuvor s. ebd., Bl. 15r.

234 Ebd., Bl. 16v.

235 S. LASA, C 22, Nr. 179 (wie Anm. 215), Bl. 101r; Rep. 178, Nr. 2429 (wie Anm. 205), Bl. 194.

Es muß entsprechend dem Vorgehen im Westen auch in Ostpreußen mit allen Mitteln noch versucht werden, die schon vor längerer Zeit begonnene Überführung der wichtigsten Bestände – in erster Linie also der wesentlichen Überlieferungen des Deutschen Ordens und des Herzogtums Preußen aus der Zeit vor ca. 1700 – nach Innerdeutschland zu intensivieren und zu beschleunigen. Als Bergungsort kommt für Sie nach wie vor das Bergwerk Grasleben in Betracht; eine Beschränkung in der Zahl der Waggons, wie sie in meiner Verfügung vom 7. August - AV.g I 16 - und in Ihrem Bericht vom 17. August d.J. - Hr.107 g - zunächst vorgesehen war, ist umso weniger noch erforderlich, als bei den jetzigen Verhältnissen mit einer den Raum überschreitenden Verlagerung aus Ostpreußen nach Grasleben nicht gerechnet wird.[236]

Zahlreiche Transporte mit einer Auswahl an Beständen des Königsberger Archivs erreichten das Bergwerk Grasleben,[237] wobei die mitgesandten Kisten ein Gewicht von ein bis zwei Zentnern nicht übersteigen sollten.[238] Doch verlief

236 LASA, C 22, Nr. 179 (wie Anm. 215), Bl. 95r.

237 Neben den beiden Waggons im August folgte am 5. oder 6. Oktober aus Maldeuten ein weiterer, der am 14. Oktober eintraf. S. LASA, C 22, Nr. 179 (wie Anm. 215), Bl. 75r; Rep. 178, Nr. 2429 (wie Anm. 205), Bl. 188, 194. Zu vorherigen Umlagerungen zwischen den Ausweichstellen im August s. exempl. Rep. 178, Nr. 2429 (wie Anm. 205), Bl. 178, 184. Am 20. Oktober teilt Königsberg mit, dass derzeit beabsichtigt werde, drei weitere Waggons aus Heilsberg, Liebstadt und Seepethen zu entsenden, doch Transportschwierigkeiten bestünden. S. LASA, C 22, Nr. 179 (wie Anm. 215), Bl. 100r–v; Rep. 178, Nr. 2429 (wie Anm. 205), Bl. 196, 198, 205. Wagen *Dresden 8505* sollte laut Telegramm vom 13. November am 21. d. M. in Grasleben eintreffen. S. LASA, C 22, Nr. 179 (wie Anm. 215), Bl. 144r; Rep. 178, Nr. 2429 (wie Anm. 205), Bl. 207v. Aus Liebstadt rollte der Wagen *Frankreich 320696,* beladen von Kräften der Wehrmacht, geplante Ankunft am 24. November. S. LASA, C 22, Nr. 179 (wie Anm. 215), Bl. 148r; Rep. 178, Nr. 2429 (wie Anm. 205), Bl. 210. *Gueterwagen Hannover 14167* tritt die Reise aus Königsberg gen Westen am 30. November an, gefolgt vom letzten *Gueterwagen M AE V 119564* von Heilsberg, beladen durch zwei Beschäftigte des Staatsarchivs, am 1. Dezember. S. LASA, C 22, Nr. 179 (wie Anm. 215), Bl. 176r, 180r, 186r, 191r; GStA PK, I. HA, Rep. 178, Nr. 54, Bl. 166v; Rep. 178, Nr. 2429 (wie Anm. 205), Bl. 212, 215. S. zur Anlieferung LASA, C 22, Nr. 179 (wie Anm. 215), Bl. 306r. *12. Staatsarchiv Königsberg[,] Anlieferung[:] 24. VIII.44.[,] 25.VIII.44.[,] 13.X.44.[,] 22.XI.44.[,] 1.XII.44.[,] 10.XII.44.[,] 21.XII.44.[,] 25.XI.44.[?]* S. Aktenvermerk für den letzten Transport ebd., Bl. 228r. S. für die Anschriften der in Grasleben einlagernden Archive ebd., Bl. 307r, jedoch für Königsberg dort irrig, da Hausnr. 31. S. für die entsprechende Anweisung ebd., Bl. 88r. Ein ausführliches, auf 36 Seiten maschinenbeschriebenes Verzeichnis befindet sich in einem Aktendeckel des Staatsarchivs Königsberg innerhalb des Bestandes, LASA, C 22, Nr. 180 (wie Anm. 205), Bl. 100, wobei jedoch keine Auszeichnung der Seitenzählung dort erfolgte. Das erste Verzeichnis enthält die Signaturen für die in Heilsberg lagernden und am 1. Dezember 1944 abtransportierten Archivalien. Die weiteren Verzeichnisse enthalten die im August und November 1944 aus Liebstadt, im Oktober 1944 aus Maldeuten, die am 29. November 1944 aus Königsberg sowie im November 1944 aus Nordenburg überführten Archivalien. S. Joachim LACZNY, Verzeichnisse der 1944 nach Grasleben überführten Archivalien des Staatsarchivs Königsberg, in: Preußenland 7 (2016), S. 155–76. Für Abrechnungen mit der Gewerkschaft s. Rep. 178, Nr. 336 (wie Anm. 207), Bl. 214, 227, 229, 231, 235–240.

238 S. LASA, C 22, Nr. 179 (wie Anm. 215), Bl. 88r.

während des Transportgeschehens nicht alles reibungslos, wie der Königsberger Archivdirektor zu berichten wusste:

> Die Verladung erfolgte unter sehr ungünstigen Umständen und bei strömendem Regen, der ein möglichst rasches Überladen der Akten aus dem Zubringerwagen in den Güterwagen erzwang. Ich beobachtete dabei wiederholt, dass die Verpackungsschnüre sich lockerten, konnte aber, da jedes Verzögern der Umladung grösseren Schaden verursacht hätte, nicht in jedem Fall die Verschnürung in Ordnung bringen. Ich wäre Ihnen sehr dankbar für eine Wiederherstellung der schlecht verschnürten Pakete.[239]

Zunächst sollten sechs Waggons mit einer Einlagerungsfläche von 300 m² für die Archivalien des Staatsarchivs Königsberg ausreichen, doch am 6. Dezember befanden sich bereits sieben Ladungen auf 350 m² unter Tage.[240]

Wenige Tage zuvor, am 2. Dezember 1944, hatte Archivdirektor Dr. Hein in Königsberg mitgeteilt, dass die letzte der sieben Waggonabfahrten mit den Archivalien abgeschlossen sei. Das Schreiben beendete er in der vergeblichen Hoffnung, *dass* [...] *wir sie in nicht zu ferner Zeit mit eigenen Kräften nach Königsberg zurückholen können.*[241] Letztmalig, in Königsberg datiert auf den 12. Dezember 1944, sprach Archivdirektor Dr. Hein dem Staatsarchiv Magdeburg *nochmals für die grosse Arbeit, die Sie im Interesse der hiesigen Bestände übernommen*

239 Ebd., Bl. 147r. *Die Beladung des Güterwagens erfolgte mit Hilfe der Wehrmacht unter* [folgt Streichung: Zusicherung, darüber handschriftlich] *Mitwirkung von 10 Russen, leider bei starkem Regen, dessen Einwirkung trotz übergedeckter Zeltplanen nicht ganz zu vermeiden war.* [...] *Der Wagen, wurde nach Maldeuten geschickt, wo das Staatsarchiv einen Raum im Gutshause frei hat. Auf eine telefonische Anmeldung am heutigen Morgen wurde mir jedoch von Maldeuten erklärt, dass unser freier Raum zur Zeit von Flüchtlingen belegt sei und nicht frei gemacht werden konnte. Im Einvernehmen mit der Reichsbahn habe ich den Wagen daher nach Grasleben umleiten lassen, da es infolge der Notwendigkeit, Flüchtlinge aus den Grenzkreisen unterzubringen ausgeschlossen ist, eine genügend grosse im westlichen Ostpreussen gelegene Ausweichstelle zu finden.* Rep. 178, Nr. 2429 (wie Anm. 205), Bl. 207. Ferner aus einem Königsberger Schreiben des dortigen Archivdirektors vom 1. Dezember 1944. *Zur Vermeidung, von Rückfragen erwähne ich, dass eine der Kartenschubladen beim Transport umfiel und entleert wurde; sein [durchgestrichen und handschriftlich »ihr« ergänzt] Inhalt wurde versehentlich auf andere Kartenschubladen verteilt, die leere Schublade aber gleichwohl mitgeschickt.* LASA, C 22, Nr. 179 (wie Anm. 215), Bl. 186r.

240 S. LASA, C 22, Nr. 179 (wie Anm. 215), Bl. 193r; Rep. 178, Nr. 54 (wie Anm. 237), Bl. 166r–v. *Das Staatsarchiv Königsberg hat das ihm zugewiesene Kontingent um 1 Waggon überzogen.* LASA, C 22, Nr. 179 (wie Anm. 215), Bl. 193v. S. Rep. 178, Nr. 2868 (wie Anm. 209), Bl. 1–2; Rep. 178, Nr. 2429 (wie Anm. 205), Bl. 212.

241 LASA, C 22, Nr. 179 (wie Anm. 215), Bl. 193r. S. Rep. 178, Nr. 2429 (wie Anm. 205), Bl. 215. Noch am 12. Dezember erfolgte ein Versand von Fotokopien über Verzeichnisse des Ordensbriefarchivs aus Königsberg. S. LASA, C 22, Nr. 179 (wie Anm. 215), Bl. 222r. S. zudem den Jahresbericht 1944. *Damals wurden Archivalien aus den Ausweichstellen Maldeuten, Nordenburg, Liebstadt, Lochstädt, Waldburg und Heilsberg nach Grasleben überführt. Ausserdem wurden weniger wichtige Bestände aus den Ausweichstellen Kreuzingen (unweit Tilsit) und Labiau nach Brandenburg am Frischen Haff gebracht.* Rep. 178, Nr. 2868 (wie Anm. 209), Bl. 2.

haben, meinen verbindlichsten Dank[242] aus, um gleichzeitig anliegend die detaillierten Verzeichnisse mit den jeweiligen Signaturen der nach Grasleben versandten Bestände des Staatsarchivs Königsberg, ohne jedoch die Anzahl der jeweiligen Pakete zu erwähnen, zu übermitteln.[243]

Die Auslagerungsbemühungen seitens der verbliebenen Beschäftigten des Königsberger Archivs fanden nach Mitte Dezember 1944 dennoch keinen Abschluss in dem Bestreben, zunächst die verbliebenen Bestände in den Ausweichstellen Liebstadt und Grunenfeld zum Bergwerk Salzdetfurth bei Hildesheim transportieren zu lassen,[244] und tatsächlich war in Liebstadt Mitte Januar 1945 ein beladener Waggon abfahrbereit, welcher letztendlich doch aufgrund einer ausnahmslosen Verkehrssperre mit Hilfe der Wehrmacht wieder entladen werden musste.[245]

Die Aufsicht über die nach Westen ausgelagerten Bestände hatte das Staatsarchiv Magdeburg durch Erlass vom 17. Oktober 1944 übernommen, wodurch die staatliche Einrichtung *Staatsarchiv Königsberg* damit bald aufhören sollte, zu existieren, und *historisch* wurde.[246] Kurz vor Mitternacht am 27. Januar 1945 verließ der Archivdirektor zusammen mit dem Magazinverwalter in einem Polizeiauto die Stadt Königsberg Richtung Pillau und gelangte über Danzig nach

242 LASA, C 22, Nr. 180 (wie Anm. 205), Bl. 101.

243 S. ebd., Bl. 100. Beinahe sämtliche im GStA PK heute als *seit 1945 verschollen* ausgewiesene Ordensfolianten haben die Reise entsprechend den Verzeichnissen Ende 1944 nicht ins Bergwerk Grasleben angetreten, ausgenommen wohl OF 282. S. Dieter HECKMANN, Registranten-, Folianten- und Quartantenkonkordanz (bis 1525) (Manuskript), Berlin 2011; LACZNY, Verzeichnisse (wie Anm. 237), S. 173, 174. Einst waren u. a. *Fotokopien des chronologischen Verzeichnisses der Pergamenturkunden des Staatsarchivs Königsberg* ebenfalls übermittelt worden. S. LASA, C 22, Nr. 179 (wie Anm. 215), Bl. 124r. Auch *Fotokopien des 14. Bandes des Ordensbriefarchivverzeichnisses* folgten. S. ebd., Bl. 146r, sowie der Bände 15., 16., und 18., s. ebd., Bl. 222r. Am 20.3.1945 wird der Stand der Raumbelegung in Grasleben lediglich mit ca. 1.000 m^2 (ca. 20 Waggons) vermerkt. S. GStA PK, I. HA, Rep. 178, Nr. 40, Bl. 43. Zum überblicksartigen Stand der ausgelagerten Bestände sowie weiterer Planungen am 12. Dezember 1944 s. Rep. 178, Nr. 2429 (wie Anm. 205), Bl. 218.

244 S. ebd., Bl. 218–219. S. für einen Transport am 29. Dezember 1944 nach Brandenburg am Frischen Haff per Lkw mit fünf Kriegsgefangenen als Träger ebd., Bl. 220.

245 S. ebd., Bl. 221.

246 S. Herbert KRAUS, Rechtsgutachtliche Äusserung über die Frage der Berechtigung des Verlangens der Polnischen Regierung auf Überlieferung von Beständen des früher in Königsberg aufbewahrten Deutsch-Ordensarchivs sowie des Herzoglichen Archivs, in: Zwei Gutachten über die Archive des Deutschen Ordens sowie des altpreussischen Herzogtums [maschinenschr.], Göttingen 1949, S. 5–12, hier S. 11 (AV 7168); zudem DERS., Um die Bestände des bisher in Königsberg/Pr. aufbewahrten Deutschen Ordensarchivs und des Herzoglichen Archivs, in: Internationale Gegenwartsfragen. Völkerrecht, Staatenethik, Internationalpolitik; ausgewählte kleine Schriften (Veröffentlichung/Göttinger Arbeitskreis, 281), Würzburg 1963, S. 313–20, hier S. 319.

Kiel.[247] Am 9. April 1945 kapitulierten die verbliebenen deutschen Soldaten der »Festung« Königsberg vor den sowjetischen Truppen.[248]

Ungefähr ein Drittel der gesamten Bestände konnte erfolgreich nach Westen ausgelagert werden,[249] doch blieb ein Teil des Ordensarchivs u. a. in den Kellergewölben des Lochstedter Schlossturms zurück, neben der Lagerung in weiteren Gütern und Burgen,[250] in welche die Archivalien, um den drohenden Verlusten durch Luftangriffe auf Königsberg vorzubeugen, zuvor transportiert worden waren und teilweise gerettet werden konnten.[251]

Vor den letzten Kriegswirren sicher lagerte damit unter Tage im Steinsalzbergwerk Grasleben das Schriftgut von zahlreichen Archiven, u. a. polnischer und ostdeutscher Herkunft. Neben den Königsberger Beständen vervollständigten auch die Archivalien aus anderen Hansestädten, wie Lübeck und Stettin, das

---

247 S. MUSIAL, Staatsarchive im Dritten Reich (wie Anm. 197), S. 171; WEISER, Geschichte der preußischen Archivverwaltung (wie Anm. 197), S. 210. Für den Bericht s. GStA PK, I. HA, Rep. 178, Nr. 333, Bl. 63. Sowohl in Kiel tätig, aber zeitweilig auch vom Dienst suspendiert. S. TNA, PRO 30/90/11, Schleswig-Holstein, Report No. 1, Annexure A, Report on visit to Hamburg & Schleswig Holstein Province.

248 S. GAUSE, Stadt Königsberg, 3 (wie Anm. 201), S. 167–70. S. zu den *Erlebnissen als Kommandant der Festung Königsberg* Otto LASCH, So fiel Königsberg. Kampf und Untergang von Ostpreußens Hauptstadt, Beltheim-Schnellbach 2010 [=1958], S. 81–114.

249 S. FORSTREUTER, Staatsarchiv in Königsberg (wie Anm. 95), S. 94. Die Handakten des Dr. W. Rohr in seiner Funktion als »Kommissar für den Archivschutz« befinden sich im Bundesarchiv und sind als Bestand R 1506 (Reichsarchiv) erfasst. Weshalb MUSIAL einen Anteil von über 90 Prozent des Gesamtbestandes als ausgelagert annimmt und nur äußerst geringe Verluste für das Staatsarchiv Königsberg verzeichnet, bleibt unklar. S. MUSIAL, Staatsarchive im Dritten Reich (wie Anm. 197), S. 197, 198.

250 S. FORSTREUTER, Staatsarchiv in Königsberg (wie Anm. 95), S. 88–92; Axel E. WALTER, Die virtuelle Rekonstruktion der versunkenen Königsberger Bibliothekslandschaft, in: Königsberger Buch- und Bibliotheksgeschichte. Beiträge des vom 15. bis 17. Oktober 1999 an der Universität Osnabrück veranstalteten Internationalen Symposions zur Königsberger Buch- und Bibliotheksgeschichte, hrsg. v. Axel E. WALTER, Köln 2004, S. 695–786, hier S. 696–97.

251 S. Walther HUBATSCH, Göttinger Historische Arbeiten am Königsberger Staatsarchiv 1947 bis 1952. Ein Forschungsbericht, in: Jahrbuch der Albertus-Universität zu Königsberg/Pr. 4 (1954), S. 227–42, hier S. 227; Kurt FORSTREUTER, Ein Archiv auf Reisen, in: Wirkungen des Preußenlandes. Vierzig Beiträge, hrsg. v. Kurt FORSTREUTER, Köln 1981, S. 414–19, hier S. 415; Sven EKDAHL, Archivalien zur Geschichte Ost- und Westpreußens in Wilna, vornehmlich aus den Beständen des Preußischen Staatsarchivs Königsberg, in: Preußenland 30 (1992), S. 41–55, hier S. 42–43; Bernhart JÄHNIG, Amtsrechnungen aus dem Historischen Staatsarchiv Königsberg in Wilna, in: Preußenland 30 (1992), S. 56–61, hier S. 56; Daria BAROW-VASSILEVITCH, Die Königsberger Stadtbibliothek und ihre Spuren in Moskau, in: Von mittelalterlichen und neuzeitlichen Beständen in russischen Bibliotheken und Archiven, hrsg. v. Natalija GANINA, Klaus KLEIN, Catherine SQUIRES u. a. (Deutsch-russische Forschungen zur Buchgeschichte, 3), Erfurt 2016, S. 57–77, hier S. 75–76.

Depot.[252] Das Königsberger Material lagerte unmittelbar neben den Danziger Archivalien.[253]

Die westlichen Alliierten strebten nicht nur einen militärischen Sieg über das nationalsozialistische Deutschland an, sondern bemühten sich seit 1942 zugleich durch die Arbeit von eigens gegründeten Kommissionen um den Schutz von Kulturgütern, mit dem Ziel, Schäden während der Kampfhandlungen auf den jeweiligen Kriegsschauplätzen möglichst gering zu halten, vor allem an Gebäuden, wie Kirchen, Museen und weiteren als bedeutend eingestuften Monumenten und auch Archiven.[254] Während der Kämpfe im Mittelmeerraum wurde der militärisch eingebundene Kulturgüterschutz in den westalliierten Armeen etabliert und nach der erfolgreichen Landung in Italien aufgrund der dort gewonnenen Erfahrungen in ihrer Bedeutung Ende 1943 durch die westalliierte Militärführung gestärkt. Die für den Kulturgüterschutz zuständige Branch bzw. Section firmierte unter der Bezeichnung *Monuments, Fine Arts and Archives* (MFA&A) mit ihren jeweiligen Offizieren.[255]

Seit Januar 1944 liefen die Vorbereitungen für einen MFA&A-Einsatz nach einer erfolgreichen Landung in Nordfrankreich, wobei die MFA&A-Offiziere diesmal den Kampftruppen unterstellt und mit den Fronttruppen vorrücken sollten. Wenige Tage vor der beginnenden Invasion am 6. Juni 1944 führte der Oberkommandierende, General Dwight D. Eisenhower, Ende Mai nochmals aus, dass die kämpfenden Truppen Schäden oder Zerstörungen von Kulturgütern zu vermeiden hätten.[256] In der Direktive vom 23. August 1944 für Deutschland erfolgte u. a. die Ergänzung, dass eine Rückführung von geraubten Kulturgütern beabsichtigt werde, sodass nicht nur eine Beschädigung bzw. Zerstörung, sondern auch der Verkauf oder Transport verboten sei. Insbesondere seien

252 S. für Anlieferungslisten bzw. Verzeichnisse der einlagernden Archive LASA, C 22, Nr. 179 (wie Anm. 215), fol. 306r–307r; Rep. 178, Nr. 54 (wie Anm. 237), Bl. 178r–v. Als Reaktion auf den Bericht vom 17.3.1945 vom 31. d. M. aus Berlin s. Rep. 178, Nr. 54 (wie Anm. 237), Bl. 182r–v. Dem Stadtarchiv Königsberg waren am 10. November 1944 bis zu 12 m^2 Lagerfläche im Bergwerk zugesprochen worden. S. LASA, C 22, Nr. 179 (wie Anm. 215), fol. 142r. Für die Luftschutzmaßnahmen des Jahres 1944 für Stadtarchive u. a. Königsberg s. Rep. 178, Nr. 2868 (wie Anm. 209), Bl. 4–5. Zu einem vermeintlichen Transport des Stadtarchivs Königsberg, wohl durch Verwechslung s. Rep. 178, Nr. 54 (wie Anm. 237), Bl. 172r. S. für weitere Bestände wie Museumssammlungen, Reichsfilmarchiv, Reichsfunkgesellschaft Thomas ARMBRUSTER, Rückerstattung der Nazi-Beute. Die Suche, Bergung und Restitution von Kulturgütern durch die westlichen Alliierten nach dem Zweiten Weltkrieg (Schriften zum Kulturgüterschutz), Berlin 2008, S. 119, Anm. 486.

253 S. TNA, PRO 30/90/16, Mine of Grasleben, 430 m-level, Excavation no 5; Map of the Mine of Grasleben.

254 S. ARMBRUSTER, Rückerstattung (wie Anm. 252), S. 30–54.

255 S. ebd., S. 61–77.

256 S. ebd., S. 92–98.

deutsche Dokumente, Akten und Archive sicherzustellen. In einer weiteren Fassung vom 9. November 1944 findet sich zudem gezielt die Thematik *Archives and Records*, worin *der Schutz von deutschen Archiven und Dokumenten nochmals detailliert befohlen und die Truppen zur Erhaltung und [zum] Schutz der Archive angehalten*[257] wurden.

Bereits im April hatte der britische Archäologe Oberst Leonard Wooley (1880–1960),[258] wenige Zeit später Leiter der MFA&A Branch in der Control Commission for Germany (British Element), einen Bedarf an qualifiziertem Archivpersonal für das zu besetzende Deutschland erkannt, sodass bald zwei britische Archivare die *Monuments Men* komplementierten.[259] Nach der Überschreitung der Grenzen des Deutschen Reichs durch die westalliierten Truppen zogen die dortigen Archive ein herausragendes Interesse nicht nur seitens der Mitglieder der MFA&A, sondern auch das der Geheimdienste auf sich.[260] Dennoch konnte selbst im Mai 1945 auf keinen einzigen Archivar der MFA&A zurückgegriffen werden,[261] wobei dringend die Einrichtung von Document Centres gefordert wurde, da praktisch kein Archivbestand augenscheinlich an dessen sonst üblich anzunehmenden Orten anzutreffen sei.[262] Der Personalbestand der MFA&A belief sich in Europa während des Einsatzes auf insgesamt 185 Armeeangehörige, wobei gleichzeitig nicht mehr als 35 Offiziere ihrem Dienst nachgingen.[263]

257 Ebd., S. 98. Für das Archivwesen überblicksartig s. Astrid M. ECKERT, Kampf um die Akten. Die Westalliierten und die Rückgabe von deutschem Archivgut nach dem Zweiten Weltkrieg (Transatlantische historische Studien Geschichte, 20), Stuttgart 2004, S. 23–31. S. insbesondere im Zusammenhang mit Archiven TNA, WO 220/586; TNA, PRO FO 1050/1416; TNA, FO 1050/1411; TNA, WO 219/3917; TNA, PRO 30/90/3.

258 S. zur Person Christopher EDENS, Sir (Charles) Leonard Woolley (1880–1960). Oxford Dictionary of National Biography, online unter: http://www.oxforddnb.com/view/article/37021 (letzte Einsichtnahme 6.10.2017). doi:10.1093/ref:odnb/37021.

259 S. ARMBRUSTER, Rückerstattung (wie Anm. 252), S. 100–01.

260 S. ebd., S. 105–06.

261 S. ebd., S. 112.

262 *11. The following are among the more important points (from the point of view of the Archivist) which were observed during the expedition: (a) there is a crying need for the establishment of the Document Centres. It becomes more and more apparent that practically no archives in Germany remain in their normal locations, and unless some semi-permanent body is in charged with the duty of locating and registering information about deposits, such information will either be lost or be too widely scattered to be of practical use.* TNA, PRO FO 1050/1429, a Visit of inspection of archives in Germany: 21–27 April 1945. Abermals s. TNA, PRO 30/90/1.

263 S. ARMBRUSTER, Rückerstattung (wie Anm. 252), S. 101–02. S. exempl. Leonard WOOLLEY, Monuments, Fine Arts and Archives Branch of Civil Affairs, War Office. A record of the work done by the military authorities for the protection of the treasures of art & history in war areas, London 1947, S. 5–9, 52–58. S. für den amerikanischen Bericht Report of the American Commission for the Protection and Salvage of Artistic and Historic Monuments in War Areas,

Die 9. US-Armee rückte über das Rheinland und Hessen in Richtung Braunschweig und Sachsen vor, um am 12. April 1945 das Gelände des Bergwerks Grasleben einzunehmen und umgehend unter strenge Bewachung zu stellen.[264] Ermittler des Counter Intelligence Corps statteten zeitnah dem Bergwerk, durch die 9. US-Armee und das 448th AAA Bataillon geleitet, einen Besuch ab, um dabei auch die vom Direktor des Bergwerks angefertigte Inventarliste zu beschlagnahmen.[265] Der MFA&A eigene *Weekly Field Report* vom 26. Mai 1945 weist das Salzbergwerk in Grasleben als Fundort auch von Archivgut aus ca. 96 Städten aus.[266] Tags darauf, am 27. Mai 1945, statteten der britische Major Ross und der amerikanische Major Hammond, Mitglieder der MFA&A-Sektion, dem Bergwerk Grasleben im Rahmen der Mission *GOLDCUP* einen Besuch ab, um den Zustand und die Sicherheitsvorkehrungen vor Ort zu überprüfen, wobei diese jedoch die Zugangsmöglichkeiten als unbefriedigend einstuften. MFA&A-Lieutenant Moore hatte bereits zuvor die Schachtanlage in Augenschein genommen.[267] Am 1. Juni 1945 übernahmen britische Truppen die Aufsicht über das Bergwerk und ab diesem Zeitpunkt widmeten sich britische MFA&A-Mitglieder der Sicherung, Erfassung und Bergung des unter Tage ruhenden europäischen

---

United States/Commission for the Protection and Salvage of Artistic and Historic Monuments in War Areas, Washington, DC 1946.

264 S. Joachim SCHMID, Grasleben – vom Bauerndorf zur Industriegemeinde. Die Geschichte eines Klosterdorfes am Lappwald, Grasleben 2000, S. 452–53; LENZ, Verlagerung (wie Anm. 204), S. 424; ARMBRUSTER, Rückerstattung (wie Anm. 252), S. 118–19. Die *Heeres-Munitions-Anstalt* in Grasleben war in der *OI-Target-List* gelistet. S. TNA, PRO FO 1050/1424, OI Brief for Germany, 15.9.1944; TNA, FO 1050/1423, Operational Intelligence Brief for Germany, 29.9.1944. S. für eine Karte Cay FRIEMUTH, Die geraubte Kunst. Der dramatische Wettlauf um die Rettung der Kulturschätze nach dem 2. Weltkrieg (Entführung, Bergung und Restitution europäischen Kulturgutes 1939–1948). Mit dem Tagebuch des britischen Kunstschutzoffiziers Robert Lonsdale Charles, Braunschweig 1989, S. 64.

265 S. ARMBRUSTER, Rückerstattung (wie Anm. 252), S. 152, 177, Anm. 755, 199–200. S. zum Bericht einer Inspektion vom 2.7.1945 ebd., S. 179, Anm. 768. Ob, wie KRUPPE annimmt, Inventarlisten unmittelbar an die Alliierten weitergeleitet worden sind oder ob russische Truppen sich des Bergwerks Grasleben tatsächlich bemächtigt haben, ließ sich nicht falsifizieren. S. KRUPPE, Das Staatliche Archivlager (wie Anm. 114), S. 126–28.

266 *and the Landesmuseum, KASSEL were discovered in the salt mine of the Gewerkschaft Braunschweig Luneburg at GRASLEBE[N]. Also stored in the salt mine were archives of approximately 96 German cities, including BERLIN; the Reichsversicherung (Insurance) files intact and in order; 13,000 record matrices; the libraries of Kiel University and the city of BREMEN, and the Kunstbibliothek, BERLIN.* TNA, WO 220/613, Military Government - Civil Affairs, Weekly Field Report No. 50 vom 26.5.1945.

267 S. TNA, PRO 30/90/9, Advanced Ministerial Control (GOLDCUP) Team for Targets I 20, I 21 and I 56, and other targets of Opportunity, 30.5.1945. Appendix H, Grasleben. Abermals s. PRO 30/90/11 (wie Anm. 247). S. für eine detaillierte Chronologie zwischen dem 14. April und Ende Juni 1945 FRIEMUTH, Geraubte Kunst (wie Anm. 264), S. 82–92.

Kulturguts.[268] Gegen Mittag fuhr der britische Kunstschutzoffizier Robert L. Charles am 10. August 1945 mit dem Förderkorb hinab. Laut seiner Tagebuchaufzeichnungen seien einige der Kisten mit Archivmaterial aufgebrochen worden, doch sei der größte Teil unberührt gewesen.[269] Das Dorf Grasleben liege unmittelbar an der Sektorengrenze und einige Stollen reichten gar in die russische Zone hinein. Selbst eine Schleife der Eisenbahnlinie nach Braunschweig befinde sich – so Charles – in russischem Gebiet, werde jedoch durch britische Truppen kontrolliert, sodass der Abtransport der unter Tage befindlichen Archivbestände durch geschätzte 200 Waggons denkbar sei.[270]

Nach Kriegsende lassen sich, basierend auf dem Verhörprotokoll von Dr. Ernst Zipfel, am 7. Juli 1945 durch Major Ellis vermerkt, neben dem Lagerungsort in Grasleben zunächst insgesamt 11 verschiedene Orte für die Lagerung von Beständen des Königsberger Archivs annehmen.[271] Zwar hatten in

268 S. Lost Art. Koordinierungsstelle Magdeburg. Auslagerungsorte. Grasleben, Steinsalzbergwerk, Magdeburg, online unter: http://www.lostart.de/Webs/DE/Provenienz/Auslagerungsorte/Index.html?cms_lv2=42572&cms_param=AUSLORT_ID%3D14861%26ORT_ID%3D317#lvl 2 (letzte Einsichtnahme 6.10.2017); ARMBRUSTER, Rückerstattung (wie Anm. 252), S. 323–326, 330–332.

269 S. FRIEMUTH, Geraubte Kunst (wie Anm. 264), S. 192–94. Der Offizier Charles vermutet als Verursacher Zwangsarbeiter, jedoch sei dies wohl unwahrscheinlich. S. ebd., S. 84.

270 S. ebd., S. 195. Für eine Karte s. ebd., S. 65.

271 S. TNA, PRO 30/90/6, Appendix ›D‹ […]. Deposits of Records from the Prussian Staatsarchive vom 8.7.1945. Für Königsberg werden als einst zuständige Archivare Dr. Max Hein (to Kiel). Dr. Kurt Forstreuter, Dr. Hinrichs und Dr. Göring erfasst. S. PRO 30/90/1 (wie Anm. 262), German Archivist Personnel – 2. *[handschr. mit Bleistift: R] Domäne Brandenburg am Frischen Haff: Archivalien aus Plock, Amtsgericht Königsberg, Rep. 96, 204, 207, 208; Bücher (früher in Labiau) (Urkunden, Ordensbriefarchiv, ost- und westpr. Folianten, Ordensfolianten, Plocker Bischofsarchiv; ostpr. Innungsarchiv, Deposita, Findbücher, Teile der Dienstbücherei und 2 LKW ohne nähere Bezeichnung.[;] Grasleben [Haken mit Bleistift]: 7 Waggons (Etatsministerium, Deposita von Städten und Kirchen, Folianten, Etatsministerium, Findbücher, Folianten aus Plock (früher Maldeuten), -Rep.14 Abt. II- Rep. 14 Westpreußen (früher Nordenburg) Karten, wichtige Akten 19. und 20. Jh. (früher Liebstadt), Gauarchiv, 3 Kisten des St.A. Kiel, Kirchenbücher und Bestände aus Ausweichstelle Waldburg ohne nähere Bezeichnung, 3 Kaiserurkunden mit Goldsiegeln und 2 Kopernikusbriefe. [; handschr. mit Bleistift: R] Schloß Heilsberg: 2 Möbelwagen ohne nähere Bezeichnung; [handschr. mit Bleistift: R] Fort Guednau bei Königsberg: Hufenschoßprotokolle und Präs[en]tationstabellen. [handschr. ergänzt: to Grasleben][;] [handschr. mit Bleistift: R] Liebstadt, Amtsgericht: Zum größten Teil nach Grasleben; ein Rest zurückgeblieben ? [handschr. ergänzt: to Grasleben] [:] [handschr. mit Bleistift: R] Schloß Grünhoff, Samland: Ämter und Deposita der Städte (A-N); Personalakten, Abt. Westpreußen teilweise. [handschr. mit Bleistift: R] Amtsgericht Landsberg: Ämter und Deposita der Städte (N-R), mehrere Repposituren (ohne nähere Bezeichnung), Deposita der Kaufmannschaften. [handschr. mit Bleistift: R] Pfarrhaus Eisenberg (Kr. Heiligenbeil): Stadtdeposita R-Z; Gemeinden, Schulen, Kirchen. [handschr. mit Bleistift: R] Domäne Richau: Rep. 17–20 A, 25–29, 31, 33–37, 39, 40, 41, 51, 55, 56, 58–60, Deposita A-H, mehrere Abt. von Westpreußen, westpr. Folianten, Wasserbaudirektion Marienburg. [handschr. mit Bleistift: R] Schloß Willkühnen: Litauischer Gouverneur des Memellandes,*

Grasleben die ausgelagerten Königsberger Archivalien den Zweiten Weltkrieg damit überstanden, doch auch unter Tage blieb die gesicherte Zukunft des Archivguts ungewiss.

Die Brandgefahr für die im Bergwerk lagernden Bestände war bereits Ende 1944 durchaus erkannt worden,[272] doch brach zur Mittagszeit am 18. Juni 1945 in Abbau 8, in welchem u. a. das Berliner Reichsfilmarchiv lagerte,[273] Feuer aus. Während Verladearbeiten stürzte eine brennende Karbidlampe zu Boden, welche zahlreiche herumliegende Filmstreifen sofort in Brand setzte.[274] Das Feuer breitete sich, trotz Löschversuchen, in diesem Abbau schnell aus und konnte nur durch Abdichtung eines Eingangs eingedämmt werden. Die weitreichende Zerstörung von unschätzbarem, europäischem Kulturgut war damit abermals erfolgreich abgewendet.[275] Zwar war damit das Element Feuer gebannt worden, doch bedrohte jetzt Wasser die Archivalien. Gegen Ende des Jahres 1945 sollte die in Bergwerken lagernde Munition durch Flutung unschädlich

Alstädt. Kirchengemeinde von Königsberg, Deposita, Neuzugänge vom Oberpräsidium. Maldeuten [handschr. ergänzt: B ? Malderten L53C09]: Ämterakten und Deposita der Städte A-N Rep. 2a (Angerburg). Rep. 12 Abt. II u. III (bisher in Grünhoff). TNA, PRO 30/90/15, 9. Staatsarchiv Königsberg/Pr.

272 Die Anschaffung von sechs Feuerlöschern war im November 1944 angeregt worden, doch auch Mitte März 1945 nicht erfolgt. S. LASA, C 22, Nr. 179 (wie Anm. 215), S. 217, 345.

273 S. GStA PK, I. HA, Rep. 178 G, Nr. 39, Abschrift. Aufstellung über das im Bergwerk Grasleben eingelagerte Bergungsgut.

274 S. ebd., Bergwerk Grasleben. Grubenbrand im Abbau 8/430 m Sohle. S. zudem Carl WILKES, Kriegsschutz- und Rückführungsmaßnahmen und deren Erfahrungen sowie Verluste der Archive der britischen Zone. Teil 1, in: Der Archivar 1, 3 (1948), Sp. 98–134, hier Sp. 126.

275 Bei einem Brandgeschehen, begonnen in Abbau 8, haben zumindest die Bremer Materialien, gelagert in Abbau 7, Schaden davongetragen. S. Antjekathrin GRASSMANN, Die Rückkehr der hanseatischen Archivalien aus dem Osten vor 20 Jahren, in: Aus erster Quelle. Beiträge zum 300-jährigen Jubiläum des Staatsarchivs der Freien und Hansestadt Hamburg, hrsg. v. Joachim W. FRANK, Thomas BRAKMANN (Veröffentlichungen aus dem Staatsarchiv der Freien und Hansestadt Hamburg, 22), Hamburg 2013, S. 105–23, hier S. 107; PRO 30/90/16 (wie Anm. 253), Map of the Mine of Grasleben. Die Königsberger Archivalien lagerten hingegen in Abbau 5. S. GStA PK, I. HA (wie Anm. 273), Abschrift. Aufstellung über das im Bergwerk Grasleben eingelagerte Bergungsgut. Abermals s. GStA PK, I. HA, Rep. 178 G, Nr. 40, S. Rep. 178 G, Nr. 39 (wie Anm. 260), Abschrift. Aufstellung über das im Bergwerk Grasleben eingelagerte Bergungsgut.

gemacht werden,[276] woraufhin die MFA&A-Branch um die in Grasleben lagernden Kulturgüter ernsthaft bangte,[277] und die Flutung noch um sechs bis acht Monate verschoben werden konnte.[278]

Im Februar 1946 bot sich unter Tage laut des Berichts an den zuständigen britischen Major Cecil Anthony Francis Meekings (1914–1977),[279] Mitglied der MFA&A-Einheit, ein besorgniserregendes Bild – nicht nur in Abbau 5 –, da Kisten mit Beständen aufgebrochen worden waren, sodass mittelalterliche Dokumente durcheinander auf dem salzigen Boden verteilt lagen und zudem der Salzstaub in die Kisten und Pakete eingedrungen war.[280]

In Goslar diente der Kaisersaal unter der britischen Militärregierung seit September 1945 der Lagerung von Archiv- und Museumsgut, wobei Anfang Mai 1946 das Museumsgut aus Platzgründen nach Celle verlegt wurde.[281]

Nicht vor Ende Februar 1946 begann, höchstwahrscheinlich mit Lkw, der Abtransport der im Bergwerk noch einlagernden Königsberger Bestände, geschätzt

---

276 *They request permission at a very early date to flood these mines and so avoid the very uneconomical alternative method of railing to a port and dumping in the sea.* TNA, FO 1050/42, Enemy Ammunition stored in Mines, 24.11.1945.

277 *We have received an urgent message about Grasleben Mine, one of those it was proposed to flood. The shaft concerned, III Heidwinkel, Shaf II, is separate from those containing archives and Museum material, and no objection was raised by this Branch to their being flooded. We have now received technical advice that if they are in fact flooded there will be a serious danger of settlement in the Shafts which do concern us, as they are separated only by porous rock. It is regretted that this information was not obtained earlier.* Ebd., Enemy Ammunition stored in Mines, 29.1.1946.

278 S. ebd., Enemy Ammunition stored in Salt Mines in 30 Corps District, 12.2.1946.

279 Zur Person Cecil Anthony Francis Meekings (1914–1977) vornehmlich als Archivar, s. WOOLLEY, Monuments (wie Anm. 263), S. 71; L. C. HECTOR, C. A. F. Meekings. A memoir, in: Medieval legal records. Ed. in memory of C. A. F. Meekings, hrsg. v. Roy Frank HUNNISETT, J. B. POST, London 1978, S. 13–14; David CROOK, Introduction, in: Studies in 13th century justice and administration, hrsg. v. Cecil Anthony Francis MEEKINGS (History series, 3), London 1981, S. ix–xix; FRIEMUTH, Geraubte Kunst (wie Anm. 264), S. 152.

280 *Inspection of other contents. […] Bay 5 contains the stocks of the Königsberg and Danzig State Archives in the same muddled condition as those belonging to Düsseldorf; the cases were forced open. Documents of the middle-age are laying in the dust, while Zettelkataloge (label catalogues) repertories, scientific works of all kinds, collections etc have been jumbled, destroyed and plundered. […] Up to the present day the stocks are very unsafe, and, if no immediate action against is taken, still more items will disappear.* PRO 30/90/16 (wie Anm. 253), Travel report on the journey to Grasleben, 20.2.1946. Zum Archiv Lübeck einst in Abbau 7 lagernd *1. The enclosed thirteen papers were recovered from the floor of Bay 7 of the Grasleben mine in the place where the Lübeck archives were stored. 2. Please pass on to the director of the Lübeck Staatsarchiv.* Ebd., Lübeck Archives, 8.5.1946.

281 S. GStA PK, I. HA, Rep. 178 G, Nr. 41, Schreiben vom 27.6.1946, Schreiben vom 12.8.1946, Bl. 1; Friedrich BENNINGHOVEN, GStA PK, Archivlager Göttingen (Manuskript). I. HA, Rep. 178 G 1993, S. 3. Exempl., jedoch für Goslar etwas unscharf, s. ARMBRUSTER, Rückerstattung (wie Anm. 252), S. 326–30.

rund 40 Kisten und 13.500 Pakete umfassend,[282] aus dem Stollen unter der Leitung des Archivdirektors Schmidt[283] im Auftrag der Control-Commission bzw. des Captain Charles.[284] Das Material gelangte damit ins Goslarer *Zonale Archivlager (Zonal Archival Repository)*, genauer in den Kaisersaal (45 m x 15,5 m), in einen kleinen Vorsaal und in ein Kellergewölbe des Kaiserhauses,[285] sowie in drei Räume im ersten Stock des Wohnflügels,[286] wobei zunächst *die Findbücher und die Urkunden, Regesten, Folianten und Handschriften des Deutschen Ordens in einem gesonderten Raum neben dem Büro*,[287] offenbar auch von den aufsichtführenden, britischen Archivverwaltern als herausragend und damit als separat zu lagerndes Schriftgut eingestuft, aufbewahrt wurden. Die Bestände, zunächst von Salzresten und Salzstaub befreit,[288] sollten bereits ab Mitte 1947 wieder für die Benutzung zugänglich sein, sodass hierfür die in rund 2.500 Kästen verstau-

282 S. TNA, PRO 30/90/8, Report on Tour of Inspection in Hannover and Land Braunschweig.

283 Von 1946 bis 1947 standen die Bestände unter Leitung von Aloys Schmidt (1892–1980) mit britischer Aufsicht. S. Rep. 178 G, Nr. 41 (wie Anm. 281), Schreiben vom 12.8.1946, Bl. 2; Ahasver von BRANDT, Die norddeutschen Archive nach dem zweiten Weltkrieg, in: Scandia 18 (1947), S. 142–52, hier S. 148, Anm. 1. S. u. a. zur Person Schmidt, Aloys, in: Kürschners Deutscher Gelehrten-Kalender 1966. N–Z und Register, hrsg. v. Werner SCHUDER, Berlin 1966, S. 2164. Danach übernahm vom 1.6.1947 bis 1.9.1952 Karl Meyer die Leitung. S. Karl MEYER, Das zonale Archivlager in Goslar, in: Der Archivar 3 (1950), Sp. 37–40, hier Sp. 39; FORSTREUTER, Staatsarchiv in Königsberg (wie Anm. 95), S. 93.

284 Seit Juni 1945 wird der Abtransport aus Grasleben durchgeführt. S. Rep. 178 G, Nr. 41 (wie Anm. 281), S. 3. Für Vorüberlegungen zum Abtransport s. PRO 30/90/16 (wie Anm. 253), Travel report on the journey to Grasleben, 20.2.1946. U. a. zu *Expenses of Removal Grasleben-Goslar* s. PRO 30/90/15 (wie Anm. 271), Summary of Budget for Archives Repository at Goslar. Im Mai 1993 hatten Zeitungsreporter die Schächte erkundet. S. SCHMID, Grasleben (wie Anm. 264), S. 465–67. Laut E-Mail vom 22.1.2015 der esco-european salt company GmbH & Co. KG befinden sich in den ehemaligen Lagerräumen keinerlei Hinterlassenschaften aus der Zeit der Einlagerungen mehr.

285 S. Cecil Anthony Francis MEEKINGS, Liste der Archivbestände, die sich im Zonenarchivdepot in Goslar befinden, in: Der Archivar 1 (1947/48), Sp. 73–76; MEYER, Archivlager (wie Anm. 283), Sp. 39; FORSTREUTER, Staatsarchiv in Königsberg (wie Anm. 95), S. 123, Abb. 13; Peter G. THIELEN, Kaiserhaus und Merkelstraße. Nachkriegsimpressionen eines Archivbenutzers, in: Das Preußenland als Forschungsaufgabe. Eine europäische Region in ihren geschichtlichen Bezügen. Festschrift für Udo Arnold zum 60. Geburtstag, hrsg. v. Bernhart JÄHNIG, Udo ARNOLD (Einzelschriften der Historischen Kommission für ost- und westpreußische Landesforschung, 20), Lüneburg 2000, S. 815–29, hier S. 817–818, Abb. 1–3; Rep. 178 G, Nr. 41 (wie Anm. 281), Schreiben vom 12.8.1946, Bl. 1; TNA, PRO 30/90/14, List of contents of the Zonal Archives Repository, Kaiserhaus, Goslar, 12.11.1946. Abermals s. PRO 30/90/15 (wie Anm. 271), List of contents of the Zonal Archives dt. Übersetzung. Weitere Fotos s. GStA PK, I. HA, Rep. 178 G, Nr. 3.

286 S. Rep. 178 G, Nr. 41 (wie Anm. 281), Schreiben von 27.6.1946.

287 MEEKINGS, Goslar (wie Anm. 285), Sp. 74.

288 S. Rep. 178 G, Nr. 40 (wie Anm. 275), Schreiben vom 9.8.1946.

ten Pergamenturkunden, das Ordensbriefarchiv sowie das herzogliche Briefarchiv, da Regale nicht vorhanden waren, in achteinhalb Doppelreihen mit je 10 Kästen in der Höhe, gestapelt wurden. Die Ordensfolianten warteten auf einem Regal in einem gesonderten Raum auf die forschende Leserschaft.[289] Auch Mitte 1948 waren insbesondere die Bestände des Etatsministeriums noch nicht hinreichend geordnet.[290]

Am 14. November 1946 erfolgte durch den polnischen Offizier Morawinski und den britischen Major Meekings die Besichtigung der in Goslar lagernden Bestände, um eine Rückführung zahlreicher, von polnischer Seite beanspruchter, Bestände einzuleiten.[291] Von Mai bis zum 2. Juni 1947 wurden aus dem Kaiserhaus zahlreiche Bestände nach Polen zurückgeführt, wie diejenigen aus Gdańsk, Elbląg, Katowice, Poznań, Warszawa – Hauptarchiv, Diözese Płock, Königsberg –, Szczecin, Toruń, Bydgoszcz und Malbork,[292] sodass *the sum total*

289 S. MEYER, Archivlager (wie Anm. 283), Sp. 39. S. zudem GStA PK, I. HA, Rep. 178 G, Nr. 2, Das Zonale Archivlager in Goslar. Ein Arbeitsbericht. Laut des Berichts wurde u. a. ein Regestenverzeichnis der 1903 vom StA Königsberg an das StA Danzig abgegebenen Urkunden erstellt.

290 S. PRO 30/90/14 (wie Anm. 285), Schreiben an Meekings, 6.6.1948. S. zu Erinnerungen THIELEN, Kaiserhaus (wie Anm. 285), S. 819–20.

291 S. PRO 30/90/15 (wie Anm. 271), Polish Archives Restitution, 20.11.1946. Eine erste Sichtung der Bestände erfolgte durch Meekings zwischen dem 12. und 15.11.1946. Für den Stand am 12.11.1946 s. die *List of Contents of the Zonal Archives Repository, Kaiserhaus, Goslar* sowie *Appendix III. List of Contens of the Kaiserhaus, Goslar*, Rep. 178 G, Nr. 40 (wie Anm. 275), Schreiben vom 9.9.1947. Für eine farbige Karte s. PRO 30/90/15 (wie Anm. 271), Diagram of Stocks in the Kaisersaal at the Kaiserhaus Archival Repository Goslar, 12 November 1946. Für den Entwurf s. PRO 30/90/16 (wie Anm. 253).

292 S. Cecil Anthony Francis MEEKINGS, Rückgabe von Archiven an Polen, in: Der Archivar 1 (1947/48), Sp. 71–74; DERS., Germany [Archives 1939–1945], in: The Year's Work in Librarianship 14 (1951), S. 314–20, hier S. 320; RAMM-HELMSING, Schicksal, 1 (wie Anm. 204), Sp. 7, 14, 15, 17, 20; RAMM-HELMSING, Schicksal, 2 (wie Anm. 204), Sp. 211–213, 216–217, 224; FORSTREUTER, Staatsarchiv in Königsberg (wie Anm. 95), S. 93–94, 93, Anm. 5, 95, Anm. 6; HUBATSCH, Göttinger Historische Arbeiten (wie Anm. 251), S. 228–30; Kurt FORSTREUTER, Das Staatliche Archivlager in Göttingen, in: Zeitschrift für Ostforschung 3 (1954), S. 92–94, hier S. 93; LEHR, Osteinsatz (wie Anm. 117), S. 323. S. für einen kurzen Bericht von Major Stebelski PRO 30/90/14 (wie Anm. 285), Information about the Polish State Archives, especially regarding the organisation of the State Archives in Stettin, Danzig, Elbing and Breslau. Für die Rückgabe ausgewählter Archivalien s. Meekings Schreiben, PRO 30/90/15 (wie Anm. 271), Polish Archives Restitution, 20.11.1946; abermals Rep. 178 G, Nr. 40 (wie Anm. 275). *Appendix II* weist eine Liste mit Notizen der zurückzuführenden Bestände aus dem Staatsarchiv Königsberg auf, u. a. *7. Folianten: Plock. [handschr.: 22 cases+183 panels (8)] 8. Folianten: Ermeland. [47 cases+1 panel]* Ferner heißt es im eben genannten Schreiben: *4. It was further agreed that all the items listed at Appendix 2 consisting of a portion of the stocks of the Staatsarchiv Königsberg at present held at the Archives Repository, Goslar should also be released. This however does not exhaust the Polish claim in respect of the first item on the above quoted claim for the release of Polish archives at present stored at Goslar. The archives listed in Appendix 2 are either archives of Polish origin which were absorbed by the Staatsarchiv Königsberg after 1939 or else the archives*

of what I [Major Adam Stebelski,[293] *Director of the Head Archive A.A. in Warsaw] take over and send off to Poland in 19 railwaycarriages: 2 cabinets, 772 cases, 149 sacks, 7329 parcels*[294] betrug. Zehn Waggons wurden zum Staatsarchiv in Gdańsk, vier zum Hauptarchiv Alter Akten in Warszawa, zwei zum Staatsarchiv in Bydgoszcz und je ein Waggon nach Poznań und Szczecin und zum Stadtarchiv Toruń geleitet.[295]

Auch hiernach wurde um den Verbleib der älteren Königsberger Bestände, und damit insbesondere um das Ordensarchiv, noch einige Jahre zwischen sowjetischen und polnischen sowie britischen und deutschen Vertretern gerungen.[296] Seitens der Sowjetunion lag 1950 das erste Angebot vor, die Rückgabe

---

of such division of the Staatsarchiv Königsberg as clearly fall now within the area of feat and East Prussia administered by the Polish Government. In addition to these the stocks of the Staatsarchiv Königsberg held at Goslar include a certain central division which, consists of a large number of maps, manuscripts and documents on parchment part of which undoubtedly refer and should eventually be released to the authority who controls that part of East Prussia which is now under the Polish Government. There are also a certain number of repertories relating to archive classes which were evacuated elsewhere than Grasleben and which fall within the area administered by the Polish Government: these should also be returned eventually. As the proper examination of these items, which run into many tens of thousands, would naturally take time it was agreed by Col. Morawinski and Major Meekings that these stocks should continue to be held in the repository at Goslar and should be released neither to the Polish or the Russian authorities until a proper examination by experts has taken place. Für eine mit Notizen zum Abtransport versehene Liste s. PRO 30/90/15 (wie Anm. 271), Appendix III, List of Contents of the Kaiserhaus, Goslar. Einige Königsberger Bestände der Westpreußischen Abteilungen sowie ausgewählte Repositorien wurden damit ebenfalls zurücktransportiert. S. MEEKINGS, Rückgabe (wie Anm. 292), Sp. 73–74. *III Einheiten des Staatsarchivs in Koenigsberg: 1. Rep. 9 – Akten der Bialistoker Kammer[.] Diese Akten sind zur dauernden Aufbewahrung im Hauptarchiv, als das territorial zuständige, bestimmt. […] 25. sogenannte westpreussische Folianten[.] 26. ermländische [Folianten] […].* TNA, PRO 30/90/18, Verzeichnis der aus Goslar ueberfuehrten Einheiten des Hauptarchivs in Warschau. Antwort auf Schreiben Arch. 1047/47. Für weitere ausführliche Verzeichnisse der Transporte s. ebd.

293 S. für die polnischen Bestrebungen Władysław STĘPNIAK, Misja Adama Stebelskiego. Rewindykacja archiwaliów polskich z niemiec w latach 1945–1949 [Die Mission von Adam Stebelski. Die Rückgabe polnischer Archivalien aus Deutschland in den Jahren 1945–1949], Warszawa 1989.

294 PRO 30/90/15 (wie Anm. 271), Polish Archives Restitution, 30.5.1947. S. zudem die Aufstellung ebd., Rueckerstattung von Archiven an Polen.

295 S. STĘPNIAK, Stebelskiego (wie Anm. 293), S. 77. Noch 2015 trifft KRUPPE die Aussage, wonach *die logische Schlussfolgerung, nämlich der Meekings-Stebelski-Handel von 1947 ein rechtswidriger Akt zweier Siegermächte gewesen war, welchen man als vorsätzlichen Archivraub* [Sic!] *bezeichnen* müsse. KRUPPE, Das Staatliche Archivlager (wie Anm. 114), S. 136, 162. Ergänzend postuliert er letztendlich, dass *an den von Polen erhobenen Eigentumsansprüchen bezüglich des Staatsarchivs Königsberg und der anderen Registraturen [..] sich bis heute nichts geändert haben, obwohl das jetzige Kaliningrad 1945 von der Sowjetunion annektiert wurde und zum Territorium des russischen Staates gehört.* Ebd., S. 147.

296 S. HUBATSCH, Göttinger Historische Arbeiten (wie Anm. 251), S. 228–30; LENZ, Verlagerung

von Lübecker, Bremer und Hamburger mittelalterlicher Archivalien im Austausch zum Deutschordensarchiv zu erwägen, welches durchaus Zuspruch fand.[297] Die drei alliierten Hohen Kommissare hatten die Kostenübernahme einer Mikroverfilmung vor einem Austausch abgelehnt,[298] doch sicherheitshalber wurden ab 1951, durch Bundesmittel finanziert, einige als bedeutend eingestufte Bestände des Königsberger Archivs dennoch auf Film gebannt.[299] Letztendlich verblieben, trotz weiterer Bemühungen von polnischer Seite, wie 1949 eine abermalige Dienstreise nach Goslar bezeugt, die nach 1947 in Goslar gelagerten Königsberger Bestände auf der westlichen Seite des Eisernen Vorhangs.[300]

Am 18. März 1952 übernahm das Land Niedersachsen die Verwaltung des nunmehr *Staatlichen Archivlagers*[301] und überführte die Bestände ab dem

(wie Anm. 204), S. 424–26; LEHR, Osteinsatz (wie Anm. 117), S. 324–25; Wilhelm LENZ, Grasleben, Goslar, Göttingen, Koblenz. Stationen der ausgelagerten Bestände des Revaler Stadtarchivs (1944–1990), in: Forschungen zur Baltischen Geschichte 4 (2009), S. 259–67, hier S. 263. S. zudem TNA, PRO 1/904. Exempl. zur Auseinandersetzung s. TNA, FO 945/300, Nachrichten über ostdeutsche Archive (Juni 1947); Schreiben vom 21.8.1947; MEEKINGS, Rückgabe (wie Anm. 292), Sp. 74; PRO 30/90/14 (wie Anm. 285), Schreiben an Meekings von Winter, 26.2.1948; Schreiben an Meekings von Kownatzki, 13.3.1948; Schreiben an Meekings von von Brandt, 17.3.1948; Schreiben an Meekings von von Brandt, 24.11.1948; Ahasver von BRANDT, Schicksalsfragen deutscher Archive, in: Der Archivar 1, 3 (1948), Sp. 133–140, hier Sp. 136, 140; BRANDT, Archive (wie Anm. 283), S. 145, 148, 152; Erich WEISE, Die Erhaltung des Deutschordenarchivs und der übrigen geretteten Königsberger Bestände, in: Der Archivar 2, 2 (1949), Sp. 49–54; KRAUS, Rechtsgutachtliche Äusserung (wie Anm. 246); Erich WEISE, Das Staatsarchiv Königsberg seine Bedeutung für die deutsche und europäische Wissenschaft, in: Zwei Gutachten über die Archive des Deutschen Ordens sowie des altpreussischen Herzogtums [maschinenschr.], Göttingen 1949, S. 13–32; englische Ausfertigung: Two Expertises relating to the Archives of the Teutonic Order and the Ancient Prussian Duchy, [maschinenschr.], Göttingen 1949; Adolf DIESTELKAMP, Die Lage der deutschen Ostarchive, in: Der Archivar 3, 2 (1950), Sp. 78–94, hier Sp. 80–81; RAMM-HELMSING, Schicksal, 2 (wie Anm. 204), Sp. 215–216; Joachim MEYER-LANDRUT, Die Behandlung von staatlichen Archiven und Registraturen nach Völkerrecht, in: Archivalische Zeitschrift 48 (1953), S. 45–120, hier S. 120. Ein engl. Exemplar der Gutachten befindet sich im Nachlass WEISE NLA, St. Stade, Rep. 91/10 Nr. 35.

297 S. Josef HENKE, Das Schicksal deutscher zeitgeschichtlicher Quellen in Kriegs- und Nachkriegszeit. Beschlagnahme – Rückführung – Verbleib, in: Vierteljahreshefte für Zeitgeschichte 30, 4 (1982), S. 557–620, hier S. 582; LENZ, Verlagerung (wie Anm. 204), S. 425.

298 S. HENKE, Schicksal (wie Anm. 297), S. 582.

299 S. HUBATSCH, Göttinger Historische Arbeiten (wie Anm. 251), S. 230; KRUPPE, Das Staatliche Archivlager (wie Anm. 114), S. 142–43. Zu Erfahrungen mit der Digitalisierung von Mikrofilmaufnahmen s. Dieter HECKMANN, Nutzung von Digitalisaten am Beispiel des Geheimen Staatsarchivs Preußischer Kulturbesitz, in: Forschung in der digitalen Welt. Sicherung, Erschließung und Aufbereitung von Wissensbeständen; Tagung des Staatsarchivs Hamburg und des Zentrums »Geisteswissenschaften in der Digitalen Welt« an der Universität Hamburg am 10. und 11. April 2006, hrsg. v. Rainer HERING (Veröffentlichungen aus dem Staatsarchiv der Freien und Hansestadt Hamburg, 20), Hamburg 2006, S. 161–68, hier S. 161–63.

300 S. HENKE, Schicksal (wie Anm. 297), S. 582; LEHR, Osteinsatz (wie Anm. 117), S. 346.

301 Deutschordensarchiv in Goslar, in: Der Archivar 5 (1952), Sp. 83; FORSTREUTER, Staatsarchiv

27. April 1953 bis Ende des Jahres von Goslar nach Göttingen in eine 1907 erbaute Villa, Merkelstr. 3, bekannt auch als *Drei Männer Haus*,[302] um die Archivalien dem Zugang der Forschung nicht weiter eingeschränkt vorzuenthalten.[303] Immerhin waren unter den provisorischen Umständen in Goslar zwischen 1947 und 1952 23 gedruckte Titel angefertigt worden.[304] Rund drei Viertel der dortigen Archivalien bildeten die Bestände des ehemaligen Staatsarchivs Königsberg neben denen des Stadtarchivs Reval/Tallinn und Prenzlau sowie anderer Archive.[305]

---

in Königsberg (wie Anm. 95), S. 94. Der Leitung durch Kurt Forstreuter folgte 1962 Hans Koeppen (1913–1977), s. weiterführend Familienarchive (wie Anm. 114), S. 337. Dagegen sei in den Akten der 1. April festgelegt. S. BENNINGHOVEN, Findbuch (wie Anm. 281), S. 4.

302 S. FORSTREUTER, Archiv auf Reisen (wie Anm. 251), S. 417–18; FORSTREUTER, Staatsarchiv in Königsberg (wie Anm. 95), S. 123, Abb. 14; Hans-Wolfgang QUASSOWSKI, Das ehemalige Staatsarchiv Königsberg, in: Der Herold 4 (1959), S. 49–51, hier S. 50; Neue Räume für das Staatliche Archivlager in Göttingen, in: Der Archivar 7 (1954), Sp. 67. Zu Umfang, Räumlichkeiten und Personal s. FORSTREUTER, Staatsarchiv in Königsberg (wie Anm. 95), S. 96–97; THIELEN, Kaiserhaus (wie Anm. 285), S. 823–824, Abb. 6–8; KRUPPE, Das Staatliche Archivlager (wie Anm. 114), S. 139–142, 144–145. Zum Bedarf für fünf Wohnungen in Göttingen s. StA Göttingen, C 28, Nr. 1791. In Göttingen lag das *Staatliche Archivlager* zunächst Wand an Wand mit der *Mission Française de Recherches,* die dem französischen Ministerium für Kriegsopfer (*Ministère des anciens combattants et victîmes de guerre*) unterstellt und um die Aufklärung einzelner Schicksale französischer Staatsangehöriger bemüht war, die während der nationalsozialistisches Herrschaft ums Leben gekommen waren oder nach dem Ende des Zweiten Weltkrieges vermisst wurden. S. FORSTREUTER, Archiv auf Reisen (wie Anm. 251), S. 418. Die Annahme, wonach es sich zudem um eine franz. Geheimdienststelle handelte, konnte, trotz verschiedener Anfragen, bisher nicht verifiziert werden, s. Michael SCHÄFER, Flüchtlinge, Geheimdienst, Göttinger Gruppe, in: Göttinger Tageblatt 6, 8. Januar 2013, S. 10. Für den umfangreichen Schriftwechsel zur Wohnungssuche des Leiters der »Mission Française de Recherches«, P. Fassina, in Zusammenarbeit mit der Stadtverwaltung s. StA Göttingen, C 28, Nr. 1807. Daneben findet der Suchdienst im Adressbuch in den Ausgaben 1956, 1960 und 1962/63 Erwähnung. S. zudem Jakob WOLF, Aus meiner »Franzosenzeit«. Erinnerungen eines ehemaligen Göttingers an die »Mission Francaise de Recherches«, in: Göttingen ohne Gänseliesel. Texte und Bilder zur Stadtgeschichte, hrsg. v. Kornelia DUWE, Gudensberg-Gleichen 1988, S. 234–37, hier S. 235–37. Für den weiterführenden Literaturhinweis und die Auskunft zu den Adressbüchern gilt mein Dank Rolf Kohlstedt, Stadtarchiv Göttingen.

303 S. FORSTREUTER, Staatsarchiv in Königsberg (wie Anm. 95), S. 93–94; FORSTREUTER, Archivlager (wie Anm. 292). Zur Entstehung der Regestenbände von Erich Joachim s. HUBATSCH, Göttinger Historische Arbeiten (wie Anm. 251), S. 234–36.

304 S. HUBATSCH, Göttinger Historische Arbeiten (wie Anm. 251), S. 242; Kurt FORSTREUTER, Das Staatsarchiv Königsberg als Quelle für die allgemeine Geschichte, in: Hamburger Mittel- und Ostdeutsche Forschungen 6 (1967), S. 9–35.

305 S. FORSTREUTER, Archivlager (wie Anm. 292), S. 92, 94; Staatliches Archivlager in Göttingen, in: Archive. Archive im deutschsprachigen Raum: A–N, Berlin [2]1974, S. 334–39, hier S. 334–38. Detailliert s. GStA PK, I. HA, Rep. 178 G, Nr. 240, Bestände des Staatlichen Archivlagers.

Nach Gründung der *Stiftung Preußischer Kulturbesitz* 1957[306] fielen dieser die Bestände des historischen Staatsarchivs Königsberg zu, doch verblieb aufgrund einer Vereinbarung vom 1. Januar 1966 die Verwaltung zunächst beim Land Niedersachen.[307] Schließlich erfolgte zwischen Juli 1978 und April 1979 mit neun Transporten der Umzug von Göttingen in ein zwischen 1914 und 1924 nach den Entwürfen Eduard Fürstenaus (1862–1938)[308] erbautes Dienstgebäude nach Berlin-Dahlem, Archivstr. 12–14,[309] Sitz des *Geheimen Staatsarchivs Preußischer Kulturbesitz*,[310] der im Mai 1979 endgültig seinen Abschluss fand.[311] Ei-

306 S. Carl GUSSONE, Der Weg zur Stiftung Preußischer Kulturbesitz, in: Jahrbuch der Stiftung Preußischer Kulturbesitz 1 (1962), S. 79–112, hier S. 80, 84; Werner KNOPP, Juristische Aspekte von Gründung und Arbeit der Stiftung Preußischer Kulturbesitz, in: Festschrift zum 125jährigen Bestehen der Juristischen Gesellschaft zu Berlin, hrsg. v. Dieter WILKE, Berlin 1984, S. 331–48, hier S. 331–335, 344–346.

307 S. Archivlager (wie Anm. 305), S. 335. Zuletzt s. KRUPPE, Das Staatliche Archivlager (wie Anm. 114), S. 147–56.

308 S. u. a. zur Person Fürstenau, Eduard August Wilhelm, in: Degeners Wer ist's?, hrsg. v. Hermann A. L. DEGENER, Berlin [10]1935, S. 460.

309 S. Reinhart STRECKE, Der lange Weg nach Dahlem. Baugeschichte und -probleme des Geheimen Staatsarchivs, in: Archivarbeit für Preußen. Symposion der Preußischen Historischen Kommission und des Geheimen Staatsarchivs Preußischer Kulturbesitz aus Anlass der 400. Wiederkehr der Begründung seiner archivischen Tradition, hrsg. v. Jürgen KLOOSTERHUIS (Veröffentlichungen aus den Archiven Preußischer Kulturbesitz Arbeitsberichte, 2), Berlin 2000, S. 27–46, hier S. 39–45; Gerhard ZIMMERMANN, Das Geheime Staatsarchiv. Geschichtliche Entwicklung bis zum Jahre 1945, in: Jahrbuch Preußischer Kulturbesitz 1 (1963), S. 303–23, hier S. 315–318, 321 (Abb. 27).

310 S. Jürgen KLOOSTERHUIS, Ein »Staatsarchiv ohne Staat«. Solitär unter den Staatsarchiven. Positionspapier zum Selbstverständnis und zu den Herausforderungen des Geheimen Staatsarchivs Preußischer Kulturbesitz, in: Der Archivar 58, 4 (2005), S. 252–54.

311 S. Verlegung der Bestände des historischen Staatsarchivs Königsberg, in: Der Archivar 32, 2 (1979), Sp. 280; Bernhart JÄHNIG, Verlagerung der Königsberger Archivbestände von Göttingen nach Berlin, in: Der Archivar 34, 3 (1981), Sp. 400–402, hier Sp. 400–401; BENNINGHOVEN, Findbuch (wie Anm. 281), S. 4; KRUPPE, Das Staatliche Archivlager (wie Anm. 114), S. 156–60. Das Bundesarchiv übernahm treuhändisch die Bestände, welche östlich der Elbe und damit nicht aus Preußen herrührten wie das Stadtarchiv Reval/Tallinn. S. HENKE, Schicksal (wie Anm. 297), S. 605, Anm. 199, 617. Zum »Archivschutz« und zur Rückführung der Bestände des Stadtarchivs Reval/Tallinn s. LENZ, Verlagerung (wie Anm. 204); Tilman KOOPS, Rückführung des Archivguts des Stadtarchivs Reval und der Hansestädte Bremen, Hamburg und Lübeck, in: Der Archivar 42, 4 (1989), Sp. 584–585; Antjekathrin GRASSMANN, Rückkehr hansestädtischer Archivalien aus der UdSSR, in: Der Archivar 44, 3 (1991), Sp. 447–449; Wilhelm LENZ, Rückgabe des Revaler Stadtarchivs, in: Der Archivar 44, 2 (1991), Sp. 294–297; Raimo PULLAT, Der Kampf um die Provenienz. Tallinn bekommt seine Geschichte zurück, in: Hansische Geschichtsblätter 109 (1991), S. 93–97; LENZ, Grasleben, Goslar (wie Anm. 296); GRASSMANN, Rückkehr (wie Anm. 275). Zu den in Grasleben eingelagerten Beständen und deren vermutliche Auslagerung östlich der Elbe zwischen Mitte April und Juni 1945 s. FRIEMUTH, Geraubte Kunst (wie Anm. 264), S. 98–99.

nige erhaltene Königsberger Bestände, die während der durchgeführten Auslagerungsmaßnahmen im Zweiten Weltkrieg nicht das Bergwerk erreichten und andernorts geborgen werden konnten, sind auf zahlreiche Archive verteilt,[312] sodass intensive Bemühungen nicht ausbleiben, um die Lücken soweit wie möglich, gar durch Rekonstruktion, zu schließen.[313] Somit gelangten nahezu vollständig aus Königsberg das Archiv des Deutschen Ordens und des Herzogtums Preußen sowie große Bestände des 18. Jh.s und einige aus dem 19./20. Jh. in die heutige Hauptstadt Berlin.[314]

312 S. Kurt FORSTREUTER, Zur Frage der Registerführung in der zentralen Deutschordenskanzlei, in: Archivalische Zeitschrift 52 (1956), S. 49–61, hier S. 52; Sven EKDAHL, Die Schlacht bei Tannenberg 1410. Quellenkritische Untersuchungen: Einführung und Quellenlage, Bd. 1 (Berliner Historische Studien, 8), Berlin 1982, S. 82–83.

313 S. FORSTREUTER, Staatsarchiv in Königsberg (wie Anm. 95), S. 88–89, 94; Markian PELECH, Der verlorene Ordensfoliant 5 (früher Hochmeister-Registrant II) des Historischen Staatsarchivs Königsberg, mit Regesten (nach Rudolf Philippi und Erich Joachim), in: Beiträge zur Geschichte des Deutschen Ordens, hrsg. v. Udo ARNOLD (Quellen und Studien zur Geschichte des Deutschen Ordens, 36; Veröffentlichungen der Internationalen Historischen Kommission zur Erforschung des Deutschen Ordens, 1), Marburg 1986, S. 123–80; Peter WÖRSTER, Archive im Königsberger Gebiet nach 1945, in: Zeitschrift für Ostforschung 39 (1990), S. 85–92, hier S. 89–90; EKDAHL, Wilna (wie Anm. 251); JÄHNIG, Amtsrechnungen Wilna (wie Anm. 251); DERS., Amtsrechnungen und andere Akten der Kriegs- und Domänenkammern des Historischen Staatsarchivs Königsberg im Kaliningrader Gebietsarchiv, in: Preußenland 32 (1994), S. 16–29; Jürgen SARNOWSKY, Die Quellen zur Geschichte des Deutschen Ordens in Preußen, in: Edition deutschsprachiger Quellen aus dem Ostseeraum (14.–16. Jahrhundert), hrsg. v. Matthias THUMSER, Janusz TANDECKI, Dieter HECKMANN (Publikationen des Deutsch-Polnischen Gesprächskreises für Quelleneditionen, [1]), Toruń 2001, S. 171–99, hier S. 176–77; Ralf G. PÄSLER, Mittelalter-Philologie im Internet. Kurzverzeichnis der Handschriften des ehemaligen Königsberger Staatsarchivs, in: Preußenland 40 (2002), S. 1–2; Axel E. WALTER, Das Schicksal der Königsberger Archive und Bibliotheken. Eine Zwischenbilanz, in: Königsberger Buch- und Bibliotheksgeschichte. Beiträge des vom 15. bis 17. Oktober 1999 an der Universität Osnabrück veranstalteten Internationalen Symposions zur Königsberger Buch- und Bibliotheksgeschichte, hrsg. v. Axel E. WALTER, Köln 2004, S. 1–68, hier S. 11–13, 15–17, 29–32, 57; Lutz F. W. WENAU, Ostpreußische Archivalien in der litauischen Akademie-Bibliothek in Vilnius, Hamburg 2004; Alexander BARANOV, Der Dienstnachlass von Johannes Voigt (Staatsarchiv Königsberg) in der Russischen Staatsbibliothek in Moskau, in: Preußenland N. F. 2 (2011), S. 91–113, hier S. 100–03; Regesten zu den Briefregistern des Deutschen Ordens. Die Ordensfolianten 2a, 2aa und Zusatzmaterial. Mit einem Nachdruck von Kurt Lukas: Das Registerwesen der Hochmeister des Deutschen Ritterordens, maschinenschriftl. Phil. Diss. Königsberg 1921, hrsg. v. Sebastian KUBON, Jürgen SARNOWSKY (Beihefte zum Preußischen Urkundenbuch, 1), Göttingen 2012, S. 17; Ralf G. PÄSLER, Von Königsberg nach Berlin und anderswohin. Zu den mittelalterlichen Handschriften des ehemaligen Königsberger Staatsarchivs, in: Manuscripta germanica. Deutschsprachige Handschriften des Mittelalters in Bibliotheken und Archiven Osteuropas, hrsg. v. Astrid BREITH (Zeitschrift für deutsches Altertum und deutsche Literatur, Beiheft, 15), Stuttgart 2012, S. 157–66.

314 S. für den Deutschen Orden Beständeübersicht. Tektonik: 9.5.1 Preußenland bis 1525, hrsg. v. GStA PK, online unter: http://archivdatenbank.gsta.spk-berlin.de/midosasearch-gsta/MidosaSEARCH/Bestaendeuebersicht/index.htm (letzte Einsichtnahme 6.10.2017).

Der Prämisse des niederländischen Philosophen Baruch DE SPINOZA (1632–1677)[315] folgend, die über der Ausgangstür des Forschungssaales in Berlin prangt, *Ich habe mich eifrig bemüht, menschliches Handeln nicht zu verlachen, nicht zu beweinen, und nicht zu verfluchen, sondern zu begreifen,*[316] ist seit mittlerweile über 30 Jahren der Zugang zu den verbliebenen Königsberger Beständen, nunmehr als XX. Hauptabteilung nahezu wie ein eigenständiges Archiv in einem bestehenden Archiv integriert, gewährleistet.[317]

Nicht nur haben somit Amtsbücher als auch zahlreiche Hefte, Verschreibungen und einfache Notizzettel als Zeugnisse pragmatischer Schriftlichkeit aus der Ordenszeit des 15. Jh.s, mehrheitlich auf Papier, – seit Ende 1944 rund 1.400 km transportiert – die Zeit erfolgreich überdauert.[318]

315 S. Andrea SCHRIMM-HEINS, Spinoza, Benedictus de oder Baruch de Spinoza, in: Biographisch-bibliographisches Kirchenlexikon, hrsg. v. Friedrich Wilhelm BAUTZ, Traugott BAUTZ, Bd. 10, Hamm, Westf. 1995, Sp. 1013–1019.

316 Für das Zitat und dessen Übersetzung s. ZIMMERMANN, Das Geheime Staatsarchiv (wie Anm. 309), S. 323. *Sedula curavi, humanas actiones non ridere, non lugere, neque detestari, sed intelligere.* Benedictus de SPINOZA, Tractatus Politicus, in: B. D. S. Opera Posthuma, [Amsterdam] 1677, S. [265]–354, hier S. 268 (I,4).

317 S. SARNOWSKY, Quellen zur Geschichte (wie Anm. 313), S. 172–84; Hans KOEPPEN, Das Archiv des Deutschen Ordens in Preußen, seine Bestände und seine wissenschaftliche Bedeutung, in: Jahrbuch der Stiftung Preußischer Kulturbesitz Berlin 4 (1966), S. 172–87, hier S. 175–79; Bernhart JÄHNIG, Die Bestände des Historischen Staatsarchivs Königsberg als Quelle zur Bevölkerungs- und Siedlungsgeschichte des Preußenlandes, in: Aus der Arbeit des Geheimen Staatsarchivs Preußischer Kulturbesitz, hrsg. v. Jürgen KLOOSTERHUIS (Veröffentlichungen aus den Archiven Preußischer Kulturbesitz, Arbeitsberichte, 1), Berlin 1996, S. 273–97. S. zum Aufbau des Deutschordensarchivs FORSTREUTER, Staatsarchiv in Königsberg (wie Anm. 95), S. 101–06; Rita KLAUSCHENZ, Jürgen KLOOSTERHUIS, Tektonik des Geheimen Staatsarchivs Preußischer Kulturbesitz (Veröffentlichungen aus den Archiven Preußischer Kulturbesitz, Arbeitsberichte, 12), Berlin 2011, S. 145–47. Zudem hat sich das Archiv zum Ziel gesetzt, dass »alle Findmittel des GStA PK, darunter auch der Katalog der Dienstbibliothek, [..] den Benutzerinnen und Benutzern möglichst in analog oder digital reproduzierter Form im Vorfeld des Archivbesuchs zur Einsichtnahme bereitstehen.« KLOOSTERHUIS, Solitär (wie Anm. 310), S. 252. S. zudem HECKMANN, Nutzung (wie Anm. 299), S. 166–67.

318 S. Jürgen KLOOSTERHUIS, Strukturen und Materien spätmittelalterlicher Amtsbücher im Spiegel von Ordensfolianten, in: Preußens erstes Provinzialarchiv. Zur Erinnerung an die Gründung des Staatsarchivs Königsberg vor 200 Jahren, hrsg. v. Bernhart JÄHNIG, Jürgen KLOOSTERHUIS (Tagungsberichte der Historischen Kommission für ost- und westpreußische Landesforschung, 20), Marburg 2006, S. 85–121, hier S. 89–90. Zudem s. DERS., Mittelalterliche Amtsbücher. Strukturen und Materien, in: Die archivalischen Quellen. Mit einer Einführung in die historischen Hilfswissenschaften, hrsg. v. Friedrich BECK, Eckhart HENNING (UTB Geschichte, 8273), Köln ^{5}2012, S. 68–88.

Ordensfolianten

Insbesondere drei Amtsbücher mit der Nummerierung 259, 259a und 261 aus der sich bis zur Nummer 374 – mit zahlreichen unbesetzten Nummern,[319] jedoch um alphanumerische eingefügte Exemplare ergänzt – erstreckenden bzw. ca. 13,8 lfm umfassenden Überlieferung der so genannten *Ordensfolianten* (OF), abzuleiten von einer Papier-Größenbezeichnung, sind im Folgenden von besonderem Interesse.[320] Die Abteilung IX umfasst Archivalien zum Heer- und Söldnerwesen.[321] Die Folianten OF 259 und OF 261 gelten bisher als unveröffentlicht und liegen hiermit erstmalig als Edition vor.[322] Diese aus mehreren Lagen bestehenden, gebundenen Amtsbücher dienten mit ihren Einträgen der Verwaltungs- bzw. Wirtschaftsführung der Ordensherrschaft und weisen damit oft äußerst dynamische Aufzeichnungen auf.[323]

---

319 S. Regesta historico-diplomatica Ordinis S. Mariae Theutonicorum 1198–1525. Index Tabularii Ordinis S. Mariae Theutonicorum: Regesten zum Ordensbriefarchiv (1511–1525), hrsg. v. Walther HUBATSCH, Erich JOACHIM (Ps. 1, Vol. 3), Göttingen 1973, S. 541.

320 S. KLOOSTERHUIS, Amtsbücher im Spiegel (wie Anm. 318), S. 97; KLAUSCHENZ und KLOOSTERHUIS, Tektonik (wie Anm. 317), S. 146; FORSTREUTER, Staatsarchiv in Königsberg (wie Anm. 95), S. 102; KOEPPEN, Archiv (wie Anm. 317), S. 178–79; Bernhart JÄHNIG, Militärgeschichtliche Quellen des Staatsarchivs Königsberg im Geheimen Staatsarchiv Preußischer Kulturbesitz, in: Altpreußische Geschlechterkunde N. F. 30, 10 (1982), S. 7–44, hier S. 12–14; EKDAHL, Schlacht (wie Anm. 312), S. 82–85; SARNOWSKY, Quellen zur Geschichte (wie Anm. 313), S. 176–84.

321 S. KOEPPEN, Archiv (wie Anm. 317), S. 179; JÄHNIG, Militärgeschichtliche Quellen (wie Anm. 320), S. 13.

322 S. Soldbuch des Deutschen Ordens 1 (wie Anm. 136), S. 5, Anm. 29; Bernhart JÄHNIG, Militärgeschichtliche Quellen des Staatsarchivs Königsberg (Archivbestände Preußischer Kulturbesitz) im Staatlichen Archivlager in Göttingen, in: Militärgeschichtliche Mitteilungen 16 (1974), S. 173–214; Dieter HECKMANN, Editionen west- und ostpreußischer Amtsbücher und Rechnungen aus dem Spätmittelalter durch polnische und deutsche Bearbeiter nach 1945, in: Archive im zusammenwachsenden Europa. Referate des 69. Deutschen Archivtags und seiner Begleitveranstaltungen 1998 in Münster, hrsg. v. Diether DEGREIF (Der Archivar, 4), Siegburg 2000, S. 115–21; Janusz TANDECKI, Stand und Bedürfnisse der Quellenedition zur Geschichte Preußens im Mittelalter und an der Schwelle zur Neuzeit, in: Edition deutschsprachiger Quellen aus dem Ostseeraum (14.–16. Jahrhundert), hrsg. v. Matthias THUMSER, Janusz TANDECKI, Dieter HECKMANN (Publikationen des Deutsch-Polnischen Gesprächskreises für Quelleneditionen, [1]), Toruń 2001, S. 201–12, hier S. 209, 211–212; SARNOWSKY, Quellen zur Geschichte (wie Anm. 313), S. 176–84, s. aktualisiert JÄHNIG, Militärgeschichtliche Quellen (wie Anm. 320), S. 13. S. »Edition«, ab S. 225.

323 S. die Ausführungen, gefolgt von der Definition »Mittelalterliche Amtsbücher sind aus Lagen bestehende, buchförmig gebundene Kompositionen von Einträgen, die im Zuge verwaltender oder rechtserheblicher Tätigkeiten von Provenienzstellen entstanden sind, die zumindest ansatzweise institutionalisiert und mit herrscherlichen Rechten ausgestattet waren.« Stefan PÄTZOLD, Amtsbücher des Mittelalters. Überlegungen zum Stand ihrer Erforschungen, in: Archivalische Zeitschrift 81 (1998), S. 87–111, hier S. 98. S. KLOOSTERHUIS, Amtsbücher im Spiegel (wie Anm. 318), S. 91, 94; Hans PATZE, Neue Typen des Geschäftsschriftgutes im 14. Jahr-

Die Edition der Ordensfolianten 259 und 261 als zunächst wirtschafts- und kriegsgeschichtlich bedeutende Quelle reiht sich in bereits vorangegangene ähnliche Editionsprojekte ein. Neben älteren Editionen, wie die des *Treßlerbuchs*,[324] sind auch die *Schuldbücher und Rechnungen*[325] vorwiegend als bedeutsam für

---

hundert, in: Der deutsche Territorialstaat im 14. Jahrhundert, hrsg. v. Hans PATZE, Bd. 1, Sigmaringen 1970, S. 9–64, hier S. 27–28, 48–53; Klaus NEITMANN, Überlegungen zur archivischen Erschließung von spätmittelalterlichen und frühneuzeitlichen Amtsbuchüberlieferungen, in: Archive und Forschung. Referate des 73. Deutschen Archivtags 2002 in Trier (Der Archivar, Beiband, 8), Siegburg 2003, S. 71–90.

324 S. Das Marienburger Treßlerbuch der Jahre 1399–1409, hrsg. v. Erich JOACHIM, Königsberg 1896 (ND Bremerhaven 1973); Das Marienburger Ämterbuch, hrsg. v. Walter ZIESEMER, Danzig 1916; Das Ausgabebuch des Marienburger Hauskomturs für die Jahre 1410–1420, hrsg. v. Walther ZIESEMER, Königsberg 1911; Das Zinsbuch des Hauses Marienburg, hrsg. v. Walther ZIESEMER, Marienburg 1910; Das Marienburger Konventsbuch der Jahre 1399–1412, hrsg. v. Walther ZIESEMER, Danzig 1913.

325 S. Schuldbücher und Rechnungen der Großschäffer und Lieger des Deutschen Ordens in Preußen. Großschäfferei Königsberg I (Ordensfoliant 141), hrsg. v. Cordelia HESS, Christina LINK, Jürgen SARNOWSKY, Bd. 1 (Veröffentlichungen aus den Archiven Preußischer Kulturbesitz, 62,1; Quellen und Darstellungen zur Hansischen Geschichte N. F., 59,1), Köln 2008; Schuldbücher und Rechnungen der Großschäffer und Lieger des Deutschen Ordens in Preußen. Großschäfferei Königsberg II (Ordensfolianten 142–149 und Zusatzmaterial), hrsg. v. Joachim LACZNY, Jürgen SARNOWSKY, Bd. 2 (Veröffentlichungen aus den Archiven Preußischer Kulturbesitz, 62,2; Quellen und Darstellungen zur Hansischen Geschichte N. F., 59,2), Köln 2013; Schuldbücher und Rechnungen der Großschäffer und Lieger des Deutschen Ordens in Preußen. Großschäfferei Marienburg, hrsg. v. Christina LINK, Jürgen SARNOWSKY, Bd. 3 (Veröffentlichungen aus den Archiven Preußischer Kulturbesitz, 62,3; Quellen und Darstellungen zur Hansischen Geschichte N. F., 59,3), Köln 2008; Schuldbücher und Rechnungen der Großschäffer und Lieger des Deutschen Ordens in Preußen. Band 4: Liegerbücher der Großschäfferei Königsberg Ordensfolianten 150–152 und Zusatzmaterial, hrsg. v. Cordula A. FRANZKE, Bd. 4 (Veröffentlichungen aus den Archiven Preußischer Kulturbesitz. Quellen, 62,4; Quellen und Darstellungen zur Hansischen Geschichte N. F., LIX,4), Berlin 2018.

die wirtschafts- bzw. verwaltungsgeschichtliche Forschung im Ordensland anzuführen. Daneben treten Editionen zahlreicher *Soldbücher*[326] wie auch *Rechnungen für städtische Aufgebote*[327] in Erscheinung, die nicht nur für prosopografische Studien relevant sind.

Seit 1999 widmen sich SARNOWSKY und JENKS digitalen Editionsprojekten zur Geschichte des Deutschen Ordens in Preußen, wobei die Ergebnisse oftmals kostenfrei im Internet zum Abruf bereitgehalten werden.[328] Ebenfalls ergänzen

326 S. Soldbuch des Deutschen Ordens 1 (wie Anm. 136). S. für polnische Editionen der deutschsprachigen Quellen des Preußischen Bundes aus der Zeit des Dreizehnjährigen Krieges Leon KOCZY, Źródła do dziejów wojny trzynastoletniej [Księga Theudenkusa], Bd. 1 (Fontes/Towarzystwo Naukowe w Toruniu, 33), Toruń 1937; Karola CIESIELSKA, Irena JANOSZ-BISKUPOWA, Księga długów miasta Torunia z okresu wojny trzynastoletniej [Schuldbuch der Stadt Thorn aus der Zeit des Dreizehnjährigen Krieges] (Towarzystwo Naukowe, 55), Toruń 1964; Antoni CZACHAROWSKI, Księga żołdu Związku Pruskiego z okresu wojny trzynastoletniej 1454–1466 [Soldbuch der Söldner des Preussischen Bundes aus der Zeit des Dreizehnjährigen Krieges 1454–1466] (Towarzystwo Naukowe, 61), Warszawa 1969; Marian BISKUP, Wykaz broni palnej i innego sprzętu wojskowego wysytanego przez Torun w okresie wojny trzynastoletniej (1454–1466) [Auflistung der Schußwaffen und sonstigen Armeeausrüstung, die in der Zeit des Dreizehnjährigen Krieges aus Thorn verschickt wurden (1454–1466)], in: Zapiski historyczne 31, 1 (1966), S. 81–94.

327 S. Das Elbinger Kriegsbuch (1383–1409). Rechnungen für städtische Aufgebote, hrsg. v. Dieter HECKMANN (Veröffentlichungen aus den Archiven Preußischer Kulturbesitz, 68), Köln 2013.

328 Zu Projekten im Internet vgl. Stuart JENKS, Das digitale Preußische Urkundenbuch, in: Beiträge zur Geschichte Westpreußens 17 (2000), S. 181–91; Jürgen SARNOWSKY, Das virtuelle Preußische Urkundenbuch. Neue Wege der Kooperation für Internet-Editionen, in: Beiträge zur Geschichte Westpreußens 19 (2004), S. 257–66; Stuart JENKS, Das Danziger Pfundzollbuch von 1409 & 1411. Anleitung zur digitalen Edition in einer neuen Reihe, in: Hansische Geschichtsblätter 124 (2006), S. 115–16; Jürgen SARNOWSKY, Digitale Urkundeneditionen zwischen Anspruch und Wirklichkeit, in: Digitale Diplomatik. Neue Technologien in der historischen Arbeit mit Urkunden, hrsg. v. Georg VOGELER (Archiv für Diplomatik, Schriftgeschichte, Siegel- und Wappenkunde, Beiheft, 12), Köln 2009, S. 28–39; Joachim LACZNY, Das »Virtuelle Preußische Urkundenbuch«. Eine Zwischenbilanz, in: Das »Virtuelle Archiv des Deutschen Ordens«. Beiträge einer internationalen Tagung im Staatsarchiv Ludwigsburg am 11. und 12. April 2013, hrsg. v. Maria Magdalena RÜCKERT, Stuttgart 2014, S. 106–12. Vgl. die entsprechende Webseite Jürgen SARNOWSKY, Das virtuelle Preußische Urkundenbuch. Regesten und Texte zur Geschichte Preußens und des Deutschen Ordens, online unter: http://www.spaetmittelalter.uni-hamburg.de/Urkundenbuch/ (letzte Einsichtnahme 6.10.2017), in Kooperation mit Stuart Jenks und Dieter Heckmann. Ferner Christina LINK, Jürgen SARNOWSKY, Die mittelalterlichen Schuld- und Rechnungsbücher des Deutschen Ordens um 1400. Eine synoptische Edition im Internet, Hamburg, online unter: http://www.schuredo.uni-hamburg.de/ (letzte Aktualisierung 5.3.2009, letzte Einsichtnahme 6.10.2017); Amtsbücher des Deutschen Ordens um 1450. Pflegeamt zu Seehesten und Vogtei zu Leipe. XML/TEI-Datensätze, OF 186 und 186a (CC-Lizenz BY-NC-SA), hrsg. v. Cordula A. FRANZKE, Jürgen SARNOWSKY, Göttingen, online unter: http://www.v-r.de/de/amtsbuecher_des_deutschen_ordens_um_1450/t-1/1036073/ (letzte Aktualisierung 2015, letzte Einsichtnahme 6.10.2017). doi:10.14220/9783737003582.

XML-Dateien mit dem Inhalt der hier vorgelegten Editionsteile beider o. a. Ordensfolianten, in einem standarisierten Format ausgezeichnet nach den Vorgaben der Text Encoding Initiative (TEI),[329] die Druckausgabe und sind orts- und zeitunabhängig über die Internetseiten des Verlages für zukünftige Forschungsvorhaben abrufbar.

Exemplarisch verdeutlicht folgender Auszug aus dem Bereich des <body> der XML-Datei zu OF 259 eine entsprechende TEI-Kodierung:

```
<pb n="S. 1"/>
</div><div><head>Her Jorge vonn Sliven.</head>
<pb n="S. 2 leer"/>
<pb n="S. 3"/>
</div><div><head>Dis is der dinst inher Jorge von Sliven rotte die inder Conitcz gelegen haben.</head>
<p><del rend="overstriken">Her Jorge 936 gld. uff 9 pferde. Her<supplied cert="high">e</supplied> Jorge 1.500 unnd 30 gld. uff 15 pferde.</del></p>
<p>Summa 2.400 unnd 66 gld.</p>
<p><del rend="overstriken">Item Trandorff hot gehat 4 pferde inr Conitcz machen 400 und 16 gld. Item 2 gld. unnd 100 uff ein pferdt dasz Transdorff zu geschr<supplied cert="high">eb</supplied>en wart noch dem streite. Item Trandorff hot 1 pfert 10 jor gehot daz macht 80 gld. Item Trandorff hot gehat 2 pferde 4 jor das macht 64 gld.</del></p>
<p>Summa summarum 650 gld. unnd 12 gld.</p>
```

Um eine angemessene Weiterverarbeitung des Editionstextes für zukünftige Forschungsfragen im Sinne der Digital Humanities, wie eine Georeferenzierung von Ortsangaben, eine quantitative Analyse der Wertangaben und TextMining-

329 S. Technical Council of the TEI Consortium, TEI P5: Guidelines for Electronic Text Encoding and Interchange. Version 3.2.0, 2017, online unter: http://www.tei-c.org/release/doc/tei-p5-doc/en/Guidelines.pdf (letzte Einsichtnahme 6.10.2017); Kathryn TOMASEK, Syd BAUMAN, Encoding Financial Records for Historical Research, in: Journal of the Text Encoding Initiative 6 (2013), S. 1–23. doi:10.4000/jtei.895; Georg VOGELER, Digitale Edition von Wirtschafts- und Rechnungsbüchern, in: Wirtschafts- und Rechnungsbücher des Mittelalters und der Frühen Neuzeit. Formen und Methoden der Rechnungslegung: Städte, Klöster, Kaufleute, hrsg. v. Gudrun GLEBA, Niels PETERSEN, Göttingen 2015, S. 307–28.

bzw. BigData-Projekte zu gewährleisten,[330] ist die Lizenzierung unter einer Creative Commons Lizenz erfolgt.[331] Für ausgewählte Personen erfolgte eine Verknüpfung mit den Datensätzen der Gemeinsamen Normdatei (GND).[332] Zudem bleibt die Bereitstellung der Digitalisate durch das Archiv wünschenswert, um eine Verknüpfung dieser mit dem digitalen Editionstext zu ermöglichen.[333]

Der *Ordensfoliant 259* wird als *Sold- und Schadenbuch aus dem dreizehnjährigen Kriege* im Archiv geführt.[334] Der Foliant selbst trägt keinen zeitgenössischen Titel und umfasst insgesamt 460 Seiten. Die Altsignatur lautete *A 52*, bevor 1892 der Archivar Konrad Panzer (1856–1899)[335] den Bestand der Ordensfolianten mit einer durchlaufenden Nummerierung verzeichnete.[336]

Der *Ordensfoliant 259a*, um 1470 zu datieren, bildet eine nicht zeitgenössische Zusammenstellung verschiedener Hefte im Schmalfolioformat, die zusammen rund 70 Seiten umfassen.

Der *Ordensfoliant 260* wurde bereits 1916 in Königsberg nicht mehr gelistet[337] und wurde vermutlich Ende 1902 oder im Verlauf des Jahres 1903 möglicherweise an das in Westpreußen neu gegründete Staatsarchiv Danzig abgegeben, doch ist dieser heutzutage dort nicht vorhanden.[338] Während des Zweiten

330 S. exempl. Cordula A. FRANZKE, Joachim LACZNY, Digital Humanities und eine Edition von Amtsbüchern. Die Verwaltungstätigkeit des Deutschen Ordens im ländlichen Raum Preußens, in: Konzeptionelle Überlegungen zur Edition von Rechnungen und Amtsbüchern des späten Mittelalters, hrsg. v. Jürgen SARNOWSKY (Nova Mediaevalia Quellen und Studien zum europäischen Mittelalter, 16), Göttingen 2016, S. 91–105. doi:10.14220/9783737006774.91; Anna AURAST, Tobias GRADL, Stefan PERNES, Steffen PIELSTRÖM, Big Data und Smart Data in den Geisteswissenschaften, in: Bibliothek – Forschung und Praxis 40, 2 (2016), S. 200–06.

331 S. Till KREUTZER, Open Content. A practical guide to using Creative Commons Licences, Bonn 2014, S. 28–31.

332 S. Thekla KLUTTIG, Gemeinsame Normdatei und Archive. Was soll das?, in: Nachlässe – neue Wege der Überlieferung im Verbund. Gemeinsame Frühjahrstagung FG 1 und FG 6 für alle Fachgruppen im VdA; 7. Mai 2013, Staatsarchiv Chemnitz, hrsg. v. Clemens REHM, Monika STORM, Andrea WETTMANN (Veröffentlichungen des Sächsischen Staatsarchivs Reihe A, Archivverzeichnisse, Editionen und Fachbeiträge, 17), Halle (Saale) 2014, S. 85–88.

333 S. Mario GLAUERT, Archivbenutzung im Digitalen Zeitalter, in: Brandenburgische Archive 33 (2016), S. 3–9.

334 S. HECKMANN, Registranten-, Folianten- und Quartantenkonkordanz (wie Anm. 243), S. [33].

335 S. LEESCH, Archivare, 2 (wie Anm. 100), S. 445.

336 S. JÄHNIG, Älteste Findbuch (wie Anm. 193), S. 29. Die Vorarbeiten erfolgten durch Friedrich Adolf Meckelburg (1809–1881), der ein ausführliches, nicht erhaltenes Zettelrepertorium anlegte. S. ebd., S. 34.

337 S. Bernhart JÄHNIG, GStA Findbuch 25, II (Manuskript). Verzeichnis der Ordensfolianten, Göttingen 1892/1916/1972.

338 S. Regesten zum Ordensbriefarchiv (JH I,3) (wie Anm. 319), S. 541; Max BÄR, Das Königliche Staatsarchiv zu Danzig, seine Begründung, seine Einrichtungen und seine Bestände (Mitteilungen der K. Preussischen Archivverwaltung, 21), Leipzig 1912, S. 6–7, 23–24, 43, 52, 73, 88; Peter LETKEMANN, Provenienz und Pertinenz. Die Gründung des Staatsarchivs Danzig, in: Preußens

Weltkriegs war dieser Foliant entsprechend der Transportliste am 29. November 1944 von Königsberg aus auf die Reise ins Bergwerk Grasleben geschickt worden.[339] Im *Findbuch 25* aus dem Jahr 1972 wird der OF 260 nicht gelistet und die Nummer als unbesetzt bezeichnet.[340]

Erst 1504 wurden die Aufzeichnungen des *Ordensfolianten 261* mit weiteren, späteren Ergänzungen auf rund 130 Seiten zu Papier gebracht. Dieser Foliant trägt auf dem Einband den zeitgenössischen Titel *Extractsbuch der quitancien und awsgeschnitten czetteln.*

Ob sich seit dem 16. Jh. die soeben genannten Folianten ausschließlich im Königsberger[341] oder zeitweilig auch im Tapiauer Archivbestand befanden,[342]

---

erstes Provinzialarchiv. Zur Erinnerung an die Gründung des Staatsarchivs Königsberg vor 200 Jahren, hrsg. v. Bernhart JÄHNIG, Jürgen KLOOSTERHUIS (Tagungsberichte der Historischen Kommission für ost- und westpreußische Landesforschung, 20), Marburg 2006, S. 259–80, hier S. 266–267, 271–272, 276, 280; Czesław BIERNAT, Stephan NIEDERMEIER, Staatsarchiv Danzig. Wegweiser durch die Bestände bis zum Jahr 1945 [Archiwum panstwowe w Gdansku. Przewodnik po zasobie do 1945 roku], München 2000, S. 33–35. Laut schriftlicher Auskunft vom 29. Juli 2014 des Archiwum Państwowe w Gdańsku wird der OF 260 nicht in diesem Archiv verwahrt. Laut Schreiben vom 15. Juli 2015 befindet sich dieser ebenfalls nicht im Archiwum Główne Akt Dawnych w Warszawie. Ebenfalls befindet sich der Foliant laut Nachricht vom 25. November 2015 nicht im Archiwum Bydgoszcz. Negativ fielen ebenfalls die Antworten vom 4. bzw. 19. November 2015 aus dem Archiwum Poznań und dem Archiwum Szczecin aus. Laut Auskunft vom 15. Februar 2016 befindet sich der Foliant nicht im Archiwum Panstwowe w Toruniu. Mein ausdrücklicher Dank gilt den an der Recherche beteiligten Archivarinnen und Archiven in den angefragten polnischen Archiven. Die Antwort aus dem Archiwum Diecezjalne steht weiterhin aus.

339 *Verzeichnis der am 29. November 1944 von Königsberg nach Grasleben überführten Archivalien des Staatsarchivs Königsberg. [...] Ordensfolianten: [Wort im Original unterstrichen] 15-17 c[,] 91 a.b [,] 98-100.[,] 105.[,] Fol.260 aus Marienwerder.* LASA, C 22, Nr. 180 (wie Anm. 205), Bl. 100 (Akten). Die übrigen soeben gelisteten Folianten befinden sich im GStA PK in der XX. HA.

340 S. GStA Findbuch 25 (Manuskript). Verzeichnis der Ordensfolianten 1892/1916, S. 31, 61, Vorwort; HECKMANN, Registranten-, Folianten- und Quartantenkonkordanz (wie Anm. 243), S. [33]. Eine Bestellung verläuft negativ.

341 S. JÄHNIG, Älteste Findbuch (wie Anm. 193), S. 42; JÄHNIG, GStA Findbuch 25, II (wie Anm. 337).

342 S. OsF 14241a (wie Anm. 193). Die OF sind auf S. 1–37 gelistet, jedoch sind die fraglichen nicht zuordenbar. Als Auszug ist die erste Gruppe der *Registrant Bucher* ediert durch FORSTREUTER, Frage der Registerführung (wie Anm. 312), S. 54–55. Zu entnehmen sind Einträge dem Verzeichnis, möglicherweise aus dem Jahr 1549, *Extract etlicher brif und handlung, so zw Tapiaw zum theil verhandenn und in dem gewelbe mit einer roten eiseren thur verwarth, 49* dessen alter Titel durch eine Notiz des Königsberger Archivars Friedrich Meckelburg (1809–1881), s. LEESCH, Archivare, 2 (wie Anm. 100), S. 392, erhalten geblieben ist. Diese 235 Seiten umfassende, im 19. Jh. neu gebundene Zusammenstellung beinhaltet eine Übersicht über 115 Nummern der Folianten und insgesamt 842 Nummern der Urkunden. Papierene Briefe finden keine Berücksichtigung. Das Urkundenverzeichnis ist in 28 Gruppen, das der Folianten in 12 gegliedert. S. FORSTREUTER, Staatsarchiv in Königsberg (wie Anm. 95), S. 29–30; JÄHNIG, Älteste

ist nicht nachvollziehbar. Das *Findbuch 61* von Erich JOACHIM[343] (1851–1923) aus dem Jahre 1918 erschließt die Personennamen auch dieser drei Ordensfolianten, wobei dieses für die relevanten Folianten umfassend für die Erstellung der Edition einbezogen wurde, doch vereinzelt Nachweise darin fehlen.[344]

Der *Ordensfoliant 70*, seit 1945 im Diözesanarchiv zu Płock, wird unter dem Eintrag *Privilegia Teutsch Ordens. Extrakt von Schultbriven und Vertregen. Inventar des Marienburger Ordensarchivs* (Ende 13. Jh.–1481) geführt, doch wurde dieser aufgrund der Titelbeschreibung nicht berücksichtigt.[345]

Eine Sammlung an Konzepten von Handfesten für die Zeit der Hochmeister Heinrich von Richtenberg, Martin Truchsess und Johann von Tiefen (1470–1497) ist im *Ordensfoliant 92* wahrscheinlich erst im 16. Jh. zusammengefasst worden und stellt damit kein fortlaufendes Register bzw. Amtsbuch im eigentlichen Sinne dar.[346] Der *Ordensfoliant 94* beinhaltet über 12 Jahre ebenfalls Handfesten (Dez. 1458–Aug. 1469) für die Zeit der Hochmeister Ludwig von Erlichshausen und Heinrich Reuß von Plauen.[347] Daneben existieren noch zwei schmale Bände zur auswärtigen Korrespondenz und zu Tagfahrten, *Ordensfoliant 18a* und *b*.[348] Der aus wenigen Blättern bestehende *Ordensfoliant 18d* beinhaltet Fragmente eines Registranten zur Korrespondenz und datiert auf die Jahre 1473/74.[349]

Findbuch (wie Anm. 193), S. 30.

343 S. LEESCH, Archivare, 2 (wie Anm. 100), S. 286–87. Abb. LETKEMANN, Provenienz (wie Anm. 338), S. 278.

344 S. Erich JOACHIM, GStA PK, Findbuch 61 [früher IV 50] (Manuskript). Namenregister zu den Soldbüchern OFs 259, 259a, 261, 262, 264, 265, Königsberg 1918; JÄHNIG, Militärgeschichtliche Quellen (wie Anm. 320), S. 13.

345 S. Sylvain GOUGUENHEIM, Das Cartular von Plock. Einige Bemerkungen zur Schriftlichkeit, Archivierung und Geschichte des Deutschen Ordens in der Mitte des 15. Jahrhunderts, in: Die Rolle der Schriftlichkeit in den geistlichen Ritterorden des Mittelalters. Innere Organisation, Sozialstruktur, Politik, hrsg. v. Roman CZAJA, Jürgen SARNOWSKY (Ordines militares, 15), Toruń 2009, S. 99–120.

346 S. THUMSER, Schriftlichkeit (wie Anm. 103), S. 187; NEITMANN, Arbeitsinstrumente (wie Anm. 137), S. 158–59; FORSTREUTER, Frage der Registerführung (wie Anm. 312), S. 60.

347 S. NEITMANN, Arbeitsinstrumente (wie Anm. 137), S. 159–61. Zum geplanten Regestenwerk s. Klaus NEITMANN, Handfesten des Hochmeisters Michael Küchmeister im Ordensfolianten 95 (1417–1420), in: Altpreußische Geschlechterkunde N. F. 20 (1990), S. 403–30; NEITMANN, Arbeitsinstrumente (wie Anm. 137), S. 130, Anm. 24.

348 S. JÄHNIG, Älteste Findbuch (wie Anm. 193), S. 33.

349 S. Jürgen SARNOWSKY, Überreste eines Hochmeister-Registranten aus den mittleren Jahren Heinrichs von Richtenberg (1473/74), in: Piśmienność pragmatyczna, edytorstwo źródeł historycznych, archiwistyka. Studia ofiarowane profesorowi Januszowi Tandeckiemu w sześćdziesiątą piątą rocznicę urodzin, hrsg. v. Roman CZAJA, Krzysztof KOPIŃSKI, Toruń 2015, S. 533–47; FORSTREUTER, Frage der Registerführung (wie Anm. 312), S. 60.

Ordensbriefarchiv und Pergament-Urkunden

Das *Ordensbriefarchiv* (OBA) umfasst ungefähr 29.000 Nummern bzw. ca. 50 lfm.[350] »Es enthält nicht allein Briefe, sondern alle nicht auf Pergament geschriebenen […] und nicht in Folianten gebundenen […] Teile des Ordensarchivs, also auch z. B. Rechnungen, auf Papier geschriebene Urkunden usw.«[351] Die große Anzahl der erhaltenen Dokumente des Schriftverkehrs vor 1525 ist eher ungewöhnlich, denn »derartiges gibt es in westdeutschen Archiven nicht.«[352] Der Bestand ist für den entsprechenden Zeitraum durch gedruckte Regestenwerke erschlossen.[353] Zudem werden durch zahlreiche handschriftliche Regestennachträge weitere Schriftstücke des OBA zugänglich.[354] Für das

350 S. KLAUSCHENZ und KLOOSTERHUIS, Tektonik (wie Anm. 317), S. 146; KOEPPEN, Archiv (wie Anm. 317), S. 176–78; EKDAHL, Schlacht (wie Anm. 312), S. 79–82; JÄHNIG, Militärgeschichtliche Quellen (wie Anm. 320), S. 11–12; SARNOWSKY, Quellen zur Geschichte (wie Anm. 313), S. 174–75.

351 FORSTREUTER, Staatsarchiv in Königsberg (wie Anm. 95), S. 101–02. Zuvor s. Regesta historico-diplomatica Ordinis S. Mariae Theutonicorum. Index Tabularii Ordinis S. Mariae Theutonicorum: Regesten zum Ordensbriefarchiv (1198–1454), hrsg. v. Walther HUBATSCH, Erich JOACHIM (Ps. 1, Vol. 1), Göttingen 1948, S. VII. Zuletzt von GLAUERT als *Ordenspapierarchiv* bezeichnet. S. Mario GLAUERT, Schreiben auf der Marienburg. Anmerkungen zur nichturkundlichen Schriftlichkeit in der zentralen Kanzlei des Deutschen Ordens im 14. Jahrhundert, in: Kancelarie krzyżackie. Stan badań i perspektywy badawcze. Materiały z międzynarodowej konferencji naukowej Malbork 18–19 X 2001, hrsg. v. Janusz TRUPINDA, Malbork 2002, S. 89–106, hier S. 92. VOIGT erwähnt zwar als Gliederungseinheit *Briefschaften auf Papier*, betitelt den Bestand weiter unten jedoch ausschließlich als *Papiere aus der Ordenszeit*, ohne diesen auf *Briefschaften* abermals einzugrenzen. S. VOIGT, Provinzial-Archiv (wie Anm. 95), S. 186, 188, 192–193. GLAUERT weist darauf hin, dass im OBA-Bestand ebenfalls Pergament als Beschreibstoff anzutreffen ist. Umgekehrt trifft dieses auch für den Bestand der Pergament-Urkunden zu, in welchem auch Papier als Beschreibstoff zu finden ist; s. exempl. zwei papierene Kerbzettel GStA PK, XX. HA Hist. StA Königsberg, Perg.-Urk. 3592, Schiebl. XXVI 61. Offenbar wurden vereinzelt Stücke bei der Trennung zwischen den Beschreibstoffen Papier und Pergament versehentlich irrig zugeordnet.

352 Kurt FORSTREUTER, Das Archiv des Deutschen Ordens in Preußen, in: Archiv für Ordenskunde 4 (1954), S. 72, hier S. 72.

353 S. Regesta historico-diplomatica Ordinis S. Mariae Theutonicorum 1198–1525. Index Tabularii Ordinis S. Mariae Theutonicorum: Regesten zum Ordensbriefarchiv (1455–1510), hrsg. v. Walther HUBATSCH, Erich JOACHIM (Ps. 1, Vol. 2), Göttingen 1950; Regesta historico-diplomatica Ordinis S. Mariae Theutonicorum 1198–1525. Register zu Pars I und Pars II, hrsg. v. Walther HUBATSCH, Erich JOACHIM, Göttingen 1965. Für undatierte Schriftstücke s. Regesten zum Ordensbriefarchiv (JH I,3) (wie Anm. 319), S. 480–540. Neudatierungen s. ebd., S. 546. Zur Sortierung vor der chronologischen Ordnung unter JOACHIM s. Johannes VOIGT, Findbuch 15 [früher I 28] (Manuskript). Konkordanz, Briefe (1198–1497).

354 S. jeweils zwei Archivexemplare der drucktechnisch auf mehrere Bände aufgeteilten Regesten zum Ordensbriefarchiv (JH I,2) (wie Anm. 353). In diesen Bänden werden von verschiedenen Händen u. a. Nachträge in alphanumerischer Zählung in die vorhandene Liste an chronologisch relevanter Stelle eingefügt. Ggf. sind weitere Korrekturen vermerkt. Zudem wird durch

15. Jh. hat Rudolf PHILIPPI (1821–1897)[355] ein Register für die alte *Schieblade LXXV* des OBA (Söldner) angefertigt, doch ist dieses Ordnungssystem während der chronologischen Sortierung unter Erich JOACHIM aufgelöst worden.[356]

Die Ordensüberlieferung der *Pergament-Urkunden* (Perg.-Urk.)[357] umfasst hingegen ca. 4.800 Nummern bzw. ca. 22,5 lfm.[358] »Aus archivtechnischen Gründen sind hier die auf Pergament ausgefertigten Privilegien und Briefe an den Deutschen Orden und seine Nachfolge-Institutionen in Preußen bis zum 19. Jh. niedergelegt.«[359] Der Bestand ist ebenfalls durch Regestenwerke chronologisch erschlossen.[360] U. a. enthält die *Schieblade XIII* Urkunden zu Schuldscheinen.[361]

Heutzutage ist die Einteilung in OF, OBA und Urkunden als überkommen anzusehen, da einst der (Pergament-)Urkunde ein bedeutenderer Überlieferungswert als den papierenen Datenträgern zuerkannt wurde.[362]

Haken in rotem Buntstift in der gedruckten Liste festgehalten, welche Dokumente sich tatsächlich unter dieser Signatur im Archiv befinden. Exempl. als *nicht im Bestand* vermerkt. S. GStA PK, XX. HA Hist. StA Königsberg, OBA 17399. Doch selbst Nachträge sind vereinzelt nicht zugänglich. S. GStA PK, XX. HA Hist. StA Königsberg, OBA 17313a+b. S. zu *a-Nummern* im Zusammenhang mit Briefregistern Regesten zu den Briefregistern I (wie Anm. 313), S. 38–40. Ob zusammengestellte Aktenstücke des späteren Königsberger »Etats-Ministeriums« (EM) wie GStA PK, XX. HA Hist. StA Königsberg, EM 20 e 1 – aus dem 18. Jh. zu Handelsstörungen in der Ostsee (1422 bis 1723) mit drei aus Papier und einem aus Pergament angehefteten Ordensbriefen – vergleichsweise auch zu Schuldangelegenheiten existieren, konnte nicht weiter verfolgt werden. S. FORSTREUTER, Staatsarchiv in Königsberg (wie Anm. 95), S. 34, Anm. 4; SARNOWSKY, Quellen zur Geschichte (wie Anm. 313), S. 174.

355 S. LEESCH, Archivare, 2 (wie Anm. 100), S. 453–54.

356 S. Findbuch 90 [u. a. früher 14f, Personen- und Ortsnamenverzeichnis zur Schieblade LXXV (Söldner)] (Manuskript), fol. 148r–163r; JÄHNIG, Militärgeschichtliche Quellen (wie Anm. 320), S. 12.

357 S. FORSTREUTER, Staatsarchiv in Königsberg (wie Anm. 95), S. 101; SARNOWSKY, Quellen zur Geschichte (wie Anm. 313), S. 175–76.

358 S. KLOOSTERHUIS, Amtsbücher im Spiegel (wie Anm. 318), S. 97.

359 S. Regesten zum Ordensbriefarchiv (JH I,1) (wie Anm. 351), S. VII.

360 S. Regesten der Pergament-Urkunden (JH II) (wie Anm. 152); Register zu Pars I und Pars II (wie Anm. 353). Zur thematischen Gliederung der Schiebladen s. VOIGT, Provinzial-Archiv (wie Anm. 95), S. 187–188, 191–192; JÄHNIG, Militärgeschichtliche Quellen (wie Anm. 320), S. 10–11.

361 S. JÄHNIG, Militärgeschichtliche Quellen (wie Anm. 320), S. 10.

362 S. KLOOSTERHUIS, Amtsbücher im Spiegel (wie Anm. 318), S. 97. Zur Gliederungsreihenfolge der *preußischen Sachen* in *drei Arten* nach *A. Urkunden* (auf Pergament) […]; *B. Papiere* […]; *C. Manuscripte*, s. auch VOIGT, Provinzial-Archiv (wie Anm. 95), S. 191.

Die statistische Verteilung der Nummern der Pergament-Urkunden-/OBA-Nummern gliedert sich tendenziell wie folgt:[363]

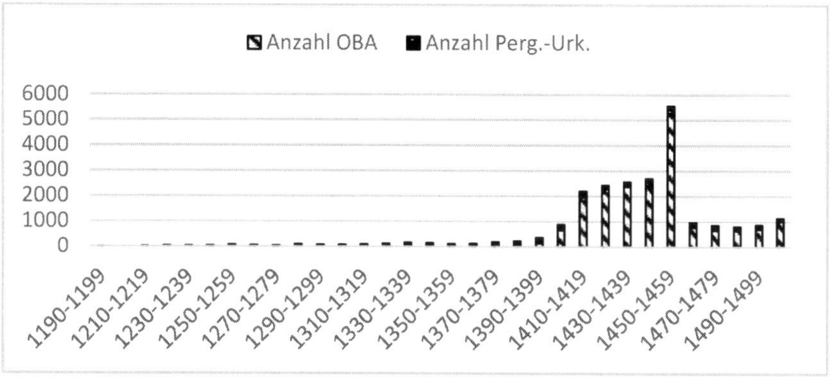

Abb. 1: Verteilung der Bestände (Perg.-Urk./OBA).

Deutlich ist hier die hohe Überlieferungsanzahl im 15. Jh. bis einschließlich der Dekade 1450 bis 1459 zu erkennen. Bei näherer Betrachtung des 15. Jh.s ergibt sich tendenziell folgende Verteilung:

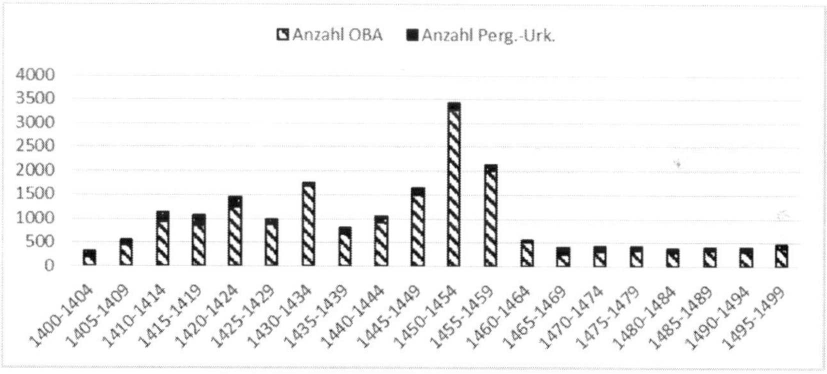

Abb. 2: Verteilung der Bestände (Perg.-Urk./OBA), 15. Jh.

Evident erscheint die verhältnismäßig geringe Anzahl an Quellenmaterial nach Abschluss des Zweiten Thorner Friedens 1466. Zwar ist die Überlieferungslage

363 Der Datenbestand wurde aus den entsprechenden Regestenwerken erhoben, ergänzt um die handschriftlichen Nachträge für den Untersuchungszeitraum. Undatierte oder problematische Stücke fanden keine Berücksichtigung. Ebenso wurden die insgesamt rund 420 Papst- und Konzilsurkunden nicht berücksichtigt, davon entfallen auf das 15. Jh. rund 110. Weitere statistische Auswertungen s. EKDAHL, Schlacht (wie Anm. 312), S. 79–80; GLAUERT, Schreiben auf der Marienburg (wie Anm. 351), S. 92–93.

für die folgenden drei Jahrzehnte vergleichsweise geringer als in den Jahren unmittelbar zuvor,[364] doch umfasst der Gesamtbestand zwischen 1466 und 1497 immerhin noch über 2.600 Einträge. Anerkanntermaßen ist die Anzahl der erhaltenen Schriftstücke im Verhältnis zur vorherigen Überlieferungslage geringer, doch gleichzeitig steigt damit die Bedeutung und Wertigkeit aufgrund der Seltenheit der historischen Zeugnisse.[365]

Ostpreußische Folianten

Der Bestand der *Ostpreußischen Folianten* (OsF), welcher an die Ordensfolianten nach 1525 anschließt und ca. 15.000 Bände umfasst, wurde nur eingeschränkt einbezogen,[366] zumal entsprechende Listungen, wie ein Schmalfoliheft von 11 Blatt, geführt im Archiv unter *Verschreibungen, Schuldbriefe u. dergl.* und das dem Zeitraum zwischen 1401 und 1524 zuzuordnen ist, nur bedingt Rückschlüsse zuließen.[367]

Weitere Archive und Quellengattungen

Während des Bauernkrieges 1525 ging das Archiv des Deutschordensmeisters auf der Burg Horneck verlustig, sodass am neuen Sitz Mergentheim bis zur Zerschlagung der Ordensstrukturen 1809 ein neues entstand.[368] Einige Dokumente gelangten 1830 zum neuen Hauptsitz des Ordens nach Wien. Der heutige Bestand, der sich im *Deutschordens-Zentralarchiv* (DOZA) in Wien befindet,[369]

364 S. FORSTREUTER, Ordensstaat zum Fürstentum (wie Anm. 102), S. 10.

365 S. allgemein zu diesen Herausforderungen Arnold ESCH, Überlieferungs-Chance und Überlieferungs-Zufall als methodisches Problem des Historikers, in: Historische Zeitschrift 240 (1985), S. 529–70; abermals DERS., Überlieferungs-Chance und Überlieferungs-Zufall als methodisches Problem des Historikers, in: Zeitalter und Menschenalter. Der Historiker und die Erfahrung vergangener Gegenwart, hrsg. v. Arnold ESCH, München 1994, S. 39–69.

366 S. FORSTREUTER, Staatsarchiv in Königsberg (wie Anm. 95), S. 104–06; KOEPPEN, Archiv (wie Anm. 317), S. 178.

367 S. GStA PK, XX. HA Hist. StA Königsberg, OsF 14354, fol. 5v–8r.

368 S. Alois SEILER, Horneck–Mergentheim–Ludwigsburg. Zur Überlieferungsgeschichte der Archive des Deutschen Ordens in Südwestdeutschland, in: Horneck, Königsberg und Mergentheim. Zu Quellen und Ereignissen in Preußen und im Reich vom 13. bis 19. Jahrhundert, hrsg. v. Hartmut BOOCKMANN, Janusz MAŁŁEK, Alois SEILER u. a. (Tagungsberichte der Historischen Kommission für ost- und westpreußische Landesforschung, 1), Lüneburg 1980, S. 52–102; Karl H. LAMPE, Die Auflösung des Deutschordenshauptarchives zu Mergentheim, in: Archivalische Zeitschrift 57 (1961), S. 66–130.

369 Zur Geschichte s. Die Urkunden des Deutschordens-Zentralarchivs in Wien. Regesten: 1222–Januar 1313, hrsg. v. Udo ARNOLD, Bd. 1 (Quellen und Studien zur Geschichte des Deutschen Ordens, 60,1; Veröffentlichungen der Internationalen Historischen Kommission zur Erfor-

umfasst u. a. rund 12.000 Urkunden und ist ebenfalls durch ein Regestenwerk[370] erschlossen, wobei hier keine für das Forschungsvorhaben relevanten Dokumente identifiziert werden konnten. Ein Regestenwerk, die Regierungszeit des Herrschers Friedrich III. umfassend, ist für die Archive Königsberg, Gdańsk, Toruń, Riga sowie Tallinn ebenfalls vorhanden.[371]

Da das Augenmerk in dieser Studie auf die Tätigkeit des Deutschen Ordens in Preußen gelenkt wird, sollte eine umfassende Auswertung polnischer Archive hier unterbleiben, wohlwissend, dass u. a. das Staatsarchiv in Toruń einige Dokumente aus jener Zeit wohl verwahrt.[372] Auch intensiven Recherchen in weiteren Archiven hinsichtlich einer zufälligen Überlieferung konnte nicht vertieft nachgegangen werden.[373] Zahlreiche zeitgenössische Chroniken, die die

---

schung des Deutschen Ordens, 11,1), Marburg 2006, S. XVI–XX; Klemens WIESER, Das Zentralarchiv des Deutschen Ordens in Wien, in: Preußenland 1 (1963), S. 9–18.

370 S. Die Urkunden des Deutschordens-Zentralarchivs in Wien. Regesten: Dezember 1418–Dezember 1526, hrsg. v. Udo ARNOLD, Bd. 3 (Quellen und Studien zur Geschichte des Deutschen Ordens, 60,3; Veröffentlichungen der Internationalen Historischen Kommission zur Erforschung des Deutschen Ordens, 11,3), Marburg 2007; Die Urkunden des Deutsch-Ordens-Centralarchives zu Wien, hrsg. v. Eduard Gaston von PETTENEGG, Prag 1887. Zudem sind zahlreiche Urkunden des DOZA im Internet abrufbar: Monasterium.net, Deutschordenszentralarchiv (DOZA), online unter: http://www.mom-ca.uni-koeln.de/mom/AT-DOZA/archive (letzte Einsichtnahme 6.10.2017).

371 S. Regesten Kaiser Friedrichs III. (1440–1493). Nach Archiven und Bibliotheken geordnet, Heft 24. Die Urkunden und Briefe aus dem historischen Staatsarchiv Königsberg im Geheimen Staatsarchiv Preußischer Kulturbesitz Berlin, aus den Staatsarchiven Gdańsk, Toruń, Riga sowie dem Stadtarchiv Tallinn für die historischen Landschaften Preußen und Livland, bearb. v. Elfie-Marita EIBL, hrsg. v. Heinrich KOLLER, Paul-Joachim HEINIG, Alois NIEDERSTÄTTER, Wien 2010, S. 191–223.

372 S. Katalog dokumentów i listów krzyżackich Archiwum Państwowego w Toruniu (1454–1510). [Regesten der Urkunden und Briefe des Deutschen Ordens betreffend des dreizehnjährigen Kriegs im Staatsarchiv Thorn], hrsg. v. Andrzej RADZIMIŃSKI, Janusz TANDECKI, Archiwum Państwowe, Bd. 2, Warszawa 1998, S. 162–71.

373 S. EKDAHL, Schlacht (wie Anm. 312), S. 86–106; Martin ARMGART, Die Handfesten des preußischen Oberlandes bis 1410 und ihre Aussteller. Diplomatische und prosopographische Untersuchungen zur Kanzleigeschichte des Deutschen Ordens in Preußen (Veröffentlichungen aus den Archiven Preußischer Kulturbesitz, Beiheft 2), Köln 1995, S. 45–47; SARNOWSKY, Wirtschaftsführung (wie Anm. 12), S. 14, Anm. 5. Exempl. sei auf das Tiroler Landesarchiv hingewiesen mit einer Abschrift (Handschrift 3994) von acht Urkunden aus den Jahren von 1455 bis 1456. S. Manfred HELLMANN, Beiträge zur Geschichte des Dreizehnjährigen Krieges im Ordensland Preußen, in: Jahrbuch für die Geschichte Mittel- und Ostdeutschlands 8 (1959), S. 1–50. Laut Schreiben vom 9.3.2015 von Dr. Christoph Haidacher befinden sich für den relevanten Forschungszeitraum offenbar keine weiteren bedeutenden Bestände im dortigen Archiv.

Kriegs-,[374] Landes-,[375] Stadt-[376] oder gar Familiengeschichte[377] erörtern, haben die Zeit zwar ebenfalls überdauert,[378] doch eine Auswertung dieser historiografischen Quellengattung hinsichtlich der Verwaltungsstrukturen des Deutschen

---

374 S. Johann LINDAU, Geschichte des 13jährigen Krieges [1454–1466], in: Scriptores Rerum Prussicarum. Die Geschichtsquellen der preußischen Vorzeit bis zum Untergange der Ordensherrschaft, hrsg. v. Theodor HIRSCH, Leipzig 1870, S. 502–637. S. zudem Max Pollux TOEPPEN, Einleitung zur ›Geschichte von wegen eines Bundes‹, in: Scriptores Rerum Prussicarum. Die Geschichtsquellen der preußischen Vorzeit bis zum Untergange der Ordensherrschaft, hrsg. v. Theodor HIRSCH, Leipzig 1870, S. 71–75; Geschichte von wegen eines Bundes (wie Anm. 178); Cord ULRICHS, Der 13jährige Krieg zwischen dem Deutschen Orden und dem preußischen Ständebund im Spiegel der »Geschichte von wegen eines Bundes« und anderer Chroniken, in: Krieg und Verbrechen nach spätmittelalterlichen Chroniken, hrsg. v. Christoph HEIDUK, Almut HÖFERT, Cord ULRICHS (Kollektive Einstellungen und sozialer Wandel im Mittelalter N. F., 4), Köln 1997, S. 185–241; Die »Chronik vom Bund und Vereinigung wider Gewalt und Unrecht« des Hochmeisterkaplans Andreas Santberg zur Vorgeschichte des Dreizehnjährigen Krieges in Preußen (1450–1454), bearb. v. Dieter HECKMANN unter Mitw. v. Marie-Luise HECKMANN (Einzelschriften der Historischen Kommission für ost- und westpreußische Landesforschung, 27), Marburg 2007.

375 S. Sławomir ZONENBERG, Kronika Szymona Grunaua, Die Chronik von Simon Grunau, Bydgoszcz 2009, S. 171–72; Simon Grunau's Preussische Chronik, hrsg. v. Simon GRUNAU, Paul WAGNER, Bd. 3, Leipzig 1896; Simon Grunau's Preussische Chronik, hrsg. v. Simon GRUNAU, Max PERLBACH, Rudolf PHILIPPI u. a., Bd. 2, Leipzig 1889; Simon Grunau's Preussische Chronik, hrsg. v. Max PERLBACH, Bd. 1, Leipzig 1876; Caspar SCHÜTZ, Historia Rervm Prvssicarvm, Zerbst 1599; Liborius NAKER, Tagebuch über den Kriegszug des Hochmeisters Johann v[on] Tiefen gegen die Türken im J[ahre] 1497, in: Scriptores rerum Prussicarum. Die Geschichtsquellen der preußischen Vorzeit bis zum Untergange der Ordensherrschaft, hrsg. v. Theodor HIRSCH, Leipzig 1874, S. 289–314; Paul POLE, Preussische Chronik [1532], bearb. v. Max TOEPPEN, in: Scriptores rerum Prussicarum. Die Geschichtsquellen der preußischen Vorzeit bis zum Untergange der Ordensherrschaft, hrsg. v. Theodor HIRSCH, Leipzig 1874, S. 172/185–222. Vgl. Marie-Luise HECKMANN, Zwischen Weichseldelta, Großer Wildnis und Rigaischem Meerbusen. Ökologische Voraussetzungen für die Landnahme im spätmittelalterlichen Baltikum, in: Von Nowgorod bis London. Studien zu Handel, Wirtschaft und Gesellschaft im mittelalterlichen Europa, hrsg. v. Marie-Luise HECKMANN, Jens RÖHRKASTEN (Nova Mediaevalia, 4), Göttingen 2008, S. 255–95, hier S. 268.

376 S. exempl. Beyer, Caspar, der Ältere, Danziger Chronik [1468–1518], in: Scriptores rerum Prussicarum. Die Geschichtsquellen der preußischen Vorzeit bis zum Untergange der Ordensherrschaft, hrsg. v. Theodor HIRSCH, Bd. 5, Leipzig 1874, S. 440/443–491; Caspar WEINREICH, Danziger Chronik [1481–1495], in: Scriptores Rerum Prussicarum. Die Geschichtsquellen der preußischen Vorzeit bis zum Untergange der Ordensherrschaft, hrsg. v. Theodor HIRSCH, Leipzig 1870, S. 725/727–800; Bernt STEGMANN, Hanseatische Chronik [1520–1530], in: Scriptores rerum Prussicarum. Die Geschichtsquellen der preußischen Vorzeit bis zum Untergange der Ordensherrschaft, hrsg. v. Theodor HIRSCH, Leipzig 1874, S. 492/495–528; Chronica oder Handbüchlein Danziger Geschichte, gedruckt Jacob Rhode, Danzig 1594, hrsg. v. Friedrich Schwarz, in: Heimatblätter des deutschen Heimatbundes Danzig 3, 3/4 (1926), S. 3–35; Die Danziger Chronik vom Bunde [nach 1466], in: Scriptores Rerum Prussicarum. Die Geschichtsquellen der preußischen Vorzeit bis zum Untergange der Ordensherrschaft, hrsg. v. Theodor HIRSCH, Leipzig 1870, S. 405/409–448; Otto GÜNTHER, Die Aufzeichnungen des Thorner Pfar-

Ordens bzw. der auf diesem ruhenden Schuldenlast sollte nur äußerst bedingt nachgegangen werden, da beinahe ausschließlich das pragmatische Verwaltungsschriftgut im Zentrum dieser Auseinandersetzung steht.

Sowohl die Bestände des OBA als auch die der Pergament-Urkunden beinhalten nicht weniger als 830 Schuldscheine, Dorfverschreibungen, Listungen unterschiedlicher Art und andere, insbesondere die angespannte Finanzlage tangierende Schriftstücke, neben den bereits erwähnten Amtsbüchern, welche es im Folgenden einzuschätzen und ggf. näher zu betrachten gilt.[379]

---

rers Hieronymus Waldau (1190–1495) [1482–1495], in: Zeitschrift des Westpreußischen Geschichtsvereins 49 (1907), S. 222–51; Die mittlere Chronik von Olivia [1545–1549], in: Scriptores rerum Prussicarum. Die Geschichtsquellen der preußischen Vorzeit bis zum Untergange der Ordensherrschaft, hrsg. v. Theodor HIRSCH, Leipzig 1874, S. 624/627–644. S. zudem Arno MENTZEL-REUTERS, Stadt und Welt. Danziger Historiographie des 16. Jahrhunderts, in: Kulturgeschichte Preussens königlich polnischen Anteils in der Frühen Neuzeit. Tagung »Kulturgeschichte Westpreußens in der frühen Neuzeit« Gdańsk 1997, hrsg. v. Sabine BECKMANN (Frühe Neuzeit, 103), Tübingen 2005, S. 99–128.

377 S. exempl. Jacob LÜBBE, Familienchronik [1465–1489], in: Scriptores Rerum Prussicarum. Die Geschichtsquellen der preußischen Vorzeit bis zum Untergange der Ordensherrschaft, hrsg. v. Theodor HIRSCH, Leipzig 1870, S. 692/694–724.

378 S. Sławomir ZONENBERG, The Second Peace of Toruń of 19 October 1466 in the Polish, Prussian and Teutonic historiography of the 15th–16th centuries, in: Zapiski historyczne 81, 4 (2016), S. 47–68. doi:10.15762/ZH.2016.48; Arno MENTZEL-REUTERS, Von der Ordenschronik zur Landesgeschichte. Die Herausbildung der altpreußischen Landeshistoriographie im 16. Jahrhundert, in: Kulturgeschichte Ostpreußens in der Frühen Neuzeit, hrsg. v. Klaus GARBER, Tübingen 2001, S. 581–637; Marie-Luise HECKMANN, Krieg und historische Erinnerung im landesherrlichen und im städtischen Milieu des Hanseraums, in: Das Bild und die Wahrnehmung der Stadt und der städtischen Gesellschaft im Hanseraum im Mittelalter und in der Frühen Neuzeit. Beiträge und Kurzberichte der 3. internationalen Tagung der Hansehistoriker in Toruń (Thorn) vom 12.–14.09.2002, hrsg. v. Roman CZAJA, Toruń 2004, S. 115–62; Jarosław WENTA, Studien über die Ordensgeschichtsschreibung am Beispiel Preußens, Toruń 2000; Udo ARNOLD, Geschichtsschreibung im Preußenland bis zum Ausgang des 16. Jahrhunderts, in: Jahrbuch für die Geschichte Mittel- und Ostdeutschlands 19 (1970), S. 74–126; DERS., Studien zur preußischen Historiographie des 16. Jahrhunderts, Bonn 1967; Marian BISKUP, Max Toeppen (1822–1893). Erforscher der Historiographie und Stadtgeschichte Preußens und Herausgeber preußischer Quellen, in: Zeitschrift für Ostforschung 39 (1990), S. 172–95; Odilo ENGELS, Zur Historiographie des Deutschen Ordens im Mittelalter, in: Archiv für Kulturgeschichte 48 (1966), S. 336–63; Max Pollux TOEPPEN, Geschichte der Preußischen Historiographie von Peter von Dusburg bis auf Kaspar Schütz. Oder Nachweisung und Kritik der gedruckten und ungedruckten Chroniken zur Geschichte Preußens unter der Herrschaft des deutschen Ordens, Berlin 1853.

379 S. VOIGT, Geschichte Preussens, 9 (wie Anm. 101), S. 5, Anm. 2, S. 19, Anm. 1.

2 Das Ordensland Preußen nach dem Zweiten Thorner Frieden

> Ich, Baltczer vonn Labin, thu kunth offintlich in dessem offennen brieffe bey meynen trawen unde eren vor allen dy en sehn ader horin leszin, das ich dem ordenn zcu Prewszin gedinet habe inn dem erstin krige vor der Korynitcz geschen acht gantcze jor aws, mit sebin pferdin unde mit ouch sust e[t]liche vortorbin genommen unde wegkomen sindt etc.[380]
>
> Balczer von Labin, 1467

2.1 Historische Einordnung nach 1466

Mit der Unterzeichnung des Zweiten Thorner Friedens am 19. Oktober 1466 fand der Dreizehnjährige Krieg zwischen dem Deutschen Orden und dem preußischen Bund und dessen Verbündeten, dem Königreich Polen, in einer Urkunde formalisiert, ein Ende, trotz sich anschließender, zahlreicher Auseinandersetzungen.[381] Die großen Gebietsabtretungen als Folge des Friedens führten

380 GStA PK, XX. HA Hist. StA Königsberg, OBA 16090.

381 S. Marian BISKUP, Trzynastoletnia Wojna z Zakonem Krzyżackim. 1454–1466 [Der Dreizehnjährige Krieg gegen den Kreuzritterorden. 1454–1466] (Wojskowy Instytut Historyczny. Zakad historii dawnego wojska Polskiego), Warszawa 1967; Klaus-Eberhard MURAWSKI, Zwischen Tannenberg und Thorn. Die Geschichte des Deutschen Ordens unter dem Hochmeister Konrad von Erlichshausen. 1441–1449 (Göttinger Bausteine zur Geschichtswissenschaft, 10/11), Göttingen 1953; DRALLE, Staat des Deutschen Ordens (wie Anm. 132), S. 9–10; Klaus NEITMANN, Die preussischen Stände und die Aussenpolitik des Deutschen Ordens vom I. Thorner Frieden bis zum Abfall des Preussischen Bundes (1411–1454). Formen und Wege ständischer Einflußnahme, in: Ordensherrschaft, Stände und Stadtpolitik. Zur Entwicklung des Preußenlandes im 14. und 15. Jahrhundert, hrsg. v. Udo ARNOLD, Klaus CONRAD, Historische Kommission für Ost- und Westpreussische Landesforschung (Tagungsberichte der Historischen Kommission für ost- und westpreußische Landesforschung, 5), Lüneburg 1985, S. 27–71. Die teilweise kontrovers geführte Diskussion um einzelne Aspekte des Zweiten Thorner Friedens sollen an dieser Stelle nicht aufgegriffen werden. S. Die Staatsverträge des Deutschen Ordens in Preußen im 15. Jahrhundert (1438–1467), hrsg. v. Erich WEISE, Bd. 2, Königsberg 1955, S. 262–296, Nr. 403; DERS., Das Widerstandsrecht im Ordenslande Preußen und das

zu umfangreichen Veränderungen der Verwaltungsstruktur innerhalb des Ordens, wobei die Auswahl der Ratgeber des Hochmeisters nicht mehr den Vorgaben durch Gebietigerämter unterlag, sondern vor allem von der jeweiligen Person abhängig war.[382] Da zahlreiche Ritterbrüder überwiegend aus dem Reich kamen, fand nur bedingt eine Identifikation mit dem Herrschaftsgebiet statt.[383]

Innerhalb des Zeitraums zwischen den Jahren 1466 und 1497 nahmen fünf Personen die Aufgaben und Funktionen eines Hochmeisters aufeinander folgend wahr:[384] Ludwig von Erlichshausen[385] (1450 März 21–†1467 April 4), Heinrich d. M. Reuß von Plauen[386] (1469 Okt. 15–†1470 Jan. 2), Heinrich Reffle

mittelalterliche Europa (Veröffentlichungen der Niedersächsischen Archivverwaltung, 6), Göttingen 1955, S. 267–99; DERS., Die Beurteilung des Zweiten Thorner Vertrages von 1466 durch die Zeitgenossen bis zum Ende seiner Rechtswirksamkeit im Jahre 1497, in: Zeitschrift für Ostforschung 15 (1966), S. 601–21; DERS., Das westliche Ordensland und der Zweite Thorner Vertrag von 1466 [Literaturbericht], in: Zeitschrift für Ostforschung 19 (1970), S. 478–88; DERS., Der Zweite Thorner Vertrag vom 19. Oktober 1466, in: Jahrbuch der Albertus-Universität zu Königsberg/Pr. 22 (1972), S. 8–68; DERS., Die Beurkundung des Zweiten Thorner Vertrages von 1466 [Literaturbericht], in: Zeitschrift für Ostforschung 21 (1972), S. 157–65; Carl August LÜCKERATH, Art. Thorner Frieden (1. und 2.) (1411 und 1466), in: Lexikon des Mittelalters, Bd. 8, München 1997, Sp. 733–734.

382 S. Bernhart JÄHNIG, Verfassung und Verwaltung des Deutschen Ordens in Preußen, in: Westpreußen Jahrbuch 41 (1991), S. 60–72, hier S. 66–67; DRALLE, Staat des Deutschen Ordens (wie Anm. 132), S. 11–13; Peter G. THIELEN, Die Verwaltung des Ordensstaates Preußen. Vornehmlich im 15. Jahrhundert (Ostmitteleuropa in Vergangenheit und Gegenwart, 11), Köln 1965, S. 66.

383 S. Klaus MILITZER, Probleme der Migration und Integration sozialer Gruppen im Preußenland, in: Probleme der Migration und Integration im Preussenland vom Mittelalter bis zum Anfang des 20. Jahrhunderts, hrsg. v. Klaus MILITZER (Tagungsberichte der Historischen Kommission für ost- und westpreußische Landesforschung, 21), Marburg 2005, S. 11–38, hier S. 22.

384 Für die Datumsangaben s. HECKMANN, Amtsträger (wie Anm. 90). MASCHKE misst diesen Hochmeistern keine herausragende Bedeutung zu. S. Erich MASCHKE, Der deutsche Ordensstaat. Gestalten seiner großen Meister, Hamburg [3]1943.

385 S. JÄHNIG, Ludwig (wie Anm. 176). Zum Wappen s. Alexander Bernhard Ernst von der OELSNITZ, Herkunft und Wappen der Hochmeister des Deutschen Ordens. 1198–1525 (Einzelschriften der Historischen Kommission für ost- und westpreußische Landesforschung, 1), Königsberg i. Pr. 1926, S. 75; Hans-Georg BOEHM, Hochmeisterwappen des Deutschen Ordens. 1198–1618, Tauberbischofsheim 1990, S. 73; Marie-Luise HECKMANN, Überlegungen zu einem heraldischen Repertorium an Hand der Hochmeisterwappen des Deutschen Ordens, in: Edition deutschsprachiger Quellen aus dem Ostseeraum (14.–16. Jahrhundert), hrsg. v. Matthias THUMSER, Janusz TANDECKI, Dieter HECKMANN (Publikationen des Deutsch-Polnischen Gesprächskreises für Quelleneditionen, [1]), Toruń 2001, S. 315–46.

386 S. Markian PELECH, Heinrich Reuß von Plauen. 1469–1470, in: Die Hochmeister des Deutschen Ordens 1190–2012, hrsg. v. Udo ARNOLD (Quellen und Studien zur Geschichte des Deutschen Ordens, 40; Veröffentlichungen der Internationalen Historischen Kommission zur Erforschung des Deutschen Ordens, 6), Weimar [2]2014, S. 143–44. Zum Wappen s. OELSNITZ, Wappen (wie Anm. 385), S. 75–76; BOEHM, Hochmeisterwappen (wie Anm. 385), S. 75.

von Richtenberg[387] (1470 Sept. 29–†1477 Febr. 20), Martin Truchsess von Wetzhausen[388] (1477 Aug. 4–†1489 Jan. 3) und Johann von Tiefen[389] (1489 Sept. 1–†1497 Aug. 25). Sämtliche Hochmeister fanden ihre letzte Ruhestätte im Königsberger Dom,[390] in welchem einst auch deren lebensgroße Bildnisse hingen.[391] Zu Beginn des Dreizehnjährigen Krieges gab es über 400 Ritterbrüder in Preußen, doch ist eine wesentlich geringere Anzahl zum Ende des Krieges anzunehmen, obgleich hierzu bis 1519 keine Aufzeichnungen existieren.[392]

---

387 S. Lothar DRALLE, Heinrich Reffle von Richtenberg. 1470–1477, in: Die Hochmeister des Deutschen Ordens 1190–2012, hrsg. v. Udo ARNOLD (Quellen und Studien zur Geschichte des Deutschen Ordens, 40; Veröffentlichungen der Internationalen Historischen Kommission zur Erforschung des Deutschen Ordens, 6), Weimar ²2014, S. 144–50. Zum Wappen s. OELSNITZ, Wappen (wie Anm. 385), S. 76–77; BOEHM, Hochmeisterwappen (wie Anm. 385), S. 77.

388 S. Bernhart JÄHNIG, Martin Truchseß von Wetzhausen. 4.8.1477–3.1.1489, in: Die Hochmeister des Deutschen Ordens 1190–2012, hrsg. v. Udo ARNOLD (Quellen und Studien zur Geschichte des Deutschen Ordens, 40; Veröffentlichungen der Internationalen Historischen Kommission zur Erforschung des Deutschen Ordens, 6), Weimar ²2014, S. 151–54. OELSNITZ, Wappen (wie Anm. 385), S. 77; BOEHM, Hochmeisterwappen (wie Anm. 385), S. 79.

389 S. Lothar DRALLE, Johann von Tiefen. 1489–1497, in: Die Hochmeister des Deutschen Ordens 1190–2012, hrsg. v. Udo ARNOLD (Quellen und Studien zur Geschichte des Deutschen Ordens, 40; Veröffentlichungen der Internationalen Historischen Kommission zur Erforschung des Deutschen Ordens, 6), Weimar ²2014, S. 154–59. Zum Wappen s. OELSNITZ, Wappen (wie Anm. 385), S. 78–79; BOEHM, Hochmeisterwappen (wie Anm. 385), S. 81.

390 S. Ernst August HAGEN, August Rudolph GEBSER, Beschreibung der Domkirche zu Königsberg und der in ihr enthaltenen Kunstwerke mit einer Einleitung über die Kunst des Deutschen Ordens in Preußen, Königsberg 1833, S. 270–71; Richard DETHLEFSEN, Die Domkirche in Königsberg i. Pr. nach ihrer jüngsten Wiederherstellung, Berlin 1912, S. 75. Zum Tode und Begräbnis Ludwig von Erlichshausen s. GStA PK, XX. HA Hist. StA Königsberg, OF 259, Hintere Innenseite des Pergamenteinbands.

391 S. HAGEN und GEBSER, Domkirche (wie Anm. 390), S. 101–06; Eduard ANDERSON, Das Bildnis des Hochmeisters Friedrich III., Herzog von Sachsen, im Dom zu Königsberg, in: Mitteilungen des Vereins für die Geschichte von Ost- und Westpreußen 15 (1940), S. 56–59; Kurt FORSTREUTER, Bildnisse von Hochmeistern des Deutschen Ordens im Mittelalter, in: Acht Jahrhunderte Deutscher Orden. In Einzeldarstellungen, hrsg. v. Klemens WIESER, Marian TUMLER (Quellen und Studien zur Geschichte des Deutschen Ordens, 1), Bad Godesberg 1967, S. 1–14, hier S. 5–6. In den Abbildungen der Vorgänger des Hochmeisters Friedrich, der das Schwert erhoben über der rechten Schulter trägt, sind deren Schwerter gesenkt, wohl in Anspielung auf den geleisteten polnischen Lehnseid. S. HAGEN und GEBSER, Domkirche (wie Anm. 390), S. 104–05; FORSTREUTER, Bildnisse (wie Anm. 391), S. 9. S. für die Abbildungen DETHLEFSEN, Domkirche (wie Anm. 390), Tf. 3. S. ähnlich den Abbildungen im Dom die von Caspar Felbinger gefertigten Holzschnitte Caspar HENNENBERGER, Erclerung der Preussischen grössern Landtaffel oder Wappen, Königsperg in Preussen 1595, S. 199–204. Zur Person Felbinger s. HAGEN und GEBSER, Domkirche (wie Anm. 390), S. 101–02; Schwarz, Felbinger (Felwinger), Kaspar, in: Altpreußische Biographie, hrsg. v. Christian KROLLMANN, Kurt FORSTREUTER, Königsberg i. Pr. 1941, S. 178.

392 S. JÄHNIG, Verfassung und Verwaltung (wie Anm. 382), S. 69; DERS., Verfassung, Verwaltung, Recht und Militär im Restordensstaat 1466–1525, in: Handbuch der Geschichte Ost- und Westpreußens. Von der Teilung bis zum Schwedisch-Polnischen Krieg 1466–1655, hrsg. v. Ernst

Aufgrund der Gebietsveränderungen verblieb lediglich die bedeutende Stadt Königsberg im Ordensland , welche nach 1466 einen gewissen Aufschwung erleben konnte.[393] Nicht nur der Hochmeister, sondern auch der Großkomtur residierte in dieser Stadt. Die Ordensleitung bestand neben dem Hochmeister aus den Großgebietigern. Der Oberste Spittler und der Oberste Trappier waren mit den Komtureien Brandenburg und Balga ausgestattet.[394] Der für die Finanzen zuständige Tressler ist 1457 zwar noch in Deutschland nachweisbar, jedoch sind weitere Personen in dieser Funktion danach nicht mehr greifbar, die entsprechenden Aufgaben übernahm später der Rentmeister.[395] Weitere Komture vervollständigten den Rat, ohne jedoch wie einst aufgrund der fehlenden Notwendigkeit zwischen einem inneren und äußeren Rat exakt zu differenzieren.[396]

Kaiser Friedrich III. (1415–1493) erkannte die Vereinbarungen des Thorner Friedens nie an und hielt folglich seinen Jurisdiktionsanspruch über die abgetretenen Gebiete aufrecht, welches er in einem Schreiben an den polnischen König Kasimir IV. (1427–1492), ausgehend von einer Erbstreitigkeit in Danzig Anfang Mai 1473, deutlich kundtat, doch blieb dieses für diesen Rechtsstreit ohne

---

OPGENOORTH (Einzelschriften der Historischen Kommission für ost- und westpreußische Landesforschung, 10,2,1), Lüneburg 1994, S. 23–29, hier S. 24.

393 S. DRALLE, Staat des Deutschen Ordens (wie Anm. 132), S. 54–62, 68–76; GAUSE, Stadt Königsberg 1 (wie Anm. 180), S. 147–51; Dieter HECKMANN, Königsberg und sein Hinterland im Spätmittelalter, in: Die preußischen Hansestädte und ihre Stellung im Nord- und Ostseeraum des Mittelalters, hrsg. v. Zenon Hubert NOWAK, Toruń 1998, S. 79–89; Udo ARNOLD, Königsberg als Wirtschaftsstandort im Mittelalter. Ein Überblick, in: Preußische Landesgeschichte. Festschrift für Bernhart Jähnig zum 60. Geburtstag, hrsg. v. Udo ARNOLD, Jürgen SARNOWSKY, Mario GLAUERT (Einzelschriften der Historischen Kommission für ost- und westpreußische Landesforschung, 22), Marburg 2001, S. 333–39; Dieter HECKMANN, Königsbergs Wandel vom preußischen Außenposten zum Mittelpunkt (1255–1466), in: 750 Jahre Königsberg. Beiträge zur Geschichte einer Residenzstadt auf Zeit, hrsg. v. Bernhart JÄHNIG, Radosław BISKUP, Marburg 2008, S. 27–38; Jürgen SARNOWSKY, Die Entwicklung des Handels der preußischen Hansestädte im 15. Jahrhundert, in: Die preußischen Hansestädte und ihre Stellung im Nord- und Ostseeraum des Mittelalters, hrsg. v. Zenon Hubert NOWAK, Toruń 1998, S. 51–78, hier S. 65–66; Janusz MAŁŁEK, Königsberg. Von der Hauptstadt des Deutschen Ordens zur Residenz und Hauptstadt des Herzogtums Preußen, in: Metropolen im Wandel. Zentralität in Ostmitteleuropa an der Wende vom Mittelalter zur Neuzeit, hrsg. v. Evamaria ENGEL, Berlin 1995, S. 127–33.

394 S. JÄHNIG, Verfassung (wie Anm. 392), S. 25.

395 S. Arthur SIELMANN, Die Verwaltung des Haupthauses Marienburg in der Zeit um 1400. Ein Beitrag zur Geschichte des Deutschen Ordens in Preußen, in: Zeitschrift des Westpreußischen Geschichtsvereins 61 (1921), S. 1–101, hier S. 40. Zu Abrechnungsvorgängen s. ebd., S. 24–26.

396 S. DRALLE, Staat des Deutschen Ordens (wie Anm. 132), S. 143 vs. 145; JÄHNIG, Verfassung (wie Anm. 392), S. 25. S. zur Verwaltung vor 1466 THIELEN, Verwaltung Ordensstaat (wie Anm. 382); Marc LÖWENER, Die Einrichtung von Verwaltungsstrukturen in Preußen durch den Deutschen Orden bis zur Mitte des 13. Jahrhunderts (Quellen und Studien/Deutsches Historisches Institut Warschau, 7), Wiesbaden 1998.

Folgen.[397] Obgleich für den Kaiser das verbliebene und vom Reich isolierte Ordensland in dessen Politik eine untergeordnete Rolle einnahm, betrachtete Friedrich das Gebiet weiterhin als zum Reich gehörig. Gleichzeitig suchte er jedoch nicht die unmittelbare Konfrontation mit dem polnischen König, zumal er im März bzw. mit ihm erneut im Juli 1474 ein Bündnis gegen den ungarischen König Matthias Corvinus (1443–1490) vereinbart hatte.[398] Im September 1474 wandte der Kaiser sich in einem Schreiben an den Hochmeister Heinrich von Richtenberg, um einen drohenden Krieg gegen die polnische Krone zu vermeiden.[399] Zur Teilnahme an Reichskriegen forderte Friedrich den Hochmeister in Preußen hingegen nicht auf, sodass hierdurch die Grenzen des durchsetzbaren Anspruchs auf das preußische Gebiet seitens des Reichs ebenfalls sichtbar wurden.

Die Situation zwischen Reich und Deutschordensmeister ist hingegen schon allein durch die geographische Lage der dortigen Besitztümer eine völlig andere.[400] Insgesamt sind auswärtige Beziehungen und Handlungsspielräume bzw. politische Erfolge für die Ordensleitung sehr schwierig, doch ist im »Pfaffenkrieg« von 1478/1479 ein Bemühen um eine auswärtige Interessenvertretung erkennbar,[401] wobei die Ergebnisse für den Orden als eher ambivalent einzustufen sind.[402] Der Sohn und Nachfolger Friedrichs, Maximilian I. (1459–1519), erkannte die Beschlüsse des Thorner Friedens ebenfalls nicht an und hegte im

397 S. Erich HOFFMANN, Danzigs Verhältnis zum Deutschen Reich in den Jahren 1466–1526, in: Zeitschrift des Westpreußischen Geschichtsvereins 53 (1911), S. 1–49, hier S. 6–10; Ottokar ISRAEL, Das Verhältnis des Hochmeisters des Deutschen Ordens zum Reich im 15. Jahrhundert (Wissenschaftliche Beiträge zur Geschichte und Landeskunde Ost-Mitteleuropas, 4), Marburg a. d. Lahn 1952, S. 60; Marian BISKUP, Der Deutsche Orden im Reich, in Preußen und Livland im Banne habsburgischer Politik in der zweiten Hälfte des 15. und zu Beginn des 16. Jahrhunderts, in: Die Ritterorden zwischen geistlicher und weltlicher Macht im Mittelalter, hrsg. v. Zenon Hubert NOWAK (Ordines militares, 5), Toruń 1990, S. 101–26, hier S. 108; Elfi-Marita EIBL, Fern von Kaiser und Reich? Die Beziehungen zwischen Deutschem Orden und Reich in der Zeit Kaiser Friedrichs III., in: Blätter für deutsche Landesgeschichte 145/146 (2009/2010), S. 149–66, hier S. 162. S. zudem Regesten Kaiser Friedrichs III. (wie Anm. 371), S. 193–196, Nr. 213–219.

398 S. Staatsverträge, 3 (wie Anm. 118), S. 49, 50, Nr. 442, 444.

399 S. ISRAEL, Verhältnis (wie Anm. 397), S. 58; EIBL, Fern von Kaiser und Reich? (wie Anm. 397), S. 163. S. zudem Regesten Kaiser Friedrichs III. (wie Anm. 371), S. 198, Nr. 224.

400 S. EIBL, Fern von Kaiser und Reich? (wie Anm. 397), S. 165–66.

401 S. exempl. Hans SCHMAUCH, Der Kampf zwischen dem ermländischen Bischof Nikolaus von Tüngen und Polen oder Der Pfaffenkrieg (1467–1479), in: Zeitschrift für die Geschichte und Altertumskunde Ermlands 25 (1933), S. 69–186.

402 S. Ernst OPGENOORTH, Die Lande Preußen in ihren Beziehungen untereinander und mit anderen Mächten, in: Handbuch der Geschichte Ost- und Westpreußens. Von der Teilung bis zum Schwedisch-Polnischen Krieg 1466–1655, hrsg. v. Ernst OPGENOORTH (Einzelschriften der

Frühjahr 1491 noch eine Koalition, u. a. mit Beteiligung des Deutschen Ordens, gegen Kasimir von Polen und Wladislaw von Böhmen und Ungarn zu schmieden, die jedoch bereits Ende des Jahres verworfen wurde.[403]

In Rom war der Orden weiterhin durch die jeweiligen Generalprokuratoren präsent, doch konnte von dort prinzipiell keine finanzielle Unterstützung erwartet werden, zumal um 1480 das Ordenshaus in Rom verpfändet und eine finanzielle Unterstützung durch den Hochmeister undenkbar gewesen war, sodass der Deutschmeister eingriff.[404] Bereits zuvor war eine Neuordnung der Finanzierung des römischen Amtsträgers angestrebt worden, wobei nicht nur die hochmeisterlichen Kammerballeien und der livländische Ordenszweig, sondern auch die deutschen Gebiete ihren finanziellen Beitrag leisten sollten.[405]

In Königsberg stand die Kanzlei unter der Leitung eines Kanzlers, nicht wie Jahrzehnte zuvor unter der des Hochmeisterkaplans auf der Marienburg.[406] Für die Jahre ab 1468 ist eine Registerführung wie in der Zeit zuvor nicht festzustellen, jedoch ab 1498 wird unter Hochmeister Friedrich von Sachsen wieder eine Erstellung von Verzeichnissen erkennbar.[407] Zudem fanden durch den Hochmeister veranlasste Visitationen im Untersuchungszeitraum in den preußischen Konventen wohl nicht statt.[408]

Historischen Kommission für ost- und westpreußische Landesforschung, 10,2,1), Lüneburg 1994, S. 13–22, hier S. 14.

403 S. BISKUP, Der Deutsche Orden im Reich, in Preußen und Livland (wie Anm. 397), S. 110–11; HOFFMANN, Danzigs Verhältnis (wie Anm. 397), S. 10–11.

404 S. Hermann FREYTAG, Die Geschäftsträger des Deutschen Ordens an der Römischen Kurie von 1309 bis 1525, in: Zeitschrift des Westpreußischen Geschichtsvereins 49 (1907), S. 185–220, hier S. 194. Für eine Zusammenstellung der Prokuratoren s. ebd., S. 210–15.

405 S. Jan-Erik BEUTTEL, Der Generalprokurator des Deutschen Ordens an der Römischen Kurie. Amt, Funktionen, personelles Umfeld und Finanzierung (Quellen und Studien zur Geschichte des Deutschen Ordens, 55), Marburg 1999, S. 522.

406 S. Bernhart JÄHNIG, Hochmeisterkaplan und Hochmeisterkanzler. Die Leiter der Hochmeisterkanzlei in Marienburg 1309–1457, in: Kancelarie krzyżackie. Stan badań i perspektywy badawcze. Materiały z międzynarodowej konferencji naukowej Malbork 18–19 X 2001, hrsg. v. Janusz TRUPINDA, Malbork 2002, S. 149–66. Vgl. GLAUERT, Schreiben auf der Marienburg (wie Anm. 351); FORSTREUTER, Frage der Registerführung (wie Anm. 312).

407 S. FORSTREUTER, Staatsarchiv in Königsberg (wie Anm. 95), S. 15, Anm. 5; THUMSER, Schriftlichkeit (wie Anm. 103), S. 179; HECKMANN, Neuordnung des Kanzleiwesens (wie Anm. 172), S. 113. S. exempl. zu weiteren Kanzleien Klaus NEITMANN, Was ist eine Residenz? Methodische Überlegungen zur Erforschung der spätmittelalterlichen Residenzbildung, in: Vorträge und Forschungen zur Residenzenfrage, hrsg. v. Peter JOHANEK (Residenzenforschung, 1), Sigmaringen 1990, S. 11–43, hier S. 29–32.

408 S. Klaus MILITZER, Visitationen und Visitationsberichte im Deutschen Orden, in: Kancelarie krzyżackie. Stan badań i perspektywy badawcze. Materiały z międzynarodowej konferencji naukowej Malbork 18–19 X 2001, hrsg. v. Janusz TRUPINDA, Malbork 2002, S. 178–90, hier S. 187–88. S. Marian BISKUP, Irena JANOSZ-BISKUPOWA, Visitationen im Deutschen Orden im Mittelalter. 1450–1519, Bd. 2 (Quellen und Studien zur Geschichte des Deutschen Ordens, 50,2;

Verwüstungen hatten durch die mehr als eine Dekade andauernden Kriegshandlungen in zahlreichen Siedlungen und Städten stattgefunden.[409] Die Bevölkerungszahl sei gar im Jahre 1466 unter die Hälfte der Zahl von 1410 gesunken,[410] wobei eine starke Dezimierung nicht nur durch die Kriegsereignisse, sondern auch auf mehrere Pestausbrüche bzw. Seuchen zumindest in den Jahren 1464, 1480,[411] 1484, 1493[412] und 1494/95 zurückzuführen ist.[413] Gleichzeitig kann nach 1466 von einer gewissen räumlichen Mobilität einzelner Bevölkerungsteile, auch aus wirtschaftlichen Gründen, ausgegangen werden.[414]

Für die Darstellung der vorherrschenden Klimasituation sind zwar zahlreiche Aufzeichnungen zu herausragenden Witterungserscheinungen bzw. anderen Naturereignissen überliefert, doch können diese nur bedingt einbezogen werden.[415] Nach einer ausgeprägten Warmperiode zwischen 1100 und 1250, die für

---

Veröffentlichungen der Internationalen Historischen Kommission zur Erforschung des Deutschen Ordens, 10,2), Marburg 2004, S. 170–253. Für die Anregung zur Anlage eines Visitationsbuchs 1495 s. Udo ARNOLD, Die Schriftlichkeit des Deutschen Ordens am Beispiel der Visitationen, in: Die Rolle der Schriftlichkeit in den geistlichen Ritterorden des Mittelalters. Innere Organisation, Sozialstruktur, Politik, hrsg. v. Roman CZAJA, Jürgen SARNOWSKY (Ordines militares, 15), Toruń 2009, S. 7–38, hier S. 17, 24–25.

409 S. Hartmut BOOCKMANN, Werner CONZE, Ostpreußen und Westpreußen (Deutsche Geschichte im Osten Europas), Berlin 2002, S. 225.

410 S. WEBER, Preussen vor 500 Jahren (wie Anm. 105), S. 126.

411 S. Simon Grunau's Preussische Chronik, 2 (wie Anm. 375), S. 341, tra. XVIII, c. VII, §3.

412 S. ebd., S. 366, tra. XVIII, c. XII, §2.

413 S. Scriptores Rerum Prussicarum. Die Geschichtsquellen der preußischen Vorzeit bis zum Untergange der Ordensherrschaft, hrsg. v. Theodor HIRSCH, Bd. 4, Leipzig 1870, S. 728, 751, 797. Vgl. Wilhelm SAHM, Geschichte der Pest in Ostpreußen (Publikation des Vereins für die Geschichte von Ost- und Westpreussen, [13]), Leipzig 1905, S. 1–6. Zur medizinischen Versorgung im Ordensland s. Christian PROBST, Der Deutsche Orden und sein Medizinalwesen in Preußen. Hospital, Firmarie und Arzt bis 1525 (Quellen und Studien zur Geschichte des Deutschen Ordens, 29), Bad Godesberg 1969, S. 172–75; Bertha QUASSOWSKI, Obrigkeitliche Wohlfahrtspflege in den Hansestädten des Deutschordenslandes (Braunsberg, Elbing, Königsberg, Kulm und Thorn) bis 1525. III (Schluß), in: Zeitschrift des Westpreußischen Geschichtsvereins 61 (1921), S. 103–47.

414 Kritisch unter nationalistischen Gesichtspunkten, dennoch s. exempl. Fritz GAUSE, Polnische Einwanderung in die Komturei Osterode nach dem 2. Thorner Frieden (1466), in: Altpreußische Forschungen 1, 2 (1924), S. 25–40. Weiterführend zur Person s. Familienarchive (wie Anm. 114), S. 441. S. ferner Kinya ABE, Die Komturei Osterode des Deutschen Ordens in Preußen 1341–1525 (Studien zur Geschichte Preussens, 16), Köln 1972, S. 101–04; GUTTZEIT, Grundbesitzverschiebungen (wie Anm. 134).

415 S. Ernst STREHLKE, Nachrichten über besondere Witterungs-Erscheinungen in Preußen während des 14., 15., 16. und 17. Jahrhunderts, in: Altpreußische Monatsschrift 10 (1873), S. 650–60, hier S. 656–58; Marja POLACZKÓWNA, Climatic Variations in Poland during the Middle Ages, in: Wahania klimatyczne w Polsce w wiekach średnich; Jan Długosz, geograf polski xv wieku, hrsg. v. Marja POLACZKÓWNA, Jan KORNAUS (Prace geograficzne, 5), Lwów, Warszawa 1925, S. 65–80, hier S. 80; Antoni WALAWENDER, Kronika klęsk elementarnych w Polsce i w krajach sąsiednich w latach 1450–1586 [Chronik der Naturkatastrophen in Polen und den

das polnische Gebiet bis zu Beginn des 15. Jh.s geherrscht haben mag,[416] ist zumindest für Mittel- und Westeuropa für die Zeit um 1450 ein vorrübergehender Temperaturrückgang festzuhalten, der sich ab 1550 nachhaltig fortsetzte.[417] In Preußen hielt sich nach einem heftigen Frost 1473 zwar der Weinanbau weiter-

Nachbarländern im Zeitraum 1450–1586]. Zjawiska meteorologiczne i pomory, Bd. 2 (Badania z dziejów społecznych i gospodarczych, 10), Lwów 1932, S. 16–54; Ryszard GIRGUŚ, Wyjątki ze źródeł historycznych o nadzwyczajnych zjawiskach hydrologiczno-meteorologicznych na ziemiach polskich w wiekach od X do XVI. [Auswahl aus historischen Quellen über außergewöhnliche hydrologisch-meteorologische Erscheinungen in Polen vom 10. bis zum 16. Jahrhundert] (Instrukcje i podręczniki, 87), Warszawa 1965, S. 69–96; HECKMANN, Weichseldelta (wie Anm. 375), S. 275–277, 285–293.

416 S. Rajmund PRZYBYLAK, Piotr OLIŃSKI, Waldemar CHORĄŻYCZEWSKI, Wiesław NOWOSAD, Krzysztof SYTA, Documentary Evidence, in: The Polish Climate in the European Context. An Historical Overview, hrsg. v. Rajmund PRZYBYLAK, Dordrecht 2010, S. 167–90, hier S. 184. doi:10.1007/978-90-481-3167-9_6.

417 S. Marie-Luise HECKMANN, Wetter und Krieg. Im Spiegel erzählender Quellen zu Preußen und dem Baltikum aus dem 13. und 14. Jahrhundert, in: Piśmienność pragmatyczna, edytorstwo źródeł historycznych, archiwistyka. Studia ofiarowane profesorowi Januszowi Tandeckiemu w sześćdziesiątą piątą rocznicę urodzin, hrsg. v. Roman CZAJA, Krzysztof KOPIŃSKI, Toruń 2015, S. 191–212, hier S. 199–200; Joachim W. DIPPNER, Maren VOSS, Climate reconstruction of the MWP in the Baltic Sea area based on biogeochemical proxies from a sediment record, in: Baltica 17, 1 (2004), S. 5–16; Hermann FLOHN, Klimaschwankungen im Mittelalter und ihre historisch-geographische Bedeutung, in: Berichte zur deutschen Landeskunde 7 (1950), S. 347–57, hier S. 352.

hin, doch ließ sich letztendlich die Aufgabe dessen in dieser Region nicht aufhalten.[418] Jedoch die Klimaveränderung monokausal für die weitreichende Agrarkrise, den Wüstungsvorgang oder die Bevölkerungsabnahme anzuführen, greift zu kurz.[419]

Durch die Abtretung der wirtschaftlich stärkeren Gebiete in Westpreußen konnten die verbliebenen Ständevertreter weniger selbstbewusst als zuvor mit der Ordensleitung, die zunächst Konflikten auswich, zusammenarbeiten.[420] Eine Zusammenkunft von Ständevertretern, über das dem Orden verbliebene Preußen hinaus, mit Bevollmächtigten des Ordens lässt sich exemplarisch unmittelbar nach dem Friedensschluss anführen. So verhandelten Mitte Februar 1467 in Elbing Vertreter der Stände des polnischen Preußens sowie Bevollmächtigte des Ordens miteinander, wobei auf dieser Tagfahrt u. a. Aspekte der Schulden erörtert wurden, doch letztendlich eine Entscheidung vertagt wurde.[421] Wenige Monate später im August wurde auf einer weiteren Tagfahrt auch diese Thematik wieder aufgegriffen, welches zu einer finanziellen Entlastung der

418 S. Udo ARNOLD, Weinbau und Weinhandel des Deutschen Ordens im Mittelalter, in: Zur Wirtschaftsentwicklung des Deutschen Ordens im Mittelalter, hrsg. v. Udo ARNOLD (Quellen und Studien zur Geschichte des Deutschen Ordens, 38; Veröffentlichungen der Internationalen Historischen Kommission zur Erforschung des Deutschen Ordens, 2), Marburg 1989, S. 71–102, hier S. 97; FLOHN, Klimaschwankungen (wie Anm. 417), S. 352–53; Janusz TANDECKI, Weinbau im mittelalterlichen Preußen, in: Beiträge zur Geschichte Westpreußens 12 (1991), S. 83–99, hier S. 96–97. S. H[ans] STEFFEN, Einiges über den Weinbau in Preußen während der Herrschaft des Deutschen Ordens, in: Altpreußische Rundschau: Zeitschrift zur Pflege des Heimatsinnes 2 (1913/14), S. 3–6, hier S. 4; Johann Gottlieb BUJACK, Die geographische Verbreitung des Weinstocks mit Rücksicht auf den Weinbau in Preußen während der Herrschaft des Deutschen Ordens, in: Vorträge aus dem Gebiet der Naturwissenschaft und der Oekonomie der physikalisch-ökonomischen Gesellschaft zu Königsberg 1 (1834), S. 33–58, hier S. 49–53; Bernhard GIGALSKI, Der Weinbau im Lande des Deutschen Ordens während des Mittelalters, Braunsberg 1908 [nicht zugänglich]. Für die Zeit vor 1466 s. Klaus MILITZER, Der Wein des Meisters. Die Weinversorgung des Hochmeisters des Deutschen Ordens in Preußen, in: Zwischen Lübeck und Novgorod. Wirtschaft, Politik und Kultur im Ostseeraum vom frühen Mittelalter bis ins 20. Jahrhundert. Norbert Angermann zum 60. Geburtstag, hrsg. v. Ortwin PELC, Gertrud PICKHAN, Lüneburg 1996, S. 143–55.

419 S. FLOHN, Klimaschwankungen (wie Anm. 417), S. 354. Grundlegend s. Wilhelm ABEL, Agrarkrisen und Agrarkonjunktur. Eine Geschichte der Land- und Ernährungswirtschaft Mitteleuropas seit dem hohen Mittelalter, Hamburg ^{3}1978, S. 57–103.

420 S. FORSTREUTER, Ordensstaat zum Fürstentum (wie Anm. 102), S. 21; DRALLE, Staat des Deutschen Ordens (wie Anm. 132), S. 83–88.

421 S. Acten der Ständetage Preussens unter der Herrschaft des Deutschen Ordens, hrsg. v. Max Pollux TOEPPEN, Bd. 5, Leipzig 1886, S. 222, 228. S. Janusz MAŁŁEK, Königliches Preußen, Ordensstaat und Herzogtum Preußen im 15. und 16. Jahrhundert. Entfremdung oder wirtschaftliche und politische Annäherung?, in: Blätter für deutsche Landesgeschichte 115 (1979), S. 1–14, hier S. 6.

Schuldner im Zusammenhang mit den Kriegshandlungen führen sollte.[422] Entsprechend den Vereinbarungen des Thorner Friedens sollte der Orden zwar zunächst von etwaigen Forderungen bzw. Belastungen, wie der Stellung von Hilfstruppen, freigehalten werden.[423] Zudem wurde dem Orden eine finanzielle Zuwendung in Höhe von 15.000 ung. gld., zahlbar in Raten, durch den polnischen König in Aussicht gestellt.[424]

Doch schilderte BACZKO im Jahr 1795 drastisch die vermeintlich einschneidenden Auswirkungen für die Hochmeister nach 1466 durch die angespannte Finanzlage:

> Uebrigens wurde der Hofstaat sehr eingeschränkt; denn eine handschriftliche Chronik, die, wie es deren eine Menge giebt, aus der Ordenschronik und den Nachrichten einiger Zeitgenossen zusammengetragen ist, schildert uns die Armuth des Ordens mit dem sehr originellen Ausdrucke: dasz jetzt kaum der Hochmeister einen Narren halten könne, da doch vorher jeder Compthur seinen eignen gehabt.[425]

Wie zuvor in militärischen Auseinandersetzungen zu Beginn des Jh.s, hatte die Ordensleitung während des Dreizehnjährigen Krieges Söldner angeworben und eingesetzt.[426] Jedoch erfolgte deren Bezahlung während des Krieges nicht umfassend, sodass die Summe der ausstehenden Zahlungen stetig anwuchs.

Anfang Oktober 1466 befanden sich zahlreiche der in den Jahren zuvor angeworbenen Söldner, so im Gebiet von Pommerellen, bereits auf dem Rückweg in das Reich und nach Böhmen. Jedoch im Niederland und vereinzelt im Oberland, sowie in Pomesanien, waren zahlreiche Söldnertruppen weiterhin anzutreffen, die ihren Sold mit stetem Nachdruck anmahnten, zumal die »dauernde Anwesenheit der Söldner im östlichen Preußen [..] die Existenz des Ordens gerettet«[427] hatte.

---

422 S. Acten der Ständetage 5 (wie Anm. 421), S. 239.

423 S. Staatsverträge, 2 (wie Anm. 381), S. 292–294, Nr. 407.

424 S. ebd., S. 290–291, Nr. 405.

425 BACZKO, Geschichte Preußens, 4 (wie Anm. 98), S. 11. S. Hartmut BOOCKMANN, Spielleute und Gaukler in den Rechnungen des Deutschordens-Hochmeisters, in: Feste und Feiern im Mittelalter. Paderborner Symposion des Mediävistenverbandes, hrsg. v. Detlef ALTENBURG, Jörg JARNUT, Sigmaringen 1991, S. 217–27; abermals DERS., Spielleute und Gaukler in den Rechnungen des Deutschordens-Hochmeisters, in: Wege ins Mittelalter. Historische Aufsätze, hrsg. v. Dieter NEITZERT, Uwe ISRAEL, Ernst SCHUBERT, München 2000, S. 133–44.

426 S. BOOCKMANN und CONZE, Ostpreußen (wie Anm. 409), S. 223; SARNOWSKY, Wirtschaftsführung (wie Anm. 12), S. 402–13.

427 Marian BISKUP, Das Problem der Söldner in den Streitkräften des Deutschordensstaates Preußen vom Ende des 14. Jahrhunderts bis 1525, in: Das Kriegswesen der Ritterorden im Mittelalter, hrsg. v. Zenon Hubert NOWAK (Ordines militares, 6), Toruń 1991, S. 49–74, hier S. 69. S. für den Solddienst bzw. zur Bezahlung zu Beginn des 15. Jh.s Sven EKDAHL, Soldtruppen des Deutschen Ordens im Krieg gegen Polen 1409, in: Fasciculi archaeologiae historicae 15 (2003),

Zwar war die wirtschaftliche Lage des verbliebenen Ordenslandes nicht nur aufgrund der Schuldlast äußerst angespannt, doch ist DRALLE

> keineswegs der Ansicht, daß das Restordensland am Ende des Bürgerkriegs als ein wirtschaftlich blühendes Gemeinwesen dasteht, nur scheint ihm das Bild, das in der Forschung von der wirtschaftlichen Situation des Landes von Beginn des Krieges 1454 bis weit in das 16. Jahrhundert gezeichnet wird, nämlich das eines Landes und einer Bevölkerung, die von einer ökonomischen Notlage in die andere taumelt, nicht gerechtfertigt zu sein.[428]

Die Ordensleitung war um eine Konsolidierung der wirtschaftlichen Lage bemüht und versuchte nicht nur – naheliegend – Zölle zu erheben, sondern auch den Bezug der englischen Rente gar zu beleben.[429] Fraglich bleibt jedoch, ob das entsprechende Schreiben von Heinrich Reuß von Plauen an den König Eduard IV. (1442–1483) von England mit dem Inhalt, um 40 Mark jährlich zu bitten, die einst von König Richard testamentarisch zugesichert worden waren, abgesandt wurde bzw. in England eintraf.[430]

Um die vielfältigen Aspekte der Einnahmenseite nach 1466 und deren komplexe Entwicklungen anzudeuten,[431] seien exemplarisch nicht nur der Verlust des Bernsteinmonopols,[432] sondern auch die wüsten Auseinandersetzungen, welche als Folge der Unterwanderung eines Kornausfuhrverbots gegen Geldzahlungen durch den Hochmeister im Herbst 1482 zu werten sind, angeführt.[433]

Zwar übersandte der Hochmeister als Schuldner den Söldnern Tilgungszahlungen, offenbar in pekuniärer Weise, dennoch richtete der Hauptmann von Soldau, Muszig, im Sommer 1467 ein Schreiben an diesen.

S. 47–64, hier S. 49–51, 61–63. S. grundlegend Ernst KUTOWSKI, Zur Geschichte der Söldner in den Heeren des Deutschordensstaates in Preußen bis zum ersten Thorner Frieden (1. Febr. 1411), in: Oberländische Geschichtsblätter 14 (1912), S. 407–522.

428 DRALLE, Staat des Deutschen Ordens (wie Anm. 132), S. 168, Anm. 15, S. 10.

429 S. Hans KOEPPEN, Die englische Rente für den Deutschen Orden, in: Festschrift für Hermann Heimpel zum 70. Geburtstag am 19. September 1971, hrsg. v. Mitarbeitern des Max-Planck-Instituts für Geschichte, Bd. 2 (Veröffentlichungen des Max-Planck-Instituts für Geschichte, 36,2), Göttingen 1972, S. 402–21, hier S. 402, 412, 419–421, Nr. 6–8; Werner PARAVICINI, Die Preußenreisen des europäischen Adels, Bd. 1 (Beihefte der Francia, 17,1), Sigmaringen 1989, S. 117.

430 S. DOZA, 3957. S. Staatsverträge, 3 (wie Anm. 118), S. 20–22, Nr. 416; Urkunden DOZA 3 (wie Anm. 370), S. 1173, Nr. 3957.

431 Exempl. sei ferner auf Zahlungen nach dem Pfaffenkrieg durch Kasimir 1480/81 hingewiesen. S. August WITT, Des deutschen Ordens Verhältnisse zu Polen vom ewigen Frieden zu Thorn 1466 bis zum Tode des Hochmeisters Friedrich, Markgrafen von Meißen 1510, in: Allgemeines Archiv für Geschichtskunde des Preußischen Staates 12 (1833), S. 236–270, 320–350, hier S. 332.

432 S. WITT, Des deutschen Ordens Verhältnisse (wie Anm. 431), S. 334; DRALLE, Staat des Deutschen Ordens (wie Anm. 132), S. 11.

433 S. Acten der Ständetage 5 (wie Anm. 421), S. 378–383, 444.

> Och dancke ich ewer erwirigen gnaden umb das gelt mir und dissen gutten lewthen gesant hot. Ich welde vil lieber das ich semlich golt edder gelt nye nicht geseen hette wen ich vil wort und smeheit deme musz horen das unsz ewir gnade so wenig gesant hot.[434]

Da die Zahlungsbereitschaft des Ordens aus Sicht der Söldner offenbar oftmals nicht zufriedenstellend erschien, griffen einige auf bewährte, gewalttätige Zwangsmaßnahmen wie die Besetzung von Städten bzw. Burgen, verbunden mit erfolgreichen, militärischen Aktionen gegen Ordenskräfte, zurück, um ihren Forderungen Nachdruck zu verleihen.[435] Beispielhaft sei auf die Auseinandersetzung der Ordensleitung um die Rotte des soeben erwähnten Anführers Muszig verwiesen,[436] dessen einzelner Forderungsnachweis mit 33.000 gld. einer der höchsten in den ausgewerteten Quellentexten darstellt,[437] sodass u. a. zur fortlaufenden Tilgung 1473 der Hof *Dolstete* an Abraham von Donen für *tusint ung. gld. bar dar leyen* verpfändet werden sollte, zur *Musike beczalung*,[438] und somit eine Konsolidierung durch die Ordensleitung angestrebt wurde. Doch auch 1478 hielten Söldner wegen ausstehender Zahlungen zumindest die Burgen Kulm, Strasburg und Althaus besetzt.[439]

Eine Analyse, inwiefern der Schuldenlast eine Bedeutung für politische Entscheidungen zugemessen werden kann und diese entsprechend gezielt argumentativ in Entscheidungs- bzw. Verhandlungsprozesse eingebracht wurde, sowie mit Blick auf das wirtschaftliche Zusammenspiel zwischen der Tilgung der Schuldenlast und der sich verändernden Einnahmesituation der Ordensvertreter, soll im Rahmen dieser Untersuchung nicht stattfinden,[440] da die Schulden-

---

434 GStA PK, XX. HA Hist. StA Königsberg, OBA 16103.

435 S. VERCAMER, Verwaltungsgeschichte (wie Anm. 138), S. 127; Julius GREGOROVIUS, Die Ordensstadt Neidenburg in Ostpreußen, Marienwerder 1883, S. 59–64, 239–240. Doch wurden diese auch eingelöst im Falle der Brüder Bernhard und Johann von Zinnenberg. S. WITT, Des deutschen Ordens Verhältnisse (wie Anm. 431), S. 267.

436 S. VOIGT, Geschichte Preussens, 9 (wie Anm. 101), S. 41–45, 60, 83–84, 149, Anm. 2.

437 *Mwszigks dinst. Her Mwszig hat im dinste gehat mit seynen gutten lewten 300 pferde unnd 30 pferde 12½ jor lang facit 30.000 gld. unnd 3.000 gld.* OF 259 (wie Anm. 390), S. 393. Exempl. s. GStA PK, XX. HA Hist. StA Königsberg, OBA 16199; GStA PK, XX. HA Hist. StA Königsberg, OBA 16497; GStA PK, XX. HA Hist. StA Königsberg, OBA 16529; GStA PK, XX. HA Hist. StA Königsberg, OBA 16535; GStA PK, XX. HA Hist. StA Königsberg, OBA 16678.

438 S. GStA PK, XX. HA Hist. StA Königsberg, OBA 16450, Bl. 1v. S. DRALLE, Staat des Deutschen Ordens (wie Anm. 132), S. 45.

439 S. WITT, Des deutschen Ordens Verhältnisse (wie Anm. 431), S. 264.

440 S. exempl. den Ablehnungsversuch an den polnischen König wegen zu hoher Schuldenlast durch den Hochmeister auf einer Tagfahrt zu Thorn 1485 zu dessen militärischer Unterstützung Acten der Ständetage 5 (wie Anm. 421), S. 392. S. Matthias THUMSER, Eine neue Aufgabe im Heidenkampf? Pläne mit dem Deutschen Orden als Vorposten gegen die Türken, in: Europa

verwaltung und die Tilgungsprozesse im Zentrum der weiteren Auseinandersetzung stehen werden. Doch zunächst rückt eine Entwicklung vor dem Zweiten Thorner Frieden, Anfang Mai 1440, um die Stadt Konitz in den Fokus.

2.2 Forderungen der Gläubiger

Die Stadt Konitz, ein Verkehrsknotenpunkt zwischen Ordensland und Reich und somit strategisch bedeutsam für den Orden gelegen, trat zunächst als einzige Stadt des Ordensgebietes Schlochau dem Preußischen Bund bei.[441] In den folgenden Jahren konnten die Ordensmitglieder den Stadtrat in ihrem Interesse beeinflussen, sodass Ende 1444 Söldner auf Geheiß des Ordens unter der Führung von Nickel von Wolfersdorf und Tyle von Tumen in der Stadt anzutreffen waren. Die Ratsmitglieder wandten sich dringlichst an den Hochmeister, um für eine ausreichende Proviantierung zu sorgen, zumal die Anwesenheit der Söldner im Sinne der Ordensinteressen war.[442] Letztendlich verließ Mitte 1446 die Stadt das Bündnis wieder, wobei die genauen Gründe hierfür im Verborgenen bleiben.[443]

Zu Beginn der gewalttätigen Auseinandersetzung war die Stadt jedoch wieder Mitglied der ständischen Konföderation, sodass sich Danziger Bewaffnete am 25. Februar 1454 in der Stadt befanden und auch das Ordensschloss Schlochau einnahmen.[444] Dennoch gelang es den ordenstreuen Söldnern unter Führung Heinrichs Reuß von Plauen des Jüngeren, Georgs von Schlieben sowie Tiles von Thumen die Stadt Konitz unter Kontrolle zu bringen und zahlreiche Kontingente zu stationieren, womit die Stadt bis zum Ende der Auseinandersetzung unter der Ordensherrschaft verblieb.[445] Die Versorgung und Unterbringung der Truppen erfolgten durch die Bürger der Stadt, wodurch Geldmittel und Vorräte

und die Türken in der Renaissance, hrsg. v. Bodo GUTHMÜLLER, Wilhelm KÜHLMANN, Tübingen 2000, S. 139–76. S zudem DRALLE, Staat des Deutschen Ordens (wie Anm. 132), S. 14–34, 88–97; Jürgen SARNOWSKY, Wirtschaftliche Aspekte der Geschichte der Kriege am Beginn des 15. Jahrhunderts, in: Tannenberg – Grunwald – Žalgiris 1410. Krieg und Frieden im späten Mittelalter, hrsg. v. Werner PARAVICINI (Quellen und Studien/Deutsches Historisches Institut Warschau, 26), Wiesbaden 2012, S. 123–34.

441 S. Jan-Erik BEUTTEL, Zur Stellung der Stadt Konitz gegenüber dem Deutschen Orden in der Zeit des Preußischen Bundes sowie des Dreizehnjährigen Krieges (1454–1466), in: Beiträge zur Geschichte Westpreußens 12 (1991), S. 117–68, hier S. 122–23.

442 S. ebd., S. 125–26.

443 S. ebd., S. 131, 136.

444 S. ebd., S. 144.

445 S. ebd., S. 145–46.

bald aufgezehrt waren. An den Hochmeister gerichtete Zahlungsaufforderungen des ausstehenden Soldes erbrachten nicht den gewünschten Erfolg.[446]

Am 18. September traf vor Konitz ein Entsatzheer des Ordens, wohl von Herzog Rudolf von Sagan geführt, auf ein Heer unter der Führung des polnischen Königs Kasimir, wobei die Söldner des Ordens am Ende der Schlacht einen Sieg errangen.[447] Nicht mehr ordenseigene Kräfte, sondern angeworbene und dem Orden nicht unmittelbar verbundene, militärische Kräfte wurden somit zur Durchsetzung der Interessen eingesetzt.[448] »Dabei hat der Orden zugleich seinen finanziellen Spielraum weit überspannt.«[449]

In den folgenden Monaten spitzte sich die Auseinandersetzung um Geldforderungen seitens der Stadt an die Ordensleitung in dramatischer Weise zu und verschärfte sich durch Forderungen – gar durch eine zusätzliche Steuer über 20 Mark – zunehmend und Aufruhr lag in der Luft.[450] Die Söldner forderten ihre ausstehenden Soldzahlungen ein, welches letztendlich zum Verkauf der Marienburg führte, um einen Teil der Schuldenlast zu mindern.[451] Kurzzeitig fand der Hochmeister nach dem Verkauf des Hochmeistersitzes im Sommer 1457 in Konitz eine Zuflucht, wobei er sich vergeblich um die Tilgung der Soldschulden bemühte.[452] Wären zuvor militärische Siege im Ringen um die Vorherrschaft durch die Truppen des Ordens errungen worden, wären wahrscheinlich auch die finanziellen Probleme lösbar gewesen.[453]

Ein Schuldenregister[454] derer, die vor Konitz gelegen haben, wohl aus dem Jahr 1468, listet für 131 Söldner insgesamt den Verlust von 486 Pferden auf, wobei deren Wert ungefähr 20.250 gld. betrug. Die Listung erfolgte anhand der

---

446 S. ebd., S. 147.

447 S. ebd., S. 149. S. HECKMANN, Krieg und historische Erinnerung (wie Anm. 378), S. 143–47.

448 S. BEUTTEL, Zur Stellung der Stadt Konitz (wie Anm. 441), S. 150.

449 S. ebd.

450 S. ebd., S. 157–58.

451 S. HELLMANN, Geschichte des Dreizehnjährigen Krieges (wie Anm. 373); WEISE, Eine Dokumentensammlung (wie Anm. 182); RAUTENBERG, Verkauf (wie Anm. 177); RAUTENBERG, Böhmische Söldner, T. 1 (wie Anm. 130), S. 98–186; ULRICHS, Der 13jährige Krieg (wie Anm. 374), S. 220–24. S. Wiesław DŁUGOKĘCKI, Misja Hinka z Ledecza. Przyczynek do sprzedaży Malborka przez zaciężnych w czasie wojny trzynastoletniej [Die Mission des Hinko von Ledecz. Ein Beitrag zum Verkauf der Marienburg durch die Söldner zur Zeit des Dreizehnjährigen Krieges], in: Biskupi, lennicy, żeglarze, hrsg. v. Błażej ŚLIWIŃSKI (Gdańskie studia z dziejów średniowiecza, 9), Gdańsk 2003, S. 363–66.

452 S. BEUTTEL, Zur Stellung der Stadt Konitz (wie Anm. 441), S. 160.

453 S. BOOCKMANN und CONZE, Ostpreußen (wie Anm. 409), S. 216. S. zudem HUBATSCH, Säkularisation (wie Anm. 107), S. 155.

454 S. GStA PK, XX. HA Hist. StA Königsberg, OBA 16170. Vgl. exempl. zu Krediten und Schuldbeziehungen im Zusammenhang mit Plünderung anhand von Bieler Beutelisten Michael JUCKER, Kredite und Beutemaschinerie. Überlegungen zu prekären Wirtschaftsformen im

Farbe eines jeden Tieres, wobei selten zusätzliche Angaben wie *Item ein swarcz mit zweyen weisszen fuszenn vor 40 gld.*[455] festgehalten wurden. Vor allem 35 Hengste werden explizit ausgewiesen, deren durchschnittlicher Wert mit 73 gld. anzunehmen ist, innerhalb einer Spanne zwischen 40 und 100 gld. Die übrigen 451 Pferde sind mit einem durchschnittlichen Wert von 39 gld. zu veranschlagen. Ingesamt für 428 Tiere ist eine Fellfarbe angegeben. Hengste mit schwarzer Fellfarbe dominieren die Gruppe mit rund 31 Prozent, unmittelbar gefolgt von denen mit brauner Farbe zu rund 29 Prozent. Beliebt sind zudem Tiere mit grauem Fell mit rund 11 Prozent, gefolgt von Pferden mit rotem Fell und rund 9 Prozent. Übrige Farben der Pferde sind eher hell wie diejenigen der *schymmel*. In der Gruppe der übrigen Pferde dominiert ebenfalls die Fellfarbe braun mit rund einem Viertel der Tiere. Mit rund 15 Prozent folgen Pferde mit schwarzem sowie mit rotem (12 Prozent) und grauem (11 Prozent) Fell. Die Farbgebung eines Schimmels wird noch für rund 8 Prozent vermerkt, während dann weitere Farben wie *fuchs*, *weisz* oder *rotblasz* folgen. Einmalig findet ein *eszelmawl* für 35 gld. Erwähnung.[456] Das Verzeichnis listet ebenfalls unterschiedliche Waffen sowie Ausrüstungsgegenstände mit einem Gesamtwert von 1.018 gld. Im Detail sind 249 Armbrüste zu 2 gld. gelistet, gefolgt von 37 Eisenhüten und 36 Golnern sowie 32 Panzern. Daneben finden *leyer*, *lebken*, *poseyszen*, *brost*, *knypochel*, *mawszeysen* und *hanczken* Erwähnung. Die Söldner scheuten sich zudem nicht, weitere Beträge in Rechnung zu stellen, sodass vermerkt wurde *Item 2 gulden vorlorenn*,[457] sogar selbst bei dem Umstand als *yn die pawern vingenn*.[458]

Die angenommene Gesamtschuldenlast des Ordens konnte der Chronist GRUNAU noch vermeintlich genau beziffern, wonach *Dem orden in die sibon und funftzig mal hundert tausent one, was sie noch schuldig pliben und gutter musten verschreiben*.[459] Detailliert weiß später RUNAW, in Anlehnung an GRUNAU,[460] zu berichten, dass *Dem Orden kostets in die sieben undfunffczig mal hunderttausent floren ungarisch. One was sie noch hin und wider den grossen Potentaten schůldig*

Krieg des späteren Mittelalters, in: Prekäre Ökonomien. Schulden in Spätmittelalter und Früher Neuzeit, hrsg. v. Gabriela SIGNORI (Spätmittelalterstudien, 4), München 2014, S. 159–80, hier S. 169–75.

455 OBA 16170 (wie Anm. 454), S. 9.

456 S. ebd., S. 18.

457 Ebd., S. 4. Zudem s. ebd., S. 18.

458 Ebd., S. 20.

459 Simon Grunau's Preussische Chronik, 2 (wie Anm. 375), S. 308, tra. XVII, c. XX, § 3. S. WITT, Des deutschen Ordens Verhältnisse (wie Anm. 431), S. 238; WEBER, Preussen vor 500 Jahren (wie Anm. 105), S. 677; DRALLE, Staat des Deutschen Ordens (wie Anm. 132), S. 39.

460 S. TOEPPEN, Geschichte der Preußischen Historiographie (wie Anm. 378), S. 226.

blieben und one die verschreibung irer gůter.[461] Der Chronist HARTKNOCH hingegen bleibt über das immense Ausmaß der Belastungen vage, wonach *Was für Geld von beyden Theilen auffgangen ist fast nicht glaublich noch zu sagen.*[462] Caspar SCHÜTZ, Stadtsekretär von Danzig, dem kein Zutritt zum Königsberger Archiv gewährt wurde,[463] beziffert zwar die Anzahl der für den Orden im Dienste stehenden Söldner, ohne jedoch auf die Höhe der Soldforderungen einzugehen.[464]

Eine exakte Ermittlung der gesamten Schuldenlast zum Ende des Dreizehnjährigen Krieges kann aufgrund der Überlieferungssituation der Quellenbestände nicht erfolgen.[465] In den folgenden Ausführungen soll hingegen der zentralen Frage nachgegangen werden, inwiefern nach dem Zweiten Thorner Frieden bis zur Jahrhundertwende die Verwaltung der Schuldenlast bewältigt werden konnte, obgleich nach einer Redensart, in Anlehnung an einen Psalm Davids, die Verantwortlichen *mehr Schulden als Haare auf dem Kopf zu haben* schienen.[466]

461 Dionysius RUNAW, Historia Und einfeltige beschreibung des grossen dreizehenjerigen Kriegs in Preussen, Wittemberg 1582, ohne Seitenzählung, Kap. Dreizehende Jahr.

462 HARTKNOCH, Preussischer Historien (wie Anm. 183), S. 317.

463 S. FORSTREUTER, Staatsarchiv in Königsberg (wie Anm. 95), S. 42.

464 S. SCHÜTZ, Historia (wie Anm. 375), Bl. 331v–332r.

465 S. exempl. zur Angabe von Kriegskosten BISKUP, Trzynastoletnia (wie Anm. 381), S. 726–729, 778.

466 S. »Mehr Schulden als Haare auf dem Kopf haben«. Auszug aus Munzinger Online/Duden – Das große Wörterbuch der Zitate und Redewendungen, Mannheim ^{2}2007. Der Ordenschronist Peter von DUSBURG bezieht den biblischen König David oftmals in seine Darstellung mit ein, s. exempl. Peter von DUSBURG, Chronik des Preussenlandes. Übers. und erl. v. Klaus Scholz und Dieter Wojtecki (Freiherr vom Stein Gedächtnisausgabe, 25), Darmstadt 1984, S. 68, 84, 120. Zu den Allegorien s. Helmut BAUER, Peter von Dusburg und die Geschichtsschreibung des Deutschen Ordens im 14. Jahrhundert in Preußen (Historische Studien, 272), Berlin 1935, S. 32–39. S. exempl. Jarosław WENTA, Der Deutschordenspriester Peter von Dusburg und sein Bemühen um die geistige Bildung der Laienbrüder, in: Selbstbild und Selbstverständnis der geistlichen Ritterorden, hrsg. v. Roman CZAJA, Jürgen SARNOWSKY (Ordines militares, 13), Toruń 2005, S. 115–25; Marcus WÜST, Zu Entstehung und Rezeption der ›Chronik des Preußenlandes‹ Peters von Dusburg, in: Neue Studien zur Literatur im Deutschen Orden, hrsg. v. Bernhart JÄHNIG, Arno MENTZEL-REUTERS (Zeitschrift für deutsches Altertum und deutsche Literatur, 19), Stuttgart 2014, S. 197–209. Zum Turm Davids in Jerusalem s. Ritter und Priester. Acht Jahrhunderte Deutscher Orden in Nordwesteuropa; Ausstellung der Landcommanderij Alden Biesen und des Vlaams Commissariaat-Generaal voor Toerisme in Zusammenarbeit mit der Internationalen Historischen Kommission zur Erforschung des Deutschen Ordens und dem Historisch Studiecentrum Alden Biesen, hrsg. v. Udo ARNOLD, Turnhout 1992, S. 11–13 sowie eine Abbildung zum mit Ordensschildern behangenen Turm (I.1.4).

3 Schuldenmanagement

> Dorumb wir uns mit deme genanten Peter, also haben vortragen, das wir em dieselbigen 30 m., uff Martini nehstkomende ober eyn jor im zweeundsebenczigstenn jare, gutlichenn sullenn gebenn seynen rechten erbenn, adder erpneemen, adder den, die dessen brieff, mit irem gutten willen und wissen innhaben uff den genanten Sunte Mertenns tag unvorczogelich und wol czu dancke czubeczalenn.[467]
>
> bruder Heynrich vonn Richtennbergk homeister dewtsches ordenns, 1471

3.1 Erfassung und Verwaltung

Amtsbücher des Deutschen Ordens sind nach KLOOSTERHUIS dem gemischten Provenienzkreis *ecclesia* und *regnum* zuzuweisen, wobei diese, ausschließlich für den internen Schriftverkehr bestimmten Aufzeichnungen der *Betreffgruppe Wirtschafts-/Finanzverwaltung* zugeordnet werden können.[468] Die Buchform der Ordensfolianten erhöht durch die jeweilige Komposition zusammen mit der Buchbindung die Glaubwürdigkeit und damit Rechtsform der Eintragungen.[469] Die grafisch sauberen, geordneten Einträge sind meist topographisch oder thematisch gelistet, teilweise personenbezogen, und ermöglichen somit ein schnelles Auffinden der gewünschten Information.[470] Zwar besitzen Urkunden den höchsten Rechtsschutz, doch bietet das Amtsbuch hingegen den besten Informationsschutz.[471] Dennoch stellen beide Formen Gebrauchshandschriften dar und unterliegen damit oftmals einem sich äußerst dynamisch entwickelnden Schriftbild während des Erstellungsprozesses.

467 GStA PK, XX. HA Hist. StA Königsberg, Perg.-Urk. 3305, Schiebl. XIII 45.

468 S. KLOOSTERHUIS, Amtsbücher (wie Anm. 318), S. 77, 79; KLOOSTERHUIS, Amtsbücher im Spiegel (wie Anm. 318), S. 93–94.

469 S. KLOOSTERHUIS, Amtsbücher (wie Anm. 318), S. 69.

470 S. ebd., S. 72.

471 S. KLOOSTERHUIS, Amtsbücher im Spiegel (wie Anm. 318), S. 89; KLOOSTERHUIS, Amtsbücher (wie Anm. 318), S. 73.

Beinahe ausschließlich fand als Beschreibstoff Papier für die Schuldscheine und ausschließlich für die Hefte bzw. gebundenen Bücher Verwendung. Die Produktion des modernen Beschreibstoffs Papier fand zunächst nicht unmittelbar vor Ort im Ordensland statt, sodass die Verwaltung das benötigte Material aus Nürnberg, Augsburg, Lübeck, Antwerpen und Italien importierte.[472]

Dem Marienburger Tresslerbuch sind für Anfang des 15. Jh.s zahlreiche Angaben zu entnehmen.[473] Zwischen 1473 und 1494 ist eine Papiermühle in Danzig nachweisbar, doch wird vermutlich vor 1466 bereits eine entsprechende Produktionsstätte existiert haben.[474] Dorfverschreibungen oder andere bedeutendere Verträge wurden auf dem teureren, doch verhältnismäßig robusten und somit beständigen Pergament niedergeschrieben. Doch ebenfalls verwendeten die Schreiber vereinzelt dieses Medium, möglicherweise aufgrund Papiermangels, für die Ausstellung der Schuldscheine.[475] Die laufenden Aufzeichnungen zur Wirtschaftsführung wurden durch eigene Schreiber auf Wachstafeln, Notizzetteln, in Heften im Schmalfolioformat oder Kladden geführt.[476]

Um die Mitte des 14. Jh.s verfassten die Ordensangehörigen ihre Schriftstücke vorwiegend in deutscher Sprache, während die Geistlichkeit weiterhin das Lateinische bevorzugte.[477] Selbst nach dem Zweiten Thorner Frieden bis zum

---

472 S. Hansheinrich TRUNZ, Alte Papiermühlen im Weichselland, in: Westpreußen Jahrbuch 19 (1969), S. 151–55, hier S. 151. Zudem zu Papier und Schreibgeräten s. Gerhard PICCARD, Über die Anfänge des Gebrauchs des Papiers in deutschen Kanzleien, in: Studi in onore di Amintore Fanfani. Medioevo, Milano 1962, S. 345–401; Friedrich BECK, Lorenz Friedrich BECK, Die lateinische Schrift. Schriftzeugnisse aus dem deutschen Sprachgebiet vom Mittelalter bis zur Gegenwart, Köln 2007, S. 11–18.

473 S. EKDAHL, Schlacht (wie Anm. 312), S. 83, Anm. 18; GLAUERT, Schreiben auf der Marienburg (wie Anm. 351), S. 98–101.

474 S. TRUNZ, Papiermühlen (wie Anm. 472), S. 151.

475 S. exempl. GStA PK, XX. HA Hist. StA Königsberg, Perg.-Urk. 3195, Schiebl. 94 Nr. 54.

476 S. GLAUERT, Akkon bis Königsberg (wie Anm. 155), S. 39; SARNOWSKY, Wirtschaftsführung (wie Anm. 12), S. 14–23.

477 S. Kurt FORSTREUTER, Die deutsche Sprache im auswärtigen Schriftverkehr des Ordenslandes und Herzogtums Preußen, in: Beiträge zur preußischen Geschichte im 15. und 16. Jahrhundert, hrsg. v. Kurt FORSTREUTER, Heidelberg 1960, S. 7–28, hier S. 8; DERS., Latein und Deutsch im Deutschen Orden. Zur Frage einer Amtssprache, in: Studien zur Geschichte des Preußenlandes. Festschrift für Erich Keyser zu seinem 70. Geburtstag dargebracht von Freunden und Schülern, hrsg. v. Ernst BAHR, Erich KEYSER, Marburg 1963, S. 373–91, hier S. 374, 390. Zuvor ähnlich s. Kurt FORSTREUTER, Die deutsche Sprache im auswärtigen Schriftverkehr des Ordenslandes und Herzogtums Preußen, in: Altpreußische Beiträge. Festschrift zur Hauptversammlung des Gesamtvereins der Deutschen Geschichts- und Altertums-Vereine zu Königsberg Pr. vom 4. bis 7. September 1933, hrsg. v. Verein für Familienforschung in Ost- und Westpreußen, Königsberg Pr. 1933 (ND Hamburg 1994), S. 61–79. Ferner s. Erich KEYSER, Lateinische und deutsche Verwaltungssprache im deutschen Ordenslande, in: Mitteilungen des Westpreußischen Geschichtsvereins 27 (1928), S. 74–78, hier S. 75; Alicja GACA, Zur Frage der Schreibsprache des Deutschen Ordens im Mittelalter (Forschungsstand), in: Filologia 6 (1964), S. 83–122, hier

Ende des 16. Jh.s sind die erhaltenen Schreiben hauptsächlich deutschsprachig niedergeschrieben.[478] Dennoch ist festzuhalten, dass in Urkunden auf das Lateinische als neutrale Sprache zurückgriffen wurde, zumal oftmals auf ältere Verträge – einst in Latein abgefasst – rekurriert werden musste,[479] obgleich wahrscheinlich weder der Hochmeister noch die meisten Ordensritter dieser Sprache mächtig waren.[480] Auch der Wortlaut des Zweiten Thorner Friedens wurde in Latein ausgefertigt, doch in polnischer und deutscher Sprache verlesen.[481] Zuvor war es 1464 zu Irritationen zwischen polnischen Vertretern und denen des Ordens gekommen, da Kredenzbriefe nicht in sonst üblichem Latein abgefasst worden waren.[482] Der kurzzeitig zwischen 1469 und 1470 amtierende Hochmeister Heinrich Reuß von Plauen übte seine Leitungstätigkeit offenbar nicht nur ohne Kenntnisse des Lateinischen, sondern gar ohne jegliche Lesekompetenz aus.[483]

Bereits seit der Zeit Ulrich von Jungingens war jedoch der Versand von deutschsprachigen Briefen nach Polen üblich gewesen, in Latein ausgestellter Schreiben eher selten.[484] Erstaunlich hingegen ist, dass ein Fünftel der erhaltenen, abgesandten Briefe des polnischen Königs Kasimir (1427–1492) die Ordenskanzleien in deutscher Sprache erreichten – erstmals datierbar auf 1449, letztmalig auf 1481 –, und selbst ein Waffenstillstand 1458 in dieser Sprache beurkundet wurde.[485] Zwar verfassten die Schreiber in einigen hansischen Küstenstädten wie Danzig und Elbing oftmals ihre Niederschriften in Niederdeutsch,[486]

S. 95–96, 98–99.

478 S. FORSTREUTER, Sprache (wie Anm. 477), S. 10. Eine Ausnahme bilden exempl. die Absageschreiben der tschechischen Söldner von 1454/1455. S. ebd., S. 11, Anm. 7.

479 S. ebd., S. 14.

480 S. ebd., S. 9.

481 S. ebd., S. 14.

482 S. FORSTREUTER, Sprache (wie Anm. 477), S. 14; Acten der Ständetage 5 (wie Anm. 421), S. 130 (Nr. 48).

483 S. FORSTREUTER, Ordensstaat zum Fürstentum (wie Anm. 102), S. 16.

484 S. FORSTREUTER, Sprache (wie Anm. 477), S. 14. S. das Formelbuch der Hochmeisterkanzlei, GStA PK, XX. HA Hist. StA Königsberg, OF 281, im letzten Drittel des 14. Jh.s und bis zum Ende des 15. Jh.s geführt. S. FORSTREUTER, Amtssprache (wie Anm. 477), S. 382. Zwar sind Notizen aus der Zeit nach 1466 vorhanden, doch Hinweise zu Schuldverschreibungen o. ä. finden sich nicht. S. exempl. OF 281 (wie Anm. 484), S. 187–89.

485 S. FORSTREUTER, Sprache (wie Anm. 477), S. 14–15.

486 S. Walter STEPHAN, Hoch- und Niederdeutsch als Amts- und Schriftsprache in Ordens- und Danziger Urkunden, in: Mitteilungen des Westpreußischen Geschichtsvereins 14, 2 (1915), S. 22–24, hier S. 22–23; FORSTREUTER, Amtssprache (wie Anm. 477), S. 375; Ralf G. PÄSLER, Zur Sprachensituation im Deutschordensland Preußen. Ein Problemaufriss, in: Ostmitteldeutsche Schreibsprachen im Spätmittelalter, hrsg. v. Luise CZAJKOWSKI, Corinna HOFFMANN, Hans Ulrich SCHMID (Studia Linguistica Germanica, 89), Berlin 2007, S. 93–107, hier S. 94–95.

doch nutzten die Kanzleien der Ordensverwaltung, neben Latein, vor allem Mitteldeutsch.[487] Zwar gelangten einige Wörter der polnischen und altpreußischen Sprache in die Schriftlichkeit des Ordens, doch blieb deren Anzahl gering.[488] Der Gebrauch der mitteldeutschen Schriftsprache innerhalb der Ordensverwaltung sollte bis zum Ende des 16. Jh.s im verbliebenen preußischen Herrschaftsgebiet, die Stadt Königsberg eingeschlossen, durch die Schreiber weiterhin anhalten,[489] meist unter Verwendung der spätgotischen Bastarda bzw. spätgotischen Kursive,[490] wobei eine Häufung der Doppelkonsonanz »nn« zu beobachten ist.[491]

Einen Großteil der näher zu untersuchenden Dokumente bilden die Chirographen, im Folgenden mit dem synonymen Begriff als Kerbzettel bezeichnet,

487 S. PÄSLER, Sprachensituation (wie Anm. 486), S. 96–97; GACA, Schreibsprache (wie Anm. 477); August WELLER, Die Sprache in den ältesten deutschen Urkunden des deutschen Ordens, Breslau 1911; Herbert GRUNDMANN, Deutsches Schrifttum im Deutschen Orden, in: Altpreußische Forschungen 18 (1941), S. 21–49; DERS., Deutsches Schrifttum im Deutschen Orden, in: Ausgewählte Aufsätze. Bildung und Sprache, hrsg. v. Herbert GRUNDMANN (Schriften der Monumenta Germaniae Historica, 25), Stuttgart 1978, S. 96–129; Walther ZIESEMER, Die ostpreußischen Mundarten. Proben und Darstellung, Breslau 1924, S. 111–16. Eine detaillierte Auswertung des Sprachstandes der Verwaltung im Ordensland Preußen, basierend auf den Urkunden und Briefen, verbleibt ein Desiderat der Forschung. S. PÄSLER, Sprachensituation (wie Anm. 486), S. 99, 103; Dieter HECKMANN, Die Ausstrahlung hochmeisterlicher Kanzleien auf die deutsche Sprache und Schriftlichkeit des Spätmittelalters, in: Die Rolle der Schriftlichkeit in den geistlichen Ritterorden des Mittelalters. Innere Organisation, Sozialstruktur, Politik, hrsg. v. Roman CZAJA, Jürgen SARNOWSKY (Ordines militares, 15), Toruń 2009, S. 121–32, hier S. 124.

488 S. Walther ZIESEMER, Zum Wortschatz der Amtssprache des Deutschen Ordens, in: Beiträge zur Geschichte der deutschen Sprache und Literatur 47 (1923), S. 335–44, hier S. 335; ZIESEMER, Mundarten (wie Anm. 487), S. 116.

489 S. ZIESEMER, Mundarten (wie Anm. 487), S. 113.

490 S. BECK und BECK, Lateinische Schrift (wie Anm. 472), S. 42–57.

491 S. HECKMANN, Neuordnung des Kanzleiwesens (wie Anm. 172), S. 111; DERS., Möglichkeiten und Voraussetzungen der Datierung deutschsprachiger Texte mit Hilfe von Konsonantenhäufungen, in: Preußenland 34, 1 (1996), S. 44–47.

die im Zahnschnitt entzweigeschnittenen Papiere.[492] Der – wohl insularer Herkunft verortbare[493] – Kerbzettel ist eine »durchschnittene Urkunde, deren Teile Ausfertigungen für die Parteien sind und zum Beweis der Echtheit zusammenpassen müssen.«[494] In den hier anzutreffenden Schriftstücken des Deutschen Ordens, die *uszgesnittenn brieffe*[495] oder *awsgeschnitten czetteln*,[496] sind zwischen den Schriftspiegeln keine geschriebenen Worte wie *c(h)irographum*, Buchstaben oder Zeichen zu finden,[497] häufig jedoch das auf dem Papier mittig zentrierte Wasserzeichen, welches zerschnitten durch Zusammenführen der beinahe ausschließlich im gezackten Schnitt zertrennten Papiere (*indentures*) ohne Zwischenraum zusammenpassen musste.[498]

Um die Gültigkeit des an den Gläubiger ausgehändigten Exemplars zu bekräftigen, ließ der Aussteller *czu meher sichereit […] unsers ingesiegell uff diessenn brieff lassenn druckenn*,[499] meist auf dem Papier, eher selten angehängt an das Papier im Gegensatz zu den Pergamenten. Oftmals erfolgte die Nennung

---

492 S. Winfried TRUSEN, Chirograph, in: Lexikon des Mittelalters, Bd. 2, München 1983, Sp. 1844–1845; Oswald REDLICH, Urkundenlehre. Die Privaturkunden des Mittelalters (Handbuch der mittelalterlichen und Neueren Geschichte, Hilfswissenschaften und Altertümer), München 1911, S. 97–101, 184–185; Harry BRESSLAU, Handbuch der Urkundenlehre für Deutschland und Italien, Bd. 1, Leipzig ^{2}1912, S. 667–77; Paul HEROLD, Ein um Form bemühtes Mißtrauen. Herstellung, Gebrauch und Verbreitung von Chirographen unter besonderer Berücksichtigung von Klosterneuburg, in: Jahrbuch des Stiftes Klosterneuburg N. F. 17 (1999), S. 153–72, hier S. 155–56. Für eine Abb. s. Bernhard BISCHOFF, Zur Frühgeschichte des mittelalterlichen Chirographum, in: Mittelalterliche Studien. Ausgewählte Aufsätze zur Schriftkunde und Literaturgeschichte, Stuttgart 1966, S. 118–21, hier 121–122, Tf. 8. Für die Antike s. Winfried TRUSEN, Chirographum und Teilurkunde im Mittelalter, in: Archivalische Zeitschrift 75 (1979), S. 233–49, hier S. 234–36; Éva JAKAB, Chirographum in Theorie und Praxis, in: Römische Jurisprudenz – Dogmatik, Überlieferung, Rezeption. Festschrift für Detlef Liebs zum 75. Geburtstag, hrsg. v. Karlheinz MUSCHELER (Freiburger rechtsgeschichtliche Abhandlungen N. F., 63), Berlin 2011, S. 275–92.

493 S. Bernhard BISCHOFF, Zur Frühgeschichte des mittelalterlichen Chirographum, in: Archivalische Zeitschrift 50/51 (1955), S. 297–300; abermals BISCHOFF, Chirographum (wie Anm. 492), S. 120–21; TRUSEN, Chirographum (wie Anm. 492), S. 237–238, 241; Otto SIGG, Überlieferte Chirographie in Zürcher Gemeindearchiven. 15.–18. Jahrhundert, in: Archivalische Zeitschrift 88, 2 (2006), S. 949–58, hier S. 949.

494 Kerbbrief, in: Deutsches Rechtswörterbuch. Wörterbuch der älteren deutschen Rechtssprache: Kanzlei bis Krönung, hrsg. v. Günther DICKEL, Heino SPEER, Weimar 1983, Sp. 755–756.

495 Exempl. GStA PK, XX. HA Hist. StA Königsberg, OBA 17242.

496 GStA PK, XX. HA Hist. StA Königsberg, OF 261, S. Vordere Außenseite des Pergamenteinbands.

497 S. BISCHOFF, Chirographum (wie Anm. 492), S. 118; TRUSEN, Chirographum (wie Anm. 492), S. 233.

498 S. exempl. Abb. 7: GStA PK, XX. HA Hist. StA Königsberg, OBA 17282, Bl. 1r. und Abb. 8: GStA PK, XX. HA Hist. StA Königsberg, OBA 17282, Bl. 2r., hier auf S. 550.

499 Exempl. OBA 17242 (wie Anm. 495). S. VOIGT, Geschichte Preussens, 9 (wie Anm. 101), S. 12, Anm. 2.

von Personen als *geczoege disser dinge.*[500] Die an den Schreiben teilweise angebrachten, jeweiligen großen Hochmeistersiegel der amtierenden Personen nach 1466 variierten wenig voneinander,[501] erst unter den beiden letzten Hochmeistern Friedrich von Sachsen und Albrecht von Brandenburg kam es zu einem eindeutigen Wandel, da diese jetzt das persönliche Wappen einführten.[502] Unter dem Hochmeister Martin von Truchsess ist zwischen 1478 und 1486 viermalig ein eher ungewöhnliches Sekretsiegel auf Briefen nachweisbar. Nicht mehr das Ordenskreuz und die Mutter Gottes sind auf dem Abdruck zu identifizieren, sondern eine weibliche Gestalt vor einem Altar, auf welchem sich ein Dreifuß befindet und eine Schlange, die gefüttert wird – ein eher ordensuntypisches Symbol.[503] Eine Siegelung des in der Ordensverwaltung verbliebenen Exemplars erfolgte hingegen nicht. Auf dem mit Siegel versehenen Exemplar hingegen wurden oftmals zahlreich die jeweils ausgezahlten Summen zur Schuldentilgung quittiert.[504] Im Archiv erhalten sind nicht selten beide Exemplare des gleichlautenden Textes. Allzu häufig bleibt jedoch der weitere Überlieferungsweg der ausgegebenen Gegenstücke ungewiss.[505]

Deutlich wird der rechtskräftige Zusammenhang mit den durch den Orden intern geführten Registern und den an die Gläubiger ausgegebenen Schriftstücken erkennbar, wonach *wir nach inhalt unnsers rechenbuchs [...] schuldig sein,*[506] es wohl *so im buche vorczeichnnt steht seins solds und dinsts halb vorgnuget unnd gegebenn habenn*[507] oder einen Eintrag *so wir dan inn unser register vinden*[508] können. Zwar sind Register durchaus gekennzeichnet, wonach *hieinne*

500 Exempl. GStA PK, XX. HA Hist. StA Königsberg, Perg.-Urk. 3186, Schiebl. XIII 61.

501 S. Hans-Georg Boehm, Siegel des Deutschen Ordens von Akkon bis Mergentheim, Bad Mergentheim 2002, S. 5; Friedrich August Vossberg, Geschichte der preußischen Münzen und Siegel von frühester Zeit bis zum Ende der Herrschaft des deutschen Ordens, Berlin 1843, S. Tafel VIII–X.

502 S. Boehm, Siegel (wie Anm. 501), S. 3.

503 S. Forstreuter, Ordensstaat zum Fürstentum (wie Anm. 102), S. 10.

504 Exempl. *Item 70 gld. ung. entphangen uff die obgeschriebenn summa an gelde pferde unnnd gewandt am Montag noch Conceptionis Mariae im etc. LXXXVIten jar. Item entpfanngenn ann honige unnd ann ware 37 ½ ung. gld. ann der Mitwoche noch der bekerunge Pauli im etc. LXXXVIIIten jar.* GStA PK, XX. HA Hist. StA Königsberg, OBA 17282, Bl. 1.

505 S. Esch, Überlieferungs-Chance (wie Anm. 365), S. 46.

506 GStA PK, XX. HA Hist. StA Königsberg, OBA 17927.

507 GStA PK, XX. HA Hist. StA Königsberg, OBA 17281.

508 GStA PK, XX. HA Hist. StA Königsberg, OBA 17279. Ferner *bekennen mit dieszen uszgesnitten czediln das wir nach innhalt unser rechenbuchs [...] schuldig sein.* GStA PK, XX. HA Hist. StA Königsberg, OBA 17533. *noch inhalt des rechenbuchs.* GStA PK, XX. HA Hist. StA Königsberg, OBA 17181. *noch inhalt unnsers rechenbuchs schuldig seynen.* GStA PK, XX. HA Hist. StA Königsberg, OBA 17354. *uff die summa noch innhalt des rechenbuchs.* GStA PK, XX. HA Hist. StA Königsberg, OBA 17183. *so vinden wir in unsrm buche der rechenschafft.* GStA PK, XX. HA Hist. StA Königsberg, OBA 17188. *noch inhalt unsers rechenbuchs schuldig bleiben.* GStA PK,

findet man Caspar Noszwitcz gesellenn mit den newlich abegerechent ist. Das trifft ettlich tuwsent gulden,[509] doch wird die bedeutende Gesamtsumme der Listung lediglich äußerst grob eingeordnet. Zudem traten vereinzelt durchaus Unsicherheiten in der Buchführung auf, sodass *wir dann un unsern registeren ouch sust durch berichtung gutter lewthe der wareheit sein erfaren haben.*[510] Ebenfalls wird auf Dritte zurückgegriffen, um Ungenauigkeiten aufzuklären, wie *Item eyner ist geschreben unnde genant Hans Leszlaw. Kante nymant unnd dorummb ist ouch uff en nicht gerechent.*[511] Deutlich wird das Vorgehen dokumentiert, um auf zukünftige Rückfragen angemessen und nachvollziehbar reagieren zu können.

Neben der internen Registerführung können laut des folgenden Eintrags demnach folgende Dokumente vorliegen:

> Hans Czabelticz hot von seinent wegen mit unns abegerechent unnd dor ober einen macht brieff gehat. Hot unnsers hoemeisters gnade sich gentzlich mit ime vortragen noch inhalt seyns brieffs unnd zweyer ausgesniten czetell im etc. LXXXten jor am Obennde Sancte Marie Magdalene.[512]

Oftmals findet sich ein Verweis auf einen *houptbrieff*[513] in den *uszgesnittenn czedelln,*[514] doch lässt sich ein solcher selten eindeutig identifizieren. Listen wurden

---

XX. HA Hist. StA Königsberg, OBA 17848. *die obirge summa noch inhallt des rechenbuches glowben wir ime vor uns und einen zukomenden hoemeister mit ware und gelde.* GStA PK, XX. HA Hist. StA Königsberg, OBA 17491. *seynen dinst unnd solt noch inhalt unnsers rechenbuchs.* GStA PK, XX. HA Hist. StA Königsberg, OBA 17191. *enntschedenn habenn noch innehalt unnszer rechennbucher.* GStA PK, XX. HA Hist. StA Königsberg, OBA 17567. *so wie dann in unnsern registern finden.* GStA PK, XX. HA Hist. StA Königsberg, OBA 17517, Bl. 2. *wie unser register uszweyszenn.* GStA PK, XX. HA Hist. StA Königsberg, OBA 17407. *noch inhallt unsis registers.* GStA PK, XX. HA Hist. StA Königsberg, OBA 17325. *stehet yn dem register.* GStA PK, XX. HA Hist. StA Königsberg, OBA 17570. *den inn der ersten rechenung noch lowth unsers registers.* GStA PK, XX. HA Hist. StA Königsberg, OBA 17375. *ader hocher als dann das register inneheldet und namhafftig verczeichent ist das myn gnediger her den homeister in syner gewalt hat.* GStA PK, XX. HA Hist. StA Königsberg, OBA 17265, Bl. 2r. *wy dy angeslagen sein findet man dy summa im register.* Ebd., Bl. 2v *als wir inn unsrnn registern befunden habenn.* GStA PK, XX. HA Hist. StA Königsberg, OBA 17451, Bl. 1. *alzo man in awern forstlichin gnaden registern fyndit.* GStA PK, XX. HA Hist. StA Königsberg, OBA 17774. *schulde die sie dann in yren registernn verzceichent haben.* GStA PK, XX. HA Hist. StA Königsberg, OBA 17844. *wy ewer gnaden register auszweisen vordynt.* GStA PK, XX. HA Hist. StA Königsberg, OBA 17614. *nach lute und besagunge eyner uszgesnyten besigelten czedeln und ouch innehalt der register luter uszdrucken.* GStA PK, XX. HA Hist. StA Königsberg, OBA 17359.

509 GStA PK, XX. HA Hist. StA Königsberg, OBA 17276, fol. 2v.

510 GStA PK, XX. HA Hist. StA Königsberg, OBA 17268, Bl. 3.

511 OF 259 (wie Anm. 390), S. 162.

512 Ebd., S. 370.

513 S. exempl. GStA PK, XX. HA Hist. StA Königsberg, Perg.-Urk. 3567, Schiebl. 93 Nr. 15.

514 GStA PK, XX. HA Hist. StA Königsberg, OBA 17759; GStA PK, XX. HA Hist. StA Königsberg, Perg.-Urk. 3372, Schiebl. XXXVII 38; GStA PK, XX. HA Hist. StA Königsberg, OBA 17639; OBA 16199 (wie Anm. 437); GStA PK, XX. HA Hist. StA Königsberg, OBA 17323; GStA PK,

erstellt, wonach *dissen nachgeschreben sal ewer gnode geben glabisbriffe auff die gasatczste taghe.*[515]

Offenbar bestand im Jahr 1504 die Notwendigkeit, eine Aufstellung von vorliegenden Schuldscheinen, welche *Uberannwortt vorgnugt betzalt und einsteils enntlich enntricht,*[516] in einem Folianten zu erstellen. Einige wenige Nachtragungen erfolgten bis 1518.[517] Rund 420 Dokumente sind im heutigen OF 261 gelistet,[518] wobei nahezu eine vollständige Zuordnung der entsprechenden Pergament- bzw. Papierdokumente gelang. Demzufolge ist von einer äußerst geringen Verlustrate und damit einer zufriedenstellenden Überlieferungslage von Schriftstücken nach diesem Zeitpunkt auszugehen. Zahlreiche ergänzende Notizen auf der Rückseite von korrespondierenden Schuldzetteln weisen die gleiche Hand wie im Folianten 261 auf.[519] Ebenso lässt sich die Hand Einträgen im OF 259 mit dem Vermerk *Disser hat ein zettelh*[520] o. ä. zuordnen. Der Ordensfoliant 261 stellt somit ein Amtsbuch mit vergleichsweise statischem Charakter zur chronologischen Erfassung von im Ordensarchiv vorliegenden, Schuldenlast betreffenden, Dokumenten dar, obgleich bei weitem nicht sämtliche Schriftstücke kontextuell in diesem Buch erfasst wurden.

XX. HA Hist. StA Königsberg, OBA 17012; GStA PK, XX. HA Hist. StA Königsberg, OBA 17063; GStA PK, XX. HA Hist. StA Königsberg, OBA 17420; GStA PK, XX. HA Hist. StA Königsberg, OBA 16618; GStA PK, XX. HA Hist. StA Königsberg, OBA 17016; GStA PK, XX. HA Hist. StA Königsberg, OBA 16688; GStA PK, XX. HA Hist. StA Königsberg, OBA 17238; GStA PK, XX. HA Hist. StA Königsberg, OBA 17513.

515 GStA PK, XX. HA Hist. StA Königsberg, OBA 16123, fol. 3r. Ferner *Diesz ist das register uff die awszgesnyten czedeln.* GStA PK, XX. HA Hist. StA Königsberg, OBA 16927.

516 OF 261 (wie Anm. 496), S. 1. Der Foliant ist gegliedert in *Extract der quitanncien durch hernn Ludewig von Erlichshawsen hern Heinrichenn Rewssen Plawen unnd hernn Heinrichen von Richtennberg hohmeistere betzalt wie volget. [...] Extract der quitanncien bei zceitt hernn Merthenn Truchsses hohmeisters uberliebert unnd vorgnugt. [...] Extract der quitanncien bei zceitt hern Hannsen von Thieffenn hohmeisters uberliebert unnd vorgnugt. [...] Extract der quitanncien bei zceit hertzog Friderichs vonn Sachssen etc. hohmeisters uberliebert unnd vorgnugt. [...] Extract der quitancien bei zceit marggravenn Albrechts von Brandenburg hohmeisters uberlibertt und vornugt. [...] Extract der quitanncienn durch hernn Connradt vonn Lichtennhain comthur zw Hollanndt auch durch annder comthur hernn unnd voithe betzalt wie volget etc. [...] Extract der vortrege unnd awsgeschnitten tzetteln auch eins teils ganntcze cassirtte brive bei czeit hern Ludewigs von Erlichshawsen, hern Heinrichen Rewssen vonn Plawen, unnd hern Heinrichen von Richtennberg hohmeistere awsganngenn wie volget. [...] Extract der vortrege unnd awsgeschnittenn zcetteln auch eins teils ganntze cassirtte brive bei tzeit hern Merthen Truchsses hohmeisters awsganngen wie volget. [...] Extract der vortrege unnd awsgeschnittenn zcettelnn auch eins teils ganntze cassirtte brive bei tzeit hern Hannsen von Thieffen hohmeisters awsgangen wie volget.*

517 S. exempl. ebd., S. 59.

518 S. exempl. Abb. 6: GStA PK, XX. HA Hist. StA Königsberg, OF 261, S. 9, hier auf S. 232.

519 S. exempl. OBA 17282 (wie Anm. 504).

520 OF 259 (wie Anm. 390), S. 26. S. exempl. ebd., S. 11, 54, 134, 139, 154, 230, 249, 284.

Im Ordensfolianten 259a befinden sich verschiedene Register im Schmalfolioformat und zwei Kerbzettel, die durch Archivarshand zusammengefügt wurden.[521] Das hintere Register, welches rund 30 Seiten umfasst, enthält Einträge wie folgt:

Krokaw ist men schuldig 300 und 36 ung. gld. vor seinen dinst.
Item 80 rh. gld. vor den schaden.
Item vor 200 ung. unnd vor 36 ung. gld. haben wir em vorsatczt Poppensdorff Benikenwalt.
Item 100 ung. gld. unnd 80 rh. gld. sullen wir em geben uff Martini im LXVIIItn.[522]

Da als nächster Zahlungstermin, neben vereinzelt weiteren bis 1471,[523] ausschließlich Martini 1468 veranschlagt wurde, dürfte das Register vor diesem Datum niedergeschrieben worden sein. Eine Gliederung der Einträge erfolgte selten wie durch die Begriffe *Barsteyner*, *Sliven*, *Anshelm* und *Her Jurgens rotte*,[524] wobei zahlreiche Nachträge, Streichungen und Korrekturen der mit Abstand zueinander niedergeschriebenen Einträge auf eine äußerst dynamische, pragmatische Schriftführung während des Erstellungsprozesses hindeutet. Sämtliche Einträge wurden durch großflächige Ausstreichungen bzw. Kanzellierungen offenbar später gekennzeichnet. Zum Ende einer jeden Seite erfolgte eine Summenbildung, die diesen Streichungen nicht unterworfen wurde.[525] Trotz der sorgfältigen Anlage ließen sich Rechenfehler nicht gänzlich vermeiden.[526]

Zahlreiche dieser Eintragungen lassen sich in dem in Reinschrift verfassten Ordensfolianten 259 wiederfinden. So ist die Schuld für den Dienst und Schaden des oben genannten Söldners Jocub Krokaw mit diesen zwei Einträgen, hier getrennt gelistet, notiert:

---

521 Foliant im Schmalfolioformat (11 x 32 cm) in modernem Einband, mehrere Hefte, teilweise stark beschädigte Papierblätter, restauriert, Stempelabdruck: »Restauriert und neu eingebunden, Göttingen, den 13.11.68, Staatliches Archivlager«, Bleistiftnotiz: »Ord. Fol. 259a«. Auf der ersten Seite, ohne Zählung, von Archivhand mit Bleistift »No 80, 259a«. Insgesamt 73 Seiten. Zwischen S. 26 und S. 27, ohne Zählung, wurden zwei Kerbzettel eingebunden mit archivarischer Notiz mit Bleistift »E. v. Lichtenberger abgeführt, um die Soldung czu bezalen«, »1470«, »1470 an E. v. Lichtenberger abgeführt, um d. Söldner zu bezalen.« Zwischen S. 38 und S. 39, ohne Seitenzählung, wurde eine neue Seite eingebunden, die mit archivarischer Notiz versehen ist »Schbl. LXXV. No 244. Protokoll zur Ausführung der Verträge mit genannten Söldnern. 1468. ca. 30/8. Lag früher Schlb. Varia No 83.« Ab S. 39 ergibt sich durch die Zusammenstellung eine zweifache Seitenzählung.

522 GStA PK, XX. HA Hist. StA Königsberg, OF 259a, S. 41/3.

523 S. exempl. ebd., S. 50/12.

524 S. ebd., S. 43/5, 53/15, 54/16, 62/24.

525 S. exempl. Abb. 4: GStA PK, XX. HA Hist. StA Königsberg, OF 259, S. 154, hier auf S. 228 und Abb. 5: GStA PK, XX. HA Hist. StA Königsberg, OF 259, S. 155, hier auf S. 229.

526 S. exempl. OF 259 (wie Anm. 390), S. 75, 441.

Jocub Krokaw hot gehat 2 pferde 12½ jor macht 200 gld. So hot her 1 pferd 12 jor gehat macht 100 gld. minus 4 [gld.] So hot her 1 pferdt gehat das hot gedinet 5 jor das macht 40 gld.
Summa 300 unnd 36 gld.
[...]
Jocub Krokaw hot vorlorn 10 pferde macht 80 gld.[527]

Die beiden Eintragungen zu versetzten Dörfern und Auszahlungsterminen sind in diesem Folianten nicht anzutreffen.

Der Ordensfoliant 259 gliedert sich durch zeitgenössische Überschriften in etwa wie folgt, wobei die hier hervorgehobenen Einträge übergeordnete Zusammenhänge darstellen können:

Her Jorge vonn Sliven.
Dis is der dinst inher Jorge von Sliven rotte die inder Conitcz gelegen haben.
Disse sint nicht indie Conitz gekomen.
Dis ist ein register von her Jorgens rotte schaden ann rh. gelde gerechent.
Bartenstein.
Disze nochgeschrebene sein in Anshelms seiner rotte.
Dysz sein die fuszknechte die auszlendisschen.
Disse noch geschrebene.
Dissen nochgeschrebenen schaden haben die selbigen Anszhelms inseiner rotte genomen die pferde gerechent der sie czu schaden gekomen sein.
Schippenpil.
Dis ist ein register Weiszenbaches seiner knechte unnd dinste unnd der hoffelewte neben em.
Disz sein die Osterreischen fusszknechte.
Dis sint die toden hoffelewte der Osterreichern rotte.
Disse sint ausz dem lande gereten ausz der Osterreichschen rotte dinst.
Schippenpiller schaden.
Disz ist der Osterreichscher schade Weisenbachs unnd der hoffelewte neben im an rh. gld.
Stargarder schaden.
Disse sint tod unnd haben schaden gnomen czu Stargart.
Bartener schaden.
Disz sint die Bartner mit irem schaden.
Disz sint die toden czu Barten der hoffelewte.
Die toden czu Schippenpill und schaden gnomen.
Dissz sint die toden czu Schippenpell schaden.
Girdawer schade.
Disz ist der Girdauwer schade.
Disse sint ausz dem lande gereten unnd haben schaden gnomen.

527 Ebd., S. 19, 32.

Disze sint in Weiszenbachs rotte uff gensith der Weiszel her ober gekomen.
Item czwene vonn Tapiaw.
In Lembachers rotten.
Gelegen czu Konigsberg und hinauszgereten.
Disse nochgeschrebene gutten lewthe quomen ken Konigsberg vor Ostern im LXVIIten jor unnd dor noch am neesten Donnerstage noch dem Ostertage mit en abegerechent indissz formen.
Dis ist der schade den die selben gutten lewthe haben genomen.
Disz ist Heinrich Hawbitcz dinst.
Disz ist der schade.
Wartenberg. Rechenschafft Nicklas Tawbenheims des houbtmans unnd der gutten lewte inseiner rotten die do legen unnd gelegen haben zcu Wartenberg unnd noch leben unnd ist gescheen zcu Konigsberg am Obende Conceptionis Marie in den jaren MCCCC unnd im LXVIten jar.
Wartenberg.
Fuszknechte zcu Wartenberg unnd leben nach alle.
Disse nochgeschrebnen gutten lewte seyn vorstorben czu Wartenberg ins ordens dinste unnd man ist en schuldig.
Disse nachgeschrebnen hofelewte legen ouch czu Wartenberg unnd sein ober die Weissel do hyn gekomen.
Fuszknechte die ober die Weiszel ken Wartenberg sein gekomen.
Schade pferde abegegangen den gutten lewten dy do noch leben unnd ouch etczlichen dy do vorstorben sein unnd gelegen han czu Wartenberg.
Dis sein die schade pferde die so sein abegegangen den gutten lewten dy ober die Weiszel ken Wartenberg sein gekomen.
Dis seyn die toden in Jorge Lobens rotte.
Konigsberg.
Disse nochgeschrebene sein vorstorben.
Schadegelt.
Dis ist Hans Sagk dinst.
Disz ist Hans Sagks schade.
Schade zu Konigsberg.
Disz ist her Hans von Donen dinst.
Dis ist ir schade.
Crewczeburg.
Der dinst der van Crewtczburg.
Ere schade an pferde.
Disse sein in Caspar Nostitcz rotte gewesen.
Ortelsburg.
Dis ist der hofelewte her Burckards von Querford uff Ortelsburg dinst.
Dissze sint auszim lande gereten mit erem dinste.
Dis sintt die toden mit erem dinste.
Disz ist der hoffelewte schaden uff Ortelsburg an ung. gld.
Dis ist der toden schade die czu Ortelsburg gelegen haben.

Disz sint die fuszknechte zcu Ortelsburg gelegen mit irem dinste.

Resenburg.

Disz ist der Resenburger schade an ung. gld.

Der Resenburger schade.

Dis ist der fuszknechte dinst czu Resenburg an ung. gld.

Dis ist Frederich Nebeschitcz dinst denn men den Meissener nennet.

Disz ist Meiszeners schaden an rh. gld.

Dissze toden hoffelewte hoben iren dinste unnd schade Frederich Meissener uffgetragen halb.

Dis ist Frederich Nebeschitcz dinst den inen den Meistner nennet.

Disz ist Meiszeners schaden an rh. gld.

Disse toden haben Frederich Meissener iren dinst unnd schaden uff getragen halp.

Libemole.

Disz ist der hoffelewte dinst czur Libenmole gelegen an rh. gld.

Disz sint die fuszknechte mit irem dinste.

Dis sint prewsche fuszknechte.

Dis sint auszlendische fuszknechte.

Dis sint die hoffeleute die auszir Liebemole gestorben mit irem dinste.

Disze sein hyn auszemlande gerethen unnd haben dinst hindersich gelossen.

Heiligebeiler.

Disz ist der hoffelewte dinst zcum Heiligen beile.

Marienwerder.

Dis ist der hoffelewte dinst czu Marienwerder an ung. gld.

Dis sint die toden hoffelewte.

Dis sint die fuszknechte czu Marienwerder.

Disz sind die knechte die zcu Stargard haben gelegen.

Disz ist der Marienwerder unnd hoffelewte do selbest schade an rh. gld.

Dis ist der resigen schade an eren gerete an rh. gld.

Disz ist der fuszknechte schaden an irem gerete am rh. gld.

Newenmarcket.

Dis ist der dinst den her Ulrich vonn Kniszberg mit denn Newenmarckter hot abegerechent am dinste noch Conversionis Pauli czu ung. gld. unnd dor noch im ander register der schade zcu rh. gld.

Disz sint die fuszknechte zcum Newenmarkte ins Melmos rotte.

Disz sint die fuszknechte in Hinritcze rotte.

Disz sint die vorstorben die do haben weib unnd kindt gelossen etc.

Item disse fuszknechte sint vorstorbenn unnd nicht weib noch kindt gelossen.

Haszenfuszknechte.

Item Molmos fuszknechte die vorstorben sint.

Disz ist Fritsche Hoennests rotte.

Conitcz.

Item disz sint die Konitczer mit irem dinste.

Neuwenmarckt.

Disz ist der schade der Newenmarckter.

Hoennest.
Item Fritcze Hoennest rotthe schaden.
Conitczer schade.
Item disz ist der Konitczer schaden.
Dis ist Hanns vonn der Sale unnd der hoffelewte nebenn im imdinste die ausszin lande sein gereten.
Disz ist Hanns vonr Sale schade.
Dis ist Hanns Czobeltitcz dinst.
Disz ist Hanns Czabelticz schaden.
Disz ist Otto Schertwitcz dinst.
Disz ist sein schade.
Dis ist Hans Howers dinst unnd seiner gesellen neben im.
Disz ist Hans Howeisz schaden unnd seiner gesellen neben im.
Dis ist des Heinrichs Pilgerim den men den prewsschen Pilgerim nennet dinst.
Disz ist Pilgerims schade.
Dis ist Maxsens rotte dinst unnd seiner gesellen neben im unnd sein ausszin lande gereten.
Disz ist Maxsen schade unnd der gesellen neben im die auszim lande gereten sein.
Dis sein die toden unnd ir dinst bey her Hans vonr Sale.
Dis sein die toden in Hans Hoyersz rotten.
Mwszigks dinst.
Muszickes schaden unnd seyner gutten lewte neben im.
Am Obende Nativitatis Marie im LXVIIten jare haben wir bruder Ulrich von Kindsbergk oberster marschalk abegerechent mit den gutten lewten in her Bernhardis rotten hirnachgescreben.
Dese nachgeschriebenen seint todt.
Disz nachgeschrieben ist derselben gutten lewte schaden.
Disz ist der vorstorbenen gutten lewte schaden.
Disz seint die fusknechte.
Disse nachgeschriebenn seint todt.
Der behemen rotte czu Stroszburg.
Bernhardt Czedlitcz rotte zcu Stroszburgk.
Dis sein die Stroszburger fuszknechte.

Deutlich ist die Zusammenstellung bzw. thematische Gliederung aus verschiedenen, separaten Registern in einem zentral zu verwaltenden Dokument ersichtlich. Aus verwaltungsrelevanten Gründen wurde zunächst Freiraum auf einer Seite zwischen den jeweiligen personenspezifischen Eintragungen gelassen, um eine Art der »Vorgangsbildung«, in Form der jeweiligen Nachtragungen, im Schuldenregister abzubilden.[528] Eingeleitet wurde der »Vorgang« durch eine formelhafte Eintragung »Person A hat mit B Pferden C Jahre gedient, welches die Summe X zur Folge hat« notiert. Zudem ggf. um den Zusatz »ist die Summe

528 S. KLOOSTERHUIS, Amtsbücher (wie Anm. 318), S. 86.

Y an Schaden entstanden« ergänzt. Damit wurde der »Geschäftsvorfall« erfasst. Weitere, mit diesem Vorgang zusammenhängende Vermerke, ggf. wiederholend, wie »Person A hat am Datum D die Summe E der Warengruppe F erhalten« oder auch *ist tod, hat czedel* folgen oftmals durch verschiedene Hände unter dem ursprünglichen Eintrag. Mit dem Verweis *hat czedel* wird deutlich vermerkt, dass weitere Urkunden für diesen »Vorgang« ggf. zu berücksichtigen sind. Sofern die zunächst vorgesehene Platzreservierung für weitere Vermerke unter dem Eintrag nicht ausreichend war, wurde der Seitenrand ausgenutzt, um den »Vorgangsablauf« zusammenhängend an dieser Stelle umfassend abbilden zu können. Abgeschlossen wurde der »Geschäftsvorgang« durch Kanzellierung des jeweiligen Eintrags.[529] Deutlich ist hier die »gleichzeitige Brückenfunktion zwischen der (früheren) Urkunde und der (späteren) Akte«[530] erkennbar. Querverweise als Korrekturhinweise, wie *Werner von Ellwgen steet am ende und sulde hie steen*,[531] verdeutlichen die wohl geplante Erstellung dieser Aufstellung. Wirtschaftlich zweckmäßig durchbrochen wird dieser Aufbau durch Elemente der Rechnungslegung. Jeweils einzelne Zwischensummen werden zum Ende einer thematischen Sinneinheit vermerkt. Zumindest bis 1504 fügte der Ersteller des OF 261 Nachträge, wie Hinweise auf weitere Schriftstücke, ein.[532] Gliedernde Überschriften innerhalb des OF 259 verweisen auf September 1467, und Nachträge zur Schuldentilgung sind bis April 1495 identifizierbar.[533] Somit kann von einer Anlage der Eintragungen nach dem Sommer 1467 ausgegangen werden. Somit ist RAUTENBERGs Betitelung des Folianten als *Soldbuch 1454–1467* zu relativieren und zudem bleibt seine Annahme fraglich, wonach *die Deserteure [..] aber aus den Registern gestrichen [wurden]*.[534]

Der Identifikation einzelner Schreiberhände konnte nicht nachgegangen werden, doch lässt sich der Deutschordenssekretär jener Zeit, Liborius Naker, in

529 S. Cordelia HESS, Pragmatische Schriftlichkeit in Preußen. Die Schuldbücher des Deutschen Ordens, Großschäfferei Königsberg, in: Die Rolle der Schriftlichkeit in den geistlichen Ritterorden des Mittelalters. Innere Organisation, Sozialstruktur, Politik, hrsg. v. Roman CZAJA, Jürgen SARNOWSKY (Ordines militares, 15), Toruń 2009, S. 225–40, hier S. 229–30; KLOOSTERHUIS, Amtsbücher (wie Anm. 318), S. 82; KLOOSTERHUIS, Amtsbücher im Spiegel (wie Anm. 318), S. 96; Christina LINK, Stetig und genau oder lückenhaft und uneinheitlich? Die Rechnungsführung der Marienburger Großschäfferei des Deutschen Ordens in Preußen, in: Von Nowgorod bis London. Studien zu Handel, Wirtschaft und Gesellschaft im mittelalterlichen Europa, hrsg. v. Marie-Luise HECKMANN, Jens RÖHRKASTEN (Nova Mediaevalia, 4), Göttingen 2008, S. 297–315, hier S. 313–15.

530 KLOOSTERHUIS, Amtsbücher (wie Anm. 318), S. 74.

531 OF 259 (wie Anm. 390), S. 14. Ferner *Item Frederich vonr Czewche steet am ende diss[e]s registers in her Jorgens*. KLOOSTERHUIS, Amtsbücher (wie Anm. 318), S. 85.

532 Exempl. *Hirvonn hat man ein quitan[cie]*. OF 259 (wie Anm. 390), S. 20.

533 S. ebd., S. 293, 401. Für weitere Eintragungen in den 1490er Jahren s. ebd., S. 174, 217, 298, 300.

534 RAUTENBERG, Böhmische Söldner, T. 2 (wie Anm. 130), S. 114, Anm. 29.

einigen wenigen Schuldbriefen bzw. Dorfverschreibungen namentlich greifen.[535]

Allzu menschliche Züge konnten die Eintragung einer Tilgungssumme doch zumindest verzögern, wenn *wir uff diszmol seyn register nicht finden*[536] konnten. Pragmatisch wurde ebenso reagiert, wenn *wir denn unser register bey uns die zceit nicht gehabpt habenn wir doch noch seinem underricht bis an unser register mit ime solchs dinstshalb abegrechint.*[537]

Der Ordensfoliant 259 stellt damit eines der zentralen Register zur Verwaltung der Schuldenlast, basierend auf den Söldnerforderungen für Dienst und Schaden nach dem Zweiten Thorner Frieden, dar.[538]

Zurückkommend auf den Söldner Jocub Krokaw, wurde ihm zwecks Tilgung laut eines Registers ein Dorf versetzt.[539] Somit bleibt derzeit fraglich, wie eine Erfassung und Verwaltung der verpfändeten Dörfer, Seen, Mühlen usw. sichergestellt werden konnte, da kein Foliant vergleichbar dem Ordensfolianten 259 bisher identifiziert werden konnte. Möglicherweise sind entsprechende Aufstellungen in dem seit dem Zweiten Weltkrieg verschollenen Ordensfolianten 260 enthalten, zumal sich dieser inhaltlich in die Reihung der Folianten zu Söldnerangelegenheiten einfügen würde.

Die Form der Anrede bzw. Eigennennung in den Schriftstücken um 1470 lautet oftmals: *Wir, bruder Heinrich Reuwsz vonn Plauwen hoemeisters stadhelder unnd kompthur czu Moringe deutschs ordenns thun kunt [...].*[540] Nach der Wahl des Hochmeisters entfiel die Nennung der Eigenschaft als Statthalter. Bemerkenswert ist vor allem ab den 1480er Jahren mit steigender Häufigkeit die Erwähnung *furst* in den Dokumenten im Zusammenhang mit der Anrede bzw. in

535 S. GStA PK, XX. HA Hist. StA Königsberg, OBA 17697; Perg.-Urk. 3372 (wie Anm. 514); GStA PK, XX. HA Hist. StA Königsberg, Perg.-Urk. 3264, Schiebl. XXVII 71. S. THUMSER, Schriftlichkeit (wie Anm. 103); DERS., Private Briefkonzepte aus dem Nachlaß des Deutschordenssekretärs Liborius Naker (†1502/1503), in: Archiv für Diplomatik, Schriftgeschichte, Siegel- und Wappenkunde 43 (1997), S. 413–54. S. zur Registerführung 1473, OF 18d. THUMSER, Schriftlichkeit (wie Anm. 103), S. 180; SARNOWSKY, Überreste (wie Anm. 349).

536 GStA PK, XX. HA Hist. StA Königsberg, OBA 17206.

537 GStA PK, XX. HA Hist. StA Königsberg, OBA 17361. Ebenfalls *so wir denn yetzt unser register bey uns nicht haben gehabpt unnd och nicht egen erfarn mogen wie lange unnd mit wie vil pferde die gemelten Lantzkroner gedienet habn doch umb erlangen des gemelten fursten dem gnannten Caspar Hawgwitz uff eine rechnungh zwu thonne honnigs vor 12 ung. gld. gegeben.* GStA PK, XX. HA Hist. StA Königsberg, OBA 17360.

538 Einst betitelte der Eintrag »Schuld« in den Ordensbüchern die dem Orden geschuldeten Außenstände. S. SIELMANN, Verwaltung (wie Anm. 395), S. 51

539 *Krokaw ist men schuldig [...]. Item vor 200 ung. unnd vor 36 ung. gld. haben wir em vorsatczt Poppensdorff Benikenwalt.* OF 259a (wie Anm. 522), S. 41/3.

540 Perg.-Urk. 3195 (wie Anm. 475).

der Erwähnung eines Hochmeisters durch die Söldner zu beobachten.[541] Eine Eigenbezeichnung als *furst* konnte bisher nicht identifiziert werden, jedoch sind vereinzelt *ich*-Nennungen auffindbar.[542]

Nachdem die Tilgung von Schuldbeträgen erfolgreich abgeschlossen war, hatten die verwaltenden Ordensmitglieder ein großes Interesse, sämtliche an die Gläubiger ausgegebenen Schriftstücke von diesen zurückzuerhalten, um zukünftige, vermeintliche Mahnungen auszuschließen und damit die eigene Rechtssicherheit sicherzustellen.[543] Folglich galt es nach dem Zweiten Thorner Frieden, hunderte Schriftstücke hinsichtlich der Schuldenlast, deren Abwicklung sich oftmals über den Zeitraum mehrerer Dekaden erstreckte, zu verwalten.[544]

3.2 Grundlage der Forderungen

Im Dreizehnjährigen Krieg spielten nach wie vor Infanteristen, ausgenommen während einer Belagerung, nur eine untergeordnete Rolle im Gegensatz zu berittenen Kräften, die schneller und flexibler im Feld eingesetzt werden konnten,

541 S. exempl. GStA PK, XX. HA Hist. StA Königsberg, OBA 16951; GStA PK, XX. HA Hist. StA Königsberg, OBA 17135; GStA PK, XX. HA Hist. StA Königsberg, OBA 17405; GStA PK, XX. HA Hist. StA Königsberg, OBA 17556; GStA PK, XX. HA Hist. StA Königsberg, OBA 17749; GStA PK, XX. HA Hist. StA Königsberg, OBA 17873; GStA PK, XX. HA Hist. StA Königsberg, OBA 17968. *der hoewirdige furste unnd herr herr Hanns vonn Tieffenn hoemeister dutschs orden mein gnediger herr.* GStA PK, XX. HA Hist. StA Königsberg, OBA 17905. S. DRALLE, Staat des Deutschen Ordens (wie Anm. 132), S. 150; Dieter HECKMANN, Vom *eraftigen* zum *erwirdigen*. Die Selbstdarstellung des Deutschen Ordens im Spiegel der Anreden und Titulaturen, in: Selbstbild und Selbstverständnis der geistlichen Ritterorden, hrsg. v. Roman CZAJA, Jürgen SARNOWSKY (Ordines militares, 13), Toruń 2005, S. 219–25, hier S. 222–23.

542 S. exempl. *Dem habe ich sein dinst angeslagen vor 50 gld.* OF 259 (wie Anm. 390), S. 337.

543 *so sall der houptbriff dem vulgestympten heren marschalk adir seyner wirdigen ordin obirantwort werdenn.* OBA 16688 (wie Anm. 514). *Disz sint schadebriff pfandtbrieff scholtbrieff cassirtnach innhalt des registers dorober gemacht unnd hir by geleget.* GStA PK, XX. HA Hist. StA Königsberg, Perg.-Urk. 3218, Schiebl. 93 Nr. 4. *das wir seinenn gnadenn die houptbrieffe unnd usschreibung vonn dem hoewirdigenn herrenn herrn Ludwig vonn Erlichshawsenn zeliger hoemeister seynenn vorfarnn uszgegangen zwischinn hir unnd Ostern nestkomnstig wollenn cassirenn unnd seinenn gnadenn obirantwortenn.* OBA 17639 (wie Anm. 514). S. VOIGT, Geschichte Preussens, 9 (wie Anm. 101), S. 13, Anm. 4.

544 *aller unnd ganntz beczalt unnd enntricht und habenn ire uszgeschnieten brieffe oberanntwert unnd habenn glowbt meinm gnedigenn hernn hoemeister so sie heym komenn ire quitancienn uber sollichen diennst zuschicke umben gebrechn irer inngesiegelln die sie auss dirszmorelh nicht haben bey sich gehabt.* GStA PK, XX. HA Hist. StA Königsberg, OBA 17784. *so zall ich Hintcze Seidelitcz meine rechtn erbe unnd erbneme mit sampt den guttn lewtn nebenn mir benumpt im hopt briffe dem gar erwirdign hern homeister seinen wirdignn gepittigern unnd dem ordenn den hoptbriff widder oberentwertenn.* GStA PK, XX. HA Hist. StA Königsberg, OBA 16824.

zumal auch Proviant auf Pferden unmittelbar mitgeführt wurde.[545] Folglich finden sich in den Schadenslisten, neben einigen Waffen, vor allem Pferde, welche durch den Orden zu ersetzen waren.[546] Die am häufigsten in den Zetteln und Registern angeführte Waffe bleibt die bereits in der Zeit zuvor favorisierte Armbrust.[547] Daneben nutzte auch der *buchsen schutcze* seine Waffe, doch ist dieser nur selten identifizierbar.[548]

Bedeutsam für die Soldansprüche ist die Zeitdauer der geleisteten Unterstützung sowie die Anzahl der jeweils bereitgestellten Pferde, wie zahlreiche Bestätigungsschreiben durch Dritte zeigen,[549] und wie folgender Eintrag verdeutlicht:

> Ins irste her Veit von Camentcz hat gehat 5 pferde 12 ½ jor lang das brenget 500 ung. gld. uffs pferd 8 ung. gld.[550]

---

545 S. Sven EKDAHL, Horses and Crossbows. Two Important Warfare Advantages of the Teutonic Order in Prussia, in: The military orders. Welfare and warfare, hrsg. v. Helen NICHOLSON, Bd. 2, Aldershot 1998, S. 119–51, hier S. 134.

546 S. zu Schadensersatzansprüchen während Kriegszügen DERS., Das Pferd und seine Rolle im Kriegswesen des Deutschen Ordens, in: Das Kriegswesen der Ritterorden im Mittelalter, hrsg. v. Zenon Hubert NOWAK (Ordines militares, 6), Toruń 1991, S. 29–47, hier S. 35.

547 S. EKDAHL, Horses and Crossbows (wie Anm. 545), S. 136–51; DERS., Die Armbrust im Deutschordensland Preußen zu Beginn des 15. Jahrhunderts, in: Fasciculi archaeologiae historicae 5 (1992), S. 17–48; Dieter HECKMANN, Kriegstechnische Innovationen in den mittelalterlichen Deutschordenslanden Preußen und Livland, in: Militärgeschichtliche Zeitschrift 1 (2006), S. 113–29, hier S. 121–22.

548 S. OF 259 (wie Anm. 390), S. 156; GStA PK, XX. HA Hist. StA Königsberg, OBA 16116, fol. 4r. S. Kriegskunst und Kanonen. Das Büchsenmeister- und Kriegsbuch des Johannes Bengedans, hrsg. v. Hans BLOSEN, Rikke Agnete OLSEN, Bd. 2, Århus 2006; Kriegskunst und Kanonen. Das Büchsenmeister- und Kriegsbuch des Johannes Bengedans, hrsg. v. Hans BLOSEN, Rikke Agnete OLSEN, Bd. 1, Århus 2006; Hans BLOSEN, Johannes Bengedans und sein Kriegstagebuch, in: Beiträge zur Militärgeschichte des Preussenlandes von der Ordenszeit bis zum Zeitalter der Weltkriege, hrsg. v. Bernhart JÄHNIG, Hans BLOSEN (Tagungsberichte der Historischen Kommission für ost- und westpreußische Landesforschung, 25), Marburg 2010, S. 161–90; Christian PROBST, Salpetereinfuhr und Salpetersieder im Deutschordensland Preußen, in: Waffen- und Kostümkunde. Zeitschrift der Gesellschaft für Historische Waffen- und Kostümkunde (1965/66), S. 60–64; SARNOWSKY, Wirtschaftsführung (wie Anm. 12), S. 399; Bernhard RATHGEN, Die Pulverwaffe im Deutschordensstaat von 1362 bis 1450, in: Elbinger Jahrbuch 2 (1921/22), S. 1–116; Volker SCHMIDTCHEN, Die Feuerwaffen des Deutschen Ritterordens bis zur Schlacht bei Tannenberg 1410. Bestände, Funktion und Kosten, dargestellt anhand der Wirtschaftsbücher des Ordens von 1374 bis 1410 (Schriftenreihe Nordost-Archiv, 10), Lüneburg 1977.

549 S. exempl. GStA PK, XX. HA Hist. StA Königsberg, OBA 16065; GStA PK, XX. HA Hist. StA Königsberg, OBA 16242.

550 OF 259 (wie Anm. 390), S. 153. *Item 8 gld. uff 1 pferdt.* Ebd., S. 273.

Der angesetzte Wert für ein *pferd* kann jedoch auch Schwankungen unterliegen.[551] Zunächst ungewöhnlich erscheint die Angabe der Pferde mit einem halben Wert.[552] Offenbar handelt es sich somit bei der Angabe *pferd* um eine Recheneinheit und nicht um die Anzahl der tatsächlich im Felde eingesetzten Pferde. Möglicherweise konnte hierdurch der unterschiedlichen Qualität der eingesetzten Tiere Rechnung getragen werden, da ansonsten keine Differenzierung in der Aufstellung erfolgte. Beinahe ausnahmslos fand die Angabe der Soldschuld in der Währung des ungarischen Guldens statt. *Fuszknechte*, ohne Pferde, konnten mit 4 ung. gld. je Jahr entlohnt werden.[553]

Daneben bestanden noch andere Forderungen, welche aus Schäden hervorgingen, sei es an Tieren oder Gerät bzw. Waffen. Diese Schäden wurden fast ausschließlich in der Währung rheinischer Gulden erfasst.[554] Der angesetzte Wert für ein zu Schaden gekommenes Pferd konnte zwischen 10 und 20 rh. gld. liegen.[555] Alleinig der Begriff *pferd* fand ohne weitere Typisierung Verwendung, ausgenommen selten der Begriff *waghen pferde.*[556] Ungewöhnlich ist zudem die Berücksichtigung eines *eszelmawl vo[r] 35 gld.*[557] Während der Erfassung der Pferde konnte es durchaus vorkommen, dass – vermutlich aus Versehen – durchaus auch *2 pferde zcu vil gerehent*[558] wurden, welches jedoch später Berücksichtigung fand.

Entgegen der Schadenserstattungen im Zuge des Krieges um 1410 konnten neben Pferden jetzt auch Ausrüstung und Waffen in den Schadenslisten angerechnet werden.[559] Im Folianten finden *armbrust, golner, eysenhut, blech, schilde, schiszgeczewg* und *pantczer* Erwähnung.[560] Pauschal werden in dieser Aufstellung *armbrust, golner, eysenhut, blech, schilde, schiszgeczewg* zu je 1 rh.

---

551 *Idem 4 jor ein pferde gehat macht 30 gld.* Ebd., S. 132.

552 *Lembacher hot im dinste gehat 10 ½ pferd[e] 12 ½ jor macht 1.000 unnd 50 gld.* Ebd., S. 91. S. zudem ebd., S. 132, 154, 162, 174, 175, 217, 292, 300, 330, 334, 336, 337.

553 S. ebd., S. 278–82.

554 S. exempl. die Ausnahme *Disz ist der hoffelewte schaden uff Ortelsburg an ung. gld. Item 6 gld. ung. uff 1 pferdt.* Ebd., S. 233.

555 *das pferdt vor 20 gld. angeslagen.* Ebd., S. 184. *Fewchter nympt uff 1 pferd 10 rh. gld.* Ebd., S. 125.

556 *Item 4 waghen pferde mit eime besatczten wagen machen 400 gld. 12 ½ jor lang.* Ebd., S. 53. *Her hat 4 wagenpferde gehabt die her hot lassen schreiben.* Ebd., S. 102. Zudem s. ebd., S. 73.

557 OBA 16170 (wie Anm. 454), S. 18.

558 OF 259 (wie Anm. 390), S. 102. S. zudem *Ruprecht Gartener hat im dinste gehat 4 pferde 12 ½ jor macht 400 gld. Ein pferde hat her zcu vil gerecht.* Ebd., S. 82. *Cristoffel her spricht her habe 2 pferde vorlorn sullicheins ist nymandes wissentlich.* Ebd., S. 34.

559 S. Ekdahl, Soldtruppen (wie Anm. 427), S. 49; Soldbuch des Deutschen Ordens 1 (wie Anm. 136), S. 26, Anm. 16; Sarnowsky, Wirtschaftsführung (wie Anm. 12), S. 411–12.

560 S. OF 259 (wie Anm. 390), S. 312–18.

gld. erfasst und *pantczer* zu 5 rh. gld. verrechnet. Aber auch die *tromete* fand mit 1 rh. gld. Berücksichtigung.[561]

Neben den zahlreichen Söldnern mit den entsprechenden Forderungen traten daneben Gläubiger mit weitaus höheren Summen an den Hochmeister heran. So mahnte ab 1480 der Herzog von Sagan eindringlich die Zahlung der Schuld von insgesamt 40.000 gld. an.[562] Offenbar blieb die erhoffte Reaktion des Hochmeisters aus, sodass der Herzog im Januar 1481 nochmals in einem zornigen Schreiben, da *unns von euch keynerley beczalung bescheben moghen*, die Tilgung anmahnte, wonach *unns mit erwer verlogn wortn nicht mere userden lassen* wollen.[563] Dieses Schreiben beinhaltet noch weitere unzweideutige Aussagen gegenüber der Ordensleitung, um der Forderung Nachdruck zu verleihen. Gleichzeitig wandte sich der Herzog an den polnischen König, sodass der Hochmeister gezwungen war, den König zunächst zu beschwichtigen.[564]

Innerhalb eines Jahres wurde jedoch eine Einigung erzielt, wonach zunächst u. a. eine Verzichtserklärung auf Nachmahnungen durch den Herzog abgegeben wurde.[565] *Obyr drey jore* solle die Tilgung erfolgen und tatsächlich traf die erste Summe über 7.500 gld. im November 1482 ein.[566] Bereits im März 1483 hatte die Ordensverwaltung sämtliche geforderten Geldsummen transferiert, sodass der Herzog mitteilte, dass *[wir] sagen [..] den gnanten hoemeister und orden sulcher schowlt so sie unsern brudern und uns pflichtig gewest sein vor uns unser erben erbnehmen und nachkomen und allen die so von unsern halben der zachen wegen nw und zw ewigen czeyten manenn mochten ader zulten gantz queid ledig und losze*.[567]

561 Ebd., S. 314.

562 S. GStA PK, XX. HA Hist. StA Königsberg, OBA 16863; GStA PK, XX. HA Hist. StA Königsberg, OBA 16907. S. SCHÜTZ, Historia (wie Anm. 375), fol. 367r–371r; WITT, Des deutschen Ordens Verhältnisse (wie Anm. 431), S. 334–35; VOIGT, Geschichte Preussens, 9 (wie Anm. 101), S. 129–32.

563 GStA PK, XX. HA Hist. StA Königsberg, OBA 16943.

564 S. GStA PK, XX. HA Hist. StA Königsberg, OBA 17000, fol. 1r; GStA PK, XX. HA Hist. StA Königsberg, OBA 17001, fol. 3r; GStA PK, XX. HA Hist. StA Königsberg, OBA 17002, fol. 1r.

565 S. GStA PK, XX. HA Hist. StA Königsberg, Perg.-Urk. 3489, Schiebl. 31 Nr. 25; GStA PK, XX. HA Hist. StA Königsberg, Perg.-Urk. 3500, Schiebl. 31 Nr. 28.

566 S. GStA PK, XX. HA Hist. StA Königsberg, Perg.-Urk. 3503, Schiebl. 31 Nr. 26; GStA PK, XX. HA Hist. StA Königsberg, Perg.-Urk. 3504, Schiebl. 31 Nr. 27.

567 GStA PK, XX. HA Hist. StA Königsberg, Perg.-Urk. 3512, Schiebl. 31 Nr. 29.

3.3 Tilgungsarten

Neben Geldzahlungen treten andere Formen der Schuldentilgung hinzu, wie der Eintrag auf einem Schuldzettel noch im Jahr 1494 verdeutlicht, wonach die Ordensleitung weiterhin versichert *mit gelde gewande getreide honige unnd annder whare vor andern noch unnsrm vormogenn beczalung thun wollenn.*[568]

3.3.1 Geldzahlungen und Währungen

Zunächst stellen Geldzahlungen den bedeutendsten Anteil für die Tilgung der Sold- und Schadensansprüche dar. Anhand mehrerer Listen von 1470 für die Auszahlung bzw. die Erfassung von Geldbeträgen erfolgten diese ausschließlich in Mark und ungarischen Gulden, äußerst selten in Postulatsgulden.[569] Entsprechend dieser Listen aus dem Jahr 1470 händigte vorwiegend die Geldbeträge der Komtur zu Pr. Holland, Konrad von Lichtenhain, zur Zeit der Hochmeister Reuß von Plauen und Heinrich Reffle von Richtenberg, aus.[570] Zahlreiche Schriftstücke lassen sich einzelnen Einträgen in den Registern zuordnen, womit es sich hierbei möglicherweise um *houbtbriefe* handeln könnte.[571] Gesamtsum-

568 GStA PK, XX. HA Hist. StA Königsberg, OBA 17831.

569 S. OF 259a (wie Anm. 522), S. 1–38. S. zu Münzen VOSSBERG, Geschichte der preußischen Münzen (wie Anm. 501), S. 170–91; Emil WASCHINSKI, Die Münz- und Währungspolitik des Deutschen Ordens in Preußen, ihre historischen Probleme und seltenen Gepräge, Göttingen 1952, S. 144–55; Erich NEUMANN, Die Münzen des Deutschen Ordens in Preußen, des Herzogtum Preußen, Westpreußen sowie die Gepräge des Deutschen Ordens in Mergentheim. 1235–1801, Köln 1987, S. 36–41.

570 Konrad d. J. von Lichtenhain, 1467 Juni 11 – 1473 Juli 14. Komtur von Preußisch Holland. S. OF 259a (wie Anm. 522), S. 1, 7, 10. Heinrich d. M. Reuß von Plauen, 1469 Okt. 15 – †1470 Jan. 2. Hochmeister bzw. Heinrich Reffle von Richtenberg, 1470 Sept. 29 – †1477 Febr. 20. Hochmeister. Eventuell erfolgten auch Auszahlungen durch den Marschall, wohl Ulrich von Kinsberg, 1467 Juni 11 – 1476, s. ebd., S. 23.

571 S. exempl. OF 259a (wie Anm. 522), S. 3–4; GStA PK, XX. HA Hist. StA Königsberg, OBA 16224; GStA PK, XX. HA Hist. StA Königsberg, OBA 16223; OBA 16223 (wie Anm. 571); GStA PK, XX. HA Hist. StA Königsberg, Perg.-Urk. 3290, Schiebl. XIII 43; GStA PK, XX. HA Hist. StA Königsberg, OBA 16231; GStA PK, XX. HA Hist. StA Königsberg, Perg.-Urk. 3282, Schiebl. XIII 49; GStA PK, XX. HA Hist. StA Königsberg, OBA 16228; GStA PK, XX. HA Hist. StA Königsberg, Perg.-Urk. 3286, Schiebl. XIII 41. Ferner s. OF 259a (wie Anm. 522); GStA PK, XX. HA Hist. StA Königsberg, OBA 16233; GStA PK, XX. HA Hist. StA Königsberg, OBA 16213; GStA PK, XX. HA Hist. StA Königsberg, OBA 16203; GStA PK, XX. HA Hist. StA Königsberg, OBA 16214; GStA PK, XX. HA Hist. StA Königsberg, OBA 16230; GStA PK, XX. HA Hist. StA Königsberg, Perg.-Urk. 3278, Schiebl. XIII 36. Zudem OF 259a (wie Anm. 522), S. 10–11; GStA PK, XX. HA Hist. StA Königsberg, Perg.-Urk. 3205, Schiebl. XIII 21; GStA PK, XX. HA Hist. StA Königsberg, OBA 16206. Weiter s. OF 259a (wie Anm. 522), S. 13–22; GStA

men der ausgezahlten Beträge, welche damit Rückschlüsse auf vorhandene liquide Mittel zulassen, belaufen sich folgerichtig je Liste auf 2.534 m., 4.236 m. und 1.768 m.[572] Doch konnte auch *der kompthur von Dantczke [..] em seinen solt beczalen.*[573] Größtenteils jedoch bleiben die auszahlenden Personen über die Zeit namentlich unbekannt.

Wie bereits um 1410 praktiziert,[574] zahlten die Ordensmitglieder Geldbeträge wiederum in ungarischen Gulden aus, aber auch Tilgungspläne, erfasst in Mark, sind überliefert.[575] Dem Folianten ist ein Wechselkurs von *2 ung. gld. vor 8 m.*[576] zu entnehmen, wobei hier von *mark geringe* auszugehen ist, sodass der Guldenkurs von 1 ung. gld. zu 4 geringe m. anzusetzen ist.[577] Jedoch ist auch ein Wechselkurs von 1 ung. gld. zu 1,75 geringe m. nachweisbar,[578] welcher mit Einträgen auf Schuldzetteln von 1469 korreliert.[579] Zwischen 1491 und 1495 wird ein Wechselkurs von *4 reinisch vor 3 ungerisch [gld.] gerechent*[580] festgehalten, obgleich der entsprechende Betrag stets in ungarischen Gulden vermerkt steht. Der Wechselkurs ist für *8 postlatsche gld. machen 7 m.*[581] ausgewiesen. Für den be-

---

PK, XX. HA Hist. StA Königsberg, OBA 16121, fol. 17r; GStA PK, XX. HA Hist. StA Königsberg, Perg.-Urk. 3209, Schiebl. XIII 65; GStA PK, XX. HA Hist. StA Königsberg, Perg.-Urk. 3251, Schiebl. XIII 28; GStA PK, XX. HA Hist. StA Königsberg, Perg.-Urk. 3208, Schiebl. XIII 22; OBA 16242 (wie Anm. 549). S. auch OF 259a (wie Anm. 522), S. 23; GStA PK, XX. HA Hist. StA Königsberg, OBA 16125.

572 S. OF 259a (wie Anm. 522), S. 9, 22, 26.

573 OF 259 (wie Anm. 390), S. 40.

574 S. EKDAHL, Soldtruppen (wie Anm. 427), S. 61.

575 S. exempl. Perg.-Urk. 3310 (wie Anm. 88); Perg.-Urk. 3311 (wie Anm. 88).

576 OF 259 (wie Anm. 390), S. 153. S. zudem *Item 2 ung. gld. vor 8 m.* Ebd., S. 154.

577 »Unter Berechnung des Guldenkurses nach den in der Abrechnung angegebenen Werten: 1 ungarischer Gulden = 2 gute Mark = 4 geringe Mark.« DRALLE, Staat des Deutschen Ordens (wie Anm. 132), S. 167, Anm. 124. VOLCKART verweist auf einen Kurs von 1 ung. gld. für 1 m. 54. sol. S. VOLCKART, Münzpolitik im Ordensland (wie Anm. 128), S. 212.

578 *Item Alde Hencze Stentczsch 5 pferd[e] 12 jorlang das brenget 500 ung. gld. minus 20 facit 800 m. unnd 40 m.* OF 259 (wie Anm. 390), S. 155.

579 *so das ir yczlichem unsser orden schuldig ist und bleibt 12 ung. gld. 1 firdung ader 21 geringe m. prewscher mwncze 1 fyrdung.* GStA PK, XX. HA Hist. StA Königsberg, Perg.-Urk. 3204, Schiebl. XIII 20. S. Perg.-Urk. 3205 (wie Anm. 571); DRALLE, Staat des Deutschen Ordens (wie Anm. 132), S. 168, Anm. 20.

580 GStA PK, XX. HA Hist. StA Königsberg, OBA 17585. S. 1491: GStA PK, XX. HA Hist. StA Königsberg, OBA 17593; GStA PK, XX. HA Hist. StA Königsberg, OBA 17660; GStA PK, XX. HA Hist. StA Königsberg, OBA 17661. 1492: GStA PK, XX. HA Hist. StA Königsberg, OBA 17693. 1493: GStA PK, XX. HA Hist. StA Königsberg, OBA 17748; GStA PK, XX. HA Hist. StA Königsberg, OBA 17757. 1495: GStA PK, XX. HA Hist. StA Königsberg, OBA 17843.

581 OF 259 (wie Anm. 390), S. 201. S. ebd., S. 348. *Item 22 postulatsche gld. geschickt bey Hans Weichertt im etc. LXXXVIstenn.* GStA PK, XX. HA Hist. StA Königsberg, OBA 16963; GStA PK, XX. HA Hist. StA Königsberg, OBA 17563.

trachteten Zeitraum sind jedoch äußerst wenige münzpolitische Entscheidungen dokumentiert.[582] Zwar lässt sich an dieser Stelle ein Verbot des Silberexports 1472 anführen,[583] doch sind etwaige Auswirkungen auf eine Preisentwicklung nicht nachweisbar.[584]

In einer Aufstellung von auszustellenden Schuldbriefen, wohl nach 1467, wird fünf Söldnern, die hohe zu tilgende Beträge ausstehen hatten, eine Verzinsung bei Verzug der Zahlungen in Aussicht gestellt, ohne jedoch einen Zinssatz festzulegen.[585] Hingegen ist einem Register von 1478 zu entnehmen, dass *[man] dem sal [..] is vorczinsen vonn 12 m. eyne m. bissolange das sie beczalet werden,*[586] sodass folglich der jährliche Zinssatz 8,33 Prozent betrug. Zehn Jahre später unterlag der Zinssatz für ein privates Kreditgeschäft über 462 m. mit einem zu zahlenden Zins von 38 ½ m. keinen Veränderungen.[587] Nicht nur 1493 ist *noch des lanndes gewonnheit*[588] der Zinssatz unverändert, sondern auch fünf Jahre später, als Jocob Reiff, genannt Welter, dem Hochmeister 1.000 ung. gld. lieh.[589] Somit wirkte die 1386 unter Hochmeister Konrad Zöllners von Rotenstein erfolgte Festlegung der Verzinsung für den Rentenkauf auf 8,33 Prozent auch rund 100 Jahre später unverändert nach,[590] jedoch erstreckt diese sich in diesem Fall auf die durch den Orden zu tilgenden Schulden.

Aber auch Schadenersatzzahlungen für verlustig gegangene Güter während des Krieges können zu erstatten sein, sodass der Hochmeister Martin Truchsess

---

582 S. Volckart, Münzpolitik im Ordensland (wie Anm. 128), S. 210.

583 S. GStA PK, XX. HA Hist. StA Königsberg, Perg.-Urk. 3330, Schiebl. XXXII 12.

584 S. Volckart, Münzpolitik im Ordensland (wie Anm. 128), S. 210. Bereits zuvor sank wohl während des Dreizehnjährigen Krieges der Silbergehalt der Münzen. S. Abel, Agrarkrisen (wie Anm. 419), S. 74.

585 *unnde sol solch gelt nicht gefellig wurde sal is vorczinser werden.* OBA 16123 (wie Anm. 515), fol. 3r. *in das mehr geschege sal is vorczinset werden.* Ebd., fol. 3v. *ab is nicht geschege sol is vor czinset werden.* Ebd., fol. 4r. *so das nicht geschege sal man im halbin czinsz geben unnde noch ubir 1 jore ganczen czins.* Ebd. *so das nicht geschege sal is werden vorczinset.* Ebd., fol. 4v. Vage bleiben hingegen für ein privates Kreditgeschäft die Zinsen, wonach *von meyn czinsen wider geben sollen.* GStA PK, XX. HA Hist. StA Königsberg, OBA 17148.

586 GStA PK, XX. HA Hist. StA Königsberg, OBA 16745, fol. 1r. Zudem *noch dieszes landes gewonheitt vonn 12 m. eine zugeben.* GStA PK, XX. HA Hist. StA Königsberg, Perg.-Urk. 3577, Schiebl. 95 Nr. 55.

587 S. GStA PK, XX. HA Hist. StA Königsberg, Perg.-Urk. 3583, Schiebl. 96 Nr. 41; Dralle, Staat des Deutschen Ordens (wie Anm. 132), S. DRALLE, Staat des Deutschen Ordens (wie Anm. 147), S. 168, Anm. 21.

588 GStA PK, XX. HA Hist. StA Königsberg, OBA 17753. S. Dralle, Staat des Deutschen Ordens (wie Anm. 132), S. 168, Anm. 21.

589 S. GStA PK, XX. HA Hist. StA Königsberg, OBA 17987.

590 S. Acten der Ständetage Preussens unter der Herrschaft des Deutschen Ordens, hrsg. v. Max Pollux Toeppen, Bd. 1, Leipzig 1878, S. 44–49, Nr. 26–29; Sarnowsky, Wirtschaftsführung (wie Anm. 12), S. 317.

1488 sich auf noch zu zahlende 650 m. von einst 800 m. *mit Jeniko Jeschkowitcz judenn* einigte,[591] wobei dieses Anliegen aus einer Auseinandersetzung aus dem Jahr 1468 herrührte.[592]

Die Schuldscheine über Dienst und Schaden stellten zudem einen Wertgegenstand dar, welcher durch die Gläubiger veräußert bzw. übertragen werden konnte, wie ein Eintrag im Folianten zeigt, wonach *Tinne Lobenh Casper hot em seinen dinst abegekoufft mit 4 pferden 12 jorlang machen 400 gld. minus 16 gld.*[593] Folglich erlangte die Ordensverwaltung auch Kenntnis über diese Geschäfte und vermerkte die geänderten Besitzverhältnisse bzw. Ansprüche Dritter.[594]

3.3.2 Waren

Neben den zuvor erörterten Geldzahlungen erfolgte die Schuldentilgung auch in Form unterschiedlicher Waren, wie Gewand, Nahrungsmitteln, aber auch von Pferden und anderen Wertgegenständen.[595]

---

591 S. GStA PK, XX. HA Hist. StA Königsberg, Perg.-Urk. 3586, Schiebl. X 5; OF 261 (wie Anm. 496), S. 109.

592 S. zur Vorgeschichte Kurt FORSTREUTER, Die ersten Juden in Ostpreußen, in: Altpreußische Forschungen 14 (1937), S. 42–48, hier S. 45. Abermals DERS., Die Juden im Deutschordenslande Preußen, in: Wirkungen des Preußenlandes. Vierzig Beiträge, hrsg. v. Kurt FORSTREUTER, Köln 1981, S. 270–80, hier S. 276. S. zuletzt HESS, Absent Jews (wie Anm. 203).

593 OF 259 (wie Anm. 390), S. 60. S. für eine vor einem Schöffengericht durchgeführte Übertragung GStA PK, XX. HA Hist. StA Königsberg, Perg.-Urk. 3505, Schiebl. 93 Nr. 39.

594 S. OF 259 (wie Anm. 390), S. 65, 83, 115, 153. Exempl. *Reynold Marschalk hot vorlorn 13 pferde is gesatcz uff 150 gld. Ist ausgereten. Anszhelm hot em seinen dinst abegekouff.* Ebd., S. 74. Für ein Schreiben an den Statthalter zwecks Mitteilung über einen Verkauf s. exempl. GStA PK, XX. HA Hist. StA Königsberg, OBA 16156; GStA PK, XX. HA Hist. StA Königsberg, OBA 17980. S. VOIGT, Geschichte Preussens, 9 (wie Anm. 101), S. 14, Anm. 1.

595 S. zu ordenseigenen Höfen als potentielle Produktionsorte grundlegend Hartmut BOOCKMANN, Die Vorwerke des Deutschen Ordens in Preußen, in: Die Grundherrschaft im späten Mittelalter, hrsg. v. Hans PATZE, Bd. 1 (Vorträge und Forschungen, 27), Sigmaringen 1983, S. 555–76; Zenon Hubert NOWAK, Die Vorburg als Wirtschaftszentrum des Deutschen Ordens in Preußen. Eine Fragestellung, in: Zur Wirtschaftsentwicklung des Deutschen Ordens im Mittelalter, hrsg. v. Udo ARNOLD (Quellen und Studien zur Geschichte des Deutschen Ordens, 38; Veröffentlichungen der Internationalen Historischen Kommission zur Erforschung des Deutschen Ordens, 2), Marburg 1989, S. 148–62; Max Pollux TOEPPEN, Topographisch-statistische Mittheilungen über die Domänen-Vorwerke des deutschen Ordens in Preussen, in: Altpreußische Monatsschrift 7 (1870), S. 412–86; SARNOWSKY, Wirtschaftsführung (wie Anm. 12), S. 264–81; Jan GANCEWSKI, Folwarki państwa zakonu krzyżackiego w Prusach w latach 1466–1525 [Vorwerke des Deutschen Ordens in Preußen in den Jahren 1466–1525]. Struktura produkcja przemiany reformy znaczenie, Olsztyn 2012; DERS., Zentren der Ordenswirtschaft nach dem 2. Thorner Frieden. Hauptfragen, in: Biuletyn Polskiej Misji Historycznej 2 (2004), S. 197–209.

3.3.2.1 Gewand und Kleidung

Aus dem Jahr 1476 ist ein Register, welches 17 Personen listet, erhalten, wonach Söldner vorrangig mit Textilien und Geld ausgezahlt wurden, sodass *disse nochgeschreben von Newenmarck gancz entscheiden*[596] sind. Daneben dienten noch Pferde und *des her gnad wil im essen unnd trincken [..] bis her en gancz entschiedt*[597] zur Tilgung. In dieser Listung wird der individuelle Schuldbetrag in ung. Gulden mit einer Textilie und zudem oftmals mit einem Geldbetrag in Mark verrechnet und ausgegeben.[598] Demnach stehen im Zusammenhang mit Textilien 18 *ellen gewand*, 6 *laken* und 32 m. einer getilgten Schuldensumme in Höhe von 375 ung. gld. gegenüber.

Einer weiteren Abrechnung aus dem Jahr 1479 mit Söldnern zu Kulm, Strasburg und Althaus ist die Ausgabe von *gewand* im Werte von rund 224 ung. gld. und 135 m. sowie *laken* und *tuch gewand* im Werte von 277 ung. gld. und 240 m. zu entnehmen. Zudem werden die gelisteten Söldner mit rund 1.860 ung. gld. ausgezahlt.[599] Insgesamt beträgt der Gesamtwert ungefähr 2.360 ung. gld. und 375 m., wobei somit mehr als 20 Prozent der Beträge durch den Wertgegenstand einer Textilie ausgegeben wurden.

596 GStA PK, XX. HA Hist. StA Königsberg, OBA 16645, fol. 1r.

597 Ebd., fol. 1v. Wohl fand 1410/11 bereits eine Verrechnung von Herbergskosten statt. S. SARNOWSKY, Wirtschaftsführung (wie Anm. 12), S. 403.

598 Exempl. Einträge: *Jocob Brettichen der Rakewicz wyb hot 1 halb laken gewand unnd 4 m. vor 88 ung. gld. Peter Heyner 1 halb laken gewand et 4 m. vor 50 ung. gld. Pechman 1 halb laken gewand et 4 m. vor 22 ung. gld.* OBA 16645 (wie Anm. 596), fol. 1r.

599 S. GStA PK, XX. HA Hist. StA Königsberg, OBA 16837. Äußerst ähnlich die Liste, jedoch mit einem Gesamtwert von rund 2.190 ung. gld. und 110 m. S. GStA PK, XX. HA Hist. StA Königsberg, OBA 16836.

Auf den Schuldzetteln wurden nicht weniger als 60 Einträge zu Textilien niedergeschrieben wie zu *tuch*, *gewand* und *laken*,[600] jedoch dort oftmals nicht differenziert, wie der Eintrag *an gelde und gewand*[601] verdeutlicht, ausgewiesen.[602] Im Folianten 259 lassen sich rund 80 Einträge dieser Thematik, ebenfalls wie folgender Eintrag dokumentiert – *Item 40 m. darauff entpfangen an geld und*

600 S. OBA 16199 (wie Anm. 437); OBA 16186 (wie Anm. 600); GStA PK, XX. HA Hist. StA Königsberg, OBA 16177; GStA PK, XX. HA Hist. StA Königsberg, Perg.-Urk. 3279, Schiebl. XIII 37; GStA PK, XX. HA Hist. StA Königsberg, Perg.-Urk. 3352, Schiebl. XXXIX 3; GStA PK, XX. HA Hist. StA Königsberg, OBA 16546; GStA PK, XX. HA Hist. StA Königsberg, OBA 16887=16888; GStA PK, XX. HA Hist. StA Königsberg, OBA 16932; GStA PK, XX. HA Hist. StA Königsberg, OBA 16965; GStA PK, XX. HA Hist. StA Königsberg, OBA 16966; GStA PK, XX. HA Hist. StA Königsberg, OBA 16987; GStA PK, XX. HA Hist. StA Königsberg, OBA 17039; OBA 17012 (wie Anm. 514); GStA PK, XX. HA Hist. StA Königsberg, OBA 17103; GStA PK, XX. HA Hist. StA Königsberg, OBA 17106; OBA 17188 (wie Anm. 508); GStA PK, XX. HA Hist. StA Königsberg, OBA 17172; OBA 17206 (wie Anm. 536); OBA 17282 (wie Anm. 504); GStA PK, XX. HA Hist. StA Königsberg, OBA 17283; OBA 17242 (wie Anm. 495); GStA PK, XX. HA Hist. StA Königsberg, OBA 17370; GStA PK, XX. HA Hist. StA Königsberg, OBA 17373; GStA PK, XX. HA Hist. StA Königsberg, OBA 17324; OBA 17323 (wie Anm. 514); GStA PK, XX. HA Hist. StA Königsberg, OBA 17321; OBA 17451 (wie Anm. 508); GStA PK, XX. HA Hist. StA Königsberg, OBA 17419; OBA 17513 (wie Anm. 514); GStA PK, XX. HA Hist. StA Königsberg, OBA 17497; GStA PK, XX. HA Hist. StA Königsberg, OBA 17498; GStA PK, XX. HA Hist. StA Königsberg, OBA 17488; GStA PK, XX. HA Hist. StA Königsberg, OBA 17574; GStA PK, XX. HA Hist. StA Königsberg, OBA 17575; GStA PK, XX. HA Hist. StA Königsberg, OBA 17516; OBA 17563 (wie Anm. 581); GStA PK, XX. HA Hist. StA Königsberg, OBA 17536; GStA PK, XX. HA Hist. StA Königsberg, OBA 17520; GStA PK, XX. HA Hist. StA Königsberg, OBA 17566; GStA PK, XX. HA Hist. StA Königsberg, OBA 17529; GStA PK, XX. HA Hist. StA Königsberg, OBA 17523; GStA PK, XX. HA Hist. StA Königsberg, OBA 17537; GStA PK, XX. HA Hist. StA Königsberg, OBA 17530; GStA PK, XX. HA Hist. StA Königsberg, OBA 17621; GStA PK, XX. HA Hist. StA Königsberg, OBA 17584; GStA PK, XX. HA Hist. StA Königsberg, OBA 17648; GStA PK, XX. HA Hist. StA Königsberg, OBA 17658; GStA PK, XX. HA Hist. StA Königsberg, OBA 17659; GStA PK, XX. HA Hist. StA Königsberg, OBA 17741; GStA PK, XX. HA Hist. StA Königsberg, OBA 17747; GStA PK, XX. HA Hist. StA Königsberg, OBA 17679; GStA PK, XX. HA Hist. StA Königsberg, OBA 17700; GStA PK, XX. HA Hist. StA Königsberg, OBA 17829; GStA PK, XX. HA Hist. StA Königsberg, OBA 17824; GStA PK, XX. HA Hist. StA Königsberg, OBA 17869; GStA PK, XX. HA Hist. StA Königsberg, OBA 17941; GStA PK, XX. HA Hist. StA Königsberg, OBA 17959; GStA PK, XX. HA Hist. StA Königsberg, OBA 17936; GStA PK, XX. HA Hist. StA Königsberg, Perg.-Urk. 3265, Schiebl. XLI 29; OBA 17183 (wie Anm. 508); GStA PK, XX. HA Hist. StA Königsberg, OBA 17121; OBA 17281 (wie Anm. 507).

601 OBA 16177 (wie Anm. 600).

602 Durchaus ist ein Export von preußischem Leinwand mit entsprechenden innerhansischen Auseinandersetzungen wie 1487 überlieft, jedoch bleiben die Angaben zur Herstellung in Preußen äußerst vage. S. Angela Ling HUANG, Die Textilien des Hanseraums. Produktion und Distribution einer spätmittelalterlichen Fernhandelsware (Quellen und Darstellungen zur Hansischen Geschichte, 71), Köln 2015, S. 78–79.

gewand.[603] – eher unspezifisch, zuordnen.[604] Dennoch lassen sich einige spezifische Angaben aus den Notizen extrahieren.

1484 wurde die Elle *gewand* mit 2 ½ m. vermerkt und 1491 lediglich mit 1 m.[605] Auch im Folianten werden undatiert 10 *ellen gewant* zu 10 m. eingetragen, aber auch *4 m. an 8 elen gewand*.[606] Zudem konnte 1487 *ein stuck gewande* 3 gld. entsprechen.[607] Ein *tuch gewanth* hatte hingegen 1496 einen Wert von 20 ung. gld.[608]

1490 sind drei *halben laken gewandt* 65 m. wert.[609] 1491 wird für ein *laken gewanndt* 50 m. notiert, folglich 1493 für ½ *laken* 22 ½ m., gefolgt 1494 für 40 m.[610] Jedoch kann 1491 ein *gro laken gewant* auch nur mit 8 m. zu Buche schlagen.[611] *Das laken zcu 25 m.* wird vermerkt, doch sind die Eintragungen des Folianten zeitlich nicht einzuordnen. Auch sind Werte von 40 und 20 m. möglich, aber auch 20 und 28 m. für ein halbes.[612] Ein *laken brawn gewand* kann durchaus 50 m. an Wert beanspruchen.[613]

1486 wird ein *amsterdamsch tuch* für 10 ung. gld. und für 1498 eines für 40 m. vermerkt.[614] Nicht zu datieren sind hingegen abermals die Angaben im Folianten. Für zwei *elen damaschken* sind 16 m., aber auch für 2 ½ Ellen lediglich 10 m. anzusetzen, für ein *ledisch tuch* und somit aus Leiden kommend 24 m.[615] Zwei *tuchen gewand* für 10 m., aber auch *3 tucher gewand vor 36 m.* wechselten den Besitzer.[616] Für ein *gantczen tuche* werden Werte zu je 8, 35, 55 und 65 m. notiert, für ein *halb thuch* sind Werte zu je 15, 20 und 25 m. niedergeschrieben.[617]

603 OF 259 (wie Anm. 390), S. 173.

604 S. ebd., S. 6, 24, 88, 89, 91, 93, 135, 153–157, 162–164, 173, 176, 180, 191, 199, 217, 264, 276, 288, 296–298, 300, 348, 371, 373, 381, 392.

605 S. OBA 17106 (wie Anm. 600); OBA 17658 (wie Anm. 600); OBA 17659 (wie Anm. 600); OBA 17679 (wie Anm. 600).

606 S. OF 259 (wie Anm. 390), S. 24, 153, 155.

607 S. OBA 17323 (wie Anm. 514).

608 S. OBA 17824 (wie Anm. 600).

609 S. OBA 17529 (wie Anm. 600).

610 S. OBA 17574 (wie Anm. 600); OBA 17520 (wie Anm. 600); OBA 17523 (wie Anm. 600).

611 S. OBA 17700 (wie Anm. 600). 1501 ist ein *brawnen engelschen laken* für 60 m. notiert. OBA 17829 (wie Anm. 600).

612 S. OF 259 (wie Anm. 390), S. 154–155, 348.

613 S. ebd., S. 88.

614 S. OBA 17283 (wie Anm. 600); OBA 17941 (wie Anm. 600).

615 S. OF 259 (wie Anm. 390), S. 153, 154, 381. S. Dieter HECKMANN, Bezeichnungen von Handelswaren im Spätmittelalter und in der frühen Neuzeit, Historische Kommission für Ost- und Westpreussische Landesforschung, online unter: http://www.hiko-owp.eu/Glossar Handelswaren.pdf (letzte Aktualisierung 1.2012, letzte Einsichtnahme 6.10.2017).

616 S. OF 259 (wie Anm. 390), S. 91, 93.

617 S. ebd., S. 153–56.

Neben allgemeinen Angaben zu Kleidung finden speziell Röcke und Schauben, lange und weite, bis auf die Füße reichende Oberkleider, Erwähnung.[618] Unter anderem wurde ein *mardreen schawben* 1485 für 50 m. notiert.[619] Daneben wird *peltcz* im Werte von 2 m. genannt.[620]

3.3.2.2 Getreide

Die Gläubiger akzeptierten das Grundnahrungsmittel *korn* bzw. *getreyde* als Wertgegenstand zur Tilgung der Schulden in mindestens 59 Zahlungen.[621] Differenziert wurde zudem zwischen *wyse, sumer wesze, wintherweys, roggen* und

618 *10 m. vor cleder gegeben.* Ebd., S. 191. *15 m. vor 1 rock. [...] 1 rock 10 m.* Ebd., S. 155, 156. S. Art. Schaube, in: Deutsches Wörterbuch. R–Schiefe, hrsg. v. Jacob GRIMM, Wilhelm GRIMM, Bd. 14, Leipzig 1889, Sp. 2297–2300.

619 S. OBA 17183 (wie Anm. 508). *Item doruff hat er entphangen an schauwben, gewande unnd anderer ware.* OF 259 (wie Anm. 390), S. 371. Zudem s. OF 259 (wie Anm. 390), S. 217, 373, 392; Perg.-Urk. 3265, Schiebl. XLI 29 (wie Anm. 600); OBA 17121 (wie Anm. 600).

620 S. OF 259 (wie Anm. 390), S. 156.

621 S. GStA PK, XX. HA Hist. StA Königsberg, OBA 16808; OBA 16932 (wie Anm. 600); OBA 17012 (wie Anm. 514); OBA 17016 (wie Anm. 514); GStA PK, XX. HA Hist. StA Königsberg, OBA 17067; OBA 17106 (wie Anm. 600); OBA 17188 (wie Anm. 508); GStA PK, XX. HA Hist. StA Königsberg, OBA 17196; GStA PK, XX. HA Hist. StA Königsberg, OBA 17277; OBA 17283 (wie Anm. 600); OBA 17238 (wie Anm. 514); GStA PK, XX. HA Hist. StA Königsberg, OBA 17252; GStA PK, XX. HA Hist. StA Königsberg, OBA 17300; GStA PK, XX. HA Hist. StA Königsberg, OBA 17319; OBA 17373 (wie Anm. 600); OBA 17324 (wie Anm. 600); OBA 17451 (wie Anm. 508); OBA 17419 (wie Anm. 600); GStA PK, XX. HA Hist. StA Königsberg, OBA 17470; GStA PK, XX. HA Hist. StA Königsberg, OBA 17460; OBA 17497 (wie Anm. 600); OBA 17498 (wie Anm. 600); OBA 17488 (wie Anm. 600); OBA 17575 (wie Anm. 600); OBA 17516 (wie Anm. 600); OBA 17517 (wie Anm. 508); OBA 17563 (wie Anm. 581); OBA 17536 (wie Anm. 600); OBA 17520 (wie Anm. 600); OBA 17566 (wie Anm. 600); GStA PK, XX. HA Hist. StA Königsberg, OBA 17528; OBA 17529 (wie Anm. 600); OBA 17523 (wie Anm. 600); OBA 17537 (wie Anm. 600); OBA 17530 (wie Anm. 600); GStA PK, XX. HA Hist. StA Königsberg, OBA 17582; GStA PK, XX. HA Hist. StA Königsberg, OBA 17592; OBA 17584 (wie Anm. 600); OBA 17648 (wie Anm. 600); OBA 17659 (wie Anm. 600); OBA 17741 (wie Anm. 600); OBA 17700 (wie Anm. 600); GStA PK, XX. HA Hist. StA Königsberg, OBA 17681; GStA PK, XX. HA Hist. StA Königsberg, OBA 17752; GStA PK, XX. HA Hist. StA Königsberg, OBA 17782; GStA PK, XX. HA Hist. StA Königsberg, OBA 17795; GStA PK, XX. HA Hist. StA Königsberg, OBA 17797; OBA 17829 (wie Anm. 600); OBA 17824 (wie Anm. 600); OBA 17869 (wie Anm. 600); OBA 17848 (wie Anm. 508); GStA PK, XX. HA Hist. StA Königsberg, OBA 17928; OBA 17941 (wie Anm. 600); GStA PK, XX. HA Hist. StA Königsberg, OBA 17898; OBA 17959 (wie Anm. 600); GStA PK, XX. HA Hist. StA Königsberg, OBA 17960; OF 259 (wie Anm. 390), S. 154, 156.

gerste. Ausschließlich erfolgte die Abrechnung des Getreides in Mark je Last bzw. Scheffel.[622] Selten findet hierbei explizit die *geringe* Mark Erwähnung.[623]

Für *korn* lassen sich je Last für 1483 22 m., für 1487 20 m. bzw. 25 m. geringe, für 1489 15 m., für 1491 20 m., für 1493 7 ½ m. und für 1498 16 m. vermerken.[624] Der Wert für *getreyde* liegt um 1493 zwischen 13 und 15 m.[625]

1487 sind für eine Last *weisze* 15 m. notiert, wobei 1491 2 m. je Scheffel festgehalten werden.[626] Um 1491 lassen sich für ½ last *sumer wesze* Werte zwischen 10 und 15 m. notieren, 1496 wurde ein Wert von 5 m. niedergeschrieben,[627] ½ last *wintherweys* ist 1495 8 m. wert.[628] Für die Last *roggen* werden in den Nachträgen auf den Schuldzetteln für 1487 20 m. verzeichnet, für 1493 und 1497 12 m.[629] Eine Last *gerste* schlägt 1489 und 1490 mit 12 m., 1491 mit 20 und 1494 mit 15 m. zu Buche.[630]

---

622 S. Harald WITTHÖFT, Scheffel und Last in Preußen. Zur Struktur der Getreidemaße seit dem 13. Jahrhundert, in: Blätter für deutsche Landesgeschichte 117 (1981), S. 335–72; Hans WÄCHTER, Altpreußische Scheffelgrößen. Ein Beitrag zur Methodik und Problematik älterer Maßfestsetzungen, in: Zeitschrift für Agrargeschichte und Agrarsoziologie 3/4 (1955/56), S. 30–43.

623 S. OBA 17188 (wie Anm. 508); OBA 17681 (wie Anm. 621); OBA 17319 (wie Anm. 621).

624 S. OBA 17012 (wie Anm. 514); OBA 17067 (wie Anm. 621); OBA 17188 (wie Anm. 508); OBA 17277 (wie Anm. 621); OBA 17419 (wie Anm. 600); OBA 17582 (wie Anm. 621); OBA 17941 (wie Anm. 600). 1493 7 ½ m. für 15 Scheffel. S. OBA 17700 (wie Anm. 600).

625 S. OBA 17373 (wie Anm. 600); OBA 17451 (wie Anm. 508). S. zur Einordnung der Getreidepreise und damit verbundene Herausforderungen Christina LINK, Der preußische Getreidehandel im 15. Jahrhundert. Eine Studie zur nordeuropäischen Wirtschaftsgeschichte (Quellen und Darstellungen zur hansischen Geschichte N. F., 68), Köln 2013, S. 170–74. Trotz des Exportverbots findet ein Handel wohl statt. S. DRALLE, Staat des Deutschen Ordens (wie Anm. 132), S. 170, Anm. 58.

626 S. OBA 17319 (wie Anm. 621); OBA 17498 (wie Anm. 600).

627 S. OBA 17528 (wie Anm. 621); OBA 17659 (wie Anm. 600); OBA 17681 (wie Anm. 621); OBA 17752 (wie Anm. 621); OBA 17898 (wie Anm. 621). 1501 beträgt der Wert einer Last 15 m., im Jahr darauf wurde hingegen für ½ Last 11 und 15 m. vermerkt. S. OBA 17829 (wie Anm. 600); OBA 17516 (wie Anm. 600); OBA 17829 (wie Anm. 600).

628 S. OBA 17848 (wie Anm. 508).

629 S. OBA 17196 (wie Anm. 621); OBA 17782 (wie Anm. 621); OBA 17960 (wie Anm. 621). Für 1502 wird die Last mit 20 m. angesetzt. S. OBA 17797 (wie Anm. 621). Offenbar unterliegen auch die Roggenpreise teilweise erheblichen Schwankungen. S. für das Jahr 1491/92 exempl. VOLCKART, Münzpolitik im Ordensland (wie Anm. 128), S. 214.

630 S. OBA 17419 (wie Anm. 600); OBA 17529 (wie Anm. 600); OBA 17566 (wie Anm. 600); OBA 17582 (wie Anm. 621). 1493 werden für 10 Scheffel Gerste 3 m. notiert. S. OBA 17700 (wie Anm. 600).

3.3.2.3 Honig

Vor allem durch die Waldbienenzucht, neben der Gartenbienenzucht, gelang die Erzeugung des für den Orden wirtschaftlich bedeutsamen Honigs und Wachses. In hohlen Waldbäumen oder in einer Beute, einem durch Aushöhlung präparierten Baumstamm, siedelten die Wildbienenschwärme vorwiegend,[631] sodass die Beutner die Honigwaben von dort entnahmen.[632] Einst veranlasste die Ordensleitung in der Großen Wildnis die Anlage von speziell zur Honigerzeugung dienenden Dörfern, wie 1360 Beutnerdorf bei Ortelsburg, um die lukrative Waldbienenzucht gezielt zu fördern.[633] Auch der Gartenbienenzucht kam ein bedeutender Stellenwert zu, doch war diese wohl unter den kriegerischen Auseinandersetzungen vor 1466 zuvor stärker als die Waldbienenzucht in Mitleidenschaft gezogen worden.[634] Zwar erholte sich in jener Zeit auf den Wüstungsflächen nach dem Krieg der für die Wildbienen heimische, einstige Mischwald,[635] doch insgesamt unterlagen die Erzeugnisse der Beutnerei vor allem durch ungünstiges Wetter wie Sturm und durch Raub der Beuten, wie von Mardern, starken Schwankungen.[636] Die Bienenzucht wurde als Regal des Ordens betrachtet, sodass eine Erlaubnis hierfür notwendig war und entsprechende Abgaben an Honig und Wachs zu leisten waren.[637] Honig diente nicht nur als Süßungsmittel, so auch für Würzwein, sondern bildete zudem eine grundlegende

---

631 Zur Dunklen Europäischen Biene s. Friedrich RUTTNER, Naturgeschichte der Honigbienen, Stuttgart ^{2}2003, S. 39–65.

632 S. Friedrich MAGER, Die ehemalige Waldbienenzucht der deutschen Nordostmark, in: Vierteljahrschrift für Sozial- und Wirtschaftsgeschichte 29 (1936), S. 373–84, hier S. 373–75; Hans KLOSE, Über Waldbienenzucht in Lithauen und einigen Nachbargebieten (Abhandlungen der Mathematisch-Naturwissenschaftlichen Abteilung der Bayerischen Akademie der Wissenschaften Suppl.-Band, 1922/32, Abh. 9), München 1925, S. 372–73, 390–91; DERS., Über die alte Waldbienenwirtschaft in der früheren Provinz Westpreußen, in: Beiträge zur Naturdenkmalpflege 14, 4 (1931), S. 296–360, hier S. 317–25; Ostdeutsches Feuilleton. Bienenzucht im Ordensland, in: Archiv. Informationsdienst des Göttinger Arbeitskreises 10, 15 (1956), S. 1–2, hier S. 2; Friedrich MAGER, Der Wald in Altpreußen als Wirtschaftsraum, Bd. 1 (Ostmitteleuropa in Vergangenheit und Gegenwart, 7,1), Köln 1960, S. 305.

633 S. MAGER, Waldbienenzucht (wie Anm. 632), S. 378; Bienenzucht (wie Anm. 632), S. 1–2; MAGER, Wald in Altpreußen, 1 (wie Anm. 632), S. 314–15.

634 S. MAGER, Waldbienenzucht (wie Anm. 632), S. 382–83.

635 S. MAGER, Wald in Altpreußen, 1 (wie Anm. 632), S. 57.

636 S. ebd., S. 310–11.

637 S. MAGER, Waldbienenzucht (wie Anm. 632), S. 373, 376, 382; Bienenzucht (wie Anm. 632), S. 1–2; MAGER, Wald in Altpreußen, 1 (wie Anm. 632), S. 300. Zu einer Auseinandersetzung s. Cordula A. FRANZKE, *by vor lust ires halsis*. Soziale Aspekte in der Schriftlichkeit des Pflegeamtes Seehesten und der Vogtei zu Leipe des Deutschen Ordens um 1450, in: Wirtschafts- und Rechnungsbücher des Mittelalters und der Frühen Neuzeit. Formen und Methoden der Rechnungslegung: Städte, Klöster, Kaufleute, hrsg. v. Gudrun GLEBA, Niels PETERSEN, Göttingen 2015, S. 119–36, hier S. 130–36.

Zutat für die Herstellung von Met und galt somit als eine begehrte Handelsware neben dem vielseitig verwertbaren Wachs für Kerzen, Schreibtafeln und Siegel.[638]

Das Nahrungsmittel Honig diente ebenfalls als Wertgegenstand zur Begleichung der Schuldforderungen und wurde von den Gläubigern akzeptiert. Rund 50 Listungen der Ware *honig* sind den Schuldzetteln und dem Folianten zu entnehmen.[639] Selten findet jedoch die alleinige Erwähnung ohne Nennung anderer Warenarten statt, auch ist der Zusatz einer Maßangabe nur gelegentlich.[640] Anhand vereinzelter Angaben lässt sich dennoch der veranschlagte Wert einer Tonne Honigs zwischen 12 und 15 m. in der Zeit von 1483 bis 1493 beziffern, ohne eine erkennbare Tendenz.[641] Auch *wachs*[642] wechselte den Besitzer.

638 S. KLOSE, Waldbienenwirtschaft (wie Anm. 632), S. 317; MAGER, Waldbienenzucht (wie Anm. 632), S. 373; MAGER, Wald in Altpreußen, 1 (wie Anm. 632), S. 298–99.

639 S. OBA 16808 (wie Anm. 621); OBA 16987 (wie Anm. 600); GStA PK, XX. HA Hist. StA Königsberg, OBA 16941; OBA 17103 (wie Anm. 600); OBA 17106 (wie Anm. 600); GStA PK, XX. HA Hist. StA Königsberg, OBA 17132; OBA 17188 (wie Anm. 508); OBA 17196 (wie Anm. 621); OBA 17277 (wie Anm. 621); OBA 17282 (wie Anm. 504); OBA 17242 (wie Anm. 495); OBA 17268 (wie Anm. 510); OBA 17238 (wie Anm. 514); OBA 17252 (wie Anm. 621); OBA 17370 (wie Anm. 600); OBA 17373 (wie Anm. 600); OBA 17324 (wie Anm. 600); OBA 17325 (wie Anm. 508); OBA 17360 (wie Anm. 537); GStA PK, XX. HA Hist. StA Königsberg, OBA 17365; GStA PK, XX. HA Hist. StA Königsberg, OBA 17339; OBA 17419 (wie Anm. 600); OBA 17470 (wie Anm. 621); OBA 17460 (wie Anm. 621); GStA PK, XX. HA Hist. StA Königsberg, OBA 17481; OBA 17516 (wie Anm. 600); OBA 17517 (wie Anm. 508); OBA 17529 (wie Anm. 600); OBA 17537 (wie Anm. 600); OBA 17530 (wie Anm. 600); OBA 17584 (wie Anm. 600); OBA 17658 (wie Anm. 600); OBA 17659 (wie Anm. 600); GStA PK, XX. HA Hist. StA Königsberg, OBA 17675; OBA 17681 (wie Anm. 621); OBA 17752 (wie Anm. 621); OBA 17782 (wie Anm. 621); OBA 17797 (wie Anm. 621); OBA 17829 (wie Anm. 600); OBA 17824 (wie Anm. 600); GStA PK, XX. HA Hist. StA Königsberg, OBA 17815; OBA 17869 (wie Anm. 600); OBA 17928 (wie Anm. 621); OBA 17941 (wie Anm. 600); OBA 17959 (wie Anm. 600); OF 259 (wie Anm. 390), S. 298, 300; GStA PK, XX. HA Hist. StA Königsberg, OBA 17087; OBA 16966 (wie Anm. 600); GStA PK, XX. HA Hist. StA Königsberg, OBA 16964; OBA 16932 (wie Anm. 600).

640 Exempl. *Item entpfangen 150 m. unnd 9 m. ann gelde gewanth honig unnd anderer ware.* OBA 17370 (wie Anm. 600).

641 S. GStA PK, XX. HA Hist. StA Königsberg, OBA 14242; GStA PK, XX. HA Hist. StA Königsberg, OBA 17259; OBA 17681 (wie Anm. 621); OBA 17752 (wie Anm. 621); OBA 17782 (wie Anm. 621); OF 259 (wie Anm. 390), S. 300. Im Jahr 1483 wird *die tonne angeslagen vor 12 m.* OBA 17087 (wie Anm. 639). Auch 1487 beträgt der Wert einer Tonne 6 ung. gld., welches 12 m. entspricht. S. OBA 17360 (wie Anm. 537). Für den Nachtrag von 1493 ist der Wert mit 15 m. zu beziffern. S. OBA 17277 (wie Anm. 621). Laut des Nachtrags von 1502 sind für eine Tonne 16 m. zu veranschlagen. S. OBA 17797 (wie Anm. 621). Vgl. die Preise KLOSE, Waldbienenwirtschaft (wie Anm. 632), S. 323–24. In einem anderen Zusammenhang verkaufte der Pfleger von Johannisburg im Jahr 1500 die Tonne zu 8 m. S. MAGER, Wald in Altpreußen, 1 (wie Anm. 632), S. 328.

642 S. OF 259 (wie Anm. 390), S. 85.

Die Zulieferung von Honig bzw. Wachs in die Vorratslager des Ordens kann somit als ausreichend angesehen werden, da die Gläubiger häufig, neben anderen Waren, mit diesem Nahrungsmittel tonnenweise ausgezahlt wurden.

3.3.2.4 Pferde

Die Bedeutung von Pferden für die Mitglieder und Angehörigen des Ordens als Reit-, Arbeits- und Kriegspferde darf nicht unterschätzt werden.[643] Für die Eroberung des späteren Ordensgebietes und der darauffolgenden Konsolidierung der Herrschaft waren die Tiere unabdingbar.[644] Über die Jahrhunderte hinweg wurde demzufolge ein umfangreiches Fachwissen über Zucht und Haltung der Pferde an den zahlreichen Gestüten angesammelt.[645]

Nicht nur nach der Schlacht von Tannenberg 1410,[646] sondern auch nach dem Zweiten Thorner Frieden ist von einer weitreichenden Verwüstung der Zuchtbetriebe auszugehen. Mögliche Missernten, die Auswirkungen auf die Versorgung der Tiere mit Hafer hatten, und Tierseuchen dürften den Aufbau eines nachhaltigen Zuchtbetriebs zunächst erschwert haben.[647] Da die Ordensmitglieder die Zucht zunächst für den Eigenbedarf vorangetrieben haben dürften, ist eine Abgabe der Tiere, vor allem von Hengsten, von den Höfen unmittelbar nach 1466 nicht zu erwarten. Zwar konnte Heincze Seydelitcz bereits *im LXVIII^{tn} jar czu Konigszberg einen hengst fur 50 geringe m. prewssch an meyner dienst unnd schade unnd an der schulde die mir seyne gnade schuldig ist*[648] sein

643 S. zur Namensgebung der bedeutenden Tiere Gerhard EIS, Pferdenamengebung im Deutschen Ritterorden, in: Beiträge zur Namenforschung 5 (1954), S. 271–80.

644 S. EKDAHL, Horses and Crossbows (wie Anm. 545), S. 122–129, 135.

645 S. Max Pollux TOEPPEN, Über die Pferdezucht in Preußen zur Zeit des deutschen Ordens, nebst einigen Bemerkungen über die Streiken, in: Altpreußische Monatsschrift 4 (1867), S. 681–702; Fritz RÜNGER, Herkunft, Rassezugehörigkeit, Züchtung und Haltung der Ritterpferde des Deutschen Ordens. Ein Beitrag zur Geschichte der ostpreußischen Pferdezucht und der deutschen Pferdezucht im Mittelalter, in: Zeitschrift für Tierzüchtung und Züchtungsbiologie 2 (1925), S. 211–308; Hartmut BOOCKMANN, Pferde auf der Marienburg, in: Vera lex historiae: Studien zu mittelalterlichen Quellen. Festschrift für Dietrich Kurze zu seinem 65. Geburtstag am 1. Januar 1993, hrsg. v. Stuart JENKS, Jürgen SARNOWSKY, Marie-Luise LAUDAGE u. a., Köln 1993, S. 117–26.

646 S. EKDAHL, Pferd und seine Rolle im Kriegswesen (wie Anm. 546), S. 37, 38.

647 S. ebd., S. 38. Zur Veterinärmedizin s. Reinhard FROEHNER, Pferde und Pferdeärzte in Marienburg um 1400, in: Beiträge zur Geschichte der Veterinärmedizin 5 (1942/43), S. 145–48; Ottomar BEDERKE, Liber de cura equorum. Bearbeitungen von Albertus Magnus und Jordanus Ruffus aus dem Deutschen Ritterorden (1408), Dissertation, Tierärztliche Hochschule Hannover, 1962.

648 GStA PK, XX. HA Hist. StA Königsberg, OBA 16128.

Eigen nennen, und wahrscheinlich ein Kriegspferd,[649] jedoch lassen sich erst ab den 1480er Jahren *pferde* vermehrt zu Tilgungszwecken anhand der Notizen auf den Schuldzetteln nachweisen. Ob es sich hierbei ausschließlich um Saum- oder Wagenpferde handelte, muss jedoch unbeantwortet bleiben.[650]

Die Wertigkeit der Tiere liegt zunächst zwischen 20 und 24 m., doch werden gegen Ende der Dekade vor allem Werte von 18 bis zu 60 ung. gld. im Jahr 1495 angesetzt.[651] Durchschnittlich ergibt sich ein Wert von 21 m. und 39 ung. gld. für ein Tier. Im Folianten hingegen ist eine zeitliche Zuordnung, außer für die Jahre 1474, 1475 und 1477, äußerst selten möglich.[652] Die Wertigkeit der Pferde wird zwischen 12 und 50 ung. gld. notiert. Vereinzelt erfolgt die Angabe auch in rh. gld.,[653] wohingegen die Wertigkeit in Mark zwischen 8 und 50 schwankt. Durchschnittlich, ohne Berücksichtigung der Hengste, sind Werte von 17 m. bzw. 26 ung. gld. ermittelbar.[654]

Insgesamt verlassen somit mehr als 60 Pferde die Stallungen des Ordens, wobei beinahe ausschließlich höchstens ein Tier einem Gläubiger zugeteilt wird.[655] Eindeutig belegbar findet zudem mindestens dreimalig die Übergabe eines

649 S. EKDAHL, Pferd und seine Rolle im Kriegswesen (wie Anm. 546), S. 32.

650 S. ebd., S. 35.

651 S. GStA PK, XX. HA Hist. StA Königsberg, OBA 17090; GStA PK, XX. HA Hist. StA Königsberg, OBA 17084; OBA 17181 (wie Anm. 508); OBA 17188 (wie Anm. 508); OBA 17206 (wie Anm. 536); OBA 17373 (wie Anm. 600); OBA 17451 (wie Anm. 508); OBA 17516 (wie Anm. 600); OBA 17517 (wie Anm. 508); OBA 17536 (wie Anm. 600); OBA 17520 (wie Anm. 600); OBA 17659 (wie Anm. 600); OBA 17749 (wie Anm. 541); OBA 17659 (wie Anm. 600); OBA 17795 (wie Anm. 621); OBA 17848 (wie Anm. 508); OBA 17959 (wie Anm. 600).

652 S. OF 259 (wie Anm. 390), S. 172, 176, 231.

653 S. ebd., S. 153, 176.

654 Vgl. zur Wertigkeit zu Beginn des Jh.s EKDAHL, Pferd und seine Rolle im Kriegswesen (wie Anm. 546), S. 37.

655 S. OBA 16128 (wie Anm. 648); OBA 16546 (wie Anm. 600); OBA 16645 (wie Anm. 596); OBA 16963 (wie Anm. 581); OBA 16941 (wie Anm. 639); OBA 16965 (wie Anm. 600); OBA 17103 (wie Anm. 600); OBA 17090 (wie Anm. 651); OBA 17084 (wie Anm. 651); GStA PK, XX. HA Hist. StA Königsberg, OBA 17180; OBA 17181 (wie Anm. 508); OBA 17183 (wie Anm. 508); OBA 17188 (wie Anm. 508); OBA 17206 (wie Anm. 536); OBA 17282 (wie Anm. 504); OBA 17283 (wie Anm. 600); OBA 17268 (wie Anm. 510); GStA PK, XX. HA Hist. StA Königsberg, OBA 17269; OBA 17361 (wie Anm. 537); OBA 17373 (wie Anm. 600); GStA PK, XX. HA Hist. StA Königsberg, OBA 17374; OBA 17324 (wie Anm. 600); OBA 17323 (wie Anm. 514); OBA 17451 (wie Anm. 508); OBA 17513 (wie Anm. 514); OBA 17516 (wie Anm. 600); OBA 17517 (wie Anm. 508); OBA 17536 (wie Anm. 600); OBA 17520 (wie Anm. 600); OBA 17659 (wie Anm. 600); OBA 17741 (wie Anm. 600); OBA 17749 (wie Anm. 541); OBA 17795 (wie Anm. 621); OBA 17848 (wie Anm. 508); OBA 17959 (wie Anm. 600); OBA 17281 (wie Anm. 507); OF 259 (wie Anm. 390), S. 93, 153–156, 162, 172, 174–176, 231, 276, 282, 297, 300, 369, 371, 372, 382, 383.

hengstes statt, dessen Wert zwischen 45 und 50 m. zu beziffern war.[656] Um 1490 sind spezifisch Wallache selten in den Notizen greifbar, mit Werten zwischen 30 und 60 ung. gld.[657]

Offenbar gelang es den Ordensmitgliedern nach dem Friedensschluss, einen umfassenden Zuchtbetrieb aufzubauen und diesen aufrecht zu erhalten, sowohl in personeller Hinsicht als auch mit ausreichend Ressourcen an Weideland und Hafer, sodass den Gläubigern seit den 1480er Jahren Pferde angeboten werden konnten.

3.3.2.5 Andere Waren

Neben Textilien, Getreide, Honig und Pferden erstatteten die Ordensmitglieder ihre Schulden zudem mit *annder whare*, die von den Gläubigern akzeptiert wurde. Selten sind einzelne Waren bzw. Wertgegenstände in den Notizen konkret greifbar, doch vereinzelt lassen sich Rückschlüsse auf das breite Spektrum dieser Wertgegenstände herstellen. Exklusive Waren, wie Falken, die einst durch den Orden verschenkt wurden, sind nicht zu identifizieren,[658] obgleich einmalig *1 uncze gold vor 4 m.*[659] notiert ist. Eher ungewöhnlich verbleibt auch die Ausgabe von zwei *vas eisen*, die mit 7 m. verrechnet werden.[660] Bernstein findet sich nicht in den Listungen der an die Gläubiger übergebenen Gegenstände,[661] obgleich einmalig ein *potternoster* Erwähnung findet.[662]

---

656 S. OF 259 (wie Anm. 390), S. 162, 282, 372. Zudem möglich, *Item 40 m. an 1 pferd. [...] Item 50 ung. gld. an 1 pferde. [...] 50 m. an 1 pferd. [...]*, ebd., S. 153, 155.

657 S. OBA 17373 (wie Anm. 600); OBA 17451 (wie Anm. 508); OBA 17516 (wie Anm. 600).

658 S. Dieter HECKMANN, Preußische Jagdfalken als Gradmesser für die Außenwirkung europäischer Höfe des 15. und 16. Jahrhunderts, in: Preußenland 37, 2 (1999), S. 39–62.

659 OF 259 (wie Anm. 390), S. 154.

660 S. ebd., S. 93.

661 S. SARNOWSKY, Entwicklung des Handels (wie Anm. 393), S. 56; Lothar DRALLE, Der Bernsteinhandel des Deutschen Ordens in Preußen vornehmlich zu Beginn des 16. Jahrhunderts, in: Hansische Geschichtsblätter 99 (1981), S. 61–72; Staatsverträge, 3 (wie Anm. 118), S. 154–162, Nr. 505–509; Wilhelm TESDORPF, Gewinnung, Verarbeitung und Handel des Bernsteins in Preußen von der Ordenszeit bis zur Gegenwart. Eine historisch-volkswirtschaftliche Studie, Jena 1887; Volker HAGEN, Geschichte der Verwaltung des Boernsteins in Preussen. Erster Abschnitt. Von der Zeit des Ordens bis zur Regierung König Friedrich I, in: Beiträge zur Kunde Preußens 6 (1824), S. 1–41; Karl Gottfried HAGEN, Ueber die Strandreviere und Gewinnung des Boernsteins aus der See, in: Beiträge zur Kunde Preußens 6 (1824), S. 289–306; Richard KLEBS, Gewinnung und Verarbeitung des Bernsteins, Königsberg 1883; Wilhelm von BRÜNNECK, Das Bernstein-Regal, in: Altpreußische Monatsschrift 11 (1874), S. 129–55; DERS., Das Recht auf Zueignung der von der See ausgeworfenen oder angespülten Meeres-Producte und das Bernstein-Regal, Königsberg i. Pr. 1874.

662 *3 m. vor 1 potternoster.* OF 259 (wie Anm. 390), S. 156.

Doch sind verschiedene Lebensmittel für die feine Küche ausgehändigt und vermerkt worden.[663] Das zur Würzung und Konservierung verwendbare Salz[664] wechselte in nicht geringer Menge den Besitzer, so die Last *grob saltcz* für 15 m.[665] Als weiteres Gewürz lässt sich *canel*, und somit Stangenzimt mit einer Wertigkeit einer ½ m. für ½ pfd. anführen,[666] wobei ein Pfund *negelken*[667] für 1 m. vermerkt ist. Hingegen wurde für ein Pfund *ingeber*, und folglich Ingwer 1 ½ m. oder auch nur 3 f. angesetzt.[668] Etwas Süßes wie *krwde* bzw. *ladenkrude*[669] rundet diese kurze Aufstellung an feinen Lebensmitteln zur Schuldentilgung ab. Daneben konnte *essen unnd trincken*[670] auch pauschal angerechnet werden.

Sofern Gläubiger sich vorzeitig eigenmächtig Gegenstände aneigneten, sollten diese später durchaus verrechnet werden.[671] Manch einer übertrieb es vielleicht doch ein wenig, wenn *der [..] vil hin ausgefurt [hat] unnd der kirchen zcu Resenburg ir kelche unnd silber genomen.*[672] Zumindest ein Söldner scheint 1478 eher unzufrieden mit der Tilgungsart auch durch Waren gewesen zu sein, denn

663 S. Max Pollux TOEPPEN, Festmahle und Ehrungen, den Hochmeistern von der Stadt Elbing gegeben, in: Zeitschrift des Westpreußischen Geschichtsvereins 39 (1899), S. 147–58; Hermann GOLLUB, Aus der Küche der deutschen Ordensritter, in: Prussia 30, 1 (1933), S. 118–24; E. JUNGSCHULZ VON ROEBERN, Küche und Keller im Ordensstaat [1350–1410], in: Ermland, mein Heimatland 2 (1930), S. 5–7; Tomasz JASIŃSKI, Was aßen die Hochmeister des Deutschen Ordens und ihre Gäste am Anfang des 15. Jhs?, in: Studia historica slavo-germanica 18 (1994), S. 15–25.

664 S. Ernst GENSCH, Die ordenszeitliche Salzgewinnung in Ostpreußen, in: Der heimattreue Ost- und Westpreuße 22 (1942), S. 27; Stuart JENKS, Der hansische Salzhandel im 15. Jahrhundert im Spiegel des Danziger Pfundzollbuchs von 1409, in: »Vom rechten Maß der Dinge«. Beiträge zur Wirtschafts- und Sozialgeschichte; Festschrift für Harald Witthöft zum 65. Geburtstag, hrsg. v. Rainer S. ELKAR, Cornelius NEUTSCH, Karl Jürgen ROTH u. a. (Sachüberlieferung und Geschichte, 17), St. Katharinen 1996, S. 257–84.

665 Exempl. *das uns an saltcz und an gewande off unsser am schaden ist gegeben.* OBA 16199 (wie Anm. 437). *5 m. 15 sc. vor 5 smale tonen saltcz baye.* OF 259 (wie Anm. 390), S. 93. *6 leste grob saltcz haben wir em gegeben zcu 15 m.* Ebd., S. 153.

666 S. ebd., S. 153, 154. S. HECKMANN, Bezeichnungen von Handelswaren (wie Anm. 615).

667 S. OF 259 (wie Anm. 390), S. 153, 154.

668 S. ebd., S. 153, 154, 155. S. HECKMANN, Bezeichnungen von Handelswaren (wie Anm. 615).

669 S. OF 259 (wie Anm. 390), S. 93, 154, 155. S. Hartmut BOOCKMANN, Süßigkeiten im finsteren Mittelalter. Das Konfekt des Deutschordenshochmeisters, in: Mittelalterliche Texte. Überlieferung – Befunde – Deutungen, hrsg. v. Rudolf SCHIEFFER, Hannover 1996, S. 173–88.

670 *Das ander geld hot her entpfangen an gelde, gewand, pferde unnd essen unnd trincken van meynem furfarn alse das der briff awszweiszet.* OF 259 (wie Anm. 390), S. 191. *[½] m. zcur czerunge seinen jungen. [...] Item 10 m. haben wir em zcur czerunge gegeben.* Ebd., S. 153.

671 *Her hot gnomen 6 kw unnd 5 pferde daz sal men abeslan an irem solde.* Ebd., S. 52. *7 m. dy her [Hans Swenckefelt] zcu Konigeszberg im der herberge hat verczereth.* OF 259a (wie Anm. 522), S. 1.

672 OF 259 (wie Anm. 390), S. 103.

er wünscht laut Aufstellung, dass *such gelt gantcz an barem gelde beczalt werdnn*[673] solle.

3.3.3 Dorfverpfändungen

Neben den Tilgungen durch Geldzahlungen und andere Waren verpfändete die Ordensleitung zahlreiche Güter und Dörfer an Söldner, wonach *dem ist vor sein dinst unnd schade eyn dorff gegeben.*[674] Im Rahmen dieser Studie konnte jedoch nicht auf die teilweise sehr komplexen Übertragungsvorgänge eingegangen werden, wobei dennoch im Folgenden einige Einblicke gegeben werden.[675] Anhand des folgenden Eintrags lässt sich eine Verpfändung auf drei Jahre mit anschließend geplanter Rückgabe an den Orden nachvollziehen:

> Item so haben mir bruder Heinrich von Richtenberg homeisters stadhelder Johanni doctori Mekeler daz dorff Schonewalt unnd den Haberberg mit den getreuen vor 100 unnd vor 9 m. drey jor lang eingesatczt czu gebrawchen uff dissen Sancte Mertensz Tag im LXXten jare bisz uff Martini im LXXIIIsten jare. So denn der genannte doctor den czinsz uff Martini im LXXIIIsten hot gehaben unnd entfangen denn so sal her unns daz genannte dorff unnd den haber her mit den getreuen ein rewmen.[676]

Vorübergehend sollten die Verpfändungen häufig eine kurzfristige Lösung zur Befriedung der Gläubiger bilden,[677] sodass die Ablösung der Dörfer durchaus nach einiger Zeit, wie in 1480, 1486, 1488 und 1499, gelang.[678] Dörfer konnten

---

673 OBA 16745 (wie Anm. 586), fol. 4r.

674 OF 259 (wie Anm. 390), S. 291. *Her bogert das dorff Hemrichsdorff vor seinen dinst unnd schaden allene zcu seinem leben.* Ebd., S. 348. *denn so sullen wir em die dorfferchen ouch ein rewmen unnd vorsetczen [...] So haben wir unns mit em also vortragen daz wir em vor seinen dinst unnd schaden daz gut czu Sappoten geben und vor schreiben sullen. [...] Item Wernersdorff haben wir em vorsatczt vor seinen dinst unnd schaden dach also wicz her des dorffes genewst daz sal her uffczeichenen unnd men sal em das abeslon am dinste.* GStA PK, XX. HA Hist. StA Königsberg, OBA 16181, fol. 2r–3r.

675 S. grundlegend für Verpfändungen, jedoch vor 1466, NEITMANN, Pfandverträge (wie Anm. 142).

676 OF 259 (wie Anm. 390), Innenseite Einband.

677 *Item hyr noch steet gescreben wie wir dy hoffe lewthe reisige und fuszknechte von der Liebemole entscheiden haben und wen wir entscheiden haben der sal dem hern marschalk abetreten alle rente und dorffer dy sy von unserem orden inne gehat haben.* OBA 16125 (wie Anm. 571), fol. 1r.

678 S. exempl. GStA PK, XX. HA Hist. StA Königsberg, OBA 17284; GStA PK, XX. HA Hist. StA Königsberg, OBA 18172; GStA PK, XX. HA Hist. StA Königsberg, OBA 16866; GStA PK, XX. HA Hist. StA Königsberg, OBA 17408.

jedoch wie im Falle von Niclas Wilke, der Anspruch auf Landskron und Langendorf bei Schippenbeil und eine Pfandschaft auf Gilgenburg 1490 hatte, durchaus oftmals im Besitz der Söldner verbleiben.[679]

In einem Schuldregister werden u. a. nicht nur die jeweiligen an die Söldner verpfändeten Dörfer mit dem entsprechenden Wert erfasst,[680] sondern gezielt auch Mühlen als Pfand angegeben.[681] Auch Pfändungsabsichten finden Eintrag in die Auflistung.[682] Zweimalig wird gezielt auf das anzuwendende Magdeburger Recht hingewiesen.[683] Daneben können auch Seen mit entsprechenden Rechten zum Fischfang als Gegenwert dienen.[684] Ein grundlegendes Register zu

679 S. GStA PK, XX. HA Hist. StA Königsberg, OBA 17411; GStA PK, XX. HA Hist. StA Königsberg, OBA 17545; GStA PK, XX. HA Hist. StA Königsberg, OBA 17900. S. ausführlich Helmuth MEYE, Geschichte der Stadt Gilgenburg in Ostpreussen 1326–1926. Zur Feier der 600jährigen Bestehens der Stadt, Gilgenburg 1926, S. 28–32.

680 S. OF 259a (wie Anm. 522), S. 40–69.

681 Exempl. s. ebd., S. 41/3, 44/6, 47/9, 51/13, 52/14, 60/21, 67/29. Jedoch gibt es auch Ausnahmen, wonach *Item die mole im dorffe czur Nawnmole wellen wir vor unns behalden unnd em die nicht vorsetczen.* Ebd., S. 69/31. S. Hans STEFFEN, Das ländliche Mühlenwesen im Deutschordenslande, in: Zeitschrift des Westpreußischen Geschichtsvereins 58 (1918), S. 71–92; Guido KISCH, Das Mühlenregal im Deutschordensgebiete, in: Zeitschrift der Savigny-Stiftung für Rechtsgeschichte: Germanistische Abteilung 48 (1928), S. 176–93; Arthur SEMRAU, Zur Geschichte des Mühlenregals im Deutschordenslande, in: Mitteilungen des Coppernicus-Vereins für Wissenschaft und Kunst zu Thorn 37 (1929), S. 1–10; Guido KISCH, Das Mühlenrecht im Deutschordensgebiete, in: Forschungen und Quellen zur Rechts- und Sozialgeschichte des Deutschordenslandes. Studien zur Rechts- und Sozialgeschichte des Deutschordenslandes, hrsg. v. Guido KISCH (Schriften des Kopernikuskreises Freiburg i. Br., 8), Sigmaringen 1973, S. 89–164; Rafał KUBICKI, Das Verhältnis des Deutschen Ordens zu den Mühlenbesitzern und Müllern in Preußen, in: Ordines Militares. Yearbook for the Study of the Military Orders 19 (2014), S. 53–72. doi:10.12775/OM.2014.004.

682 *Item 200 ung. gld. bleiben wir em noch schuldig do vor wellen wir em gutter vorstetczen.* OF 259a (wie Anm. 522), S. 43/5. *Her sal sich umb sehen umb dorffer die wellen wir em vorpfenden.* Ebd., S. 63/25.

683 S. ebd., S. 49/11, 69/31. *Ouch sal her [Bernhardt Zcedlitcz] freihe vischereye haben zu seinen tische unnd das dorff Stibitcz notdorft hat zumachn sunder was der here besetczen wirth sal her abetrethen.* OBA 16745 (wie Anm. 586), fol. 4v.

684 S. OF 259a (wie Anm. 522), S. 60/21. S. Wilhelm von BRÜNNECK, Zur Geschichte des altpreußischen Jagd- und Fischereirechts, in: Zeitschrift der Savigny-Stiftung für Rechtsgeschichte: Germanistische Abteilung 39 (1918), S. 88–144, hier S. 117–33; Guido KISCH, Das Fischereirecht im Deutschordensgebiete. Beiträge zu seiner Geschichte, Stuttgart 1932. Abermals Guido KISCH, Forschungen und Quellen zur Rechts- und Sozialgeschichte des Deutschordenslandes. Das Fischereirecht im Deutschordensgebiet: Beiträge zu seiner Geschichte, Bd. 3 (Schriften des Kopernikuskreises Freiburg i. Br., 10), Sigmaringen [2]1978; Horst Alexander WILLIAM, Die Fischerei des Deutschen Ordens in Preussen bis zu Dietrich von Altenburg, in: Jahrbuch der Albertus-Universität zu Königsberg/Pr. 11 (1961), S. 64–153, hier S. 137–50; Dieter HECKMANN, Süßwasserfische als Vorrats- und Handelsgut im spätmittelalterlichen Preußen, in: Von Nowgorod bis London. Studien zu Handel, Wirtschaft und Gesellschaft im mittelalterlichen

den Dorfverschreibungen, begründet aus Schuldforderungen, ließ sich bisher nicht identifizieren.[685]

Jedoch können einige Dorfverpfändungen näher betrachtet werden, wie die aus dem Jahr 1469 für *Niclus Scholtcze unnd Andreas Preunnig daz dorff Mavlawken vor 350 ung. gld. unnd vor 26 ung. gld. die en unnsir ordenn vor iren dinst unnd schaden schuldig ist vorsatczt unnd vorpfendet haben.*[686] Die Verschreibungen fanden sowohl für Beträge in ungarischen und rheinischen Gulden und Mark statt, wobei die Summen in dieser rund 50 Urkunden umfassenden Auswahl zwischen 70 ung. gld. bzw. 93 m. und 2.500 ung. gld. bzw. 3.000 ½ m. liegen konnten.[687] Gezielt wird die Rückgabe an den Orden nach Tilgung vereinzelt vermerkt.[688] Zahlreiche Dörfer werden mit dem Recht für Mühlen,[689] der Nutzung von Holz, meist für den Eigenbedarf,[690] und der Nutzung

Europa, hrsg. v. Marie-Luise HECKMANN, Jens RÖHRKASTEN (Nova Mediaevalia, 4), Göttingen 2008, S. 317–40.

685 S. zur Vergabe der Dörfer im Kreise Heiligenbeil detailliert, inkl. einer Karte, GUTTZEIT, Grundbesitzverschiebungen (wie Anm. 134), S. 66–73. Ferner zu Handfestenregistern s. exempl. Klaus NEITMANN, Die Handfestenregister der Deutschordenshochmeister aus dem 15. Jahrhundert und ihre Regestierung, in: Quellenvielfalt und editorische Methoden, hrsg. v. Matthias THUMSER, Janusz TANDECKI (Publikationen des Deutsch-Polnischen Gesprächskreises für Quelleneditionen, 2), Toruń 2003, S. 217–32, hier S. 221, 226; DERS., Die Handfesten der Hochmeister Ludwig von Erlichshausen und Heinrich Reuß von Plauen (1450–1470), in: Kancelaria wielkich mistrzów i polska kancelaria królewska w XV wieku. Materiały z międzynarodowej konferencji naukowej Malbork 2–3 IX 2004, hrsg. v. Janusz TRUPINDA, Malbork 2006, S. 211–48; Grischa VERCAMER, Zentralität vs. Regionalität im Ordensland Preußen am Beispiel der Komturei Königsberg, in: 750 Jahre Königsberg. Beiträge zur Geschichte einer Residenzstadt auf Zeit, hrsg. v. Bernhart JÄHNIG, Radosław BISKUP, Marburg 2008, S. 39–61.

686 GStA PK, XX. HA Hist. StA Königsberg, Perg.-Urk. 3198, Schiebl. XXVII 10.

687 S. GStA PK, XX. HA Hist. StA Königsberg, Perg.-Urk. 3169, Schiebl. XXVI 38; GStA PK, XX. HA Hist. StA Königsberg, Perg.-Urk. 3215, Schiebl. XXVI 40; GStA PK, XX. HA Hist. StA Königsberg, Perg.-Urk. 3211, Schiebl. 96 Nr. 3; GStA PK, XX. HA Hist. StA Königsberg, OBA 16284.

688 S. exempl. GStA PK, XX. HA Hist. StA Königsberg, OBA 16101; GStA PK, XX. HA Hist. StA Königsberg, Perg.-Urk. 3162, Schiebl. XXXIX 1; GStA PK, XX. HA Hist. StA Königsberg, Perg.-Urk. 3168, Schiebl. LXXIII 32b; Perg.-Urk. 3169 (wie Anm. 687).

689 S. OBA 16101 (wie Anm. 688); GStA PK, XX. HA Hist. StA Königsberg, Perg.-Urk. 3154=Depositum Dönhoffstädt, Nr. 21; Perg.-Urk. 3162 (wie Anm. 688); GStA PK, XX. HA Hist. StA Königsberg, Perg.-Urk. 3178, Schiebl. XXXVII 37; GStA PK, XX. HA Hist. StA Königsberg, Perg.-Urk. 3234, Schiebl. XXVI 110; GStA PK, XX. HA Hist. StA Königsberg, Perg.-Urk. 3247, Schiebl. 95 Nr. 24; OBA 16284 (wie Anm. 687); GStA PK, XX. HA Hist. StA Königsberg, Perg.-Urk. 3376, Schiebl. XIII 69; GStA PK, XX. HA Hist. StA Königsberg, Perg.-Urk. 3445, Schiebl. XXXIX 4. Einschränkend jedoch kann *uszgenomen die sneidemole* sein. Perg.-Urk. 3247 (wie Anm. 689).

690 S. Perg.-Urk. 3178 (wie Anm. 689); GStA PK, XX. HA Hist. StA Königsberg, Perg.-Urk. 3199, Schiebl. XXVII 63; Perg.-Urk. 3234 (wie Anm. 689); Perg.-Urk. 3247 (wie Anm. 689); OBA 16284 (wie Anm. 687). S. MAGER, Wald in Altpreußen, 1 (wie Anm. 632), S. 160–64.

von Seen bzw. Flüssen zur Fischerei vergeben.[691] Auch Störfang und Pfundzoll konnten Berücksichtigung finden.[692]

Sofern Gerichte in den Verschreibungen Erwähnung finden, werden ausnahmslos *die gerichte beide grosz unnd klein* eingeräumt.[693] Sehr häufig wird jedoch gleichzeitig das *strossengerichte auszgenomen*[694] und somit die Aburteilung auf offener Straße begangener Missetaten bzw. Verbrechen dem jeweiligen Dorfe entzogen.[695] Eine Vererbung des Dorfes an berechtigte Personen ist üblich,[696] jedoch besteht stets eine Einschränkung dahingehend, *das her seyner eelichen hawssfrawenn eyn leipgedinge wulde lassen vorschreibenn so sal her das uff die 100 und 60 m. und nicht uff das vorbenumpthe dorff vorschreiben lassenn.*[697]

691 S. Perg.-Urk. 3162 (wie Anm. 688); GStA PK, XX. HA Hist. StA Königsberg, Perg.-Urk. 3196, Schiebl. XXVII 9; Perg.-Urk. 3199 (wie Anm. 690); Perg.-Urk. 3211 (wie Anm. 687); Perg.-Urk. 3247 (wie Anm. 689). Jagdrechte lassen sich in dieser Auswahl nicht nachweisen. S. GUTTZEIT, Grundbesitzverschiebungen (wie Anm. 134), S. 89. S. ferner Klaus MILITZER, Jagd und Deutscher Orden, in: Jagd und höfische Kultur im Mittelalter, hrsg. v. Werner RÖSENER, Göttingen 1997, S. 325–63, hier S. 347–348, 350.

692 S. GStA PK, XX. HA Hist. StA Königsberg, OBA 16670. Für Zahlungen mittels Pfundzoll für eine Forderung s. GStA PK, XX. HA Hist. StA Königsberg, OBA 17707.

693 S. exempl. Perg.-Urk. 3169 (wie Anm. 687); GStA PK, XX. HA Hist. StA Königsberg, Perg.-Urk. 3213, Schiebl. 95 Nr. 12; Perg.-Urk. 3372 (wie Anm. 514).

694 S. OBA 16101 (wie Anm. 688); Perg.-Urk. 3154 (wie Anm. 689); GStA PK, XX. HA Hist. StA Königsberg, Perg.-Urk. 3157, Schiebl. XXVI 277; Perg.-Urk. 3162 (wie Anm. 688); Perg.-Urk. 3168 (wie Anm. 688); GStA PK, XX. HA Hist. StA Königsberg, Perg.-Urk. 3170, Schiebl. XXXIX 2; GStA PK, XX. HA Hist. StA Königsberg, OBA 16147; Perg.-Urk. 3178 (wie Anm. 689); Perg.-Urk. 3196 (wie Anm. 691); GStA PK, XX. HA Hist. StA Königsberg, Perg.-Urk. 3197, Schiebl. XXVII 8; Perg.-Urk. 3198 (wie Anm. 686); Perg.-Urk. 3199 (wie Anm. 690); GStA PK, XX. HA Hist. StA Königsberg, Perg.-Urk. 3201, Schiebl. XXVII 11; GStA PK, XX. HA Hist. StA Königsberg, OBA 16176a; Perg.-Urk. 3234 (wie Anm. 689); GStA PK, XX. HA Hist. StA Königsberg, Perg.-Urk. 3235, Schiebl. XXVI 137; GStA PK, XX. HA Hist. StA Königsberg, Perg.-Urk. 3239, Schiebl. XXXVII 24; GStA PK, XX. HA Hist. StA Königsberg, Perg.-Urk. 3241, Schiebl. XXVI 41; GStA PK, XX. HA Hist. StA Königsberg, Perg.-Urk. 3245, Schiebl. XXII 40; Perg.-Urk. 3247 (wie Anm. 689); GStA PK, XX. HA Hist. StA Königsberg, Perg.-Urk. 3268, Schiebl. XXII 41; GStA PK, XX. HA Hist. StA Königsberg, Perg.-Urk. 3306, Schiebl. XXVII 13; GStA PK, XX. HA Hist. StA Königsberg, Perg.-Urk. 3309, Schiebl. XXVII 12; GStA PK, XX. HA Hist. StA Königsberg, Perg.-Urk. 3313, Schiebl. 93 Nr. 52; GStA PK, XX. HA Hist. StA Königsberg, Perg.-Urk. 3314, Schiebl. XXVI 188; GStA PK, XX. HA Hist. StA Königsberg, Perg.-Urk. 3321, Schiebl. XXIX 119; GStA PK, XX. HA Hist. StA Königsberg, Perg.-Urk. 3324, Schiebl. XXXV 66; GStA PK, XX. HA Hist. StA Königsberg, Perg.-Urk. 3353, Schiebl. XXVI 51; Perg.-Urk. 3376 (wie Anm. 689).

695 S. Erich JOACHIM, Zur Kenntnis der alten Landgerichte im Ordenslande Preussen, in: Oberländische Geschichtsblätter 14 (1912), S. 594–605, hier S. 595.

696 S. exempl. Perg.-Urk. 3169 (wie Anm. 687); Perg.-Urk. 3235 (wie Anm. 694); Perg.-Urk. 3306 (wie Anm. 694).

697 Perg.-Urk. 3306 (wie Anm. 694). S. zudem Perg.-Urk. 3169 (wie Anm. 687); Perg.-Urk. 3170 (wie Anm. 694); OBA 16147 (wie Anm. 694); Perg.-Urk. 3196 (wie Anm. 691); Perg.-Urk. 3197 (wie Anm. 694); Perg.-Urk. 3198 (wie Anm. 686); Perg.-Urk. 3201 (wie Anm. 694); Perg.-

Damit verblieb das verpfändete Dorf uneingeschränkt ablösbar, ohne dass Rechte an Dritte darauf lasten konnten. Denkbar ist, sowohl Mühlen als auch Dörfer auszulösen, obgleich die Zahlungen im Falle von Dörfern als Leibrente fortgesetzt werden können.[698]

In einigen Verschreibungen findet sich die Vorgabe zur jährlichen Abgabe von Geld und Wachs *tzu bekenntnisze der herschafft*.[699] Auch die Bereitstellung von Kräften für militärische Unternehmungen wie *platendienst*[700] werden ebenfalls eingefordert.[701] Abermals findet das Magdeburger Recht, meist auch zu beiden Kunnen, in diesen Fällen Erwähnung,[702] welches eine Vererbung nicht nur an die Söhne, sondern auch an die Töchter und deren Ehemänner ermöglichte.[703]

Urk. 3211 (wie Anm. 687); Perg.-Urk. 3213 (wie Anm. 693); GStA PK, XX. HA Hist. StA Königsberg, Perg.-Urk. 3233, Schiebl. XXIII 16; Perg.-Urk. 3245 (wie Anm. 694); Perg.-Urk. 3268 (wie Anm. 694); GStA PK, XX. HA Hist. StA Königsberg, Perg.-Urk. 3300, Schiebl. XXVII 56; Perg.-Urk. 3306 (wie Anm. 694); Perg.-Urk. 3309 (wie Anm. 694); Perg.-Urk. 3313 (wie Anm. 694); Perg.-Urk. 3314 (wie Anm. 694); OBA 16284 (wie Anm. 687); Perg.-Urk. 3321 (wie Anm. 694); Perg.-Urk. 3324 (wie Anm. 694); Perg.-Urk. 3353 (wie Anm. 694); Perg.-Urk. 3376 (wie Anm. 689).

698 S. GStA PK, XX. HA Hist. StA Königsberg, Perg.-Urk. 3303, Schiebl. XXVI 45; GStA PK, XX. HA Hist. StA Königsberg, Perg.-Urk. 3679, Schiebl. XXXV 72; GStA PK, XX. HA Hist. StA Königsberg, Perg.-Urk. 3705, Schiebl. XXXV 87.

699 Perg.-Urk. 3197 (wie Anm. 694). S. zudem Perg.-Urk. 3154 (wie Anm. 689); Perg.-Urk. 3178 (wie Anm. 689); GStA PK, XX. HA Hist. StA Königsberg, Perg.-Urk. 3188, Schiebl. XXVI 151; OBA 16176a (wie Anm. 694); Perg.-Urk. 3234 (wie Anm. 689); Perg.-Urk. 3239 (wie Anm. 694); Perg.-Urk. 3241 (wie Anm. 694).

700 S. exempl. Perg.-Urk. 3234 (wie Anm. 689); Perg.-Urk. 3241 (wie Anm. 694). S. Carl August LÜCKERATH, platendinst, in: Preußische Landesgeschichte. Festschrift für Bernhart Jähnig zum 60. Geburtstag, hrsg. v. Udo ARNOLD, Jürgen SARNOWSKY, Mario GLAUERT (Einzelschriften der Historischen Kommission für ost- und westpreußische Landesforschung, 22), Marburg 2001, S. 205–17.

701 S. GStA PK, XX. HA Hist. StA Königsberg, Perg.-Urk. 3156, Schiebl. XXVI 123; Perg.-Urk. 3178 (wie Anm. 689); Perg.-Urk. 3188 (wie Anm. 699); Perg.-Urk. 3199 (wie Anm. 690); OBA 16176a (wie Anm. 694); Perg.-Urk. 3234 (wie Anm. 689); Perg.-Urk. 3239 (wie Anm. 694); Perg.-Urk. 3241 (wie Anm. 694).

702 S. Perg.-Urk. 3154 (wie Anm. 689); Perg.-Urk. 3156 (wie Anm. 701); Perg.-Urk. 3178 (wie Anm. 689); Perg.-Urk. 3188 (wie Anm. 699); OBA 16176a (wie Anm. 694); Perg.-Urk. 3234 (wie Anm. 689); Perg.-Urk. 3239 (wie Anm. 694); Perg.-Urk. 3241 (wie Anm. 694). Gleichzeitig wurde versucht, im Ordensland das Kulmer Recht weiter auszubauen, dennoch ist die Verlegung des Oberhofs (Oberkolm) als Gerichtsinstitution von Kulm nach Königsberg nach 1466 belegt. S. Emil Julius Hugo STEFFENHAGEN, Deutsche Rechtsquellen in Preussen vom XIII. bis zum XVI. Jahrhundert, Leipzig 1875, S. 34; Janusz MAŁŁEK, Das Kulmer Recht im Ordensland Preußen (1466–1525) und im Herzogtum Preußen (1525–1620), in: Zeitschrift für Ostforschung 32 (1983), S. 321–40, hier S. 324–27; JÄHNIG, Verfassung und Verwaltung (wie Anm. 382), S. 72; JÄHNIG, Verfassung (wie Anm. 392), S. 27–28.

703 S. GUTTZEIT, Grundbesitzverschiebungen (wie Anm. 134), S. 88; Wilhelm von BRÜNNECK, Zur

In diesen letztgenannten Verschreibungen sind keine spezifischen Schuldbeträge gelistet, sondern es erfolgten die Übertragungen wie für *der manigfaldigen unnd gar getrauwen dinste wegenn die unns unnd unnsern ordenn unnsers ordenns lieben getrauwer Friderich Bernfelde in dieszen neestvorgangen lanngen harten unnd sweren kriegen hatt gethan.*[704] Demzufolge ist eine Rückgabe an den Orden in diesen Fällen offenbar a priori nicht beabsichtigt gewesen.[705]

Nicht nur einhergehend mit den Verschreibungen änderte sich zudem die Sozialstruktur im Gebiet, welches jedoch hinsichtlich der zentralen Fragestellung weiteren Forschungen vorbehalten bleibt.[706] Letztlich bilden diese Verschreibungen oftmals die Grundlage für die Entstehung des späteren Landadels.[707]

Geschichte des Grundeigenthums in Ost- und Westpreußen. Die Lehngüter, 1. Abth.: Das Mittelalter, Bd. 2,1, Berlin 1895, S. 95–96.

704 Perg.-Urk. 3234 (wie Anm. 689).

705 S. GUTTZEIT, Grundbesitzverschiebungen (wie Anm. 134), S. 88–89.

706 S. exempl. Bernhart JÄHNIG, Siedlungsentwicklung im Gebiet (Preußisch) Holland im Mittelalter, in: Vorträge und Forschungen zur Geschichte des Preußenlandes und des Deutschen Ordens im Mittelalter. Ausgewählte Beiträge zum 70. Geburtstag am 7. Oktober 2011, hrsg. v. Bernhart JÄHNIG, Hans-Jürgen KÄMPFERT, Münster/Westf. 2011, S. 351–65, hier S. 364–65; Peter GERMERSHAUSEN, Siedlungsentwicklung der preussischen Ämter Holland, Liebstadt und Mohrungen vom 13. bis zum 17. Jahrhundert, Marburg 1970, S. 58; Dieter HECKMANN, Zuwanderung und Integrationsprobleme in Königsberg in Mittelalter und früher Neuzeit, in: Probleme der Migration und Integration im Preussenland vom Mittelalter bis zum Anfang des 20. Jahrhunderts, hrsg. v. Klaus MILITZER (Tagungsberichte der Historischen Kommission für ost- und westpreußische Landesforschung, 21), Marburg 2005, S. 71–86, hier S. 78, 81; MILITZER, soziale Gruppen (wie Anm. 383), S. 22; Reinhard WENSKUS, Studien zur Geschichte der Ritterschaft im Ordensland Preußen. I. Zur mittelalterlichen Geschichte des Geschlechts von Manstein, in: Altpreußische Geschlechterkunde N. F. 30, 13 (1982), S. 51–64; DERS., Studien zur Geschichte der Ritterschaft im Ordensland Preußen. II. Die »Sieben Geschlechter«, in: Altpreußische Geschlechterkunde N. F. 32/33, 15 (1984/85), S. 1–72.

707 S. Grischa VERCAMER, Die Komturei Königsberg und der sich entwickelnde ostpreußische Adel am Beispiel der Familie Perbandt, in: 750 Jahre Königsberg. Beiträge zur Geschichte einer Residenzstadt auf Zeit, hrsg. v. Bernhart JÄHNIG, Radosław BISKUP, Marburg 2008, S. 89–138; Georg MICHELS, Die Entstehung des Landadels in Preußen, in: Preußische Landesgeschichte. Festschrift für Bernhart Jähnig zum 60. Geburtstag, hrsg. v. Udo ARNOLD, Jürgen SARNOWSKY, Mario GLAUERT (Einzelschriften der Historischen Kommission für ost- und westpreußische Landesforschung, 22), Marburg 2001, S. 219–26, hier S. 221–23; GUTTZEIT, Grundbesitzverschiebungen (wie Anm. 134), S. 66; Janusz MAŁŁEK, Die Ständerepräsentation im Deutschordensstaat (1466–1525) und im Herzogtum Preußen (1525–1566/68), in: Die Anfänge der ständischen Vertretungen in Preußen und seinen Nachbarländern, hrsg. v. Hartmut BOOCKMANN (Schriften des Historischen Kollegs Kolloquien, 16), München 1992, S. 101–15, hier S. 105; Heide WUNDER, Siedlungs- und Bevölkerungsgeschichte der Komturei Christburg. 13.–16. Jahrhundert (Marburger Ostforschungen, 28), Wiesbaden 1968, S. 214–20; DRALLE, Staat des Deutschen Ordens (wie Anm. 132), S. 39–53; Heide WUNDER, Sozialstruktur des Deutschen Ordens und der Bevölkerung des Ordensstaates, in: Internationales Jahrbuch für Geschichts- und Geographie-Unterricht 16 (1975), S. 300–14, hier S. 312.

3.3.4 Erlass und Spende

Gläubiger vermachten oftmals ihre Schuldansprüche den Familienangehörigen, um diese damit versorgt zu wissen, wie die Notiz zu Wolfel Krap, *der [..] todt [ist] unnd hot seinen dinst an sein weib unnd kind geerbet unnd sust keinem,*[708] in der Schriftlichkeit des Ordens verdeutlicht. Jedoch konnte solch ein Nachlass an die Familienangehörigen auch eingeschränkt werden, wie ein anderer Gläubiger verfügte, dass *von seinen dinste seinen weibe bescheiden 100 gld. die hot her dem burgermeister mechtig gemacht unnd den andern dinst unnd schaden hot er Unssz Lieben Frawen bescheiden.*[709] Auch ein vollkommener Verzicht auf ausstehende Forderungen war nicht unüblich, sodass hier erwähnt sei *Swartcze Cuntcze mit 2 pferden unnd setczet seinen dinst czu unsers homeister*[710] und zudem *setczet seinen schaden ouch czu unsirn homeister.*[711]

Herausragend sind jedoch die zahlreichen Vermerke zum Wohle *Unnsirn Liben Frawen* und damit eine Übertragung bzw. ein Erlass der Schulden an den Orden, nicht nur am Totenbett oder im Zusammenhang mit einer Pilgerreise nach Rom,[712] welches folgender Eintrag auf einer Listung von erlassenen Schulden dramatisch verdeutlicht:

> Item am letczten ende Mattis Eber frogete ich en ab her seinen solt Unnser Lieben Frauwen geben wolde als her sprochlosz lag dach sprach her mit halben worten Frauwen Unser Frauwen unnd hup seine hende uff kenn hymmele wirt ymant seinen solt nemen es wert em nicht wolgehn.[713]

Im Folianten finden sich rund 50 solcher Übertragungen an den Orden, dessen ermittelbarer Gesamtwert somit mindestens 5.935 ung. gld. für Dienstsold, 1.154 rh. gld. an Schaden und 30 m. beträgt.[714] Weitere ordenseigene Listen weisen die entsprechenden Schenkungen gesondert aus.[715] Jedoch erfolgten Spenden nicht stets ohne weltliche Gegenleistung, wie der Eintritt eines Sohnes des

708 OF 259 (wie Anm. 390), S. 96.

709 Ebd., S. 331.

710 Ebd., S. 204.

711 Ebd., S. 211.

712 *Das hot her am totbette Unnsirn Liben Frawen gegeben an seinem teile des dinstes.* Ebd., S. 282. *und so er uff dem Rom weg starb sal das nachgelaszen geld Unsz Liben Frauen dyrloszen sein.* Ebd., S. 374.

713 GStA PK, XX. HA Hist. StA Königsberg, OBA 16122, Bl. 3r.

714 S. OF 259 (wie Anm. 390), S. 7, 9, 21, 21, 24, 27, 27, 27, 55, 62, 64, 64, 66, 67, 68, 74, 75, 81, 96, 96, 102, 103, 104, 104, 105, 105, 105, 106, 107, 140, 167, 184, 192, 196, 198, 198, 204, 211, 233, 264, 264, 282, 331, 358, 363, 365, 370, 373, 374, 382, 388.

715 S. OBA 16122 (wie Anm. 713). Exempl. s. Hans Waldener, welcher Ansprüche erlässt, OBA 16122 (wie Anm. 713), Bl. 2v; OF 259 (wie Anm. 390), S. 104, 125.

Hans Czolner in die Ordensgemeinschaft im Jahre 1493 durch den Verzicht auf 300 ung. gld. zeigt.[716]

3.4 Ausgewählte Gruppen

Anhand der Einträge im Folianten 259 lassen sich verschiedene, durch die Ordensmitglieder definierte Personengruppen, nicht nur nach *dienst* und *schaden* erkennen.[717] Augenscheinlich erfolgte oftmals eine Gliederung in personeller sowie geografischer Hinsicht, wie die Überschriften *Jorge von Sliven rotte* und *Ortelsburg* zeigen.[718] Als weiteres, gliederndes Kriterium bildete das jeweilige Vorhandensein bzw. Fehlen der Vitalfunktionen eines Söldners, wonach *Dissze sint tod* oder *leben nach alle*.[719] Auch werden Gruppierungen durch Begriffe wie *hoffelewte*, *fuszknechte* und *haszenfuszknechte* deutlich.[720] Daneben spielen räumliche Einordnungen und die entsprechende Zugehörigkeit eine Rolle, wie die Einträge *Disse sint ausz dem lande gereten ausz der Osterreichschen rotte dinst*, *Dis sint prewsche fuszknechte* und *Dis sint auszlendische fuszknechte* veranschaulichen.[721]

Neben den Überschriften finden sich häufig nachträgliche Anmerkungen in der Nähe zu einem Eintrag, welche der Person unmittelbar zuzuordnen sind. Exemplarisch seien hier angeführt *Ist aus dem lande gereten*[722] und eine Gruppenzugehörigkeit wie *Prewsz*.[723] Eine spätere Notiz im Folianten zu einem Eintrag, wie *Her isset nicht meh brot*, lässt darauf schließen, dass offenbar *her* [der

716 *unnd der wirdige dewtsche ordenn czu Prewsszenn vonn wegen meins vetternn Jurgenn Czolners seligs gedechtniszs solt dienst unnd schadenn er bey dem wirdigenn dewtschenn ordenn ihennezeit gethann unnd erliedenn so dasz sich die summa alles soldes dinsts unnd schadenns lewfft 300 gld. ung. [...] dem erbarenn unnd geistlichenn Jurgenn Czolnner dewtschs ordenns meinem soene zun gutte unnde hulffe inndenselbenn ordenn mitgegebenn welcher gedochtenn summa 300 gld. ung. sage und gebe ich [...] frey czheit ledigk unnde loesz.* GStA PK, XX. HA Hist. StA Königsberg, OBA 17767. S. für ein Ordensmitglied Christian PROBST, Der Deutschordensritter Graf Heinrich von Tübingen. Ein Beispiel für das Versorgungsdenken im Deutschen Orden des 15. Jahrhunderts, in: Preußenland 5 (1967), S. 17–27.

717 *Disz ist Heinrich Hawbitcz dinst. [...] Disz ist der schade.* OF 259 (wie Anm. 390), S. 143, 144.

718 Ebd., S. 3, 225.

719 Ebd., S. 120, 158.

720 Ebd., S. 297, 302, 341.

721 Ebd., S. 108, 279, 281.

722 S. exempl. ebd., S. 11, 17, 18, 20, 24, 25, 27, 44, 74, 92, 108, 130, 139, 158, 230, 285, 369, 381, 383.

723 S. exempl. ebd., S. 33, 95, 96, 330, 348, 351. Auch Nachträge mit zeitlichen Aspekt wie *her ist mit Fritschen Tenwuck nach dem beyfrede ins lant gekomen* und *Item Caspar Gobel hot gedinet mit 2 pferden van ambegynne des kriges facit 2[00] ung. gld. minus 8 gld.* erfolgten. Ebd., S. 163, 181.

Söldner] *ist tod*, entsprechend des vorangegangenen Eintrags,[724] in diesem Fall namentlich Lange Pawel.[725] Seitens der Ordensverwaltung war die Erfassung des Ablebens eines Gläubigers bedeutend, wie zahlreiche entsprechende Vermerke, eben nicht nur durch gliedernde Überschriften, sondern auch in separaten Registern, zeigen.[726] Ebenfalls wurden die schuldigen Beträge dieser Personengruppe summarisch erfasst.[727]

Den Registern und Schuldzetteln lassen sich nur äußerst vereinzelt Informationen zu Frauen, entgegen den Angaben zu männlichen Söldnern und Ordensbrüdern, entnehmen.[728] In einem Register zur Abfindung einiger Söldner finden sich Einzelne als Empfängerinnen von Waren und Geld wie *Die Molerynne 12 ellen gewand vor 10 gld.* und *Strawyzinne 4 m.*[729] Auch sind Frauen als Gläubigerinnen greifbar, so *Item 24 m. ist her der Solinerynne schuldig.*[730]

Die Versorgung der Ehefrau versuchte nicht nur der einstige Söldner Jurge Grawssing[731] zu gewährleisten, wie sein Bemühen 1486 an den Hochmeister wegen *meinem weibp* [zu] *helfen mit pferde und mit gelde*[732] zeigt. Sondern auch im Folianten finden eines anderen Söldners *weib und kind [..] unnd sust keinen*[733]

---

724 Ebd., S. 210.

725 S. ebd., S. 447.

726 S. exempl. ebd., S. 6, 9, 10–11, 20–27, 54–59, 62, 64, 68, 71–73, 81, 83, 88, 94, 96, 101, 119–120, 123–124, 165, 175, 190, 199, 201–203, 207, 210, 212–213, 230, 237, 264, 300, 322–236, 329–331, 335, 346–347, 349, 351, 374, 380, 387, 389, 408, 410, 413–415, 428, 430, 433–434, 438–439, 441–447. S. zudem GStA PK, XX. HA Hist. StA Königsberg, OBA 16590.

727 *Summa summarum der toden ist 3.128 [gld.]* OF 259 (wie Anm. 390), S. 283. *Summa summarum dinste unnd schaden der toden 548 gld.* Ebd., S. 301.

728 S. SARNOWSKY, Land und Städte (wie Anm. 127), S. 38, 44–46; DERS., Frauen in den Schuldbüchern der Königsberger Großschäfferei um 1400, in: Kollektivität und Individualität. Der Mensch im östlichen Europa. Festschrift für Prof. Dr. Norbert Angermann zum 65. Geburtstag, hrsg. v. Karsten BRÜGGEMANN, Norbert ANGERMANN, Hamburg 2001, S. 36–46; Mary FISCHER, Die Darstellung von Frauen in der historischen Erzählung des Deutschen Ordens, in: Neue Studien zur Literatur im Deutschen Orden, hrsg. v. Bernhart JÄHNIG, Arno MENTZEL-REUTERS (Zeitschrift für deutsches Altertum und deutsche Literatur, 19), Stuttgart 2014, S. 229–46.

729 OBA 16645 (wie Anm. 596), fol. 1r. Zur Namensendung -ynne s. SARNOWSKY, Frauen (wie Anm. 728), S. 38–39. Zum Witwenstatus durch den Namenszusatz -ynne s. Sven EKDAHL, Ein Privatbrief vom Herbst 1410 an Margreth Lucassynne, Witwe des Marienburger Bürgermeisters Lucas, im Haus des Danziger Bürgermeisters Konrad Letzkau, in: Preußenland 47 (2009), S. 15–23, hier S. 19.

730 OF 259 (wie Anm. 390), S. 102. S. exempl. Hans-Jörg GILOMEN, Frauen als Schuldnerinnen und Gläubigerinnen in der Stadt Basel in den 1420er Jahren, in: Prekäre Ökonomien. Schulden in Spätmittelalter und Früher Neuzeit, hrsg. v. Gabriela SIGNORI (Spätmittelalterstudien, 4), München 2014, S. 103–37.

731 S. OBA 16181 (wie Anm. 674).

732 GStA PK, XX. HA Hist. StA Königsberg, OBA 17232.

733 OF 259 (wie Anm. 390), S. 96. S. ebd., S. 183, 331.

als rechtmäßige Erben der Forderungen an den Orden Erwähnung.[734] Die nach einem Todesfall verbliebenen Ehefrauen nehmen die Tilgungszahlungen, wie im Falle von Frau Barbara, Witwe des Nickel Hunger, in Empfang, wobei in diesem Zusammenhang Hans Lemberg das Siegel für ein Schreiben zur Verfügung stellte bzw. die Witwe vertrat.[735] Auch Schuldzettel, oft mit zahlreichen Tilgungszahlungen in Geld und Waren vermerkt, ohne Nennung einer männlichen Person, sind, wie für die Witwe des Sigmund Quosz und der Gebrüder Ryme, erhalten.[736] Jedoch sind drei Vormünder für Margarethe, Witwe des Abraham von Donen, anwesend, um die Ablösung des Kammeramtes Dollstädt mit einem einstigen Gegenwert von 1.000 ung. gld. zu quittieren.[737] Auch können Dörfer an Witwen wie an *frawen Berdrudt Jacob Colners nochgelassene hawsfrawe,*[738] neben ihrem Vormund Hans Lemberg, aufgrund von Forderungen verpfändet werden.

Hervorstechend ist folgender Umstand, hervorgerufen durch den Söldner Caspar Hareisz. Er diente über einen längeren Zeitraum für den Orden, doch verstarb letztendlich.[739] In seinem letzten Willen verfügte er eindrücklich, dass

> Ab seyne hewszfraw bemelten Signnondts [sic!] swester einen szon uff disse werld brengen wurde ann denselben soen sollt sein vordynet sollt unnd wes er schaden entpfangen hette komen unnd gefallen. Wurde sie aber eyne tochter czelen so sollt solliche seine dinst unnd scheden unsrem orden heymfallen.[740]

Obgleich eine Tochter das Licht der Welt erblickte, konnte eine Einigung mit den Ordensbrüdern durch den Bruder der Witwe vermittelt und somit entgegen

---

734 Demgegenüber stehen komplexe Abrechnungen durch erneute Heirat von Söldnerwitwen mit einstigen Söldnern. S. exempl. OBA 17252 (wie Anm. 621).

735 *Ich, frau Barbara des erbarenn unnd vestnn Nickell Hungars nochgelaessene withwe thue kunth.* GStA PK, XX. HA Hist. StA Königsberg, OBA 17828. S. OBA 17829 (wie Anm. 600). Für eine Übertragung zweier Schwestern von Soldansprüchen des Vaters durch einen Vormund vor einem Schöffengericht s. GStA PK, XX. HA Hist. StA Königsberg, Perg.-Urk. 3743, Schiebl. 32 Nr. 7. S. Markian PELECH, Vertreter in Zivilprozessen vor den Gerichten des Deutschordenslandes Preußen. Bevollmächtigte und Vormünder, in: Beiträge zur Geschichte Westpreußens 9 (1985), S. 25–40, hier S. 34, 37–38.

736 S. OBA 17039 (wie Anm. 600); OBA 17782 (wie Anm. 621). S. ferner OBA 17106 (wie Anm. 600); GStA PK, XX. HA Hist. StA Königsberg, OBA 17558; GStA PK, XX. HA Hist. StA Königsberg, OBA 17034. Mit Erwähnung männlicher Personen s. GStA PK, XX. HA Hist. StA Königsberg, OBA 16970; GStA PK, XX. HA Hist. StA Königsberg, OBA 17299; GStA PK, XX. HA Hist. StA Königsberg, OBA 17701. Für einen Kredit über 1.000 m. unter Beteiligung u. a. der Witwe des Jhan Czolke an den Hochmeister s. GStA PK, XX. HA Hist. StA Königsberg, Perg.-Urk. 3492, Schiebl. XXVI 109.

737 S. OBA 17693 (wie Anm. 580).

738 OBA 16670 (wie Anm. 692). S. GUTTZEIT, Grundbesitzverschiebungen (wie Anm. 134), S. 88.

739 S. OF 259 (wie Anm. 390), S. 206, 212.

740 OBA 17319 (wie Anm. 621). Gemeint *Sigmondts swester.*

dem Willen des verstorbenen Ehemanns erreicht werden. Der Orden erkannte eine Schuldenlast der Witwe an und sicherte eine entsprechende Auszahlung zu.[741] Eine erste Rate erfolgte am Ausstellungstag des Dokuments durch *2 last weisze vor 30 m. geringe*.[742] Da das Gegenstück des vorhandenen Kerbzettels mit möglichen Tilgungsvermerken nicht erhalten ist, lässt sich der weitere Verlauf dieses heiklen Anliegens nicht weiter verfolgen, doch könnte sich, obgleich des nur rudimentär überlieferten Einzelfalls, eine nicht ausschließlich unter wirtschaftlichen Gesichtspunkten agierende Ordensleitung zumindest andeuten. Zudem erscheinen, doch bemerkenswert, zwei wie folgt lautende, gliedernde Überschriften im Folianten *Disz sint die vorstorben die do haben weib unnd kindt gelossen etc.*, gefolgt von vier namentlichen Einträgen, bzw. *Item disse fusknechte sint vorstorbenn unnd nicht weib noch kindt gelossen*, gefolgt von zahlreichen weiteren Personennennungen mit den entsprechenden Forderungen.[743] Ob diese Verzeichnung aus sozialen oder ausschließlich wirtschaftlichen Gründen erfolgte, bleibt unbeantwortet.

Daneben versuchten auch Blutsverwandte entsprechende Ansprüche geltend zu machen. So machte der dem Johanniterorden angehörende Bruder Jhonn Kewschburg um 1490 für seinen einst im Dienste des Ordens gestandenen und mittlerweile verstorbenen Bruder Peter entsprechende Forderungen erfolgreich geltend.[744] Daneben zeugen zahlreiche Vollmachten für einen Bruder oder Onkel von familiären Vertrauensverhältnissen bzw. Bindungen, um Forderungen gegenüber Ordensmitgliedern geltend machen zu können.[745]

---

741 *Und noch dem dan die gedocht fraw nicht ein soen sunder ein tochter noch dem willen gotts uff dissen jamertaell brocht haben wir uns mit irem bruder von irer wegen also vortragen unnd bekennen ir inn crafft und macht dieszer awszgesnethen zcettell die ob bestympten 250 m. geringe.* Ebd.

742 Ebd.

743 OF 259 (wie Anm. 390), S. 338, 339.

744 S. OF 259 (wie Anm. 390), S. 192; GStA PK, XX. HA Hist. StA Königsberg, OBA 17656; GStA PK, XX. HA Hist. StA Königsberg, OBA 17569; GStA PK, XX. HA Hist. StA Königsberg, OBA 17571. S. zum Johanniterorden, jedoch für den Zeitraum zuvor, Marian BISKUP, Das Verhältnis des Deutschen Ordens zu den anderen Orden in Preußen, in: Ritterorden und Kirche im Mittelalter, hrsg. v. Zenon Hubert NOWAK (Ordines militares, 9), Toruń 1997, S. 61–79, hier S. 63, 72–74; Walther HUBATSCH, Der Johanniterorden in Ost- und Westpreußen [Forschungsbericht], in: Zeitschrift für Ostforschung 21 (1972), S. 1–19, hier S. 1–11. Ein Peter Keuschberg stand bereits bis 1410 in den Diensten des Ordens. S. EKDAHL, Soldbuch des Deutschen Ordens, 2 (wie Anm. 136), S. 130–31.

745 S. exempl. GStA PK, XX. HA Hist. StA Königsberg, OBA 16146; GStA PK, XX. HA Hist. StA Königsberg, OBA 16740; GStA PK, XX. HA Hist. StA Königsberg, OBA 17285; GStA PK, XX. HA Hist. StA Königsberg, OBA 17662; OBA 17959 (wie Anm. 600); GStA PK, XX. HA Hist. StA Königsberg, OBA 17326; GStA PK, XX. HA Hist. StA Königsberg, OBA 17312.

3.5 Zusammenfassung der Ergebnisse

Die mit der Verwaltung der Schuldenlast betrauten Ordensmitglieder bemühten sich um eine Erfassung und Verwaltung der nach dem Zweiten Thorner Frieden vorhandenen Schulden, größtenteils gegenüber einzelnen Söldnern.

Aus dieser Zeit sind neben mehreren hundert, vorwiegend papierenen und als Kerbzettel erstellten Schuldzetteln, weitere Listen und insbesondere drei Ordensfolianten der Nachwelt erhalten geblieben. Während des Forschungsvorhabens konnten zahlreiche Schriftstücke den listenartigen Eintragungen in den Folianten zugeordnet werden. Primär stand der zeitnah nach 1466 erstellte 462 Seiten umfassende Foliant 259 im Fokus der Analyse. Daneben konnten rund 420 Dokumente dem im Jahr 1504 niedergeschriebenen Folianten 261 zugeordnet werden. Entsprechend der im Folianten 259 enthaltenen Überschriften, oftmals nach Rottenführern gegliedert, ist die Zusammenstellung bzw. thematische Anordnung aus verschiedenen Registern in ein zentral zu verwaltendes Dokument erkennbar, womit eines der bedeutendsten Register zur Verwaltung der Schuldenlast des Ordens gegenüber den Söldnern mit deren Dienst- und Schadensansprüchen identifiziert werden konnte. Für die Erfassung und Verwaltung der verpfändeten Dörfer, Seen, Mühlen usw. konnte – trotz intensiver Recherchen – kein vergleichbarer Foliant aufgefunden werden, wobei eventuell der verschollene Foliant 260 solche Eintragungen beinhalten könnte.

Das pragmatische Schrifttum der Ordensverwaltung mit der Erstellung von ersten Notizheften, zahlreichen Schuldscheinen und die daraufhin erfolgte Zusammenführung zahlreicher Listen im erhaltenen Ordensfolianten 259 zeugen zum einen für die Übernahme und Anerkennung der zu leistenden Schuldzahlungen durch die Ordensmitglieder. Zum anderen gewähren die entsprechenden Schriftstücke für beide beteiligten Parteien Rechtssicherheit. Grundlegend gingen die Gläubiger folglich von der Tilgung ihrer Schuldansprüche aus, und selbst eine Verzinsung von 8,33 Prozent pro Jahr war im Einzelfall nicht ausgeschlossen. Daneben stellten die Schuldscheine einen veräußerbaren Wertgegenstand dar, welcher oftmals an Dritte übertragen werden konnte.

Die vorwiegend anzuführenden Schuldenabhängigkeiten zeugen von einer vertikalen Struktur zwischen den Ordensmitgliedern, welche die Söldner einst für ihre Interessen angeworben hatten, und diese als Gläubiger, welche für ihre geleisteten Dienste und erlittenen Schäden, wie den Verlust an Pferden und Waffen, einen Gegenwert einforderten. Die daneben existierenden, finanziellen Abhängigkeiten zwischen den Ordensbrüdern blieben jedoch in dieser Studie unbeachtet.[746] Auf verschiedene Weise konnte die Ordensleitung erreichen, dass deren Zahlungen an die Gläubiger über einen längeren Zeitraum von diesen nicht nur vorwiegend durch Geldmittel – nicht selten in *mark* und ungarischen Gulden ausgewiesen –, sondern auch durch andere Wertgegenstände akzeptiert wurden.

Als Tilgungsmittel sind zunächst Gewand und Kleidung, im Folianten 259 mit rund 80 Einträgen belegt, von unterschiedlicher Qualität und Herkunft anzuführen, Getreide ließ sich in nicht weniger als 59 Vorgängen ausmachen. Neben Getreide spielte Honig und damit verbunden das Wachs eine nicht zu unterschätzende Rolle, belegt durch rund 50 Nachweise. Auffällig ist eine Schuldentilgung durch die stetig zunehmende Übereignung von Pferden. Andere Waren, wie Eisen, Gewürze, Salz, *canel* und *crude*, lassen sich zudem den Quellentexten entnehmen.

Hinzu treten die Verpfändungen von Gütern und Dörfern, das jeweilige Erbrecht berücksichtigend, in oftmals sehr komplexen Übertragungsvorgängen, teilweise auch mit Mühl-, Fischfang- und anderen Rechten verbunden. Hervorzuheben ist in einigen Fällen auch eine regelmäßige Abgabepflicht, wie von Naturalien, sowie die Bereitstellung von militärischen Kräften.

Durch den Verzicht auf berechtigte Forderungen durch die Söldner wurde zum einen die Schuldenlast auf den Orden minimiert, auch in der Hoffnung der Söldner, durch diese Schuldenschnitte die Zahlungsfähigkeit des Ordens aufrecht zu erhalten, um u. a. im Todesfall Kind und Weib versorgt zu wissen. Zum anderen wurde damit ein moralisch begründetes Abhängigkeitsverhältnis zwischen Gläubigern und Schuldnern begründet. Zudem konnte eine Spende eines Söldners vor dessen nahem Tode nicht nur dem erhofften Seelenheil dienen, sondern im Gegenzug auch die Aufnahme eines Sohnes in den Orden ermöglichen. Anzumerken ist, dass den verwaltenden Ordensbrüdern Notizen in den Aufzeichnungen zur geographischen Zuordnung und zum jeweiligen Ableben eines Gläubigers bedeutsam erschienen. Frauen lassen sich in den Aufzeichnungen selten identifizieren, doch spielte vereinzelt die Versorgung der Ehefrau und die der Kinder eine bedeutende Rolle.

Somit ist das Verhältnis zwischen der Ordensherrschaft und den in Preußen befindlichen Gläubigern zum Teil als ambivalent einzustufen. Zwar griffen einige Söldner zu gewalttätigen Mitteln, um ihre Forderungen durchzusetzen bzw. entsprechende Wertgegenstände zu erhalten, doch erwiesen sich diese drastischen Maßnahmen als nicht förderlich, um eine umfassende Zahlungsdisziplin

746 S. DRALLE, Staat des Deutschen Ordens (wie Anm. 132), S. 149–50.

der Ordensverwaltung zu erreichen. Sicherlich übten die Maßnahmen, verwiesen sei hier auf das Vorgehen um Muszigs Rotte, einen entsprechenden Druck aus, doch ließen sich auch diese Söldner letztendlich auf einen verhältnismäßig langfristigen Tilgungsprozess ein.

Aufgrund der langwierigen Auseinandersetzungen und der sich oftmals über mehrere Jahre erstreckenden Zahlungstermine manifestierte sich das Machtgefüge zwischen den Söldnern und der Ordensleitung, wurde aber von den Söldnern akzeptiert. Gleichzeitig brachten die Gläubiger folglich den Ordensbrüdern ein gewisses Maß an Vertrauen entgegen, da sie von zukünftigen Zahlungen ausgingen und die Schuldentilgung offenbar organisiert und innerhalb gewisser Rahmenbedingungen, verdeutlicht in den zu erbringenden Leistungen, wie Geld und anderen Waren, erfolgen sollte bzw. stattfand. Da jedoch die Zahlungstermine oftmals nicht eingehalten und geringere Werte als zunächst vereinbart ausgegeben wurden, festigte sich die Machtposition des Ordens gegenüber zahlreichen Gläubigern. Insgesamt war die Ordensleitung durchaus an einer Schuldentilgung interessiert, zumal teilweise auch verpfändete Dörfer wieder abgelöst werden konnten. Auch die zahlreichen, kassierten Schuldzettel zeugen von einer befriedigenden Ablösung der Schuldforderungen der Söldner.

Kaufleute, deren geraubtes Gut zu entschädigen war, konnten Einzelsummen oder größere Beträge von einem Herzog, wie hier von Sagan, einfordern. In diesen Fällen waren weitere Stellen, u. a. der polnische König, gegenüber dem Orden involviert, um die Zahlung der Tilgungssummen zu erreichen. Bemerkenswert ist die Zahlung der immensen Summe von 40.000 gld. von der Ordensverwaltung an den Herzog innerhalb einer sehr kurzen Zeitspanne von wenigen Jahren. Dieses lässt auf ein möglicherweise bisher unterschätztes Potenzial der Ordensleitung bzw. der Wirtschafts- und Finanzleistung des Ordens im Preußenland schließen, da die eingeforderten Mittel verhältnismäßig kurzfristig erfolgreich, und für den Gläubiger schließlich zufriedenstellend, aufgebracht werden konnten.

Neben dem erhaltenen Schrifttum werden noch unzählige, mündliche Absprachen, Modifikationen und Vereinbarungen zwischen den Ordensmitgliedern und Gläubigern getroffen worden sein, wie Hinweise auf das Vorgehen um Tilgungsvorgänge, ohne Vorliegen der entsprechenden Unterlagen, bezeugen. Somit bleiben die exakten Vorgänge um die teilweise sehr komplexen Schuldentilgungsprozesse nicht abschließend ergründbar.

Neben den vertikalen Prozessen zur Schuldentilgung lassen sich zudem horizontale Bewegungen der Schuldforderungen durch den Verkauf dieser an andere Söldner, wenn auch selten, festhalten. Somit einte die Söldner als Gruppe von Gläubigern nicht nur das gemeinsame Interesse, die ausstehenden Forderungen zu erhalten, sondern auch die untereinander übertragenen Außenstände stellten ein Bindeglied dar. Am deutlichsten wird dieser Zusammenhang durch die Heirat zwischen einer Söldnerwitwe und einem einstigen Söldner, wobei die in die Ehe eingebrachte Schuldforderung durch den neuen Ehemann von dem Orden eingefordert wurde. Folglich beeinflusste die Verwaltung bzw. Übertragung der Schuldenbeträge auch das Sozialgefüge der Söldner.

4 Fazit

> Wir, Veith unnd Arnoldt von Uttenhoffenn gevettere bekennenn mit diszem unszerm uffen brieffe vor jdermenglich das unns der hochwirdige furst unnd her her Hans von Tieffenn hoemeister deutschs ordenns den dienst solt unnd schadenn den ich Veith von Uttenhoffen unnd Hennerich szeliger Arnoltz von Uttenhoffenn vater gewest dem wirdigenn ordenn in vorgangenn sweren krigenn gethon unnd erlieden habenn gantcz unnd gar zuvollergenuge entricht unnd beczalt hot das wir seinenn gnaden danckenn unnd sagenn inn inne den obengenanten hern hoemeister unnd den gantczen wirdigenn ordenn qweit ledigk unnd losz.[747]
>
> Veith und Arnoldt von Uttenhoffenn, 1492

Die soeben zitierten Gläubiger *Veith unnd Arnoldt von Uttenhoffenn* konnten gegen Ende des 15. Jh.s zufrieden die seit einer Generation gegenüber dem Deutschen Orden bestehenden Forderungen entgegennehmen und somit das Schuldverhältnis in dieser Angelegenheit, schriftlich quittierend, wohlwollend beenden. Rund 500 Jahre später befanden sich u. a. 20 deutsche Gläubigerbanken in einer ähnlichen Situation der Deutschen Brüderprovinz des Ordens gegenüber. Eingangs dieser Studie stand daher die Darlegung und erfolgreiche Bewältigung der Schuldenkrise des Ordens um die letzte Millenniumswende im Zentrum der Betrachtung. Nicht nur konnten die Entwicklungen wie die ausufernden Expansionsbestrebungen der Brüderprovinz, verbunden mit entsprechenden Kreditgeschäften um den damaligen Prior, aufgezeigt werden, sondern auch der spätere Umgang mit der 364 Mio. DM zu beziffernden Schuldenlast. Letztendlich gelang es nur mit vereinten Kräften zahlreicher Beteiligter, auch von Staat und Kirche, eine Bewältigung dieser vielschichtigen Krise erfolgreich abzuschließen. Diese zeitgeschichtlichen Geschehnisse bildeten den Einstieg,

747 GStA PK, XX. HA Hist. StA Königsberg, OBA 17961.

um die zentrale Auseinandersetzung hinsichtlich der zu bewältigenden Schuldenkrise des Ordens im Anschluss an den Zweiten Thorner Frieden von 1466 in den Fokus zu rücken.

Doch da sich während des Forschungsverlaufs frühzeitig die Existenz eines seit 1945 verschollenen Ordensfolianten andeutete, erfolgte zunächst eine umfassende Auseinandersetzung mit der Überlieferungsgeschichte des Ordensarchivs bis in die Neuzeit. Vor allem die nähere Betrachtung des Zeitraums zur Mitte des 20. Jh.s und die damit verbundenen Transporte von Königsberger Archivalien zum Ende des Weltkriegs nach Westen bildeten einen Schwerpunkt. Hierbei wurde nicht nur das Augenmerk auf die Bemühungen deutscher Archivare während des Krieges gelenkt, sondern auch auf die Anstrengungen der alliierten *Monuments Men* zum Kulturschutz in der Zeit danach. So konnten sechs bisher unbekannte, 36 Seiten umfassende *Verzeichnisse der 1944 nach Grasleben überführten Archivalien* ausfindig und diese, bereits andernorts als Edition veröffentlicht, der Forschung und der interessierten Öffentlichkeit zugänglich gemacht werden. Basierend auf diesen Aufstellungen, die den Überlieferungsweg und vor allem den Umfang der in ein Bergwerk verbrachten Archivalien im Detail aufzeigen, konnte die Existenz des Ordensfolianten 260 nachgewiesen werden, welcher jedoch trotz zahlreicher Anfragen an Archive in Polen und Deutschland vorerst verschollen bleibt.

Im nächsten Schritt erfolgte die Erörterung einiger Rahmenbedingungen nach 1466 in Preußen und somit in Zeiten des Umbruchs. Nicht nur die Verwaltungsstruktur im verbliebenen Ordensland, sondern auch politische Aspekte und die veränderte geografische Situation, eingeschlossen die Bevölkerungsentwicklung und die klimatischen Gegebenheiten, wurden umrissen. Die exemplarische Erörterung rund um die Auseinandersetzungen in der Stadt Konitz während des Dreizehnjährigen Krieges bildete den Einstieg zum Umgang des Ordens mit Forderungen durch Söldnerheere.

Neben der Auswertung und Einordnung nicht nur mehrerer hundert Schuldscheine liegt erstmalig eine vollständige, kritische Edition der nicht nur als wirtschafts- und kriegsgeschichtlich bedeutenden Ordensfolianten 259 und 261, insgesamt 462 bzw. 126 Seiten umfassend, neben 17 Zusatzmaterialien in gedruckter Ausgabe als Grundlage für weitere Forschungsvorhaben vor. Ein Personen- und Sachregister sowie ein Register der geografischen Namen und Bezeichnungen bieten vielmehr auch einen Zugang zum edierten Material. Eine nahezu umfassende Zuordnung der Auflistung des OF 261 gelang zudem für ungefähr 420 Pergament- bzw. Papierdokumente. Zusätzlich werden zwei XML-Dateien mit dem Editionsinhalt der Folianten unter Open Access-Bedingungen und nach den Vorgaben der Text Encoding Initiative (TEI) ausgezeichnet, abrufbar aus dem Internet für einen orts- und zeitunabhängigen Zugriff, bereitgestellt. Hierdurch ist eine Weiterverarbeitung des Editionstextes für zukünftige Forschungsfragen im Sinne der Digital Humanities, u. a. für BigData-Projekte, gewährleistet.

Ausgehend von dem hier veröffentlichten Editionsmaterial sowie weiteren Folianten und einer Bewertung von nicht weniger als 830 Schuldzetteln und -heften sowie Notizen und anderen Schriftstücken konnte das Schuldenmanagement nach dem Zweiten Thorner Frieden einer näheren Analyse unterzogen werden. Hierbei wurden zum einen die Grundlagen der Forderungen, wie die Dienstzeit und die Entschädigung der Verluste von Pferden und Waffen sowie zum anderen die Arten der Tilgung durch Geldzahlung, Übertragung von Textilien, Getreide, Honig, Pferden und verschiedene Warengruppen analysiert. Auch Dorfverpfändungen an die Söldner neben deren Verzicht auf Schuldforderungen und deren Spendentätigkeit wurden einer näheren Betrachtung unterzogen. Somit konnten zahlreiche Indizien zur Manifestation der These DRALLEs angeführt werden, wonach die einstige Annahme *eines Landes und einer Bevölkerung, die von einer ökonomischen Notlage in die andere taumelt, nicht gerechtfertigt zu sein*[748] erscheint.

Dennoch lässt sich die Notwendigkeit von Reformmaßnahmen, vor allem die inneren Verhältnisse in Preußen betreffend, unter den Hochmeistern Martin Truchsess und Hans von Tiefen erkennen.[749] Vor allem sollte die Ordensstruktur gefestigt und die Position des Hochmeisters gestärkt werden.[750] Daneben spielte die Auseinandersetzung um die angespannte Finanzlage mit einer dezentralen Finanzverwaltung in beiden Ordenskapiteln von 1480 sowie 1492 eine nicht zu unterschätzende Rolle.[751]

In einer Reformschrift aus dem Jahr 1492 lässt sich die finanzielle Situation und die damit einhergehende Schuldenlast deutlich erkennen, wonach

> Item so sall kein bruder, wellicherley status adder wirdigkeit der sey, irkem gellt uffleyhen, uszborgen adder sust eynichley merglich schollt machen an wissen seiner eldisten bruder, bey der bus in unsere ordens buch.[752]

---

748 S. DRALLE, Staat des Deutschen Ordens (wie Anm. 132), S. 168, Anm. 15.

749 S. ebd., S. 128–36.

750 S. FORSTREUTER, Ordensstaat zum Fürstentum (wie Anm. 102), S. 10–11, 19; VOIGT, Geschichte Preussens, 9 (wie Anm. 101), S. 121–127, 179–186.

751 S. DRALLE, Staat des Deutschen Ordens (wie Anm. 132), S. 130–31.

752 GStA PK, XX. HA Hist. StA Königsberg, OBA 17690, Bl. 4v. Ediert: Marian BISKUP, Plany reformy zakonu krzyzackiego w Prusach z 1492 roku [Die Reformpläne des Deutschen Ordens in Preußen aus dem Jahre 1492], in: Prusy–Polska–Europa. Studia z dziejów średniowiecza i czasów wczesnonowożytnych, hrsg. v. Andrzej RADZIMIŃSKI, Janusz TANDECKI, Zenon Hubert

Das Jahr 1498 kann durchaus als Wende in der Ordensgeschichte angesehen werden.[753] Mit der Wahl eines nicht über längere Zeit dem Orden angehörenden, dem Adel entstammenden Vertreters, Herzog Friedrich von Sachsen (1498 Sept. 29–†1510 Dez. 14), zum Hochmeister wurde selbstbestimmt der Wunsch bzw. die Notwendigkeit nach einem Wandel deutlich, welcher zu zahlreichen Veränderungen nicht nur in Politik und Verwaltung führte.[754] In Königsberg vollzog sich der Wandel zu einem fürstlichen Leben am Hofe.[755]

NOWAK, Toruń 1999, S. 277–85, hier S. 283. S. DRALLE, Staat des Deutschen Ordens (wie Anm. 132), S. 133. Eine Verschwörung der Komture versuchte wohl Reichtümer in Aalfässern fortzuschaffen. S. VOIGT, Geschichte Preussens, 9 (wie Anm. 101), S. 95, Anm. 3; Simon Grunau's Preussische Chronik, 2 (wie Anm. 375), S. 321–22.

753 S. Udo ARNOLD, Übernahme der Hochmeisterwürde des Deutschen Ordens durch Friedrich von Sachsen, in: Ostdeutsche Gedenktage 1997 (1998), S. 348–53, hier S. 351–52.

754 S. Marian BISKUP, Friedrich von Sachsen 1498–1510, in: Die Hochmeister des Deutschen Ordens 1190–2012, hrsg. v. Udo ARNOLD (Quellen und Studien zur Geschichte des Deutschen Ordens, 40; Veröffentlichungen der Internationalen Historischen Kommission zur Erforschung des Deutschen Ordens, 6), Weimar ²2014, S. 159–64. S. exempl. Axel HERRMANN, Georg von Eltz. Glanz und Elend des letzten Obersten Marschalls in Preußen, in: Von Akkon bis Wien: Studien zur Deutschordensgeschichte vom 13. bis zum 20. Jahrhundert. Festschrift zum 90. Geburtstag von Althochmeister P. Dr. Marian Tumler O. T. am 21. Oktober 1977, hrsg. v. Udo ARNOLD, Marian TUMLER, Marburg 1978, S. 140–57; Karl FABER, Vom Amte des Hauskomthurs in Königsberg zur Zeit des deutschen Ordens, und von der Hofordnung des Herzogs Albrecht, in: Preußische Provincial-Blätter 4 (1830), S. 217–28. S. exempl. zur politischen Auseinandersetzung Paul OBERLÄNDER, Hochmeister Friedrich von Sachsen. Teil 1: Wahl und Politik bis zum Tode König Johann Albrechts von Polen, Magdeburg 1914; Ingrid MATISON, Die Politik des Hochmeisters Herzog Friedrich von Sachsen. 1498–1510, Dissertation, Universität, [München], 1957, online unter: http://www.mgh-bibliothek.de/dokumente/b/b060070.pdf.

755 S. Stephan SELZER, Fürstliche Ansprüche an der Peripherie des höfischen Europas. Die Hofhaltung des Hochmeisters Friedrich von Sachsen in Preußen (1498–1507), in: Hofwirtschaft. Ein ökonomischer Blick auf Hof und Residenz in Spätmittelalter und Früher Neuzeit; 10. Symposium der Residenzen-Kommission der Akademie der Wissenschaften zu Göttingen, Gottorf/Schleswig, 23.–26. September 2006, hrsg. v. Gerhard FOUQUET, Jan HIRSCHBIEGEL, Werner PARAVICINI u. a., Ostfildern 2008, S. 55–76; Rita SCHELLER, Königsberger Hofleben, in: Albrecht von Brandenburg-Ansbach und die Kultur seiner Zeit. Ausstellung im Rheinischen Landesmuseum Bonn, 16. Juni–25. August 1968, hrsg. v. Walther HUBATSCH, Iselin GUNDERMANN, Düsseldorf 1968, S. 31–35. S. für den Zeitraum zuvor Werner PARAVICINI, Von der ritterlichen zur höfischen Kultur. Der Deutsche Orden in Preußen, in: Mittelalterliche Kultur und Literatur im Deutschordensstaat in Preussen. Leben und Nachleben, hrsg. v. Jarosław WENTA, Sieglinde HARTMANN, Gisela VOLLMANN-PROFE (Sacra bella septentrionalia, 1), Toruń 2008, S. 15–54; abermals DERS., Von der ritterlichen zur höfischen Kultur. Der Deutsche Orden in Preußen, in: Edelleute und Kaufleute im Norden Europas, hrsg. v. Jan HIRSCHBIEGEL, Andreas RANFT, Jörg WETTLAUFER, Ostfildern 2007, S. 390–423; Marie-Luise HECKMANN, Zwischen Anspruch und Wirklichkeit… Die Selbstsicht der Führungsgruppe des Deutschen Ordens beim Ausbruch des Dreizehnjährigen Krieges, in: Der Blick auf sich und die anderen. Selbst- und Fremdbild von Frauen und Männern in Mittelalter und früher Neuzeit; Festschrift für Klaus Arnold, hrsg. v. Sünje PRÜHLEN, Klaus ARNOLD (Nova Mediaevalia, 2), Göttingen 2007, S. 237–63. S. zum Selbstverständnis, jedoch im Reich, Marcus WÜST, Studien zum

Die Kompetenzen und Zuständigkeiten der einzelnen Haus- und Hofämter werden in den Hofordnungen und Instruktionen nicht erschöpfend dargestellt, sondern nur in bestimmten Einzelheiten und Details angesprochen. Das Auswahlprinzip richtete sich dabei nach der allgemeinen, übergreifenden Intention des jeweiligen Schriftstückes. Diese lag hauptsächlich, vor allem im Falle der Personenverzeichnisse, in der Straffung des Finanzwesens, der Schaffung eines Haushaltes, in dem die Ausgaben nachvollziehbar, kontrollierbar und begrenzbar gemacht werden sollten, und nicht zuletzt auch in Erwägungen der Kostenersparnis.[756]

Die Erstellung des *Extractsbuch der quitancien und awsgeschnitten czetteln* von 1504, Ordensfoliant 261, mit weiteren Nachtragungen bis 1518 sowie zahlreiche Schriftstücke bezeugen die Bedeutung der Schuldenlast und, damit verbunden, die drängenden Forderungen der Gläubiger, teilweise in deren dritter Generation.[757] Zudem stellen die Ordensfolianten 192 bis 198[758] die Grundlage für eine zukünftig vertiefte Analyse zur Wirtschaftsgeschichte unter einer fürstlichen Leitung dar.[759] Inwiefern die aus dem 15. Jh. stammenden Schuldenrückzahlungen erfasst und in welcher Weise diese nachhaltige und tiefgreifende Auswirkungen auf die gesamte Finanzsituation der folgenden Jahre unter Friedrich von Sachsen und seinem Nachfolger Albrecht von Brandenburg-Ansbach

Selbstverständnis des Deutschen Ordens im Mittelalter (Quellen und Studien zur Geschichte des Deutschen Ordens, 73), Weimar 2013, S. 292. Für einen Empfang *nach Fürstenweise* 1471 durch den Großmeister des Johanniterordens auf Rhodos s. PARAVICINI, Preußenreisen 1 (wie Anm. 429), S. 277.

756 Ulrike PETZOLD, Der Hof des Deutschordens-Hochmeisters in Preußen unter Friedrich von Sachsen und Albrecht von Brandenburg-Ansbach (1498–1525). Organisation – Ämterwesen – höfischer Alltag, in: Mitteilungen der Residenzenkommission 12, 1 (2002), S. 43–52, hier S. 51. S. exempl. Kurt FORSTREUTER, Die Hofordnungen der letzten Hochmeister in Preußen, in: Prussia 29 (1931), S. 223–31; DERS., Die Hofordnungen der letzten Hochmeister in Preußen, in: Beiträge zur preußischen Geschichte im 15. und 16. Jahrhundert, hrsg. v. Kurt FORSTREUTER, Heidelberg 1960, S. 29–34; Max HEIN, Preußische Hofordnungen des 16. Jahrhunderts, in: Altpreußische Forschungen 2, 1 (1925), S. 52–68.

757 Exempl. *gros vatter solt ganntz entscheiden.* OF 261 (wie Anm. 496), S. 58.

758 Derzeit werden die Folianten folgenden Thematiken zugeordnet: OF 192: Ausgaberegister des Pfundmeisters Hans von Thüngen, 1499–1500; OF 193: Einnahmen und Ausgaben der Rentkammer, 1500–1501; OF 194: Einnahmen und Ausgaben der Rentkammer, 1501–1502; OF 195: Ausgaben- und Einnahmenbuch des HM Friedrich von Sachsen, 1504–1505; OF 196: Ausgaben- und Einnahmenbuch des HM Friedrich von Sachsen, 1507–1508; OF 197: Ausgaben- und Einnahmenbuch des HM Friedrich von Sachsen, 1508–1509; OF 198: Ausgaben- und Einnahmenbuch des HM Friedrich von Sachsen, 1509–1510.

759 S. Jürgen SARNOWSKY, Die Finanzpolitik des Deutschen Ordens unter Friedrich von Sachsen, in: Zapiski historyczne 81, 4 (2016), S. 117–32. doi:10.15762/ZH.2016.52.

(1490 Mai 17–†1568 Mär. 20), unter welchem weiterhin Finanznot bestand, mit sich brachten,[760] ist durch zukünftige Forschungen zu ergründen.

760 S. Lothar DRALLE, Die Einkünfte des Deutschordenshochmeisters Friedrich von Sachsen (1498 bis 1510). Ein Beitrag zur Finanzgeschichte der ostdeutschen Territorien, in: Zeitschrift für Ostforschung 28 (1979), S. 626–40, hier S. 636; DERS., Die Ausgaben des Deutschordenshochmeisters Friedrich von Sachsen (1498–1510). Ein Beitrag zur Finanzgeschichte, in: Zeitschrift für Ostforschung 30 (1981), S. 195–228; Peter G. THIELEN, Albrecht von Brandenburg-Ansbach (1511–1525), in: Die Hochmeister des Deutschen Ordens 1190–2012, hrsg. v. Udo ARNOLD (Quellen und Studien zur Geschichte des Deutschen Ordens, 40; Veröffentlichungen der Internationalen Historischen Kommission zur Erforschung des Deutschen Ordens, 6), Weimar ²2014, S. 164–69, hier S. 165.

5 Quellen- und Literaturverzeichnis

5.1 Ungedruckte Quellen

Geheimes Staatsarchiv Preußischer Kulturbesitz, Berlin-Dahlem

GStA PK, I. HA, Rep. 178, Nr. 40.
GStA PK, I. HA, Rep. 178, Nr. 54.
GStA PK, I. HA, Rep. 178, Nr. 333.
GStA PK, I. HA, Rep. 178, Nr. 336.
GStA PK, I. HA, Rep. 178, Nr. 2420.
GStA PK, I. HA, Rep. 178, Nr. 2429.
GStA PK, I. HA, Rep. 178, Nr. 2868.
GStA PK, I. HA, Rep. 178 G, Nr. 2.
GStA PK, I. HA, Rep. 178 G, Nr. 3.
GStA PK, I. HA, Rep. 178 G, Nr. 39.
GStA PK, I. HA, Rep. 178 G, Nr. 40.
GStA PK, I. HA, Rep. 178 G, Nr. 41.
GStA PK, I. HA, Rep. 178 G, Nr. 46.
GStA PK, I. HA, Rep. 178 G, Nr. 240.

GStA PK, XX. HA Hist. StA Königsberg, EM 20 e 1.

GStA PK, XX. HA Hist. StA Königsberg, OF 259.
GStA PK, XX. HA Hist. StA Königsberg, OF 259a.
GStA PK, XX. HA Hist. StA Königsberg, OF 261.
GStA PK, XX. HA Hist. StA Königsberg, OF 281.

GStA PK, XX. HA Hist. StA Königsberg, OsF 14241a.
GStA PK, XX. HA Hist. StA Königsberg, OsF 14354.

GStA PK, XX. HA Hist. StA Königsberg, Perg.-Urk. 3045, Schiebl. 94 Nr. 50.
Perg.-Urk. 3154=Depositum Dönhoffstädt, Nr. 21.
Perg.-Urk. 3290, Schiebl. XIII 43.
Perg.-Urk. 3300, Schiebl. XXVII 56.

Perg.-Urk. 3156, Schiebl. XXVI 123.
Perg.-Urk. 3157, Schiebl. XXVI 277.
Perg.-Urk. 3162, Schiebl. XXXIX 1.
Perg.-Urk. 3168, Schiebl. LXXIII 32b.
Perg.-Urk. 3169, Schiebl. XXVI 38.
Perg.-Urk. 3170, Schiebl. XXXIX 2.
Perg.-Urk. 3178, Schiebl. XXXVII 37.
Perg.-Urk. 3183, Schiebl. XIII 59.
Perg.-Urk. 3186, Schiebl. XIII 61.
Perg.-Urk. 3187, Schiebl. 95 Nr. 44.
Perg.-Urk. 3188, Schiebl. XXVI 151.
Perg.-Urk. 3195, Schiebl. 94 Nr. 54.
Perg.-Urk. 3196, Schiebl. XXVII 9.
Perg.-Urk. 3197, Schicbl. XXVII 8.
Perg.-Urk. 3198, Schiebl. XXVII 10.
Perg.-Urk. 3199, Schiebl. XXVII 63.
Perg.-Urk. 3201, Schiebl. XXVII 11.
Perg.-Urk. 3204, Schiebl. XIII 20.
Perg.-Urk. 3205, Schiebl. XIII 21.
Perg.-Urk. 3208, Schiebl. XIII 22.
Perg.-Urk. 3209, Schiebl. XIII 65.
Perg.-Urk. 3211, Schiebl. 96 Nr. 3.
Perg.-Urk. 3213, Schiebl. 95 Nr. 12.
Perg.-Urk. 3215, Schiebl. XXVI 40.
Perg.-Urk. 3218, Schiebl. 93 Nr. 4.
Perg.-Urk. 3221, Schiebl. XIII 63.
Perg.-Urk. 3222, Schiebl. XIII 64.
Perg.-Urk. 3233, Schiebl. XXIII 16.
Perg.-Urk. 3234, Schiebl. XXVI 110.
Perg.-Urk. 3235, Schiebl. XXVI 137.
Perg.-Urk. 3239, Schiebl. XXXVII 24.
Perg.-Urk. 3241, Schiebl. XXVI 41.
Perg.-Urk. 3245, Schiebl. XXII 40.
Perg.-Urk. 3247, Schiebl. 95 Nr. 24.
Perg.-Urk. 3251, Schiebl. XIII 28.
Perg.-Urk. 3258, Schiebl. XIII 67.
Perg.-Urk. 3264, Schiebl. XXVII 71.
Perg.-Urk. 3265, Schiebl. XLI 29.
Perg.-Urk. 3268, Schiebl. XXII 41.
Perg.-Urk. 3303, Schiebl. XXVI 45.
Perg.-Urk. 3305, Schiebl. XIII 45.
Perg.-Urk. 3306, Schiebl. XXVII 13.
Perg.-Urk. 3309, Schiebl. XXVII 12.
Perg.-Urk. 3310, Schiebl. XIII 47.
Perg.-Urk. 3311, Schiebl. XIII 48.
Perg.-Urk. 3313, Schiebl. 93 Nr. 52.
Perg.-Urk. 3314, Schiebl. XXVI 188.
Perg.-Urk. 3316, Schiebl. 93 Nr. 30.
Perg.-Urk. 3321, Schiebl. XXIX 119.
Perg.-Urk. 3324, Schiebl. XXXV 66.
Perg.-Urk. 3330, Schiebl. XXXII 12.
Perg.-Urk. 3339, Schiebl. 95 Nr. 28.
Perg.-Urk. 3346, Schiebl. 94 Nr. 37.
Perg.-Urk. 3352, Schiebl. XXXIX 3.
Perg.-Urk. 3353, Schiebl. XXVI 51.
Perg.-Urk. 3372, Schiebl. XXXVII 38.
Perg.-Urk. 3376, Schiebl. XIII 69.
Perg.-Urk. 3445, Schiebl. XXXIX 4.
Perg.-Urk. 3454, Schiebl. XIII 52.
Perg.-Urk. 3488, Schiebl. 93 Nr. 69.
Perg.-Urk. 3489, Schiebl. 31 Nr. 25.
Perg.-Urk. 3492, Schiebl. XXVI 109.
Perg.-Urk. 3500, Schiebl. 31 Nr. 28.
Perg.-Urk. 3503, Schiebl. 31 Nr. 26.
Perg.-Urk. 3504, Schiebl. 31 Nr. 27.
Perg.-Urk. 3505, Schiebl. 93 Nr. 39.
Perg.-Urk. 3512, Schiebl. 31 Nr. 29.
Perg.-Urk. 3567, Schiebl. 93 Nr. 15.
Perg.-Urk. 3577, Schiebl. 95 Nr. 55.
Perg.-Urk. 3583, Schiebl. 96 Nr. 41.
Perg.-Urk. 3586, Schiebl. X 5.
Perg.-Urk. 3587, Schiebl. XXXIX 7.
Perg.-Urk. 3592, Schiebl. XXVI 61.
Perg.-Urk. 3615, Schiebl. XXXIV 115.
Perg.-Urk. 3678, Schiebl. 95 Nr. 54.
Perg.-Urk. 3679, Schiebl. XXXV 72.
Perg.-Urk. 3705, Schiebl. XXXV 87.
Perg.-Urk. 3710, Schiebl. 93 Nr. 68.

Perg.-Urk. 3273, Schiebl. XIII 68.
Perg.-Urk. 3278, Schiebl. XIII 36.
Perg.-Urk. 3279, Schiebl. XIII 37.
Perg.-Urk. 3282, Schiebl. XIII 49.
Perg.-Urk. 3286, Schiebl. XIII 41.
Perg.-Urk. 3716, Schiebl. XXXIX 10.
Perg.-Urk. 3732, Schiebl. 95 Nr. 16.
Perg.-Urk. 3743, Schiebl. 32 Nr. 7.
Perg.-Urk. 4201, Nr. 1, Schiebl. 1, 1a.

GStA PK, XX. HA Hist. StA Königsberg, OBA 13486.
OBA 14242.
OBA 16065.
OBA 16090.
OBA 16099.
OBA 16101.
OBA 16103.
OBA 16106.
OBA 16116.
OBA 16117.
OBA 16118.
OBA 16121.
OBA 16122.
OBA 16123.
OBA 16124.
OBA 16125.
OBA 16128.
OBA 16131.
OBA 16146.
OBA 16147.
OBA 16156.
OBA 16161.
OBA 16163.
OBA 16166.
OBA 16170.
OBA 16173.
OBA 16176.
OBA 16176a.
OBA 16177.
OBA 16181.
OBA 16185.
OBA 16186.
OBA 16189.
OBA 17137.
OBA 17148.
OBA 17151.
OBA 17154.
OBA 17158.
OBA 17170.
OBA 17172.
OBA 17178.
OBA 17180.
OBA 17181.
OBA 17182.
OBA 17183.
OBA 17184.
OBA 17185.
OBA 17186.
OBA 17188.
OBA 17191.
OBA 17196.
OBA 17204.
OBA 17206.
OBA 17208.
OBA 17227.
OBA 17228.
OBA 17230.
OBA 17232.
OBA 17235.
OBA 17238.
OBA 17242.
OBA 17243.
OBA 17252.
OBA 17253.
OBA 17255.
OBA 17639.
OBA 17640.
OBA 17641.
OBA 17643.
OBA 17644.
OBA 17648.
OBA 17651.
OBA 17656.
OBA 17658.
OBA 17659.
OBA 17660.
OBA 17661.
OBA 17662.
OBA 17664.
OBA 17671.
OBA 17672.
OBA 17673.
OBA 17675.
OBA 17679.
OBA 17681.
OBA 17686.
OBA 17690.
OBA 17691.
OBA 17693.
OBA 17697.
OBA 17700.
OBA 17701.
OBA 17707.
OBA 17728.
OBA 17741.
OBA 17744.
OBA 17747.

OBA 16199.
OBA 16203.
OBA 16206.
OBA 16213.
OBA 16214.
OBA 16215.
OBA 16217.
OBA 16222.
OBA 16223.
OBA 16224.
OBA 16225.
OBA 16228.
OBA 16229.
OBA 16230.
OBA 16231.
OBA 16233.
OBA 16239.
OBA 16241.
OBA 16242.
OBA 16243.
OBA 16247.
OBA 16262.
OBA 16284.
OBA 16450.
OBA 16470.
OBA 16483.
OBA 16495.
OBA 16497.
OBA 16529.
OBA 16535.
OBA 16546.
OBA 16547.
OBA 16587.
OBA 16590.
OBA 16618.
OBA 16645.
OBA 16670.
OBA 16678.
OBA 16684.
OBA 17259.
OBA 17264.
OBA 17265.
OBA 17268.
OBA 17269.
OBA 17276.
OBA 17277.
OBA 17278.
OBA 17279.
OBA 17281.
OBA 17282.
OBA 17283.
OBA 17284.
OBA 17285.
OBA 17286.
OBA 17299.
OBA 17300.
OBA 17302.
OBA 17304.
OBA 17305.
OBA 17306=17307.
OBA 17309.
OBA 17312.
OBA 17313.
OBA 17313a+b.
OBA 17319.
OBA 17321.
OBA 17323.
OBA 17324.
OBA 17325.
OBA 17326.
OBA 17331.
OBA 17335.
OBA 17339.
OBA 17340.
OBA 17345.
OBA 17348.
OBA 17349.
OBA 17354.
OBA 17748.
OBA 17749.
OBA 17752.
OBA 17753.
OBA 17754.
OBA 17755.
OBA 17757.
OBA 17759.
OBA 17765.
OBA 17767.
OBA 17768.
OBA 17771.
OBA 17772.
OBA 17773.
OBA 17774.
OBA 17775.
OBA 17776.
OBA 17779.
OBA 17780.
OBA 17781.
OBA 17782.
OBA 17784.
OBA 17785.
OBA 17787.
OBA 17789.
OBA 17794.
OBA 17795.
OBA 17796.
OBA 17797.
OBA 17805.
OBA 17814.
OBA 17815.
OBA 17820.
OBA 17824.
OBA 17826.
OBA 17828.
OBA 17829.
OBA 17831.
OBA 17833.

OBA 16688.
OBA 16690.
OBA 16738.
OBA 16740.
OBA 16742.
OBA 16745.
OBA 16801.
OBA 16808.
OBA 16823.
OBA 16824.
OBA 16836.
OBA 16837.
OBA 16844.
OBA 16863.
OBA 16866.
OBA 16882.
OBA 16883.
OBA 16887=16888.
OBA 16889.
OBA 16892.
OBA 16905.
OBA 16907.
OBA 16909.
OBA 16911.
OBA 16912.
OBA 16927.
OBA 16932.
OBA 16941.
OBA 16943.
OBA 16951.
OBA 16963.
OBA 16964.
OBA 16965.
OBA 16966.
OBA 16969.
OBA 16970.
OBA 16984.
OBA 16987.
OBA 16991.
OBA 17359.
OBA 17360.
OBA 17361.
OBA 17365.
OBA 17370.
OBA 17371.
OBA 17372.
OBA 17373.
OBA 17374.
OBA 17375.
OBA 17394.
OBA 17399.
OBA 17404.
OBA 17405.
OBA 17406.
OBA 17407.
OBA 17408.
OBA 17409.
OBA 17410.
OBA 17411.
OBA 17412.
OBA 17414.
OBA 17418.
OBA 17419.
OBA 17420.
OBA 17449.
OBA 17451.
OBA 17460.
OBA 17462.
OBA 17467.
OBA 17470.
OBA 17475.
OBA 17477.
OBA 17478.
OBA 17481.
OBA 17488.
OBA 17491.
OBA 17496.
OBA 17497.
OBA 17834.
OBA 17835.
OBA 17839.
OBA 17840.
OBA 17843.
OBA 17844.
OBA 17847.
OBA 17848.
OBA 17850.
OBA 17854.
OBA 17866.
OBA 17869.
OBA 17873.
OBA 17877.
OBA 17878.
OBA 17881.
OBA 17882.
OBA 17884.
OBA 17888.
OBA 17897.
OBA 17898.
OBA 17900.
OBA 17905.
OBA 17916.
OBA 17917.
OBA 17918.
OBA 17920.
OBA 17922.
OBA 17927.
OBA 17928.
OBA 17936.
OBA 17937.
OBA 17938.
OBA 17941.
OBA 17945.
OBA 17947.
OBA 17950.
OBA 17955.
OBA 17959.

OBA 17000.
OBA 17001.
OBA 17002.
OBA 17009.
OBA 17010.
OBA 17012.
OBA 17016.
OBA 17020.
OBA 17026.
OBA 17030.
OBA 17031.
OBA 17034.
OBA 17035.
OBA 17039.
OBA 17045.
OBA 17047.
OBA 17048.
OBA 17051.
OBA 17054.
OBA 17063.
OBA 17066.
OBA 17067.
OBA 17069.
OBA 17078.
OBA 17082.
OBA 17084.
OBA 17087.
OBA 17090.
OBA 17091.
OBA 17096.
OBA 17101.
OBA 17103.
OBA 17105.
OBA 17106.
OBA 17115.
OBA 17116.
OBA 17117.
OBA 17118.
OBA 17120.
OBA 17498.
OBA 17499.
OBA 17502.
OBA 17506.
OBA 17513.
OBA 17516.
OBA 17517.
OBA 17520.
OBA 17522.
OBA 17523.
OBA 17528.
OBA 17529.
OBA 17530.
OBA 17531.
OBA 17533.
OBA 17535.
OBA 17536.
OBA 17537.
OBA 17542.
OBA 17545.
OBA 17547.
OBA 17556.
OBA 17558.
OBA 17563.
OBA 17564.
OBA 17566.
OBA 17567.
OBA 17568.
OBA 17569.
OBA 17570.
OBA 17571.
OBA 17572.
OBA 17574.
OBA 17575.
OBA 17576.
OBA 17582.
OBA 17584.
OBA 17585.
OBA 17590.
OBA 17960.
OBA 17961.
OBA 17968.
OBA 17970.
OBA 17977.
OBA 17980.
OBA 17987.
OBA 17995.
OBA 18016.
OBA 18089.
OBA 18100.
OBA 18103.
OBA 18121.
OBA 18134.
OBA 18164.
OBA 18170.
OBA 18172.
OBA 18202.
OBA 18206.
OBA 18214.
OBA 18217.
OBA 18237.
OBA 18248.
OBA 18287.
OBA 18346.
OBA 18370.
OBA 18371.
OBA 18538.
OBA 18570.
OBA 18591.
OBA 18638.
OBA 18658.
OBA 18687.
OBA 18718.
OBA 18726.
OBA 18746.
OBA 18759.
OBA 18829.
OBA 18873.

OBA 17121.
OBA 17122.
OBA 17123.
OBA 17125.
OBA 17126.
OBA 17130.
OBA 17132.
OBA 17134.
OBA 17135.
OBA 17136.
OBA 17592.
OBA 17593.
OBA 17602.
OBA 17611.
OBA 17612.
OBA 17614.
OBA 17620.
OBA 17621.
OBA 17626.
OBA 17628.
OBA 18883.
OBA 18929.
OBA 18930.
OBA 19050.
OBA 19126.
OBA 19249.
OBA 19278.
OBA 19578.
OBA 20408.
OBA 21892.

Bundesarchiv, Berlin-Lichterfelde

BArch, R 1506/1027.
BArch, R 1506/1028.
BArch, R 1506/1034.

Niedersächsisches Landesarchiv, Standort Stade

NLA, St. Stade, Rep. 91/10 Nr. 10.
NLA, St. Stade, Rep. 91/10 Nr. 35.
NLA, St. Stade, Rep. 91/10 Nr. 59.
NLA, St. Stade, Rep. 91/10 Nr. 60.
NLA, St. Stade, Rep. 91/10 Nr. 66.

Landeshauptarchiv Sachsen-Anhalt, Magdeburg

LASA, C 22, Nr. 179.
LASA, C 22, Nr. 180.

Stadtarchiv Göttingen

StA Göttingen, C 28, Nr. 1791.
StA Göttingen, C 28, Nr. 1807.

Deutschordens-Zentralarchiv, Wien

DOZA, 3957.

The National Archives, London-Kew

TNA, FO 945/300.
TNA, FO 1050/42.
TNA, FO 1050/1411.
TNA, FO 1050/1423.
TNA, PRO 1/904.
TNA, PRO 30/90/1.
TNA, PRO 30/90/3.

TNA, PRO 30/90/6.
TNA, PRO 30/90/8.
TNA, PRO 30/90/9.
TNA, PRO 30/90/11.
TNA, PRO 30/90/14.
TNA, PRO 30/90/15.
TNA, PRO 30/90/16.
TNA, PRO 30/90/18.
TNA, PRO FO 1050/1416.
TNA, PRO FO 1050/1424.
TNA, PRO FO 1050/1429.
TNA, WO 219/3917.
TNA, WO 220/586.
TNA, WO 220/613.

5.2 Gedruckte Quellen und Regesten

Beständeübersicht. Tektonik: 9.5.1 Preußenland bis 1525, hrsg. v. GStA PK, online unter: http://archivdatenbank.gsta.spk-berlin.de/midosasearch-gsta/MidosaSEARCH/Bestaendeuebersicht/index.htm (letzte Einsichtnahme 6.10.2017).

Findbuch 90 [u. a. früher 14f, Personen- und Ortsnamenverzeichnis zur Schieblade LXXV (Söldner)] (Manuskript).

GStA Findbuch 25 (Manuskript). Verzeichnis der Ordensfolianten 1892/1916.

Bernhart JÄHNIG, GStA Findbuch 25, II (Manuskript). Verzeichnis der Ordensfolianten, Göttingen 1892/1916/1972.

Erich JOACHIM, GStA PK, Findbuch 61 [früher IV 50] (Manuskript). Namenregister zu den Soldbüchern OFs 259, 259a, 261, 262, 264, 265, Königsberg 1918.

Johannes VOIGT, Findbuch 15 [früher I 28] (Manuskript). Konkordanz, Briefe (1198–1497).

Dieter HECKMANN., Registranten-, Folianten- und Quartantenkonkordanz (bis 1525) (Manuskript), Berlin 2011.

Regesta historico-diplomatica Ordinis S. Mariae Theutonicorum. Regesten der Pergament-Urkunden aus der Zeit des Deutschen Ordens (1198–1525), Index Tabularii Ordinis S. Mariae Theutonicorum: Regesten zum Ordensbriefarchiv (1198–1525), Register zu Pars I und Pars II, hrsg. v. Walther HUBATSCH, Erich JOACHIM (Ps. 1, Vol. 1–3, Ps. 2), Göttingen 1948–1973.

Landesarchiv Baden-Württemberg, Wasserzeichen-Informationssystem, online unter: https://www.wasserzeichen-online.de/wzis/index.php (letzte Einsichtnahme 26.4.2019).

Christina LINK, Jürgen SARNOWSKY, Die mittelalterlichen Schuld- und Rechnungsbücher des Deutschen Ordens um 1400. Eine synoptische Edition im Internet, Hamburg, online unter:

http://www.schuredo.uni-hamburg.de/ (letzte Aktualisierung 5.3.2009, letzte Einsichtnahme 6.10.2017).

Monasterium.net, Deutschordenszentralarchiv (DOZA), online unter: http://www.mom-ca.uni-koeln.de/mom/AT-DOZA/archive (letzte Einsichtnahme 6.10.2017).

Jürgen SARNOWSKY, Das virtuelle Preußische Urkundenbuch. Regesten und Texte zur Geschichte Preußens und des Deutschen Ordens, online unter: http://www.spaetmittelalter.uni-hamburg.de/Urkundenbuch/ (letzte Einsichtnahme 6.10.2017).

Das Ordensbuch. Die Regeln und Statuten des Ordens der Brüder und Schwestern vom Deutschen Haus Sankt Mariens in Jerusalem – Deutscher Orden, Wien [2]2001.

Die Danziger Chronik vom Bunde [nach 1466], in: Scriptores Rerum Prussicarum. Die Geschichtsquellen der preußischen Vorzeit bis zum Untergange der Ordensherrschaft, hrsg. v. Theodor HIRSCH, Leipzig 1870, S. 405/409–448.

Geschichte von wegen eines Bundes, in: Scriptores Rerum Prussicarum. Die Geschichtsquellen der preußischen Vorzeit bis zum Untergange der Ordensherrschaft, hrsg. v. Theodor HIRSCH, Bd. 4, Leipzig 1870, S. 75–211.

Die mittlere Chronik von Olivia [1545–1549], in: Scriptores rerum Prussicarum. Die Geschichtsquellen der preußischen Vorzeit bis zum Untergange der Ordensherrschaft, hrsg. v. Theodor HIRSCH, Leipzig 1874, S. 624/627–644.

Chronica oder Handbüchlein Danziger Geschichte, gedruckt Jacob Rhode, Danzig 1594, hrsg. v. Friedrich Schwarz, in: Heimatblätter des deutschen Heimatbundes Danzig 3, 3/4 (1926), S. 3–35.

Two Expertises relating to the Archives of the Teutonic Order and the Ancient Prussian Duchy, [maschinenschr.], Göttingen 1949.

De primordiis ordinis Theutonici narratio, in: Scriptores rerum Prussicarum. Die Geschichtsquellen der preußischen Vorzeit, hrsg. v. Walther HUBATSCH, Frankfurt a. M. 1968, S. 22–29.

Das Soldbuch des Deutschen Ordens 1410/1411. Die Abrechnungen für die Soldtruppen. Teil 1. Text mit Anhang und Erläuterungen, Teil 2. Indices mit personengeschichtlichen Kommentaren, bearb. u. ediert v. Sven EKDAHL, Bd. 1–2 (Veröffentlichungen aus den Archiven Preußischer Kulturbesitz, 23,1/2), Köln 1988/2010.

Amtsbücher des Deutschen Ordens um 1450. Pflegeamt zu Seehesten und Vogtei zu Leipe. XML/TEI-Datensätze, OF 186 und 186a (CC-Lizenz BY-NC-SA), hrsg. v. Cordula A. FRANZKE, Jürgen SARNOWSKY, Göttingen, online unter: http://www.v-r.de/de/amtsbuecher_des_deutschen_ordens_um_1450/t-1/1036073/ (letzte Aktualisierung 2015, letzte Einsichtnahme 6.10.2017). doi:10.14220/9783737003582.

Die Urkunden des Deutschordens-Zentralarchivs in Wien. Regesten: 1222–Dezember 1526, hrsg. v. Udo ARNOLD, Bd. 1/3 (Quellen und Studien zur Geschichte des Deutschen Ordens, 60,1/3; Veröffentlichungen der Internationalen Historischen Kommission zur Erforschung des Deutschen Ordens, 11,1/3), Marburg 2006/2007.

Bayerischer Landtag, 14. Wahlperiode, Schlussbericht des Untersuchungsausschusses zur Prüfung etwaiger unzulässiger staatlicher Vergünstigungen für den Deutschen Orden,

Brüder vom Deutschen Haus Sankt Mariens in Jerusalem – Deutsche Provinz – durch Mitglieder der Staatsregierung, bayerische Behörden und/oder bayerische Amtsträger (Drs. 14/9016), online unter: https://www.bayern.landtag.de/fileadmin/www/ElanTextAblage_WP14/Drucksachen/0000012401/wp14_0012600.pdf (letzte Aktualisierung 26.5.2003).

Friedrich BENNINGHOVEN, GStA PK, Archivlager Göttingen (Manuskript). I. HA, Rep. 178 G 1993.

Beyer, Caspar, der Ältere, Danziger Chronik [1468–1518], in: Scriptores rerum Prussicarum. Die Geschichtsquellen der preußischen Vorzeit bis zum Untergange der Ordensherrschaft, hrsg. v. Theodor HIRSCH, Bd. 5, Leipzig 1874, S. 440/443–491.

Kriegskunst und Kanonen. Das Büchsenmeister- und Kriegsbuch des Johannes Bengedans, hrsg. v. Hans BLOSEN, Rikke Agnete OLSEN, Bd. 1–2, Århus 2006.

Liv-, Esth- und Curländisches Urkundenbuch nebst Regesten (1460–1472), hrsg. v. Friedrich Georg von BUNGE, Hermann HILDEBRAND, Philipp SCHWARTZ u. a., Bd. 12, Reval, Riga 1900.

Karola CIESIELSKA, Irena JANOSZ-BISKUPOWA, Księga długów miasta Torunia z okresu wojny trzynastoletniej [Schuldbuch der Stadt Thorn aus der Zeit des Dreizehnjährigen Krieges] (Towarzystwo Naukowe, 55), Toruń 1964.

Antoni CZACHAROWSKI, Księga żołdu Związku Pruskiego z okresu wojny trzynastoletniej 1454–1466 [Soldbuch der Söldner des Preussischen Bundes aus der Zeit des Dreizehnjährigen Krieges 1454–1466] (Towarzystwo Naukowe, 61), Warszawa 1969.

Peter von DUSBURG, Chronik des Preussenlandes. Übers. und erl. v. Klaus Scholz und Dieter Wojtecki (Freiherr vom Stein Gedächtnisausgabe, 25), Darmstadt 1984.

Schuldbücher und Rechnungen der Großschäffer und Lieger des Deutschen Ordens in Preußen. Großschäfferei Königsberg I+II, Großschäfferei Marienburg, Liegerbücher der Großschäfferei Königsberg (Ordensfolianten 141, 142–152 und Zusatzmaterial), hrsg. v. Cordula A. FRANZKE, Cordelia HESS, Joachim LACZNY, Christina LINK, Jürgen SARNOWSKY, Bd. 1–4 (Veröffentlichungen aus den Archiven Preußischer Kulturbesitz, 62,1–4; Quellen und Darstellungen zur Hansischen Geschichte N. F., 59,1–4), Köln 2008–2013, Berlin 2018.

Otto GÜNTHER, Die Aufzeichnungen des Thorner Pfarrers Hieronymus Waldau (1190–1495) [1482–1495], in: Zeitschrift des Westpreußischen Geschichtsvereins 49 (1907), S. 222–51.

Christophorus HARTKNOCH, Alt- und Neues Preussen Oder Preussischer Historien Zwey Theile, Franckfurt, Leipzig, Königsberg 1684.

Das Elbinger Kriegsbuch (1383–1409). Rechnungen für städtische Aufgebote, hrsg. v. Dieter HECKMANN (Veröffentlichungen aus den Archiven Preußischer Kulturbesitz, 68), Köln 2013.

Die »Chronik vom Bund und Vereinigung wider Gewalt und Unrecht« des Hochmeisterkaplans Andreas Santberg zur Vorgeschichte des Dreizehnjährigen Krieges in Preußen (1450–1454), bearb. v. Dieter HECKMANN unter Mitw. v. Marie-Luise HECKMANN (Einzelschriften der Historischen Kommission für ost- und westpreußische Landesforschung, 27), Marburg 2007.

Caspar HENNENBERGER, Erclerung der Preussischen grössern Landtaffel oder Wappen, Königsperg in Preussen 1595.

Scriptores Rerum Prussicarum. Die Geschichtsquellen der preußischen Vorzeit bis zum Untergange der Ordensherrschaft, hrsg. v. Theodor HIRSCH, Bd. 4, Leipzig 1870.

Das Marienburger Treßlerbuch der Jahre 1399–1409, hrsg. v. Erich JOACHIM, Königsberg 1896 (ND Bremerhaven 1973).

Leon KOCZY, Źródła do dziejów wojny trzynastoletniej [Księga Theudenkusa], Bd. 1 (Fontes/Towarzystwo Naukowe w Toruniu, 33), Toruń 1937.

Regesten Kaiser Friedrichs III. (1440–1493). Nach Archiven und Bibliotheken geordnet, Heft 24. Die Urkunden und Briefe aus dem historischen Staatsarchiv Königsberg im Geheimen Staatsarchiv Preußischer Kulturbesitz Berlin, aus den Staatsarchiven Gdańsk, Toruń, Riga sowie dem Stadtarchiv Tallinn für die historischen Landschaften Preußen und Livland, bearb. v. Elfie-Marita EIBL, hrsg. v. Heinrich KOLLER, Paul-Joachim HEINIG, Alois NIEDERSTÄTTER, Wien 2010.

Regesten zu den Briefregistern des Deutschen Ordens. Die Ordensfolianten 2a, 2aa und Zusatzmaterial. Mit einem Nachdruck von Kurt Lukas: Das Registerwesen der Hochmeister des Deutschen Ritterordens, maschinenschriftl. Phil. Diss. Königsberg 1921, hrsg. v. Sebastian KUBON, Jürgen SARNOWSKY (Beihefte zum Preußischen Urkundenbuch, 1), Göttingen 2012.

Johann LINDAU, Geschichte des 13jährigen Krieges [1454–1466], in: Scriptores Rerum Prussicarum. Die Geschichtsquellen der preußischen Vorzeit bis zum Untergange der Ordensherrschaft, hrsg. v. Theodor HIRSCH, Leipzig 1870, S. 502–637.

Jacob LÜBBE, Familienchronik [1465–1489], in: Scriptores Rerum Prussicarum. Die Geschichtsquellen der preußischen Vorzeit bis zum Untergange der Ordensherrschaft, hrsg. v. Theodor HIRSCH, Leipzig 1870, S. 692/694–724.

Liborius NAKER, Tagebuch über den Kriegszug des Hochmeisters Johann v[on] Tiefen gegen die Türken im J[ahre] 1497, in: Scriptores rerum Prussicarum. Die Geschichtsquellen der preußischen Vorzeit bis zum Untergange der Ordensherrschaft, hrsg. v. Theodor HIRSCH, Leipzig 1874, S. 289–314.

Die Statuten des Deutschen Ordens nach den ältesten Handschriften, hrsg. v. Max PERLBACH, Halle a. S. 1890.

Simon Grunau's Preussische Chronik, hrsg. v. Simon GRUNAU, Max PERLBACH, Rudolf PHILIPPI u. a., Bd. 1–3, Leipzig 1876–1896.

Die Urkunden des Deutsch-Ordens-Centralarchives zu Wien, hrsg. v. Eduard Gaston von PETTENEGG, Prag 1887.

Paul POLE, Preussische Chronik [1532], bearb. v. Max TOEPPEN, in: Scriptores rerum Prussicarum. Die Geschichtsquellen der preußischen Vorzeit bis zum Untergange der Ordensherrschaft, hrsg. v. Theodor HIRSCH, Leipzig 1874, S. 172/185–222.

Katalog dokumentów i listów krzyżackich Archiwum Państwowego w Toruniu (1454–1510). [Regesten der Urkunden und Briefe des Deutschen Ordens betreffend des dreizehnjährigen Kriegs im Staatsarchiv Thorn], hrsg. v. Andrzej RADZIMIŃSKI, Janusz TANDECKI, Archiwum Państwowe, Bd. 2, Warszawa 1998.

Dionysius RUNAW, Historia Und einfeltige beschreibung des grossen dreizehenjerigen Kriegs in Preussen, Wittemberg 1582.

Caspar SCHÜTZ, Historia Rervm Prvssicarvm, Zerbst 1599.

Bernt STEGMANN, Hanseatische Chronik [1520–1530], in: Scriptores rerum Prussicarum. Die Geschichtsquellen der preußischen Vorzeit bis zum Untergange der Ordensherrschaft, hrsg. v. Theodor HIRSCH, Leipzig 1874, S. 492/495–528.

Ernst Gottfried Wilhelm STREHLKE, Tabulae ordinis Theutonici. Ex tabularii regii Berolinensis codice potissimum, Berlin 1869.

Acten der Ständetage Preussens unter der Herrschaft des Deutschen Ordens, hrsg. v. Max Pollux TOEPPEN, Bd. 1/5, Leipzig 1878/1886.

Caspar WEINREICH, Danziger Chronik [1481–1495], in: Scriptores Rerum Prussicarum. Die Geschichtsquellen der preußischen Vorzeit bis zum Untergange der Ordensherrschaft, hrsg. v. Theodor HIRSCH, Leipzig 1870, S. 725/727–800.

Die Staatsverträge des Deutschen Ordens in Preußen im 15. Jahrhundert (1438–1497), hrsg. v. Erich WEISE, Bd. 2–3, Register zu Band 3, Marburg 1955–1969.

Heinrich Heine. Historisch-kritische Gesamtausgabe der Werke: Buch der Lieder, hrsg. v. Manfred WINDFUHR, Bd. 1,1, Hamburg 1975.

Das Marienburger Ämterbuch, hrsg. v. Walter ZIESEMER, Danzig 1916.

Das Zinsbuch des Hauses Marienburg, hrsg. v. Walther ZIESEMER, Marienburg 1910.

Das Ausgabebuch des Marienburger Hauskomturs für die Jahre 1410–1420, hrsg. v. Walther ZIESEMER, Königsberg 1911.

Das Marienburger Konventsbuch der Jahre 1399–1412, hrsg. v. Walther ZIESEMER, Danzig 1913.

Sławomir ZONENBERG, Kronika Szymona Grunaua, Die Chronik von Simon Grunau, Bydgoszcz 2009.

300 Mark und mehr für den eigenen Geldbeutel. Versicherungs- und Sparmodell für DOH Mitarbeiter, in: DOH aktuell 2 (1998), S. 31–32.

Brüder in Nöten, in: Stern 53, 25, 2000, S. 182.

Das aktuelle Interview. Mit Werner Conrad, Geschäftsführer der Deutsch-Ordens Werke, in: DO aktuell 2/3 (1999), S. 7–14.

»Das ist eine Mordsverantwortung«. Werner Conrad im Gespräch mit Michael Bialdyga, in: DOH aktuell 2 (1997), S. 4–11.

Den guten Ruf des Hauses erhalten. Buchloer Krankenhaus-Übergabe stand vorab in der Zeitung, in: DOH aktuell 1 (1997), S. 12.

Der »Kopf« des Unternehmens, in: DOH aktuell 1 (1995), S. 8–9.

Deutscher Orden, in: Deutsches Ärzteblatt 97, 50, 15. Dezember 2000, S. A-3378.

Deutscher Orden bestellt neuen Geschäftsführer, in: Süddeutsche Zeitung, Deutschland, 8. Dezember 2000, S. 22.

Deutscher Orden bleibt Weihnachtsgeld schuldig, in: Süddeutsche Zeitung, Deutschland, 7. November 2001, S. 48.

Deutscher Orden kann Gehälter nicht bezahlen, in: Süddeutsche Zeitung, Bayern, 29. Juni 2002, S. 59.

Deutscher Orden kränkelt weiter, in: Süddeutsche Zeitung, Bayern, 15. November 2001, S. 54.
Deutscher Orden mit eigener Stiftung, in: DO aktuell 2/3 (1999), S. 24.
Deutscher Orden schützt Stoiber, in: Süddeutsche Zeitung, Bayern, 29. November 2002, S. 44.
Deutscher Orden unter Sparzwang, in: Süddeutsche Zeitung, Bayern, 10. August 2000, S. L8.
Deutscher Orden zahlt Weihnachtsgeld in Raten, in: Süddeutsche Zeitung, Deutschland, 7. Dezember 2001, S. 45.
Die Akademie des Deutschen Ordens, in: DO aktuell 2/3 (1999), S. 48–50.
Die Organisation in den DOH Krankenhäusern, in: DOH aktuell 3 (1997), S. 9.
DO-Stiftung geht neue Wege: Erfindungsgeist ist gefragt, in: DO aktuell 1 (2000), S. 19.
Eine Perle in der Krankenhauslandschaft. St. Elisabeth in Dillingen – ein 240-Betten-Haus in Verantwortung des DOH, in: DOH aktuell 1 (1997), S. 10–11.
Es hat etwas bewirkt. Die Arbeitskreise – eine Bestandsaufnahme, in: DOH aktuell 1 (1996), S. 8–9.
Fachhochschule Riedlingen – auf dem Weg zur Internationalisierung. Die Fachhochschule zieht eine glänzende Bilanz, in: DO aktuell 1 (2000), S. 9–10.
Fast eine Million erscheint möglich. Ermutigender Schritt zu mehr Kostenbewußtsein bei den Labors, in: DOH aktuell 2/3 (1996), S. 12–13.
Flexibilität angemahnt. Erste Visitation in Haan, in: DOH aktuell 1 (1996), S. 11.
Für ein Leben in Fülle. DOH übernimmt Berufsfachschule, in: DOH aktuell 2 (1997), S. 12–15.
H. K. System- und Datentechnik, in: DOH aktuell 4 (1997), S. 26–27.
Im alten Schloß ein Altenheim. Die Modernisierung ist in vollem Gange und fordert DOH Managementerfahrung, in: DOH aktuell 1 (1997), S. 13.
Karte, in: DOH aktuell 2 (1998), S. 79–80.
Katalog für Geschenke aus Sozial-Werkstätten, in: Süddeutsche Zeitung, Bayern, 21. Dezember 1998, S. 32.
Kicker tragen Kreuz des Deutschen Ordens, in: Süddeutsche Zeitung, Bayern, 12. Juli 1999, S. L7.
Kokolores und Zusammenbruch der Deutschordenswerke, in: Der Mainzer. Die Stadtillustrierte 248, 5, 2011, S. 4–5.
Medizert. Qualitätsmanagement im Gesundheits- und Sozialwesen GmbH, in: DOH aktuell 4 (1997), S. 24–25.
Mit unserer Vision ins 21. Jahrhundert. Neue Wege gehen – Den Menschen in seiner Ganzheit sehen, in: DO aktuell 1 (2000), S. 40–43.
Neues Leben im alten Chorherrenstift, in: Süddeutsche Zeitung, München, 18. Juni 1998, S. N4.
Neues Outfit für die Häuser. Neu beschildert bis zum Jahresende, in: DOH aktuell 2 (1997), S. 44–45.
Ökologie mit Ökonomie verbinden. Umweltmanagement mit TRESSLER, in: DOH aktuell 2 (1998), S. 61–63.
Orden mit Orden. Mit gegenseitigem Respekt in eine sichere Zukunft, in: DOH aktuell 1 (1996), S. 4–7.
Sozialkonzern auf Pump, in: Süddeutsche Zeitung, Bayern, 11. April 2002, S. 45.

Studieren leicht gemacht, in: DO aktuell 4 (1999), S. 75.

»Top«-Angebot für die private Altersvorsorge, in: DO aktuell 2/3 (1999), S. 55.

Top-Angebote für die private Altersvorsorge. Noch dieses Jahr Steuern sparen – mit den attraktiven Lebensversicherungsangeboten des Deutschen Ordens, in: DO aktuell 4 (1999), S. 37.

TRESSLER-Unternehmensbereich Catering, in: DOH aktuell 4 (1997), S. 29.

TRESSLER-Unternehmensbereich Gestüt St. Georg, in: DOH aktuell 4 (1997), S. 30–31.

TRESSLER-Unternehmensbereich Reinigungsbetriebe und Dienstleistungen, in: DOH aktuell 4 (1997), S. 28.

TRESSLER-Verwaltungs- und Beteiligungs-GmbH, in: DOH aktuell 4 (1997), S. 22–23.

Und es geht doch! Laborkooperation stellt nicht für möglich gehaltene Ergebnisse vor, in: DOH aktuell 2 (1998), S. 44.

Wissen ist Wertschöpfung. Über die Notwendigkeit eines lebenslangen Lernens, in: DO aktuell 1 (1999), S. 48–51.

Zentraleinkauf. Nur noch eine Frage der »LogiG«, in: DO aktuell 1 (2000), S. 30–32.

Sebastian BECK, Aktenzeichen DO ungelöst, in: Süddeutsche Zeitung, Bayern, 29. Januar 2003, S. 51.

DERS., Der letzte Zeuge, in: Süddeutsche Zeitung, Bayern, 10. April 2003, S. 48.

DERS., Der Zeuge erhebt Anklage, in: Süddeutsche Zeitung, Bayern, 23. Januar 2003, S. 42.

DERS., »Durchweg positiv«, in: Süddeutsche Zeitung, Bayern, 19. März 2003, S. 11.

DERS., Ende eines Debakels, in: Süddeutsche Zeitung, Bayern, 17. Mai 2003, S. 54.

DERS., Zeuge spricht von Korruption, in: Süddeutsche Zeitung, München, 22. Januar 2003, S. 55.

Michael BIALDYGA, »Aus der Praxis für die Praxis«. DOH präsentiert Eigenmarke und läßt Qualität kritisch hinterfragen, in: DO aktuell 1 (1998), S. 26–29.

DERS., »Ein Scherflein guten Willens«. Beim Deutsch-Ungarischen Freundschaftstag war Tarján mit im Raum, in: DOH aktuell 3 (1997), S. 38–40.

DERS., Neue Rechtsform ist ein Garant für die Zukunft. Der Deutsche Orden ist Körperschaft des öffentlichen Recht, in: DOH aktuell 2 (1998), S. 4–7.

DERS., Orden, Werke und Mitarbeiter bilden eine unschlagbare Einheit. Vision, Hoshin Management und Zielvereinbarungsprozeß sind die Voraussetzungen für dauerhaften Erfolg und sichere Arbeitsplätze, in: DO aktuell 1 (1999), S. 4–8.

DERS., Regeneriert den Körper und beflügelt den Geist. Stutenmilch von St. Georg – artgerechte Haltung garantiert beste Qualität, in: DOH aktuell 1 (1997), S. 24–29.

DERS., »Vergelt's Gott«. Der Deutsche Orden feierte mit der Bevölkerung den neuen Sitz Weyarn, in: DO aktuell 3 (1998), S. 8–11.

Michael BIALDYGA, Margit HANFLAND, Öffentlichkeitsarbeit und Unternehmenskommunikation, in: DO aktuell 3 (1998), S. 12–15.

Werner CONRAD, Editorial, in: DOH aktuell 2 (1998), S. 3.

DERS., Wichtigste Unternehmensentscheidung in 1997, in: DOH aktuell 3 (1997), S. 3.

Martina DÄUMICHEN, Ein Blick hinter die Kulissen. Die Arbeit des neuen DOH Büros Bonn, in: DOH aktuell 1 (1995), S. 11.

Thomas DEGOTT, Gemeinnützigkeit und Gewinnorientierung. Ein Widerspruch? Auch ein Sozialunternehmen ist zum wirtschaftlichen Arbeiten verdammt, in: DO aktuell 1 (1998), S. 56–57.

Matthias DROBINSKI, Kreuzritter auf Betteltour, in: Süddeutsche Zeitung, Bayern, 2. Dezember 2000, S. 4.

Matthias DROBINSKI, Monika MAIER-ALBANG, Dietrich MITTLER, Viel Selbstbewusstsein, wenig Akten, in: Süddeutsche Zeitung, Deutschland, 5. Dezember 2000, S. 11.

Peter FAHRENHOLZ, Deutscher Orden jetzt wieder gemeinnützig, in: Süddeutsche Zeitung, Deutschland, 23. Oktober 2001, S. 46.

DERS., Deutscher Orden soll zerschlagen werden, in: Süddeutsche Zeitung, Deutschland, 7. Juli 2001, S. 57.

DERS., Deutscher Orden wehrt sich gegen Finanzamt, in: Süddeutsche Zeitung, Deutschland, 1. September 2001, S. 57.

DERS., Deutscher Orden wieder in Geldnot, in: Süddeutsche Zeitung, Deutschland, 15. Dezember 2001, S. 61.

DERS., »Ich habe die Ritter immer verwechselt«, in: Süddeutsche Zeitung, Bayern, 19. Februar 2003, S. 52.

DERS., Stoiber bestreitet Mitschuld an Ordens-Pleite, in: Süddeutsche Zeitung, Bayern, 11. April 2003, S. 46.

DERS., Ungewöhnliche Reise nach Rom, in: Süddeutsche Zeitung, Deutschland, 25. Juli 2001, S. 40.

Peter FAHRENHOLZ, Claudia FUCHS, Deutscher Orden verkauft Klinken, in: Süddeutsche Zeitung, Deutschland, 19. Dezember 2001, S. 22.

Fritz GRAF, Status und Rechte einer Körperschaft des öffentlichen Rechts, in: DO aktuell 3 (1998), S. 3–7.

Michael GRAF, Deutscher Orden weiter auf Wachstumskurs. Managementverträge erhalten zunehmende Bedeutung, in: DO aktuell 4 (1999), S. 35–36.

Margit HANFLAND, Know-why und nicht »nur« Know-how. Zusätzliches Angebot an der Fachhochschule Riedlingen, in: DO aktuell 4 (1999), S. 76–78.

DIES., Mehr im Geldbeutel. »Unschlagbare« Versicherungsangebote für Deutsch-Ordens Mitarbeiter und Mitarbeiterinnen, in: DO aktuell 1 (1999), S. 32–33.

DIES., Regeneration für Körper und Geist. Hoteleröffnung in Jericho, in: DO aktuell 1 (1999), S. 14–15.

DIES., Verantwortung für Fachhochschule. Innovationen für die bundesdeutsche Bildungslandschaft, in: DO aktuell 3 (1998), S. 16–21.

Elisabeth HÖFL-HIELSCHER, Konzern Deutscher Orden, in: Süddeutsche Zeitung, Bayern, 9. September 1999, S. L5.

Rainer HOMBÜCHER, »Ich bin der etwas andere Chef«. DOH zum ersten Mal Träger eines Kinderheimes – Festakt in Parsberg, in: DOH aktuell 2 (1998), S. 20–21.

Gottfried KEINDL, Werner CONRAD, Danke, in: DOH aktuell 1 (1995), S. 23.

Rolf LINKENHEIL, Kreuzfahrer mit Größenwahn, in: DER TAGESSPIEGEL, 7. Dezember 2000, S. 4.

Monika MAIER-ALBANG, Matthias DROBINSKI, Deutscher Orden zahlungsunfähig, in: Süddeutsche Zeitung, Bayern, 1. Dezember 2000, S. L12.

Dietrich MITTLER, Das Ende einer Affäre, in: Süddeutsche Zeitung, Bayern, 29. November 2003, S. 51.

DERS., »Deal« der Justiz mit Ordens-Anwalt kritisiert, in: Süddeutsche Zeitung, Deutschland, 3. Juli 2001, S. 40.

DERS., Deutscher Orden – der Sozialfall des Jahres, in: Süddeutsche Zeitung, Bayern, 28. Dezember 2001, S. 53.

DERS., Deutscher Orden kann Schulden nicht zahlen, in: Süddeutsche Zeitung, Bayern, 19. April 2001, S. 55.

DERS., Deutscher Orden muss Millionenbetrag zahlen, in: Süddeutsche Zeitung, Bayern, 4. März 2005, S. 53.

DERS., Deutscher Orden noch immer ohne Sanierungskonzept, in: Süddeutsche Zeitung, Deutschland, 23. April 2001, S. 36.

DERS., Deutscher Orden soll Gemeinnützigkeit verlieren, in: Süddeutsche Zeitung, Deutschland, 28. Juni 2001, S. 36.

DERS., Deutscher Orden wählt Thüx zum Prior, in: Süddeutsche Zeitung, München, 29. Dezember 2000, S. L8.

Dietrich MITTLER, Dieter BAUR, Deutscher Orden entlässt seine Chefs, in: Süddeutsche Zeitung, Deutschland, 6. Dezember 2000, S. 48.

Berthold NEFF, Intervention für ein abgelehntes Projekt, in: Süddeutsche Zeitung, Bayern, 4. Dezember 2002, S. 46.

Conny NEUMANN, »Verrückte Ideen, die ganze Zeit«, in: Süddeutsche Zeitung, Bayern, 30. Juli 1998, S. L6.

Martina NIX, Peter WENSIERSKI, SPIEGEL ONLINE: Ordensschulden. Stoiber muss vor Untersuchungsausschuss, online unter: http://www.spiegel.de/politik/deutschland/ordens schulden-stoiber-muss-vor-untersuchungsausschuss-a-185524.html (letzte Aktualisierung 5.3.2002, letzte Einsichtnahme 6.10.2017).

Adelheid SCHMID, Michael BIALDYGA, Monika BAUMÜLLER, Stefan BOES, Charivari Spezial, Der Deutsche Orden und Weyarn, in: Charivari 12, 1 (1998), S. 51–76.

Andrea SCHWARZ, Neues Leben im alten Kloster, in: Süddeutsche Zeitung, Bayern, 17. Dezember 1999, S. L6.

Michael STILLER, Kredite an Orden werden überprüft, in: Süddeutsche Zeitung, Bayern, 30. Oktober 2002, S. 47.

András SZIGETVARI, Die letzten Ritter von Wien, in: DER STANDARD, 18. August 2009, S. 8.

Bruno TILTMANN, »Erst ein Jahr alt, aber er läuft schon«. Ambulanter Pflegedienst arbeitet in St. Marien äußerst wirtschaftlich, in: DOH aktuell 1 (1997), S. 36–37.

Otto WALSER, Ins Krankenhaus gehören Manager, in: Süddeutsche Zeitung, München, 22. März 1999, S. L6.

Stefani WANDL, Deutscher Orden vermutet »infame Strategie«, in: Süddeutsche Zeitung, Bayern, 21. Juni 2000, S. L9.

Peter WENSIERSKI, »Da kann man richtig Geld machen«, in: DER SPIEGEL 25, 2000, S. 60–62.

5.3 Literatur

7. Umfang der Bestände der Preußischen Staatsarchive, in: Mitteilungsblatt der Preussischen Archivverwaltung 2 (1937), S. 11–12.

Art. Schaube, in: Deutsches Wörterbuch. R–Schiefe, hrsg. v. Jacob GRIMM, Wilhelm GRIMM, Bd. 14, Leipzig 1889, Sp. 2297–2300.

Bericht über einen Vortrag von Archivrat Dr. Joachim »Über Archive, insbesondere die Königsberger«, in: Sitzungsberichte des Vereins für die Geschichte von Ost- und Westpreussen 9 (1915), S. 333–35.

Deutschordensarchiv in Goslar, in: Der Archivar 5 (1952), Sp. 83.

Familienarchive und Nachlässe im Geheimen Staatsarchiv Preußischer Kulturbesitz. Ein Inventar, bearb. v. Ute DIETSCH (Veröffentlichungen aus den Archiven Preußischer Kulturbesitz Arbeitsberichte, 8), Berlin 2008.

Fürstenau, Eduard August Wilhelm, in: Degeners Wer ist's?, hrsg. v. Hermann A. L. DEGENER, Berlin [10]1935, S. 460.

Kerbbrief, in: Deutsches Rechtswörterbuch. Wörterbuch der älteren deutschen Rechtssprache: Kanzlei bis Krönung, hrsg. v. Günther DICKEL, Heino SPEER, Weimar 1983, Sp. 755–756.

Lost Art. Koordinierungsstelle Magdeburg. Auslagerungsorte. Grasleben, Steinsalzbergwerk, Magdeburg, online unter: http://www.lostart.de/Webs/DE/Provenienz/Auslagerungsorte/Index.html?cms_lv2=42572&cms_param=AUSLORT_ID%3D14861%26ORT_ID%3D317#lvl2 (letzte Einsichtnahme 6.10.2017).

»Mehr Schulden als Haare auf dem Kopf haben«. Auszug aus Munzinger Online/Duden – Das große Wörterbuch der Zitate und Redewendungen, Mannheim [2]2007.

Neue Räume für das Staatliche Archivlager in Göttingen, in: Der Archivar 7 (1954), Sp. 67.

Ostdeutsches Feuilleton. Bienenzucht im Ordensland, in: Archiv. Informationsdienst des Göttinger Arbeitskreises 10, 15 (1956), S. 1–2.

Report of the American Commission for the Protection and Salvage of Artistic and Historic Monuments in War Areas, United States/Commission for the Protection and Salvage of Artistic and Historic Monuments in War Areas, Washington, DC 1946.

Schmidt, Aloys, in: Kürschners Deutscher Gelehrten-Kalender 1966. N–Z und Register, hrsg. v. Werner SCHUDER, Berlin 1966, S. 2164.

»Schuld«. Auszug aus Munzinger Online/Duden – Das große Wörterbuch der deutschen Sprache, CD-ROM, Mannheim [4]2012.

»Schuld«. Auszug aus Munzinger Online/Duden – Das Herkunftswörterbuch, CD-ROM, Mannheim [5]2014.

Staatliches Archivlager in Göttingen, in: Archive. Archive im deutschsprachigen Raum: A–N, Berlin [2]1974, S. 334–39.

Ueber die Gründung des deutschen Ordens, in: Scriptores rerum Prussicarum. Die Geschichtsquellen der preußischen Vorzeit bis zum Untergange der Ordensherrschaft, hrsg. v. Theodor HIRSCH, Leipzig 1866, S. 709–12.

Verlegung der Bestände des historischen Staatsarchivs Königsberg, in: Der Archivar 32, 2 (1979), Sp. 280.

Kinya ABE, Die Komturei Osterode des Deutschen Ordens in Preußen 1341–1525 (Studien zur Geschichte Preussens, 16), Köln 1972.

Wilhelm ABEL, Agrarkrisen und Agrarkonjunktur. Eine Geschichte der Land- und Ernährungswirtschaft Mitteleuropas seit dem hohen Mittelalter, Hamburg [3]1978.

Ulrich ALERTZ, Zur Erfindung des Schiffsentwurfs, vorgestellt im Modell der Kreuzfahrerschiffe im Hafen von Akkon, in: Burgen und Schlösser 2 (2009), S. 126–29.

Eduard ANDERSON, Das Bildnis des Hochmeisters Friedrich III., Herzog von Sachsen, im Dom zu Königsberg, in: Mitteilungen des Vereins für die Geschichte von Ost- und Westpreußen 15 (1940), S. 56–59.

Thomas ARMBRUSTER, Rückerstattung der Nazi-Beute. Die Suche, Bergung und Restitution von Kulturgütern durch die westlichen Alliierten nach dem Zweiten Weltkrieg (Schriften zum Kulturgüterschutz), Berlin 2008.

Martin ARMGART, Die Handfesten des preußischen Oberlandes bis 1410 und ihre Aussteller. Diplomatische und prosopographische Untersuchungen zur Kanzleigeschichte des Deutschen Ordens in Preußen (Veröffentlichungen aus den Archiven Preußischer Kulturbesitz, Beiheft 2), Köln 1995.

Udo ARNOLD, Akkon – Venedig – Marienburg. Der Deutsche Orden vom Mittelmeer- zum Ostseeraum, in: Acri 1291. La fine della presenza degli ordini militari in Terra Santa e i nuovi orientamenti nel XIV secolo, hrsg. v. Francesco TOMMASI, Perugia 1996, S. 69–74.

DERS., Arnold Wieland, in: Die Hochmeister des Deutschen Ordens 1190–2012, hrsg. v. Udo ARNOLD (Quellen und Studien zur Geschichte des Deutschen Ordens, 40; Veröffentlichungen der Internationalen Historischen Kommission zur Erforschung des Deutschen Ordens, 6), Weimar [2]2014, S. 345–48.

DERS., Bruno Platter, in: Die Hochmeister des Deutschen Ordens 1190–2012, hrsg. v. Udo ARNOLD (Quellen und Studien zur Geschichte des Deutschen Ordens, 40; Veröffentlichungen der Internationalen Historischen Kommission zur Erforschung des Deutschen Ordens, 6), Weimar [2]2014, S. 348–53.

DERS., De primordiis ordinis Theutonici narratio, in: Preußenland 4 (1966), S. 17–30.

DERS., Der Deutsche Orden im deutschen Bewußtsein des 20. Jahrhunderts, in: Vergangenheit und Gegenwart der Ritterorden die Rezeption der Idee und die Wirklichkeit, hrsg. v. Zenon Hubert NOWAK, Roman CZAJA (Ordines militares, 11), Toruń 2001, S. 39–53.

DERS., Der Deutsche Orden im Schulbuch der Bundesrepublik Deutschland, in: Internationales Jahrbuch für Geschichts- und Geographie-Unterricht 16 (1975), S. 276–91.

DERS., Der Deutsche Orden im Schulbuch der Bundesrepublik Deutschland, in: Deutscher Orden und Preußenland. Ausgewählte Aufsätze anläßlich des 65. Geburtstages, hrsg. v. Udo ARNOLD, Bernhart JÄHNIG, Georg MICHELS (Einzelschriften der Historischen Kommission für ost- und westpreußische Landesforschung, 26), Marburg 2005, S. 49–66.

DERS., Der Deutsche Orden und Venedig, in: Militia sacra. Gli ordini militari tra Europa e Terrasanta, hrsg. v. Enzo COLI, Maria de MARCO, Francesco TOMMASI, Perugia 1994, S. 145–65.

DERS., Der Deutsche Orden und Venedig, in: Deutscher Orden und Preußenland. Ausgewählte Aufsätze anläßlich des 65. Geburtstages, hrsg. v. Udo ARNOLD, Bernhart JÄHNIG,

Georg MICHELS (Einzelschriften der Historischen Kommission für ost- und westpreußische Landesforschung, 26), Marburg 2005, S. 207–24.

DERS., Der Deutsche Orden zwischen Kaiser und Papst im 13. Jahrhundert, in: Die Ritterorden zwischen geistlicher und weltlicher Macht im Mittelalter, hrsg. v. Zenon Hubert NOWAK (Ordines militares, 5), Toruń 1990, S. 57–70.

DERS., Der Leiter der Hospitalgemeinschaft in Akkon 1190–1198, in: Die Hochmeister des Deutschen Ordens 1190–2012, hrsg. v. Udo ARNOLD (Quellen und Studien zur Geschichte des Deutschen Ordens, 40; Veröffentlichungen der Internationalen Historischen Kommission zur Erforschung des Deutschen Ordens, 6), Weimar [2]2014, S. 4–8.

DERS., Deutscher Orden (19.–21. Jahrhundert), in: Historisches Lexikon Bayerns, online unter: http://www.historisches-lexikon-bayerns.de/artikel/artikel_45982 (letzte Aktualisierung 16.12.2013, letzte Einsichtnahme 6.10.2017).

DERS., Deutschordensgeschichte und deutsch-polnische Schulbuchgespräche, in: Von Akkon bis Wien: Studien zur Deutschordensgeschichte vom 13. bis zum 20. Jahrhundert. Festschrift zum 90. Geburtstag von Althochmeister P. Dr. Marian Tumler O. T. am 21. Oktober 1977, hrsg. v. Udo ARNOLD, Marian TUMLER, Marburg 1978, S. 344–61.

DERS., Die Anfänge der Ordensgeschichtsschreibung, in: Neue Studien zur Literatur im Deutschen Orden, hrsg. v. Bernhart JÄHNIG, Arno MENTZEL-REUTERS (Zeitschrift für deutsches Altertum und deutsche Literatur, 19), Stuttgart 2014, S. 177–95.

DERS., Die Narratio de primordiis Ordinis Theutonici. Der offizielle Blick des Deutschen Ordens auf seine Anfänge, in: La mémoire des origines dans les ordres religieux-militaires au Moyen Âge. Die Erinnerung an die eigenen Ursprünge in den geistlichen Ritterorden im Mittelalter, hrsg. v. Gert MELVILLE (Vita regularis, Abhandlungen, 51), Berlin, Münster 2012, S. 95–120.

DERS., Die Schriftlichkeit des Deutschen Ordens am Beispiel der Visitationen, in: Die Rolle der Schriftlichkeit in den geistlichen Ritterorden des Mittelalters. Innere Organisation, Sozialstruktur, Politik, hrsg. v. Roman CZAJA, Jürgen SARNOWSKY (Ordines militares, 15), Toruń 2009, S. 7–38.

DERS., Einleitung, in: Die Urkunden des Deutschordens-Zentralarchivs in Wien. Regesten: 1222–Januar 1313, hrsg. v. Udo ARNOLD (Quellen und Studien zur Geschichte des Deutschen Ordens, 60,1; Veröffentlichungen der Internationalen Historischen Kommission zur Erforschung des Deutschen Ordens, 11,1), Marburg 2006, S. IX–XXXIV.

DERS., Elisabeth und Georg als Pfarrpatrone im Deutschordensland Preußen. Zum Selbstverständnis des Deutschen Ordens, in: Elisabeth, der Deutsche Orden und ihre Kirche. Festschrift zur 700jährigen Wiederkehr der Weihe der Elisabethkirche Marburg 1983, hrsg. v. Udo ARNOLD, Universität Marburg (Quellen und Studien zur Geschichte des Deutschen Ordens, 18), Marburg 1983, S. 163–85.

DERS., Entstehung und Frühzeit des Deutschen Ordens. Zur Gründung und inneren Struktur des Deutschen Hospitals von Akkon und des Ritterordens in der ersten Hälfte des 13. Jahrhunderts, in: Die geistlichen Ritterorden Europas, hrsg. v. Josef FLECKENSTEIN, Manfred HELLMANN, Sigmaringen 1980, S. 81–107.

DERS., Georg im Deutschen Orden bis zur Regelreform im 17. Jahrhundert, in: Sankt Georg und sein Bilderzyklus in Neuhaus, Böhmen (Jindřichův Hradec). Historische, kunsthistorische und theologische Beiträge, hrsg. v. Ewald VOLGGER (Quellen und Studien zur Geschichte des Deutschen Ordens, 57), Marburg 2002, S. 161–71.

DERS., Georg und Elisabeth. Deutschordensheilige als Pfarrpatrone in Preußen, in: Die Rolle der Ritterorden in der Christianisierung und Kolonisierung des Ostseegebietes, hrsg. v. Zenon Hubert NOWAK (Ordines militares, 1), Toruń 1983, S. 69–78.

DERS., Geschichtsschreibung im Preußenland bis zum Ausgang des 16. Jahrhunderts, in: Jahrbuch für die Geschichte Mittel- und Ostdeutschlands 19 (1970), S. 74–126.

DERS., Hermann von Salza 1209–1239, in: Die Hochmeister des Deutschen Ordens 1190–2012, hrsg. v. Udo ARNOLD (Quellen und Studien zur Geschichte des Deutschen Ordens, 40; Veröffentlichungen der Internationalen Historischen Kommission zur Erforschung des Deutschen Ordens, 6), Weimar ^{2}2014, S. 12–16.

DERS., Jerusalem und Akkon. Zur Frage von Kontinuität oder Neugründung des Deutschen Ordens 1190, in: Mitteilungen des Instituts für Österreichische Geschichtsforschung 86 (1978), S. 416–32.

DERS., Jerusalem und Akkon. Zur Frage von Kontinuität oder Neugründung des Deutschen Ordens 1190, in: Deutscher Orden und Preußenland. Ausgewählte Aufsätze anläßlich des 65. Geburtstages, hrsg. v. Udo ARNOLD, Bernhart JÄHNIG, Georg MICHELS (Einzelschriften der Historischen Kommission für ost- und westpreußische Landesforschung, 26), Marburg 2005, S. 117–32.

DERS., Königsberg als Wirtschaftsstandort im Mittelalter. Ein Überblick, in: Preußische Landesgeschichte. Festschrift für Bernhart Jähnig zum 60. Geburtstag, hrsg. v. Udo ARNOLD, Jürgen SARNOWSKY, Mario GLAUERT (Einzelschriften der Historischen Kommission für ost- und westpreußische Landesforschung, 22), Marburg 2001, S. 333–39.

DERS., Marian Tumler, in: Die Hochmeister des Deutschen Ordens 1190–2012, hrsg. v. Udo ARNOLD (Quellen und Studien zur Geschichte des Deutschen Ordens, 40; Veröffentlichungen der Internationalen Historischen Kommission zur Erforschung des Deutschen Ordens, 6), Weimar ^{2}2014, S. 330–36.

DERS., Marian Tumler als Wissenschaftler, Pressespiegel, in: Deutscher Orden. Zeitschrift des Ordens für seine Brüder, Schwestern, Familiaren und Freunde 4 (1987), S. 29–36.

Ritter und Priester. Acht Jahrhunderte Deutscher Orden in Nordwesteuropa; Ausstellung der Landcommanderij Alden Biesen und des Vlaams Commissariaat-Generaal voor Toerisme in Zusammenarbeit mit der Internationalen Historischen Kommission zur Erforschung des Deutschen Ordens und dem Historisch Studiecentrum Alden Biesen, hrsg. v. Udo ARNOLD, Turnhout 1992.

DERS., Studien zur preußischen Historiographie des 16. Jahrhunderts, Bonn 1967.

DERS., Übernahme der Hochmeisterwürde des Deutschen Ordens durch Friedrich von Sachsen, in: Ostdeutsche Gedenktage 1997 (1998), S. 348–53.

DERS., Vom Feldspital zum Ritterorden. Militarisierung und Territorialisierung des Deutschen Ordens (1190–ca. 1240), in: Balticum. Studia z dziejów polityki, gospodarki i kultury XII–XVII wieku; ofiarowane Marianowi Biskupowi w siedemdziesiata rocznice urodzin, hrsg. v. Zenon Hubert NOWAK, Marian BISKUP, Toruń 1992, S. 25–36.

DERS., Vom Feldspital zum Ritterorden. Militarisierung und Territorialisierung des Deutschen Ordens (1190–ca. 1240), in: Deutscher Orden und Preußenland. Ausgewählte Aufsätze anläßlich des 65. Geburtstages, hrsg. v. Udo ARNOLD, Bernhart JÄHNIG, Georg MICHELS (Einzelschriften der Historischen Kommission für ost- und westpreußische Landesforschung, 26), Marburg 2005, S. 133–42.

DERS., Von Venedig nach Marienburg. Hochmeister und Deutscher Orden am Ende des 13./Beginn des 14. Jahrhunderts, in: Kirche und Gesellschaft im Wandel der Zeiten. Festschrift für Gabriel Adriány zum 75. Geburtstag, hrsg. v. Hermann-Josef SCHEIDGEN, Nordhausen 2012, S. 75–90.

DERS., Weinbau und Weinhandel des Deutschen Ordens im Mittelalter, in: Zur Wirtschaftsentwicklung des Deutschen Ordens im Mittelalter, hrsg. v. Udo ARNOLD (Quellen und Studien zur Geschichte des Deutschen Ordens, 38; Veröffentlichungen der Internationalen Historischen Kommission zur Erforschung des Deutschen Ordens, 2), Marburg 1989, S. 71–102.

Gustav AUBIN, Zur Geschichte des gutsherrlich-bäuerlichen Verhältnisses in Ostpreußen von der Gründung des Ordensstaates bis zur Steinschen Reform, Leipzig 1910.

Anna AURAST, Tobias GRADL, Stefan PERNES, Steffen PIELSTRÖM, Big Data und Smart Data in den Geisteswissenschaften, in: Bibliothek – Forschung und Praxis 40, 2 (2016), S. 200–06.

Ludwig von BACZKO, Geschichte Preußens, Bd. 4, Königsberg 1795.

Ernst BAHR, Das Staatliche Wojewodschaftsarchiv in Allenstein, in: Zeitschrift für Ostforschung 13 (1964), S. 535–43.

Max BÄR, Das Königliche Staatsarchiv zu Danzig, seine Begründung, seine Einrichtungen und seine Bestände (Mitteilungen der K. Preussischen Archivverwaltung, 21), Leipzig 1912.

Alexander BARANOV, Der Dienstnachlass von Johannes Voigt (Staatsarchiv Königsberg) in der Russischen Staatsbibliothek in Moskau, in: Preußenland N. F. 2 (2011), S. 91–113.

Daria BAROW-VASSILEVITCH, Die Königsberger Stadtbibliothek und ihre Spuren in Moskau, in: Von mittelalterlichen und neuzeitlichen Beständen in russischen Bibliotheken und Archiven, hrsg. v. Natalija GANINA, Klaus KLEIN, Catherine SQUIRES u. a. (Deutsch-russische Forschungen zur Buchgeschichte, 3), Erfurt 2016, S. 57–77.

Helmut BAUER, Peter von Dusburg und die Geschichtsschreibung des Deutschen Ordens im 14. Jahrhundert in Preußen (Historische Studien, 272), Berlin 1935.

Friedrich BECK, Lorenz Friedrich BECK, Die lateinische Schrift. Schriftzeugnisse aus dem deutschen Sprachgebiet vom Mittelalter bis zur Gegenwart, Köln 2007.

Ottomar BEDERKE, Liber de cura equorum. Bearbeitungen von Albertus Magnus und Jordanus Ruffus aus dem Deutschen Ritterorden (1408), Dissertation, Tierärztliche Hochschule Hannover, 1962.

Unter Kreuz und Adler. Der Deutsche Orden im Mittelalter; Ausstellung des Geheimen Staatsarchivs Preußischer Kulturbesitz anläßlich des 800jährigen Bestehens des Deutschen Ordens, hrsg. v. Friedrich BENNINGHOVEN, Mainz 1990.

Jan-Erik BEUTTEL, Der Generalprokurator des Deutschen Ordens an der Römischen Kurie. Amt, Funktionen, personelles Umfeld und Finanzierung (Quellen und Studien zur Geschichte des Deutschen Ordens, 55), Marburg 1999.

DERS., Zur Stellung der Stadt Konitz gegenüber dem Deutschen Orden in der Zeit des Preußischen Bundes sowie des Dreizehnjährigen Krieges (1454–1466), in: Beiträge zur Geschichte Westpreußens 12 (1991), S. 117–68.

Czesław BIERNAT, Stephan NIEDERMEIER, Staatsarchiv Danzig. Wegweiser durch die Bestände bis zum Jahr 1945 [Archiwum panstwowe w Gdansku. Przewodnik po zasobie do 1945 roku], München 2000.

Bernhard BISCHOFF, Zur Frühgeschichte des mittelalterlichen Chirographum, in: Archivalische Zeitschrift 50/51 (1955), S. 297–300.

DERS., Zur Frühgeschichte des mittelalterlichen Chirographum, in: Mittelalterliche Studien. Ausgewählte Aufsätze zur Schriftkunde und Literaturgeschichte, Stuttgart 1966, S. 118–21.

Marian BISKUP, Das Ordensland Preußen als Lehen der polnischen Krone (1466–1525), in: Die Geschichte des Deutschen Ordens in Preußen. Wirtschaft, Gesellschaft, Staat, Ideologie, hrsg. v. Marian BISKUP, Gerard LABUDA, Jürgen HEYDE (Clio in Polen, 6), Osnabrück 2000, S. 471–532.

DERS., Das Problem der Söldner in den Streitkräften des Deutschordensstaates Preußen vom Ende des 14. Jahrhunderts bis 1525, in: Das Kriegswesen der Ritterorden im Mittelalter, hrsg. v. Zenon Hubert NOWAK (Ordines militares, 6), Toruń 1991, S. 49–74.

DERS., Das Verhältnis des Deutschen Ordens zu den anderen Orden in Preußen, in: Ritterorden und Kirche im Mittelalter, hrsg. v. Zenon Hubert NOWAK (Ordines militares, 9), Toruń 1997, S. 61–79.

DERS., Der Deutsche Orden im Reich, in Preußen und Livland im Banne habsburgischer Politik in der zweiten Hälfte des 15. und zu Beginn des 16. Jahrhunderts, in: Die Ritterorden zwischen geistlicher und weltlicher Macht im Mittelalter, hrsg. v. Zenon Hubert NOWAK (Ordines militares, 5), Toruń 1990, S. 101–26.

DERS., Der Zusammenbruch des Ordensstaates in Preußen im Lichte der neuesten polnischen Forschungen, in: Acta Poloniae Historica 9 (1963), S. 59–76.

DERS., Die Rolle des Deutschen Ordens in Preußen in der Geschichte Polens, in: Deutschland, Polen und der Deutsche Orden. Sonderdruck der Deutschen Unesco-Kommission, [Köln] [ca. 1974], S. 19–29.

DERS., Friedrich von Sachsen 1498–1510, in: Die Hochmeister des Deutschen Ordens 1190–2012, hrsg. v. Udo ARNOLD (Quellen und Studien zur Geschichte des Deutschen Ordens, 40; Veröffentlichungen der Internationalen Historischen Kommission zur Erforschung des Deutschen Ordens, 6), Weimar [2]2014, S. 159–64.

DERS., Max Toeppen (1822–1893). Erforscher der Historiographie und Stadtgeschichte Preußens und Herausgeber preußischer Quellen, in: Zeitschrift für Ostforschung 39 (1990), S. 172–95.

DERS., Plany reformy zakonu krzyzackiego w Prusach z 1492 roku [Die Reformpläne des Deutschen Ordens in Preußen aus dem Jahre 1492], in: Prusy–Polska–Europa. Studia z dziejów średniowiecza i czasów wczesnonowożytnych, hrsg. v. Andrzej RADZIMIŃSKI, Janusz TANDECKI, Zenon Hubert NOWAK, Toruń 1999, S. 277–85.

DERS., Trzynastoletnia Wojna z Zakonem Krzyżackim. 1454–1466 [Der Dreizehnjährige Krieg gegen den Kreuzritterorden. 1454–1466] (Wojskowy Instytut Historyczny. Zakad historii dawnego wojska Polskiego), Warszawa 1967.

DERS., Wykaz broni palnej i innego sprzętu wojskowego wysytanego przez Torun w okresie wojny trzynastoletniej (1454–1466) [Auflistung der Schußwaffen und sonstigen Armeeausrüstung, die in der Zeit des Dreizehnjährigen Krieges aus Thorn verschickt wurden (1454–1466)], in: Zapiski historyczne 31, 1 (1966), S. 81–94.

Marian BISKUP, Irena JANOSZ-BISKUPOWA, Visitationen im Deutschen Orden im Mittelalter. 1450–1519, Bd. 2 (Quellen und Studien zur Geschichte des Deutschen Ordens, 50,2; Veröffentlichungen der Internationalen Historischen Kommission zur Erforschung des Deutschen Ordens, 10,2), Marburg 2004.

Hans BLOSEN, Johannes Bengedans und sein Kriegstagebuch, in: Beiträge zur Militärgeschichte des Preussenlandes von der Ordenszeit bis zum Zeitalter der Weltkriege, hrsg. v. Bernhart JÄHNIG, Hans BLOSEN (Tagungsberichte der Historischen Kommission für ost- und westpreußische Landesforschung, 25), Marburg 2010, S. 161–90.

Adrian J. BOAS, Rabei KHAMISSY, The Teutonic Castle of Montfort/Starkenberg (Qal'at Qurein), in: L'Ordine Teutonico tra Mediterraneo e Baltico/Der deutsche Orden zwischen Mittelmeerraum und Baltikum. Incontri e scontri tra religioni, popoli e culture; atti del convegno internazionale (Bari–Lecce–Brindisi, 14–16 settembre 2006), hrsg. v. Hubert HOUBEN, Galatina 2008, S. 347–61.

Hans-Georg BOEHM, Hochmeisterwappen des Deutschen Ordens. 1198–1618, Tauberbischofsheim 1990.

DERS., Siegel des Deutschen Ordens von Akkon bis Mergentheim, Bad Mergentheim 2002.

Adolf BOETTICHER, Die Bau- und Kunstdenkmäler der Provinz Ostpreußen. Natangen, Bd. 2, Königsberg 1892.

Werner BÖHNKE, Der Binnenhandel des Deutschen Ordens in Preußen und seine Beziehung zum Außenhandel um 1400, in: Hansische Geschichtsblätter 80 (1962), S. 26–95.

Barbara BOMBI, Due inediti rotoli pergamenacei. L'Ordine Teutonico e la sua organizzazione archivistica al principio del XIV secolo, in: Scrineum – Rivista 1 (2003), S. 1–25.

Hartmut BOOCKMANN, Der Deutsche Orden. Zwölf Kapitel aus seiner Geschichte, München [5]2012.

DERS., Die Vorwerke des Deutschen Ordens in Preußen, in: Die Grundherrschaft im späten Mittelalter, hrsg. v. Hans PATZE, Bd. 1 (Vorträge und Forschungen, 27), Sigmaringen 1983, S. 555–76.

DERS., Pferde auf der Marienburg, in: Vera lex historiae: Studien zu mittelalterlichen Quellen. Festschrift für Dietrich Kurze zu seinem 65. Geburtstag am 1. Januar 1993, hrsg. v. Stuart JENKS, Jürgen SARNOWSKY, Marie-Luise LAUDAGE u. a., Köln 1993, S. 117–26.

DERS., Spielleute und Gaukler in den Rechnungen des Deutschordens-Hochmeisters, in: Feste und Feiern im Mittelalter. Paderborner Symposion des Mediävistenverbandes, hrsg. v. Detlef ALTENBURG, Jörg JARNUT, Sigmaringen 1991, S. 217–27.

DERS., Spielleute und Gaukler in den Rechnungen des Deutschordens-Hochmeisters, in: Wege ins Mittelalter. Historische Aufsätze, hrsg. v. Dieter NEITZERT, Uwe ISRAEL, Ernst SCHUBERT, München 2000, S. 133–44.

DERS., Süßigkeiten im finsteren Mittelalter. Das Konfekt des Deutschordenshochmeisters, in: Mittelalterliche Texte. Überlieferung – Befunde – Deutungen, hrsg. v. Rudolf SCHIEFFER, Hannover 1996, S. 173–88.

Hartmut BOOCKMANN, Werner CONZE, Ostpreußen und Westpreußen (Deutsche Geschichte im Osten Europas), Berlin 2002.

Hartmut BOOCKMANN, Gotthold RHODE, Thesen zur Geschichte des Deutschen Ordens, in: Deutschland, Polen und der Deutsche Orden. Sonderdruck der Deutschen Unesco-Kommission, [Köln] [ca. 1974], S. 7–18.

Ahasver von BRANDT, Die norddeutschen Archive nach dem zweiten Weltkrieg, in: Scandia 18 (1947), S. 142–52.

DERS., Schicksalsfragen deutscher Archive, in: Der Archivar 1, 3 (1948), Sp. 133–140.

Harry BRESSLAU, Handbuch der Urkundenlehre für Deutschland und Italien, Bd. 1, Leipzig ²1912.

Wilhelm von BRÜNNECK, Das Bernstein-Regal, in: Altpreußische Monatsschrift 11 (1874), S. 129–55.

DERS., Das Recht auf Zueignung der von der See ausgeworfenen oder angespülten Meeres-Producte und das Bernstein-Regal, Königsberg i. Pr. 1874.

DERS., Zur Geschichte des altpreußischen Jagd- und Fischereirechts, in: Zeitschrift der Savigny-Stiftung für Rechtsgeschichte: Germanistische Abteilung 39 (1918), S. 88–144.

DERS., Zur Geschichte des Grundeigenthums in Ost- und Westpreußen. Die Lehngüter, 1. Abth.: Das Mittelalter, Bd. 2,1, Berlin 1895.

Johann Gottlieb BUJACK, Die geographische Verbreitung des Weinstocks mit Rücksicht auf den Weinbau in Preußen während der Herrschaft des Deutschen Ordens, in: Vorträge aus dem Gebiet der Naturwissenschaft und der Oekonomie der physikalisch-ökonomischen Gesellschaft zu Königsberg 1 (1834), S. 33–58.

Danielle BUSCHINGER, Mathieu OLIVIER, Les chevaliers teutoniques, Paris 2007.

Hermann-Joseph BUSLEY, Bayerisches Konkordat, 1924. In: Historisches Lexikon Bayerns, online unter: http://www.historisches-lexikon-bayerns.de/artikel/artikel_44534 (letzte Aktualisierung 29.11.2013, letzte Einsichtnahme 6.10.2017).

Adriano CAPPELLI, Lexicon abbreviaturarum. Wörterbuch lateinischer und italienischer Abkürzungen, wie sie in Urkunden und Handschriften, besonders des Mittelalters, gebräuchlich sind, dargestellt in über 14000 Holzschnittzeichen, Leipzig ²1928.

David CROOK, Introduction, in: Studies in 13th century justice and administration, hrsg. v. Cecil Anthony Francis MEEKINGS (History series, 3), London 1981, S. ix–xix.

Florent CYGLER, Gert MELVILLE, Jörg OBERSTE, Aspekte zur Verbindung von Organisation und Schriftlichkeit im Ordenswesen. Ein Vergleich zwischen den Zisterziensern und Cluniazensern des 12./13. Jahrhunderts, in: Viva vox und ratio scripta. Mündliche und schriftliche Kommunikationsformen im Mönchtum des Mittelalters, hrsg. v. Clemens M. KASPER, Klaus SCHREINER (Vita regularis, 5), Münster 1997, S. 205–80.

Roman CZAJA, Der Handel des Deutschen Ordens und der preußischen Städte. Wirtschaft zwischen Zusammenarbeit und Rivalität, in: Ritterorden und Region. Politische, soziale und wirtschaftliche Verbindungen im Mittelalter, hrsg. v. Zenon Hubert NOWAK (Ordines militares, 8), Toruń 1995, S. 111–23.

DERS., Die wirtschaftliche Lage des Ordenslandes Preußen und die Entwicklung der europäischen Wirtschaft im 13.–15. Jahrhundert, in: Ostmitteleuropa im 14.–17. Jahrhundert.

Eine Region oder Region der Regionen?, hrsg. v. Marian DYGO, Sławomir GAWLAS, Hieronim GRALA (Zentrum für ostmitteleuropäische Geschichte des Historischen Instituts der Universität Warschau, Colloquia, 3), Warszawa 2003, S. 103–13.

DERS., Handelsbeziehungen der Großschäffer des Deutschen Ordens zu den preußischen Städten am Anfang des 15. Jahrhunderts, in: »Kopet uns werk by tyden«. Beiträge zur hansischen und preußischen Geschichte. Walter Stark zum 75. Geburtstag, hrsg. v. Nils JÖRN, Walter STARK, Schwerin 1999, S. 201–09.

DERS., Preußische Hansestädte und der Deutsche Orden. Ein Beitrag zu den Beziehungen zwischen Stadt und Landesherrschaft im späten Mittelalter, in: Hansische Geschichtsblätter 118 (2000), S. 57–76.

Richard DETHLEFSEN, Die Domkirche in Königsberg i. Pr. nach ihrer jüngsten Wiederherstellung, Berlin 1912.

Deutsches Rechtswörterbuch. Wörterbuch der älteren deutschen Rechtssprache, hrsg. v. Andreas DEUTSCH, Almuth BEDENBENDER, Bd. 12, Weimar 2013.

Adolf DIESTELKAMP, Die Lage der deutschen Ostarchive, in: Der Archivar 3, 2 (1950), Sp. 78–94.

Joachim W. DIPPNER, Maren VOSS, Climate reconstruction of the MWP in the Baltic Sea area based on biogeochemical proxies from a sediment record, in: Baltica 17, 1 (2004), S. 5–16.

Wiesław DŁUGOKĘCKI, Misja Hinka z Ledecza. Przyczynek do sprzedaży Malborka przez zaciężnych w czasie wojny trzynastoletniej [Die Mission des Hinko von Ledecz. Ein Beitrag zum Verkauf der Marienburg durch die Söldner zur Zeit des Dreizehnjährigen Krieges], in: Biskupi, lennicy, żeglarze, hrsg. v. Błażej ŚLIWIŃSKI (Gdańskie studia z dziejów średniowiecza, 9), Gdańsk 2003, S. 363–66.

Lothar DRALLE, Der Bernsteinhandel des Deutschen Ordens in Preußen vornehmlich zu Beginn des 16. Jahrhunderts, in: Hansische Geschichtsblätter 99 (1981), S. 61–72.

DERS., Der Staat des Deutschen Ordens in Preußen nach dem II. Thorner Frieden. Untersuchungen zur ökonomischen und ständepolitischen Geschichte Altpreußens zwischen 1466 und 1497 (Frankfurter Historische Abhandlungen, 9), Wiesbaden 1975.

DERS., Die Ausgaben des Deutschordenshochmeisters Friedrich von Sachsen (1498–1510). Ein Beitrag zur Finanzgeschichte, in: Zeitschrift für Ostforschung 30 (1981), S. 195–228.

DERS., Die Einkünfte des Deutschordenshochmeisters Friedrich von Sachsen (1498 bis 1510). Ein Beitrag zur Finanzgeschichte der ostdeutschen Territorien, in: Zeitschrift für Ostforschung 28 (1979), S. 626–40.

DERS., Heinrich Reffle von Richtenberg. 1470–1477, in: Die Hochmeister des Deutschen Ordens 1190–2012, hrsg. v. Udo ARNOLD (Quellen und Studien zur Geschichte des Deutschen Ordens, 40; Veröffentlichungen der Internationalen Historischen Kommission zur Erforschung des Deutschen Ordens, 6), Weimar ²2014, S. 144–50.

DERS., Johann von Tiefen. 1489–1497, in: Die Hochmeister des Deutschen Ordens 1190–2012, hrsg. v. Udo ARNOLD (Quellen und Studien zur Geschichte des Deutschen Ordens, 40; Veröffentlichungen der Internationalen Historischen Kommission zur Erforschung des Deutschen Ordens, 6), Weimar ²2014, S. 154–59.

Marian DYGO, Die Münzpolitik des Deutschen Ordens in Preußen in der ersten Hälfte des 15. Jahrhunderts (Fasciculi Historici, 14), Warszawa 1987.

DERS., Strukturen und Konjunkturen in der Wirtschaft der ostmitteleuropäischen Länder, in: Ostmitteleuropa im 14.–17. Jahrhundert. Eine Region oder Region der Regionen?, hrsg. v. Marian DYGO, Sławomir GAWLAS, Hieronim GRALA (Zentrum für ostmitteleuropäische Geschichte des Historischen Instituts der Universität Warschau, Colloquia, 3), Warszawa 2003, S. 61–80.

Astrid M. ECKERT, Kampf um die Akten. Die Westalliierten und die Rückgabe von deutschem Archivgut nach dem Zweiten Weltkrieg (Transatlantische historische Studien Geschichte, 20), Stuttgart 2004.

Christopher EDENS, Sir (Charles) Leonard Woolley (1880–1960). Oxford Dictionary of National Biography, online unter: http://www.oxforddnb.com/view/article/37021 (letzte Einsichtnahme 6.10.2017). doi:10.1093/ref:odnb/37021.

Dietrich R. EHMEK, Die Fahrt der Bremer und Lübecker nach Akkon und die Stiftung des Deutschen Ordens, in: Bremisches Jahrbuch 2, 1 (1866), S. 156–84.

Elfi-Marita EIBL, Fern von Kaiser und Reich? Die Beziehungen zwischen Deutschem Orden und Reich in der Zeit Kaiser Friedrichs III., in: Blätter für deutsche Landesgeschichte 145/146 (2009/2010), S. 149–66.

Gerhard EIS, Pferdenamengebung im Deutschen Ritterorden, in: Beiträge zur Namenforschung 5 (1954), S. 271–80.

Sven EKDAHL, Archivalien zur Geschichte Ost- und Westpreußens in Wilna, vornehmlich aus den Beständen des Preußischen Staatsarchivs Königsberg, in: Preußenland 30 (1992), S. 41–55.

DERS., Das Pferd und seine Rolle im Kriegswesen des Deutschen Ordens, in: Das Kriegswesen der Ritterorden im Mittelalter, hrsg. v. Zenon Hubert NOWAK (Ordines militares, 6), Toruń 1991, S. 29–47.

DERS., Die Armbrust im Deutschordensland Preußen zu Beginn des 15. Jahrhunderts, in: Fasciculi archaeologiae historicae 5 (1992), S. 17–48.

DERS., Die Schlacht bei Tannenberg 1410. Quellenkritische Untersuchungen: Einführung und Quellenlage, Bd. 1 (Berliner Historische Studien, 8), Berlin 1982.

DERS., Ein Privatbrief vom Herbst 1410 an Margreth Lucassynne, Witwe des Marienburger Bürgermeisters Lucas, im Haus des Danziger Bürgermeisters Konrad Letzkau, in: Preußenland 47 (2009), S. 15–23.

DERS., Horses and Crossbows. Two Important Warfare Advantages of the Teutonic Order in Prussia, in: The military orders. Welfare and warfare, hrsg. v. Helen NICHOLSON, Bd. 2, Aldershot 1998, S. 119–51.

DERS., Soldtruppen des Deutschen Ordens im Krieg gegen Polen 1409, in: Fasciculi archaeologiae historicae 15 (2003), S. 47–64.

Odilo ENGELS, Zur Historiographie des Deutschen Ordens im Mittelalter, in: Archiv für Kulturgeschichte 48 (1966), S. 336–63.

Arnold ESCH, Überlieferungs-Chance und Überlieferungs-Zufall als methodisches Problem des Historikers, in: Historische Zeitschrift 240 (1985), S. 529–70.

DERS., Überlieferungs-Chance und Überlieferungs-Zufall als methodisches Problem des Historikers, in: Zeitalter und Menschenalter. Der Historiker und die Erfahrung vergangener Gegenwart, hrsg. v. Arnold ESCH, München 1994, S. 39–69.

Karl FABER, Vom Amte des Hauskomthurs in Königsberg zur Zeit des deutschen Ordens, und von der Hofordnung des Herzogs Albrecht, in: Preußische Provincial-Blätter 4 (1830), S. 217–28.

Marie-Luise FAVREAU, Studien zur Frühgeschichte des Deutschen Ordens, Stuttgart 1974.

Marie-Luise FAVREAU-LILIE, Die Routen der Kreuzzugsflotten im Mittelmeer und ihre Häfen, in: Burgen und Schlösser 2 (2009), S. 121–25.

DIES., The Military Orders and the Escape of the Christian Population from the Holy Land in 1291, in: Journal of Medieval History 19, 3 (1993), S. 201–27.

DIES., The Teutonic Knights in Acre after the Fall of Montfort (1271). Some Reflections, in: Outremer. Studies in the history of the Crusading Kingdom of Jerusalem: presented to Joshua Prawer, hrsg. v. B. Z. KEDAR, H. E. MAYER, Jerusalem 1982, S. 272–84.

Mary FISCHER, Die Darstellung von Frauen in der historischen Erzählung des Deutschen Ordens, in: Neue Studien zur Literatur im Deutschen Orden, hrsg. v. Bernhart JÄHNIG, Arno MENTZEL-REUTERS (Zeitschrift für deutsches Altertum und deutsche Literatur, 19), Stuttgart 2014, S. 229–46.

Hermann FLOHN, Klimaschwankungen im Mittelalter und ihre historisch-geographische Bedeutung, in: Berichte zur deutschen Landeskunde 7 (1950), S. 347–57.

Kurt FORSTREUTER, Bildnisse von Hochmeistern des Deutschen Ordens im Mittelalter, in: Acht Jahrhunderte Deutscher Orden. In Einzeldarstellungen, hrsg. v. Klemens WIESER, Marian TUMLER (Quellen und Studien zur Geschichte des Deutschen Ordens, 1), Bad Godesberg 1967, S. 1–14.

DERS., Das »Hauptstadtproblem« des Deutschen Ordens, in: Jahrbuch für die Geschichte Mittel- und Ostdeutschlands 5 (1956), S. 129–56.

DERS., Das Archiv des Deutschen Ordens in Preußen, in: Archiv für Ordenskunde 4 (1954), S. 72.

DERS., Das Preußische Staatsarchiv in Königsberg. Ein geschichtlicher Rückblick mit einer Übersicht über seine Bestände (Veröffentlichungen der Niedersächsischen Archivverwaltung, 3), Göttingen 1955.

DERS., Das Staatliche Archivlager in Göttingen, in: Zeitschrift für Ostforschung 3 (1954), S. 92–94.

DERS., Das Staatsarchiv Königsberg als Quelle für die allgemeine Geschichte, in: Hamburger Mittel- und Ostdeutsche Forschungen 6 (1967), S. 9–35.

DERS., Der Deutsche Orden am Mittelmeer (Quellen und Studien zur Geschichte des Deutschen Ordens, 2), Bonn 1967.

DERS., Die deutsche Sprache im auswärtigen Schriftverkehr des Ordenslandes und Herzogtums Preußen, in: Altpreußische Beiträge. Festschrift zur Hauptversammlung des Gesamtvereins der Deutschen Geschichts- und Altertums-Vereine zu Königsberg Pr. vom 4. bis 7. September 1933, hrsg. v. Verein für Familienforschung in Ost- und Westpreußen, Königsberg Pr. 1933 (ND Hamburg 1994), S. 61–79.

DERS., Die deutsche Sprache im auswärtigen Schriftverkehr des Ordenslandes und Herzogtums Preußen, in: Beiträge zur preußischen Geschichte im 15. und 16. Jahrhundert, hrsg. v. Kurt FORSTREUTER, Heidelberg 1960, S. 7–28.

DERS., Die ersten Juden in Ostpreußen, in: Altpreußische Forschungen 14 (1937), S. 42–48.

DERS., Die Hofordnungen der letzten Hochmeister in Preußen, in: Prussia 29 (1931), S. 223–31.

DERS., Die Hofordnungen der letzten Hochmeister in Preußen, in: Beiträge zur preußischen Geschichte im 15. und 16. Jahrhundert, hrsg. v. Kurt FORSTREUTER, Heidelberg 1960, S. 29–34.

DERS., Die Juden im Deutschordenslande Preußen, in: Wirkungen des Preußenlandes. Vierzig Beiträge, hrsg. v. Kurt FORSTREUTER, Köln 1981, S. 270–80.

DERS., Ein Archiv auf Reisen, in: Wirkungen des Preußenlandes. Vierzig Beiträge, hrsg. v. Kurt FORSTREUTER, Köln 1981, S. 414–19.

DERS., Latein und Deutsch im Deutschen Orden. Zur Frage einer Amtssprache, in: Studien zur Geschichte des Preußenlandes. Festschrift für Erich Keyser zu seinem 70. Geburtstag dargebracht von Freunden und Schülern, hrsg. v. Ernst BAHR, Erich KEYSER, Marburg 1963, S. 373–91.

DERS., Preußen und Rußland. Von den Anfängen des Deutschen Ordens bis zu Peter dem Großen, Göttingen 1955.

DERS., Robert Liebenthal, in: Altpreußische Biographie. Ergänzungen zu Band I und II, hrsg. v. Christian KROLLMANN, Kurt FORSTREUTER, Marburg 1975, S. 1003.

DERS., Vom Ordensstaat zum Fürstentum. Geistige und politische Wandlungen im Deutschordensstaate Preußen unter den Hochmeistern Friedrich und Albrecht (1498–1525), Kitzingen/Main 1951.

DERS., Zur Frage der Registerführung in der zentralen Deutschordenskanzlei, in: Archivalische Zeitschrift 52 (1956), S. 49–61.

Cordula A. FRANZKE, *by vor lust ires halsis*. Soziale Aspekte in der Schriftlichkeit des Pflegeamtes Seehesten und der Vogtei zu Leipe des Deutschen Ordens um 1450, in: Wirtschafts- und Rechnungsbücher des Mittelalters und der Frühen Neuzeit. Formen und Methoden der Rechnungslegung: Städte, Klöster, Kaufleute, hrsg. v. Gudrun GLEBA, Niels PETERSEN, Göttingen 2015, S. 119–36.

Cordula A. FRANZKE, Joachim LACZNY, Digital Humanities und eine Edition von Amtsbüchern. Die Verwaltungstätigkeit des Deutschen Ordens im ländlichen Raum Preußens, in: Konzeptionelle Überlegungen zur Edition von Rechnungen und Amtsbüchern des späten Mittelalters, hrsg. v. Jürgen SARNOWSKY (Nova Mediaevalia Quellen und Studien zum europäischen Mittelalter, 16), Göttingen 2016, S. 91–105. doi:10.14220/9783737006774.91.

Hermann FREYTAG, Die Geschäftsträger des Deutschen Ordens an der Römischen Kurie von 1309 bis 1525, in: Zeitschrift des Westpreußischen Geschichtsvereins 49 (1907), S. 185–220.

Cay FRIEMUTH, Die geraubte Kunst. Der dramatische Wettlauf um die Rettung der Kulturschätze nach dem 2. Weltkrieg (Entführung, Bergung und Restitution europäischen Kulturgutes 1939–1948). Mit dem Tagebuch des britischen Kunstschutzoffiziers Robert Lonsdale Charles, Braunschweig 1989.

Reinhard FROEHNER, Pferde und Pferdeärzte in Marienburg um 1400, in: Beiträge zur Geschichte der Veterinärmedizin 5 (1942/43), S. 145–48.

Alicja GACA, Zur Frage der Schreibsprache des Deutschen Ordens im Mittelalter (Forschungsstand), in: Filologia 6 (1964), S. 83–122.

Jan GANCEWSKI, Folwarki państwa zakonu krzyżackiego w Prusach w latach 1466–1525 [Vorwerke des Deutschen Ordens in Preußen in den Jahren 1466–1525]. Struktura produkcja przemiany reformy znaczenie, Olsztyn 2012.

DERS., Zentren der Ordenswirtschaft nach dem 2. Thorner Frieden. Hauptfragen, in: Biuletyn Polskiej Misji Historycznej 2 (2004), S. 197–209.

Fritz GAUSE, Die Geschichte der Stadt Königsberg in Preußen. Vom Ersten Weltkrieg bis zum Untergang Königsbergs, Bd. 3, Köln [2]1996.

DERS., Die Geschichte der Stadt Königsberg in Preußen. Von der Gründung der Stadt bis zum letzten Kurfürsten, Bd. 1, Köln [3]1996.

DERS., Polnische Einwanderung in die Komturei Osterode nach dem 2. Thorner Frieden (1466), in: Altpreußische Forschungen 1, 2 (1924), S. 25–40.

Ernst GENSCH, Die ordenszeitliche Salzgewinnung in Ostpreußen, in: Der heimattreue Ost- und Westpreuße 22 (1942), S. 27.

Peter GERMERSHAUSEN, Siedlungsentwicklung der preussischen Ämter Holland, Liebstadt und Mohrungen vom 13. bis zum 17. Jahrhundert, Marburg 1970.

Bernhard GIGALSKI, Der Weinbau im Lande des Deutschen Ordens während des Mittelalters, Braunsberg 1908 [nicht zugänglich].

Hans-Jörg GILOMEN, Frauen als Schuldnerinnen und Gläubigerinnen in der Stadt Basel in den 1420er Jahren, in: Prekäre Ökonomien. Schulden in Spätmittelalter und Früher Neuzeit, hrsg. v. Gabriela SIGNORI (Spätmittelalterstudien, 4), München 2014, S. 103–37.

Ryszard GIRGUŚ, Wyjątki ze źródeł historycznych o nadzwyczajnych zjawiskach hydrologiczno-meteorologicznych na ziemiach polskich w wiekach od X do XVI. [Auswahl aus historischen Quellen über außergewöhnliche hydrologisch-meteorologische Erscheinungen in Polen vom 10. bis zum 16. Jahrhundert] (Instrukcje i podręczniki, 87), Warszawa 1965.

Mario GLAUERT, Archivbenutzung im Digitalen Zeitalter, in: Brandenburgische Archive 33 (2016), S. 3–9.

DERS., Schreiben auf der Marienburg. Anmerkungen zur nichturkundlichen Schriftlichkeit in der zentralen Kanzlei des Deutschen Ordens im 14. Jahrhundert, in: Kancelarie krzyżackie. Stan badań i perspektywy badawcze. Materiały z międzynarodowej konferencji naukowej Malbork 18–19 X 2001, hrsg. v. Janusz TRUPINDA, Malbork 2002, S. 89–106.

DERS., Von Akkon bis Königsberg. Das Archiv der Hochmeister des Deutschen Ordens, in: Preußens erstes Provinzialarchiv. Zur Erinnerung an die Gründung des Staatsarchivs Königsberg vor 200 Jahren, hrsg. v. Bernhart JÄHNIG, Jürgen KLOOSTERHUIS (Tagungsberichte der Historischen Kommission für ost- und westpreußische Landesforschung, 20), Marburg 2006, S. 27–52.

Hermann GOLLUB, Aus der Küche der deutschen Ordensritter, in: Prussia 30, 1 (1933), S. 118–24.

Sylvain GOUGUENHEIM, Das Cartular von Plock. Einige Bemerkungen zur Schriftlichkeit, Archivierung und Geschichte des Deutschen Ordens in der Mitte des 15. Jahrhunderts, in: Die Rolle der Schriftlichkeit in den geistlichen Ritterorden des Mittelalters. Innere Organisation, Sozialstruktur, Politik, hrsg. v. Roman CZAJA, Jürgen SARNOWSKY (Ordines militares, 15), Toruń 2009, S. 99–120.

DERS., Les chevaliers teutoniques, Paris 2007.

David GRAEBER, Ursel SCHÄFER, Schulden. Die ersten 5000 Jahre, Stuttgart [6]2012.

Antjekathrin GRASSMANN, Die Rückkehr der hanseatischen Archivalien aus dem Osten vor 20 Jahren, in: Aus erster Quelle. Beiträge zum 300-jährigen Jubiläum des Staatsarchivs der Freien und Hansestadt Hamburg, hrsg. v. Joachim W. FRANK, Thomas BRAKMANN (Veröffentlichungen aus dem Staatsarchiv der Freien und Hansestadt Hamburg, 22), Hamburg 2013, S. 105–23.

DIES., Rückkehr hansestädtischer Archivalien aus der UdSSR, in: Der Archivar 44, 3 (1991), Sp. 447–449.

Julius GREGOROVIUS, Die Ordensstadt Neidenburg in Ostpreußen, Marienwerder 1883.

Rudolf GRIESER, Das älteste Register der Hochmeisterkanzlei des Deutschen Ordens, in: Mitteilungen des Österreichischen Instituts für Geschichtsforschung 44 (1930), S. 417–56.

Hermann GROTEFEND, Taschenbuch der Zeitrechnung des deutschen Mittelalters und der Neuzeit, Hannover [13]1991.

DERS., Zeitrechnung des deutschen Mittelalters und der Neuzeit. Ordenskalender, Heiligenverzeichnis, Nachträge zum Glossar, Bd. 2,2, Hannover 1898.

Herbert GRUNDMANN, Deutsches Schrifttum im Deutschen Orden, in: Altpreußische Forschungen 18 (1941), S. 21–49.

DERS., Deutsches Schrifttum im Deutschen Orden, in: Ausgewählte Aufsätze. Bildung und Sprache, hrsg. v. Herbert GRUNDMANN (Schriften der Monumenta Germaniae Historica, 25), Stuttgart 1978, S. 96–129.

Eckhard GRUNEWALD, Das Register der Ordensliberei Tapiau aus den Jahren 1541–1543. Eine Quelle zur Frühgeschichte der ehem. Staats- und Universitätsbibliothek Königsberg, in: Berichte und Forschungen. Jahrbuch des Bundesinstituts für ostdeutsche Kultur und Geschichte 1 (1993), S. 55–91.

Otto GÜNTHER, Schreiberdienst auf der Marienburg im 14. Jahrhundert, in: Mitteilungen des Westpreußischen Geschichtsvereins 16 (1917), S. 53–58.

Carl GUSSONE, Der Weg zur Stiftung Preußischer Kulturbesitz, in: Jahrbuch der Stiftung Preußischer Kulturbesitz 1 (1962), S. 79–112.

Emil Johannes GUTTZEIT, Grundbesitzverschiebungen im Kreise Heiligenbeil als Folge des Dreizehnjährigen Krieges [Forschungsbericht], in: Zeitschrift für Ostforschung 17 (1968), S. 66–90.

Ernst August HAGEN, August Rudolph GEBSER, Beschreibung der Domkirche zu Königsberg und der in ihr enthaltenen Kunstwerke mit einer Einleitung über die Kunst des Deutschen Ordens in Preußen, Königsberg 1833.

Karl Gottfried HAGEN, Ueber die Strandreviere und Gewinnung des Boernsteins aus der See, in: Beiträge zur Kunde Preußens 6 (1824), S. 289–306.

Volker HAGEN, Geschichte der Verwaltung des Boernsteins in Preussen. Erster Abschnitt. Von der Zeit des Ordens bis zur Regierung König Friedrich I, in: Beiträge zur Kunde Preußens 6 (1824), S. 1–41.

Rolf HANSTEIN, Der Deutsche Orden nach dem zweiten Weltkrieg als Beispiel zeitgemässer Zusammenarbeit von Priestern und Laien unter Führung des Hochmeisters Marian Tumler. Festgabe der Familiaren des Dt. Ordens zur Vollendung des 80. Lebensjahres des regierenden Hochmeisters des Dt. Ordens Dr. Marian Tumler O. T. (Quellen und Studien zur Geschichte des Deutschen Ordens), Bad Godesberg 1967.

Bodo HECHELHAMMER, Mittler zwischen Kreuz und Krone. Hermann von Salza und der Kreuzzug Friedrichs II., in: Zeitschrift des Vereins für Thüringische Geschichte 61 (2007), S. 31–58.

Dieter HECKMANN, Amtsträger des Deutschen Ordens in Preußen und in den Kammerballeien des Reiches. Oberste Gebietiger, Komture, Hauskomture, Vögte, Pfleger und Großschäffer, Werder, online unter: http://www.researchgate.net/publication/264901590_Dieter_Heckmann_Amtstrger_des_Deutschen_Ordens_in_Preuen_und_in_den_Kammerballeien_des_Reiches_%28oberste (letzte Aktualisierung 21.8.2014, letzte Einsichtnahme 6.10.2017).

DERS., Aspekte der Neuordnung des Kanzleiwesens im preussischen Ordensland nach dem 2. Thorner Friedensschluss, in: Zapiski historyczne 81, 4 (2016), S. 101–16. doi:10.15762/ZH.2016.51.

DERS., Bezeichnungen von Handelswaren im Spätmittelalter und in der frühen Neuzeit, Historische Kommission für Ost- und Westpreussische Landesforschung, online unter: http://www.hiko-owp.eu/GlossarHandelswaren.pdf (letzte Aktualisierung 1.2012, letzte Einsichtnahme 6.10.2017).

DERS., Die Ausstrahlung hochmeisterlicher Kanzleien auf die deutsche Sprache und Schriftlichkeit des Spätmittelalters, in: Die Rolle der Schriftlichkeit in den geistlichen Ritterorden des Mittelalters. Innere Organisation, Sozialstruktur, Politik, hrsg. v. Roman CZAJA, Jürgen SARNOWSKY (Ordines militares, 15), Toruń 2009, S. 121–32.

DERS., Editionen west- und ostpreußischer Amtsbücher und Rechnungen aus dem Spätmittelalter durch polnische und deutsche Bearbeiter nach 1945, in: Archive im zusammenwachsenden Europa. Referate des 69. Deutschen Archivtags und seiner Begleitveranstaltungen 1998 in Münster, hrsg. v. Diether DEGREIF (Der Archivar, 4), Siegburg 2000, S. 115–21.

DERS., Ein Leitfaden zur Edition deutschsprachiger Quellen (13.–16. Jahrhundert), in: Preußenland N. F. 3 (2012), S. 7–13.

DERS., Inhalt oder Hülle? Zu den Aufgaben von Namen- und Sachweisern in Quelleneditionen, in: Edition deutschsprachiger Quellen aus dem Ostseeraum (14.–16. Jahrhundert), hrsg. v. Matthias THUMSER, Janusz TANDECKI, Dieter HECKMANN (Publikationen des Deutsch-Polnischen Gesprächskreises für Quelleneditionen, [1]), Toruń 2001, S. 65–73.

DERS., Königsberg und sein Hinterland im Spätmittelalter, in: Die preußischen Hansestädte und ihre Stellung im Nord- und Ostseeraum des Mittelalters, hrsg. v. Zenon Hubert NOWAK, Toruń 1998, S. 79–89.

DERS., Königsbergs Wandel vom preußischen Außenposten zum Mittelpunkt (1255–1466), in: 750 Jahre Königsberg. Beiträge zur Geschichte einer Residenzstadt auf Zeit, hrsg. v. Bernhart JÄHNIG, Radosław BISKUP, Marburg 2008, S. 27–38.

DERS., Kriegstechnische Innovationen in den mittelalterlichen Deutschordenslanden Preußen und Livland, in: Militärgeschichtliche Zeitschrift 1 (2006), S. 113–29.

DERS., Möglichkeiten und Voraussetzungen der Datierung deutschsprachiger Texte mit Hilfe von Konsonantenhäufungen, in: Preußenland 34, 1 (1996), S. 44–47.

DERS., Nutzung von Digitalisaten am Beispiel des Geheimen Staatsarchivs Preußischer Kulturbesitz, in: Forschung in der digitalen Welt. Sicherung, Erschließung und Aufbereitung von Wissensbeständen; Tagung des Staatsarchivs Hamburg und des Zentrums »Geisteswissenschaften in der Digitalen Welt« an der Universität Hamburg am 10. und 11. April 2006, hrsg. v. Rainer HERING (Veröffentlichungen aus dem Staatsarchiv der Freien und Hansestadt Hamburg, 20), Hamburg 2006, S. 161–68.

DERS., Preußische Jagdfalken als Gradmesser für die Außenwirkung europäischer Höfe des 15. und 16. Jahrhunderts, in: Preußenland 37, 2 (1999), S. 39–62.

DERS., Süßwasserfische als Vorrats- und Handelsgut im spätmittelalterlichen Preußen, in: Von Nowgorod bis London. Studien zu Handel, Wirtschaft und Gesellschaft im mittelalterlichen Europa, hrsg. v. Marie-Luise HECKMANN, Jens RÖHRKASTEN (Nova Mediaevalia, 4), Göttingen 2008, S. 317–40.

DERS., Vom *eraftigen* zum *erwirdigen*. Die Selbstdarstellung des Deutschen Ordens im Spiegel der Anreden und Titulaturen, in: Selbstbild und Selbstverständnis der geistlichen Ritterorden, hrsg. v. Roman CZAJA, Jürgen SARNOWSKY (Ordines militares, 13), Toruń 2005, S. 219–25.

DERS., Zuwanderung und Integrationsprobleme in Königsberg in Mittelalter und früher Neuzeit, in: Probleme der Migration und Integration im Preussenland vom Mittelalter bis zum Anfang des 20. Jahrhunderts, hrsg. v. Klaus MILITZER (Tagungsberichte der Historischen Kommission für ost- und westpreußische Landesforschung, 21), Marburg 2005, S. 71–86.

Marie-Luise HECKMANN, Krieg und historische Erinnerung im landesherrlichen und im städtischen Milieu des Hanseraums, in: Das Bild und die Wahrnehmung der Stadt und der städtischen Gesellschaft im Hanseraum im Mittelalter und in der Frühen Neuzeit. Beiträge und Kurzberichte der 3. internationalen Tagung der Hansehistoriker in Toruń (Thorn) vom 12.–14.09.2002, hrsg. v. Roman CZAJA, Toruń 2004, S. 115–62.

DIES., Überlegungen zu einem heraldischen Repertorium an Hand der Hochmeisterwappen des Deutschen Ordens, in: Edition deutschsprachiger Quellen aus dem Ostseeraum (14.–16. Jahrhundert), hrsg. v. Matthias THUMSER, Janusz TANDECKI, Dieter HECKMANN (Publikationen des Deutsch-Polnischen Gesprächskreises für Quelleneditionen, [1]), Toruń 2001, S. 315–46.

DIES., Wetter und Krieg. Im Spiegel erzählender Quellen zu Preußen und dem Baltikum aus dem 13. und 14. Jahrhundert, in: Piśmienność pragmatyczna, edytorstwo źródeł historycznych, archiwistyka. Studia ofiarowane profesorowi Januszowi Tandeckiemu w sześćdziesiątą piątą rocznicę urodzin, hrsg. v. Roman CZAJA, Krzysztof KOPIŃSKI, Toruń 2015, S. 191–212.

DIES., Zwischen Anspruch und Wirklichkeit... Die Selbstsicht der Führungsgruppe des Deutschen Ordens beim Ausbruch des Dreizehnjährigen Krieges, in: Der Blick auf sich und die anderen. Selbst- und Fremdbild von Frauen und Männern in Mittelalter und früher Neuzeit; Festschrift für Klaus Arnold, hrsg. v. Sünje PRÜHLEN, Klaus ARNOLD (Nova Mediaevalia, 2), Göttingen 2007, S. 237–63.

DIES., Zwischen Weichseldelta, Großer Wildnis und Rigaischem Meerbusen. Ökologische Voraussetzungen für die Landnahme im spätmittelalterlichen Baltikum, in: Von Nowgorod bis London. Studien zu Handel, Wirtschaft und Gesellschaft im mittelalterlichen Europa, hrsg. v. Marie-Luise HECKMANN, Jens RÖHRKASTEN (Nova Mediaevalia, 4), Göttingen 2008, S. 255–95.

L. C. HECTOR, C. A. F. Meekings. A memoir, in: Medieval legal records. Ed. in memory of C. A. F. Meekings, hrsg. v. Roy Frank HUNNISETT, J. B. POST, London 1978, S. 13–14.

Max HEIN, Das neue Gebäude des Staatsarchivs zu Königsberg, in: Archivalische Zeitschrift 40 (1931=1975), S. 17–25.

DERS., Das Staatsarchiv Königsberg und seine nationale Bedeutung (Preußenführer, [3]), Elbing 1933.

DERS., Das Urkundenwesen des Deutschordensstaates unter Hochmeister Dietrich von Altenburg (1335–1341), in: Altpreußische Forschungen 18 (1941), S. 1–20.

DERS., Die Ordenskanzleien in Preußen 1310–1324, in: Altpreußische Forschungen 9 (1932), S. 9–21.

DERS., Preußische Hofordnungen des 16. Jahrhunderts, in: Altpreußische Forschungen 2, 1 (1925), S. 52–68.

Walter HEINEMEYER, Regestierung von Urkunden, in: Richtlinien für die Edition landesgeschichtlicher Quellen, hrsg. v. Walter HEINEMEYER, Marburg ²2000, S. 11–17.

DERS., Richtlinien für die Edition mittelalterlicher Amtsbücher, in: Richtlinien für die Edition landesgeschichtlicher Quellen, hrsg. v. Walter HEINEMEYER, Marburg ²2000, S. 19–25.

DERS., Studien zur Geschichte der gotischen Urkundenschrift (Archiv für Diplomatik, Schriftgeschichte, Siegel- und Wappenkunde, Beiheft, 4), Köln ²1982.

Detlev HELLFAIER, Kommenden, Schulden, Ausverkauf. Wirtschaftsgeschichtliche Quellen des Detmolder Augustinerkanonessen-Klosters Marienanger aus dem 16. Jahrhundert, in: Lippische Mitteilungen aus Geschichte und Landeskunde 74 (2005), S. 129–54.

Manfred HELLMANN, Beiträge zur Geschichte des Dreizehnjährigen Krieges im Ordensland Preußen, in: Jahrbuch für die Geschichte Mittel- und Ostdeutschlands 8 (1959), S. 1–50.

Josef HENKE, Das Schicksal deutscher zeitgeschichtlicher Quellen in Kriegs- und Nachkriegszeit. Beschlagnahme – Rückführung – Verbleib, in: Vierteljahreshefte für Zeitgeschichte 30, 4 (1982), S. 557–620.

Paul HEROLD, Ein um Form bemühtes Mißtrauen. Herstellung, Gebrauch und Verbreitung von Chirographen unter besonderer Berücksichtigung von Klosterneuburg, in: Jahrbuch des Stiftes Klosterneuburg N. F. 17 (1999), S. 153–72.

Axel HERRMANN, Georg von Eltz. Glanz und Elend des letzten Obersten Marschalls in Preußen, in: Von Akkon bis Wien: Studien zur Deutschordensgeschichte vom 13. bis zum 20. Jahrhundert. Festschrift zum 90. Geburtstag von Althochmeister P. Dr. Marian Tumler O. T. am 21. Oktober 1977, hrsg. v. Udo ARNOLD, Marian TUMLER, Marburg 1978, S. 140–57.

Cordelia HESS, Pragmatische Schriftlichkeit in Preußen. Die Schuldbücher des Deutschen Ordens, Großschäfferei Königsberg, in: Die Rolle der Schriftlichkeit in den geistlichen Ritterorden des Mittelalters. Innere Organisation, Sozialstruktur, Politik, hrsg. v. Roman CZAJA, Jürgen SARNOWSKY (Ordines militares, 15), Toruń 2009, S. 225–40.

DIES., »Some short business trips«. Kurt Forstreuter and the Looting of Archives in Poland and Lithuania, 1939–1942, in: Yad Vashem studies 42, 2 (2014), S. 91–122.

DIES., The Absent Jews. Kurt Forstreuter and the Historiography of Medieval Prussia, New York, NY 2017.

Erich HOFFMANN, Danzigs Verhältnis zum Deutschen Reich in den Jahren 1466–1526, in: Zeitschrift des Westpreußischen Geschichtsvereins 53 (1911), S. 1–49.

Wilhelm HOLZGRAEFE, Der Deutsche Ritterorden. Unter Benutzung der Quellenschriften (Sammlung belehrender Unterhaltungsschriften für die deutsche Jugend, 9), Berlin ²1908.

Hubert HOUBEN, Der Deutsche Orden im Mittelmeerraum, in: Der Deutsche Orden in Europa, hrsg. v. Gesellschaft für staufische Geschichte e. V., Göppingen 2004, S. 29–48.

DERS., Friedrich II., der Deutsche Orden und die Burgen im Königreich Sizilien. Eine unbekannte Urkunde Honorius' III. von 1223, in: Deutsches Archiv für Erforschung des Mittelalters 56 (2000), S. 585–91.

DERS., La presenza dell'Ordine Teutonico a Barletta (secc. XII–XV), in: Barletta crocevia degli Ordini religioso-cavallereschi medioevali. Seminario di Studio, Barletta 16 giugno 1996 (Melitensia, 2), Taranto 1997, S. 23–50.

Angela Ling HUANG, Die Textilien des Hanseraums. Produktion und Distribution einer spätmittelalterlichen Fernhandelsware (Quellen und Darstellungen zur Hansischen Geschichte, 71), Köln 2015.

Walther HUBATSCH, Der Johanniterorden in Ost- und Westpreußen [Forschungsbericht], in: Zeitschrift für Ostforschung 21 (1972), S. 1–19.

DERS., Die inneren Voraussetzungen der Säkularisation des deutschen Ordensstaates in Preußen, in: Archiv für Reformationsgeschichte 43 (1952), S. 145–72.

DERS., Göttinger Historische Arbeiten am Königsberger Staatsarchiv 1947 bis 1952. Ein Forschungsbericht, in: Jahrbuch der Albertus-Universität zu Königsberg/Pr. 4 (1954), S. 227–42.

DERS., Hochmeister-Residenzen des Deutschen Ordens, in: Württembergisch Franken: Jahrbuch des historischen Vereins für Württembergisch Franken 60 (1976), S. 3–13.

DERS., Montfort und die Bildung des Deutschordensstaates im Heiligen Lande, in: Nachrichten der Akademie der Wissenschaften in Göttingen, Philologisch-Historische Klasse 5 (1966), S. 161–99.

DERS., Quellen zur Geschichte des Deutschen Ordens und Altpreußens in Venedig, in: Zeitschrift für Ostforschung 3 (1954), S. 261–63.

Muḥammad Ibn-ʿAbd-ar-Raḥīm IBN-AL-FURĀT, Ursula LYONS, J. S. C. RILEY-SMITH, Ayyubids, Mamlukes and crusaders. Selections from the Tārīkh al-Duwal wa'l-mulūk of Ibn al-Furāt, Bd. 2, Cambridge 1971.

Franz IRSIGLER, Kreditgewährung und Formen der Kreditsicherung im Mittelalter, in: Schuldenlast und Schuldenwert. Kreditnetzwerke in der europäischen Geschichte. 1300–1900, hrsg. v. Gabriele B. CLEMENS (Trierer historische Forschungen, 65), Trier 2008, S. 67–84.

Ottokar ISRAEL, Das Verhältnis des Hochmeisters des Deutschen Ordens zum Reich im 15. Jahrhundert (Wissenschaftliche Beiträge zur Geschichte und Landeskunde Ost-Mitteleuropas, 4), Marburg a. d. Lahn 1952.

Bernhart JÄHNIG, Amtsrechnungen aus dem Historischen Staatsarchiv Königsberg in Wilna, in: Preußenland 30 (1992), S. 56–61.

DERS., Amtsrechnungen und andere Akten der Kriegs- und Domänenkammern des Historischen Staatsarchivs Königsberg im Kaliningrader Gebietsarchiv, in: Preußenland 32 (1994), S. 16–29.

DERS., Das älteste Findbuch der Deutschordensfolianten (um 1525) und deren Schicksal(e) im 19. Jahrhundert, in: Deutschsprachige Literatur des Mittelalters im östlichen Europa. Forschungsstand und Forschungsperspektiven, hrsg. v. Ralf G. PÄSLER, Dietrich SCHMIDTKE, Heidelberg 2006, S. 29–55.

DERS., Die Bestände des Historischen Staatsarchivs Königsberg als Quelle zur Bevölkerungs- und Siedlungsgeschichte des Preußenlandes, in: Aus der Arbeit des Geheimen Staatsarchivs Preußischer Kulturbesitz, hrsg. v. Jürgen KLOOSTERHUIS (Veröffentlichungen aus den Archiven Preußischer Kulturbesitz, Arbeitsberichte, 1), Berlin 1996, S. 273–97.

DERS., Hochmeisterkaplan und Hochmeisterkanzler. Die Leiter der Hochmeisterkanzlei in Marienburg 1309–1457, in: Kancelarie krzyżackie. Stan badań i perspektywy badawcze. Materiały z międzynarodowej konferencji naukowej Malbork 18–19 X 2001, hrsg. v. Janusz TRUPINDA, Malbork 2002, S. 149–66.

DERS., Ludwig von Erlichshausen (Ellrichshausen) 21.3.1450–4.4.1467, in: Die Hochmeister des Deutschen Ordens 1190–2012, hrsg. v. Udo ARNOLD (Quellen und Studien zur Geschichte des Deutschen Ordens, 40; Veröffentlichungen der Internationalen Historischen Kommission zur Erforschung des Deutschen Ordens, 6), Weimar [2]2014, S. 134–42.

DERS., Martin Truchseß von Wetzhausen. 4.8.1477–3.1.1489, in: Die Hochmeister des Deutschen Ordens 1190–2012, hrsg. v. Udo ARNOLD (Quellen und Studien zur Geschichte des Deutschen Ordens, 40; Veröffentlichungen der Internationalen Historischen Kommission zur Erforschung des Deutschen Ordens, 6), Weimar [2]2014, S. 151–54.

DERS., Militärgeschichtliche Quellen des Staatsarchivs Königsberg (Archivbestände Preußischer Kulturbesitz) im Staatlichen Archivlager in Göttingen, in: Militärgeschichtliche Mitteilungen 16 (1974), S. 173–214.

DERS., Militärgeschichtliche Quellen des Staatsarchivs Königsberg im Geheimen Staatsarchiv Preußischer Kulturbesitz, in: Altpreußische Geschlechterkunde N. F. 30, 10 (1982), S. 7–44.

DERS., Organisation und Sachkultur der Deutschordensresidenz Marienburg, in: Vorträge und Forschungen zur Residenzenfrage, hrsg. v. Peter JOHANEK (Residenzenforschung, 1), Sigmaringen 1990, S. 45–75.

DERS., Organisation und Sachkultur der Deutschordensresidenz Marienburg, in: Vorträge und Forschungen zur Geschichte des Preußenlandes und des Deutschen Ordens im Mittelalter. Ausgewählte Beiträge zum 70. Geburtstag am 7. Oktober 2011, hrsg. v. Bernhart JÄHNIG, Hans-Jürgen KÄMPFERT, Münster/Westf. 2011, S. 113–49.

DERS., Siedlungsentwicklung im Gebiet (Preußisch) Holland im Mittelalter, in: Vorträge und Forschungen zur Geschichte des Preußenlandes und des Deutschen Ordens im Mittelalter. Ausgewählte Beiträge zum 70. Geburtstag am 7. Oktober 2011, hrsg. v. Bernhart JÄHNIG, Hans-Jürgen KÄMPFERT, Münster/Westf. 2011, S. 351–65.

DERS., Verfassung und Verwaltung des Deutschen Ordens in Preußen, in: Westpreußen Jahrbuch 41 (1991), S. 60–72.

DERS., Verfassung, Verwaltung, Recht und Militär im Restordensstaat 1466–1525, in: Handbuch der Geschichte Ost- und Westpreußens. Von der Teilung bis zum Schwedisch-Polnischen Krieg 1466–1655, hrsg. v. Ernst OPGENOORTH (Einzelschriften der Historischen Kommission für ost- und westpreußische Landesforschung, 10,2,1), Lüneburg 1994, S. 23–29.

DERS., Verlagerung der Königsberger Archivbestände von Göttingen nach Berlin, in: Der Archivar 34, 3 (1981), Sp. 400–402.

DERS., Vom Etatsministerium zum Geheimen Archiv. Kanzlei, Registratur und Archiv in Königsberg von der ausgehenden Ordenszeit bis zum beginnenden 19. Jahrhundert, in: Preußens erstes Provinzialarchiv. Zur Erinnerung an die Gründung des Staatsarchivs Königsberg vor 200 Jahren, hrsg. v. Bernhart JÄHNIG, Jürgen KLOOSTERHUIS (Tagungsberichte der Historischen Kommission für ost- und westpreußische Landesforschung, 20), Marburg 2006, S. 53–84.

DERS., Zur Wirtschaftsführung des Deutschen Ordens in Preußen vornehmlich vom 13. bis zum frühen 15. Jahrhundert, in: Zur Wirtschaftsentwicklung des Deutschen Ordens im Mittelalter, hrsg. v. Udo ARNOLD (Quellen und Studien zur Geschichte des Deutschen Ordens, 38; Veröffentlichungen der Internationalen Historischen Kommission zur Erforschung des Deutschen Ordens, 2), Marburg 1989, S. 113–47.

Éva JAKAB, Chirographum in Theorie und Praxis, in: Römische Jurisprudenz – Dogmatik, Überlieferung, Rezeption. Festschrift für Detlef Liebs zum 75. Geburtstag, hrsg. v. Karlheinz MUSCHELER (Freiburger rechtsgeschichtliche Abhandlungen N. F., 63), Berlin 2011, S. 275–92.

Tomasz JASIŃSKI, Was aßen die Hochmeister des Deutschen Ordens und ihre Gäste am Anfang des 15. Jhs?, in: Studia historica slavo-germanica 18 (1994), S. 15–25.

Stuart JENKS, Das Danziger Pfundzollbuch von 1409 & 1411. Anleitung zur digitalen Edition in einer neuen Reihe, in: Hansische Geschichtsblätter 124 (2006), S. 115–16.

DERS., Das digitale Preußische Urkundenbuch, in: Beiträge zur Geschichte Westpreußens 17 (2000), S. 181–91.

DERS., Der hansische Salzhandel im 15. Jahrhundert im Spiegel des Danziger Pfundzollbuchs von 1409, in: »Vom rechten Maß der Dinge«. Beiträge zur Wirtschafts- und Sozialgeschichte; Festschrift für Harald Witthöft zum 65. Geburtstag, hrsg. v. Rainer S. ELKAR, Cornelius NEUTSCH, Karl Jürgen ROTH u. a. (Sachüberlieferung und Geschichte, 17), St. Katharinen 1996, S. 257–84.

DERS., Die Finanzierung des hansischen Handels im Spätmittelalter am Beispiel von Preußen, in: Hansische Geschichtsblätter 128 (2010), S. 1–18.

Erich JOACHIM, Vom Kulturzustande im Ordenslande Preußen am Vorabende der Reformation, in: Altpreußische Forschungen 1, 1 (1924), S. 1–22.

DERS., Zur Kenntnis der alten Landgerichte im Ordenslande Preussen, in: Oberländische Geschichtsblätter 14 (1912), S. 594–605.

Michael JUCKER, Kredite und Beutemaschinerie. Überlegungen zu prekären Wirtschaftsformen im Krieg des späteren Mittelalters, in: Prekäre Ökonomien. Schulden in Spätmittelalter und Früher Neuzeit, hrsg. v. Gabriela SIGNORI (Spätmittelalterstudien, 4), München 2014, S. 159–80.

E. JUNGSCHULZ VON ROEBERN, Küche und Keller im Ordensstaat [1350–1410], in: Ermland, mein Heimatland 2 (1930), S. 5–7.

Cezary KARDASZ, Economic relations between Gdańsk and Königsberg in the years 1466–1525, in: Zapiski historyczne 82, 1 (2017), S. 37-54. doi:10.15762/ZH.2017.03.

Jadwiga KARWASIŃSKA, Straty Archiwum Koronnego [Verluste des Kronarchivs], in: Straty archiwów i bibliotek warszawiskich w zakresie rękopiśmiennych źródeł historycznych. Archiwum główne akt dawnych, hrsg. v. Adam STEBELSKI, Warszawa 1957, S. 29–69.

Katholische Pfarrei St. Nikolaus Mainz-Mombach, Gottfried Keindl (Pfarrer), online unter: http://www.kath-kirche-mombach.de/index.php/Pfarrer.html (letzte Einsichtnahme 6.10. 2017).

Erich KEYSER, Lateinische und deutsche Verwaltungssprache im deutschen Ordenslande, in: Mitteilungen des Westpreußischen Geschichtsvereins 27 (1928), S. 74–78.

Guido KISCH, Das Fischereirecht im Deutschordensgebiete. Beiträge zu seiner Geschichte, Stuttgart 1932.

DERS., Das Mühlenrecht im Deutschordensgebiete, in: Forschungen und Quellen zur Rechts- und Sozialgeschichte des Deutschordenslandes. Studien zur Rechts- und Sozialgeschichte des Deutschordenslandes, hrsg. v. Guido KISCH (Schriften des Kopernikuskreises Freiburg i. Br., 8), Sigmaringen 1973, S. 89–164.

DERS., Das Mühlenregal im Deutschordensgebiete, in: Zeitschrift der Savigny-Stiftung für Rechtsgeschichte: Germanistische Abteilung 48 (1928), S. 176–93.

DERS., Forschungen und Quellen zur Rechts- und Sozialgeschichte des Deutschordenslandes. Das Fischereirecht im Deutschordensgebiet: Beiträge zu seiner Geschichte, Bd. 3 (Schriften des Kopernikuskreises Freiburg i. Br., 10), Sigmaringen ²1978.

Rita KLAUSCHENZ, Jürgen KLOOSTERHUIS, Tektonik des Geheimen Staatsarchivs Preußischer Kulturbesitz (Veröffentlichungen aus den Archiven Preußischer Kulturbesitz, Arbeitsberichte, 12), Berlin 2011.

Richard KLEBS, Gewinnung und Verarbeitung des Bernsteins, Königsberg 1883.

Gustav KLEIN, Der Verkauf der Marienburg. Ein Beitrag zur Söldnergeschichte im deutschen Ordenslande während des 13jährigen Krieges (1454–1467), Dissertation [maschinenschr.], Königsberg, 1922.

Jürgen KLOOSTERHUIS, Ein »Staatsarchiv ohne Staat«. Solitär unter den Staatsarchiven. Positionspapier zum Selbstverständnis und zu den Herausforderungen des Geheimen Staatsarchivs Preußischer Kulturbesitz, in: Der Archivar 58, 4 (2005), S. 252–54.

DERS., Mittelalterliche Amtsbücher. Strukturen und Materien, in: Die archivalischen Quellen. Mit einer Einführung in die historischen Hilfswissenschaften, hrsg. v. Friedrich BECK, Eckhart HENNING (UTB Geschichte, 8273), Köln ⁵2012, S. 68–88.

DERS., Strukturen und Materien spätmittelalterlicher Amtsbücher im Spiegel von Ordensfolianten, in: Preußens erstes Provinzialarchiv. Zur Erinnerung an die Gründung des Staatsarchivs Königsberg vor 200 Jahren, hrsg. v. Bernhart JÄHNIG, Jürgen KLOOSTERHUIS (Tagungsberichte der Historischen Kommission für ost- und westpreußische Landesforschung, 20), Marburg 2006, S. 85–121.

Onno KLOPP, (VOTA, J.), Der Untergang des Ordensstaates Preußen und die Entstehung der preußischen Königswürde. Aus den Quellen dargestellt, Mainz 1911.

Hans KLOSE, Über die alte Waldbienenwirtschaft in der früheren Provinz Westpreußen, in: Beiträge zur Naturdenkmalpflege 14, 4 (1931), S. 296–360.

DERS., Über Waldbienenzucht in Lithauen und einigen Nachbargebieten (Abhandlungen der Mathematisch-Naturwissenschaftlichen Abteilung der Bayerischen Akademie der Wissenschaften Suppl.-Band, 1922/32, Abh. 9), München 1925.

Helmuth KLUGER, Hochmeister Hermann von Salza und Kaiser Friedrich II. Ein Beitrag zur Frühgeschichte des Deutschen Ordens (Quellen und Studien zur Geschichte des Deutschen Ordens, 37), Marburg 1987.

Thekla KLUTTIG, Gemeinsame Normdatei und Archive. Was soll das?, in: Nachlässe – neue Wege der Überlieferung im Verbund. Gemeinsame Frühjahrstagung FG 1 und FG 6 für alle Fachgruppen im VdA; 7. Mai 2013, Staatsarchiv Chemnitz, hrsg. v. Clemens REHM, Monika STORM, Andrea WETTMANN (Veröffentlichungen des Sächsischen Staatsarchivs Reihe A, Archivverzeichnisse, Editionen und Fachbeiträge, 17), Halle (Saale) 2014, S. 85–88.

Werner KNOPP, Juristische Aspekte von Gründung und Arbeit der Stiftung Preußischer Kulturbesitz, in: Festschrift zum 125jährigen Bestehen der Juristischen Gesellschaft zu Berlin, hrsg. v. Dieter WILKE, Berlin 1984, S. 331–48.

Hans KOEPPEN, Das Archiv des Deutschen Ordens in Preußen, seine Bestände und seine wissenschaftliche Bedeutung, in: Jahrbuch der Stiftung Preußischer Kulturbesitz Berlin 4 (1966), S. 172–87.

DERS., Die englische Rente für den Deutschen Orden, in: Festschrift für Hermann Heimpel zum 70. Geburtstag am 19. September 1971, hrsg. v. Mitarbeitern des Max-Planck-Instituts für Geschichte, Bd. 2 (Veröffentlichungen des Max-Planck-Instituts für Geschichte, 36,2), Göttingen 1972, S. 402–21.

Tilman KOOPS, Rückführung des Archivguts des Stadtarchivs Reval und der Hansestädte Bremen, Hamburg und Lübeck, in: Der Archivar 42, 4 (1989), Sp. 584–585.

August von KOTZEBUE, Preußens ältere Geschichte, Bd. 4, Riga 1808.

Thomas KRÄMER, Der Weg zur Exemtion des Deutschen Ordens im Kontext der Erinnerung an seine Ursprünge, in: La mémoire des origines dans les ordres religieux-militaires au Moyen Âge. Die Erinnerung an die eigenen Ursprünge in den geistlichen Ritterorden im Mittelalter, hrsg. v. Gert MELVILLE (Vita regularis, Abhandlungen, 51), Berlin, Münster 2012, S. 179–98.

Herbert KRAUS, Rechtsgutachtliche Äusserung über die Frage der Berechtigung des Verlangens der Polnischen Regierung auf Überlieferung von Beständen des früher in Königsberg aufbewahrten Deutsch-Ordensarchivs sowie des Herzoglichen Archivs, in: Zwei Gutachten über die Archive des Deutschen Ordens sowie des altpreussischen Herzogtums [maschinenschr.], Göttingen 1949, S. 5–12.

DERS., Um die Bestände des bisher in Königsberg/Pr. aufbewahrten Deutschen Ordensarchivs und des Herzoglichen Archivs, in: Internationale Gegenwartsfragen. Völkerrecht, Staatenethik, Internationalpolitik; ausgewählte kleine Schriften (Veröffentlichung/Göttinger Arbeitskreis, 281), Würzburg 1963, S. 313–20.

Till KREUTZER, Open Content. A practical guide to using Creative Commons Licences, Bonn 2014.

Christian KROLLMANN, Politische Geschichte des Deutschen Ordens in Preußen, Königsberg i. Pr. 1932.

DERS., Zur Geschichte des Unterganges des Ordensstaates Preussen, in: Oberländische Geschichtsblätter 14 (1912), S. 523–32.

Michael KRUPPE, Das Staatliche Archivlager in Göttingen (1953–1979). Seine Geschichte, seine Bedeutung, in: Preußenland 6 (2015), S. 126–62.

Rafał KUBICKI, Das Verhältnis des Deutschen Ordens zu den Mühlenbesitzern und Müllern in Preußen, in: Ordines Militares. Yearbook for the Study of the Military Orders 19 (2014), S. 53–72. doi:10.12775/OM.2014.004.

Konrad KUNZE, Robert PETERS, Schreibsprachenlandschaften im Spätmittelalter (Detaillierte Darstellung). Mit Ergänzungen von Libuse Spáčilová. Zeichnung: Brigitte Pfeil, online unter: http://bilder.manuscripta-mediaevalia.de/gaeste/Schreibsprachen/KarteSchreib2.pdf (letzte Einsichtnahme 24.4.2019).

Ernst KUTOWSKI, Zur Geschichte der Söldner in den Heeren des Deutschordensstaates in Preußen bis zum ersten Thorner Frieden (1. Febr. 1411), in: Oberländische Geschichtsblätter 14 (1912), S. 407–522.

Gerard LABUDA, Die Anfänge des Deutschen Ordens. In Jerusalem oder in Akkon?, in: Jahrbuch für die Geschichte Mittel- und Ostdeutschlands 52 (2006), S. 153–72.

Joachim LACZNY, Das »Virtuelle Preußische Urkundenbuch«. Eine Zwischenbilanz, in: Das »Virtuelle Archiv des Deutschen Ordens«. Beiträge einer internationalen Tagung im Staatsarchiv Ludwigsburg am 11. und 12. April 2013, hrsg. v. Maria Magdalena RÜCKERT, Stuttgart 2014, S. 106–12.

DERS., Verzeichnisse der 1944 nach Grasleben überführten Archivalien des Staatsarchivs Königsberg, in: Preußenland 7 (2016), S. 155–76.

Karl H. LAMPE, Die Auflösung des Deutschordenshauptarchives zu Mergentheim, in: Archivalische Zeitschrift 57 (1961), S. 66–130.

Otto LASCH, So fiel Königsberg. Kampf und Untergang von Ostpreußens Hauptstadt, Beltheim-Schnellbach 2010 [=1958].

Wolfgang LEESCH, Die deutschen Archivare 1500–1945, Bd. 1, München 1985.

DERS., Die deutschen Archivare 1500–1945, Bd. 2, München 1992.

Stefan LEHR, Ein fast vergessener »Osteinsatz«. Deutsche Archivare im Generalgouvernement und im Reichskommissariat Ukraine (Schriften des Bundesarchivs, 68), Düsseldorf 2007.

Wilhelm LENZ, Die Verlagerung des Revaler Stadtarchivs im Rahmen des »Archivschutzes« während des Zweiten Weltkrieges, in: Reval. Handel und Wandel vom 13. bis zum 20. Jahrhundert, hrsg. v. Norbert ANGERMANN, Wilhelm LENZ (Schriften der Baltischen Historischen Kommission, 8), Lüneburg 1997, S. 397–443.

DERS., Grasleben, Goslar, Göttingen, Koblenz. Stationen der ausgelagerten Bestände des Revaler Stadtarchivs (1944–1990), in: Forschungen zur Baltischen Geschichte 4 (2009), S. 259–67.

DERS., Rückgabe des Revaler Stadtarchivs, in: Der Archivar 44, 2 (1991), Sp. 294–297.

Peter LETKEMANN, Provenienz und Pertinenz. Die Gründung des Staatsarchivs Danzig, in: Preußens erstes Provinzialarchiv. Zur Erinnerung an die Gründung des Staatsarchivs Königsberg vor 200 Jahren, hrsg. v. Bernhart JÄHNIG, Jürgen KLOOSTERHUIS (Tagungsberichte der Historischen Kommission für ost- und westpreußische Landesforschung, 20), Marburg 2006, S. 259–80.

Robert LIEBENTHAL, Preußisches Staatsarchiv Königsberg i. Pr., in: Zentralblatt der Bauverwaltung 51, 22 (1931), S. 313–18.

Christina LINK, Der preußische Getreidehandel im 15. Jahrhundert. Eine Studie zur nordeuropäischen Wirtschaftsgeschichte (Quellen und Darstellungen zur hansischen Geschichte N. F., 68), Köln 2013.

DIES., Stetig und genau oder lückenhaft und uneinheitlich? Die Rechnungsführung der Marienburger Großschäfferei des Deutschen Ordens in Preußen, in: Von Nowgorod bis London. Studien zu Handel, Wirtschaft und Gesellschaft im mittelalterlichen Europa, hrsg. v. Marie-Luise HECKMANN, Jens RÖHRKASTEN (Nova Mediaevalia, 4), Göttingen 2008, S. 297–315.

Shlomo LOTAN, Governing the Teutonic Order from *Outremer*. The Teutonics Headquarters Competing in the Last Era of the Latin Kingdom of Jerusalem, in: Herrschaft, Netzwerke, Brüder des Deutschen Ordens in Mittelalter und Neuzeit. Vorträge der Tagung der Internationalen Historischen Kommission zur Erforschung des Deutschen Ordens in Marburg 2010, hrsg. v. Klaus MILITZER (Quellen und Studien zur Geschichte des Deutschen Ordens, 72), Weimar 2012, S. 25–38.

DERS., Jerusalem in the Traditions of the Teutonic Military Order. Symbolism and Uniqueness, in: Zapiski historyczne 4 (2010), S. 7–17.

DERS., *Querimonia desolacionis terre sancte*. The fall of Acre and the Holy Land in 1291 as an emotional element in the Tradition of Teutonic Order, in: Mirabilia 15, 2 (2012), S. 47–55.

Marc LÖWENER, Die Einrichtung von Verwaltungsstrukturen in Preußen durch den Deutschen Orden bis zur Mitte des 13. Jahrhunderts (Quellen und Studien/Deutsches Historisches Institut Warschau, 7), Wiesbaden 1998.

Carl August LÜCKERATH, Art. Thorner Frieden (1. und 2.) (1411 und 1466), in: Lexikon des Mittelalters, Bd. 8, München 1997, Sp. 733–734.

DERS., platendinst, in: Preußische Landesgeschichte. Festschrift für Bernhart Jähnig zum 60. Geburtstag, hrsg. v. Udo ARNOLD, Jürgen SARNOWSKY, Mario GLAUERT (Einzelschriften der Historischen Kommission für ost- und westpreußische Landesforschung, 22), Marburg 2001, S. 205–17.

Friedrich MAGER, Der Wald in Altpreußen als Wirtschaftsraum, Bd. 1 (Ostmitteleuropa in Vergangenheit und Gegenwart, 7,1), Köln 1960.

DERS., Die ehemalige Waldbienenzucht der deutschen Nordostmark, in: Vierteljahrschrift für Sozial- und Wirtschaftsgeschichte 29 (1936), S. 373–84.

Janusz MAŁŁEK, Das Kulmer Recht im Ordensland Preußen (1466–1525) und im Herzogtum Preußen (1525–1620), in: Zeitschrift für Ostforschung 32 (1983), S. 321–40.

DERS., Die Ständerepräsentation im Deutschordensstaat (1466–1525) und im Herzogtum Preußen (1525–1566/68), in: Die Anfänge der ständischen Vertretungen in Preußen und seinen Nachbarländern, hrsg. v. Hartmut BOOCKMANN (Schriften des Historischen Kollegs Kolloquien, 16), München 1992, S. 101–15.

DERS., Königliches Preußen, Ordensstaat und Herzogtum Preußen im 15. und 16. Jahrhundert. Entfremdung oder wirtschaftliche und politische Annäherung?, in: Blätter für deutsche Landesgeschichte 115 (1979), S. 1–14.

DERS., Königsberg. Von der Hauptstadt des Deutschen Ordens zur Residenz und Hauptstadt des Herzogtums Preußen, in: Metropolen im Wandel. Zentralität in Ostmitteleuropa an der Wende vom Mittelalter zur Neuzeit, hrsg. v. Evamaria ENGEL, Berlin 1995, S. 127–33.

Erich MASCHKE, Der deutsche Ordensstaat. Gestalten seiner großen Meister, Hamburg ^{3}1943.

DERS., Johannes Voigt als Geschichtsschreiber Altpreußens, in: Altpreußische Forschungen 5, 1 (1928), S. 93–127.

Ingrid MATISON, Die Politik des Hochmeisters Herzog Friedrich von Sachsen. 1498–1510, Dissertation, Universität, [München], 1957, online unter: http://www.mgh-bibliothek.de/dokumente/b/b060070.pdf.

Hans E. MAYER, Introduction, in: Tabulae Ordinis Theutonici ex Tabularii Regii Berolinensis Codice pottissimum, hrsg. v. Ernestus STREHLKE, Toronto 1975=1869, S. 7–81.

Cecil Anthony Francis MEEKINGS, Germany [Archives 1939–1945], in: The Year's Work in Librarianship 14 (1951), S. 314–20.

DERS., Liste der Archivbestände, die sich im Zonenarchivdepot in Goslar befinden, in: Der Archivar 1 (1947/48), Sp. 73–76.

DERS., Rückgabe von Archiven an Polen, in: Der Archivar 1 (1947/48), Sp. 71–74.

Arno MENTZEL-REUTERS, Arma spiritualia. Bibliotheken, Bücher und Bildung im Deutschen Orden (Beiträge zum Buch- und Bibliothekswesen, 47), Wiesbaden 2003.

DERS., NS-„Archivschutz“ in Ziehenau, in: Preußenland 6 (2015), S. 100–25.

DERS., Stadt und Welt. Danziger Historiographie des 16. Jahrhunderts, in: Kulturgeschichte Preussens königlich polnischen Anteils in der Frühen Neuzeit. Tagung »Kulturgeschichte Westpreußens in der frühen Neuzeit« Gdańsk 1997, hrsg. v. Sabine BECKMANN (Frühe Neuzeit, 103), Tübingen 2005, S. 99–128.

DERS., Von der Ordenschronik zur Landesgeschichte. Die Herausbildung der altpreußischen Landeshistoriographie im 16. Jahrhundert, in: Kulturgeschichte Ostpreußens in der Frühen Neuzeit, hrsg. v. Klaus GARBER, Tübingen 2001, S. 581–637.

Helmuth MEYE, Geschichte der Stadt Gilgenburg in Ostpreussen 1326–1926. Zur Feier der 600jährigen Bestehens der Stadt, Gilgenburg 1926.

Karl MEYER, Das zonale Archivlager in Goslar, in: Der Archivar 3 (1950), Sp. 37–40.

Joachim MEYER-LANDRUT, Die Behandlung von staatlichen Archiven und Registraturen nach Völkerrecht, in: Archivalische Zeitschrift 48 (1953), S. 45–120.

Georg MICHELS, Die Entstehung des Landadels in Preußen, in: Preußische Landesgeschichte. Festschrift für Bernhart Jähnig zum 60. Geburtstag, hrsg. v. Udo ARNOLD, Jürgen

SARNOWSKY, Mario GLAUERT (Einzelschriften der Historischen Kommission für ost- und westpreußische Landesforschung, 22), Marburg 2001, S. 219–26.

Klaus MILITZER, Der Deutsche Orden – von der Gründung bis 1525. Von Akkon ins Preußenland, in: Damals 39, 1 (2007), S. 20–27.

DERS., Der Wein des Meisters. Die Weinversorgung des Hochmeisters des Deutschen Ordens in Preußen, in: Zwischen Lübeck und Novgorod. Wirtschaft, Politik und Kultur im Ostseeraum vom frühen Mittelalter bis ins 20. Jahrhundert. Norbert Angermann zum 60. Geburtstag, hrsg. v. Ortwin PELC, Gertrud PICKHAN, Lüneburg 1996, S. 143–55.

DERS., Die Einbindung des Deutschen Ordens in das europäische Finanzsystem, in: Die Ritterorden in der europäischen Wirtschaft des Mittelalters, hrsg. v. Roman CZAJA, Jürgen SARNOWSKY (Ordines militares, 12), Toruń 2003, S. 7–18.

DERS., Die Geschichte des Deutschen Ordens (Kohlhammer Urban Taschenbücher, 713), Stuttgart [2]2012.

DERS., Die Übersiedlung Siegfrieds von Feuchtwangen in die Marienburg, in: Die Ritterorden in Umbruchs- und Krisenzeiten, hrsg. v. Roman CZAJA, Jürgen SARNOWSKY (Ordines militares, 16), Toruń 2011, S. 47–61.

DERS., Jagd und Deutscher Orden, in: Jagd und höfische Kultur im Mittelalter, hrsg. v. Werner RÖSENER, Göttingen 1997, S. 325–63.

DERS., Probleme der Migration und Integration sozialer Gruppen im Preußenland, in: Probleme der Migration und Integration im Preussenland vom Mittelalter bis zum Anfang des 20. Jahrhunderts, hrsg. v. Klaus MILITZER (Tagungsberichte der Historischen Kommission für ost- und westpreußische Landesforschung, 21), Marburg 2005, S. 11–38.

DERS., Visitationen und Visitationsberichte im Deutschen Orden, in: Kancelarie krzyżackie. Stan badań i perspektywy badawcze. Materiały z międzynarodowej konferencji naukowej Malbork 18–19 X 2001, hrsg. v. Janusz TRUPINDA, Malbork 2002, S. 178–90.

DERS., Von Akkon zur Marienburg. Verfassung, Verwaltung und Sozialstruktur des Deutschen Ordens 1190–1309 (Quellen und Studien zur Geschichte des Deutschen Ordens, 56; Veröffentlichungen der Internationalen Historischen Kommission zur Erforschung des Deutschen Ordens, 9), Marburg 1999.

Nicholas Edward MORTON, The Teutonic knights in the Holy Land 1190–1291, Woodbridge 2009.

Gerard MÜLLER, Die Familiaren des Deutschen Ordens (Quellen und Studien zur Geschichte des Deutschen Ordens, 13), Marburg [2]2010.

DERS., Jerusalem oder Akkon? Über den Anfang des Deutschen Ordens nach dem gegenwärtigen Stand der Forschung, Bad Münstereifel [2]1989.

Klaus-Eberhard MURAWSKI, Zwischen Tannenberg und Thorn. Die Geschichte des Deutschen Ordens unter dem Hochmeister Konrad von Erlichshausen. 1441–1449 (Göttinger Bausteine zur Geschichtswissenschaft, 10/11), Göttingen 1953.

Torsten MUSIAL, Staatsarchive im Dritten Reich. Zur Geschichte des staatlichen Archivwesens in Deutschland 1933–1945 (Potsdamer Studien, 2), Potsdam 1996.

Klaus NEITMANN, Arbeitsinstrumente der hochmeisterlichen Kanzlei. Handfestenregister des 15. Jahrhunderts, in: Preußens erstes Provinzialarchiv. Zur Erinnerung an die Gründung des Staatsarchivs Königsberg vor 200 Jahren, hrsg. v. Bernhart JÄHNIG, Jürgen

KLOOSTERHUIS (Tagungsberichte der Historischen Kommission für ost- und westpreußische Landesforschung, 20), Marburg 2006, S. 123–84.

DERS., Der Hochmeister des Deutschen Ordens in Preußen – ein Residenzherrscher unterwegs. Untersuchungen zu den Hochmeisteritineraren im 14. und 15. Jahrhundert (Veröffentlichungen aus den Archiven Preußischer Kulturbesitz, 30), Köln 1990.

DERS., Die Handfesten der Hochmeister Ludwig von Erlichshausen und Heinrich Reuß von Plauen (1450–1470), in: Kancelaria wielkich mistrzów i polska kancelaria królewska w XV wieku. Materiały z międzynarodowej konferencji naukowej Malbork 2–3 IX 2004, hrsg. v. Janusz TRUPINDA, Malbork 2006, S. 211–48.

DERS., Die Handfestenregister der Deutschordenshochmeister aus dem 15. Jahrhundert und ihre Regestierung, in: Quellenvielfalt und editorische Methoden, hrsg. v. Matthias THUMSER, Janusz TANDECKI (Publikationen des Deutsch-Polnischen Gesprächskreises für Quelleneditionen, 2), Toruń 2003, S. 217–32.

DERS., Die Pfandverträge des Deutschen Ordens in Preußen, in: Zeitschrift für Ostforschung 41 (1992), S. 1–67.

DERS., Die preussischen Stände und die Aussenpolitik des Deutschen Ordens vom I. Thorner Frieden bis zum Abfall des Preussischen Bundes (1411–1454). Formen und Wege ständischer Einflußnahme, in: Ordensherrschaft, Stände und Stadtpolitik. Zur Entwicklung des Preußenlandes im 14. und 15. Jahrhundert, hrsg. v. Udo ARNOLD, Klaus CONRAD, Historische Kommission für Ost- und Westpreussische Landesforschung (Tagungsberichte der Historischen Kommission für ost- und westpreußische Landesforschung, 5), Lüneburg 1985, S. 27–71.

DERS., Handfesten des Hochmeisters Michael Küchmeister im Ordensfolianten 95 (1417–1420), in: Altpreußische Geschlechterkunde N. F. 20 (1990), S. 403–30.

DERS., Überlegungen zur archivischen Erschließung von spätmittelalterlichen und frühneuzeitlichen Amtsbuchüberlieferungen, in: Archive und Forschung. Referate des 73. Deutschen Archivtags 2002 in Trier (Der Archivar, Beiband, 8), Siegburg 2003, S. 71–90.

DERS., Was ist eine Residenz? Methodische Überlegungen zur Erforschung der spätmittelalterlichen Residenzbildung, in: Vorträge und Forschungen zur Residenzenfrage, hrsg. v. Peter JOHANEK (Residenzenforschung, 1), Sigmaringen 1990, S. 11–43.

Erich NEUMANN, Die Münzen des Deutschen Ordens in Preußen, des Herzogtum Preußen, Westpreußen sowie die Gepräge des Deutschen Ordens in Mergentheim. 1235–1801, Köln 1987.

Alastair NOBLE, A Most Distant Target. The Bombing of Königsberg, August 1944, in: War & Society 25, 1 (2006), S. 55–75. doi:10.1179/072924706791601964.

Zenon Hubert NOWAK, Das mittelalterliche Preußenland im Schulbuch der Volksrepublik Polen, in: Preußenland 16, 3/4 (1978), S. 6–19.

DERS., Die Vorburg als Wirtschaftszentrum des Deutschen Ordens in Preußen. Eine Fragestellung, in: Zur Wirtschaftsentwicklung des Deutschen Ordens im Mittelalter, hrsg. v. Udo ARNOLD (Quellen und Studien zur Geschichte des Deutschen Ordens, 38; Veröffentlichungen der Internationalen Historischen Kommission zur Erforschung des Deutschen Ordens, 2), Marburg 1989, S. 148–62.

Paul OBERLÄNDER, Hochmeister Friedrich von Sachsen. Teil 1: Wahl und Politik bis zum Tode König Johann Albrechts von Polen, Magdeburg 1914.

Alexander Bernhard Ernst von der OELSNITZ, Herkunft und Wappen der Hochmeister des Deutschen Ordens. 1198–1525 (Einzelschriften der Historischen Kommission für ost- und westpreußische Landesforschung, 1), Königsberg i. Pr. 1926.

Ernst OPGENOORTH, Die Lande Preußen in ihren Beziehungen untereinander und mit anderen Mächten, in: Handbuch der Geschichte Ost- und Westpreußens. Von der Teilung bis zum Schwedisch-Polnischen Krieg 1466–1655, hrsg. v. Ernst OPGENOORTH (Einzelschriften der Historischen Kommission für ost- und westpreußische Landesforschung, 10,2,1), Lüneburg 1994, S. 13–22.

DERS., Stationen der Geschichtsschreibung des Preußenlandes von Peter von Dusburg bis zu Hartmut Boockmann, in: 75 Jahre Historische Kommission für Ost- und Westpreußische Landesforschung. Forschungsrückblick und Forschungswünsche, hrsg. v. Bernhart JÄHNIG (Tagungsberichte der Historischen Kommission für ost- und westpreußische Landesforschung, 13), Lüneburg 1999, S. 114–37.

Paul OSTWALD, Die wirtschaftliche Entwicklung Preußens unter dem Deutschen Ritterorden, Berlin 1919.

Werner PARAVICINI, Die Preußenreisen des europäischen Adels, Bd. 1 (Beihefte der Francia, 17,1), Sigmaringen 1989.

DERS., Von der ritterlichen zur höfischen Kultur. Der Deutsche Orden in Preußen, in: Edelleute und Kaufleute im Norden Europas, hrsg. v. Jan HIRSCHBIEGEL, Andreas RANFT, Jörg WETTLAUFER, Ostfildern 2007, S. 390–423.

DERS., Von der ritterlichen zur höfischen Kultur. Der Deutsche Orden in Preußen, in: Mittelalterliche Kultur und Literatur im Deutschordensstaat in Preussen. Leben und Nachleben, hrsg. v. Jarosław WENTA, Sieglinde HARTMANN, Gisela VOLLMANN-PROFE (Sacra bella septentrionalia, 1), Toruń 2008, S. 15–54.

Ralf G. PÄSLER, Mittelalter-Philologie im Internet. Kurzverzeichnis der Handschriften des ehemaligen Königsberger Staatsarchivs, in: Preußenland 40 (2002), S. 1–2.

DERS., Von Königsberg nach Berlin und anderswohin. Zu den mittelalterlichen Handschriften des ehemaligen Königsberger Staatsarchivs, in: Manuscripta germanica. Deutschsprachige Handschriften des Mittelalters in Bibliotheken und Archiven Osteuropas, hrsg. v. Astrid BREITH (Zeitschrift für deutsches Altertum und deutsche Literatur, Beiheft, 15), Stuttgart 2012, S. 157–66.

DERS., Zur Sprachensituation im Deutschordensland Preußen. Ein Problemaufriss, in: Ostmitteldeutsche Schreibsprachen im Spätmittelalter, hrsg. v. Luise CZAJKOWSKI, Corinna HOFFMANN, Hans Ulrich SCHMID (Studia Linguistica Germanica, 89), Berlin 2007, S. 93–107.

Hans PATZE, Neue Typen des Geschäftsschriftgutes im 14. Jahrhundert, in: Der deutsche Territorialstaat im 14. Jahrhundert, hrsg. v. Hans PATZE, Bd. 1, Sigmaringen 1970, S. 9–64.

Stefan PÄTZOLD, Amtsbücher des Mittelalters. Überlegungen zum Stand ihrer Erforschungen, in: Archivalische Zeitschrift 81 (1998), S. 87–111.

Markian PELECH, Der verlorene Ordensfoliant 5 (früher Hochmeister-Registrant II) des Historischen Staatsarchivs Königsberg, mit Regesten (nach Rudolf Philippi und Erich

Joachim), in: Beiträge zur Geschichte des Deutschen Ordens, hrsg. v. Udo ARNOLD (Quellen und Studien zur Geschichte des Deutschen Ordens, 36; Veröffentlichungen der Internationalen Historischen Kommission zur Erforschung des Deutschen Ordens, 1), Marburg 1986, S. 123–80.

DERS., Heinrich Reuß von Plauen. 1469–1470, in: Die Hochmeister des Deutschen Ordens 1190–2012, hrsg. v. Udo ARNOLD (Quellen und Studien zur Geschichte des Deutschen Ordens, 40; Veröffentlichungen der Internationalen Historischen Kommission zur Erforschung des Deutschen Ordens, 6), Weimar ²2014, S. 143–44.

DERS., Vertreter in Zivilprozessen vor den Gerichten des Deutschordenslandes Preußen. Bevollmächtigte und Vormünder, in: Beiträge zur Geschichte Westpreußens 9 (1985), S. 25–40.

Max PERLBACH, Das Haus des Deutschen Ordens zu Venedig, in: Altpreußische Monatsschrift 17 (1880), S. 269–85.

DERS., Die Reste des Deutschordensarchives in Venedig, in: Altpreußische Monatsschrift 19 (1882), S. 630–50.

Ulrike PETZOLD, Der Hof des Deutschordens-Hochmeisters in Preußen unter Friedrich von Sachsen und Albrecht von Brandenburg-Ansbach (1498–1525). Organisation – Ämterwesen – höfischer Alltag, in: Mitteilungen der Residenzenkommission 12, 1 (2002), S. 43–52.

Gerhard PICCARD, Über die Anfänge des Gebrauchs des Papiers in deutschen Kanzleien, in: Studi in onore di Amintore Fanfani. Medioevo, Milano 1962, S. 345–401.

Marja POLACZKÓWNA, Climatic Variations in Poland during the Middle Ages, in: Wahania klimatyczne w Polsce w wiekach średnich; Jan Długosz, geograf polski xv wieku, hrsg. v. Marja POLACZKÓWNA, Jan KORNAUS (Prace geograficzne, 5), Lwów, Warszawa 1925, S. 65–80.

Kazimierz POSPIESZNY, Der Hochmeisterpalast der Marienburg. Forschungen zum Ostteil des Hauptgeschosses, in: Burgen kirchlicher Bauherren, hrsg. v. Thomas BILLER, Wartburg-Gesellschaft zur Erforschung von Burgen und Schlössern, München 2001, S. 71–94.

Riccardo PREDELLI, Le reliquie dell'archivio dell'ordine Theutonico in Venezia, in: Atti del Reale Istituto Veneto di Scienze, Lettere ed Arti 64, 2 (1904), S. 1379–463.

Denys R. PRINGLE, A Thirteenth-century Hall at Montfort Castle in Western Galilee, in: The Antiquaries Journal 66, 1 (1986), S. 52–81. doi:10.1017/S0003581500084481.

Christian PROBST, Das deutsche Feldspital vor Akkon (1190). Die älteste derzeit nachweisbare militärmedizinische Einrichtung des christlichen Abendlandes, in: Wehrmedizinische Monatsschrift 11, 5 (1967), S. 167–69.

DERS., Der Deutsche Orden und sein Medizinalwesen in Preußen. Hospital, Firmarie und Arzt bis 1525 (Quellen und Studien zur Geschichte des Deutschen Ordens, 29), Bad Godesberg 1969.

DERS., Der Deutschordensritter Graf Heinrich von Tübingen. Ein Beispiel für das Versorgungsdenken im Deutschen Orden des 15. Jahrhunderts, in: Preußenland 5 (1967), S. 17–27.

DERS., Salpetereinfuhr und Salpetersieder im Deutschordensland Preußen, in: Waffen- und Kostümkunde. Zeitschrift der Gesellschaft für Historische Waffen- und Kostümkunde (1965/66), S. 60–64.

Hans PRUTZ, Die geistlichen Ritterorden. Ihre Stellung zur kirchlichen, politischen, gesellschaftlichen und wirtschaftlichen Entwicklung des Mittelalters, Berlin 1908.

Rajmund PRZYBYLAK, Piotr OLIŃSKI, Waldemar CHORĄŻYCZEWSKI, Wiesław NOWOSAD, Krzysztof SYTA, Documentary Evidence, in: The Polish Climate in the European Context. An Historical Overview, hrsg. v. Rajmund PRZYBYLAK, Dordrecht 2010, S. 167–90. doi: 10.1007/978-90-481-3167-9_6.

Raimo PULLAT, Der Kampf um die Provenienz. Tallinn bekommt seine Geschichte zurück, in: Hansische Geschichtsblätter 109 (1991), S. 93–97.

Bertha QUASSOWSKI, Obrigkeitliche Wohlfahrtspflege in den Hansestädten des Deutschordenslandes (Braunsberg, Elbing, Königsberg, Kulm und Thorn) bis 1525. III (Schluß), in: Zeitschrift des Westpreußischen Geschichtsvereins 61 (1921), S. 103–47.

Hans-Wolfgang QUASSOWSKI, Das ehemalige Staatsarchiv Königsberg, in: Der Herold 4 (1959), S. 49–51.

Walter RADDATZ, Die Uebersiedlung des Deutschen Ritterordens von Palästina nach Venedig und Marienburg (1291–1309), Dissertation, Halle, 1914.

Herta von RAMM-HELMSING, Schicksal, Verbleib und Organisation der ostdeutschen Archive im Rahmen der polnischen Archivgesetzgebung. I. Teil, in: Der Archivar 5 (1952), Sp. 5–21.

DIES., Schicksal, Verbleib und Organisation der ostdeutschen Archive im Rahmen der polnischen Archivgesetzgebung. II. Teil, in: Der Archivar 6 (1953), Sp. 209–234.

Bernhard RATHGEN, Die Pulverwaffe im Deutschordensstaat von 1362 bis 1450, in: Elbinger Jahrbuch 2 (1921/22), S. 1–116.

Wilhelm RAUTENBERG, Böhmische Söldner im Ordensland Preußen. Ein Beitrag zur Söldnergeschichte des 15. Jahrhunderts, vornehmlich des 13jährigen Städtekriegs, 1454–1466: T. 1: Quellen, Literatur und Text, T. 2: Anm. und Anh., Dissertation [maschinenschr.], Hamburg, 1953.

DERS., Der Verkauf der Marienburg 1454–1457. Mit Beiträgen zum zeitgenössischen Pfand- und Herrschaftsrecht sowie zur Treuepflicht im Lehnsrecht, in: Studien zur Geschichte des Preußenlandes. Festschrift für Erich Keyser zu seinem 70. Geburtstag dargebracht von Freunden und Schülern, hrsg. v. Ernst BAHR, Erich KEYSER, Marburg 1963, S. 119–50.

Oswald REDLICH, Urkundenlehre. Die Privaturkunden des Mittelalters (Handbuch der mittelalterlichen und Neueren Geschichte, Hilfswissenschaften und Altertümer), München 1911.

Maximilian REISS, Deutschordensfamiliaren in Deutschland in drei Jahrzehnten (1957–1988). Eine Bildmonographie (Quellen und Studien zur Geschichte des Deutschen Ordens, 46), Marburg 1991.

Wilhelm ROHR, Die zentrale Lenkung deutscher Archivschutzmaßnahmen im Zweiten Weltkrieg, in: Der Archivar 3 (1950), Sp. 105–122.

Jürgen RÖMER, Abbreviaturen in deutschsprachigen Texten des späten Mittelalters, in: Edition deutschsprachiger Quellen aus dem Ostseeraum (14.–16. Jahrhundert), hrsg. v. Matthias THUMSER, Janusz TANDECKI, Dieter HECKMANN (Publikationen des Deutsch-Polnischen Gesprächskreises für Quelleneditionen, [1]), Toruń 2001, S. 35–52.

Fritz RÜNGER, Herkunft, Rassezugehörigkeit, Züchtung und Haltung der Ritterpferde des Deutschen Ordens. Ein Beitrag zur Geschichte der ostpreußischen Pferdezucht und der deutschen Pferdezucht im Mittelalter, in: Zeitschrift für Tierzüchtung und Züchtungsbiologie 2 (1925), S. 211–308.

Friedrich RUTTNER, Naturgeschichte der Honigbienen, Stuttgart [2]2003.

Wilhelm SAHM, Des Deutschordensstaates Untergang, seine Ursachen und Folgen, in: Der ostpreußische Erzieher (1937), S. 283–87.

DERS., Geschichte der Pest in Ostpreußen (Publikation des Vereins für die Geschichte von Ost- und Westpreussen, [13]), Leipzig 1905.

Jürgen SARNOWSKY, Das Historische Staatsarchiv und die Erschließung seiner Bestände, in: Das »Virtuelle Archiv des Deutschen Ordens«. Beiträge einer internationalen Tagung im Staatsarchiv Ludwigsburg am 11. und 12. April 2013, hrsg. v. Maria Magdalena RÜCKERT, Stuttgart 2014, S. 93–105.

DERS., Das virtuelle Preußische Urkundenbuch. Neue Wege der Kooperation für Internet-Editionen, in: Beiträge zur Geschichte Westpreußens 19 (2004), S. 257–66.

DERS., Der Deutsche Orden (Beck'sche Reihe, 2428), München [2]2012.

DERS., Die Entwicklung des Handels der preußischen Hansestädte im 15. Jahrhundert, in: Die preußischen Hansestädte und ihre Stellung im Nord- und Ostseeraum des Mittelalters, hrsg. v. Zenon Hubert NOWAK, Toruń 1998, S. 51–78.

DERS., Die Finanzpolitik des Deutschen Ordens unter Friedrich von Sachsen, in: Zapiski historyczne 81, 4 (2016), S. 117–32. doi:10.15762/ZH.2016.52.

DERS., Die Quellen zur Geschichte des Deutschen Ordens in Preußen, in: Edition deutschsprachiger Quellen aus dem Ostseeraum (14.–16. Jahrhundert), hrsg. v. Matthias THUMSER, Janusz TANDECKI, Dieter HECKMANN (Publikationen des Deutsch-Polnischen Gesprächskreises für Quelleneditionen, [1]), Toruń 2001, S. 171–99.

DERS., Die Wirtschaftsführung des Deutschen Ordens in Preußen (1382–1454) (Veröffentlichungen aus den Archiven Preußischer Kulturbesitz, 34), Köln 1993.

DERS., Digitale Urkundeneditionen zwischen Anspruch und Wirklichkeit, in: Digitale Diplomatik. Neue Technologien in der historischen Arbeit mit Urkunden, hrsg. v. Georg VOGELER (Archiv für Diplomatik, Schriftgeschichte, Siegel- und Wappenkunde, Beiheft, 12), Köln 2009, S. 28–39.

DERS., Frauen in den Schuldbüchern der Königsberger Großschäfferei um 1400, in: Kollektivität und Individualität. Der Mensch im östlichen Europa. Festschrift für Prof. Dr. Norbert Angermann zum 65. Geburtstag, hrsg. v. Karsten BRÜGGEMANN, Norbert ANGERMANN, Hamburg 2001, S. 36–46.

DERS., »Land und Städte«. Ansätze zu einer Sozial- und Wirtschaftsgeschichte Preußens im 14. und 15. Jahrhundert, in: Beiträge zur Geschichte Westpreußens 15 (1997), S. 27–47.

DERS., Überreste eines Hochmeister-Registranten aus den mittleren Jahren Heinrichs von Richtenberg (1473/74), in: Piśmienność pragmatyczna, edytorstwo źródeł historycznych, archiwistyka. Studia ofiarowane profesorowi Januszowi Tandeckiemu w sześćdziesiątą piątą rocznicę urodzin, hrsg. v. Roman CZAJA, Krzysztof KOPIŃSKI, Toruń 2015, S. 533–47.

DERS., Wirtschaftliche Aspekte der Geschichte der Kriege am Beginn des 15. Jahrhunderts, in: Tannenberg – Grunwald – Žalgiris 1410. Krieg und Frieden im späten Mittelalter, hrsg. v.

Werner PARAVICINI (Quellen und Studien/Deutsches Historisches Institut Warschau, 26), Wiesbaden 2012, S. 123–34.

Richard SAUNDERS, Poor Richard improved: being an almanack and ephemeris [...] for the year of our Lord 1758. Printed and sold by B. Franklin, and D. Hall., Philadelphia 1758.

Michael SCHÄFER, Flüchtlinge, Geheimdienst, Göttinger Gruppe, in: Göttinger Tageblatt 6, 8. Januar 2013, S. 10.

Rita SCHELLER, Königsberger Hofleben, in: Albrecht von Brandenburg-Ansbach und die Kultur seiner Zeit. Ausstellung im Rheinischen Landesmuseum Bonn, 16. Juni–25. August 1968, hrsg. v. Walther HUBATSCH, Iselin GUNDERMANN, Düsseldorf 1968, S. 31–35.

Uwe SCHIRMER, Die Institutionalisierung fürstlicher Schulden in Sachsen im 15. und 16. Jahrhundert. Wissenschaftliches Symposium zum Thema Staatsfinanzen – Staatsverschuldung – Staatsbankrotte in der europäischen Staaten- und Rechtsgeschichte an der Friedrich-Schiller-Universität Jena vom 17. bis 20. März 1998, in: Staatsfinanzen – Staatsverschuldung – Staatsbankrotte in der europäischen Staaten- und Rechtsgeschichte, hrsg. v. Gerhard LINGELBACH, Köln 2000, S. 277–92.

Kurd von SCHLÖZER, Verfall und Untergang der Hansa und des Deutschen Ritter Ordens in den Ostseeländern, Berlin 1853.

Jürgen SCHLUMBOHM, Kreditsicherung und Schuldbeziehungen seit dem späten Mittelalter. Ein Kommentar, in: Schuldenlast und Schuldenwert. Kreditnetzwerke in der europäischen Geschichte. 1300–1900, hrsg. v. Gabriele B. CLEMENS (Trierer historische Forschungen, 65), Trier 2008, S. 239–44.

Hans SCHMAUCH, Der Kampf zwischen dem ermländischen Bischof Nikolaus von Tüngen und Polen oder Der Pfaffenkrieg (1467–1479), in: Zeitschrift für die Geschichte und Altertumskunde Ermlands 25 (1933), S. 69–186.

Bernhard SCHMID, Gebietiger-Gemächer in den Ordenshäusern, in: Mitteilungen des Vereins für die Geschichte von Ost- und Westpreußen 17 (1942/43), S. 33–43.

DERS., Kanzlei und Archiv in der Marienburg, in: Mitteilungen des Vereins für die Geschichte von Ost- und Westpreußen 18, 1 (1943/44), S. 1–6.

Joachim SCHMID, Grasleben – vom Bauerndorf zur Industriegemeinde. Die Geschichte eines Klosterdorfes am Lappwald, Grasleben 2000.

Siegrid SCHMIDT, Deutschordensritter im Film, in: Mittelalterliche Kultur und Literatur im Deutschordensstaat in Preussen. Leben und Nachleben, hrsg. v. Jarosław WENTA, Sieglinde HARTMANN, Gisela VOLLMANN-PROFE (Sacra bella septentrionalia, 1), Toruń 2008, S. 641–52.

Volker SCHMIDTCHEN, Die Feuerwaffen des Deutschen Ritterordens bis zur Schlacht bei Tannenberg 1410. Bestände, Funktion und Kosten, dargestellt anhand der Wirtschaftsbücher des Ordens von 1374 bis 1410 (Schriftenreihe Nordost-Archiv, 10), Lüneburg 1977.

Andrea SCHRIMM-HEINS, Spinoza, Benedictus de oder Baruch de Spinoza, in: Biographisch-bibliographisches Kirchenlexikon, hrsg. v. Friedrich Wilhelm BAUTZ, Traugott BAUTZ, Bd. 10, Hamm, Westf. 1995, Sp. 1013–1019.

Bruno SCHUMACHER, Geschichte Ost- und Westpreußens, Würzburg [7]1987.

Peter SCHUSTER, Soziale und kulturelle Aspekte des Schuldenmachens im ausgehenden Mittelalter, in: Prekäre Ökonomien. Schulden in Spätmittelalter und Früher Neuzeit, hrsg. v. Gabriela SIGNORI (Spätmittelalterstudien, 4), München 2014, S. 17–34.

DERS., The Age of Debt? Private Schulden in der spätmittelalterlichen Gesellschaft, in: Schuldenlast und Schuldenwert. Kreditnetzwerke in der europäischen Geschichte. 1300–1900, hrsg. v. Gabriele B. CLEMENS (Trierer historische Forschungen, 65), Trier 2008, S. 37–52.

Schwarz, Felbinger (Felwinger), Kaspar, in: Altpreußische Biographie, hrsg. v. Christian KROLLMANN, Kurt FORSTREUTER, Königsberg i. Pr. 1941, S. 178.

Alois SEILER, Horneck–Mergentheim–Ludwigsburg. Zur Überlieferungsgeschichte der Archive des Deutschen Ordens in Südwestdeutschland, in: Horneck, Königsberg und Mergentheim. Zu Quellen und Ereignissen in Preußen und im Reich vom 13. bis 19. Jahrhundert, hrsg. v. Hartmut BOOCKMANN, Janusz MAŁŁEK, Alois SEILER u. a. (Tagungsberichte der Historischen Kommission für ost- und westpreußische Landesforschung, 1), Lüneburg 1980, S. 52–102.

Stephan SELZER, Fürstliche Ansprüche an der Peripherie des höfischen Europas. Die Hofhaltung des Hochmeisters Friedrich von Sachsen in Preußen (1498–1507), in: Hofwirtschaft. Ein ökonomischer Blick auf Hof und Residenz in Spätmittelalter und Früher Neuzeit; 10. Symposium der Residenzen-Kommission der Akademie der Wissenschaften zu Göttingen, Gottorf/Schleswig, 23.–26. September 2006, hrsg. v. Gerhard FOUQUET, Jan HIRSCHBIEGEL, Werner PARAVICINI u. a., Ostfildern 2008, S. 55–76.

Arthur SEMRAU, Zur Geschichte des Mühlenregals im Deutschordenslande, in: Mitteilungen des Coppernicus-Vereins für Wissenschaft und Kunst zu Thorn 37 (1929), S. 1–10.

Jerzy SERCZYK, Die Wandlungen des Bildes vom Deutschen Orden als politischer, ideologischer und gesellschaftlicher Faktor im polnischen Identitätsbewußtsein des 19. und 20. Jh., in: Vergangenheit und Gegenwart der Ritterorden die Rezeption der Idee und die Wirklichkeit, hrsg. v. Zenon Hubert NOWAK, Roman CZAJA (Ordines militares, 11), Toruń 2001, S. 55–64.

Arthur SIELMANN, Die Verwaltung des Haupthauses Marienburg in der Zeit um 1400. Ein Beitrag zur Geschichte des Deutschen Ordens in Preußen, in: Zeitschrift des Westpreußischen Geschichtsvereins 61 (1921), S. 1–101.

Otto SIGG, Überlieferte Chirographie in Zürcher Gemeindearchiven. 15.–18. Jahrhundert, in: Archivalische Zeitschrift 88, 2 (2006), S. 949–58.

Benedictus de SPINOZA, Tractatus Politicus, in: B. D. S. Opera Posthuma, [Amsterdam] 1677, S. [265]–354.

H[ans] STEFFEN, Einiges über den Weinbau in Preußen während der Herrschaft des Deutschen Ordens, in: Altpreußische Rundschau: Zeitschrift zur Pflege des Heimatsinnes 2 (1913/14), S. 3–6.

Hans STEFFEN, Das ländliche Mühlenwesen im Deutschordenslande, in: Zeitschrift des Westpreußischen Geschichtsvereins 58 (1918), S. 71–92.

Emil Julius Hugo STEFFENHAGEN, Deutsche Rechtsquellen in Preussen vom XIII. bis zum XVI. Jahrhundert, Leipzig 1875.

Conrad Emanuel STEINBRECHT, Preussen zur Zeit der Landmeister. Beiträge zur Baukunst des deutschen Ritterordens, Berlin 1888.

Walter STEPHAN, Hoch- und Niederdeutsch als Amts- und Schriftsprache in Ordens- und Danziger Urkunden, in: Mitteilungen des Westpreußischen Geschichtsvereins 14, 2 (1915), S. 22–24.

Władysław STĘPNIAK, Misja Adama Stebelskiego. Rewindykacja archiwaliów polskich z niemiec w latach 1945–1949 [Die Mission von Adam Stebelski. Die Rückgabe polnischer Archivalien aus Deutschland in den Jahren 1945–1949], Warszawa 1989.

Indrikis STERNS, The Teutonic Knights in the Crusader States, in: A history of the crusades. The impact of the crusades on the Near East, hrsg. v. Kenneth M. SETTON, Norman P. ZACOUR, Harry W. HAZARD, Madison 1985, S. 315–78.

Erwin STICKEL, Der Fall von Akkon (Geist und Werk der Zeiten, 45), Bern 1975.

Reinhart STRECKE, Der lange Weg nach Dahlem. Baugeschichte und -probleme des Geheimen Staatsarchivs, in: Archivarbeit für Preußen. Symposion der Preußischen Historischen Kommission und des Geheimen Staatsarchivs Preußischer Kulturbesitz aus Anlass der 400. Wiederkehr der Begründung seiner archivischen Tradition, hrsg. v. Jürgen KLOOSTERHUIS (Veröffentlichungen aus den Archiven Preußischer Kulturbesitz Arbeitsberichte, 2), Berlin 2000, S. 27–46.

Ernst STREHLKE, Nachrichten über besondere Witterungs-Erscheinungen in Preußen während des 14., 15., 16. und 17. Jahrhunderts, in: Altpreußische Monatsschrift 10 (1873), S. 650–60.

Christophe TALCZEWSKI, arte: Die Deutschen Ordensritter (Dokumentation). 50 min. Frankreich/Polen 2011.

Janusz TANDECKI, Stand und Bedürfnisse der Quellenedition zur Geschichte Preußens im Mittelalter und an der Schwelle zur Neuzeit, in: Edition deutschsprachiger Quellen aus dem Ostseeraum (14.–16. Jahrhundert), hrsg. v. Matthias THUMSER, Janusz TANDECKI, Dieter HECKMANN (Publikationen des Deutsch-Polnischen Gesprächskreises für Quelleneditionen, [1]), Toruń 2001, S. 201–12.

DERS., Weinbau im mittelalterlichen Preußen, in: Beiträge zur Geschichte Westpreußens 12 (1991), S. 83–99.

Rainer TÄUBRICH, Archive in Ostpreußen vor und nach dem Zweiten Weltkrieg. Unter Einschluß des Memellandes und des Soldaugebietes, Bonn 1990.

Technical Council of the TEI Consortium, TEI P5: Guidelines for Electronic Text Encoding and Interchange. Version 3.2.0, 2017, online unter: http://www.tei-c.org/release/doc/tei-p5-doc/en/Guidelines.pdf (letzte Einsichtnahme 6.10.2017).

Wilhelm TESDORPF, Gewinnung, Verarbeitung und Handel des Bernsteins in Preußen von der Ordenszeit bis zur Gegenwart. Eine historisch-volkswirtschaftliche Studie, Jena 1887.

Peter G. THIELEN, Albrecht von Brandenburg-Ansbach (1511–1525), in: Die Hochmeister des Deutschen Ordens 1190–2012, hrsg. v. Udo ARNOLD (Quellen und Studien zur Geschichte des Deutschen Ordens, 40; Veröffentlichungen der Internationalen Historischen Kommission zur Erforschung des Deutschen Ordens, 6), Weimar ^{2}2014, S. 164–69.

DERS., Die Verwaltung des Ordensstaates Preußen. Vornehmlich im 15. Jahrhundert (Ostmitteleuropa in Vergangenheit und Gegenwart, 11), Köln 1965.

DERS., Kaiserhaus und Merkelstraße. Nachkriegsimpressionen eines Archivbenutzers, in: Das Preußenland als Forschungsaufgabe. Eine europäische Region in ihren geschichtlichen Bezügen. Festschrift für Udo Arnold zum 60. Geburtstag, hrsg. v. Bernhart JÄHNIG, Udo ARNOLD (Einzelschriften der Historischen Kommission für ost- und westpreußische Landesforschung, 20), Lüneburg 2000, S. 815–29.

Matthias THUMSER, Eine neue Aufgabe im Heidenkampf? Pläne mit dem Deutschen Orden als Vorposten gegen die Türken, in: Europa und die Türken in der Renaissance, hrsg. v. Bodo GUTHMÜLLER, Wilhelm KÜHLMANN, Tübingen 2000, S. 139–76.

DERS., Private Briefkonzepte aus dem Nachlaß des Deutschordenssekretärs Liborius Naker (†1502/1503), in: Archiv für Diplomatik, Schriftgeschichte, Siegel- und Wappenkunde 43 (1997), S. 413–54.

DERS., Schriftlichkeit in der Spätzeit der preußischen Deutschordensherrschaft. Kanzleitätigkeit und Aufzeichnungen des hochmeisterlichen Sekretärs Liborius Naker († 1502/1503), in: Schriftkultur und Landesgeschichte. Studien zum südlichen Ostseeraum vom 12. bis zum 16. Jahrhundert, hrsg. v. Matthias THUMSER, Köln 1997, S. 155–218.

DERS., Verfahrensweisen bei der Edition deutschsprachiger Geschichtsquellen (13.–16. Jahrhundert), in: Edition deutschsprachiger Quellen aus dem Ostseeraum (14.–16. Jahrhundert), hrsg. v. Matthias THUMSER, Janusz TANDECKI, Dieter HECKMANN (Publikationen des Deutsch-Polnischen Gesprächskreises für Quelleneditionen, [1]), Toruń 2001, S. 13–34.

Max Pollux TOEPPEN, Einleitung zur ›Geschichte von wegen eines Bundes‹, in: Scriptores Rerum Prussicarum. Die Geschichtsquellen der preußischen Vorzeit bis zum Untergange der Ordensherrschaft, hrsg. v. Theodor HIRSCH, Leipzig 1870, S. 71–75.

DERS., Festmahle und Ehrungen, den Hochmeistern von der Stadt Elbing gegeben, in: Zeitschrift des Westpreußischen Geschichtsvereins 39 (1899), S. 147–58.

DERS., Geschichte der Preußischen Historiographie von Peter von Dusburg bis auf Kaspar Schütz. Oder Nachweisung und Kritik der gedruckten und ungedruckten Chroniken zur Geschichte Preußens unter der Herrschaft des deutschen Ordens, Berlin 1853.

DERS., Topographisch-statistische Mittheilungen über die Domänen-Vorwerke des deutschen Ordens in Preussen, in: Altpreußische Monatsschrift 7 (1870), S. 412–86.

DERS., Über die Pferdezucht in Preußen zur Zeit des deutschen Ordens, nebst einigen Bemerkungen über die Streiken, in: Altpreußische Monatsschrift 4 (1867), S. 681–702.

Kathryn TOMASEK, Syd BAUMAN, Encoding Financial Records for Historical Research, in: Journal of the Text Encoding Initiative 6 (2013), S. 1–23. doi:10.4000/jtei.895.

Tomasz TORBUS, Die Konventsburgen im Deutschordensland Preußen (Schriften des Bundesinstituts für Ostdeutsche Kultur und Geschichte/Bundesinstitut für Ostdeutsche Kultur und Geschichte, 11), München 1998.

Stanislaw TRAWKOWSKI, Der Deutsche Orden in den polnischen Schulbüchern, in: Internationales Jahrbuch für Geschichts- und Geographie-Unterricht 16 (1975), S. 257–64.

Heinrich von TREITSCHKE, Das deutsche Ordensland Preußen, Leipzig 1862=ca. 1915.

Uwe TRESP, Söldner aus Böhmen. Im Dienst deutscher Fürsten: Kriegsgeschäft und Heeresorganisation im 15. Jahrhundert (Krieg in der Geschichte, 19), Paderborn, München, Wien, Zürich 2004.

Hansheinrich TRUNZ, Alte Papiermühlen im Weichselland, in: Westpreußen Jahrbuch 19 (1969), S. 151–55.

Winfried TRUSEN, Chirograph, in: Lexikon des Mittelalters, Bd. 2, München 1983, Sp. 1844–1845.

DERS., Chirographum und Teilurkunde im Mittelalter, in: Archivalische Zeitschrift 75 (1979), S. 233–49.

Marian TUMLER, Der Deutsche Orden im Werden, Wachsen und Wirken bis 1400. Mit einem Abriß der Geschichte des Ordens von 1400 bis zur neuesten Zeit, Wien 1955.

Christian UHDE, Martin. Mit einem Ordensritter in Preußen; Erzählung, Lüneburg 2002.

Cord ULRICHS, Der 13jährige Krieg zwischen dem Deutschen Orden und dem preußischen Ständebund im Spiegel der »Geschichte von wegen eines Bundes« und anderer Chroniken, in: Krieg und Verbrechen nach spätmittelalterlichen Chroniken, hrsg. v. Christoph HEIDUK, Almut HÖFERT, Cord ULRICHS (Kollektive Einstellungen und sozialer Wandel im Mittelalter N. F., 4), Köln 1997, S. 185–241.

William URBAN, Der Deutsche Orden in amerikanischen Schulbüchern, in: Beiträge zur Geschichte des Deutschen Ordens, hrsg. v. Udo ARNOLD (Quellen und Studien zur Geschichte des Deutschen Ordens, 36; Veröffentlichungen der Internationalen Historischen Kommission zur Erforschung des Deutschen Ordens, 1), Marburg 1986, S. 111–22.

Grischa VERCAMER, Die Komturei Königsberg und der sich entwickelnde ostpreußische Adel am Beispiel der Familie Perbandt, in: 750 Jahre Königsberg. Beiträge zur Geschichte einer Residenzstadt auf Zeit, hrsg. v. Bernhart JÄHNIG, Radosław BISKUP, Marburg 2008, S. 89–138.

DERS., Siedlungs-, Sozial- und Verwaltungsgeschichte der Komturei Königsberg in Preußen (13.–16. Jahrhundert) (Einzelschriften der Historischen Kommission für ost- und westpreußische Landesforschung, 29), Marburg 2010.

DERS., Zentralität vs. Regionalität im Ordensland Preußen am Beispiel der Komturei Königsberg, in: 750 Jahre Königsberg. Beiträge zur Geschichte einer Residenzstadt auf Zeit, hrsg. v. Bernhart JÄHNIG, Radosław BISKUP, Marburg 2008, S. 39–61.

Georg VOGELER, Digitale Edition von Wirtschafts- und Rechnungsbüchern, in: Wirtschafts- und Rechnungsbücher des Mittelalters und der Frühen Neuzeit. Formen und Methoden der Rechnungslegung: Städte, Klöster, Kaufleute, hrsg. v. Gudrun GLEBA, Niels PETERSEN, Göttingen 2015, S. 307–28.

Johannes VOIGT, Das königlich-preußische Provinzial-Archiv zu Königsberg, in: Zeitschrift für die Archive Deutschlands 2 (1853), S. 185–94.

DERS., Geschichte Preussens, von den ältesten Zeiten bis zum Untergange der Herrschaft des deutschen Ordens. Die Zeit vom Hochmeister Konrad von Erlichshausen, 1441 bis zum Tode des Hochmeisters Ludwig von Erlichshausen 1467, Die Zeit vom Tode des Hochmeisters Ludwig von Erlichshausen 1467 bis zum Untergange der Herrschaft des Ordens unter dem Hochmeister Albrecht von Brandenburg 1525, Bd. 8–9, Königsberg 1838/1839.

Oliver VOLCKART, Die Münzpolitik im Ordensland und Herzogtum Preußen von 1370 bis 1550 (Quellen und Studien, Deutsches Historisches Institut Warschau, 4), Wiesbaden 1996.

DERS., Edition von Wirtschaftsquellen, in: Edition deutschsprachiger Quellen aus dem Ostseeraum (14.–16. Jahrhundert), hrsg. v. Matthias THUMSER, Janusz TANDECKI, Dieter HECKMANN (Publikationen des Deutsch-Polnischen Gesprächskreises für Quelleneditionen, [1]), Toruń 2001, S. 131–46.

Friedrich August VOSSBERG, Geschichte der preußischen Münzen und Siegel von frühester Zeit bis zum Ende der Herrschaft des deutschen Ordens, Berlin 1843.

Hans WÄCHTER, Altpreußische Scheffelgrößen. Ein Beitrag zur Methodik und Problematik älterer Maßfestsetzungen, in: Zeitschrift für Agrargeschichte und Agrarsoziologie 3/4 (1955/56), S. 30–43.

Wulf Dietrich WAGNER, Heinrich LANGE, Das Königsberger Schloss. Eine Bau- und Kulturgeschichte. Von der Gründung bis zur Regierung Friedrich Wilhelms I. (1255–1740), Bd. 1, Von Friedrich dem Großen bis zur Sprengung (1740–1967/68); das Schicksal seiner Sammlungen nach 1945, Bd. 2 (Publikationen des Museums der Stadt Königberg, 5,1/2), Regensburg 2008/2011.

Antoni WALAWENDER, Kronika klęsk elementarnych w Polsce i w krajach sąsiednich w latach 1450–1586 [Chronik der Naturkatastrophen in Polen und den Nachbarländern im Zeitraum 1450–1586]. Zjawiska meteorologiczne i pomory, Bd. 2 (Badania z dziejów społecznych i gospodarczych, 10), Lwów 1932.

Axel E. WALTER, Das Schicksal der Königsberger Archive und Bibliotheken. Eine Zwischenbilanz, in: Königsberger Buch- und Bibliotheksgeschichte. Beiträge des vom 15. bis 17. Oktober 1999 an der Universität Osnabrück veranstalteten Internationalen Symposions zur Königsberger Buch- und Bibliotheksgeschichte, hrsg. v. Axel E. WALTER, Köln 2004, S. 1–68.

DERS., Die virtuelle Rekonstruktion der versunkenen Königsberger Bibliothekslandschaft, in: Königsberger Buch- und Bibliotheksgeschichte. Beiträge des vom 15. bis 17. Oktober 1999 an der Universität Osnabrück veranstalteten Internationalen Symposions zur Königsberger Buch- und Bibliotheksgeschichte, hrsg. v. Axel E. WALTER, Köln 2004, S. 695–786.

Emil WASCHINSKI, Die Münz- und Währungspolitik des Deutschen Ordens in Preußen, ihre historischen Probleme und seltenen Gepräge, Göttingen 1952.

Lotar WEBER, Preussen vor 500 Jahren in culturhistorischer, statistischer und militairischer Beziehung. Nebst Special-Geographie, Danzig 1878.

Erich WEISE, Das Staatsarchiv Königsberg seine Bedeutung für die deutsche und europäische Wissenschaft, in: Zwei Gutachten über die Archive des Deutschen Ordens sowie des altpreussischen Herzogtums [maschinenschr.], Göttingen 1949, S. 13–32.

DERS., Das westliche Ordensland und der Zweite Thorner Vertrag von 1466 [Literaturbericht], in: Zeitschrift für Ostforschung 19 (1970), S. 478–88.

DERS., Das Widerstandsrecht im Ordenslande Preußen und das mittelalterliche Europa (Veröffentlichungen der Niedersächsischen Archivverwaltung, 6), Göttingen 1955.

DERS., Der Zweite Thorner Vertrag vom 19. Oktober 1466, in: Jahrbuch der Albertus-Universität zu Königsberg/Pr. 22 (1972), S. 8–68.

DERS., Die Beurkundung des Zweiten Thorner Vertrages von 1466 [Literaturbericht], in: Zeitschrift für Ostforschung 21 (1972), S. 157–65.

DERS., Die Beurteilung des Zweiten Thorner Vertrages von 1466 durch die Zeitgenossen bis zum Ende seiner Rechtswirksamkeit im Jahre 1497, in: Zeitschrift für Ostforschung 15 (1966), S. 601–21.

DERS., Die Erhaltung des Deutschordenarchivs und der übrigen geretteten Königsberger Bestände, in: Der Archivar 2, 2 (1949), Sp. 49–54.

DERS., Eine Dokumentensammlung zum Verkauf der Marienburg vom Jahre 1457. Entgegnung auf Manfred Hellmann, in: Jahrbuch für die Geschichte Mittel- und Ostdeutschlands 9/10 (1961), S. 311–17.

Handbuch der historischen Stätten. Ost- und Westpreußen, hrsg. v. Erich WEISE (Kröners Taschenausgabe, 317), Stuttgart 1981 [ND 1966].

DERS., Zur Diplomatik der Staatsverträge des Deutschen Ordens seit 1400, in: Altpreußische Forschungen 12 (1935), S. 218–31.

Johanna WEISER, Geschichte der preußischen Archivverwaltung und ihrer Leiter. Von den Anfängen unter Staatskanzler von Hardenberg bis zur Auflösung im Jahre 1945 (Veröffentlichungen aus den Archiven Preußischer Kulturbesitz, Beiheft, 7), Köln 2000.

August WELLER, Die Sprache in den ältesten deutschen Urkunden des deutschen Ordens, Breslau 1911.

Lutz F. W. WENAU, Ostpreußische Archivalien in der litauischen Akademie-Bibliothek in Vilnius, Hamburg 2004.

Reinhard WENSKUS, Studien zur Geschichte der Ritterschaft im Ordensland Preußen. I. Zur mittelalterlichen Geschichte des Geschlechts von Manstein, in: Altpreußische Geschlechterkunde N. F. 30, 13 (1982), S. 51–64.

DERS., Studien zur Geschichte der Ritterschaft im Ordensland Preußen. II. Die »Sieben Geschlechter«, in: Altpreußische Geschlechterkunde N. F. 32/33, 15 (1984/85), S. 1–72.

Jarosław WENTA, Der Deutschordenspriester Peter von Dusburg und sein Bemühen um die geistige Bildung der Laienbrüder, in: Selbstbild und Selbstverständnis der geistlichen Ritterorden, hrsg. v. Roman CZAJA, Jürgen SARNOWSKY (Ordines militares, 13), Toruń 2005, S. 115–25.

DERS., Studien über die Ordensgeschichtsschreibung am Beispiel Preußens, Toruń 2000.

Die Archive, hrsg. v. Paul WENTZCKE, Gerhard LÜDTKE, Bd. 1 (Minerva-Handbücher), Berlin 1932.

Decknamenverzeichnis deutscher unterirdischer Bauten des Zweiten Weltkrieges, hrsg. v. Hans Walter WICHERT, Marsberg 1999.

Klemens WIESER, Das Zentralarchiv des Deutschen Ordens in Wien, in: Preußenland 1 (1963), S. 9–18.

Carl WILKES, Kriegsschutz- und Rückführungsmaßnahmen und deren Erfahrungen sowie Verluste der Archive der britischen Zone. Teil 1, in: Der Archivar 1, 3 (1948), Sp. 98–134.

Horst Alexander WILLIAM, Die Fischerei des Deutschen Ordens in Preussen bis zu Dietrich von Altenburg, in: Jahrbuch der Albertus-Universität zu Königsberg/Pr. 11 (1961), S. 64–153.

Wolfgang WIPPERMANN, Der Ordensstaat als Ideologie. Das Bild des Deutschen Ordens in der deutschen Geschichtsschreibung und Publizistik (Einzelveröffentlichungen der Historischen Kommission zu Berlin, 24), Berlin 1979.

Thomas WIRTZ, Schulden und Krise in spätmittelalterlichen Städten, in: Krisen und Schulden. Historische Analysen und gegenwärtige Herausforderungen. Exzellenzcluster Gesellschaftliche Abhängigkeiten und Soziale Netzwerke, hrsg. v. Curt W. HERGENRÖDER, Wiesbaden 2011, S. 215–19.

August WITT, Des deutschen Ordens Verhältnisse zu Polen vom ewigen Frieden zu Thorn 1466 bis zum Tode des Hochmeisters Friedrich, Markgrafen von Meißen 1510, in: Allgemeines Archiv für Geschichtskunde des Preußischen Staates 12 (1833), S. 236–270, 320–350.

Harald WITTHÖFT, Scheffel und Last in Preußen. Zur Struktur der Getreidemaße seit dem 13. Jahrhundert, in: Blätter für deutsche Landesgeschichte 117 (1981), S. 335–72.

Jakob WOLF, Aus meiner »Franzosenzeit«. Erinnerungen eines ehemaligen Göttingers an die »Mission Francaise de Recherches«, in: Göttingen ohne Gänseliesel. Texte und Bilder zur Stadtgeschichte, hrsg. v. Kornelia DUWE, Gudensberg-Gleichen 1988, S. 234–37.

Leonard WOOLLEY, Monuments, Fine Arts and Archives Branch of Civil Affairs, War Office. A record of the work done by the military authorities for the protection of the treasures of art & history in war areas, London 1947.

Peter WÖRSTER, Archive im Königsberger Gebiet nach 1945, in: Zeitschrift für Ostforschung 39 (1990), S. 85–92.

Heide WUNDER, Siedlungs- und Bevölkerungsgeschichte der Komturei Christburg. 13.–16. Jahrhundert (Marburger Ostforschungen, 28), Wiesbaden 1968.

DIES., Sozialstruktur des Deutschen Ordens und der Bevölkerung des Ordensstaates, in: Internationales Jahrbuch für Geschichts- und Geographie-Unterricht 16 (1975), S. 300–14.

Marcus WÜST, Marian Tumler, in: Biographisch-bibliographisches Kirchenlexikon. Ergänzungen XXI, hrsg. v. Friedrich Wilhelm BAUTZ, Traugott BAUTZ, Hamm 2012, Sp. 1426–1428.

DERS., Studien zum Selbstverständnis des Deutschen Ordens im Mittelalter (Quellen und Studien zur Geschichte des Deutschen Ordens, 73), Weimar 2013.

DERS., Zu Entstehung und Rezeption der ›Chronik des Preußenlandes‹ Peters von Dusburg, in: Neue Studien zur Literatur im Deutschen Orden, hrsg. v. Bernhart JÄHNIG, Arno MENTZEL-REUTERS (Zeitschrift für deutsches Altertum und deutsche Literatur, 19), Stuttgart 2014, S. 197–209.

Walther ZIESEMER, Die ostpreußischen Mundarten. Proben und Darstellung, Breslau 1924.

DERS., Zum Wortschatz der Amtssprache des Deutschen Ordens, in: Beiträge zur Geschichte der deutschen Sprache und Literatur 47 (1923), S. 335–44.

Gerhard ZIMMERMANN, Das Geheime Staatsarchiv. Geschichtliche Entwicklung bis zum Jahre 1945, in: Jahrbuch Preußischer Kulturbesitz 1 (1963), S. 303–23.

Sławomir ZONENBERG, The Second Peace of Toruń of 19 October 1466 in the Polish, Prussian and Teutonic historiography of the 15th–16th centuries, in: Zapiski historyczne 81, 4 (2016), S. 47–68. doi:10.15762/ZH.2016.48.

6 Register

6.1 Personenregister

6.2 Sachregister

6.3 Register der geographischen Namen und Bezeichnungen

7 Edition

7.1 Beschreibung der Ordensfolianten

7.1.1 Ordensfoliant 259

Der Ordensfoliant 259, mit Pergament eingeschlagen, misst in der Höhe 30,5 cm und 23,5 cm in der Breite, wobei die Buchrückenstärke 5 cm beträgt. Auf der vorderen Pergamenteinbandaußenseite befinden sich unleserliche Eintragungen über mehrere Zeilen. Die hintere Pergamenteinbandseite ist breiter am Vorschnitt und somit als Umschlag um den Buchblock dienlich. Die vordere und hintere Einbandinnenseite weisen Notizen auf.

Als Verschluss dient ein, möglicherweise erst später, jeweils an Vorder- und Rückseite angefügtes Band. Der Foliant umfasst im Folioformat 231 Blatt bzw. 462 Seiten. Zudem befinden sich fünf nicht eingebundene Zettel zwischen den Seiten des Folianten. Zwischen der Seite 432 (fol. 229) und der Seite 433 (fol. 230) erfolgte die Heraustrennung einer Seite. Eine Stabilisierung der Lagen durch Papierstreifen erfolgte nicht.

Starke Beanspruchungen des Pergamenteinbands führten zu eingerissenen Kanten und Löchern auf der Rückseite. Zwar sind einige Papierlagen an der Außenkante stark gewellt und Kanten vereinzelt geknickt oder eingerissen, doch weisen die Blätter insgesamt einen guten Zustand auf. Kleinere Restaurierungsmaßnahmen mit unbekanntem Datum wurden mit Gewebeband durchgeführt.

In der Durchsicht der Bögen sind verschiedene Wasserzeichen sichtbar, so ist ein *Ochsenkopf mit anliegenden Augen und Nasenlöchern und einer einkonturigen Stange mit einkonturigem, sechsstrahligem Stern und geraden Enden* mit einer Breite von 30 mm und einer Höhe von 54 mm erkennbar (S. 7, 13, 17, 19, 23, 25, 27, 321, 323, 327, 331, 335, 339, 349, 351, 353, 355, 365, 367, 369, 371, 377, 379, 385, 387), gefolgt von einer *senkrechten Krone mit zweiteiligem Reif und einkonturigem Mittelzinken mit blattförmigen Enden und offenen Zinkenreihen*, mit den Abmaßen von 53 bzw. 54 mm in der Breite und 46 bzw. 61 mm in der Höhe (S. 29, 31, 33, 37, 41, 45, 53, 57, 63, 67, 69, 73, 77, 79, 81, 85, 87, 93, 105, 107, 113, 115, 121, 123, 127, 135, 139, 143, 145, 147, 151, 155, 159, 165, 167, 171, 175, 179, 185, 187, 193, 195, 199, 203, 207, 213, 215, 219). Auch sichtbar ist ein *Ochsenkopf mit Augen, Nasenlöchern und einem Kreis auf der Stirn mit einkonturiger Stange und einkonturigem, sechsstrahligem Stern mit geraden Enden* mit einer Breite von 31 mm und einer Höhe von 60 mm (S. 225, 227, 231, 233, 235, 243, 281, 283, 289, 291, 293, 295), neben einem *Fünfberg mit zweikonturiger Stange, darüber Kreuz und Blume*, mit einer Breite von 33 mm und einer Höhe von 120 mm (S. 251, 261, 263, 265, 267, 271, 297, 299, 303, 305, 309, 315) und einem *kugelbesetzten Tatzenkreuz mit Sockel* mit einer Breite von 27 mm und einer Höhe von 35 mm (S. 393, 395, 397). Zudem zieren die Blätter einen mit *drei Zinnen und Wulst ausgeprägten Turm* mit einer Breite von 35 mm und einer Höhe von 55 mm (S. 401, 403, 407, 409, 411, 413, 417, 427, 437, 457, 459), sowie einen *Ochsenkopf mit anliegenden Augen und einer einkonturigen Stange sowie einer Blume mit fünf runden Blättern* mit einer Breite von 43 mm und einer Höhe von 93 mm (S. 439, 441, 445, 449).[761]

Die Seitenzählung durch eine Hand der Neuzeit wurde mit Tinte eingetragen. Die Zählung der Folioseiten erfolgte, vermutlich zuvor, mit Bleistift. Die letzten zwei Seiten weisen keine Paginierung auf. Unbeschrieben sind folgende Seiten: S. 2, 46–51, 76, 137–138, 145, 148–152, 166, 216, 218–224, 240–248, 258–263, 265, 267–272, 287, 320, 367–368, 390–391, 394, 432 und 448–460.

Folgende Lagen sind aufgrund der komplexen und engen Bindung nur bedingt differenzierbar: Lage 1, S. 1–26; Lage 2, S. 27–52; Lage 3, S. 53–76; Lage 4, S. 77–100; Lage 5, S. 101–124; Lage 6, S. 125–152; Lage 7, S. 153–176; Lage 8, S. 177–200, Lage 9, S. 201–226; Lage 10, S. 227–248; Lage 11, S. 249–272; Lage 12, S. 273–296; Lage 13, S. 297–320; Lage 14, S. 321–344; Lage 15, S. 345–368, Lage 16, S. 369–392; Lage 17, S. 393–432 und Lage 18, S. 433–462. Vermutlich fand die Bindung der Lagen erst nach der erfolgten Aufzeichnung statt, da einige Lagen mit arabischen Ziffern am Rand nummeriert wurden wie auf S. 53 (*2*), S. 77 (*3*), S. 101 (*4*), S. 125 (*7*), S. 153 (*6*), S. 177 (*1*) und auf S. 201 (*8*). Vermutlich könnte eine Bindung erst nach den vorgenommenen Eintragungen stattgefunden haben. Ferner reicht das Schriftbild oftmals bis in den Buchfalz hinein, wie auf den Seiten 4, 18, 134, 170, 192, 266, 370, 402 und 434.

761 Ähnlich s. Landesarchiv Baden-Württemberg, Wasserzeichen-Informationssystem, Referenznr. DE4620-PO-74479, DE4620-PO-50425, DE4620-PO-77040, DE8100-PO-154216, DE4620-PO-125580, DE4620-PO-100468, DE4620-PO-65112, online unter: https://www.wasserzeichen-online.de/wzis/index.php (letzte Einsichtnahme 26.4.2019).

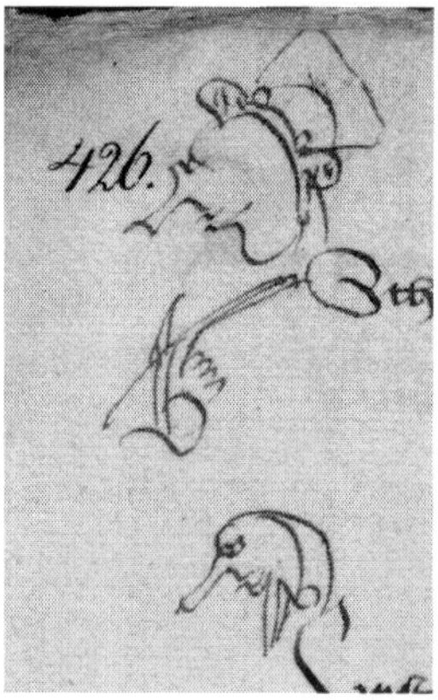

Abb. 3: GStA PK, XX. HA Hist. StA Königsberg, OF 259, S. 426 (Ausschnitt).

Die Notizen mit Tinte erscheinen als schwarzbraune Eintragungen, andere Farben fanden offenbar keine Verwendung. Wohl strukturiert schrieb eine Hand die Einträge in Reinschrift auf die Seiten, ohne erkennbare Hilfslinien und zumeist in einem Abstand von 2 bis 3 cm zueinander, um Freiraum für spätere Nachträge, welche auch oftmals durch verschiedene Hände vermerkt wurden, zu ermöglichen. Der Abstand zum linken Seitenrand beträgt rund 3,5 cm, zum unteren ca. 5 cm.[762] Vereinzelte Seiten weisen einen Falz im Papier auf, um einen damit definierten Abstand zum linken Rand anzuzeigen, ansonsten sind keine Rahmenmarkierungen vorhanden. Auf Seite 438 ist im oberen Bereich des Buchfalzes eine Markierung ähnlich eines Ausrufezeichens erkennbar. Eindeutiger hingegen sind auf einer Seite ein Handzeiger sowie zwei Gesichtsprofile je mit langer Nase identifizierbar (s. Abb. 3).

Auf Seite 1 finden sich Vermerke durch Archivarhand mit Bleistift *OF 259 (A 52) S. 1–460. Koe 23/X.64* und die Altsignatur *A.52.*

762 S. exempl. Abb. 4: GStA PK, XX. HA Hist. StA Königsberg, OF 259, S. 154, hier auf S. 228 und Abb. 5: GStA PK, XX. HA Hist. StA Königsberg, OF 259, S. 155, hier auf S. 229.

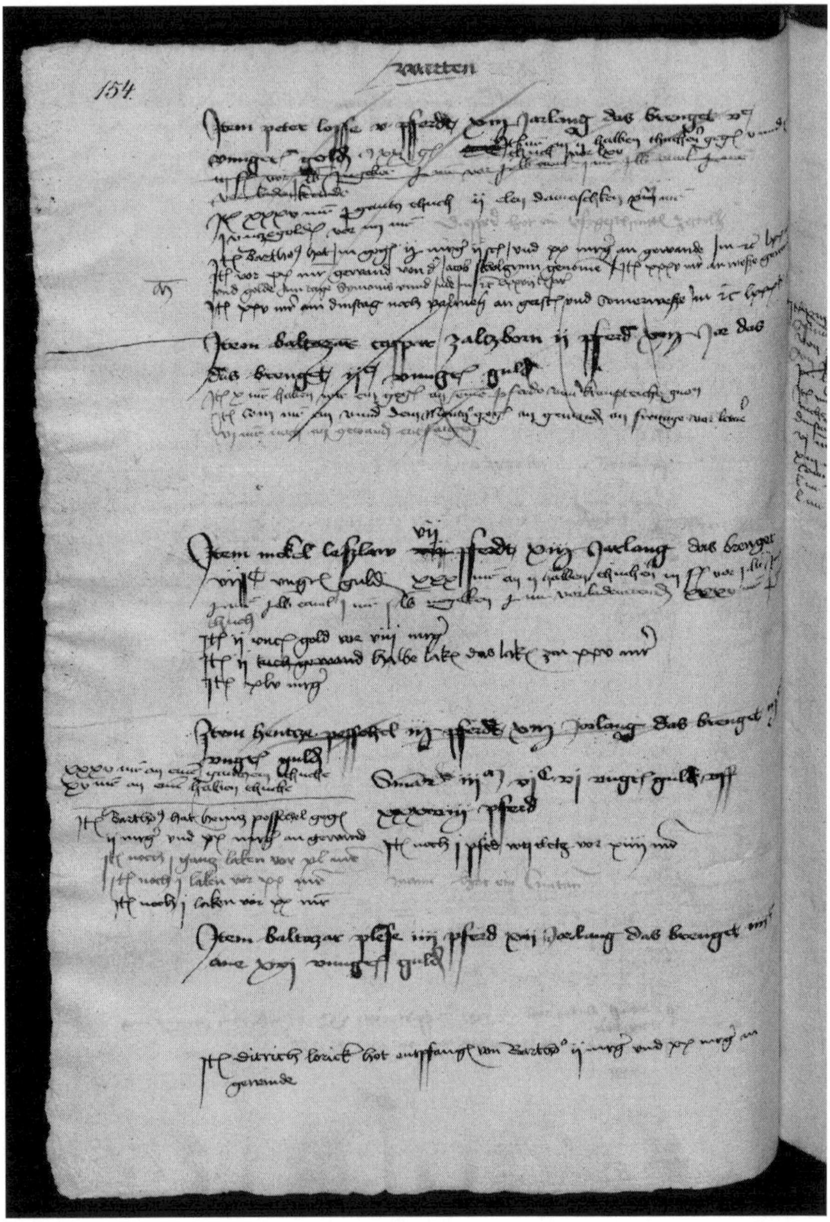

Abb. 4: GStA PK, XX. HA Hist. StA Königsberg, OF 259, S. 154.

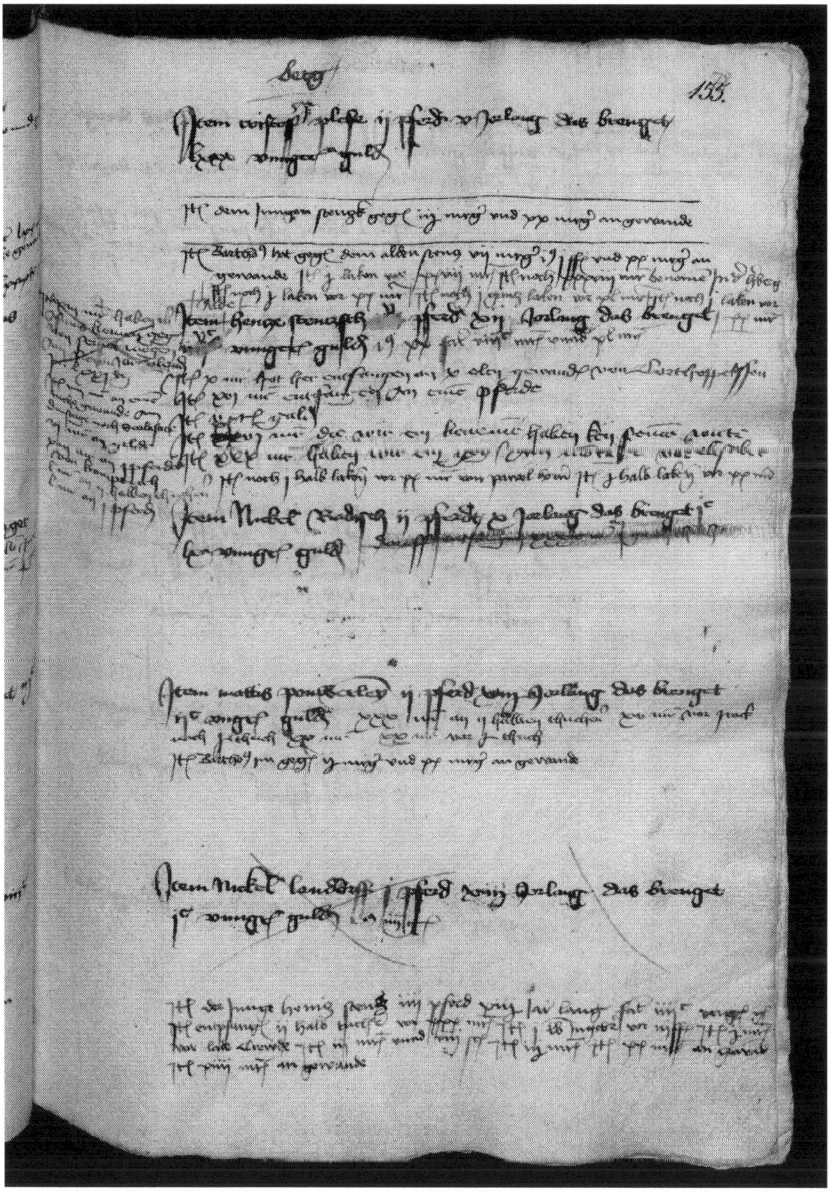

Abb. 5: GStA PK, XX. HA Hist. StA Königsberg, OF 259, S. 155.

7.1.2 Ordensfoliant 261

Der Ordensfoliant 261 weist eine Höhe von 31,5 cm und eine Breite von 21,5 cm auf. Auf dem erhaltenen ledernen Einband steht auf der Vorderseite der Vermerk *Extractsbuch der quitancien und awsgeschnitten czetteln* geschrieben. Als ein späterer Nachtrag mit Tinte ist *Ord.Fol.261* erkennbar, neben der mit Bleistift erfolgten Notiz *261*. Drei lederne Bünde dienen der Verstärkung des Buchrückens mit einer Höhe von 1,5 cm, wobei diesen der Vermerk *261* mit Tinte und ein aufgeklebtes Schild mit *O.F. 261* ziert. Lederne Bänder oder andere Verschlussmöglichkeiten sind nicht vorhanden. Der Vorschnitt des Einbandes dient dem Schutz des Buchblocks. Der Einband ist beansprucht, da nicht nur an den Kanten und am Buchrücken Beschädigungen durch vermutlich Mäusefraß, sondern ansonsten auch Löcher auszumachen sind.

Die Innenseite des Einbandes enthält mit Bleistift den Hinweis *Ordensfoliant 261*. Auf der ersten Seite wurde mit Bleistift *Ord.Fol. 261*, darunter die Altsignatur *A112* notiert.

Der Foliant beinhaltet sieben Lagen mit 63 Blatt bzw. 126 Papierseiten, wobei vor Seite 115 eine Seite herausgetrennt wurde. Die Ergänzung um eine Seitenzählung erfolgte von neuzeitlicher Hand mit Tinte. Keine Eintragungen im Folianten finden sich auf den Seiten 2, 6–8, 22–28, 44–48, 60–72, 82–86, 93–96, 111–114 und 126. Drei unterschiedliche Wasserzeichen sind in der Durchsicht der Blätter erkennbar. Mit einer Breite von 20 mm und einer Höhe von 67 mm ist der *Buchstabe P in gotischer Form, mit vierblättriger Blume mit runden Blättern, ohne Trennlinie zwischen Schaft und Bogen mit gespaltenem Schaftfuß sowie das Bogenende ohne Dorn* auszumachen (S. 3, 11, 17, 21, 23, 27, 29, 37, 41, 43, 45, 51, 53, 55, 59, 63, 71, 93, 97, 99, 103, 105, 111, 115, 117, 121). Eine *Hand mit Fingergliedern mit vierblättriger Blume und einer zweiteiligen, dreidimensionalen Manschette* mit einer Breite von 18 mm und einer Höhe von 60 mm ist erkennbar (S. 77, 79, 85, 87), gefolgt von einem *senkrechten, zweikonturigen Andreaskreuz* mit einer Breite von 13 mm und einer Höhe von 17 mm (S. 1, 89).[763]

Die Lagen gliedern sich wie folgt: Lage 1, S. 1–8; Einzelblatt S. 9/10, Lage 2, S. 11–26; Lage 3, S. 27–50; Lage 4, S. 51–70; Lage 5, S. 71–98; Lage 6, S. 99–114 und Lage 7, S. 115–126. Vermutlich könnte eine Bindung erst nach den vorgenommenen Eintragungen stattgefunden haben, zumal eine Eintragung auf S. 21 nahe des Buchfalzes auszumachen ist und eine Eintragung auf S. 88 eine Drehung von 180 Grad aufweist. Ferner wurden einige Lagen am unteren Seitenrand durch Kleinbuchstaben gekennzeichnet wie auf S. 3 (*a*), S. 9 (*b*), S. 49 (*d*),

763 Ähnlich s. Landesarchiv Baden-Württemberg, WZIS (wie Anm. 761), Referenznr. DE2040-PO-115553, DE4620-PO-155439, DE4620-PO-126180.

S. 89 (*f*), S. 97 (*g*) und S. 115 (*h*). Acht lederne Streifen als Registermarken an den Seitenrändern unterstützen den Zugriff auf die eingetragenen Informationen.

Der äußere Seitenbereich weist einen ca. 4 bis 5 cm breiten, durch vorherige Faltung markierten Rand auf, wobei sonstige Rahmenmarkierungen nicht erkennbar sind. Die nahezu von einer Hand mit Tinte erfolgten Eintragungen, die farblich ausnahmslos als schwarz-braun erscheinen, sind wohl strukturiert, mit Überschriften versehen und durch geringen Freiraum zueinander abgegrenzt.[764]

Eine Identifikation der Schreiberhände musste aufgrund der teilweise äußerst kurzen Nachträge unterbleiben. Der Wechsel der Schreiberhände wird damit lediglich für die Haupteinträge kenntlich gemacht.

Die Sprache in den Folianten sowie in den weiteren Schriftstücken ist meist in der ostmitteldeutschen Mundart, wie in den Kanzleien des Deutschen Ordens in Preußen anzutreffen,[765] gehalten. Abweichungen sind individuell begründet, auch treten vereinzelt lateinische Wörter wie »facit« (»macht«), ausgeschrieben oder gekürzt, auf.

764 S. exempl. Abb. 6: GStA PK, XX. HA Hist. StA Königsberg, OF 261, S. 9, hier auf S. 232.

765 S. Konrad KUNZE, Robert PETERS, Schreibsprachenlandschaften im Spätmittelalter (Detaillierte Darstellung). Mit Ergänzungen von Libuse Spáčilová. Zeichnung: Brigitte Pfeil, online unter: http://bilder.manuscripta-mediaevalia.de/gaeste/Schreibsprachen/KarteSchreib2.pdf (letzte Einsichtnahme 24.4.2019).

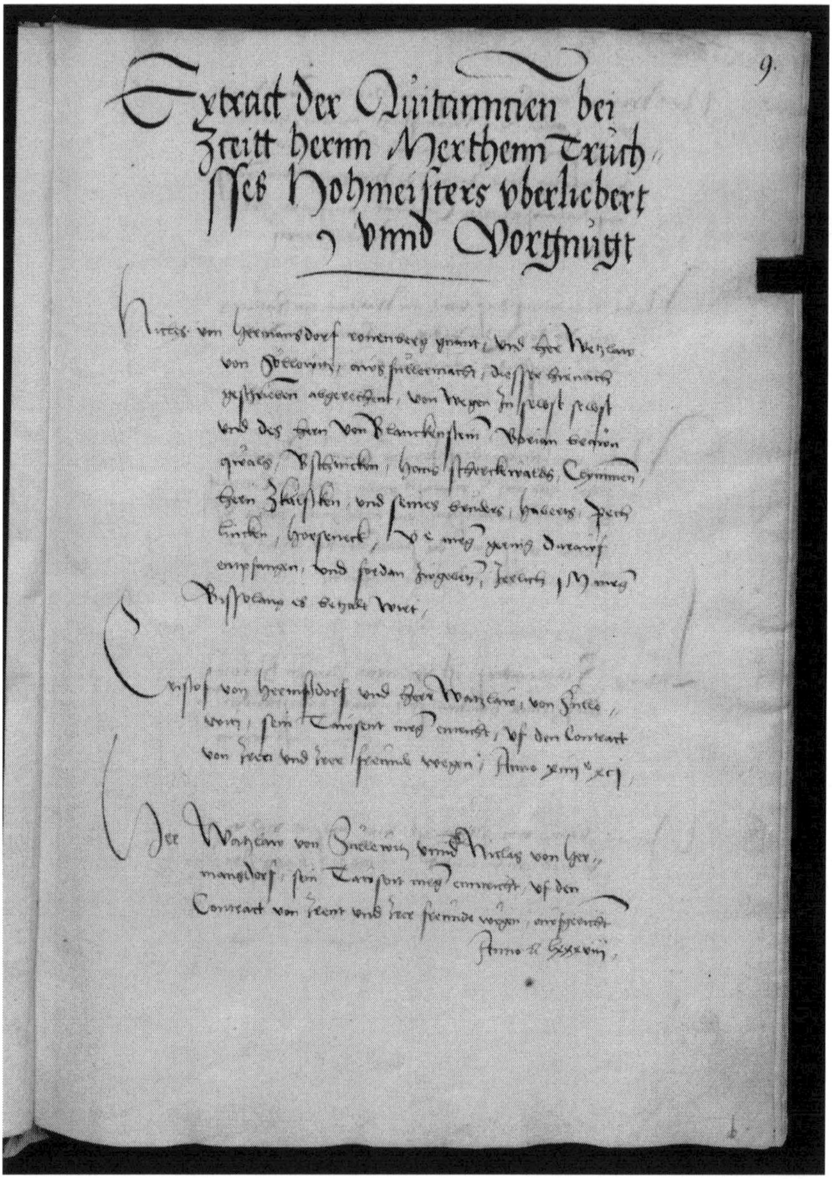
Extract der Quitanntien bei
Zeitt herrn Mertthem Truch
sses Hohmeisters vberliebert
vnnd Vorgnugt

Abb. 6: GStA PK, XX. HA Hist. StA Königsberg, OF 261, S. 9.

7.2 Editionsgrundsätze

Die Editionsgrundsätze orientieren sich am *Leitfaden zur Edition deutschsprachiger Quellen* von Dieter HECKMANN.[766] Die vorliegende Edition zielt auf eine möglichst buchstabengetreue Wiedergabe des Quellentextes ab.[767] Dennoch wurden ausschließlich »u« und »i« vokalisch verwendet, dieses gilt für die Konsonanten »v« und »j« entsprechend, sodass der Name »Ian« als »Jan« und »vnnd« als »unnd« abgedruckt wird, um die Lesbarkeit der Edition zu erhöhen. Dieses gilt auch für die Vereinheitlichung von »ſ« zu »s«. Sofern die Buchstabenfolge »tz« nicht eindeutig erkennbar war, wurde dieses als »cz« gedeutet. Eine Doppelung von Zeichen wird meist wiedergegeben, ausgenommen, sofern eine Großschreibung in der Vorlage angedeutet wird, sodass »ffurst« als »furst« abgedruckt wird. Diphtonge wie å oder ů und andere Überschreibungen über Vokalen werden wiedergegeben, sonstige diakritische Zeichen nicht. Die Interpunktion wurde behutsam, dem heutigen Gebrauch entsprechend, ergänzt. Eine Großschreibung erfolgt lediglich am Satzanfang, für Personen-, Orts- und Gewässerbezeichnungen sowie für Monatsnamen, eingeschlossen die Festtagsnamen, *Nomina sancta* sind hiervon ausgenommen. Zahlenangaben in römischen Ziffern im Quellentext werden in arabischen Ziffern wiedergegeben, ausgenommen für die Erwähnung von Jahreszahlen. Die Datumsangaben werden dem Weihnachtsstil folgend aufgelöst.[768] Die der Edition angefügten Register der Personennamen berücksichtigen die Listungen des Findbuchs 6 von Erich

766 S. Dieter HECKMANN, Ein Leitfaden zur Edition deutschsprachiger Quellen (13.–16. Jahrhundert), in: Preußenland N. F. 3 (2012), S. 7–13; Matthias THUMSER, Verfahrensweisen bei der Edition deutschsprachiger Geschichtsquellen (13.–16. Jahrhundert), in: Edition deutschsprachiger Quellen aus dem Ostseeraum (14.–16. Jahrhundert), hrsg. v. Matthias THUMSER, Janusz TANDECKI, Dieter HECKMANN (Publikationen des Deutsch-Polnischen Gesprächskreises für Quelleneditionen, [1]), Toruń 2001, S. 13–34; Oliver VOLCKART, Edition von Wirtschaftsquellen, in: Edition deutschsprachiger Quellen aus dem Ostseeraum (14.–16. Jahrhundert), hrsg. v. Matthias THUMSER, Janusz TANDECKI, Dieter HECKMANN (Publikationen des Deutsch-Polnischen Gesprächskreises für Quelleneditionen, [1]), Toruń 2001, S. 131–46, hier S. 136–46; Walter HEINEMEYER, Richtlinien für die Edition mittelalterlicher Amtsbücher, in: Richtlinien für die Edition landesgeschichtlicher Quellen, hrsg. v. Walter HEINEMEYER, Marburg ²2000, S. 19–25. Zum Aufbau der äußeren Beschreibung s. KLOOSTERHUIS, Amtsbücher im Spiegel (wie Anm. 318), S. 99.

767 S. HECKMANN, Leitfaden zur Edition (wie Anm. 766), S. 9–13. S. Walter HEINEMEYER, Studien zur Geschichte der gotischen Urkundenschrift (Archiv für Diplomatik, Schriftgeschichte, Siegel- und Wappenkunde, Beiheft, 4), Köln ²1982, S. Tafeln 9–14.

768 Für den Deutschen Orden begann das Jahr mit dem 25. Dezember. S. Hermann GROTEFEND, Taschenbuch der Zeitrechnung des deutschen Mittelalters und der Neuzeit, Hannover ¹³1991, S. 14; DERS., Zeitrechnung des deutschen Mittelalters und der Neuzeit. Ordenskalender, Heiligenverzeichnis, Nachträge zum Glossar, Bd. 2,2, Hannover 1898, S. 27–30.

JOACHIM.[769] Die Identifikation der Amtsträger erfolgt entsprechend der Zusammenstellung von HECKMANN.[770]

Eindeutige Kürzungen wurden ohne Anmerkung aufgelöst, die Doppelung von Konsonanten durch Kürzungen wurde verhalten, stillschweigend hinzugefügt und alle übrigen Ergänzungen sind durch den Bearbeiter durch eckige Klammern verdeutlicht.[771] Auf eine Vereinheitlichung von Personennamen und Ortsangaben im Editionstext wurde verzichtet, erfolgte jedoch behutsam in den jeweiligen Registern.

Häufige handschriftliche Erwähnungen von Währungsangaben werden in der Edition in gekürzter und vereinheitlichter Form abgebildet, sodass »reynischer guldin« und »rheinischer gulden« stets als »rh. gld.« abgedruckt wird. Ähnliches gilt für weitere Währungsangaben wie für »mark«; dieses entspricht in der Edition »m.«. Sämtliche verwendeten Abkürzungen sind dem entsprechenden Verzeichnis zu entnehmen.[772]

Die Seitenangabe der Handschrift erfolgt im Editionstext in eckigen Klammern. Ausstreichungen bzw. Kanzellierungen sind durch ein *kursives* Schriftbild kenntlich gemacht. Sonstige, deutliche Streichungen von Einträgen sind jeweils im textkritischen Apparat vermerkt. Die in der Vorlage vorhandenen, gliedernden Überschriften wurden in der Edition ebenfalls als solche erkennbar durch Zentrierung auf der Seite und Druck in fetten Lettern hervorgehoben. Ansonsten werden Gruppierungen innerhalb des Quellentextes, sofern möglich, im Druckbild ähnlich abgebildet. Markierungszeichen vor Einträgen, wie Kreuze, werden durch symbolhafte Zeichen ersetzt. Wasserzeichen wurden mittels des Wasserzeichen-Informationssystems (WZIS) eingeordnet.[773]

---

769 S. Dieter HECKMANN, Inhalt oder Hülle? Zu den Aufgaben von Namen- und Sachweisern in Quelleneditionen, in: Edition deutschsprachiger Quellen aus dem Ostseeraum (14.–16. Jahrhundert), hrsg. v. Matthias THUMSER, Janusz TANDECKI, Dieter HECKMANN (Publikationen des Deutsch-Polnischen Gesprächskreises für Quelleneditionen, [1]), Toruń 2001, S. 65–73; JOACHIM, Findbuch (wie Anm. 344).

770 S. HECKMANN, Amtsträger (wie Anm. 90).

771 S. Adriano CAPPELLI, Lexicon abbreviaturarum. Wörterbuch lateinischer und italienischer Abkürzungen, wie sie in Urkunden und Handschriften, besonders des Mittelalters, gebräuchlich sind, dargestellt in über 14000 Holzschnittzeichen, Leipzig ^{2}1928; WELLER, Sprache (wie Anm. 487), S. 10–16. Exempl. zum Spannungsfeld zwischen der Sprach- und Geschichtswissenschaft s. Jürgen RÖMER, Abbreviaturen in deutschsprachigen Texten des späten Mittelalters, in: Edition deutschsprachiger Quellen aus dem Ostseeraum (14.–16. Jahrhundert), hrsg. v. Matthias THUMSER, Janusz TANDECKI, Dieter HECKMANN (Publikationen des Deutsch-Polnischen Gesprächskreises für Quelleneditionen, [1]), Toruń 2001, S. 35–52.

772 S. Abkürzungsverzeichnis, S. 13.

773 S. Landesarchiv Baden-Württemberg, WZIS (wie Anm. 761).

Textkritische Anmerkungen sind durch Buchstaben, die Sachkommentare sind durch arabische Ziffern ausgezeichnet. Die Angabe in den Registern verweist auf die entsprechende Seite der vorliegenden Edition. Die äußere Beschreibung der editierten Dokumente aus dem Ordensbriefarchiv sowie der Pergament-Urkunden erfolgt unmittelbar vor dem Editionstext des jeweiligen Schriftstücks.[774]

774 S. HECKMANN, Leitfaden zur Edition (wie Anm. 766), S. 8–9. Ausführlich s. Walter HEINEMEYER, Regestierung von Urkunden, in: Richtlinien für die Edition landesgeschichtlicher Quellen, hrsg. v. Walter HEINEMEYER, Marburg ^{2}2000, S. 11–17.

[Außenseite Einband, unleserlich Notizen]

[Innenseite Einband]
Abegerechent mit Asmus Behemen am tage Luce Evangeliste im LXIIIII[775] *unnd bleiben em noch 9 m. geringe schuldig.*[a]

Wir haben gnomen von doctori Mekeler vor 100 m. unnd vor 9 m. gewand am Freitage noch Margarethe im LXIX[stn]*.*[776]

Item[a] *so haben mir bruder Heinrich von Richtenberg*[777] *homeisters stadhelder Johanni doctori*[b] *Mekeler daz dorff Schonewalt unnd den Haberberg mit den getreuen vor 100 unnd vor 9 m. drey jor lang*[c] *eingesatczt*[d] *czu gebrawchen*[e] *uff dissen Sancte Mertensz Tag im LXX*[ten] *jare*[778] *bisz uff Martini im LXXIII*[sten] *jare.*[779] *So denn der genannte doctor den czinsz uff Martini im LXXIII*[sten] *hot gehaben unnd entfangen denn so sal her unns daz genannte dorff unnd den haber her mit den getreuen ein rewmen.*[f]

[S. 1]

Her Jorge vonn Sliven.

[S. 2 leer]

[S. 3]

Dis is der dinst inher Jorge von Sliven rotte die inder Conitcz gelegen haben.

Her Jorge 936 gld. uff 9 pferde. Her[e] Jorge 1.500 unnd 30 gld. uff 15 pferde.

775 1465 Oktober 18.

776 1469 Juli 14.

777 Heinrich Reffle von Richtenberg, 1467 Juni 11–1470 Sept. 29, Großkompthur. 1470 Sept. 29–†1477 Febr. 20, Hochmeister.

778 1470 November 11.

779 1473 November 11.

Summa 2.400 unnd 66 gld.

Item Trandorff hot gehat 4 pferde inr Conitcz machen 400 und 16 gld. Item 2 gld. unnd 100 uff ein pferdt dasz Transdorff zu geschr[eb]en wart noch dem streite. Item Trandorff hot 1 pfert 10 jor gehot daz macht 80 gld. Item Trandorff hot gehat 2 pferde 4 jor das macht 64 gld.

Summa summarum 650 gld. unnd 12 gld.

Michel Hesse hot 8 pferde inr Conitcz gehat machen an golde 800[g] *gld. ofz solde wol gewesen sein 200 unnd 32 gld. so sain die 8 gld. an 2 pferde abegegangen.*

[h]*Item Michel Hesse hot Anszhelm von Tettaw arff getragen unnd Hans von Tettaw 650 rh. gld. an seine dinste.*[h]

Summa summarum 800 unnd 24 [gld.]

Frauwenhorst hot gehat inr Conitcz 2 pferde das machet 200 unnd 8 gld. Item szo hot her noch dem streite 2 pferde zu sich genomen vonn seines bruders wegen die machen 200 unnd 4 gld. Item so hot her ein pfert 8 jor[lang] gehat das macht 68 gld.

Summa summarum 450 unnd 26 gld.

---

a Zu Beginn der Zeile steht ein unleserliches Wort, um 90 Grad gedreht.

b Folgt unleserlich.

c Korrektur am Ende durch Streichung *e.*

d Folgt Streichung *am.*

e Folgt Streichung *heben.*

f Am linken Rand zwei unleserliche Wörter.

g Folgt Streichung *24.*

h Nachtrag.

[S. 4]

Jorge [Sliven].

Tewbenheym hot 2 pferde kegen der Conitcz gebrocht machen 200 unnd 8 gld. Item so hot her gehat 2 pferde zu Marienburg noch dem streite machen 200 unnd 4 gld. Item szo hot her gehat 1 pferdt 12 jar[a] *das machet 96 gld.*

Summa summarum 500 unnd 8 gld.

Item Niclis Gerlachsheym hot gehot 4 pferde inr Conitcz macht an golde 400 unnd 16 gld. Item so hot her gehat noch dem streite 2 pferde machen 200 unnd 4 gld. Item szo hot her[e] ein pferdt 4 jor[lang] gehat macht 32 gld.

Summa summarum 640[b] *unnd 2 gld.*

Hans Lowben hot 3 pferde zur Conitcz gehat alsze von Schreiberszdorffs wegen machen 300 unnd 12 gld. Item Hans Lowben hot gehat 4 pferde 10 jor[lang] machen 300 unnd 20 gld.

Summa 32 unnd 600 gld.

Item Hans Kokeritcz hot gehot inr Conitcz 4 pferde machen 400 unnd 16 gld. So hot her gehat noch dem streite ½ jor[lang] 4 pferde machet 400 gld.

[c]*Heynrich Kokeritcz dinst mitte eyn gerechent.*[c]

Summa summarum 800 unnd 16 gld.

[S. 5]

[Jorge] Sliven.

Krebesz hot gehat 1 pferd zur Conitcz machet 100 gld. unnd 4 gld.

Cuntcze Roitcz hot czur Conitcz 3 pferde gehat machen 300 unnd 12 gld.

Hans von Seben hat 1 pfert inr Conitcz gehat. Item szo hot her gehat 10 jor 4 pferde machen 300 unnd 20 gld. uff das 1 pferdt das her in der Conitcz gehat hot machet 4 gld. unnd 100. So hot her gehat von Jorge von Seben wegen 2 pferde 3 jor[lang] die machen 48 gld.

Summa summarum den beiden Seben 450 unnd 22 gld.

Paul Preger hot gehat 1 pferdt inr Conitcz macht[d] *gld. unnd 100. Item so hot her gehat 2 pferde*[e] *11 jor macht 150 unnd 18*[f] *gld.*

Summa 250 unnd 26[g] *gld.*

---

a Unter der Zeile ergänzt.
b Teilweise Streichung, darüber ergänzt *40*.
c Nachtrag.
d Folgt Rasur *4*.
e Unter der Zeile ergänzt.
f Korrektur durch Rasur aus *28*.
g Über der Zeile ergänzt, darunter Streichung *30*.

[S. 6]

Jorge [Sliven].

Brosius Rowff hot 1 pfert inr Conitcz gehat macht 100 gld. unnd 4 gld. So hot her noch 1 pferdt 12 jor[lang] machet ane 4 gld. 100 [gld.] Sot hot Caspar Rowff 1 pfert 9 jor[lang] gehat macht 72 gld. Szo hot her noch 1 pferd 5 ½ jor[lang] macht 44 gld.

Summa 300 unnd 16 gld.

Jorge Bernszdorff hot 2 pferde inr Conitcz gehat macht 200 und 8 gld. So hot her gehat ½ jor[lang] dornoch in streite 2 pferde macht 200 gld.

Summa 400 unnd 8 gld.

Item Hans Katcze hot 2 pferde inr Conitcz gehat macht 200 unnd 8 gld.

Nickel Nickritcz hot gehat 1 pferd inr Conitcz macht 4 gld. unnd 100. So hot her 3 pferde gehat noch dem streite macht 300 gld. Szo hot her[a] *2 pferde 12 jor gehat die her von Greusinge dirkriget hot macht 200 gld. minus 8 gld. Ist tod.*

[b]Item 200 ung. gld. hot Nickel Nickeritcz dem kinde gegeben.[b]

Summa 600 minus 4 gld.

[c]Item die 200 ung. gld. die nympt Reiche uber sich vone kindess wegen.[c]

Hans Globing hot 2 pferde inr Conitcz gehat 11 jor macht 100 unnd 76 gld. So hot her 1 pferd 10 jor gehat macht 80 gld. Her hot 2 pferde 8 jor gehot macht 100 gld. 28 gld.

Summa 383[d] *gld.*

[e]Item 10 rh. gld. hot her entfangen uff seinen dinst am tage Vincentii.[780]

Item 7 m. 9 sc. hot her entfangen an 7 elen unnd eyn quartirgewandis von Gerd Hoppelsone.[e]

[S. 7]

[Jorge] Sliven.

Hennicke von Greben hot gehat inr Conitcz 2 pferde macht 200 unnd 8 [gld.] So hot her gehat 3 pferde 12 jor macht 300 gld. minus 12 gld.

Summa 500 minus 4 gld.

Item Hans Strewmen unnd sein bruder haben gebrocht indie Conitcz 5 pferde macht 500 gld. unnd 20 gld. [f]*Item noch 2 pferde 8 jor[lang] gehat facit 128 gld.*[f]

[g]*Item 30 m. ist her Newdorff schuldig. Die hot Newdorff unnserm orden gegeben. Die sal men em abeslon.*[g]

[h]*Item 10 m. haben wir em gegeben am Dunerstage noch Conversio Pauli im LXIX*^{ten}.[781]

Item 5 m. hot em der czeisemeister gegeben.[h]

Summa 648 gld.[i]

Hans Globug hot 2 pferde inr Conitcz gehat die haben 11 jor gedinet macht 100 unnd 76 gld. So hot her[e] 1 pferdt 10 jor gehat macht 80 gld. So hot her[e]

780 Januar 22.

781 1469 Januar 26.

gehat 2 pferde 8 jor[lang] macht 100 gld. unnd 28 gld. unnd ist ausz dem lande gereten.

Summa 350 unnd 34 gld.

Fritcze vonn Heynitcz hot 3 pferde im dinste 11 jor[lang] macht 250 unnd 14 gld. Ist ausz dem lande gereten.

[j]Entscheiden durch Hannsz von Czaszen dem gyht[k] men dinst.[j]

[l]Hirvonn hat menn ein quitancie.[l]

Hans vonr Grune hot inr Conitcz gehot 5 pferde macht 400 unnd 40 gld. vor 11 jor dinst. So hot her 1 pferdt zu geleget das hot gedinet 10 jor[lang] macht 80 gld. Ist ausz dem lande gereten.

Summa 500 unnd 20 gld.

---

a Folgt Streichung.
b Folgt Streichung *So bleibet men noch 600 ung. gld. schuldig.*
c Nachtrag.
d Korrektur durch Rasur aus *388.*
e Nachträge.
f Nachtrag.
g Nachtrag rechts des Eintrags von anderer Hand.
h Nachträge von anderer Hand.
i Über der Zeile ergänzt, darunter Streichung *500 unnd 20 gld.*
j Nachtrag von anderer Hand.
k Folgt unleserliches Wort *[man].*
l Nachtrag von anderer Hand.

[S. 8]

Jorge [Sliven].

Olbrecht vonn Golsenn hot 10 jor gedinet mit 2 pferden macht 100 unnd 60 gld. Ist ausz dem landen gereten.

Conrad vonn Sliven hot gehot 3 pferde inr Conitcz macht 100 unnd 44 gld. vor 6 jor dinst. So hot her gehat 3 pferde die haben gedinet 4 jor[lang] macht 96 gld. Ist ausz deme lande gereten.

Summa 200 unnd 40 gld.

Frederich Dobenecker hot 4 pferde inr Conitcz gehot macht 100 unnd 12 [gld.] unnd haben gedinet 3 ½ jor[lang]. So hot her 2 pferde 3 jor gehat macht 48 gld. Ist ausz dem lande gereten.

Summa 100 unnd 60 gld.

Jon Dobenecker hot 4 pferde unnd hot gedinet 3½ jor[lang] macht 100 unnd 12 gld. So hot her[e] 1 pferdt gehat das hot gedinet 3 jor[lang] macht 24 gld. Ist ausz dem lande gereten.

[a]Disser hat ein uszgeschnitten brieff.[a] [782]

Summa 100 unnd 36 gld.

[S. 9]

[Jorge] Sliven.

Erhardt Dobenecker hot gedinet mit 2 pferden 2 jor macht 32 gld. unnd ist ausz dem lande gereten.

[a]Diesser hot ein uszgeschnitte brieff.[a]

Lotche is indie Conitcz gekomen mit 3 pferden unnd hot gedinet 1 jor[lang] macht 24 gld. Ist auszim lande gereten. Sulchim diensch hot Heynrich Towbenheym ubyrsich genomenn unnde beczalth denn hott Heinrich Towbenheim dem ordenn gantcz ubyrgebenn unnde erlassenn.

Hanns vonn Sliven hot gehat inr Conitcz 5 pferde macht 100 und 20 gld. unnd hot gedinet 3 jor[lang]. So hot her[e] 3[b] pferde zu geleget unnd haben gedinet 2½ jor macht 60 gld. Ist gestorbin.

Summa 100 unnd 80 gld.

Heinrich von Sliven hot gehat inr Conitcz 4 pferde unnd hot gedint[c] 3 jor macht 96 gld. Ist tod.

Ditrich Schreibersdorff hot gehat inr Conitcz 3 pferde die haben gedinet 3½ jor[lang] macht 84 gld. So hot her 6 pferde gehat die haben gedinet 3 jor macht 100 und 44 gld. Ist tod.

Summa 200 unnd 28 [gld.]

a Nachtrag von anderer Hand.
b Korrektur durch Streichung aus *4*.
c Folgt Streichung *4*.

782 S. GStA PK, XX. HA Hist. StA Königsberg, OBA 17765; GStA PK, XX. HA Hist. StA Königsberg, OBA 18016.

[S. 10]

Jorge [Sliven].

Titcze Robele hot gehat inr Conitcz 2 pferde gehat unnd hot gedinet 3 ½ jor[lang] macht 56 gld. So hot her 1 pferdt zu geleget. Das hot gedinet 3 jor[lang] macht 24 gld. Ist todt.

Summa 80 gld.

Heinrich vonn der Lacht hot gehat inr Conitcz 3 pferde und hat gedinet 6 jor[lang] macht 100 unnd 44 gld. So her eins zugeleget das hot gedinet 5 jor[lang] macht 40 gld.

[a]*Item Hans Meinke hot entpfangen 10 rh. gld. am Sonnobend noch Lucie im etc. LXXVI*[ten] *jar.*[783] *Idem tenetur Bartho[lomeus floren].*

Desze czwene unden unnd oben sein bede entscheyden wir haben eyne quitancien von ine.[a] [784]

Bertram Menicke hatte 3 pferde die haben gedinet 3 jor[lang] machen 72 gld. Ist todt.

Summa 250 unnd 6 gld.

Kune von Deben hot 3 pferde indie Conitcz gebrocht unnd hot gedinet 3 ½ jor[lang] macht 84 gld. Ist tod.

Erich Spon hot 3 pferde indie Conitcz gebrocht unnd hot gedinet 2 jor macht[b] 48 gld. So hot her[e] 1 pferd gehat daz hot gedinet ½ firtel jor macht 4 gld. Ist todt.

[S. 11]

[Jorge] Sliven.

Christoffel vonn Howbitcz hot gehat 4 pferde inr Conitcz unnd haben gedinet 3 ½ jor[lang] macht 100 unnd 12 gld. So hat her[e] 1 pferdt zugeleget das hot gedinet 3 jor[lang] macht 24 gld. Ist todt.

[c]Diesser hat ein vortrags czettelh.[c] [785]

Summa 100 unnd 35 gld.

Erhardt Hake hot 4 pferde indie Conitcz gebracht unnd hot gedinet 12 jor[lang] macht 350 unnd 34 gld. So her zugeleget 4 pferde die haben gedinet 11 jor[lang] macht 252 gld. Ist aus dem lande gereten.

---

783 1476 Dezember 14.

784 S. 1482. GStA PK, XX. HA Hist. StA Königsberg, OBA 17009.

785 S. OBA 17621 (wie Anm. 600).

Summa 614 gld.

Heinrich Qweitcz hot 1 pferdt indie Conitcz gebrocht unnd hot gedint 1 jor[lang] macht 8 gld. Ist todt.

Disse sint nicht indie Conitz gekomen.

Michel Canitcz hot 10 pferde im dinste gehot 12 jor[lang] macht 900 unnd 60 gld.

Summa 960 gld.

Schone Weygandt hot 1 pferd 12½ jor lang gehat macht 100 gld. So hot her[d] *2 pferde 12 jor håt machen 100 unnd 92 gld. So hot her[e] 1 pferd 11 jor gehat im dinste macht 88 gld. So hot her noch 1 pferdt 8 jor gehat macht 64 gld.*[e]

Summa 400 unnd 44 gld.

---

a Nachträge von anderer Hand.

b Folgt Streichung *50.*

c Nachtrag von anderer Hand.

d Folgt Streichung *12.*

e Folgt Streichung *Her hot [20] m. uff seine dinst entfangen am tage Purificationis Marie.*

[S. 12]

Jorge [Sliven].

Otto Losso hot 2 pferde imdinste gehat 12 jor macht 150 gld. 42 gld. So hot her 2 pferde gehat 11 jor imdinste macht 150 unnd 26 gld.

Summa 350 unnd 18 gld.

Hanns Graben hot imdinste gehat 4 pferde synt dem streite hot gedinet 12½ jor[lang] macht 400 gld.

Fawst hot imdinste gehat 1 pferd 12 jor macht 96 gld. So hot her imdinste gehat 2 pferde 10 jor[lang] macht 200 gld. minus 8 gld. So hot her gehat 2 pferde die haben gedinet 10 jor[lang] macht 150 unnd 10 gld.

Summa 450 minus 2 gld.

Heinrich Reiche hot vor dem streite gehat 6 pferde die haben gedinet 12½ jor macht 600 gld.

Hans Losso hot imdinste gehat 4 pferde die haben gedint 12½ jor macht 400 [gld.] So hot her[e] 1 pferd zugeleget das hot gedinet 12 jor[lang] macht 96 gld.[786]

Summa 500 minus 4 gld.

---

786 S. OF 259a (wie Anm. 522), S. 40/2.

[S. 13]

[Jorge] Sliven.

Frederich Lindenaw hot imdinste gehat 4 pferde synt dem streite die haben gedinet 12½ jor macht 400 gld. So hot her eins czugeleget das hot gedinet 12 jor[lang] macht 100 minus 4 gld.

Summa 500 minus 4 gld.

[a]*Item doran hot man an geweiset an frauwen Katherinen von Schonfelt czu Kalgret gesessen czu erheben 100 unnd 75½ rh. gld. Die sie von her Nickel von Wolfferssdorff hot entpfangen von u[ber]kowff gelde krigt her[e] sulche summa nemlich 100 unnd 75½ rh. gld. Die sullen amdinste abegeen.*[a]

Hans Rekenitcz hot gehat imdinste 5 pferde 6½ jor[lang] macht 250 unnd 10 gld.

Summa 260 gld.

Jorge Schonefelt hot imdinste gehat 8 pferde 10 jor[lang] macht 600 unnd 40 gld.

Nickel Popsteyn[b] *hot imdinste gehat 6 pferde 12*[c] *jor[lang] macht 600 gld. minus 24*[d] *gld.*

Titcze Korbes hot imdinste gehat 2 pferde 4 jor[lang] macht 64 gld.

Baltasar Ratsche hot imdinste gehat 1 pfert macht 100 unnd 4 gld. So her 4 pferde gehat 7 jor[lang] macht 200 unnd 24 gld. So hot her 4 pferde 6 jor imdinste gehat von seines bruders wegen macht 150 unnd 42 gld. Der ist noch vor ougen unnd em sein 3 bruder gestorben.

Summa 500 unnd 20 gld.

[e]*Doruff hot Baltczer 4 m. entfangen am Mittewachen noch Invocavit.*[e]

[S. 14]

Jorge [Sliven].

Nickel Konne hot gehat 2 pferde 11 jor[lang] imdinste macht 150 unnd 26 gld.

Hans[f] *Tanler 1 pferdt imdinste gehat 10 jor[lang] macht 80 gld. unnd hot 2 pferde 5 jor gehat macht 80 gld.*

Summa 100 unnd 60 gld.

[g]*Werner von Ellingen steet*[h] *am ende und sulde hie steen.*[g]

Peter Lautenfloer hot 1 pferdt 10 jor amdinste macht 80 gld.

Alde Cristoff hot 1 pferdt gehat 12 jor[lang] am dinste macht 100 minus 4 gld. So hot her[e] 1 pferdt gehat 8 jor[lang] macht 64 gld.

Summa 100 unnd 60 gld.

Otto Teisze 1 pferdt 3½ jor[lang] gehat imdinste macht 28 gld.

Hans Taisze is im streite dirslagen worden unnd hot gehat 3 pferde. Die hot Corbes besatcz 8 jor[lang] unnd hot sie Otto Taiszen oberentwertet macht 200 gld. minus 8 gld. Ist vor ougen unnd seyn vetter ist gestorben.

[i]Connradt Thoisze ist all[e]r entscheiden. Man hat ein quitan[cie].[i] [787]

Summa 200 unnd 20 gld.

---

a Nachtrag.
b Buchstabe *p* über der Zeile nachgetragen.
c Folgt Streichung ½.
d Über der Zeile ergänzt, darunter Streichung *28*.
e Nachtrag von anderer Hand.
f Folgt Streichung *Tandeler*.
g Nachtrag links am Rand der Seite.
h Folgt Streichung *be*.
i Nachtrag von anderer Hand.

[S. 15]

[Jorge] Sliven.

Jocub Lipporth hot imdinste gehat 1 pferdt 12 ½ jor[lang] macht 100 gld. Doch hot her noch 1 pferdt gehat 10 jor[lang] macht 80 gld.

Summa 150 unnd 30 gld.

Jorge Houbtin hot gehat imdinste 1 pferdt 8 jor[lang] macht[a] *64*[b] *[gld.]*

Jon Kracht hot imdinste gehat 4 pferde 8 jor[lang] macht 250 unnd 6 gld. So hot her[e] 3 pferde 1 jor gehat macht 24 gld.

Summa 250 gld. unnd 30 gld.

Erhardt Helffenstein hot gehat 1 pferd 12 jor macht 100 gld. minus 4 gld. So hot her 1 pferdt gehat 10 jor[lang] macht 80 gld.

Summa 176 gld.

Hentcze 2 pferde am dinste 12 jor[lang] macht 100 minus 4 gld. So hot her gehat 1 pferdt 8 jor[lang] macht 64 gld.

Summa 100 unnd 60 gld.

---

787 1493. S. GStA PK, XX. HA Hist. StA Königsberg, OBA 17754.

[S. 16]

Jorge [Sliven].

Claus Herwig hot amdinste gehat 1 pferdt 13 ½ jor[lang] macht 100 gld. Ouch szo hat her 2 pferde 10 ½ jor gehat macht 150 und 18 [gld.]

Summa 250 unnd 14[c] *gld.*

Czolner hot 4 pferde im dinste 11 jor[lang] macht 350 und 2 gld.

Tamme Hoendorff hot 6 pferde 12 ½ jor gehat macht 600 gld.

Item Vogel hot gehat imdinste 1 pferd etc.

Philipps Ruszky hot imdinste 8 pferde 10 jor[lang] macht 600 unnd 40 gld.

Peter Kwne 1 pferd am dinste 3 jor[lang] macht 24 gld.

[S. 17]

[Jorge] Sliven.

Teile ein pferd am dinste 11 jor[lang] macht 88 gld.

Se[i]mu[n]d hot 3 pferde amdinste[d] *gehat 5 jor macht 100 unnd 20 gld. unnd 1 pferd ½ jor macht 4 gld.*

Hans Lolle hot imdinste gehat 1 pferdt 10 jor[lang] macht 80 gld.

Hans Vornestargk ist man scholdig 50[e] gld.

Hentcze Wuste hatt 1 pferd im dinste 1 jor[lang] macht 8 gld.

Strewmechen hot 1 pferd 6 jor[lang] im dinste gehat macht 48 gld. Ist ausz dem lande gereten.

[S. 18]

Jorge [Sliven].

Rutscher Korbecz hot im dinste gehatt 3 pferde 11 ½ jor macht 250 unnd 2 gld. So hot her 1 pferdt czugeleget das hot gedinet 9 jor macht 72 gld. Item 1 pferd uff 2 jor[lang] dinst macht 16 gld. Ist ausz dem lande gerethen.

Summa 300 unnd 40 gld.

[f]*Mann hat hirvon ein quitan[cie].*[f] [788]

Jorge Ader hot 1 pferd imdinste gehat 10 jor[lang] macht 80 gld. Ist ausz dem lande gereten.

Jeniche Hertczog hot imdinste gehat 3 pferde 11 jor macht 250 unnd 14 gld.

---

788 1496. S. GStA PK, XX. HA Hist. StA Königsberg, OBA 17878.

Heinrich Greissel hot imdinste gehat 3 pferde 6½ jor macht 150 unnd 6 gld. Item noch 1 pferdt 6½ jor gehat facit 52 gld.

Summa 208 gld.

Frederich vonr Czewche hot 2 [pferde] imdinste gehat 7½ jor[lang] macht 100 unnd 20 gld. So hot her 3 pferde zcugeleget 6 jor[lang] machet 150 unnd 18 [gld.] So hot her 2 pferde zugeleget der noch die haben gedinet 6 jor[lang] macht 100 minus 4 [gld.] Ist ausz dem lande[g] *gereten.*

Summa 350 unnd 34 gld.

---

a Folgt Streichung *100 minus 3 gld.*
b Folgt Radierung.
c Wert korrigiert aus *18.*
d Folgt Streichung *am dinste.*
e Ziffer unterpunktet.
f Nachtrag von anderer Hand.
g Folgt Streichung *b.*

[S. 19]

[Jorge] Sliven.

Jacub Meissener hot gehat 1 pferdt 12½ jor[lang] macht 100 gld. So hot her 1 pferdt 12 jor gehat macht 100 minus 4 gld.

Summa 200 minus 4 gld.

Jocub Krokaw hot gehat 2 pferde 12½ jor[lang] macht 200 gld. So hot her 1 pferd 12 jor gehat macht 100 gld. minus 4 [gld.] So hot her 1 pferdt gehat das hot gedinet 5 jor[lang] das macht 40 gld.

Summa 300 unnd 36 gld.

Hamer hot 1 pferdt am dinste gehat 10 jor[lang] macht 80 gld.

Jemcke hot 1 pferdt 3 jor [am] dinste gehat macht 24 gld.

Peter Rodde hot 2 pferde imdinste 8 jor[lang] macht 100 unnd 28 gld.[a] Her Jorge unnd seyne gesellen haben uns vor in gebeten her ist ein eynnlender. etc.

[b]Item Frederich vonr Czewche steet am ende diss[e]s registers in her Jorgens.[b]

[S. 20]

Jorge [Sliven].

Herman Wesenbacher unnd Botschen hot imdinste 3 pferde 7 jor[lang] macht 150[c] *unnd 18 gld. Ist auszim lande gereten.*

Cristoff Reppe hatt 2 pferde 1 jor machet 16 gld. Ist auszim lande gereten.

Heinrich Ertmanszdorff[a] *hot imdinste gehat 10 pferde unnd hot gedinet 2½ jor macht 200 gld. Ist ausszim lande gereten.* [e]*Gancz entscheden.*[e]

[f]Hirvonn hat man ein quitan[cie].[f]

Rabach von Boren hot 2 pferde imdinste gehat 2 jor macht 32 gld. Ist ausszim land gereten.

Hentcze Howgewitcz hot imdinste gehat 2 pferde 6 jor[lang] macht 100 gld. minus 4 gld. Ist ausszim lande gereten.

Crisstoff Czeme hot 7 pferde imdinste gehat 2 jor[lang] macht 100 unnd 12 gld. Ist todt.

[f]Diessen dinst inhant sein vettern auch Cristoff Czeme. Her hat ein usgeschnitte brieff[789] und whonet auff Pomerellen.[f]

[S. 21]

[Jorge] Sliven.

Ertman Weighawszen hot im dinste 5 pferde 6 jor[lang] macht 200 unnd 40 gld. So hot her 1 pferdt 5 jor gehat macht 40 gld. So hot her[e] 1 pferdt czugeleget 4 jorlang macht 32 gld. unnd ist tod.

Summa 250 unnd 12 gld.

Eppe vonn Magelen hot imdinste gehat 3 pferde 5 jor[lang] machet 100 unnd 20 gld. Ist tod.

Die czwene Heynitczen haben imdinste gehat 4 pferd 5 jor[lang] macht 100 gld. unnd 60 gld. Dem Adam seinem stalbruder uff 1 pferdt 40 gld. hot ouch 5 jor[lang] gedinet. Sein tod.

[f]*Adam noch nicht enscheiden sunder dy Heinicz sind entscheiden.*[f]

[f]Hirvon hot men ein quitan[cie].[f]

Swartcze Merten hot imdinste gehat 2 pferde die hot her[e] Unser Lieben Frauwen bescheiden unnd hot gedinet 10 jor[lang] macht 150 unnd 10 gld.

Ditrich hot 2 pferde imdinste gehat[g] *10 jor[lang] macht 150 unnd 10 gld. Unsern Lieben Frauwen gegeben.*

[vormals eingeklebter Zettel: 5,5 x 5,5 cm; Rückseite unbeschrieben; Bleistiftnotiz: A 52 fol. 11]

Item dye czwey Heynitcz haben 4 pherde am dinstt gehat 5 jor macht 100 gld. unde 60 gld.

---

a Über der Zeile ergänzt.

---

789 1492. S. OBA 17679 (wie Anm. 600).

b Nachtrag.
c Über der Zeile ergänzt, darunter Streichung *100*.
d Buchstabe *t* über der Zeile ergänzt.
e Nachtrag.
f Nachtrag von anderer Hand.
g Folgt Streichung *2 j*.

[S. 22]

Jorge [Sliven].

Horn hot 1 pferdt imdinste 9 jor[lang] macht 72 gld. So hot her[e] 2 pferde 4 jor[lang] gehat macht 64 gld. Ist tod.

Summa 100 unnd 36 gld.

[a]Mann hat ein quitan[cie.][a] [790]

Weygant Schabe hot 3 pferde 6 jor[lang] macht 44 und 100 gld. unnd 2 pferde 2 jor[lang] machen 32 [gld.] Ist tod.

Summa 150 unnd 26 gld.

Peter Stag hot 1 pferdt imdinste 6 jor[lang], dem got gnade, macht 50 gld. minus 2 gld. Ist tod.

Peter Torm 1 pferd imdinste 1 jor[lang] macht 8 gld. Ist tod.

Caspar Loszo hot 9 pferde imdinste gehat 3 jor[lang] macht 200 unnd 16 gld. Ist tod.

[a]Diessenn dinst hot entpfangen Balthasar Bernfeldt. Man hot ein quitan[cie].[a] [791]

a Nachtrag von anderer Hand.

[S. 23]

[Jorge] Sliven.

Caspar Reiche hot 4 pferde 6 jor[lang] gehat macht 200 minus 8 gld. Ist tod.

Hans Austke 2 pferde imdinste gehat 11 ½ jor[lang]. Item 2 pferde haben gedinet 10 ½ jor[lang] macht 150 unnd[a] *24 gld. uff 2 pferde unnd uff die andir 2 pferde 176 gld. unnd ist tod.*

790 1483. S. GStA PK, XX. HA Hist. StA Königsberg, OBA 17096.
791 1473. S. GStA PK, XX. HA Hist. StA Königsberg, Perg.-Urk. 3346, Schiebl. 94 Nr. 37.

Summa 350 gld.

[b]Denn dinst sal nymandt ermanen noch uff heben denn alleine Lucas Milgedin.[b]

Hans Rwol hot 6 pferde imdinste gehat 12 jor[lang] macht 500 und 76 gld. Arnolt hot imdinste 2 pferde gehat 10 jor[lang] macht 150 unnd 10 gld.

Summa 700 unnd 36[c] *gld.*

Cleyne Czengker hot 1 pferd im dinste gehat 12 ½ jor[lang] macht 100 gld. So hot her[e][d] *2 pferde 12 jor[lang] gehat macht 200 minus 8 [gld.]*

Summa 300 minus 8 [gld.]

Holtczel hot 1 pferd imdinste gehat 9 jor[lang] macht 72 gld.

[S. 24]

Jorge [Sliven].

Caspar Beynewitcz hot 5 pferde imdinste gehat 10 ½ jor[lang] macht 600[e] *unnd 20 gld. Ist aussim lande gereten.*

Heinrich[f] Pomerenig hot imdinste gehat 1 pferd 12 ½ jor[lang] macht 100[g] gld.

[h]Item daruff 2 m. entpfangen unnd 10 ellen gewant vor Weinachten vor 10 m.

Item 4 m. gegeben am Sontag vor Petri unnd Pauli im LXXIII[ten] jar[792].[h]

Heinrich Rochlitcz hot imdinste gehat 3 pferde 7 ½ jor[lang] macht 200 unnd 26 gld. Ist aussim lande gereten.

Krig hot 2 pferde imdinste gehot 5 jor[lang] machen 80 gld. unnd den dinst Unser Liben Frauwen bescheiden.

Heynrich Ochelitcz hot imdinste gehat 4 pferde 7 ½ jor[lang] macht 200 unnd 40 gld. und ist todt.

Hans Ochelitcz hat imdinste 2 pferde mit Juntter Ochlitczen gehat 4 jor[lang] macht 64 gld. Unnd sein todt.

Summa 300 unnd 4 gld.

Item ir schade ist 72 gld. rh. gld. unnd 17 ung. gld.

---

a Folgt Streichung *23 ½*.
b Nachtrag von anderer Hand.
c Über der Zeile ergänzt, darunter Streichung *6*.
d Folgt Streichung *12*.
e Neben der Zeile ergänzt, folgt Streichung *400*.
f Über der Zeile nachgetragen.
g Zahl korrigiert aus *300*.

---

792 1473 Juni 27.

h Nachträge.

[S. 25]

[Jorge] Sliven.

Andris Powszel hot imdinste 2 pferde gehot 5 jor[lang] macht 80 gld. unnd ist todt.

Summa summarum aller obengeschreben summan ist 32.757 gld.

Summa vonn den die auszdem lande gereten sein ist aller summa 4.000 unnd 50 gld.

Summa vonn den die vorstorben sein 4.650 unnd 5 gld.

Summa[a] 350 unnd 34 gld. das sie inr Conitcz vordinet haben das ist vor abegerechent.

[b]*Hans Uderman hot 3 ½ jor gedinet*[c] *mit 1 pferde macht 28 gld.*[b]

[d]*Slaberndorff hot mit 8 pferde 11 jor gedinet macht 700 ung. gld.*

Item 150 rh. gld. vor den schaden.[d]

[S. 26]

Jorge [Sliven].

Hans Beierszdorff hot mit [2] pferde gedinet 10 jor[lang] macht 80 uff 1 pferd.[e] *Item noch 3 pferde*[f] *jor[lang] facit 80 gld. uff ein pferd.*

Summa 150 unnd 10 gld.

Summa 208 gld. unnd 40 gld.

Heinrich Rabel hot imdinste gehat 4 jor[lang] 3 pferde im streite vor der Conitcz macht 100 gld. minus 4 gld.

Peter Lebelinde hot imdinste gehatt 2 pferde uff 6 jor[lang] macht 100 gld. minus 4 gld. Unnd ist todt.

[Zeichen +] Werner vonn Ellingen ist todt unnd hat 9 pferde 10 jor[lang] facit 700 gld. unnd 20 [gld.] Davon hot her[e] gegeben seinem bruder der bey dem meister ist pferde.

[g]Item 20 ung. gld. ist her her Jurgen von Sliven schuldig.[g]

Matheus von Ellingen hot imdinste gehat 4 pferde 4 ½ jor[lang] facit 100 unnd 44 gld. Die 4 pferde hot her[e] gegeben seinem bruder der bey dem meister ist.

[g]Disser hat ein zettelh auch von seins bruders wegen.[g] [793]

[Zeichen] Caspar Marwitcz hot imdinste gehat 8 pferde 9 jor[lang] facit 550 unnd 26 gld.

---

a Folgt Streichung *3.500.*

b Nachtrag.

c Folgt Streichung *jor gedinet.*

d Nachtrag von anderer Hand.

e Über der Zeile ergänzt und ebenfalls gestrichen *1 pferd gedinet 1 jor facit 8 gld.*

f Folgt unleserlich.

g Nachtrag von anderer Hand.

[S. 27]

[Jorge] Sliven.

Item Frederich vonr Czawche ist auszim lande gereten unnd hot imdinste gehat 2 pferde 10 jor[lang] facit 100 unnd 60 gld. Her hatt 3 pferde 8 ½ jor[lang] gehat facit 200 unnd 4 gld. Her hot gehatt 2 pferde 8 jor[lang] facit 100 unnd 28 gld.

Summa 500 minus 8 gld.

Hans Korbesz hot imdinste gehat 2 pferde 8 jor[lang] facit 100 unnd 60 gld. Her ist todt.

Cristoff Korbecz hot imdinste gehat 9 pferde 10 jor[lang] facit 650 unnd 33 gld. Ist todt. Do von gehen 2 pferde abe die 10 jor gedinet daz denn 200 unnd 30 ung. gld. brenget die nympt Recheberg czu sich.

Jorge Korbesz hot 3 pferde imdinste gehatt 7 jor[lang] facit 168 gld. Her hat 2 pferde gehat 9 jor[lang] facit 100 unnd 44 gld. Ist todt.

Hans Korbesz hot gehat 8 fuszknechte unnd irem dinst gelossn zu 100 gld.

Summa summarum 1.000 unnd 25[a] *gld.*

Die obengeschreben bruder also die Korbesser haben gegeben 3 pferde Unser Lieben Frauwen facit 200 unnd 16 gld.

Item der obengenante Frederich vonr Czawthe hot an seiner obengeschreben rechenschafft dem orden derlossen 100 ung. gld. am dinste so das seiner schulde nicht mehe ist den[b] *400 ung. gld. minus 8 [gld.]*

Item 40 rh. gld. ist sein schade gewesen den hot her[e] dem orden auch derlossen.

---

793 S. GStA PK, XX. HA Hist. StA Königsberg, Perg.-Urk. 3316, Schiebl. 93 Nr. 30; GStA PK, XX. HA Hist. StA Königsberg, OBA 17371.

[S. 28]

Jorge Sliven.

Volkel Roder hot im dinste gehat 14[c] *pferd[e] 12½ jor macht 1.400 gld. 50 gld. ung. Her hot 4 pferde*[d] *8½ jor lang gehat macht*[e] *250 gld. 14 gld.*

Summa 1.700 gld. 14 gld.

Seyn schade ist 150 gld. 24 gld. uff 22 pferde.

So hot her entfangen 500 gld. 28 gld. ung. am gelde daz zcu Tapiaw gefallen ist.

So bleibet noch 1.200 minus 14 gld. scholdig am dinste.

Machewitcz der zcu Tappiaw gelegen hat 2 pferde[f] *12½ jor gehat facit 200 gld.*

Item 2 pferde die haben gedienet 12 jor macht 200 gld. minus 8 gld.

Item 1 pferde hot noch 10 jor gedienet.

Item duruff hot her gelt entfangen unnd men ist[g] *em nicht meh denn 350 unnd 9 ung. gld. schuldig.*

Item 50 rh. gld. vor den schaden.

Swartcze Heynitcz 200 ung. gld. unnd 29 ung. gld.

Item 25 rh. gld. vor den schaden.

Jost Machewitcz ist men schuldig 100 unnd 90 ung. gld.

Item 30 rh. gld. vor den schaden.

[h]*Sein vetter inhant denn dinst.*

Hans Roder her[e] hat ein uszgeschnitten brieff auch noch einenn vortragsbrieff wie man denn dinst bezalen soll.[h] [794]

---

a Über der Zeile ergänzt, darunter unleserlich.
b Korrigiert aus *dem*.
c Über der Zeile ergänzt, darunter Streichung *18*.
d Folgt Streichung *4 j*.
e Folgt Streichung *464*.
f Über der Zeile ergänzt.
g Folgt Streichung *men*.
h Nachträge von anderer Hand.

---

794 1493. S. GStA PK, XX. HA Hist. StA Königsberg, Perg.-Urk. 3678, Schiebl. 95 Nr. 54.

[S. 29]

Jorge Sliven.

Dis ist ein register von her Jorgens rotte schaden ann rh. gelde gerechent.

Item Drandorff hot sc[h]aden genomen czur Conitcz 4 pferde macht 150 unnd 10 gld. rh.

Item so hot her 8 pferde schaden gnomen macht 100 unnd 20 gld.

Summa 250 unnd 30 gld.

[a]Hern Jorgens schaden ist 1.200 gld. rh. die her hat lassen schreiben am Dunerstage vor Thome im LXVII[sten] [jor][795].[a]

Tawbenheim hot schaden gnomen an 1 pferde macht 48 inr Conitcz gld. unnd 4 [pferde] vor 60 gld.[796]

Summa 100 unnd 8 gld.

Michel Hesse hot schaden gnomen an 6 pferde macht 100 gld. Die hot her inr Conitcz vorlorn. So hå̊t her schaden genomen an 18 pferde 150 gld.

Summa 250 gld.

[b]Item 650 gld. rh. ist Michel Hesse Anszhelm von Tettaw unnd Hans von Tettaw am[c] dinste schuldig die her en uff an seine dinste getragen hot.[b]

Reiche hot schaden genomen an 26 pferde macht 250 gld.

[S. 30]

Jorge [Sliven].

Lewben hot schaden gnomen an 4 pferde macht 60 gld.

Canitz hot vorlorn 15 pferde macht 100 gld.

Frauwenhorszt hot schaden gnomen an 6 pferde macht 100 gld.

Weygant vom Newenhoffe hot schaden gnomen an 16 pferden macht 100 unnd 60 gld.

Otto Losso hot schaden gnomen an 15 pferde macht 100 gld.

Hans Grabyn hot schaden gnomen an 4 pferde[c] *mit seinen brudern macht 40 gld.*

---

795 1467 Dezember 17.

796 1490. S. OBA 17536 (wie Anm. 600).

[S. 31]

[Jorge] Sliven.

Fawst hot schaden gnomen an 16 pferde macht 100 gld.

Niclis Gerlachszheim hot schaden gnomen an 4 pferde macht 100 gld. Die hot her inr Conitcz vorlorn. So hot her schaden genomen an 11 pferde macht 100 gld.

Summa 200 gld.

Hanns Losso 16 pferde vorlorn macht 100 unnd 30 gld.[797]

Frederich Lindenaw hot 15 pferde vorlorn macht 100 unnd 20 gld.

Hans Rekinitcz hot vorlorn 6 pferde macht 60 gld.

Jorge Schonefalt hot vorlorn 10 pferde macht 90 gld.

[S. 32]

Jorge [Sliven].

Popstein hot 10 pferde vorlorn macht 80 gld.

Baltazar Raytczsche hot vorlorn 8 pferde mit seinem bruder macht 60 gld.

Niclis Konne hot vorlorn 7 pferde vor 50 gld. Pruwsz.[d]

Hans Candeler hot vorlorn 7 pferde macht 40 gld.

Jacub Meyssener hot vorlorn 6 pferde macht 50 gld.

Jocub Krokaw hot vorlorn 10 pferde macht 80 gld.

[S. 33]

[Jorge] Sliven.

Hamer hot 3 pferde vorlorn macht 20 gld.

Heinrich Kokevitcz hot vorlorn 6 pferde macht 60 gld.

Jeniko hot vorlorn 2 pferde macht 10 gld.

Prewsz.[e] Peter Rodde [hot] 2 pferde[f] vorlorn macht 10 gld.

Peter Lawtenflo[u]r hot 4 [pferde] vorloren macht 20 gld.

Krebisz hat vorlorn 5 pferde macht 40 gld.

---

a Nachtrag von anderer Hand.
b Nachtrag.
c Über der Zeile ergänzt.
d Nachtrag.
e Nachtrag von anderer Hand neben der Zeile.

---

797 S. OF 259a (wie Anm. 522), S. 40/2.

f Folgt Streichung *vor lorn.*

[S. 34]

Jorge [Sliven].

Cristoffel her spricht her habe 2 pferde vorlorn sullicheins ist nymandes wissentlich.

Cuntcze Raitcz hot vorlorn 4 [pferde] macht 40 gld. So hot her noch ein pferd vorlorn macht 10 gld.

Summa 50 gld.

Otto Tosze hot vorlorn 3 pferde macht 20 gld.

Jocub Lippolt hot vorlorn 14 pferde macht 30 gld.

Jorge van Soben hot vorlorn 6 pferde macht 60 gld.

Jorge Houptin hot vorloren 1 pfert macht 10 gld.

[S. 35]

[Jorge] Sliven.

Jon Cracht hot vorlorn 3 pferde macht 30 gld.

Paul Preger hot vorlorn 15 pferde macht 80 gld.

Brosius Rowpf hot vorlorn 13 pferde macht 100 gld.

Gerhardt von Helffenstein hot vorlorn 7 pferde macht 60 gld.

Jorge Bernszdorff hot vorlorn 10 pferde macht 100 gld.

Heyntcze hot vorlorn 6 pferde macht 30 gld.

[S. 36]

Jorge [Sliven].

Hans Katcze hot vorlorn 5 pferde macht 30 gld.

Claus Hartwig hot vorlorn 15 pferde macht 60 gld.

Czolner hot vorlorn 14 pferde macht 70 gld.

Pomerenig hot vorlorn 13 pferde macht 30 gld.

Hoendorff hot vorlorn 15 pferde macht 100 und 20 gld.

Philipps Rowszky hot vorlorn 35 pferde macht[a] 100 unnde 20 gld.

[S. 37]

[Jorge] Sliven.

Nickel Nickritcz hot 21 pferde vorlorn macht 100 gld.

[b]*Item do von den 100 rh. gld. nympt Reich 50 rh. gld. uber sich. So bleibet men Nickel Nickritcz 50 rh. gld. noch schuldig.*[b]

Hainicke vonr Grabe hot vorlorn 18 pferde macht 150 gld.

Peter Cunhard hot 2 pferde vorloren macht 20 gld.

Teile [hot] 2 pferde vorloren macht 20 gld.

Segermund vonr Eilaw hot vorloren 2 pferde etc.

Hans Lolle hot vorloren 3 pferde machen 20 gld.

[S. 38]

Jorge [Sliven].

Hans Globug hot vorloren etc. vor all seynen schaden 100 gld.[c]

Hans Globug hot schaden genomen unnd macht 100 gld.

Hans vonr Grwne hot vorlorn 5 pferde macht 100 unnd 20 gld. unnd 30 gld. vor die andern pferde die her vorloren hot.

Jorge Oder hot vorlorn 5 pferde macht 30 gld.

Rotschel Corbesz hot 5 pferde vorlorn vor 40 gld.

Olbrecht von Golszen hot vorloren 2 pferde macht 40 gld. So hot her dornoch 1 pferd vorlorn macht 10 gld.

Fritcze Heynitcz hot schaden gnommen an 3 pferde inr Conitcz vorlorn macht 60 gld.

[S. 39]

[Jorge] Sliven.

Caspar Beygewitcz hot vorlorn 10 pferde macht 100[d] gld.

Cord vann Sliven hot vorlorn 3 pferde macht 100 gld. unnd 20 gld. Die pferde sein vorlorn inr Conitcz. So hot her 4 pferde vorlorn macht 40 gld.

Summa 160 gld.

Hans Strewmen 5 pferde inr Conitcz vorloren[e] macht 100 gld. So hot her noch gehat 15 pferde die hot her vorlorn macht 80 gld.

Summa 180 gld.

Jenichen Herczog hot vorlorn 4 pferde macht 40 gld.

Heinrich Grissel hot vorlorn 9 pferde macht 50 gld.

Frederich Dobenecker hot vorlorn 5 pferde inr Conitcz macht[f] 100 gld.[798]

[S. 40]

Jorge [Sliven].

Heinrich Rappelitcz hot 1 pferd vorlorn macht 10 gld.

Frederich vonr Czawche hot vorlorn 2 pferde macht 20 gld.

Jon Dobenecker hot vorlorn 4 pferde czur Conitcz macht 80 gld. So hot her 2 pferde vorlorn macht 20 gld.[799]

Lotche hot vorlorn inr Conitcz[g] 2 pferde macht 40 gld.

Widuwilt von Gleyen hot vorlorn etc. Der kompthur von Dantczke sal em seinen solt beczalen.

Heinrich von Ertmanszdorff hot vorlorn 7 pferde macht 50 gld.

[S. 41]

[Jorge] Sliven.

Hentcze Hawgewitcz hot nicht schaden genomen.

Hans vonn Sliven hot 5 pferde zcur Conitcz vorlorn macht 150 gld.

Schreiberssdorff hot vorlorn czur Conitcz 3 pferde macht 90 gld. So hot her ouch vorlorn 7 pferde macht 40 gld.

Summa 100 unnd 30 gld.

Titcze Robele hot inr Conitcz vorlorn 3 pferde macht 50 gld.

Czeme hot vorlorn 3 pferde macht 20 gld.

Ertman Weighawszen hot vorlorn 4 pferde macht 30 gld.

[S. 42]

Jorge [Sliven].

Eppe von Mogeleyn hot vorlorn 1 pferdt vor der Conitcz macht 10 gld.

Heinrich von der Loche hot vorlorn mit Bertram Menike nicht nichten.

Item die beiden Heynitczen haben 2 pferde vorlorn macht 30 gld.

Jorge Corbitcz, Cristoff Corbitcz unnd der dritte Corbitcz haben iren schaden gnomen den men nichten weisz so men ere en wissen not sal man en geben als andern.

Kune von Deben hot 2 pferde vorlorn inr Conitcz macht 40 gld.

---

798 S. OBA 16170 (wie Anm. 454), S. 20.

799 S. ebd., S. 19.

Erich Span hot vorlorn 4 pferde macht 80 gld.

[S. 43]

[Jorge] Sliven.

Weigandt hot vorloren etc. [h]*100 unnd 60 rh. gld.*[h]

Cristoff Hawbitcz hot 4 [pferde] vorlorn macht 80 gld.

Peter Stog hot 1 pferdt vorlorn macht 5 gld.

Caspar Losso hot vorlorn 17 pferde macht 80 gld.

Hans Austke hot 3 pferde vorlorn macht 20 gld.

Hake hot 4 pferde vorlorn inr Conitcz macht 100 gld. Szo hot her 16 pferde vorlorn macht 60 gld.

[S. 44]

Jorge [Sliven].

[Zeichen +] Hans Rwel hot vorlorn 18 pferde macht 150 gld.

Cleine Cengker hot vorlorn 15 pferde macht 70 gld.

Holczel hot vorlorn 3 pferde macht 10 gld.

Heinrich Qweitcz schaden 1 pferdt macht 10 gld.

Summa summarum 6.000 unnd 3 gld.

Summa von dem obengeschreben schaden haben sie schaden gnomen inr Conitcz[i] 1.500 unnd 28 gld.

Heinrich Rabeel hot schaden an 1 pferd vor 10 gld. und ist hin ausz gereten.

---

a Wort doppelt.

b Nachtrag.

c *100 gld.* unter der Zeile ergänzt, Tintenfleck und unleserliche Korrektur.

d Über der Zeile ergänzt, darunter Streichung *80*.

e Über der Zeile ergänzt.

f Folgt Streichung *50 gld.*

g Folgt Streichung *macht*.

h Nachtrag.

i Folgt Streichung *10*.

[S. 45]

[Jorge] Sliven.

[a]Hans Pickel ist Nawdorff 30 rh. gld. schuldig die sal men em abe an seinen dinste abesloen.[a]

[S. 46–51 leer]

[S. 52]
Item disse nachgeschribenen sein in Rube Plassdorff rotte gewesen unnd haben sich in Anszhelms rotte geslagen.[b]

Item Fritsche Grunenrode hat gedinet mit etzwan Ulriche unnd Hans Rorer mit 7 pferden 12½ jar mit dreyen pferden 12 jor[lang] unnd mit 2 pferden 9 jar[lang]. Sollich dinst uff die 12 pferde macht 1.100 unnd 32 ung. gld.

Heincz Rorer hat gedinet mit 1 pferde 10 jar mit den andern pferde 8 jar[lang] facit 100 unnd 44 ung. gld. Her hot gnomen 6 kw unnd 5 pferde daz sal men abeslan an irem solde.

Item Jakob Knobloch hat gedinet mit 4 pferden mit eyme 7 jar unnd mit den 3 [pferden] 12½ jar[lang] facit 300 und[c] 56 ung. gld.[800]

[S. 53]

Bartenstein.

Disze nochgeschrebene sein in Anshelms seiner rotte.

Hans van Tettaw ist mit 8 pferden ingekomen das noc[tim] czu Fastnacht 13 jor das macht 800 gld. und 32 gld.

Item 2 pferde nochczugenomen 6 jorlang das macht 100 gld. minus 4.

Summa summarum 900 gld. unnd 28.

Anshelm mit 5[d] *pferden 12½ jorlang das macht 500 gld.*

Item 3 pferde nochczugenomen das eyne 12 jorlang die andern 2 [pferde] 6 jorlang das macht 200 gld. minus 8.

Item 4 waghen pferde mit eime besatczten wagen machen 400 gld. 12½ jorlang die her vort resig machte alse her indas land quam.

Summa summarum 1.100 gld. minus 8.

[e]*Item 100 m. hot her entfangen uff seinen dinst am tage Fabiani Martiris.*[801]

Item so haben wir Anszhelm von Tettaw[f] *unnd Hans von Tettaw globet czu geben 650 rh. gld.*[g] *am Michel Hessen dinste wenn wir die obeirberurte gebruder ires dinstes unnd schad[ens] vorgangen.*[e]

Eberhardt von Tettaw mit 7 pferde 6 jorlang machen 350 gld. minus 14.

---

a Nachtrag von anderer Hand. Unterhalb des Eintrags verbleibt Freiraum.

---

800 S. OF 259a (wie Anm. 522), S. 52/14.
801 Januar 20.

b Oberhalb des Eintrags verbleibt Freiraum.
c Folgt Streichung *56*.
d Folgt Streichung *f*.
e Nachträge von anderer Hand.
f Über der Zeile ergänzt *Te*.
g Folgt Streichung unleserlich.

[S. 54]

Barten[stein].

Reynholt Marschalk hot czu Tapiaw gelegen ist ein gekomen mit 5 pferden 12 jorlang machen[a] *500 gld. minus 20.*

Wilhelm Nogotitcz ist gestorben hot 12 pferde im dinste gehat 4 ½ jorlang[b] facit 400 gld. unnd 32 gld.[c]

[d]Item 45 m. enntpfangen Hanns Nabetitcz sonn am Freitag noch Jubilate uff die helfte der obgeschrebin summa im etc. LXXXVI[ten] jar.[802] Item die summa ist 200 unnd 16 ung. gld.[d]

[d]Disser hat ein uszgeschnitten zettelh.[d] [803]

Carius Wildenstein mit 6 pferde 13 jorlang mit seinem bruder Cuntczen. Sein bede tod. Das macht 600 und 24 [gld.]

[d]*Der ist Jorge David 26 m. schuldig.*[d]

Anthonius Trehen mit 7 pferden 12 ½ jorlang machen 700 gld. Item 3 pferde noch czugenomen 12 jorlang machen 300 gld. minus 12.

[S. 55]

[Barten]stein.

Item Hans Trehn sein bruder der tod is mit 2 pferden gedint 11 jorlang machen 100 unnd[e] *76 gld.*

Summa summarum beider bruder 1.100 gld. und 64.

[f]*20 ung. gld. haben wir em gegeben uff seinen dinst am tage Vincentii*[804].[f]

Peter Strachewitcz hot gedint mit 4 pferden ½ jorland[g] machen 16 gld. unnd ½ jor noch mit eime pferde machen 4 gld. unnd mit 1 pferde 5 jorlang machen 40 gld. unnd noch mit eime 7 jorlang macht 56 [gld.]

802 1486 April 21.
803 S. GStA PK, XX. HA Hist. StA Königsberg, OBA 16483; GStA PK, XX. HA Hist. StA Königsberg, Perg.-Urk. 3045, Schiebl. 94 Nr. 50.
804 Januar 22.

Summa czu hofe 100 gld. unnd 16.

Segemund Berwaldt mit 10 pferden 12½ jorlang machen 1.000 gld. unnd 40.

Item 4 pferde noch czugenomen 12 jorlang machen 400 gld. minus 16.

Summa summarum 1.400 gld. unnd 24.

Merten Rutczell, der tod is, hot gedinet mit 3 pferden 12 jorlang. Die helffte hot her Unnsz Lieben Frauwen gegeben. Sein teil macht 150 gld. minus 6 van der hellffte.

---

a Folgt Streichung *machen.*
b Folgt Streichung unleserlich *seynen bruder.*
c Folgt Streichung unleserlich.
d Nachtrag von anderer Hand.
e Folgt Streichung 6.
f Nachtrag von anderer Hand.
g Gemeint *lang.*

[S. 56]

Barten[stein].

Nicklosz Ruter mit 10 pferden 12½ jorlang macht 1.000 gld.

Jorgen Rewter sein fetter, der tod is, mit 4 pferden 12½ jorlang machen 400 gld.

Jorgen Czeller, der tod is, mit 6 pferden gedinet mit 3 pferden ist her im streite tot gebleben unnd die andern drey hot Reuter gehalden 4 jorlang die machen 100 gld. minus 4.

Jorge Moketczer mit 10 pferden 12 jorlang die machen 1.000 gld. minus 40.

Crisstolffer Geltinger, der tod is, mit 6 pferden 11½ jorlang macht 500 gld. unnd 52.

[S. 57]

[Barten]stein.

Weidener mit 3 pferden 12 jorlang machen 300 gld. minus 12.

Item noch 1 pferd 11½ jor das is[a] *92 gld.*

Item Weidener noch 1 pferd 9 jorlang machen 72 gld.

Summa aller 5 pferde 450 gld. und 2.

Merten Herwest mit 2 pferden 8 jorlang machen 100 gld. unnd 28.

Erhardt Ottenhofer mit 4 pferden gedint 12 jorlang machen 400 gld. minus[b] *16.*

Nickel Ottenhover[c]*, der tod is, mit 2 pferden 11 jorlang machen 100 unnd 76 gld.*

Michell Ottenhofer, der tod is, mit eime pferde 6 jorlang macht 48 gld.

[S. 58]

Barten[stein].

Hans Pilgerim mit 5 pferden 12½ jorlang machen 500 gld. unnd Reynolt Pilgerim sein bruder hot 4 jor gedint mit 2 pferden unnd is hin ausz geriten facit 64 gld.

[d]*Summa 500 gld. 64 gld.*[d]

Wentczell Gebeltczke mit 4 pferden mit dem einen hot her gedint 12½ jor macht 100 gld. mit den andern 3 hot her gedient[e] *11½ jor das macht 300 [gld.] minus 24.*

Wentczell von dem See hot gedinet mit 2 pferden 12 jor lang machen 200 gld. minus 8.

Item so hot her noch gedint mit 1 pferde 11 jar syn 88 gld.

Hans Gebeltczky mit seinem bruder, der tod is, ist mit 2 pferdenn 12½ jorlang machen 200 gld. unnd nach mit eime pferde 11 jorlang machen 88 [gld.]

Michalke Lubitcz hot gedint insz irste mit 2 pferde 12 jor machen 200 gld. minus 8.

[S. 59]

[Barten]stein.

Item 1 pferd noch czugenomen[f] *12½ jar das syn 92*[g] *gld.*

Item noch 1 pferd czugenomen 11 jorlang das sein 88 gld.

Mattiasch van seins junckern wegen Frederichs Stantcz mit 2 pferde 13 jor machen 200 gld. unnd 8.

Swartcze Hans mit 1 pferde gedint 11 jorlang das sein 88 gld.

Cleine Wulffell, der tod is, mit 1 pferde 11 jorlang das sein 88 gld.

Crisstoffer Swartcze mit 4 pferde 4½ jorlang macht 100 [gld.] und 44.

[S. 60]

Barten[stein].

Caspar Loben mit 1 pferde 8 jorlang machen 64 gld.

Frederich Loben mit 1 pferde 6 jorlang machen 48 gld.

Tinne Loben[h] Casper hot em seinen dinst abegekoufft mit 4 pferden 12[i] jorlang machen 400 gld. minus 16 gld.[805]

Hans Rosennaw mit 1 pferde 12 jorlang machen 100 gld. minus 4.

---

805 S. OF 259a (wie Anm. 522), S. 52/14.

Item 2 pferde noch czugek[omen] 11 jorlang machen 100 unnd 76 gld.

Item Hans Rosennaw seine bruder 2 pferde 6 jorlang machen 100 gld. minus 4.

Summa 350 gld. 18 gld.

---

a Folgt Streichung *93*.
b Über der Zeile nach Rasur ergänzt.
c Buchstabe korrigiert *h*.
d Nachtrag von anderer Hand.
e Vor der Zeile ergänzt.
f Folgt Streichung *20*.
g Zuvor Streichung *88*.
h Folgt Streichung *mit 1 pferde 6 jorlang*.
i Folgt Streichung ½.

[S. 61]

[Barten]stein.

Crisstoff Weigelszdorff mit 3 pferden 12 jorlang machen 300 [gld.] minus 12.

Nicklosz Awszke mit 2 pferden 12 jorlang machen 200 gld. minus 8.

Item 1 pferde noch czu genomen 10 jorlang machen 80 gld.

[a]Summa 272 gld.[a]

Burchard Muntczer [hot] 2 pferde gebrocht in den dinst nu 12 jor das machen 200 gld. minus 8.

Item noch 1 pferd czugekregen 10 jor her machen 80 gld.

[a]Ist allis einricht. Man hat ein quitan[cie].[a] [806]

Erhardt Trom[m]itter 1 pferd 12 ½ jor macht 100 gld. minus 4.

Item 1 pferd noch czugeschreben 11 jorlang macht 88 gld.

Hans Dewmechen mit 2 pferden 12 jorlang macht 200 gld. minus 8.

Lampertszwolde, der tot is, mit 2 pferde 8 jorlang macht 100 unnd 28 gld.

[S. 62]

Barten[stein].

Jorge Gleiszentaler mit 3 pferden 6 jorlang macht 150 gld. minus 6.

Sleidenitcz mit 3 pferden 6 jorlang macht 150 gld. minus 6.

Jocosch Bogendorff mit 5 pferden 12 jorlandt[b] macht 500 gld. minus 20.

---

806 1493. S. GStA PK, XX. HA Hist. StA Königsberg, OBA 17780.

Asmus Compaske 3 pferde 12 jorlang machen 300 gld. minus 12.

Merten Potkommer, der tod is, mit 3 pferden 13 jorlang 1 pferdt dinst hot her Unsz[er] Liben Frauwen gegeben. Die andern 2 pferde machen 200 gld. unnd 8.

Hinrigk Cra, der tod is, mit 4 pferden 13 jorlang[c] *machen 400 gld.*[d]

Item noch 3 czugenomen nu 12 jor machen 300 gld. minus 12.

Baltszar Cra mit 1 pferde 8 jorlang machen 64 gld.

[S. 63]

[Barten]stein.

Mersener 1 pferdt 1 jorlang machen 8 [gld.]

Peter Stutcz mit 1 pferde 8 jorlang macht 100 [gld.] und 4.

Item dornach noch 1 [pferd] gewonnen 12 jor machen 100 gld. minus 4 und noch 1 [pferd] 13 jor her macht 100 und 4 gld. Her Burchard sal do von wissen.

Buchszdorff mit 1 pferde 12 ½ jorlang macht 100 gld.

Hans von Cle 1 pferd 12 jor[e] macht 100 gld. minus 4.

Morten mit 1 pferde 6 jor macht[f] 48 gld.

[S. 64]

Barten[stein].

Item noch 1 czugeschreben 1 jor das sein 8 gld.

Simon Slegell mit 1 pferde 3[g] jor macht 24[h] gld.[i] Her ist her Burchards knecht gewesen von Qwerfard unnd hot kein pferd im dinste gehat.

Hempell 1 pferd das hot em Pentczke gegeben 12 jorlang macht 100 gld. minus 4.

Heinrich Marschalk is tod und hot gedinet mit 6 pferden [j]3 jor facit[j] 100 gld. unnd 44 gld. So hot her 5 pferde 5 jor gehat die Frederich Stentczsch von seynetwegen gehalden hot facit 200 gld.

Summa 350 gld. minus 6 gld.

Bartko 1 pferd das hot em Tamme Botcz gegeben mit dinste mit alle das is 13 jor macht 100 gld. unnd 4.

Hans Jode, der tod is, hot seinen dinst halb Unnsz[er] Lieben Frauwen gegeben van 16 pferden so machen die 8 pferde van 10 joren.

Hentcze Cro hot seinen dinst und schaden Unsz[er] Lieben Frauwen all gegeben van 8 adder 9 pferden.

a Nachtrag von anderer Hand.
b Verschrieben, gemeint *jorlang*.
c Folgt Streichung *mab*.
d Folgt Streichung unleserlich.
e Wort durch Streichung zweier Zeichen korrigiert.
f Wort doppelt.
g Über der Zeile ergänzt, darunter Streichung *12*.
h Über der Zeile ergänzt, darunter Streichung *100*.
i Folgt Streichung *minus 3*.
j Über der Zeile ergänzt, darunter Rasur.

[S. 65]

[Barten]stein.

Hans von Nappell mit[a] 1 pferde 12[b] jorlang machen 10 minus 3 ½ gld.[c]

Petersyk hot gekoufft 2 pferde dinst von Reser[d] alse dem her[e] homeister wol wissentlich is.

Summa summarum 19.000 gld. unnd 68 uff 200 unnd 26 pferde.

Dysz sein die fuszknechte die auszlendisschen.

Hans Rudell saw ander mit eyme wagen unnd 4 pferden inden streid gekomen. [e]Daz wellen wir em vor ein pferdt geben.[e]

Hans Doringk ouch inden streid.

Peter Haldenort ouch inder Conitcz belehen gewest.

Niclos Schultcz ouch im streite.

Merten Flescher czu Marienburg belegen.

Hans Cziptczer zcu Marienburg belegen.

Hal[p] Pfaffe hot 12 ½ jor gedinet vor einen posasener facit 100 gld.

[S. 66]

Bartenstein.

Merten Rimer 11 jorlang[f] gedint zcu Meelzag unnd sust wo.

Swartcze Lenell quam inden streit mitthe [g]facit 100 gld. minus 4 gld.[g]

Disse noch geschrebene.

Item Hentcze von[h] Milen.

Hentcze van Milen hot gedinet mit 6 pferden 6 ½ jor macht 350 gld.[i] unnd 16 gld.

Item schaden genomen uff 80 gld.

Item Hentcze von Milen hot einen stalbruder gehat der heiset Caspar Gatcze der hot seinen dinst unnd schaden Unnsir Lieben Frauwen gegeben.

Item Jhon van Milen hot 10 jor gedienet mit 3 pferden unnd 7 jor mit 2 pferden macht 350 gld. minus 2 gld.

Item schaden angeslagen uff 50 gld.

Item 18 rh. gld. haben wir em gegeben uff seinen dinst am Freitage vor Purificatio Marie im LXVIII^{ten}.[807] [j]Hentcze von Milen gegeben.[j]

Ottechen hat 2 pferde 5 jor im dinste unnd eins 4 jor macht 100 gld. unnd 11 ½ gld.

---

a Folgt Streichung unleserlich.
b Korrigiert durch Rasur aus *13*.
c Folgt Streichung *unnd 4*.
d Über der Zeile ergänzt, darunter Streichung *Babag*.
e Nachtrag von anderer Hand.
f Folgt Streichung *dedin*.
g Nachtrag von anderer Hand.
h Streichung *Milen*.
i Folgt Streichung *minus 8 gld*.
j Nachtrag.

[S. 67]

Bartenstein.

Dissen nochgeschrebenen schaden haben die selbigen Anszhelms inseiner rotte genomen die pferde gerechent der sie czu schaden gekomen sein.

So hot Anszhelm mit seinen brudern unnserm orden czu gutte unnd czu stewre seinen schaden gefelt an 63 pferden uff 400 rh. gld. Die her noch werden sust uffs hogeste genug[a] *gesatcz hatte des glei[phe]n die noch geschrebene ouch alsze sie vorgehen.*

Carius Wildenstein seines schadens ist man eins gewurden uff[b] *100 und 20 gld. vor 30 pferde mit seinem bruder mitte ingeslossen.*

Segemund Bernwald ist man seines schadens eins geworden mit seinem bruder uff 300 gld. uff 42 pferde.

Niclos Reuter uff 30 pferde ist man seins schadens eins gewurden uff 250 gld.

Jorge Czeller 100 gld. vor seinen schaden vor 3 pferde als eins gewurden.

---

807 1468 Januar 29.

[S. 68]

Barten[stein].

Merten Rutczell, der tod is, seinen schaden vor 8 pferde ist man eins gewurden uff 50 gld. Das ander hot her Unser Lieben Frauwen gegeben.

Anthonius Thren 21 pferde schade genomen. Ist man eins gewurden uff 200 gld.

Peter Strachewitcz, der vor der Conitcz tod gebleben is, hot vorlorn 4 pferde mit all seine gerete is gesatcz uff 500 gld.

Jorgen Mo̊kitczer hot 20 pferde vorlorn ist gesatcz uff 150 gld.

Cristoff Geltinger, der tod is, hot vorlorn 13 pferde is gesatcz uff 100 gld.

Weidener hot vorlorn 7 pferde is gesatcz uff 100 gld.

[S. 69]

[Barten]stein.

Erhardt Nitenhemer mit seinen bruder hot vorlorn 20 pferde is gesatcz uff 150 gld.

Hans Rosenhayn hot vorlorn 14 pferde is gesatcz uff 100 gld.

Hans Pilgerim hot vorlorn 25 pferde is gesatcz uff 150 gld.

Cristoff Weigelszdorff hot vorlorn 13 pferde is gesatcz uff 100 gld.

Wentczell Gebeltczke hot vorlorn 22 pferde is gesatcz uff 150 gld.

Wentczel vonn See hot vorlorn 5 pferde is gesatcz uff 50 gld.

[S. 70]

Barten[stein].

Nickell Awseck hot vorlorn 7 pferde is gesatcz uff 60 gld.

Michalke hot 9 pferde vorlorn is gesatcz uff 80 gld.

Mattiasch hot vorlorn 5 pferde is gesatcz uff 30 gld.

Swartcze Hans unnd Wulffell der Cleine hot vorlorn[c] 9 pferde is gesatcz uff 50 gld. Bede czu hoffe.

Cristoff Swartcze hot vorlorn 3 pferde is gesatcz uff 20 gld.

Burchard Muntczer hot vorlorn 12 pferde is gesatcz uff 60 gld.

Hans Gebeltczke[d] *hot vorlorn 9 pferde is gesatcz uff 80 gld.*

[S. 71]

[Barten]stein.

Erhardt Tromitter hot vorlorn 6 pferde is gesatcz uff 40 gld.

Hensell Dewmell hot vorlorn 5 pferde is gesatcz uff 40 gld.

Lampertswalde hot vorlorn 3 pferde is gesatcz uff 20 gld. Her is tod.

Time Lobell hot Caspar Lobell seynem fetter seinen dinst bevolen unnd hot vorlorn 5 pferde is gesatcz uff 20 gld.[808]

Jorge Gleisentaler hot vorlorn 9 pferde is gesatcz uff 100 gld.

Sleidenitcze hot vorlorn 3 pferde is gesatcz uff 60 gld.

Jocosch Bogendorff hot vorlorn 9 pferde is gesatcz uff 80 gld.

[S. 72]

Barten[stein].

Asmus Compaske hot vorlorn 5 pferde is gesatcz uff 50 gld.

Merten Potkommer is tod, hot vorlorn 3 pferde is gesatcz upp etc. Is wart nicht gesatcz.

Baltisar Cro mit seinem bruder haben vorlorn 15 pferde seyn gesatcz uff 150 gld. unnd 10.

Peter Stutcz hot vorlorn 6 pferde is gesatcz uff 60 gld.

Buchszdorff hot 1 pferdt vorlorn is gesatcz uff 8 gld.

Hans von Cle hot 4 pferde vorlorn is gesatcz uff 20 gld.

Merten hot 1 pferdt verlorn is gesatcz uff 8 gld.

[S. 73]

[Barten]stein.

Simon Pfleger hot vorlorn 2 pferde is gesatcz uff 15 gld.

Hempell hot 3 pferde vorlorn is gesatcz uff 15 gld.

Merten Herwest hot 2 pferde vorlorn is gesatcz uff 12 gld.

Hans von Appeles hot 3 pferde vorlorn is gesatcz uff 10 gld.

Hans Jode, der mit seinem vater tod is, hot man sich umb vortragen umb seinen schaden uff 100 gld. Man [g]itczt bey 22 pferden.

Hans Rudell hot 3 resige pferde vorlorn und 4 waghen pferde. Sein alle gesatcz uff 40 gld.

Hans Doring hat 1 pferdt vorlorn is gesatcz uff 4 gld.

808 S. OF 259a (wie Anm. 522), S. 52/14.

[S. 74]

Barten[stein].

Peter Haldenord hot ouch vorlorn 1 [pferd] ist ouch off 4 gld. gesatcz.

Reynold Marschalk hot vorlorn 13 pferde is gesatcz uff 150 gld. Ist ausgereten. Anszhelm hot em seinen dinst abegekouff.

Hinrich Marschalk czu gedencken ken unnsern homeister.

Item Grunenrode unnd Roter 16 pferde verlorn. Der sein 7 in der Cunitz gebleben facit 150 rh. gld.

Item so hat Grunenrode sunderlich vorloren [f]*8 pferde macht 40 rh. gld.*[f]

Item Hans unnd Heincze Rorer haben sunderlich 9 pferde vorlorn facit 45 rh. gld.[809]

Item Jacob Knoblach hat vorlorn 2 pferd[e] in der Conicz unnd sust 10 pferde macht 80 rh. gld.[810]

[g]Item Hans Rorer hat 42 rh. gld. 1 m. 8 sc. schaden genomen an.[g] [811]

Summa summarum 4.000 gld. minus 34 de schade uff die pferde.

Summa summarum der schade pferde 500 unnd 23 pferde.[h]

---

a Lesung auch *gering*.
b Folgt Streichung *hundert*.
c Folgt Streichung *5*.
d Über der Zeile ergänzt, darunter Streichung *Gebeleck*.
e Zuvor Streichung *Sleidewitcz*.
f Über der Zeile ergänzt.
g Nachtrag von anderer Hand.
h Folgt Zeichen *S[..]*.

[S. 75]

[Barten]stein.

Item Caspar[a] Rechenberg hat 3 pferde 11 jor im dinste gehat macht 250 ung. gld. unnd 6 gld.

Item her hot noch 3 pferde 10 [jor] im dinste gehat macht 200 ung. gld. unnd 45 ung. gld.

Summa 450 unnd gld. 45 gld.

---

809 S. OF 259a (wie Anm. 522), S. 51/13.
810 S. OF 259a (wie Anm. 522), S. 52/14.
811 S. OF 259a (wie Anm. 522), S. 51/13.

Den schaden hot her unns gut dirlossen.

Item solliche oben geschreben pferde hot Casper Rechberg bey Cristoff Korbesz unnd bey Hentcze Cro im dinste gehat.

Item 18 m. hot em der ceisemeister gegeben daz her ausz der herberge gelast wart.

[b]Diesseim dinst inhanet Ulrich von Rechnberg sein bruder unnd hat ein uszgeschnitten brieff.[b] [812]

[S. 76 leer]

[S. 77]

Schippenpil.

Dis ist ein register Weiszenbaches seiner knechte unnd dinste unnd der hoffelewte neben em.

Item Weiszenbach hot gehat 10 pferde 12½ jor macht 1.000 gld.

[c]Her hat 4 wagnpferde schreiben lassen.[c]

Summa 1.000 gld.

Item 10 m. uff seinen dinst gegeben am Sonobinde vor Reminiscere.

Lorentcz Czischko hot im dinste gehat 5 pferde 12 jor macht 400 unnd 80 gld.

Summa 480 [gld.]

Wolffgang Jagen Rewter hot im dinste 5 pferde 12½ jor macht 500 gld. Summa 500.

[d]Her hot 2 wagen pferde gehat.[d]

Hermen Trawsz hot im dinste 1 pferd 12 jor macht 100 gld. minus 4. So hot her 1 pferd czugelege[n] das hot gedinet 11 jor macht 88. Summa 100 unnd 84 gld.

Steffen Herszler hot im dinste gehat 1 pferd 12 jor macht minus 4 gld. 100 gld.

Summa 100 gld. minus 4 gld.

---

a Über der Zeile ergänzt.
b Nachtrag von anderer Hand. Unterhalb des Eintrags verbleibt die Seite ungeschrieben.
c Vor der Zeile nachgetragen.
d Nachtrag von anderer Hand.

---

812 1486. S. OBA 17282 (wie Anm. 504).

[S. 78]

Schippen[pill].

Jorge Cziszko hot gedinet mit 1 pferde 12 ½ jor macht 100 gld.

Summa 100 gld.

[a]*Wir haben unns vortragen mit Cziszko ummb seynen solt* [b]*unnd schade*[b] *unnd von Thomas wegen um[m]b seynen solt so daz wir em sollen geben sloss Kay[i]g daz daz do hat 9 huben bey Lewnenburg gelegen dor zcu sollen wir em geben 100 gld. ung. zw obir 4 wochenochen*[c] *von Viti unnd Modesti*[813] *unnd Modesti sollen wir em geben 25 gld. Dor noch ober eyn halp jor 25 gld. unnd dor noch obir en jor 100 gld.*[a]

Hans Holy hot gedinet mit 1 pferde 10 jor gedint macht 80 gld. Her hot 1 pferd 8 jor gehat macht 64 gld. 1 pferd 4 jor gehat macht 32 gld.

Summa 174 gld.

[d]*Item 1 m. em gegeben am Dunerstage nach Margarete*[814].[d]

Wolffgang Ochsze hot im dinste gehat 1 pferd 12 ½ jor[e] macht 100 gld. So hot her noch mit 1 [pferd] gedint 11 jor macht 88 [gld.]

Summa 188 gld.

Thomas hot im dinste gehat 1 pferd 12 ½ jor macht 100 gld.

Pogeritcz ist im dinste gewest mit 1 pferd macht 12 gld.

[S. 79]

[Schippen]pill.

Wenwsch hot 4 pferde im dinste gehat 12 ½ jor macht 400 gld.

Nicklis Kaiser hot im dinste 2 pferde 12 jor macht 200 minus 8 gld.

Lembachersz Hensel hot im dinste gehat 1 pferd 3 jor macht 24 gld.

Hans Doring hot 2 [pferde] im dinste gehat 11 jor macht 100 und 76 gld.

Lenhardt van Prugk hot im dinste gehat 1 pferd 12 jor macht 100 minus 4 gld.

---

a Nachtrag von anderer Hand.
b Über der Zeile ergänzt.
c Gemeint *wochen*.
d Nachtrag von anderer Hand.
e Über der Zeile ergänzt.

---

813 Viti et Modesti: Juni 15.
814 Margarete: Juli 13.

[S. 80]

Schippen[pill].

Pauwel Swobe hot 2 pferde im dinste 12½ jor macht 200 gld.

Cristoff hot im dinste 1 pferd 12 jor macht 100 minus 4 gld.

[a]Doruff hot her 1 m. entfangen am Freitage vor Reminiscere die wir em gegeben haben.[a]

Egerer hot im dinste gehat 3 pferde[b] *12½ jor macht 300 gld.*

Lucasch[c] hot im dinste gehat 1 pferd 12½ jor macht[d] 100 gld.

Erhard List hot im dinste gehat 1 pferd 12 jor macht 100 minus 4 gld.

---

a Nachtrag von anderer Hand.
b Folgt Streichung *11 ½*.
c Über der Zeile ergänzt, darunter Streichung *Luchochsz*.
d Wort doppelt.

[S. 81]

[Schippen]pill.

Baltazar hot im dinste 1 pferd 11[a] jor macht 88 gld.

Andris hot im dinste 1 pferd 12 jor macht 100 minus 4 gld.

Matiasch hot im dinste gehat 1 pferd 12½ jor macht 100 gld.

[b]Der ist todt unnd hat seinen dinst Unnsir Lieben Frauwen gegeben. Do bey ist gewest her Mutschiler.[b]

Benedic hot im dinste gehat 1 pferdt 4 jor[c] macht 32 gld.

[d]Her ist scholdig 8 m.[e] den sichen zcu geben von des Letczke wegen.[d]

Peter Scherer hot im dinste gehat 1 pferdt 12½ jor macht 100[f] *gld.*

---

a Über der Zeile ergänzt, darunter Streichung *12*.
b Nachtrag von anderer Hand.
c Über der Zeile ergänzt.
d Nachtrag von anderer Hand.
e Folgt Streichung *schuldig*.
f Über der Zeile ergänzt, darunter Streichung *200*. Ferner Notiz mit Bleistift *100*.

[S. 82]

Schippen[pill].

Ruprecht Gartener hat im dinste gehat 4 pferde 12 ½ jor macht 400 gld. [a]*Ein pferde hat her zcu vil gerecht.*[a]

Andreas Czekel hat im dinste 3 pferde 12 jor macht 300 minus 12 gld.

Niclis Schetschel hat im dinste gehat 3 pferde 12 ½ jor macht 300 gld. [a]*Item ein wagen pferde.*[a]

Hans Blassenberger hat im dinste 3 pferde macht 300 gld. 12 ½[b] *jor.*

Hans Plassenberger der Junsche hot im dinste 2 pferde 12 jor macht 200 minus 8 gld.

Jost Francke hot im dinste gehat 1 pferdt 4 jor macht 32 gld. [c]Dem ist kein dinst czu gesaget.[c]

---

[a] Nachtrag von anderer Hand.
[b] Folgt Streichung unleserlich.
[c] Nachtrag von anderer Hand.

[S. 83]

[Schippen]pill.

Cleine Peter hot 9 jor 1 pferdt gehot macht 72 gld.

Lenhardt Awer hat im dinste 2 pferde 12 ½ jor macht 200 gld.

[a]*Item 100 ung. gld. die her van Pawel Swoken gekowfft hot.*[a]

Lenhardt Borgstaller hot 3 pferde gehat 12 ½ jor macht 300 gld.

[a]Item 1 wagen pferd. [b]Ist todt[b].[a]

Colbel Unger hot im dinste gehat 1 pferd 12 jor 100 minus 4 gld.

[c]*Her ist ein fusknecht gewesen.*[c]

Jocub[d] *Meissener hot im dinste gehat 3 pferde 12 jor macht 300*[e] *minus*[f] *16*[g] *gld.* [h]*Her hot nicht meh denn 2 pferde gerechent daz dritte hot her sich lossen anrechen.*[h]

Michel Drabante hot imdinste gehat 1 pferd 12 ½ jor macht 100 gld.

[S. 84]

Schippen[pill].

Cristoff Newendorff hot im dinste gehat 3 pferde 12 jor macht 300 minus 12 gld. Her 4 pferde gehat dornoch 16 macht 400 gld. minus 16.

Summa 700 minus 16 gld.

Egkerth hot imdinste gehat 1 pferd[i] 9 jor macht 72 gld.

Cristoff Diro hot im dinste 1 pferd 12½ jor gehat macht 100 gld.

Hans Voith hot imdinste gehat.

Caspar Dobeschutz.

Hans Lange ist in den dinst gekomen mit 10 pferden 12½ jor macht 1.000 gld.

---

a Nachtrag von anderer Hand.
b Über der Zeile ergänzt.
c Nachtrag von anderer Hand.
d Vor der Zeile *hubin.*
e Neben der Zeile ergänzt, daneben Streichung *300.*
f Folgt Streichung *12.*
g Korrigiert aus *18.*
h Nachtrag von anderer Hand.
i Folgt Streichung *im dinste gehat.*

[S. 85]

[Schippen]pill.

Andris Lange hot im dinste gehot 9 jor 2 pferde macht 100 gld. unnd 44 gld.

Pawel Maser hot 1 pferd im dinste 10 jor macht 80 gld. Her hot 1 pferdt czu geleget das hot gedinet 5 jor macht 40 gld.

Summa 100 unnd 20 gld.

Hans Frawendinst hat im dinste 2 pferde 7 jor macht 100 unnd 12 gld.

Niclasch hat im dinste gehat 1 pferd 12½ jor macht 100 gld.

Caspar Scholtcze hat im dinste 1 pferd 12 jor macht 100 minus 4 gld. Her 1 pferd gehat 8 jor macht 64 gld.

Summa 160 gld.

[a]*Item 100 m. hot ein Cordt gegeben am Obinde Simonis unnd Jude.*[815]

Item 2 sfiffpunt wachs em noch gegeben.[a]

Cleyne Thomel hot im dinste 1 pferd 12½ jor macht 100 gld.

[S. 86]

Schippen[pill].

Clempel hat 1 pferd 10 jor im dinste gehat macht 80 gld.

---

815 Oktober 27.

[b]Ein fusknecht.[b]

Michell Francke hot im dinste 1 pferd 7 jor macht 56 gld.

Segemund hot imdinste 2 pferde 8 jor macht 100 gld. 28 gld.

Langehans hot imdinste gehat 3 pferde 6 jor macht 100 unnd 44 gld. Her hot 1 pferd 5 jor gehat 40 gld.

Summa 100 unnd 84 gld.

Thomell Kremnitcz hot imdinste gehat 6 pferde 7 jor macht 336 gld.

Sollitczko hot im dinste gehat 1 pferd 9 jor machet 72 gld. Her hot 1 pferdt gehat 8 jor macht 64 gld.

Summa 136 gld.

[b]Item 5 m. hot her uff seinen dinst von unns entfangen am Dunerstage noch Invocavit.[b]

[S. 87]

[Schippen]pill.

Reinp[ra]cht[c] *Leitberg hot im dinste gehat 1 pferd 11 jor macht 88 gld. Her hot 1 pferdt gehat 6 jor macht 48 [gld.]*

Summa[d] *136 gld.*

Bernhard Wolffegker hot im dinste 12½ jor 1 pferd gehat macht 100 gld. Her hot 1 pferdt gehat 9 jor macht 72 [gld.]

Summa 172 gld.

Traudener hot im dinste 3 pferde 12½ jor macht 300 gld. Her hot 3 pferde 12 jor macht 300 minus 12 gld.

Summa 600 minus 12 gld.

[e]*Dem haben wir 3½ m. gegeben am Freitage vor Occuli.*[e]

Nickel Lipatcz hot im dinste gehat 1 pferd 6 jor macht 48 gld. Her hot 1 pferd gehat 5 jor macht 40 gld.

Item her hat noch 1[f] *pferdt gehabt 8 jar facit 64 ung. gld.*

Summa 150 und 2 gld. ung.

Jorge Vollensteyn hot gedint mit 1 pferde 6 jor macht 48 gld.

Peter Schregel hot gedint 12½ jor unnd ist eyn posaser gewest macht 100 gld. Her hot 2 pferde 12 jor macht minus 8 gld. 200 gld. Her hot 1 pferd 6 jor gehat macht 50 gld. minus 2.

Summa 300 gld. 40 gld.

[g]Item 3 m. haben wir em gegeben am Dinstage noch Assumptio Marie[816].[g]

---

a Nachträge von anderer Hand.
b Nachtrag von anderer Hand.
c Über der Zeile ergänzt.
d Folgt Streichung *1.500.*
e Nachtrag von anderer Hand.
f Folgt Streichung *Summa 88 gld.*
g Nachtrag von anderer Hand.

[S. 88]

Schippen[pill].

Hensel Schregell hot im dinste gehat 2 pferde 9 jor macht 144 gld.

[a]*Item Peter Schregel unnd Hensel Schregel haben wir 40 rh. gld. gegeben uff iren dinst am Freitage vor Purificationis Marie*[817].[818]

Item wir hatten en gegeben 1 laken brawn gewand vor 50 m. am Mittewochen noch Maria.[a]

[b]Item 3 m. em gegeben am Sontage vor Dorothee im LXX[ten].[819]

Item 4 m. em gegeben am gitten Mittewochen.

Item 2 m. en gegeben am Obende Johannis Baptiste[820].[b]

[c]Ist lang tod.[c] Fritcze Koch hot im dinste gehat 2 pferde 12 ½ jor macht 200 gld.

Lukas Ladebarter hot 1 pferdt im dinste gehat 12 jor macht 56 gld.

Lenhard Osterreicher hot 2 pferde gehat 8 jor macht 128 gld.

Jocub Prewsse hot im dinste gehat 1 pferd 2 ½ jor macht 20 gld.

Jeronimus Sommerfelt hot im dinste etc. 1 pferd 6 jor macht 48 gld.

---

a Nachträge von anderer Hand.
b Nachträge am oberen Blattrand von anderer Hand.
c Vor der Zeile von anderer Hand ergänzt.

---

816 Assumptio Marie: August 15.
817 Purificatio Marie: Februar 2.
818 S. GStA PK, XX. HA Hist. StA Königsberg, OBA 16118, fol. 13v.
819 1470 Februar 4.
820 Juni 23.

[S. 89]

[Schippen]pill.

Kobolt hot im dinste 1 pferd 8 jor macht 64 gld.

Item[a] *Segemund Ditterichingerer hot imdinste gehat 4 pferde*[b] *9 jor[lang] facit 250 gld. unnd 28 gld. unnd hot*[c] *6 pferde facit 40 rh. gld.*

[d]*Item 10 rh. gld. haben wir em uff seinen dinst gegeben am Sonobinde vor Lichtmesse.*[821]

Item 8 m. em gegeben am Sonnobinde vor Pfingesten.

Item 22 m. hot her entfangen an gewande von Peterad Happel sone.[d]

[e]Item 2 m. em gegeben am Suntage noch Blasii im LXX[ten] [822].[e]

Gregor Landfoget hot im dinste gehat 6 pferde 12½ jor 600 gld. Her hot 2 pferde 9 jor gehat macht 144 gld.

Summa 744 gld.

Lenhard Erlichinger hot im dinste 6 pferde 12½ jor macht 600 gld. Her hat 1 pferd 12 jor 100 minus 4 gld.

Hans Porel hot im dinste 2 pferde unnd 1 wagn pferd unnd 1 fuszknecht dobey 12½ jor macht 300 gld. Her hot 1 pferdt 12[f] *jor gehat macht 100 gld. minus 4 gld.*

Summa[g] *400 minus 4 gld.*

Wildecker hot 2 pferde gehat 3½ jor macht 56 gld.

a Zuvor Streichung *Wentczell.*
b Folgt Streichung *facit.*
c Folgt Streichung *vorlorn.*
d Nachträge von anderer Hand.
e Nachtrag am Rand.
f Darüber Tintenfleck.
g Folgt Streichung *392 gld.*

[S. 90]

Schippen[pill].

Wolffgang hot 1 pferd im dinst gehat.

Michel Schreiberer hot im dinste 1 pferdt gehat 11 jor macht 88 gld.

Peter Newenhoffer hot 1 pferd 9 jor macht 72 gld.

821 Lichtmess: Februar 2.
822 1470 Februar 4.

Wentczel Wynamer hot 1 pferd 12 ½ jor gehat macht 100 [gld.] Her hat 2 pferde 2 ½ jor macht 40 gld. Her hot 1 pferd 2 jor gehat macht 16 gld.

Summa 150 gld. unnd 6 gld.

Hans Niddermawer hot im dinste 1 pferd 3 jor gehat macht 24 gld.

Lenhard sein bruder hot 1 pferde 3 jor gehat macht 24 gld.

Summa 48 gld.

Wildecker hot gedint mit 2 pferde 2 jor macht 32 gld.[a] Hot em seinen dinst abegekaufft.

[S. 91]

[Schippen]pill.

Cunitcz Egkenfelder hat im dinste 1 pferd 12 ½ jor macht 100 gld. Her hot 1 pferd 11 jor macht 88 [gld.]

Summa 188 gld.

Peter Hager hot 1 pferd 12 ½ jor gehat macht 100 gld.[b] *Her hot 1 pferd gehat 11 jor macht 88 gld.*

Summa 188 gld.

Niclasch Unger hot im dinste 1 pferd 12 ½ jor macht 100 gld.

Colbel hot 1 pferd 12 ½ jor gehat macht 100 gld. [c]Ein fusknecht ins land.[c]

Wilhelm hot im dinst gehat 1 pferd 12 jor macht 100 minus 4 gld. Her hot 1 pferd 9 jor gehat macht 72 gld.

Summa 168 gld.

Lembacher hot im dinste gehat 10 ½ pferd[e] 12 ½ jor macht 1.000 unnd 50 gld. Her hot gehat 2 ½ pferd[e] 12 jor macht 200 und 40 gld.

Summa 1.300 minus 10 gld.

[d]*Item 10 m. hot her entfangen an 2 tuchen gewand am Sonnobende vor Crucis Exaltatio im LXVII*^{ten}.[823]

Item 10 m. hot der czeisemeister em gegeben am Freitage vor Palmarum im LXVIII^{ten}.[824]

Item so haben wir vor 700 rh. gld. gelobet der hertczoginne in der Masaw von Lenbachers wegen.[d]

---

a Folgt Streichung unleserlich.

---

823 1467 September 12.

824 1468 April 8.

b Über der Zeile ergänzt.
c Nachtrag von anderer Hand.
d Nachträge von anderer Hand.

[S. 92]

Schippen[pill].

Clebesatel hot im dinste 4 pferde etc.

Cleyne Matcz hot 2 pferd[e] 6 jor macht 100 minus 8 gld. [a]Der ist aussem lande gereten.[a]

Nickel Seidel hot 2 pferde 6 jor gehat macht 100 minus 8 gld.

Hans Trometer hot 1 pferd gehat[b] macht 12 ½ jor 100 gld.

Kirchsteter hot im dinste 6 pferde 12 ½ jor macht 600 gld.

Feichter hot im dinste gehat 3 [pferde] 12 ½ jor macht 300 [gld.] Her hot 1 pferd gehat 12 jor macht 100 minus 4 gld.

Summa 400 minus 4 gld.

[c]Feichter ist Hans Wilde im Lewenicht 28 m. schuldig die sal men em abeslon.[c]

a Nachtrag von anderer Hand.
b Folgt Streichung *1 pferd.*
c Nachtrag von anderer Hand.

[S. 93]

[Schippen]pill.

Steynpeisser hot im dinste 3 pferde 12 ½ jor macht 300 gld. die her bey Feichter gelossen hot.

Feichter hot von Fredericus[a] wegen 2 pferd[e] 12 ½ jor gehat macht 200 gld. Her von Matcz Ebersz wegen 4 pferde 12 ½ jor macht 400 gld.

Summa 600 gld.

Hanuschko hot im dinste gehat 8 pferde 12 ½ jor macht 800 gld.

[b]5 m. haben wir em gegeben von der Angerborger wegen am tage Gregorii.[825]

30 rh. gld. haben wir em gegeben uff seinen dinst am Freitage vor Purificationis.[826]

825 März 12.
826 Purificatio Marie: Februar 2.

Item 14 m. Hannschko gegeben am Montage nach Mathie Appostoli.[827]

Item 17 m. em eine pferde am tage Arnolffi.[828]

Item 10 m. hat em der czeisemeister gegeben.[b]

[c]Item 3 tucher gewand vor 36 m. noch 5 m. 15 sc. vor 5 smale tonen saltcz baye. 7 m. vor 2 vas eisen. 19 sc. vor krwde.[c]

Jorge van der Bach hot 2 pferde im dinste 12½ jor macht 200 gld.

Hayder hot 1 pferd 12½ jor im dinste gehat macht 100 gld.

Wessel hot im dinste 1 pferd 8 jor macht 64 gld.

[S. 94]

Schippen[pill].

Velslosz 3 pferde gehat 12½ jor macht 300 gld. Her hot 1 pferd gehat 12 jor macht 100 minus 4 gld.

[d]*Velslos wil haben 3 huben czu Poszingken do Pfifferling uff gewont hot der vorstorben ist.*[d]

Schikkentantcz hot im dinste gehat 2 pferd[e] 8 jor macht 128 gld. [d]Der ist todt.[d]

Geist hot im dinste 1 pferd gehat 8 jor macht 64 gld.

Newenburger hot im dinste gehat 1 pferdt 12½ jor macht 100 gld.

Pfeildorffer hot 1 pferd 12 jor 100 minus 4 gld.

Poltel hot 1 pferd gehat 12½ jor macht 100 gld.

[d]Idem non e[st] veru[m] her waz ein junge ins land unnd die weile Stodener lebte.[d]

---

a Wort korrigiert, vorher *Fredericis*.
b Nachträge von anderer Hand.
c Nachtrag vor der Zeile.
d Nachtrag von anderer Hand.

[S. 95]

[Schippen]pill.

Hogendorffer hot 1 pferd 12½ jor macht 100 gld.

Assem hot 1 pferd 12½ jor gehat macht 100 gld.

---

827 Matthie Apostoli: Februar 24.
828 Arnulfi Episcopi: Juli 18.

Fritcz v[o]nr Rwbe.

Waldau hot im dinste gehat 2 pferde 12 ½ jor macht 200 gld. Is ist eyn prewsse.

Adam hot im dinste 1 pferd 3 ½ jor macht 28 gld. Preussen.

Sneider hot 1 pferd 3 jor gehat macht 24 gld. Isz sein preussen.

[S. 96]

Schippenpill.[a]

Strewbechen ist eyn einlender hot 1 pferd 6 jor macht 48 [gld.]

Weydecker hot 5 pferde gehat 3 ½ jor macht 140 gld. Her hot seinen dinst Unnsz Liben Frauwen gegeben.

Prewszn.[b] Hans Brandenburg [hat] 1 pferd 11 jor macht 100 minus 12 gld.

Prewszn.[b] *Peter Rewzse hat 1 pferdt 11 jor macht 100 minus 12 gld.*

Lauterer hot 5 pferde im dinste gehat 12 ½[c] *jor macht 500 gld. ung. Her hot 15 pferde vorlorn die hot her angeslagen vor 150 gld. rh.*

Item her hot ein pferd dinst gekawfft vom fursten vor 50 gld. ung.

Wolfel Krap hot 2 pferde im dinste gehat 11 jor macht 100 gld. unnd 60 gld. ung. Her hot 3 pferde vorlorn macht 32 gld. [d]Der ist todt unnd hot seinen dinst an sein weib unnd kind geerbet unnd sust keinem.[d] Cristoff Swenckefelt ist todt unnd hot seinen dinst unnd schaden Unsir Lieben Frauwen gegeben.

[d]Summa 15.300 unnd 92 ung. gld. von den die vor angen sein.[d]

---

a Zuvor Streichung *Schippel.*

b Nachtrag neben der Zeile von anderer Hand ergänzt.

c Korrigiert aus 5.

d Nachtrag von anderer Hand.

[S. 97]

Disz sein die Osterreischen fusszknechte.

Fritcze vonr Rwbe selb dritte haben gedint 12 ½ jor macht 150 gld.

Michel Scherer der pososener hot gedint 12 ½ jor macht 100 gld. selbander.

Niclasch Buchsenschutcz selbander hot gedint 12 ½ jor 100 gld.

Materna hot gedint 12 ½ jor macht 50 gld.

Mercieynko hot gedinet 9 jor macht 36 gld.

Hans Slesier hot gedinet 12 ½ jor macht 50 gld.

Hentcze Slesier hot gedinet 12 ½ jor macht 50 gld.

[S. 98]

Osterreicherer.

Niclis Scholtcze hot gedinet selb dritte 12 ½ jor macht 150 gld.

Wentczel von Bronne hot gedinet 12 ½ jor[a] [b]*facit 100 minus 4 gld.*[b]

Peter von Bronne hot 12 ½ jor gedinet macht 50 gld.

Ritter Merten hot gedinet 12 ½ jor macht[c] *100 gld.*

Hans Swobe hot gedinet 12 ½ jor macht 50 gld.

Peex hot gedinet 12 ½ jor macht 50 gld.

Eberhardt hot gedinet selbander 11 ½ jor macht 100 gld. minus 8 gld. etc.

[S. 99]

Osterreicher.

Peter von Hartberg hot gedint 11 jor macht 44 gld.

Hans Bart hot 12 ½ jor gedinet macht 50 gld.

Cuba hot gedinet 12 ½ jor mácht 50 gld.

Nickel[d] *Geling hot 12 ½ jor gedinet macht 50 gld.*

Cleine Michel hot gedinet 12 jor macht 48 gld.

Baltasar Schoff hot gedint 5 jor macht 20 gld. ung.

Nicolaus Prewschefreszke hot gedinet 11 jor macht 44 gld.

[S. 100]

Osterreicher.

Vichen hot gedinet 4 jor macht 16 gld.

Symon Stolle hot gedinet 9 jor macht 36 gld.

Paul Fleischer hot gedinet 3 jor 12 gld.

Lange Steffan 5 jor macht 20 gld.

Jocub Danczker hot 5 jor gedinet macht 20 [gld.]

Lucas Sneyder hat gedinet fur einen fuszknecht 11 jar facit 44 gld.

Hentcze Schigk hot im dinste 5 pferde 12 ½ jor facit 500 gld.

Item vor 10 schade pferde 100 gld.

[e]*Summa 750 gld. minus 2 gld.*[e]

[e]Dem Lutcz haben wir 1 m. gegeben.[e]

---

a Folgt Streichung *macht 50 gld.*

b Nachtrag von anderer Hand.
c Folgt Streichung *50 gld.*
d Über der Zeile, darunter Streichung *Michel.*
e Nachtrag von anderer Hand.

[S. 101]

Osterreicher.

Dis sint die toden hoffelewte der Osterreichern rotte.

Hans Stampar hot 1 pferd 6 jor gehat macht 48 gld.

[a]Den dinst sal nimand nemen denn Bernhart Wulfecker der hat g[in]g der vor.[a]

Steffen Smit hot 2 pferde 9 jor gehat macht 144 gld.

Melcher Stissel hat im dinste 2 pferde 11 ½ jor macht 184 gld.

Girsig hot gedinet 11 jor vor einen fuszknecht macht 44 [gld.]

Jorge Eynrosser hot 2 pferde 11 jor macht 176 gld.

Matczsche hot im dinste gehat 1 pferd im dinste gehat 12 ½ jor macht 100 gld. Her hot 1 pferd gehat 9 jor macht 72 gld.

Summa 172 gld.

a Nachtrag von anderer Hand.

[S. 102]

Osterreicher.

Nymptsche hot gedinet 9 jor mit 2 pferde macht 144 gld.

Merten Frodener hot 7 pferde im dinste gehat 9 ½ jor macht 532 gld. Her hot 3 pferde 9 jor gehat macht 216 gld. Her hot 3 pferde gehat 6 jor macht 100 gld. 44.

Summa 900 minus 8 gld.

[a]Item[b] 24 m. ist her der Solinerynne schuldig.[a]

[c]Her hat 4 wagenpferde gehabt die hot her lossen schreiben.[c]

Matcz Eber hot 2 pferde im dinste gehat 11 jor macht 176 gld. Her hot 2 pferde gehat 10 ½ jor macht 168 gld.

Summa 344 gld.

[d]Doruff hot Fewchter 200 ung. gld. entphangen von her Merte Trosczes[829].[d]

[e]Her hat [4] wagenpferde gehabt die her hot lassen schreiben.[e]

Molwanger unnd der Taner haben im dinste gehat 8 pferde 4 jor macht 256 gld. Her hat 2 pferde 3 ½ jor macht 50 minus 2 gld.

Summa 304 gld.

[f]Ist Unnsern Frawenn bescheiden.[f]

Jon Tiszkaw hot mit Borghawsser hoben im dinste gehat 8 pferde 8 ½ jor macht 544 gld. haben 2 pferde czu geleget haben 7 ½ jor gedinet macht 128 gld.

Summa 662 gld.

[g]Der hat seinen dinst nimand geschaffen zcu finderen.[g]

Jorge Awer hot 4 [pferde] im dinste gehat 3 ½ jor macht 112 gld.

[h]2 pferde zcu vil gerehent.[h]

---

a Nachtrag von anderer Hand.
b Folgt Streichung *22.*
c Nachtrag vor der Zeile von anderer Hand.
d Nachtrag von anderer Hand.
e Nachtrag vor der Zeile von anderer Hand.
f Nachtrag von anderer Hand.
g Nachtrag vor der Zeile von anderer Hand.
h Nachtrag von anderer Hand.

[S. 103]

Osterreicher.

Hoholtinger hot im dinste 4 pferde 2 ½ jor macht 80 gld.

Waltenhoffer hot 2 pferde im dinste gehat 11 jor macht 176 gld. Her hot 2 pferde 10 jor gehat macht 160 gld.

Summa 336 gld.

[a]Item ein pferde zcu vil.[a]

Plangke hot 1 pferd 9 jor gedinet macht 72 gld.

Heynrich Pochhawszer hot 8 pferde 4 ½ jor gehat macht 280 gld.

[a]Der hat vil hin ausgefurt unnd der kirchen zcu Resenburg ir kelche unnd silber genomen.[a]

---

829 Möglicherweise Martin Truchsess von Wetzhausen, 1467 Febr. 2–1477 Juni 11, Komtur von Osterode. 1477 Aug. 4–†1489 Jan. 3, Hochmeister.

Jon Waldeman hot 2 pferde 12 jor gehat macht 176 gld.

[a]Den dinst sullen seine bruder f[u]rdern.[a]

Jorge Powtinger hot 7 pferde 11 jor macht 615 gld.

[a]In sollichen dinst spricht Jacobus [An][b] Licenatus[c] seiner mutterbruder.[a] [a]Der hat seinen dinst Unser [Lieben] Frawen gegeben. Dor[von] weisz Heifferstdorffer.[a]

---

a Nachtrag von anderer Hand.
b Wort mit nicht aufgelöster Abbreviatur.
c Im Wort Tintenfleck.

[S. 104]

Osterreicher.

Hans Waldener hot 8 pferde 11 jor macht 704 gld.

Summa 704 gld.

[a]Der hat seinen dinst Unsir Lieben Frauwen gegeben.[a]

Cristoff hot im dinste gehat 2 pferde 3 jor macht 48.

[a]gld. Unnsz Lieben [Frauwen] gegeben.[a]

Neydegker hot 2 pferde im dinste gehat 1 ½ jor macht 24 gld.

Niclis Swentcz hot 4 pferde 6 ½ jor macht 208 gld.

Horngeil hot 1 pferdt gehat [b]4 ½ jor[b] macht 36 gld.

Glabag[c] Unger 1 pferd 4 ½ jor macht 36 gld.

[S. 105]

Osterreicher.

Wulffgang Frawensteter hot 1 pferd 3 ½ jor macht 28 gld. Her hat 1 pferd 2 jor macht 16 gld.

Summa 44 gld.

Grofenwerder hot 3 pferde gehat 3 ½ jor macht 84 [gld.]

Letczko Unger hot 2 pferde im dinste unnd hot seinen dinst Unnsz Lieben Frauwen gegeben. [d]*Requiescat in pace.*[d]

Merten Feltbach hot seinen dinst Unnsz Lieben Frauwen gegeben. Ein fuszknecht. [d]Requiescat in pace.[d]

Slegel hot im dinste gehat 7 pferde 11 jor macht 616 gld. Her hot 2 [pferde] gehat 10 jor macht 160 gld.

Summa 776 gld.

Hans Fleischhacker hot 1 pferdt 7 jor macht 56 gld. Her hot 1 [pferd] 6½ jor macht 54 gld.

Summa 102 gld.

[d]Der hot seinen [dienst] dem orden gegeben der sein weip [in] heiligen geist nam.[d]

[S. 106]

Osterreicher.

Peylenstayner hot 1 pferd 8 jor gehat macht 64 gld.

Rorer hot 2 pferde gehat 4 jor macht 64 gld.

Michelko hot 2 pferde im dinste 4½ jor macht 72 gld. Her hot 2 pferdt gehadt 4 jor [macht] 64 gld.

Summa 136 [gld.]

Pferszhamer hot 10 pferde im dinste gehat 4½ jor macht 360 gld.

Hans Innefelt hot gedinet 9 jor uff 1 pferd macht 72 gld.

Molwanger hot 5 pferde 4 jor gehat macht 160 gld.

[d]Ist Unnsern Liebinn Frauwinn gegeben.[d]

[S. 107]

Osterreicher.

Peter Holen hot 8 pferde 4 jor 128 gld.

Pheyel hot im dinste gehat 1 pherd 5½ jor macht 44 gld.

Walasch Unger hat 1 pferd 4 jor macht 32 gld.

Grefel hot im dinste 1 pferd 8 jor gehat macht 64 gld.

Reigker hot 4 pferde im dinste gehat 1½ jor macht 50 minus 2 gld.

Jorge Heil hat 6 pferde 12½ jor im dinste gehat macht 600 gld.

Item vor 6 schade pferde 60 gld. rh.

Item Mathiasch hat 3 pferde 12½ jor im dinste gehat macht 300 gld. ung. gld. Her hot 8 pferde schaden gnomen. Den schade her unns dirlossen.

[d]Summa 7.000 35 gld. uff die roden.[d]

---

a Nachtrag von anderer Hand.

b Über der Zeile ergänzt.
c Erster Buchstabe korrigiert aus *B*.
d Nachtrag von anderer Hand.

[S. 108]

Osterreicher.

Disse sint ausz dem lande gereten ausz der Osterreichschen rotte dinst.

Hans Pochhawser hot im dinste 8 pferde 8 jor macht 512 gld.

Lenhardt Rwszdorffer hat 4 pferde 8 jor 256 gld.

Caspar Ceiler hot gehat 3 pferd[e] 9 jor macht 216 gld.

Jorge Glotcz hat 3 pferde 8 jor macht 200 minus 8 gld.

Seitcz Coder hat 1 pferd 6 jor gehat macht 48 [gld.] Item 1 pferd gehat 5 jor macht 40 [gld.]

Summa 88 gld.

Item der Lengenfelder hinauszgereten.

[a]Her ist 5 ung. gld. schuldig her Festenberger schuldig.[a]

[S. 109]

Osterreicher.

Junge Weiszenbach hin ausz gereten.

Hoysteter hinauszgereten hot 3 pferde gehat 3 jor macht 72 gld.

[a]Der was en narre.[a]

Steynpeisser hat 7 pferde 8 ½ jor mach[t] 450 gld. 26 gld.

Item 6 pferde 8 jor macht 384 gld.

Summa 860 gld.

Bosse Girsig hot 4 pferde gehat 3 ½ jor macht 112 gld.

[b]Summa 1.450 minus 2 gld.[b]

a Nachtrag von anderer Hand.
b Nachtrag von anderer Hand. Unterhalb des Eintrags verbleibt Freiraum.

[S. 110]

Schippen[pill].

Schippenpiller schaden.

Disz ist der Osterreichscher schade Weisenbachs unnd der hoffelewte neben im an rh. gld.

Niclis Weiszenbach hot schaden gnomen an 38 pferden macht 400 gld.

Lorentcz Cziszko hot schaden gnomen an 7 pferde 100 gld. u[nd] 5 gld.

Wolffgang Jagenrewter hot vorlorn 10 pferde macht 100 gld. 30 gld. vor all seinen schaden gerete pferde.

Herman Strausz hot vorlorn 4 pferde macht 60 gld.

Steffen Haszler 2 pferde vorlorn macht 30[a] gld.

Jorge Cziszko hot vorlorn 6 pferde macht [b]*48 gld.*[b]

[S. 111]

[Schippen]pill.

Wulffgang Ochsze hot vorlorn 5 pferde macht 75 gld.

Peylensteyner hot vorlorn 2 pferde macht 20 gld.

Thomas hot vorlorn 5 pferde macht 75 gld.

Wenwsch hot 4 pferde vorlorn macht 60 gld.

Tirchen hot vorlorn 5 pferde macht 50 gld.

Niclis Kaiszer hot 4 [pferde] vorlorn macht 60 gld.

[S. 112]

Schippen[pill].

Lembachers Henszel 2 pferde vorlorn macht 30 gld.

Hans Doring hot vorlorn 3 pferd[e] macht 45 gld.

Lenhardt van Prugk 1 pferdt vorlorn macht 15 gld.

Pawel Swobe 7 pferde vorlorn macht 50[c] *unnd 5 gld.*

Cristoff 2 pferde vorlorn macht 30 gld.

[E]gerer[d] *hot 5 pferde vorlorn macht 75 gld.*

[S. 113]

[Schippen]pill.

Lucasch 3 pferde vorlorn macht 45 gld.

Erhart Leiste 4 pferd[e] macht 60 gld.

Baltaszar hot vorlorn 1 pferd macht 15 gld.

Andreas 1 pferd vorlorn macht 15 gld.

Matiasch 2 pferd[e] vorlorn macht 30 gld.

Benedic Unger hot vorlorn 2 pferde macht 30 gld.

[S. 114]

Schippen[pill].

Peter Scherer hot nicht.

Ruprecht Gartener hot vorlorn 8 pferde macht 112 gld.

Andreas Czekell hot vorlorn 6 pferde macht 90 gld.

Nicklisz Schetczel hot vorlorn 5 pferde macht 75 gld.

Hans Blaszberger hot vorlorn 8 pferd[e] macht 120 gld.

Hans Blaszberger hot vorlorn 6 pferde macht 90 gld.

[S. 115]

[Schippen]pill.

Jost Frangke hot 2 pferde vorlorn 30 gld.

Lenhard Auwer hot vorlorn 5 pferde macht 50 gld.

[e]Item 50 rh. gld. die her von Pawel Swoben gekowfft hot.[e]

Lenhard Burgsteller hot 3 pferde vorlorn mach[t] 45 gld.

Colbel Unger hot vorlorn 2 pferde macht 30 gld.

Jacub Meissener hot 3 pferde macht 30[f] gld.

Michel Drabante 1 pferd macht 15 gld.

---

a Tintenfleck.
b Über der Zeile ergänzt, davor Streichung *50*, darunter Streichung *90*.
c Über der Zeile ergänzt, darunter Streichung *100*.
d Tintenfleck.
e Nachtrag von anderer Hand.
f Über der Zeile ergänzt, darunter Streichung *45*.

[S. 116]

Stargarder schaden.

Cristoff Newdorff hot vorlorn 10 pferde 100 gld. vor alls gerete.

Eghard 1 pfert vorlorn macht 10 gld.

Dor Stargarder schaden.

Cleine Peter hot vorlorn 2 pferde macht 20 gld.

Hans Lange hot vorlorn 8 pferde macht 80 gld.

Andris Lange hot vorlorn 2 pferde 20 gld.

Pauell Moszawer 5 pferde vorlorn macht 50 gld.

Hans Frawendinst hot vorlorn 4 pferde 40 gld.

[S. 117]

Stargarder.

Niclasch Swartcze hot vorlorn 4 pferde macht 40 gld.

Caspar Scholte hot 8 pferde macht 80 gld.

Cleyne Thomel hot vorlorn 4 pferde macht 40 gld.

Clempell hot vorlorn 2 pferde macht 20 gld.

Michel Frangke hot vorlorn 2[a] pferde macht 20 gld.

Segemund hot vorlorn 3 pferd[e] macht 30 gld.

Lange Hans hot vorlorn 5 pferde macht 50 gld.

[S. 118]

Stargar[der].

Thomel Krennitcz hot vorlorn 9 pferde macht 90 gld.

Sudlitczko hot vorlorn 5 pferd[e] macht 50 gld.

Reinprecht hot vorlorn 3 pferde macht 30 gld.

Be[r]nhard Wolffegker hot vorlorn 4 pferde macht 40 [gld.]

Trawdener hot vorlorn 11[b] pferde macht 110 gld.

Nickel Liptitcz hot vorlorn 4 pferde macht 40 gld.

Peter Schregel hot 5 pferde vorlorn macht 50 gld.

[S. 119]

[Stargar]der.

Hensel Schregel hot vorlorn 4 pferde macht 40 gld.

Tod.[c] Fritcze Koch hot vorlorn 4 pferde macht 40 gld.

Lucas Ladebartt[er] hot vorlorn 1 pferd macht 10 gld.

Lenhardt Osterreicher hot vorlorn 2 pferde macht 20 gld.

Jocub Prewsse hot vorlorn 1 pferd macht 10 gld.

Jeronimus Somerfelt hot vorlorn 2 pferd[e] [macht] 20 gld.

Jorge Raben hot 3 pferde vorlorn [macht] 30 gld. Preuwsz.[d]

[S. 120]

Stargarder.

Vallenteyn Cobelt 1 pferd vorlorn macht 10 gld.

Alde Scholcze hot 1 pferd vorlorn macht 10 gld.

Ritter Merten hot 1 pferd vorlorn macht 10 gld.

Hans Holy hot vorlorn 4 pferd[e] macht 40 gld.

Disse sint tod unnd haben schaden gnomen czu Stargart.

Melcher Stiffel hot vorlorn 4 pferd[e] macht 40 gld.

Jorge Eynrosser hot vorlorn 5 pferde macht 50 gld.

Matczsche hot vorlorn 3 pferd[e] macht 30 gld.

---

a Folgt Streichung *frangke*.
b Über der Zeile ergänzt, darunter Streichung 9.
c Vor der Zeile ergänzt.
d Nachtrag von anderer Hand.

[S. 121]

Bartener schaden.

Nympsche hot vorlorn 3 pferd[e] macht 30 gld.

Disz sint die Bartner mit irem schaden.

Gregor Landtfoget hot vorlorn 20 pferde macht 300 gld.

Lenhard Irlichinger hot vorlorn 10 pferd[e] macht 150 gld.

Hans Porl hot vorlorn 10 pferde macht 80[a] *gld.*

Wildegker hot vorlorn 2 pferde macht 30 gld.

Michel Schreiber hot vorlorn 3 pferde macht 45 [gld.]

[S. 122]

Barte[nerer].

Peter Schafekel hot vorlorn 4 pferd[e] macht 60 gld.

Wentczel Weynawer hot vorlorn 4 pferdt macht 60 gld.

Lenhard Nydermawer hot vorlorn 1 pferd macht 15 gld.

Hans Nidermawer hot vorlorn 3 pferde macht 45 gld.

Cuntcze Egkenfelder hot vorlorn 3 pferde macht 45 [gld.]

Peter Hoger hot vorlorn 2 pferd[e] macht 30 gld.

Niclasch Unger hot vorlorn 2 pferd[e] macht 30 gld.

[S. 123]

[Barte]nerer.

Colbel Unger hot vorlorn 2 pferd[e] macht 30 gld.

Cristponter hot vorlorn 3 pferde macht 45 gld.

Disz sint die toden czu Barten der hoffelewte.

Neydecker hot vorlorn 3 pferde macht[b] 45 gld.

Nickel Swentcze hot vorlorn 4 pferde macht 60 gld.

Grofenwerder 2 pferde vorlorn macht 30 gld.

Wolffgangk Frauwensteter hot vorlorn 2 pferde [macht] 30 gld.

---

a Über der Zeile ergänzt, darunter Streichung *150*.

b Folgt Streichung *XLX*.

[S. 124]

Die toden czu Schippenpill und schaden gnomen.

Dissz sint die toden czu Schippenpell schaden.

Jorge Auwer hot 1 pferdt vorlorn macht 10 gld.

Hoholtinger hot vorlorn 2 pferde macht 20 gld.

Waltenhoffer hot vorlorn 3 pferde[a] macht 30 gld.

Plongke hot etc.

Heinrich Puchhawser hot vorlorn 8 pferde macht 80 gld.

Jon Waldeman [hot] 4 pferde vorlorn macht 40 gld.

Jorge Powtinger hot 8 pferde vorlorn macht 80 gld.

[S. 125]

Schippenpill.

Hans Waldener hat 11 pferde vorlorn macht 110 gld.

Frodener hot vorlorn 24 pferde macht 250 gld.

[b]Fewchter nympt uff 1 pferd 10 rh. gld.[b]

Matcz Eber hot verlorn 11 pferde macht 140 gld.

[b]Fewchter nympt uff 2 pferde 20 rh. gld.[b]

Molwanger und[c] Taner haben[d] vorlorn 5 pferde macht 70 gld.

Jon Tiszkawer hot vorlorn 12 pferde macht 120 gld.

Firszhamer hot 12 pferd[e] vorlorn macht 120 gld.

Rorer hot 2 pferde vorlorn macht 20 gld.

[S. 126]

Schippenpill.

Michelko hot vorlorn 5 pferd[e] macht 50 gld.

Hans Junefelt hot vorlorn 1 pferd macht 10 gld.

Molwanger hot vorlorn 6 pferde macht 60 gld.

Peter Holer hot vorlorn 8 pferde macht 80 gld.

Pheyol [hot] 1 pferdt vorlorn macht 10 gld.

Wallasch Unger hot 1 pferd vorlorn macht 10 gld.

Gressel hot 3 pferde vorlorn macht 30 gld.

[S. 127]

Girdawer schade.

Hans Fleischagker hot 1 pferd vorlorn macht 10 gld.

Segemund Slegel hot vorlorn 15 pferd[e] macht 150 gld.

Disz ist der Girdauwer schade.

Circhsteter hot vorlorn 10 pferde macht 130 gld.

Asenius[e] Oszem 1 pferd vorlorn macht 10 gld.

Veichter hot vorlorn 10 pferde macht 130 gld.

Hanuszko hot vorlorn 16 pferde macht [f]200 gld.[g] gld.[f]

[S. 128]

Girdaw[en].

Item im haben gnomen her Jorgen von Sliven knechte 5 pferde.

Jorge von Bache hot vorlorn 2 pferde macht.

Hayder hot vorlorn 2 pferde macht 20 gld.

Ulrich Velslosz hot vorlorn 12 pferde macht 120 gld.

Schigkentantcz hot 2 pferde vorlorn macht 20 gld.

Geist hot vorlorn 2 pferd[e] macht 15 gld.

Newburger hot 1 pferdt vorlorn macht 8 gld.

[S. 129]

[Girdaw]en.

Fritcz vonr Rube hot 2 pferd[e] vorlorn.[h]

Wilszdorffer hot 2 pferd[e] vorlorn.

Lembacher hot vorlorn 50 pferd[e] macht 800 gld.

Nickel Seydel hot vorlorn 8 pferde macht 80 gld.

Adam hot vorlorn 1 pferd macht 10 gld.

Waldaw hot 2 pferde vorlorn [macht] 20 gld.

Jorge hot 1 pferdt vorlorn macht 10 gld.

---

a Über der Zeile ergänzt.
b Nachtrag von anderer Hand.
c Über der Zeile ergänzt.
d Über der Zeile ergänzt, darunter Streichung *hat.*
e Über der Zeile ergänzt.
f Nachtrag.
g Folgt Streichung *90 rh.*
h Folgt Streichung *macht 8 gld.*

[S. 130]

Girdaw[en].

Disse sint ausz dem lande gereten unnd haben schaden gnomen.

Hans Puchhawser hot vorlorn 8 pferde [macht] 80 gld.

Lenhardt Rwszdorffer hot 4 pferd[e] vorlorn macht[a] 40 gld.

Caspar Ceiler hot vorlorn 3 pferde macht 30 gld.

Jorge Glatcz hot vorlorn 3 pferde macht 30 gld.

Seitcz Koder hot vorlorn 2 pferde macht 20 gld.

Hoysteter hot vorlorn 2 pferd[e] macht 20 gld.

Steynpeisser hot vorlorn 18 pferd[e] macht 150[b] 30 gld.

[c]Do von nimpt Fewchter uff 3 pferde beczalt.[c]

[S. 131]

[Girdaw]en.

Gosse Girsig [hot] 3 pferde vorlorn macht 30 gld.

Summa summarum der resigen [ann] dinste 32.625 gld.

Summa summarum der fuszknechte 1.426 gld.

Summa summarum der resigen unnd fuszknechte dinste 34.000 unnd[d] 51 gld.

Summa summarum der Osterreicher schade[n] brenget 8.381 gld.

[e]*Jost Tragszdorff hot hat 4 pferde im dinste gehat 4 jor lang macht 100 ung. unnd 28 ung. gld.*

Item 20 rh. gld. vor 4 schade pferde.[e]

[e]Summa summarum 25.123 gld.[e]

---

a Folgt Streichung *[macht]*.
b Über der Zeile *100* ergänzt, darunter Streichung *100*.
c Nachtrag von anderer Hand.
d Folgt Streichung *I*.
e Nachtrag von anderer Hand.

[S. 132]

Niclasch Burggraff hot 1 ½ pferde 12 ½ jor im dinste gehat macht 150 gld. Idem 4 jor ein pferde gehat macht 30 gld.

Summa 150 gld. ung. unnd 30.

Item her hot 1 pferd vorlorn macht 10 gld.

[a]Cleine Niclasch hot 8 jor mit 1 pferde gedienet facit 64 ung. gld.[a]

[S. 133]

Disze sint in Weiszenbachs rotte uff ge[n]sith der Weiszel her ober gekomen.

Andris Bene hot gedinet 10 jor[lang] mit einem pferde facit 80 ung. gld. unnd nach 2 ½ jor ouch mit einem pferde facit 20 ung. gld.

Die summa ist 100 ung. gld.

Der schade 8 pferde vorlorn vor 50 rh. gld.

Niklas hot gedinet 9 jor[lang] mit 1 pferde facit 72 ung. gld. Idem 5 jar nach mit einem pferde facit 40 ung. gld.

Summa 12 ung. gld. unnd 100.

Schaden 6 pferde facit 20 rh. gld.

Pauel Merrhern hot gedinet 9 ½ jar mit 1 pferde facit 76 ung. gld. Her hot keinen schaden genomen.

[S. 134]

Wewer hot gedinet 12 ½ jar[lang] mit 1 pferde facit 100 ung. gld. Schaden 1 pferdt vorlorn facit 10 rh. gld.

Summa des dinstes 300 ung. gld. unde 88.

Summa des schadens 80 rh. gld.

Item czwene vonn Tapiaw.

Hans Voith hot gedienet 12 ½ jor[lang] mit 2 pferden facit 200 ung. gld. Item 10 pferde schaden facit 50 rh. gld.

Caspar Dobriszitcz hot gedinet 11 jor[lang] mit 2 pferden facit 64 ung. gld. unnd 100. Item 2 pferde vorlorn facit 10 rh. gld.

In Lembachers rotten.

Hans Prockoth [b]*unnd Heintcz sein vetter*[b] *haben gedinet 5 jor[lang] mit 10 pferde facit 20 und 400 ung. gld. Schaden 12 pferd[e] facit 20 und 100 rh. gld.*

[c] Hanus Prockoth und Heintcz sein vetter habin gedinet 5 jar[lang] mit 10 pferden facit 400 ung. gld. Schadenn 12 pferde facit 96 rh. gld.[c]

[c]Item 50 m. entfangen am Freitag vor Georgy im etc. LXXXVI jar.[830]

Disser hat ein zettelh.[c] [831]

Melchior Victor hot gedinet 2 jar[lang] mit 4 pferden facit 63 ung. gld.

Schaden 2 pferde 15 rh. gld.

[S. 135]

Andris Wedeman hot gedinet 6 jar[lang] mit 1 pferde facit 48 ung. gld. Idem nach 1[d] jar mit 1 pferde facit 8 ung. gld. Schaden 3 pferde schade facit 20 gld. rh.

Steffen Einrosser hot gedinet 3 jar mit einem pferde facit 24 ung. gld. Schaden 2 pferde 15 gld. rh.

[e]Item hat[f] vam Alden Brun unnd van unns entfangen 37 m. an gelde unnd gewande.[e]

Cleine Matt[is] hot gedienet 7 jar[lang] mit 2 pferden facit 12 ung. gld. unnde 100.

Schaden 14 pferde angeslagen 100 rh. gld.

---

830 1486 April 22.

831 S. OBA 17325 (wie Anm. 508); OBA 17530 (wie Anm. 600).

[g]Asswernsast men schuldig 63 ung. gld. uff 1 pferde 7 ½ jor.

Grosse Merten hot gedienet 7 ½ jor fur enen fusknecht macht 32 gld.[g]

Clebesatell hot gedinet 12 ½ jar[lang] mit 1 pferde facit 100 ung. gld. Item nach uff 2 pferde 9 jar facit minus 6 ung. gld. 150.

Schaden 16 pferde angeslagen uff 100 rh. gld.

Hans Unger 1 fuszknecht hot gedienet 9 jar facit 36 ung. gld.

[S. 136]

Sprenberg fuszknecht 7 jar facit 56 gld.

Summa des dinstes 1.000 ung. gld. unnd 12.

Summa des schadens 70 unnd 300 rh. gld.[h]

---

a Nachtrag von anderer Hand. Unterhalb des Eintrags verbleibt Freiraum.
b Nachtrag über der Zeile von anderer Hand.
c Nachtrag von anderer Hand.
d Folgt Streichung *pferdt*.
e Nachtrag von anderer Hand.
f Über der Zeile ergänzt.
g Nachträge von anderer Hand.
h Unterhalb des Eintrags verbleibt Freiraum.

[S. 137–138 leer]

[S. 139]

Gelegen czu Konigsberg und hinauszgereten.

Item Hans vonn der Heyde hot gedinet mit 14 pferden 3 jor lang facit 300 ung. gld. unnd 60 gld.

Item 30 gld. schaden genomen am rh. gld.

[a]Diesser hat ein zettelh.[a]

Item Juntter vonn der Heyde hot gedinet 8 ½ jor mit 9 pferden facit 600 ung. gld. unnd 12 gld.

Item 40 rh. gld. schaden.[b]

[S. 140]

Disse nochgeschrebene gutten lewthe quomen ken Konigsberg vor Ostern im LXVII[ten] jor[832] unnd dor noch am neesten Donnerstage noch dem Ostertage[833] mit en abegerechent indissz formen.

Item Cristoffer Suszky hot gedinet 10 jor lang mit 6 pferden das machet 480 ung. gld.

Steffan Redewantczky hot gedinet 10 jor lang mit 7 pferden das machet 500 unnd 40 gld. ung.

Nickel Obisch der Vorfredelandt wart dirslagen hot gedinet mit 3 pferden 10 jor[lang] lang das machet 200 unnd 40 ung. gld.

Hans Horn hot gedinet 6 jor lang mit 8 pferden das brenget 400 ane 16 ung. gld.

[c]Hir vonn hat mann ein quitann[cie].[c] [834]

Hans Glewsser hot gedinet 5 jorlang mit 5 pferden das brenget 200 ung. gld. unnd das hot Cristoffer sein zon verrechent Cristoffer Hannus Gleussers son hatt abgerechent uff 5 pf[erde] dinst. So hatt unns [Arnt] Ratsch unt[er]richt das Hanns Gleussen nye [ned]lich ins lanndt gekomen ist sz[under] sollichs dinst unnd pferde habe zu gehort Nickel Rotzsten dem got genode unnd habe in seinem letzsten abscheiden vor disser werlde sollich dinst Unser Lieben Frauwen uffgetragen unnd gegeben das denne Cuntz Rotsch also bey wirden will behalden van seines vetern selig wegen [d]und das bekannt sein.[d]

[S. 141]

Item etczwan Clement vom Zaltcze hot 3 ½ jor[lang] gedinet mit 4 pferden das machet 100 unnd 12 ung. gld. Das abczurechen was gemechtiget Ieronimus Schoneyche durch Jocub Ra[sch]born etczwan Clements vom Saltcze bruder.

Item Lorke Fleischer ein fuszknecht hot gedinet 9 jor lang das machet 36 ung. gld. Hor was im[e] Knierpabe belegen unnd bleib dornoch bey Cleine Mattis unnd neben dem hot her[e] so lange gedinet.

Dis ist der schade den die selben gutten lewthe haben genomen.

Cristoff Suszky hot vorlorn 13 pferde das brenget 65 rh. gld.

Steffan Redewantczky hot vorlorn 6 pferde die brengen 30 rh. gld.

Nickel Obisch der Vorfredeland wart dirslagen hot vorlorn 4 pferde die brengen 20 rh. gld.

---

832 1467 Ostern: März 29.

833 1467 April 2.

834 1483. S. OBA 17096 (wie Anm. 790).

[S. 142]

Hanns Horn hot vorlorn 10 pferde facit 50 rh. gld.

Item Hanns Glewsserer hot vorlorn 8 pferde die brengen 40 rh. gld.[f]

---

a Nachtrag von anderer Hand.
b Unterhalb des Eintrags verbleibt Freiraum.
c Nachtrag von anderer Hand.
d Vor der Zeile fortgeführt.
e Folgt Streichung *kn.*
f Unterhalb des Eintrags verbleibt Freiraum.

[S. 143]

Disz ist Heinrich Hawbitcz dinst.

Heinrich Hawbitcz, der das herczogks maschalk ist gewesen, hot imdinste gehat 10 pferde 3 jor[lang] facit 200 unnd 40 gld.

[a]Mann hat ein quitann[cie].[a] [835]

Wellerer hot imdinste gehat 1 pferdt 3 [jor] facit 24 gld.

Swartcze Hawbitcz sein bruder hot 10 pferde gehat 6 jor[lang][b] facit 400 unnd 80 gld.

Cristoffel Landeskrone hot imdinste gehat 9 pferde 6 jor[lang] facit 506 gld.

[c]Dissenn dinst hat gemhant unnd entpfangen der Cleine Caspers Quoes[er].[c]

Summa summarum 900 gld.

[S. 144]

Disz ist der schade.

Heinrich Hawbitcz hot vorlorn 6 pferde facit 48 gld.

Swartcze Hawbitcz hot vorlorn 7 pferde facit 56 gld.

Cristoffel Landeszkrone hot[d] vorlorn[e] 6 pferde facit 48 gld.

Summa summarum 150 unnd 2 gld.[f]

---

a Nachtrag von anderer Hand.
b Folgt Streichung *facit 500 unnd 6 gld.*
c Nachtrag von anderer Hand.
d Folgt Streichung 6.
e Über der Zeile ergänzt.

---

835 S. GStA PK, XX. HA Hist. StA Königsberg, OBA 17884.

f Unterhalb des Eintrags verbleibt Freiraum.

[S. 145 leer]

[S. 146]
Seiferdorff hot im dinste gehat 6 pferde 12½ jor[a] *gehat facit 600 gld. ung. Seyn schade ist 120 gld. uff 12 pferde.*[b]

[S. 147]
Sperling ist nich schuldig 150 unnd 10 ung. gld. vor seine dinst.[b]

a Folgt Streichung *I.*
b Unterhalb des Eintrags verbleibt Freiraum.

[S. 148–152 leer]

[S. 153]

Wartenberg.

Rechenschafft Nicklas Tawbenheims des houbtmans unnd der gutten lewte inseiner rotten die do legen unnd gelegen haben zcu Wartenberg unnd noch leben unnd ist gescheen zcu Konigsberg am Obende Conceptionis Marie in den jaren MCCCC unnd im LXVI[ten] jar.[836]

Ins irste her Veit von Camentcz hat gehat 5 pferde 12½ jor lang das brenget 500 ung. gld. uffs pferd 8 ung. gld.

[a]*Item 20 m. haben wir em gegeben an einem pferde am tage Egidii.*[837]

Item 10 m. em nachgegeben am tage Egedii.

Item 20 m. hot her entfangen an einem pferde vom stadtschreiberer czu Konigsberg.

Item 20 m. haben wir em gegeben an einem laken gewande daz wir von Knoffel gno[men] haben am tage Margarete[838].[a]

[b]*Item 6 leste grob saltcz haben wir em gegeben zcu 15 m. am tage Vincula Petri*[839].[b]

[c]*Item 40 m. an 1 pferd.*

836 1466 Dezember 7.
837 September 1.
838 Juli 13.
839 August 1.

Item 50 ung. gld. an 1 pferde.[c]

Item her Cristoff von Camentcz 4 pferde 8 jorlang das brenget 256 ung. gld.

[d]*Item 32 m. an gewande.*[e]

Item 20 m. an gelde.[d]

[f]*Item 60 m.*[g] *hot die Tornerynne dem orden uffgetragen die die Cementcz ir schuldig sey.*[f]

[h]*50 m. hot ein letzer gegeben.*[h]

[i]*55 m. vor 1 gancz thuch dar vor hot Tawbenheim globet 30 m. vor 2 halbe thucher die hat Tawbenheim em selber von seinet wegen gomen.*[i]

Item Niclas Tawbenheym 8 pferde 12 ½ jorlang das brenget 800 ung. gld.

[j] *Item 13*[k] *m. haben wir em gegeben am Steffans tage im LXXI*[ten] [840] *von Knobelsdorff wegen.*[j]

[l]*Item 30 m. hot em der hawskompthur gegeben.*

Item 20 rh. gld. hot em der compan gegeben an einem pferde.[l]

[m]*Item Bartholomeius hat im gegeben 40 m. 10 sc. an gelde und gewande.*[m]

[n]2 ½ elen damaschken vor 10 m.

½ thuch vor 15 m.

2 ung. gld. vor 8 m.

Item 2 pfd. ingeber vor 1 ½ m.

1 pfd. negilken 1 m.

½ pfd. canil ½ m.[o]

1 halb thuch vor 20 m. 8 m. an gelde 6 m. em noch angelde.[n]

[p]*14 m. an einem pferde von her Cro gnomen.*

4 m. an 8 elen gewand.

[½] *m. zcur czerunge seinen jungen.*[p]

Item Segemund Tawbenheym 4 pferde 12 ½ jorlang das brenget 400 ung. gld. Der selbe dinst was abegekowfft Caspar Loeben im LXV[ten] *jar.*[841]

[q]*Item doruff haben wir em gegeben ein pferde vor 30 rh. gld. am Montage noch Margarete.*[842]

Item 10[r] *m.*[s] *gld. haben wir em zcur czerunge gegeben.*[q]

---

840 1471 August 3.

841 1465.

842 Margarete: Juli 13.

[t]*40 m.*[u] *rh. gld. an einem pferde.*[t]

---

a Nachträge von anderer Hand.
b Nachtrag vor der Zeile begonnen.
c Nachträge neben der Zeile ergänzt durch andere Hand.
d Nachträge durch andere Hand.
e Großer Tintenfleck.
f Nachtrag von anderer Hand.
g Folgt Streichung *von der*.
h Nachtrag neben der Zeile ergänzt von anderer Hand.
i Nachtrag in rechter Spalte.
j Nachtrag von anderer Hand.
k Über der Zeile nachgetragen *3*.
l Nachtrag von anderer Hand.
m Nachtrag in rechter Spalte von anderer Hand.
n Nachtrag, vor der Zeile von anderer Hand.
o Folgt Streichung eines Eintrags *1 gantcz thuch vor 60 daz em Jaske gegeben hat.*
p Nachtrag.
q Nachtrag von anderer Hand.
r Folgt Streichung.
s Über der Zeile ergänzt, darunter Streichung unleserlich.
t Nachtrag von anderer Hand.
u Über der Zeile ergänzt, darunter Streichung *ung*.

[S. 154]

Warten[berg].

Item Peter Losse 5 pferdt 12½ jarlang das brenget 500 ung. gld. [a]*minus 20 gld.*[a]

[b]*Item m.*[c] *an 2 halben thuchern gegeben unnd 1 gantz tuch vor 65.*

[d]*3 [f.] vor 1 pfd. ingeber, ½ m. vor ½ pfd. canel, 1 m. [vor] 1 pfd. canel, ½ m. vor ladenkrude.*[d]

Item 35 m. 1 gantcz tuch 2 elen damaschken 16[e] *m.*

1 uncze gold vor 4 m.[b]

[f]*Item Bartholomeius hat im gegeben 1½ m. 2 sc. und 20 m. an gewande im etc. LXXIIII*^{ten}.[843]

[g]*Item vor 20 m. gewand von der Jacob Scholczynn genomen. Item 35 m. an wesze gewande und gelde am tage Symonis unnd Jude im etc. LXXVII*^{ten} *jar.*[844]

---

843 1474.
844 1477 Oktober 28.

Item 25 m. am Dinstag noch Palmen an gerste und somerwesze im etc. LXXX[ten] jar[845].[f]

[h]Diesser hot ein uszgeschnitten zettelh.[h] [846]

Item[i] *Caspar Zalczborn 2 pferd[e] 12½ jor das das brenget 200 ung. gld.*

[j]*Item 10 m. haben wir em gegeben an einem pferde van Kroupteiche genomen.*

Item 8 m. em unnd dem Mont[gius] gegeben an gewande an Freitage vor Letare.[j]

[k]6 *m. noch an gewande entfangen.*[k]

Item Nickel Leszlaw 7[l] pferdt 12½ jarlang das brenget 700 ung. gld.

[m]30 m. an 2 halben thuchen 3 f. vor 1 pfd. ingeber, ½ m. [vor] ½ pfd. canel, 1 m. [vor] 1 pfd. negelken, ½ m. vor ladencrewde, 35 m. [vor] 1 gantcz thuch.[m]

[n]Item 2 un[g.] gld. vor 8 m.

Item 2[o] halbe laken, das laken zcu 25 m.

Item 45 m.[n]

Item Hentcze Pesschel 2½ pferdt 12½ jorlang das brenget 250 ung. gld.

Summarum 3.606 ung. gld. uff 37½ pferd.

[p]35 m. an einem gantczem thuche.

25 m. an einem halben thuche.[p]

[q]Item Bartholomeius hat Henicz Posschel gegeben 2 m. und 20 m. an gewand.

Item noch 1 gancz laken vor 40 m.

Item noch 1 laken vor 20 m.

Item noch 1 laken vor 20 m.

Item noch 1 pferd von Cletcz vor 14 m.[q] [847]

[r]Mann hat ein quitan[cie].[r] [848]

Item Baltaczar Plese 4 pferd[e] 12 jar lang das brenget 400 ane 16 ung. gld.

[s]Item Ditrich Lorick hot entpfangen von Bartholomeius 2 m. und 20 m. an gewande.[s]

---

a Nachtrag von anderer Hand.
b Nachträge von anderer Hand.
c Ohne Angabe einer Ziffer.

---

845 1480 März 28.
846 S. OBA 17528 (wie Anm. 621).
847 S. OBA 16645 (wie Anm. 596), fol. 5.
848 S. GStA PK, XX. HA Hist. StA Königsberg, OBA 17154.

d Eintrag gestrichen.
e Korrektur aus *14*.
f Nachträge von anderer Hand.
g Vor der Zeile *M*.
h Nachtrag rechts neben den Nachtragungen von anderer Hand.
i Folgt Streichung *Baltazar*.
j Nachträge von anderer Hand.
k Nachtrag.
l Über der Zeile ergänzt, darunter Streichung *8*.
m Nachtrag von anderer Hand.
n Nachträge von anderer Hand.
o Folgt Streichung *tuch gewand*.
p Nachträge links, darunter horizontaler Strich.
q Nachträge von anderer Hand.
r Nachtrag.
s Nachtrag von anderer Hand.

[S. 155]

[Warten]berg.

Item Cristoffer Plese 2 pferd[e] 5 jorlang das brenget 80 ung. gld.

[a]Item dem Jungen Stenczk gegeben 2 ½ m. und 20 m. an gewande.

Item Bartholomeius hat gegeben dem Alden Stencz 7 m. minus 1 f. und 20 m. an gewande. Item ½ laken vor 28 m. Item noch 38 m. benomen in der herberg. Item noch ½ laken vor 20 m. Item noch 1 gancz laken vor 40 m. Item noch 1 laken vor 20 m.[a]

Item Alde[b] Hencze Stentczsch 5[b] pferd[e] 12 jorlang das brenget 500[c] ung. gld. [d]minus 20 facit 800 m. unnd 40 m.[d]

[d]Item 10 m. hot her entfangen an 10 elen gewande von Cort Hoppelsson.[d]

[e]Item 16 m. entfangen an einem pferde.

Item 5 rh. gld.

Item 46[f] m. die wir em benemen haben ken seine[r] w[irte].

Item 30 m. haben wir em gegeben am Montage vor Elisabet[849].[e]

[g]Item noch 1 halb laken vor 20 m. von Pawel Horn. Item ½ halb laken vor 20 m.[g]

[h]*Item 13 m. haben wir Asmus Bemen gegeben von seinet wegen am newen jar Obenden im LXXI[ten]* [850].[h]

849 Elisabeth Vidue: November 19.
850 1470 Dezember 31.

[h]Item 8 m. an einem tuche gewande am Dinstage noch Scolastere.[851] 6 m. an gelde.

13 m. an 1 pferde von Krompteiche. 50 m. an 2 halben thuchen. 50 m. an 1 pferd.[h]

Item Nickel Radisch 2 pferdt 10 jarlang das brenget 160 ung. gld.[i]

Item Mattis Peuwerley[n] 2 pferd[e] 12 ½ jorlang das brenget 200 ung. gld.

[j]30 m. an 2 halben tuchern 15 m. vor 1 rock noch ½ thuch 20 m. 20 m. vor ½ tuch.[j]

[j]Item Bartholomeius im gegeben 1 ½ m. und 20 m. an gewande.[j]

Item Nickel Lendorff 1 pferd 12 ½ jorlang das brenget 100 ung. gld. [j]*minus 4 gld.*[j]

Item der Junge Henicz Stencz 4 pferd[e] 12 ½ jar lang facit 400 ung. gld.

[j]Item entpfangen 2 halb tucher vor 30 m. Item 1 pfd. ingeber vor 3 f. Item ½ m. vor lade crewde. Item 3 m. unnd 8 sc. Item 2 ½ m. Item 20 m. an gewand. Item 14 m. an gewande.[j]

---

a Nachträge. Der erste wird durch zwei horizontale Linien eingefasst.
b Über der Zeile ergänzt.
c Über der Zeile ergänzt, darunter *400*.
d Nachtrag von anderer Hand.
e Nachträge von anderer Hand.
f Korrektur aus *26*.
g Nachtrag von anderer Hand.
h Vor der Zeile nachgetragen von anderer Hand.
i Folgt Streichung *Doruff entfangen 35 m. an 1 gantcz thuche.*
j Nachtrag von anderer Hand.

[S. 156]

Warten[berg].

Item Steffan Opil 5 pferde 12 ½ jorlang das brenget 500 ung. gld.

[a]Item 2 m. Steffen dem buchsen schutcze gegeben vor einen peltcz am tage Luce Evangeliste.[852]

---

851 Scolastice: Februar 10.
852 Oktober 18.

Item 20 m. haben wir em gegeben am tage Steffani[853] an einem falen pferde.

Item 5 m. haben wir Asmus Bemen gegeben von seinet wegen am K[avu] jores Obende im LXXI^ten^.[854]

5 m. an gewande.

[b]35 m. an einem gantczen tuche 15 m. an ½ tuch 1 rock 10 m., 3 m. vor 1 potternoster.[b]

5 m. vor en beczalt zcu Assemus Bemen.[a]

[c]Item Bartholomeus hot im gegeben 7 m. und 20 m. an gewande.[c]

Item Nicklas Rogzen [hot] 2 pferd[e] das 1 [pferd] 12½ jor unnd brenget 100 ung. gld. unnd das ander 6 jor und brenget 48 ung. gld.

[d]30 m. an 2 halben thuchen entfangen.[d]

[e]Item Bartholomeius im gegeben 2 m. unnd 20 m. an gewande.

Item noch 1 gancz laken vor 40 m.

[f]Item 7 m. gen Horn benomen. Item 7½ m. an gerste.

Item 8 m. an ge[wan]de.[g] Item 26 m. an gewande.[e]

Item Henzel Osterreich hat gehabt 1 pferd 12½ jor lang unnd brenget 100 ung. gld. Her spricht her habe 2 pferd[e] gehat unnd czewt sich des an den hern homeister.

[h]50 m. an 2 halben tuchen entfangen.

Item Bartholomeus im gegeben 2 m. unnd 20 m. an gewande.[h]

Item Ulrich eyn pferdt 12½ jorlang das brenget 100 ung. gld.

Summarum 2.172 ung. gld. uff 27 pferde.

Item Hentcze Knobelochsdorff 3 pferd[e] 12½ jorlang das brenget 300 ung. gld.

[i]Item 2 m. haben wir em gegeben vor einen peltcz am tage Luce Ewangeliste[855] 15 m. vor ½ tuch.[i]

---

a Nachträge von anderer Hand.
b Nachtrag rechts ergänzt vor der Zeile.
c Nachtrag links ergänzt.
d Nachtrag von anderer Hand rechts ergänzt.
e Nachträge von anderer Hand.
f Vor der Zeile *M*.
g Tintenfleck.

---

853 Möglicherweise August 2.
854 Möglicherweise Christabend: 1471 Dezember 24.
855 Oktober 18.

h Nachträge von anderer Hand.
i Nachtrag von anderer Hand.

[S. 157]

[Warten]berg.

Item Ditterich van Zoraw hot beschaden Lorken seinem knechte seinen dinst uff ein pferd unnd domit ist gedinet 12½ jorlang das brenget 100 ung. gld.

Item Pawel Zeber hat bescheiden Paweln seynem knechte seynen dinst uff ein pferdt damit ist gedinet 12½ jorlang das brenget 100 ung. gld.

Item Hans Francke 1 pferd 4 jorlang[a] *das brenget 32 ung. gld.*

[b]*Item Bartholomeius im gegeben 1 rh. gld. unnd 20 m. an gewande.*[b]

Item Tommer Dichmetczko 1 pferd 6 jorlang das brenget 48 ung. gld.

Item Nickel Urban hot gehabt 1 pferd 12½ jorlang das brenget 100 ung. gld.

[c]*Item Bartholomeius im gegeben 2 m. an 20 m. an gewande.*

Summa 6.300 minus 6 gld.[c]

a Folgt Streichung *das brenget.*
b Nachtrag von anderer Hand.
c Nachträge von anderer Hand.

[S. 158]

Warten[berg].

Item Frederich Stenczsch ist vor 7 jorn gereten assim lande mit 11 pferden unnd ist nicht gerechent van den 11 pferden. Hot marschalkes bruder mit unns abegerechent 5 pferde die 5 jor gedinet haben unnd Heynrich Marschalk gehort haben.

Item Peter Birke 1 pferdt 12½ jorlang das brenget 100 ung. gld. [a]*minus 4 gld.*[a]

Summarum 780 ung. gld. uff 9[b] pferde.

Fuszknechte zcu Wartenberg unnd leben nach alle.

Item Andris[c] Messersmit 12½ jor facit 50 ung. gld.

Item Hans Swartcze 12½ jor facit 50 ung. gld.

Item Hans Coye 9 jor facit 36 ung. gld.

Item Dicke Henrich 12½ jor macht 50 ung. gld.

[d]Allexius Rabenaw haben wir bruder Mertin Truchsses hoemeister deutschs ordens gantz unnd gar entscheiden am Dornstag vor Conversionis Pauli[856] in beywesen des erbaren unnd vesten Hans Reynszburg die zceit haubtman zu Wartenburg im etc. LXXXIII[ten] [857].[d]

[S. 159]

[Warten]berg.

Item Henzelchen Messersmit 12½ jor facit 50 ung. gld.

Item Kube 12½ jor facit 50 ung. gld.

Item Ten[c]ychen 12½ jor facit 50 gld.

Item Gabriel 12½ jor facit 50 ung. gld.

Item Marcus Bisschoff 12½ jor facit 50 ung. gld.

Item[e] Cleyne Steffan 8 jor facit 32 ung. gld.

Item Lorentcz vam Herssefelde 12½ jor facit 50[f] ung. gld.

Item Cuntcze 12½ jor facit 50 ung. gld.

Summa 568 ung. gld.

a Nachtrag.
b Folgt Streichung.
c Folgt Streichung *Messer S.*
d Nachtrag.
e Folgt Streichung *Steffan.*
f Folgt Streichung *I.*

[S. 160]

Warten[berg].

Disse nochgeschrebnen gutten lewte seyn vorstorben czu Wartenberg ins ordens dinste unnd man ist en schuldig.

Item her Hans van Camentcz habt gehat 9 pferde 10½ jor lang das brenget 750 gld. ung.[a] *und 6 unnd ist vorstorben im LXIIII*[858] *jar im zomer.*

[b]*Her Hans von Camnitz ist ungeferlich auszgethoen unnd szeyn dinst of 9 pferde ist unbezalt.*[b]

856 1483 Januar 23.
857 S. GStA PK, XX. HA Hist. StA Königsberg, OBA 17066.
858 1464.

[c]*Of disszenn dinst ist b[e]zalt her Veyth von Canitz volkomen*[d] *der nach lawth szeyner vorscreibungen dy czum prewscher markte ist.*[c]

Item her Henrich van Cameritcz 4 pferde 4 ½ jorlang das brenget 144 ung. gld. unnd ist gestorben im jor des beyffredes.

[e]*Of dissz dinst ist bezalt her Cristof Canitz noch lawth szeyner vorsscreibunge.*[e]

Item Herman Beyersdorff hot gedint 3 ½ jar mit 2 pferden das brenget 56 ung. gld. unnd is irslagen vor dem Neuwenmarckte.

Item Hans Smyd hot gedinet 6 jarlang mit 1 pferde das brenget 48 ung. gld. unnd ist gestorben im LXV^ten^ jare.[859]

Item Nicklas Veist hot gedinet 10 ½ jar mit 1 pferde das brenget 84 ung. gld. unnd ist gestorben im LXIIII^ten^ jar.[860]

[S. 161]

[Warten]berg.

Item Spittel hot gedint 10 ½ jar mit 2 pferden das brenget 168 ung. gld.

[e]Item Mertenn Czenitz ist dieszs vetter gewest und Siemundt Roetschen halbbruder.[e]

Item Peter Czenitz hot gedinet 8 ½ jor mit 5 pferden das brenget 340 ung. gld. im LXIIII^ten^ jar.[861] *Gestorben.*

[f]*Dissenn dienst hat gemhanet Siegemundt Roetsch unnd hat daruff entpfangen 500 unnd 5 m. So bleibt man ime noch schuldig 150 unnd 25 m.*[862]

Hirvonn hot mann ein quitan[cie].[f] [863]

Item Cristoff Sczommer hot gedinet 6 jor mit 1 pferde das brenget 48 ung. gld. unnd ist vor 6 joren gestorben.

Summa 1.644 ung. gld. uff 25 pferde.

Item Michel Czigeler hot gedinet mit 5 pferden 5 ½ jorlang das brenget 220 ung. gld. und ist gestorben vor 7 joren.

[g]Diessenn dinst mhant Cristoff Zigeller unnd hat 2 uszgeschnitt[ene] brieffe.[g] [864]

---

859 1465.

860 1464.

861 1464.

862 S. OBA 17181 (wie Anm. 508).

863 S. GStA PK, XX. HA Hist. StA Königsberg, OBA 17834.

864 S. GStA PK, XX. HA Hist. StA Königsberg, OBA 17776.

Item Jorge Leszlaw hot gedinet 7 ½ jar mit 6[h] pferden das brenget 300[i] 20 ung. gld. unnd ist vor 5 jor gestorben.

---

a Über der Zeile ergänzt.
b Nachtrag links neben der Zeile von anderer Hand.
c Nachtrag von anderer Hand.
d Folgt Streichung.
e Nachtrag von anderer Hand.
f Nachträge von anderer Hand.
g Nachtrag von anderer Hand.
h Korrigiert aus *7*.
i Korrigiert aus *4*.

[S. 162]

Warten[berg].

Item eyner ist geschreben unnde genant Hans Leszlaw. Kante nymant unnd dorummb ist ouch uff en nicht gerechent. [a]Hab got die sele.[a]

Summa 640 ung. gld. uff 12 pferde.

Item Hanns Knoblachszdorff hatth gedinet mit 6 ½ pferde 12 jor[lang] facit 624 ung. gld. Item 10 schaden pferde vor 50 gld. rh.

Disse nachgeschrebnen hofelewte legen ouch czu Wartenberg unnd sein ober die Weissel do hyn gekomen.

Item Baltazar Klive mit seinem bruder haben gehabt 5[b] *pferde czwey haben gedinet 12 ½ jorlang das brenget 200 ung. gld. unnd drey haben gedinet 6 ½*[c] *jor dy brengen*[d] [e]*100 gld. 3 ½ gld.*[e]

[f]*Doruff haben wir em gegeben 45 m. an einem hengeste.*

Item noch 2 pferde vor 52 m. [vran] Jacusch [van] Mel[we] eins vor 28 m. unnd van Otten eins vor 24 m.

Item 20 m. an gewande.[f] [g]

[h]200 m. em nach an gewande gegeben.[h]

Item Henzel Voressen 4 pferde das 1 [pferd] hot gedinet 12 ½ jar unnd brenget 100 ung. gld. und dy andern 3 [pferde] haben gedinet 8 jar lang das brenget 200 ane 8 ung. gld.

---

a Nachtrag von anderer Hand.
b Folgt Streichung unleserlich.
c Über der Zeile ergänzt, darunter Streichung *9*.
d Folgt Streichung *200 unnd 16 ung. gld.*
e Nachtrag von anderer Hand.

f Nachträge von anderer Hand.
g Folgt Streichung *Item 60 m. die her dem burgermeister stadtschreiber schuldig ist.*
h Nachtrag vor der Zeile von anderer Hand.

[S. 163]

[Warten]berg.

Item Hans Morczky 2 pferde 8 jorlang das brenget 128 ung. gld.

Item Hans Meisener 3 pferd[e] 1 [pferd] hot gedint 12½ jor unnd brenget 100 ung. gld. unnd die andern 2 [pferde] han gedinet 8 jor das brenget 128 ung. gld.

[a]Item Bartholomeius hot im gegeben 20 m. an gewande.[a]

Item Michel Vollekro hot gedinet mit 2 pferden 8 jor lang das brenget 128 ung. gld. unnd her ist mit Fritschen Tenwuck nach dem beyfrede ins lant gekomen.

[a]*Item doruff hot her 1 m. 16 sc. entfangen an gewande am tage Luce Ewangeliste im LXVIII*[ten] [865].[a]

Item Hans von Breszlaw 1 pferd 8 jarlang das brenget 64 ung. gld. unnd was ouch doselbest mit Fritschen gekomen.

[a]*Den hot her Mutschiler beczalt dinste unnd schaden unnd unnsir orden ist em nichts schuldig.*[a]

Item Machwitz 1 pferd 8 jorlang das brenget 64 ung. gld. unnd ist ouch mit Fritschen eyngekomen.

[a]*Item 1 m. 16 sc. hot her entfangen an gewande am tage Luce Ewangeliste.*[866] *Wir haben en vorganget dinste unnd schaden am Dunerstage vor Palmarum unnd sein em nichts meh schuldig.*[a]

a Nachtrag von anderer Hand.

[S. 164]

Warten[berg].

Item Hans Koch 1 pferd 12 jorlang das brenget 100 ane 4 ung. gld.

Summa 1.416 ung. gld. uff 27 pferdt.

865 1468 Oktober 18.
866 Oktober 18.

Fuszknechte die ober die Weiszel ken Wartenberg sein gekomen.

Item Grosze Ruszke 8 jar facit 32 ung. gld.

Item Iost 12 ½ jar facit 50 ung. gld.

[a]Item 1 m. 16 sc. hot her entfangen an gewande am tage Luce Ewangeliste im LXVIII[ten] [867].[a]

Item Eynwal Funcke 12 ½ jar facit 50 ung. gld.

Item Wenczel Slesier 12 ½ jar facit 50 ung. gld.

Item Nickel Czodelitcz 12 ½ jar facit 50 ung. gld.

Item Porteman 12 ½ jar facit 50 ung. gld.

Item Hans Lyndener 12 ½ jor facit 50 ung. gld.

[S. 165]

[Warten]berg.

Item Peter von Smollen 12 ½ jar facit 50 ung. gld.

Summa das gelde uff 8 fuszknechte facit 382 ung. gld.

Summa summarum allis dinstis der hofelewte sowol dy do leben alse die do tod sein ouch der fuszknechte dy czu Wartenberg haben gelegen unnd ouch der jenen hofelewte unnd fuszknechte die ober die Weiszel ken Wartenberg seyn gekomen ist oberall 11.200 unnd 8 ung. gld. uff 100 unnd 47 ½ pferde 20 fuszknechte angeslagen vor 10 pferde etc.[b]

---

a Nachtrag von anderer Hand.
b Unterhalb des Eintrags verbleibt Freiraum.

[S. 166 leer]

[S. 167]

Wartenberg.

Schade pferde abegegangen den gutten lewten dy do noch leben unnd ouch etczlichen dy do vorstorben sein unnd gelegen han czu Wartenberg.

Item her Veit van Camentcz hat van seinen unnd seiner vorstorbenen brudern wegen den orden czugutte seinen schaden guttiglich gestellet. Ins irste menete her die hern hetten em gegeben vier pfert alse der her[e] homeister 2 unnd der

---

867 1468 Oktober 18.

kompthur ouch 2 do kegen dirlisz her weder 5 pferde van den 55 schadepferden die en woren abegegangen und sost nam her vor itczlich sc[h]adepferdt 5 rh. gld. das macht vor 50 pferd[e] in der sommen 250 rh. gld.

Item Niclas Tawberheim unnd Segemund sein bruder ires schadens ist man eins geworden uff 185 rh. gld. vor 35 schadepferde, das wir ouch das pferd vor 5 rh. gld. Dor czu han sie es ouch dem orden gelossen czu gutte.

Item Benisch hot vorlorn 1 pferdt facit 5 rh. gld.

Item Niclasz Lesszlaw hot vorlorn 14 pferde facit 70 rh. etc.

[S. 168]

Warten[berg].

Item Peter Losse hot vorlorn 11 pferd[e] facit 55 rh. gld.

Item Baltazar Plese hot vorlorn 13 pferde facit 65 rh. gld.

Item Lendorff hot vorlorn 4 pferdt facit 20 rh. gld.

Summa 650 rh. gld. vor 100 unnd 28 pferde.

Item Hentcze Pesschel hot vorlorn 4 pferde facit 20[a] rh. gld.

Item Hantcze Stenczsch hot vorlorn 7 pferde facit 35 rh. gld.

Item Caspar Salczborn hot vorlorn 6 pferde facit 30 rh. gld.

Item Henczel Osterreicher hot vorlorn 7 pferde facit 35 rh. gld.

[S. 169]

[Warten]berg.

Matcz Peuwarlen hot vorlorn 4 pferde facit 20 rh. gld.

Item Steffan Opil hot vorlorn 13 pferd[e] facit 65 rh. gld.

Item Ulrich hot vorlorn 4 pferde facit 20 rh. gld.

Item Nickel[b] Urban hot vorlorn 4 pferde facit 20 rh. gld.

Item Nickel Rog[o]zen[c] hot vorlorn 3 pferdt facit 15 gld.

Item Lorke hat vorlorn 3 pferde facit 15 gld. rh.

Item Pauwel Zeber hot vorlorn 2 pferde facit 10 gld. rh.

[S. 170]

Warten[berg].

Item etczwan Michel Czigeler hatte vorlorn 7 pferde iczlichs vor 15 rh. gld. angeslagen facit 100 unnd 5 rh. gld.

Summa 300 unnd 90 rh. gld. vor 64 pferde.

Dis sein die schade pferde die so sein abegegangen den gutten lewten dy ober die Weiszel ken Wartenberg sein gekomen.

Item Michel Volleko hot vorlorn 3 pferdt facit 15 rh. gld.

Item Machwitcz hot vorlorn 2 pferde facit 10 gld. rh.

Item Hans Koch hot vorlorn 5 pferd[e] facit 25 rh. gld.

Item Baltazar Kune hot vorlorn 5 pferde facit 25 rh. gld.

Item Hans Meissener hot vorlorn 4 pferde facit 20 rh. gld.

Item Henczel Vorossen hot vorlorn 3 pferde facit 15 rh. gld.

[S. 171]

[Warten]berg.

Item Hans Morczke hot vorlorn 2 pferdt facit 10 rh. gld.

Summa 100 unnd 20 rh. gld. vor 24 pferde.

Summa summarum allis schadens gescheen allen den gutten lewten obengeschreben ist obirall 1.100 unde 60 rh. gld. vor 200 unnd 16 schadepferde.

Item am nesten Freitage nach Quasimodogeniti im etc. LXVII^{ten} *jar*[868] *hat men czu der Wartemberger rotte gerechenet Hentcze Strutczen. Derselbe hat mit 5 pferden 12 jar gedynet das machet 500 ane 20 ung. gld.*

Derselbe Hencze Stentcze hat vorloren 12 pferde dye machen 60 rh. gld.

Hybey ist gewest Nicklas Tawbenheym der houptman und eczliche[d] eldiste van Wartemberg.

Item so seyn dyczeit ouch gerechent czwene fuszknechte mitnamen.

Pauwel Zeteler der hat gedynet 9 jar das brenget 36 ung. gld.

Item Nicklas Schober hat gedynet 10 jar das brenget[e] 40 ung. gld.

Item undir den fuszknechten van Wartemberg ist eyner Jost genant vor eynen fuszknecht gerechent. Derselbe hat 1 pferdt her in gefurt czu dem streite vor der Conicz und damit bisher gedynet.

Item eczwan Rudolff Machwicz hat mit eynem[f] pferd vier jar lang gedynet.

---

a Tintenfleck.

b Korrigiert aus *M.*

c Über der Zeile ergänzt, darunter Streichung *Urban.*

d Folgt Streichung *ed.*

---

868 1467 April 10.

e Folgt Streichung *50.*
f Über der Zeile ergänzt, darunter Streichung *czwen.*

[S. 172]

Jorge Lobenn hat im dinste gehat 21 pferde 11 jor facit 1.800 gld. unnd 60 gld.

Item vor 30 schade pferde 150 gld. unnd 30 gld.

Baltczer Loben hot 7 pferde 8 jor im dinste gehat facit 450 gld. minus 2 gld.

Item so hot her 7 pferde vorlorn facit 42 gld.

Hentcze Knobelssdorff hot im dinste gehat 10 ½ pferde 9 jor facit 750 gld. 6 gld.

Item seyn schade ist 100 gld. vor 21 pferde do hersz zcu gelossen hot. Doruff hot her 20 gld. entfangen an einem pferde.

Nickel[a] Ratenberg hot 2 pferde im dinste gehat 2 jor lang facit 32 gld.

Item so hot her ein pferd vorlorn facit 8 gld.

Jorge unnd Frederich von Mostchen haben im dinste gehat 9 pferde 8 ½ jor facit 600 gld. unnd 12 gld.

[b]*Item ir schade ist 60 gld. vor 11 pferde.*[b]

Hentcze Bernszdorff hot 2 pferde im dinste gehat 7 jor lang facit 100 gld. 12 gld.

[b]*Item so ist men im 6 gld. vor 1 pferd scholdig.*[b]

Item Lorentcz Jawernitcz hot im dinste gehat 3 pferde 9 ½ jor facit 300 gld. unnd 4 gld. Item so hot her 6 pferde 1 ½ jor gehat facit 72 gld.

Summa 300 gld. 76 gld.

Item so hot der her[e] statheld[e]r hern Merten dinstes gegeben.

Hans Beyerszdorff seinem bruder 1 pferd vor 20 ung. gld. am Dingstag vor Pfingsten im etc. LXXVII[sten] *jar.*[869]

[c]*Item noch entpfangen 15 m. am Donnerstag vor Advincula Petri im selbigem jar*[870].[c]

[c]Item entscheiden Hans Beyerszdorff.[c]

a Folgt Streichung *Keybe K.*
b Nachtrag.
c Nachtrag von anderer Hand.

869 1477 Mai 20.
870 1477 Juli 31.

[S. 173]

Lorentcz Jawernitcz hot im dinste 3 pferde 8 jor facit 200 gld. minus 7 gld.

Item so ist seyn schade 8 gld. uff 3 pferde.

aIst alles bezalt.a [871]

Peter Gebelts[i]ke hot 4 pferde im dinste gehat 9 ½ jor facit 300 gld. 4 gld. So hot her 6 pferd[e] 1 ½ jor gehat facit 72 gld.[872]

aIst alles bezalt.a [873]

Summa 300 gld. 76 gld.

Item so ist seyn schade 18 gld. uff 3 pferde.

Balthaszer Kottewittcz hot mit seynen bruder 4 pferde im dinste gehat 7 jor facit 224 gld.

Item ir schade ist 36 gld. uff 6 pferde.

Hans Koch unnd Trometer haben 2 pferde im dinste gehat 3 jor lang facit 48 gld.

Item ir schaden ist 12 gld.

Sontag hot im dinste gehat 1 pferde 12 ½ jor facit 100 gld.

Seyn schade ist 6 gld.

Stigke Steffen unnd Grotczke haben im dinste gehat 15 pferde 5 jor facit 600 gld.

Item ir schade ist 60 gld. vor 10 pferde.

Ditterich Loben hot im dinste gehat 7 pferde 4 jor facit 200 gld. 24 gld. b*Item 40 m. darauff entpfangen an geld und gewand.*b

Seyn schade ist 36 gld. uff 6 pferde.

Jorge Worszen hot 4 pferd[e] im dinste gehat 7 jor facit 200 gld. 24 gld.

Seyn schade ist 36 gld. vor 6 pferde.

[S. 174]

Titcze Ponnewitcz hot im dinst gehat 2 pferde 6 jor lang facit 100 gld. minus 4 gld.

Seyn schade ist 18 gld. uff 3 pferde.

Nickel Tirbach unnd Kesselchen haben 4 pferde im dinste gehat facit ½ jor facit 32 gld.

Item ir schade ist 6 gld.

---

871 S. OBA 17497 (wie Anm. 600).

872 S. GStA PK, XX. HA Hist. StA Königsberg, OBA 17499.

873 S. GStA PK, XX. HA Hist. StA Königsberg, OBA 17568.

Melcher Loben hot 5 pferde im dinste gehat 4 jor facit 150 gld. unnd 10 gld.

Seyn schade ist 72 gld.

[b]Item sein soenn entpfangen 1 pferdt vor 29 gld. ung. unnd 6 gld. rh. angeld am Mitwoch noch Reminiscere im etc. XCII[ten] [874].[b]

Hans Walderode unnd Nickel Hirbach haben im dinste gehat 5 ½ pferde 8 jor facit 350 gld. unnd 2 gld.

Item so ist ir schade 18 gld.

Peter Lobeschitczt hat 1 pferd im dinste gehot 9 jor facit 72 gld.

Seyn schade ist 6 gld.

Caspar Teutczsche hot 3 pferde im dinste 4 jor gehat facit 96 gld. Syn schade ist 18 gld.

Peter Rotenberg hat im dinste gehat 1 pferde 9 jor facit 72 gld.

Seyn schade ist 18 gld. vor drey pferde.

Brawnicke Poptschitcz hot 6 pferde 2 ½ jor im dinste gehat facit 100 gld. unnd 20 gld.

Seyn schade ist 18 gld.

---

a Nachtrag.

b Nachtrag von anderer Hand.

[S. 175]

Nickel Rutschitcz hot im dinste gehat 4 pferde 4 jor lang facit 100 gld. 18 gld.

Seyn schade ist 12 gld.

Frederich Steutcz hot 8 pferde 7 jor lang im dinste gehat facit 450 gld. rh. minus[a] 2 gld.[b]

Seyn schade ist 78 gld. uff 13 pferde.[875]

[c]Item doruff hot Stentcz enntpfangen vor 6 jarenn unnd itzunder im etc. LXXXVII[ten] jare.[876] Die weile wird bruder Merten Truchsszes hoemeister gewest sein. Item 85 gld. ung. angelde an pferdenn und ander wahren.

[d]*Item em noch eyn pferde gegeben vor 50 m.*[d] [c]

---

874 1492 März 21.

875 S. OBA 17354 (wie Anm. 508).

876 1487.

Dis seyn die toden in Jorge Loben[s] rotte.

Cristoff Newdorff hot 5 ½ pferde 3 ½ jor gehat facit 100 gld. 40 gld.

Bernhard Homberg hot 3 pferde im dinste gehat 1 jor facit 24 gld.

Herman Beiersdorff hot 2 pferde im dinste gehat 1 jor facit 16 gld.

Alde Thomas hot im dinste gehat 2 pferde mit Marre Loben 4 jor facit 64 gld.

Ditterich Soraw hot im dinste gehat 6 pferde 8 jor facit 300 gld. 84 gld.

Marschalk hot 1 pferd im dinste gehat 4 jor facit 32 gld.

Nickel Siber hot 5 pferde im dinste gehat 4 jor facit 100 gld. 60 gld.

Item 18[e] fuszknechte die haben gedinet 12 ½ jor facit 900 gld.

[S. 176]

Summa summarum desser Jorge Loben[s] ist insich 9.000 minus 7 gld.

Summa desz schadens 872 gld.

Walrader hot abegerechent uff 4 pherde die haben gedienet 8 jor macht 400 gld. minus 16 ung. gld. abegerechent am tage Gerdrudis im LXX^{ten}.[877]

Doruff entfangen 100 m. an gewande 13 m. an gelde die her in der herberge vorczert hat. [f]*Gancz entscheiden am tag Elisabet*[878].[f]

Item Heincz Grobel hat abgerechent von Cristoff Newdorffs wegen im etc. LXXV^{sten} jar.[879]

Item so hot her seinthalben entpfangen 20[g] rh. gld. an gewande unnd 10 rh. gld. an eine pferde eodem anno.[h]

a Über Zeile ergänzt von anderer Hand.
b Folgt Streichung *Item im gegeben 20 rh. gld. an gewande am Freitag vor Cantate im etc. LXXV*^{sten}.
c Nachträge von anderer Hand.
d Rechts neben den Nachträgen ergänzt.
e Über der Zeile ergänzt, darunter Streichung *23*.
f Nachtrag von anderer Hand.
g Folgt Streichung *m. an gewande unnd 10 m. in.*
h Unterhalb des Eintrags verbleibt Freiraum.

[S. 177]

Konigsberg.

Rule vonn Ploeszdorff hot gedinet 12 ½ jor mit 7 pferde facit 700 gld.

877 1470 März 17.
878 November 19.
879 1475.

Mattis Lothe hot gedinet 12½ jor mit 4 pferden facit 400 gld.

Rule hat aber gedienet 11 jor mit 4 pferde facit 352 gld.

Item Henebenewitcz[a] *hot gedinet 12 jar mit 8 pferden facit 750*[b] *unde 18 gld.*[c] *Item noch 64 ung. gld.*

Summa 8½ gld. [d]*minus 1*[d] *gld.*

Item Hans Thosse hat gedienet[e] *mit 5 pfferde*[f] *11½ jar unnd mit den 5 [pferde] 10 jar facit 444 gld.*

Item Hans Lawticz hat gedienet 12 jar[g] mit 8 pferd[e] facit 768 gld.

Item Friczsche Grurode hat gedinet mit etczwan Ulrichen unns Hans Roder mit 12 pferden mit 7 [pferden] 12½ mit dreyen [pferden] 12 [jor] unnd mit 2 [pferden] 9 jar facit 1.132[h] *ung. gld.*

[S. 178]

Konigs[berg].

Item Heintz Rorer hot gedienet mit 2 pferden mit dem eynen 10 jor unnd mit dem andern 8 jar[lang] facit 144 gld.

Item Jocub Knobloch hat gedienet mit 4 pferden mit eynen 7 jor[lang] unnd mit 3 [pferden] 12½ jar facit 356 gld.[880]

Item Peter vom Rore hat gedienet mit 6 pferde mit 5 [pferden] 12 jar[lang] unnd mit dem 6ten [pferd] 10 jar facit 550 gld.

Item Wulffgang Walffelder hat gedienet mit 4 pferden 12 jar facit 400 minus 16 gld.

Uff 64 pferdt summa 6.010 ung. gld.

Item Seitcz Heiden hot gedienet mit 8 pferden 12 jor facit 768 gld.

Item Donat der müntczer hot gedinet 9½ jar mit 3 pferden facit [i]*228 gld.*[i] *unnd 2 gld.*

Item Bohoncko hot gedinet mit 2 pferden mit dem 1 [pferd] 12 jar unnde mit dem andern 8[j] *jar facit 160 gld.*

---

a Über der Zeile ergänzt *-ne-*.
b Über der Zeile ergänzt, darunter Streichung *700*.
c Ergänzt, darauf folgt Streichung *80 gld.*
d Nachtrag.
e Folgt Streichung *12 jar mit 8 pferde*.
f Folgt Streichung *mit 4*.
g Über der Zeile ergänzt.

---

880 S. OF 259a (wie Anm. 522), S. 52/14.

h Korrigiert aus *22*.
i Über der Zeile ergänzt, darunter Streichung *150 gld.*
j Tintenfleck.

[S. 179]

[Konigs]berg.

Jenchen Beltczick hat gedienet mit 3 pferden 12 jar facit 288 gld.

Item Hanns Merckner hat gedinet 10 jar mit 2 pferden facit 160 gld.

Item Nickel Nebeschitcz hat gedienet 12 jar mit 6 pferden facit 576 gld. Item noch 2 pferde do gibt man em 100 ung. gld.

Item Casper Cleindinst hot gedinet mit 2 pferden 12 jar facit 200 an 8 gld.

Item Symon Montczer hot gedienet mit 2 pferden 12 jar mit dem 1 [pferd] unnd 6 jar mit dem andern facit 150 gld.

Item Lorentcz[a] *Montczer hat gedinet 12 jar mit 2 pferden facit 200 minus 8 gld.*

Item Cristoff Stortczel hat gedinet 8 jar mit 1 pferde facit[b] *64 gld.*

[S. 180]

Konigs[berg].

Item Hans Slesier hat gedinet mit sampt Jacoben mit seyner forfaren 11 jar mit 2 pferden facit 200 ane 24 gld.

Item Urban Spremberger hot gedinet 11 jar mit 4 pferden facit 336 gld.

Summa 3.378 gld. uff 38 pferd.

Item Swartcz Hanns hot gedienet 11 ½ jar mit 1 pferd facit 100 minus 4 gld.

Item Hans Sneider hat gedienet mit 1 pferd[c] *9 jar facit 72 [gld.]*

[d]*Item hat daruff entpfangen 16 m. an gelde unnd gewande am Montage noch Thome Appostoli im etc. LXXXIII*[ten] *jare*[881,d]

Item Caspar Schoff hat gedinet mit 1 pferd 6 jar facit 48 gld.

Item Ulrich Wunsch hat gedinet 12 jar mit 10 pferde facit 1.000 minus 40 ung. gld.

a Folgt Streichung *50*.
b Folgt Streichung *58 gld*.

881 1483 Dezember 22.

c Folgt Streichung *9*.
d Nachtrag von anderer Hand.

[S. 181]

[Konigs]berg.

Item Jorge Gisschiczky hat gedinet 12 jor mit 4 pferde facit 384 gld.

Item Jenchen Hamersteyn hat gedinet 12 jar mit 1 pferde facit 100 gld. minus 4 gld.

Item Bernhard Fogel hat gedinet 12 jar mit 1 pferde facit 100 minus 4 gld.

Item Caspar Gobel hot gedinet mit 2 pferden van ambegynne des kriges facit 2[00] ung. gld. minus 8 gld.

Item Franczke Seidlitcz hat gedinet 12 jar mit 4 pferden facit 400 minus 16 gld.

Item Jocob Beyr hat gedinet mit 1 pferde 12 jar facit 100 minus 4 [gld.]

Item Jenchen Bibak hat gedinet 12 jar mit 2 pferden facit 200 minus 8[a] *gld. Mit Schuman gehalden.*

[S. 182]

Konigs[berg].

Item Heintz Rippe hat gedienet 10 jar mit 5 pferde facit 400.[b]

Item Jorge Weynsdorff hat gedinet 3 jar mit 1 pferde facit 24 gld.

Summa 2.900 unnd 68 ung. gld.[c] uff 34 pferdt.

a Korrigiert aus *9*.
b Folgt Streichung *unnd 20 gld.*
c Folgt Streichung *uff.*

Disse nochgeschrebene sein vorstorben.

Item Remsch Benewitcz hat gedinet mit 4 pferden 10 jor facit 320 ung. gld.

Item Peter Nadilwitcz hat gedinet 4 jar mit[a] 2 pferden facit 64 gld.

Item Hawnperger hat gedinet 2 jar mit 8 pferde[b] facit 136 [gld.]

Item Hans Beyr hat gedinet mit 4 pferden unnd ist am streite dirslagen unnd Frantczky Seidlitcz hat mit seinen pferden gedinet 4 jor facit 100 minus 6 ung. gld.

[S. 183]

[Konigs]berg.

Summa 614 ung. gld. uff 18 pferd.

Summa summarum aller dinstes der gutten lewthe obenberurt ist allis 13.024 ung. gld. uf 144 resige pferde.

Item Creppel hot gedinet mit 11 pferden 9 jor macht 800 ung. gld. minus 8 [gld.][c]

[d]Bernhart Tzschirnhaws der sein weib hat des inhanet dissenn dinst unnd hat etlich gelt daruff entpfangen noch lawth seiner quitan[cie] bis zu forderem bescheidt.[d] [882]

Item Guntczel Seidelitcz hot gedinet 6 jor[lang] mit 6 pferden macht[e] 300 ung. gld. minus 12.

Item 4 pferde schaden facit 20 rh. gld.

Summa summarum [f]des dinstes[f] 1.100 ung. gld. minus 20.

Summa summarum des schadens 70 rh. gld.[g]

---

a Folgt Streichung *4*.

b Über der Zeile ergänzt.

c Folgt Streichung *Item 50 gld. schaden vor 10 pferde rh. gld.*

d Nachtrag von anderer Hand.

e Wort doppelt.

f Über der Zeile ergänzt.

g Unterhalb des Eintrags verbleibt Freiraum.

[S. 184]

Konigs[berg].

Schadegelt.

Schade.[a]

Item Růl vonn Ploszdorff unnd Matcz Lotke han dem ordenn[b] *dirlossen allen iren schaden ins ordens dinst geleden awsgenommen alleyn den schaden den sie genomen haben inder Conitczen der brenget 200 unnd 20 rh. gld. vor 11 pferde das pferdt vor 20 gld. angeslagen.*

Item Heyne Benewitcz mit seynen brudern sein 14 pferd[e] abgegangen unnd dor vorn en abgegangen 5 [pferde] in der Conitcz unnd dovor sal mann geben 140 rh. gld.

---

882 S. OBA 17749 (wie Anm. 541).

Item Hans Thosse 14 pferde facit 100 rh. gld.

Item Hans Lawticz 20 pferd[e] facit 100 gld.

Item Grunerod unnd Rorer 17 pferd[e] der bleben 7 [pferde] in der Conitcz facit 150 rh. gld.

Item Grunerod hat sunst ouch sunderlich vorloren 8 pferde facit 40 gld. rh.

[S. 185]

[Konigs]berg.

Item Hans unnd Heintcz Rorer haben ouch sunderlich 9 pferd[e] vorloren facit 45 rh. gld.

Item Jocub Knoblnoch hot vorlorn 2 pferd[e] inder Conitcz unnd sust 10 pferde facit 80 rh. gld.[883]

Item Peter von Roͤr hot vorlorn 24 pferd[e] facit 100 rh. gld.

Item Donat der montczer hot vorlorn 4 pferd[e] facit 20 rh. gld.

Item Bohencko hat vorloren 4 pferde facit 20 rh. gld.

Summa 1.015 rh. gld. vor 100 unnd 37 schade pferde.

[S. 186]

Konigs[berg].

Item Nickel Nebelschitcz hot vorlorn 14 pferde facit 70 gld.

Item Caspar Cleindinst hot vorlorn [c]*3 pferde*[c] *facit 15 rh. gld.*

Item Symon der montczer hot vorlorn 4 pferde[d] *macht 20 rh. [gld.]*

Item Lorentcz der montczer hot vorlorn 6 pferde facit 30 rh. [gld.]

Item Cristoff[d] *Stortczel hot vorlorn 1 pferd facit 5 rh. gld.*

Item Urban[d] von Spremberg hot vorlorn 5 pferd[e] facit 25 rh. gld.

[S. 187]

[Konigs]berg.

Item Wulffgang Walisfelder hot vorloren 15 pferde facit 75 gld.

Item Seytcz Haiden hot vorlorn 19 pferde facit 95[e] *gld.*

Item Hans Sneider hot vorloren 2 pferde facit 10 gld.

Item Ulrich Wunsch hot vorlorn 20 pferde facit 100 rh. gld.

Item Gisschitczky hot vorlorn 6 pferde facit 30 rh. gld.

---

883 S. OF 259a (wie Anm. 522), S. 52/14.

Item Hamersteyn hot vorlorn 2 pferde facit 10 rh. gld.

[S. 188]

Konigs[berg].

Item Bernhardt Fogel hot vorlorn 2 pferde facit 10 rh. gld.

Item Caspar Gobel hot vorlorn 8 pferd[e] facit 40 rh. gld.

Item Frantczky Seidlitcz hot vorloren 8 pferd[e] facit 40 rh. gld.

Summa 575 rh. gld. vor 100 unnd 15 schaden pferde.

Item[f] Jocub Beyr hot vorlorn 1 pferd facit 5 gld.

Item Hanus Beyr hot vorlorn 4 pferde[g] facit 20 gld.

[S. 189]

[Konigs]berg.

Item Bibak hat vorlorn 5 pferdt facit 25 rh. gld.

Item Heintz Rapp hot vorlorn 10 pferde facit 50 rh. gld.

Item Jencho Belczig hot vorlorn 3 pferde facit 15 rh. [gld.]

Item Swartczhanus hot vorlorn 5 pferd[e] facit 25 rh. gld.

Summa 140 rh. gld. vor 28 resige schade pferde.

Summa summarum 1.700 unnd 30 rh. gld. vor 200 unnd 80 schaden pferde.

---

a Am linken Rand ergänzt.
b Folgt Streichung *ord[en]*.
c Über der Zeile ergänzt, darunter Streichung *4*.
d Über der Zeile ergänzt.
e Folgt Streichung *pferde*.
f Folgt Streichung *Beyr*.
g Über der Zeile ergänzt.

[S. 190]

Konigs[berg].

Dis ist Hans Sagk dinst.

Item Hans Sag hot imdinste gehat 3 pferde 8 jor facit 192 gld.

Item so hot her gehat 4 [pferde] 8 jor[lang] facit 256 gld.

Summa 400 [gld.]

Disz ist Hans Sagks schade.

Hans Sagk hot vorloren 20 pferde facit 150 unnd 10 gld.

Dis ist Pauel Sagks dinst unnd ist tod.

Item Pauel Sagk hot imdinste gehot 5 pferde 8 jor[lang] facit 300 gld. unnd 20 gld.

Wilhelm vom Felde hot 4 pferde 4 jor im dinste gehat macht 100 unnd 28 ung. gld.

[S. 190a; Rückseite unbeschrieben; eingelegter Zettel: 22 x 8,5 cm; Bleifstift: ad 145 [S.] 190a]

Erich Sagk hat im dinste gehat 9 pferde 6 ½ jor facit 45[0] gld. 18 gld.

Her hot vorlorn 8 pferde facit 64 gld.

[S. 191]

[Konigs]berg.

Rechenschafft hern Botner vom Weszenburg haubtmannes unnd der gutten lewte inseiner rotten die do legen unnd gelegen haben zu Konigsberg unnd die do noch leben unnd ist gescheen zu Konigsberg am Dinstage vor Judica im LXVII[ten] jar.[884]

Her Bote unnd her[e] Fredehelm van Weszenburg han gehat 12 jorlang 24 resige pferde am dinste das brenget 2.300 ane 4 ung. gld.

Item Hans vom Berge unnd Hencze sein bruder han gedinet 8 jorlang mit 7 pferden das brenget 400 und 18 ung. gld.

[a]*10 m. vor cleder gegeben.*

[b]*Item mit im abgerechent am Donnerstag vor Barbare Virginis im etc. LXXIX[ten] jar.*[885] *So das man im nach schuldig bleibt 500 m. geringe. Das ander geld hot her entpfangen an gelde gewand pferde unnd essen unnd trincken van meynem furfarn alse das der briff awszweiszet.*[a] [886]

Item Hans Rotemburg mit seinem bruder han gedinet 10 jor mit 8 pferden das brenget 600 und 40 ung. gld.

Item Jeronimus Schoneyche hat gedinet 11 jorlang mit 6 pferden das brenget 528 ung. gld.

[c]Diesser hat ein usgeschnitten brieff.[c] [887]

884 1467 März 10.

885 1479 Dezember 2.

886 S. OBA 17016 (wie Anm. 514); OBA 16927 (wie Anm. 515).

887 S. OBA 17797 (wie Anm. 621).

[S. 192]

Konigs[berg].

Item Melchior Hamerstein hat gedinet 5 jor mit 3 pferden das brenget 200 ung. gld.

Item Niclas Schreydener hat gedinet mit 2 pferden 11 jor facit 176 ung. gld.

Summa summarum 4.288 ung. gld.

[c]Item her[e] Jhonn Kewschburg ordens Sanct Johans hot diessen dinst gemhant und ist aller unnd gantz beczalt und entricht.[c] [c]Man hat ein quitan[cie].[c] [888]

Item Peter Kewschburg unnd Hencze Czirsky han gedinet 10 jorlang mit 8 pferden das brenget 600 unnd 40 ung. gld.

[c]Item Peter Rabenaw hot sich vortragen von seines bruders wegen Jurge Rabenaw uff 4 pferde 5 jor lang gedinet die see beide gehat haben die brengen 150 ung. gld. unnd Baltczer Heide sul nicht von Jurge Rabenaw manen.[c] [c]Hirvon hat man ein quitan[cie].[c] [889]

Item Jorge Rabenaw unnd etczwan Baltazar Heyde han gedinet 10 jorlang mit 8 pferden das macht 600[d] *40 ung. gld.*

[e]*Peter Rabenaw hot Jurge Rabenawsz seines bruders dinst dem orden dirlossen uff 4 pferde. Sollichen dinst sal Baltczer Heide nicht manen unnd sal ouch fur der nicht gemanet werden.*[e]

Item Caspar Tuwer unnd etczwan Hans unnd ab[e]r Hans Tuwer gebrudere han gedinet 5 jor mit 14 pferde das brenget 560 ung. gld.

a Nachträge von anderer Hand.
b Vor der Zeile *M.*
c Nachtrag von anderer Hand.
d Folgt Streichung *60.*
e Nachtrag von anderer Hand.

[S. 193]

[Konigs]berg.

Item etzwan Jon Falkenhayn ist gestorben. Her hot gedinet mit 9 pferden 1 ½ jor das macht 100 unnd 8 ung. gld. Das ist gemechtiget Hentcze vom Berge der die rechenschafft hat dorumb entpfangen dobey denne her Fredehelm vom Wezenburg ist gewesen.

888 S. OBA 17656 (wie Anm. 744); OBA 17569 (wie Anm. 744); OBA 17571 (wie Anm. 744).
889 S. OBA 16927 (wie Anm. 515); GStA PK, XX. HA Hist. StA Königsberg, OBA 17078.

Item etczwan Wentczel Czesschaw ist dirslagn. Her hot gedinet mit 4 pferden 1 jorlang das macht 32 ung. gld. Dovon hot her Fredehelm rechenschafft genomen denne her[e] manete es we[r] em bevolen.[a]

Summarum 1.980 ung. gld.

Summarum in all 6.268 ung. gld. brenget der solt.

[S. 194]

Schade zu Konigs[berg].

Item Hans vom Berge unnd Hentcze sein bruder han 8 pferde vorlorn facit 35 rh. gld.

Item Hans Rotemburg mit seine bruder han vorlorn 9 pferde facit 45 rh. gld.

Item Ieronimus Schoneyche hot vorlorn 12 pferde facit 60 rh. gld.

Item Melchior Hamerstein hat vorlorn 3 pferde facit 15 gld. rh.

Item Niclas Schreiden hat vorlorn 3 pferde facit 15 rh. gld.

[S. 195]

[Schade zu Konigs]berg.

Item Peter Kewschberg[b] unnd Hentcze Zcyrszky han vorlorn 6 pferde facit 30 rh. gld.

Item Jorge Rabenaw und etczwan Baltaczar Heide han vorlorn 7 pferde facit 35 rh. gld.

Item Caspar Tuwer unnd etczwan Hans und aber Hans Tuwer gebrudere han vorlorn 14 pferde facit 70 rh. gld.

Item etzwan Jon Falkenhayn ist gestorben. Her hatte vorlorn 8 pferde facit 40 rh. gld. Dorczu was gemechtiget Hentcze vom Berge der dorummb rechenschafft hot entpfangen.

Item etczwan Wenczel Czesschaw ist dirslagen. Her hatte 2 pferde vorloren. Dovon hot her Fredehelm rechenschafft genommen facit 10 rh. gld.

Summarum 355 rh. gld.

[S. 196]

Konigs[berg].

Item noch 8 fuszknechte mit namen Peter Walter. Item Nickel Newman. Item Gregor Sneyder. Item Cristoff Rabiger. Item Symon Henechin. Item Symon Czeisener. Dese sechsze sein in her Boten rotte. Dorczu sein nach czwene zu ens unsz Lange Nickels rotte gegeben. Alse Nickel Grolok unnd Michel Fleischer die irs dinste neben en sullen bekomen die alle geslagen uff[c] 4 reiszige pferde die

12 jorlang haben gedinet brenget inder summen 400 ane 16 ung. gld. So dem manne 48 gld.

Caspar Theibitcz hot 3 pferde 8 jor gehat macht 100 unnd[d] 92 gld.

Item 6 schade pferde macht 48 gld.

Hanns vom Berge hot 3 pferde 8 jor macht 192 ung. gld.

Item[e] *5 schade pferde.* [f]Der ist beczalt.[f] [890]

Cristoff Kattewitcz hat 12 ½ jor lang mit 4 pferde brenget 350 ung. gld.

Den schaden hot her dislossen.

[g]Diesser hot ein uszgeschnitten brieff.[g] [891]

---

a Folgt in neuer Zeile *S.*
b Folgt Streichung *hat vorlorn.*
c Folgt Streichung *5.*
d Folgt Streichung *50.*
e Folgt Streichung *10.*
f Nachtrag.
g Nachtrag von anderer Hand.

[S. 197]

[Konigs]berg.

Disz ist her Hans von Donen dinst.

Item her Hans hot imdinste gehot 8 pferde 6 jor[lang] facit 350 gld. unnd 34 gld. Item her hot 4 pferde 4 jor[lang] gehat facit 100 gld. unnd 28 gld.

Summa 512 gld.

Item Baltazar von Done hot imdinste gehat 10 pferde 6 jor[lang] facit 450 gld. 30 gld.

Her Abraham hot imdinste gehat 6 pferde 1 jor[lang] facit 48 gld.

Her Nickel vonn Done hot imdinste gehot 4 pferde 8 jor[lang] facit 258 gld.

Jocub Sorwechter hot imdinste gehat 3 pferde 3 jor[lang] facit 72 gld.

[S. 198]

Konigsberg.

Jocub Scholtcze hot 3 pferde 5 jor[lang] gehat facit 100 unnd 20 gld.

---

890 S. OBA 17016 (wie Anm. 514).
891 S. OBA 17563 (wie Anm. 581).

Dis ist ir schade.

Her Hans vonn Done hot 3 pferde vorlorn facit 24 gld.

Her Baltasar vonn Done hot 8 pferde vorlorn facit 64 gld.

Her Abraham vonn Done hot vorlorn 5 pferde facit 40 gld.

Nickel Hunger hat gedienet mit 13 pferden 12½ jar facit 1.300 ung. gld.

Item doruff hat er entpfangen am Freitage vor Johannis Baptiste 100 ung. gld. im etc. LXXXVI jor.[892]

Her hot vorlorn 9 pferde facit 89 rh. gld. [a]Den schadnn hatt her unns erlaessenn.[a] [a]Hat uszgeschnitte brieffe.[a] [893]

Matcz Scholtcze hot im dinste gehat 3 pferde 12 jar macht 300 minus 12 ung. gld. Her hot noch 1 pferde 9 jar gehat macht 72 gld. Den schade hat her dirlossen.

[a]Item 10 m. haben wir Hunger uff seinen dinst gegeben.[a]

[S. 199]

Jhon Domeruffczcky[b] *hot im dinste gehat 12 pferde 11 jor facit 1.000 gld. 56 gld. ung.*

Her hot 10 pferde vorlorn facit 80 gld. rh.

Ottowa ist todt unnd hot im dinste gehat 3 pferde 5 jor facit 120 gld.

Her hot 4 pferde vorlorn facit 24 gld.

Wencko hot 2 pferde 7 jor gehat facit 100 gld. 12 gld. [c]*unnd ist tod.*[c]

Her hot 4 pferde facit 32 gld.

Summa dinste 1.288 ung. gld.

Summa schadens 136 rh. gld.

Item her Johans der prister here hot her[d] *Jhon 5 m. gegeben uff seinen dinst.*

Item 5 m. haben wir her Jon gegeben am Freitage vor Thome.[894]

Item 10 m. her Jon gegeben am Dinstage vor Pfingesten.

Item 3 m. haben wir der frawen gegeben ee wen wir ken Leiffland czogen.

Item 10 m. her [P]Johnen gegeben do wir ken Leifflant[e] *czogen.*

Item em nach 8 elen gewand gegeben die ele zcu marken von Cordt Happelsson gnommen.

---

892 1486 Juni 23.

893 S. OBA 17488 (wie Anm. 600); OBA 17828 (wie Anm. 735); OBA 17829 (wie Anm. 600); OBA 17281 (wie Anm. 507).

894 Thome: Dezember 21.

Item 3 m. haben wir der frauwen do wir ausz Leiffland qwamen.

[S. 200]

Lange Nickel haben wir 1 m. uff seinen dinst gegeben am Abende Egidii.[895] Em noch 1 m. gegeben am Dinstage nach Letare im LXIX^ten^.[896]

Item 5 m. Lange Nickel gegeben am Oster Abende.[f]

---

[a] Nachtrag von anderer Hand.
[b] Über der Zeile ergänzt *cz*.
[c] Nachtrag.
[d] Über der Zeile ergänzt.
[e] Über der Zeile ergänzt *-lant*.
[f] Unterhalb des Eintrags verbleibt Freiraum.

[S. 201]

Crewczeburg.

Der dinst der van Crewtczburg.

Cuntcze Eglossteiner hot 10 pferde gehat 12 jorlang die machen 1.000 gld. minus 40.

[a]*Item 8 postlatsche gld. machen 7 m. Die haben wir em gegeben am Dunerstage vor Occuli.*

Item 68 m. haben wir em gegeben am Montage noch Invocavit.[a]

Jorge Grewsing hot ouch 10 pferde angeslagen vor alle seyne pferde 12 jorlang die machen ouch 1.000 minus 40 [gld.]

[b]*Her hat 12 m. entfangen die sal men am Fritcze Rawnecken dinst abeslon. Sollich gelt hot her entfangen am tage Anthonii*[897].[b]

Cuntze Pfarsszfelder 4 pferde machen 400 gld. minus 16 12 jorlang.

Hentcze Meyentaler 6 pferde gehat 11 jorlang die machen 500 gld. und 28.

Fritczsche Meyentaler, der tod is, hot gehat 8 pferde 5 jorlang die machen 300 gld. unnd 20.

---

895 August 31.
896 1469 März 14.
897 Januar 17.

[S. 202]

Crewczeburg.

Andris Rippe ouch 10 pferde die hot her 11 jorlang gehalden unnd nu disz letczte jor hot her man 8 gehalden unnd die machen alleczuhoffe 900 gld. unnde 44.

Swartcze Steffan hot 4 pferde gehat 12 jorlang die machen 400 gld. minus 16.

[c]Item 25 m. haben wir em gegeben uff seine dinst am[d] tage Assccusio[e] Domini.[c]

Jorge Smid[f] *hat gehabt 1 pferd 12 jorlang das sein 96 gld. unnd 1 [pferd] 10 jorlang das sein 80 gld.*

Summa 150 gld. 26 ung. gld.

Vasamaner 8 pferde gehat 6 jorlang die machen 400 gld. minus 16.

Ritczensteyner, der tod is, hot 4 pferde im dinste gehat 13 jorlang gerechent die machen 400 gld. unnd 16. Vaseman w[er] unnsirn homeister wol dovon sagen seyne gnode weisz wol dorum.

[S. 203]

Crewczeburg.

Vaseman nach 3 pferde die em unnsz homeister gegeben hot ouch gerechent uff 13 jor dinst die machen 300 gld. und 12.

Bernhard van der Heyde 2 pferde 12 jorlang die machen 200 gld. minus 8.

Hentcze Potewitcz, der tod is, ouch 2 pferde 10 jorlang die machen 100 gld. unnd 40.

Lange Pauwel, der tod is, ouch mit 2 pferden 5 jorlang die machen 80 gld. Item noch 1 pferde 1 jorlang seyn 8 gld.

Doring mit 1 pferde 12 jorlang seyn 100 gld. minus 4.

[g]Der ist vortrungken im Frischinge.[g]

[S. 204]

Crewcze[burg].

Pangratcz 1 pferd 12 jorlang sein 100 gld. minus 4. Slandesberger hot es em gegeben.

Wulff 1 pferd 8 jorlang macht 64 gld.

Pewlendorff 2 pferd[e] 5 jorlang macht 80 gld.

Swartcze Cuntcze mit 2 pferden unnd setczet seinen dinst czu unsirn homeister.

Olbrecht mit 8 pferde 11 ½ jorlang macht 700 gld. minus 36.

[S. 205]

[Crewcze]burg.

Segellvoith hot 6 pferde gehalden 13 jorlang unnd nach 2 [pferde] 12 jor das macht allczuhoffe 800 gld. unnd 16 uff die 8 pferde.

Bernhard Wise mit 7 pferde 12 jorlang macht 700 gld. minus 28.

[g]*Item 60 m. hot her entfangen an gelde daz men Cuntczen gegeben hot unnd ouch von der ceise.*[g]

Obisch hot seinen dinst Bernhard Wasz[en] vorkawft vor herczoge Henrich awsz der Slesie uff 5 pferde van 9 jaren dinst macht 300 gld. unnd 60.

Werner Cracht mit 2 pferde gedinet 12 jorlang unnd mit 1 pferde 9 jorlang macht czuhoffe 200 unnd 64 gld.

Hentcze Lehnluter mit 5 pferden 11 jorlang macht 400 unde 40 gld.

[g]*Item doruff haben wir em gegeben 50 rh. gld. am Dinstage noch Reminiscere unnd 1 pferd vor 50 rh. gld.*[g]

[S. 206]

Crewcze[burg].

Caspar Hareisz mit 4 pferde 9 jorlang macht 200 unnde 88 gld. unnd noch 1 pferd czugekomen unnd gedint 6 jorlang macht 48 gld.

Hans Rewitcz mit 3 pferden 12 jorlang gedinet macht 300 gld. minus 12.

Rule Libentaler hot gedinet mit 3 pferden mit 2 [pferden] hot her gedinet 12 jorlang mit dem dritten 11 jorlang macht czuhoffe 200 gld. unnd 80.

Niclosz Schultcze mit[h] *2 pferde 11 jorlang macht 100 gld. unnd 72.*[898]

Andris Prewnig 1 pferd 12 jorlang macht 100 gld. minus 4. So hot her sust nach schelunge an 1 pferd. Do wert her wol bescheit von sagen.[899]

[S. 207]

[Crewcze]burg.

Hans Marwitcz, der tod is, mit 2 pferden gedinet sidder dem streite 9 jorlang macht 100 gld. unnd 44.

Edelman mit 2 pferden 5 jorlang macht 80 gld.

Hentcze Awrbachs knecht 2 pferde 3 jorlang macht 48 gld.

Jocub 1 pferd 1 jorlang 8 gld.

---

898 S. Perg.-Urk. 3198 (wie Anm. 686).

899 S. ebd.

Syfridt[i] *Hitczeldorff mit 4 pferden 12 jorlang macht 400 gld. minus 16.*

[S. 208]

Crewcze[burg].

Eyn gedechnisz von Schimans wegen hot 10 jorlang gedint mit 4 pferden macht 300 und 20 gld.

Cleyne Hans hot gedinet 10 jor mit 1 pferde macht 80 [gld.]

Summa summarum des dinstes ist 12.000 gld. minus 100 den Schiman mitte gesummet uff 150 pferde minus 1.

Ernst von Danche hot 4 pferde 9 jor gehat im dinste facit 288 gld. Doruff haben wir em gegeben 10 rh. gld. am Sontage vor Crucis Exaltatio.[900]

Keiser hot 8 pferde im dinste gehat 13 jor facit 800 gld. 32 gld.

Keiser hot 16 pferde vorlorn facit 100 gld. 28 gld. rh.

---

a Nachträge von anderer Hand.
b Nachtrag von anderer Hand.
c Nachtrag.
d Folgt Streichung *s*.
e Gemeint *Assumptio*.
f Über der Zeile ergänzt.
g Nachtrag von anderer Hand.
h Folgt Streichung *2*.
i Über der Zeile ergänzt, darunter Streichung *Sievert*.

[S. 209]

[Crewcze]burg. Ere schade an pferde.

Cuntcze Eglosteyner hot vorlorn 23 pferde die sein gesatcz uff 150 gld.

Jorge Grewssing hot vorlorn 45 pferde sein gesatcz uff 300 gld.

Cuntcze Pfarszfelder hot vorlorn 10 pferde sein gesatcz uff 50 gld.

Hentcze Meyentaler hot vorlorn 13 pferde die sein gesatcz uff 100 gld. mit seinem bruder mitte gerechent.

Andris Rippe hot vorlorn 18 pferde seyn gesatcz uff 100 gld.

Swartcze Steffan hot vorlorn 11 pferde die seyn gesatcz uff 60 gld.

---

900 Exaltatio Crucis: September 14.

[S. 210]

Crewcze[burg].

Jorge Smid hot 5 pferde vorlorn die sein gesatcz uff 20 gld.

Vaseman hot vorlorn 6 pferde die sein gesatcz uff 60 gld.

Reitczensteyner, der tod is, hot 16 pferde vorlorn die sein gesatcz uff 80 gld.

Bernhard van der He[i]de hot vorlorn mit seine stalbruder 7 pferde sein gesatcz uff 40 gld.

Langhe Pawel hot vorlorn 1 pferd ist gesatcz uff 10 gld. Her ist tod. [a]*Her isset nicht meh brot.*[a]

Doring hot vorlorn 2 pferde sein gesatcz uff 10 gld.

[S. 211]

[Crewcze]burg.

Pangtatcz hot 1 [pferd] vorlorn ist gesatcz uff 6 gld.

Wulff ouch 1 [pferd] is gesatcz uff 6 gld.

Pewlendorff hot vorlorn 2 [pferde] ist gesatcz uff 12 gld.

Swartcze Cuntcze setczet seinen schaden ouch czu unsirn homeister.

Olbrecht Voith hot 11 pferde vorlorn sein gesatcz uff 60 gld.

Segell Voith[b] 28 [pferde] vorlorn sein gesatcz uff 600 gld.

[S. 212]

Crewcze[burg].

Bernhard Weise hot vorlorn 30 pferde seyn gesatcz uff 150 gld.

Obisch ist tod. Hot vorlorn 5 pferd[e] seyn gesatcz uff 30 gld.

Warner Cracht hot vorlorn 10 pferde die sein gesatcz uff 80 gld.

Hentcze Lehnluter hot 10 [pferde] vorlorn sein gesatcz uff 40 gld.[c]

Caspar Hareisz, der tod is, man weisz seinen schaden nicht.

Rule Libentaler hot 6 pferde vorlorn seyn gesatcz uff 30 gld.

[S. 213]

[Crewcze]burg.

Hans Rewitcz hot ouch 6 [pferde] vorlorn ist gesatcz uff 30 gld.

Niclosz Schulcz hot 4 pferde vorlorn sein gesatcz uff 15 gld.

Andris Prewnig hot 7 [pferde] vorlorn seyn ouch gesatcz uff 15 gld.[901]

Hans Marwitcz, der tod is, hot 8 pferde vorlorn sein gesatcz uff 40 gld.

Edelman hot 3 pferde vorlorn sein gesatcz uff 10 gld.

Hentcze Awrbachs knecht hot vorlorn 2 pferde sein gesatcz uff 10 gld.

[S. 214]

Crewcze[burg].

Jocob hot 1 [pferd] vorlorn is gesatcz uff 5 gld.

Cleyne Hans hot vorlorn 2 pferde gesatcz uff 6 gld.

Schiman hot vorlorn 14 pferde seyn gesatcz uff 15 gld.

Seifrid Hetczdorff hot vorlorn 8 pferde facit 64 gld. rh.

Summa summarum des schadens ist 1.700 m. unnd 40 uff 300 pferde unnd 8.

Item czu gedencken dissz dreyer inlendeschen knechte alse Michel Tungen, Brosien Slunpchen unnd Michel Mergennaw.

[S. 215]

[Crewcze]burg.

Hentcz Schig hot 5 pferde 12 ½ jor gehat facit 500 gld.

Item her hot 10 pferde vorlorn facit 100 gld.[d]

---

a Nachtrag von anderer Hand.

b Vor der Zeile ein Wort, jedoch unleserlich.

c Folgt Streichung *Item 30 rh. gld. uff seine dinst gegeben am Sonobende vor Lichtmesse.*

d Unterhalb des Eintrags verbleibt Freiraum.

[S. 216 leer]

[S. 217]

Disse sein in Caspar Nostitcz rotte gewesen.

Hans Froberg hot mit 6 ½ pferde 12 ½ jor langk gedienet macht 650 ung. gld. minus 27 gld.[902]

[a]Hat sein sonn George ein uszgeschnitten brieff.[a] [903]

---

901 S. ebd.

902 S. GStA PK, XX. HA Hist. StA Königsberg, OBA 16117, fol. 2r; OBA 17276 (wie Anm. 509), fol. 1r; GStA PK, XX. HA Hist. StA Königsberg, OBA 17522.

903 S. OBA 17522 (wie Anm. 902); GStA PK, XX. HA Hist. StA Königsberg, OBA 17945. Nicht ausgestrichen.

Her hot 23 pferd[e] varlorn macht 100 gld. 84 gld.

Lange Nickel hat 2 pferde 12 jor im dinste gehat facit 150 gld. unnd 42 gld.

Her hat 4 pferde vorlorn macht 32 rh. gld.

[a]Hot ein usgesniten brieff.[a]

[b]Cristoff Seidelitcz mit ime ist abgerechint man ist ime schuldig 800 gld. ung. unnd hot ein uszgeschnitte brieff.[904]

Item 200 unnd 35 m. entpfangen vonn unserm vorfarn hernn Merten Truchsszes an schawbenn gewande unnd annderer wahren.

Item 150 und 28 m. entpfangen am achtentage Johannis Apostoli et Ewangeliste im etc. XC^{sten}.[905]

Item 100 unnd 5 m. enntpfangen am Montag noch Conversionis Pauli im etc. XCI^{ten} jare[906].[b]

a Nachtrag von anderer Hand.
b Nachträge von anderer Hand.

[S. 218–224 leer]

[S. 225]

Ortelsburg.

Dis ist der hofelewte her Burckards von Querford uff Ortelsburg dinst.

Her Burchardt hot im dinste gehat 9 pferde 12½ jar facit 900 gld. 36 gld. Item 1 pferd 9 jor facit 72 gld.[907]

Summa 1.000 gld. 8 gld.

Brant hot im dinste gehat 1 pferd 6 jor macht 48 gld.

Hans Kochmeister hot im dinste gehat 5 pferde 12 jor facit 400 gld. 80 gld.

Frederich Kochmeister hot im dinste hot 1 pferd im dinste gehat 8 jor macht 64 gld. Item her hat 2 pferde 7 jor zcu geleget mit geheisze Anszhelm von Tettaw macht 100 gld. 12 gld.

Summa 150 gld. 26 gld.

Guntter Kochmeister hot 1 pferde gehat 5 jor facit 40 gld.

904 S. OBA 17516 (wie Anm. 600).
905 Johannis Apostoli et Ewangeliste: 1489 Dezember 27.
906 1491 Januar 31.
907 S. Perg.-Urk. 3247 (wie Anm. 689).

[S. 226]

Ortels[burg].

Peter Kesekorp hat imdinste gehat 5 pferde 12½ jor facit 480 gld. unnd ist mit her Kokeritcz[a] *her ein gekomen.*

[b]*Item wir haben*[c] *Frederich Komeister gegeben 26 m. von Kesekorbesz wegen.*[b]

Frederich Buchdorff hot 3[d] *pferd[e] im dinste gehat 12½ jor macht 350*[e] *gld.*[f]

[g]*Summa 403 gld.*[g]

Buscheschere hot imdinste gehat 12 jor 2 pferde macht 200 minus 8 gld. Item 1 pferdt 8½ jor macht 68 gld.

Summa 260 gld.

Heyne hot 6 jor gedinet mit 1 pferde mach[t] 48 gld.

Hans Adeler 1 pferd 11 jor macht 88 gld. Item 1 pferdt hat 3 jor macht 24 [gld.]

Summa 112 gld.

---

a Über der Zeile ergänzt *-ke-*.
b Nachtrag.
c Folgt Streichung *kor.*
d Korrigiert aus *4.*
e Folgt Streichung *14.*
f Folgt Streichung *Item 1 pferd 5 jor gehat macht 40 gld. mit her Kokeritcz her ein gekomen.*
g Eintrag gestrichen.

[S. 227]

[Ortels]burg.

Teprant hot gedinet mit 3 pferden 12½ jor facit 312 gld. Mit her Kokeritcz her ein gekomen.

Enderlein hot imdinste[a] *gehat 2 pferde 12½ jor macht 208 gld. Mit her Bernhardt van Aszbach her ein [ge]komen.*

Pauel[b] *Osterich im dinste 1 pferdt 12½ jor macht 100 gld. 4 gld. und ist mit her Bernhardt von Aszbach her ein gekomen.*

Heinrich Bwche hat im dinste 1 pferd 12½ jor macht 100[c] *gld.*

Kirsten hat 1 pferdt gehat 11 [jor] macht 88 gld.

Geist hot imdinste gehat 1 pferdt 12 jor[lang] mach[t] 100 minus 4 gld.

[S. 228]

Ortels[burg].

Burchard Done hat im dinste 2 pferde 12 jor facit 200 minus 8 gld.

Krawsze Heinrich hat imdinste gehat 2 pferde 9 jor facit 150 gld. 2 gld.

Jenchen hot im dinste gehat 1 pferde 11 jor facit 88 gld.

Hans Barth hot imdinste gehat 1 pferdt 12½ jor facit 104 gld. Item 1 pferdt 8½ jor gehat macht 68 gld.

Summa 172 gld.

Heynicke Wreg hot imdinste gehat 1 pferdt 12½ jor macht 100 unnd 4 gld. Mit her Hans von Kakeritcz her ein gekomen.

Hans hot gedinet 3 jor mit 1 pferde macht 24 gld.

[S. 229]

[Ortels]burg.

Matcz hot gehat 1 pferd 3 jor macht 24 gld.

Summa summarum 4.600 gld. 1 gld.[d]

---

a Folgt Streichung *h.*

b Zuvor Streichung *Heinrich Bwche.*

c Folgt Streichung *4.*

d Unterhalb des Eintrags verbleibt Freiraum.

[S. 230]

Ortels[burg].

Dissze sint auszim lande gereten mit erem dinste.

Donat Richter[908] *hot seinen dinst bestalt mit seinem knechte unnd hot 6 pferde gehat 12½ jor macht 600*[a] *gld.*

Leippe hot im dinste gehat 1 pferdt 3 jor macht 24 gld. Item 1 pferd 2 jor macht 16 gld.

Summa 40 gld.

[b] Item doruff hatt er entphangen 16 m. geringe am Montage noch Quasimodogenti im etc. LXXXVIII[stenn] jor[909].[b]

---

908 S. OBA 16118 (wie Anm. 818), fol. 17v.

909 1488 April 14.

[b]Item Fewchter hat vonn dissenn dinste ein zettelh weis nicht annders. Er ist beczalt.[b]

Summa summarum 664 gld.

Dis sintt die toden mit erem dinste.

Tyle vonn Thumen hot 16 pferde im dinste gehat 3 ½ jor macht 450 minus 4 gld.

Jorge Ochtenhayn hot imdinste gehat 10 pferde 3 jor[lang] macht 240 gld.

Baltaczar von Brede hot 2 pferde 3 jor gehat facit 48 gld.

[S. 231]

[Ortels]burg.

Qwast hot 2 jor imdinste gehat 1 pferd macht 16 gld.

[b]*Doruff em gegeben 1 pferdt vor 25 ung. gld. Daz nemen wir von de[m] pfarrer zcu wurgen dem sullen wir em andir pferdt dor vor geben. Gescheen im LXXIIII*[ten] [910].[b]

Seyfake Berenfelt hot imdinste gehat 3 pferde 1 jor[lang] macht 24 gld.

Hans Waldenhayn hot 7 jor 1 pferd gehat facit 66 gld.

Kolor hot imdinste gehat 2 pferde 3 jor macht 48 gld. Her hat 1 pferd 2 jor gehat macht 16 gld.

[b]Item gan[cz] beczalt Nicke[l] [Gebisch] hot quitiert unnd ma[ch]t gehabt zu [nehmen] anno etc. XCV[ten] am tage [A]stern.[911]

Summa 64 gld.[b]

[b]Man hot ein quitan[cie].[b] [912]

Arnolt hot 2 pferde gehat 10 jor[lang] macht 150 unnd 10 gld.

Item 1 pferdt 5 jor gehat macht 40 gld.

Summa 200 gld.

Steffan hot gedinet mit 1 pferde 9 jor macht 72 gld.

Item 1 pferd 3 jor gehat macht 24 [gld.]

Summa 96 gld.

---

a Folgt Streichung *24*.

---

910 1474.

911 1495 April 19.

912 S. GStA PK, XX. HA Hist. StA Königsberg, OBA 17850.

b Nachtrag von anderer Hand.

[S. 232]

Ortels[burg].

Merkener hot gedinet mit 1 pferde 3 jor facit[a] 24 gld.

Kavpschw hot gedinet mit 1 pferde 9 jor macht 72 gld. Item 2 pferd[e] 1 jor gehat macht 16 gld.

Summa 100 gld. unnd 4 gld.

Pawelke Sekorp hot gedinet 7 jor mit 3 pferden macht 168 gld.

Pawelkoch hot gedinet 9 jor mit 1 pferde macht 72 gld.

Otto Scherer hot gedinet 11 ½ jor mit 2 pferden macht 184 gld. Item her hatte 1 pferd 7 jor gehat macht 56 gld.

Summa 200 gld. 40 gld.

Summa summarum 1.774 gld.

[S. 233]

[Ortels]burg.

Disz ist der hoffelewte schaden uff Ortelsburg an ung. gld.

Item 6 gld. ung. uff 1 pferdt.

[b]Den schaden haben sie unns halp dirlossen.[b]

Her Burckard von Querf[ae]dt hot 17 pferde vorlorn macht 100 gld. 2 gld.[913]

Hans Kochmeister hot 11 pferde vorlorn facit 66 gld.

Pwschschere hot 8 pferde vorlorn macht 48 gld.

Diprand hot 6 pferde vorlorn macht 36 gld.

Bart hot 3 pferd[e] vorlorn macht 18 gld.

[S. 234]

Ortels[burg].

Donat hot 15 pferde vorlorn macht 90 gld.

Pwschdorff hot 8 pferde vorlorn macht 48 gld.

Heynicke Pomerenig hot 3 pferd[e] vorlorn macht 18 gld.

913 S. Perg.-Urk. 3247 (wie Anm. 689).

Heinicke Breeg hot 3 pferde vorlorn macht 18 gld.

Heyne [hot] 3 pferde vorlorn macht 18 gld.

Adeler hot 3 pferde vorlorn macht 18 gld.

[S. 235]

[Ortels]burg.

Heinrich Buche hot 4 pferde vorlorn macht 24 gld.

Enderleyn hot 5 pferde vorlorn macht 30 gld.

Pawel Osterrich hot vorlorn 2 pferd[e] macht 12 gld.

Burchard Done hot 5 pferde vorlorn macht 30 gld.

Krawsze Heinrich hot 1 pferdt vorlorn macht 6 gld.

Kirsten hot 4 pferde vorlorn macht 24 gld.

[S. 236]

Ortels[burg].

Kesekorp hot[c] 15 pferde vorlorn macht 90 gld.

Summa summarum 696 gld.[d]

---

a Folgt Streichung *34 g.*

b Nachtrag von anderer Hand.

c Folgt Streichung *gedinet.*

d Unterhalb des Eintrags verbleibt Freiraum.

[S. 237]

[Ortels]burg.

Dis ist der toden schade die czu Ortelsburg gelegen haben.

Tyle vonn Thumen hot 14 pferde vorlorn macht 90 gld. minus 6 gld. [a]*Solutum est summa t[ribus].*[a]

Otto Scherer hot 5 pferde vorlorn macht 30 gld.

Pawel Koch hot 1 pferdt vorlorn macht 6 gld.

Peter Merkener hot 4 pferde vorlorn macht 24 gld.

Steffan hot 2 pferde vorlorn macht 12 gld.

Arnolt hot 7 pferde vorlorn macht 42 gld.

[S. 238]

Ortels[burg].

Pawel Kesekorp hot 5 pferde vorlorn macht 30 gld.

Summa summarum 238 gld.

Disz sint die fuszknechte zcu Ortelsburg gelegen mit irem dinste.

Item Donat Richter hot 4 fuszknechte die haben gedinet 12½ jor macht 200 gld. 8 gld.

Summa summarum aller summen ist in sich 8.351 gld.[b]

[S. 239]

[Ortels]burg.[b]

[S. 240–248 leer]

[S. 249]

Resenburg.

Disz ist der Resenburger schade an ung. gld.

Serfrid hot[c] imdinste gehat 3 pferde 12 jor macht 300 minus 12 gld.

Stadeler hot 1 pferd 12 jor gehat macht 100 gld. minus 4.

Cuntcze Smit hot gedinet mit 1 pferde 12 jor macht 100 gld. minus 4.

Merten Strawsz hot 1 pferd imdinste gehat 12 jor macht 100 gld. minus 4. [d]Doruff haben wir em gegeben 1 m. am Sonnabende vor Palmarum. Item 2 m. haben wir em gegeben am achtentage Trium Regnum im LXIX[ten].[914]

Item 3 m. haben wir em gegeben am tage Marie Magdalene im LXVIII[ten] [915] czur merunge.

Item 1 m. em gegeben nach tage Asscensio Marie[916] am Freitage.[d]

Lange Andr[is] hot 1 pferd 12 jor gehat macht 100 gld. minus 4.

Nickel Hoffemann hot 1 pferd gehat 12 jor macht 100 gld. minus 4.

[e]Hot ein usgeschnitten zettelh.[e] [917]

---

914 Trium Regnum: 1469 Januar 6.

915 1468 Juli 22.

916 Ascensio Marie: August 15.

917 S. OBA 16121 (wie Anm. 571), fol. 4r; OBA 16121 (wie Anm. 571), S. 17r; GStA PK, XX. HA Hist. StA Königsberg, OBA 16124, fol. 2r.

[S. 250]

Resen[burg].

Hans Stawpitcz hot 1 pferd im dinste gehat 12 jor macht 100 gld. minus 4.

Merten vom Allenstein hot 1 pfert 12 jar gehot macht 100 gld. minus 4 gld.[f]

Bunthere hot 12 jor gedinet mit 1 pferde macht 100 gld. minus 4 gld. Item 1 pfert 9 jor gehat facit.

Summa 168 gld.

Keseling hot imdinste gehat 1 pferd 12 jor macht 100 gld. minus 4.

Stortczebom hot im dinste gehat 1 pferd 12 jor macht 100 gld. minus 4 gld.

Michel Kussenberger hot 1 pferd 12 jor gehat macht 100 gld. minus 4 gld.

[S. 251]

[Resen]burg.

Aszman Baloff hot 1 pferd 12 jor gehat macht 100 gld. minus 4.

Andris Slesier hot im dinste gehat 1 pfert 12 jor macht 100 gld. minus 4.

Michel Waltknecht hot 1 pferd 12 jor gehat macht 100 gld. minus 4.

Caspar Militcz hot 1 pferd imdinste gehat 9 jor macht 72 gld.

Nickel Ryman hot imdinste gehat 1 pferdt 8 jor macht 64 gld.

Wolffgangk hot 1 pferd 10 jor gehat macht 80 gld.

[S. 252]

Resen[burg].

Brosien Scholtcze hot 1 pferd 8 jor gehat macht 64 gld.

Summa summarum der dinst der resigen ist 2.076 gld.[g]

[S. 253]

[Resen]burg.

Der Resenburger schade.

Item Seifridt hot 9 pferde vorlorn macht 72 gld.

Stadeler hot 1 pferd vorlorn macht 8 gld.

Cuntcze Smit hot 3 pferde vorlorn facit 24 gld.

Merten Strawsz [hot] 1 pferd vorlorn facit 8 gld.

Lange Andris hot vorlorn 2 pferde facit 16 gld.

Nickel Hoffeman [hot] 2 schade pferde facit 16 gld.

Hans Stawpitcz hot 1 pferd vorlorn facit 8 gld.

[S. 254]

Resen[burg].

Merten vom Allenstein [hot] 2 pferd[e] facit 16 gld.

Bunther [hot] 5 pferde vorlorn facit 40 gld.

Keseling hot vorlorn 3 pferde facit 24 gld.

Stortczebom hot 3[h] pferde vorlorn facit 24 gld.

Michel Kuszenberger [hot] 2 pferde vorlorn facit 16 gld.

Asman Baluff [hot] 4 pferde vorlorn facit 32 gld.

Andris Slesiger hot vorlorn 2 pferde facit 16 gld.

[S. 255]

[Resen]burg.

Michel Waltknecht hot 1 schade pferde facit 8 gld.

Casper Militczknecht [hot] 1 pferd vorlorn facit 8 gld.

Nickel Ryman [hot] 1 pferd vorlorn facit 8 gld.

Wolffgang [hot] 1 pferdt vorlorn facit 8 gld.

Summa summarum der resigen schade pferde 344 gld.

Niclis vom Colmen hot gedinet 12 ½ jor facit 50 gld.

---

a Nachtrag.
b Unterhalb des Eintrags verbleibt Freiraum.
c Folgt Streichung *gedinet.*
d Nachträge von anderer Hand.
e Nachtrag von anderer Hand.
f Folgt Streichung *Item 1 pferd 9 jor gehat facit.*
g Unterhalb des Eintrags verbleibt Freiraum.
h Über der Zeile ergänzt, darunter Streichung *4.*

[S. 256]

Resen[burg].

Dis ist der fuszknechte dinst czu Resenburg an ung. gld.

Treschenberg 1 posasener hot gedinet 10 jor facit 82 gld.

Jorge Seltczer ein posasener hot 12 jor gedinet facit 100 gld.

Gregor Kochmeritcz hot gedinet 10 jor vor einen fuszknechte facit 40 gld.

Ceyderich 1 fuszknecht 11 jor gedinet facit 44 gld.

Hans Molen eyn fuszknecht hot gedinet 10 jor facit 40 gld.

Nickel Osterrode hot gedinet 9 jor vor 1 fuszknecht facit 36 gld.

[S. 257]

[Resen]burg.

Lange Matt[is] ein fuszknecht hot gedinet 4 [jor] facit 16 gld.

Jorge Scholtcze ein fuszknecht hot gedinet 4 jor facit 16 gld.

Matt[is] vonn Balaw hot 4 jor gedinet facit 16 gld.

Lucas Roder hot gedinet 4 jor facit 16 gld.

Summa summarum der fuszknechte ist 400 minus 4 gld.

Summa summarum dinstes unnd schade ist insich 2.816 gld.

[S. 258–263 leer]

[S. 264]

Dis ist Frederich Nebeschitcz dinst denn men den Meissener nennet.

Frederich Meissener hot imdinste gehat 5 pferde 12 jor facit 500 gld. minus 20 gld. Item her hot 3 pferde gehat 11 jor facit 250 gld. unnd 14 gld.

Summa 744 gld.

[a]*Doruff hot her entfangen 100 m. unnd 60 m. von Kelbasse zcu Resenburg am Montage noch Trium Regnum im LXVIII^{ten}* [918] *am gelde unnd gewande.*[a]

Disz ist Meiszeners schaden an rh. gld.

Frederich Meissener hot vorlorn 8 pferde facit 64 gld.

Dissze toden hoffelewte hoben iren [b]dinste unnd[b] schade Frederich Meissener uffgetragen halb.

Jost vonn Loszen hat imdinste 5 pferde gehat 10½ jor facit 400 unnd 20 gld.

Item sullichen dinst unnd schade hot her dem orden ouch halp gegeben die ander helffte Meissener.

Ulrich Meissener hot imdinste gehat 5 pferde 8 jor facit 300 gld. unnd 20 gld. Sullichen dinst hot her die helffte dem orden gegeben unnd de[nn] schaden gar.

918 1468 Januar 11.

a Nachtrag von anderer Hand.
b Über der Zeile ergänzt, darunter Streichung *sold.*

[S. 264ar; eingelegter Zettel: 21,5 x 15,5 cm; Bleistift: 138]

Dis ist Frederich Nebeschitcz dinst den inen den Meistner nennet.

Frederich Meyszener hat im dinste gehat 5 pferde[a] [XI][b] jor facit[c] 500 gld. minus 20 gld. Item her hat 3 pferde gehat 11 jor facit 250 gld. unnd 14 gld.

Summa 744 gld.

Disz ist[d] Meiszeners schaden an rh. gld.

Frederich Meysener hat vorlorn 8 pferde facit 64 gld.

[S. 264av]

Disse toden haben Frederich Meissener iren dinst unnd schaden uff getragen halp.

Jost van Loszen hat 5 pferde im dinste gehat 10 ½ jor facit 400 unnd 20 gld.

Item sollichen dinst unnd schade hot her dem orden ouch halp gegeben die andir helffte Meissenere.

Ulrich Meysener hat im dinste gehat 5 pferde 8 jor facit 300 gld. unnd 20 gld. Sollichen dinst hat her dehelffte dem orden gegeben unnd den schaden gar.

a Folgt Streichung *1.*
b Tintenfleck.
c Folgt Streichung unleserlich.
d Über der Zeile ergänzt.

[S. 265 leer]

[S. 266]

Item Cristoff Schopk hatth gedinet mit 12 pferden vom streite facit 984[a] ung. gld. Item 33 schade pferde facit 150 unnd 15 gld. rh.

Item Slabbersdorff mit 8 pferde 11 jor[lang] facit 700 unnd 4 gld. ung. Schaden 150 gld. rh.

Item List mit[b] 10 pferden 8 jor[lang] facit 800 gld.[c] ung. Item schade 90 gld. rh.

Item Hentcze Rinne mit 3[d] pferde 4 jor[lang] facit 96 ung. gld. Item schaden 15 rh. gld.

[S. 266ar, eingelegter Zettel: 10 x 21,5 cm; Bleistift: 140]

Item Pokop [e]hatt gedienet mit 12 pferde vom streit[e] 900 und[f] 84 ung. gld.

Item 33 schad[e] pfherd 150 und 15 rh. gld.

Item Slabersdorff [g]mit 8 pferde 11 jar[lang][g] 700 und 4 gld. ung.[g] Schade 150 gld.

Item List [g]mit 10 pferden[g] 8 jar[lang] 800 gld. Schade 90[h] [gld.]

Item Heintcz Rinne [i]mit 3 pferden 4 jar[lang][i] 96 [gld.] Item schade 15 gld.

[S. 266av]

Gedechtnissz von der rechenschafft.

Sckoppen unnd ander gutter leuth[e].

---

a Vor der Zeile nachgetragen *900.*
b Folgt Streichung *10.*
c Folgt Streichung *rh.*
d Korrigiert aus *4.*
e Über der Zeile ergänzt.
f Folgt Streichung *45.*
g Über der Zeile ergänzt.
h Korrigiert aus *900.*
i Über der Zeile ergänzt.

[S. 267–272 leer]

[S. 273]

Libemole.

Disz ist der hoffelewte dinst czur Libenmole gelegen an rh. gld.

Item 8 gld. uff 1 pferdt.

Hans Schoneiche houbtmann doselbest hat 4 pferde im dinste gehat 12½ jor macht 400 gld. Item 2 pferde 12 jor gehat macht 200 minus 8 gld. Item 10 jor 2 pferde imdinste gehat macht 100 gld. 60 gld.

Summa 750 gld. 18 gld.

Falkenhayn hot imdinste gehat 10 pferd[e] 12 jor macht 900 gld. 60 gld. Item 3 pferde 3 jar[lang] gehat macht 72 gld.

Summa 1.032 gld.

Caspar Lichtenwalt hot 3 pferde 12 jor imdinste gehat facit 300 minus 12 gld. Her hot 2 pferde 11½ jor gehat facit 150 gld. 34 gld. Item 1 pferd 10 jor gehat facit 80 gld.

Summa 652 gld.

Bore Nickel hot 4 pferde im dinste gehat 12½ jor facit 400 gld. Item 2 pferd[e] 12 jor gehat facit 200 minus 8 gld.

Summa 600 minus 8 gld.

[S. 274]

Libe[mole].

Drawszkowitcz hot im dinste gehat 4 pferde 12½ jor[lang] macht 400 gld.

Conradt hat 1 pferd imdinste gehat 8 jor macht 64 gld.

Pwschell hot imdinste gehat 1 pferdt 8 jor[lang] facit 64 gld.

Doring hat 1 pferd 12 jor gehat macht 100 gld. minus 4 gld.

Item 3 pferd[e] 12 jor[a] gehat facit 300 minus 12 gld.

Summa 384 gld.

Frentczel Bene hot 2 pferde imdinste gehat 12 jor facit 200 gld. minus 8. Item 1 pferd 9 jor gehat facit 72 gld.

Summa 264 gld.

Wedeler hat im dinste gehat 1 pferdt 12½ [jor] facit 100 gld.

[S. 275]

[Libe]mole.

Haberland hat imdinste gehat 1 pferd 12½ jor facit 100 gld. Item 1 pferd 6 jor[lang] gehat facit 50 gld. minus 2 gld.

Topper Hans hot imdinste gehat 1 pferd 12½ jor facit 100 gld.

Turke [hot] 1 pferd 12½ jor gehat facit 100 gld.

Cuntcze hat 1 pferd 12½ jor gehat macht 100 gld.

Caspar Wulff hot im dinste gehat 1 pferd 8½ jor facit 68 gld.

Caspar Sagk hot 3 pferd[e] gehat 12½ jor facit 300 gld.

Item 3 pferde gehabt 12 jor facit 300 gld. minus 12 gld.

Item 1 pferd 12 jor gehat facit 100 gld. minus 4.

Summa 688 gld.

---

a Folgt Streichung *get.*

[S. 276]

Libe[mole].

Hans Trache hot 2 pferde gehat 12 ½ jor facit 200 gld.

Gindersich hot 2 pferde 9 jor gehat facit 144 gld.

Hasz hot 1 pferd 2 jor gehat facit 16 gld.

Tamme hot im dinste gehat 1 pferd 12 ½ jor facit 100 gld.

Item 1 pferd 12 jor gehat facit 100 gld. minus 4 gld.

Summa 200 minus 4 gld.

Rosenpusch hot im dinste gehat 4 pferd[e] 12 ½ jor facit 400 gld. Item 2 pferde 12 jor gehat facit 200 minus 8 gld.

Summa 600 minus 8 gld.

Jorge Unger hot im dinste gehat 2 pferde 12 ½ jor facit 200 gld. Item 2 pferde gehat 10 jor facit 100 gld. 60 [gld.]

Summa 410 gld.

[a]*Item doruff entpfangen vor 20 m. gewand und 7 m. an gelde.*[a]

Item Jorge Unger ist man schuldig uff 2 pferd[e] hinderstellig geldt als 60 ung. gld. Daruff wart er empfangen 7 m. an gewand unnd an gelde am tag Appolonie[919] *unnd sal von [en] seinen brengen vom marschalk unnd Schoneych das er sollicher pferd [nich] vergnugt ist.*[b]

[c]So das ander haben wir ime vergnugt.[c]

[S. 277]

[Libe]mole.

Andratczko hat 2 pferde 12 ½ jor gehat facit 200 gld.

Matcz vonn Done hot imdinste gehat 1 pferd 12 ½ jor facit 100 gld.

Seifridt hot imdinste gehat 2 pferd[e] 5 jor facit 80 gld.

Molwitcz hot 2 pferde 12 ½ jor facit 200 gld.

Item Arnolt hot 1 pferdt 2 jor gehat facit 16 gld.

Schobernag der ergeste rober vorteter unnd erbschalk in lande czu Prewszen hot 2 pferde im dinste gehat 12 jor facit 200 minus 8 gld.

---

919 Februar 9.

[S. 278]

Libe[mole].

Item Leybessche hat 1 pferd 12 ½ jor gehat facit 100 gld.

Peter Bogener 12 ½ jor 1 pferd im dinste gehat facit 100 gld.

Summa summarum 7.818 gld.

Disz sint die fuszknechte mit irem dinste.

Merten Wayner hot gedinet 12 ½ jor facit 50 gld.

Lode hot gedinet 12 ½ jor facit 50 gld.

Nymptsche hot 12 jor gedinet facit 48 gld.

Jenche Pfeiffe hot gedinet 9 jor facit 36 gld.

---

a Nachtrag.
b Folgt unleserlich *s[e..]*.
c Vor der Zeile ergänzt.

[S. 279]

[Libe]mole.

Cristoff Wergman hot 12 ½ jor gedinet facit 50 gld.

Jocub Korsener hot gedinet 12 ½ jor facit 50 gld.

Merten Sneider hot 5 jor gedinet facit 20 [gld.]

Rote hot 5 jor gedinet facit 20 gld.

Nitsche Nase hot 12 jor gedinet facit 48 gld.

Krawsse Nickel hot 7 ½ jor gedinet facit 50 gld.

Dis sint prewsche fuszknechte.

Tewmen Stal hot gedinet 8 jor facit 64 gld.

Michel Trometer 1 pferd 3 jor gehat facit 24 gld.

[S. 280]

Libe[mole].

Sopchen hot 12 jor gedinet facit 48 gld.

Bartusch hot 6 jor gedinet facit 28 gld.

Groel hot gedinet 10 jor facit 40 gld.

Jorge Tideman hot gedinet 2 jor facit 8 gld.

Grune Molner hot 2 jor gedinet facit 8 gld.

Pawel Sneyder hot 3 jor gedinet macht 12 gld.

Welde hot 11 jor gedinet facit 44 gld.

Pawel Brandt hot 11 jor gedinet facit 44 gld.

[S. 281]

[Libe]mole.

Dis sint auszlendische fuszknechte.

Hans Molner hot 12 ½ jor gedinet facit 50 gld.

Hans Rische hot 12 ½ [jor gedinet] facit 50 gld.

Sachsze hot 8 jor gedinet facit 32 gld.

Lindenburg hot gedinet 8 jor facit 32 gld.

Nickel Schencke hot 8 jor gedinet facit 32 gld.

Jocub Swertfeger hot 9 jor gedinet facit 39 gld.

Hans Hoge hot 7 jor gedinet facit 28 gld.

Summa summarum der fuszknechte ist 1.000 minus 3[a] gld.

[S. 282]

Libe[mole].

Dis sint die hoffeleute die auszir Liebemole gestorben mit irem dinste.

Cristoff Bene, Titcze Bene haben gedinet mit 11 pferden 10 ½ jor[b] *facit 900 gld. 24 gld.*

[c]*Item 7 m. unnd 1 f. Caspar Bene entpfangen am tag Appolonie.*[920] *Her hot ein groen hengst von unszer vorfarn entpfangen und gelt und ander war[e] entpfangen. Das man nu noch*[d] *200 gld. sal schuldes sein als [ich] b[r]ericht byn das sal Schoneich und ander wisendlich irm dy auch czu der Libemol han gelegen.*[c]

Hanns hat imdinste gehat 4 pferde 12 ½ [jor] facit 400 gld. Item 2 pferde 9 jor gehat facit 100 gld. 44 gld.

Summa 544 gld.

Jorge Wildenhayn hot 3 pferde im dinste gehat 10 jor facit 240 gld.

Jorge von Rede[r]n hot 12 pferde im dinste gehat 10 ½ jor facit 900 gld. 60[e] gld. Das hot her am totbette Unnsirn Liben Frawen gegeben an seinem teile des dinstes.

Nickel Lauwenburg hot 7 pferde gehat 5 ½ jor facit 316 gld.

---

920 Februar 9.

[S. 283]

[Libe]mole.

Frantczke hot 4 jor gedinet vor einen fuszknecht facit 16 gld.

Meltczer Scheyner hot 2 pferde 8 jor gehat facit 128 gld.

Summa summarum der toden ist 3.128 [gld.]f

[S. 284]

Libe[mole].

Disze sein hyn auszemlande gerethen unnd haben dinst hindersich gelossen.

Cristoffell Hawbitcz, Frantczke Hawbitcz haben 9 pferde 6 jorlang imdinste gehabt facit 432 gld. gDiesser hot ein zettelh.g [921]

Hans Lauwenburg hot 4 [pferde] gehat 3 jor facit 100 minus 4 gld.

Melcher Glawisz hat 5 pferde gehat 5 jor facit 200 gld.

Stropitcz hot 4 pferde 4 ½ jor gehat facit 134 gld. gDoruff haben wir em gegeben 4 m. am tage Fabiani im LXIXten [922].g

Segemund Rederer hat im dinste 8 pferde 6 jor facit 416 gld.

[S. 285]

[Libe]mole.

Cristoff Runge hat im dinste gehat 2 pferde 2 jor facit 32 gld.

Der offenbare Hawbitcz hot 1 pferd 3 jor gehat facit 24 gld.

Die Rechenberger haben 15 pferde im dinste gehat. Der houbtman weis nicht wie lange. Dor hot her Sachs nicht wolt underwinden denn sie auszim lande gereten g[etan].

Summa summarum ist 1.284 gld.

Hans Sagk hot im dinste gehat 3 pferde 8 jor facit 192 gld. Her hot 4 pferd[e] 8 jor gehat facit 250 gld. 6 gld.

Summa 448 gld.

Pauel Sagk, der vorstorben ist, im dinste gewest mit 5 pferd[en] 8 jor facit 300 gld. unnd 20 gld.

Dis ist seyn schade.

921 S. OBA 17621 (wie Anm. 600).

922 1469 Januar 20.

Hans Sagk hot 20 pferd[e] facit 160 gld.

[S. 286]

Libemole.

Der hoffelewte schade pferde ist inr summa 256 pferd[e] wirt man uffs pferdt 8 gld. geben geleich anderen so brengen die schade pferd[e] inr summa 2.048 gld.

Summa summarum dinstes unnd schade ist in sich 15.275 gld.[h]

---

a Korrigiert aus *4*.
b Folgt *facit*.
c Nachtrag von anderer Hand.
d Folgt Streichung unleserlich.
e Über der Zeile ergänzt, darunter Streichung *40*.
f Unterhalb des Eintrags verbleibt Freiraum.
g Nachtrag von anderer Hand.
h Unterhalb des Eintrags verbleibt Freiraum.

[S. 287 leer]

[S. 288]

Heiligebeiler.

Item Hans Starraw hot im dinste gehat.

Hans Buchsenschutcze 12 jor gedinet facit 100 gld. minus 4 gld. Unnd ist eyn pososener.

Gregor Jenisch hot gedienet 12 jor facit[a] *58 gld.*

Item Buchsenschutcze unnd Gregor haben 14 elen gro gewand entfangen[b] *am Mittewochen noch Francisci.*[923]

Dem schreiber zcum Heiligenbeile haben wir 4 m. vor seinen dinst gegeben am Freitage vor Occuli.[c]

[S. 289]

Heiligebeil.

Disz ist der hoffelewte dinst zcum Heiligen beile.

Item Malchar von Doben 9 pferde unnd hot gedinet 12 jor unnd sein solt ist 800 gld. und 64 gld. Item vor 13 pferde schaden obiral 80 gld.

---

923 Francisci: Oktober 4.

Item Girzig Littaw 1 pferdt 8 jor gedinet solt 64 gld. Item vor seinen schaden 8 gld.

Item Frederich Berfelder [d]*hot mit*[d] *9*[e] *pferde gedint 12 jor. Summa*[f] *900*[g] *gld. minus 40 gld. Item vor seinen schaden*[h] *70 rh. gld. schaden.*

[i]*Hans Panewitcz unnd Nickel Panewitcz mit andern seynen brudern haben 6 pferde 12 jor im dinste gehat facit 600 gld. minus 24 gld. Item iren schaden 60 gld.*[i]

Item Nickel unnd Hans Panewitcz 4 pferde 12 jor gedinet. Summa 400 gld. minus 16. Item vor seynen schaden 30 gld.

Item Merten Notenhofener und Kluex 5 ferde 12 jor gedinet. Summa 500 gld. minus 20. Item vor eren schaden 60 gld.

Heinrich Molbach 2 pferde 12 jor gedinet 200 gld. minus 8. Item vor seinen schaden 15 gld.

---

a Folgt Streichung *60.*
b Über der Zeile ergänzt.
c Unterhalb des Eintrags verbleibt Freiraum.
d Über der Zeile ergänzt, darunter Streichung unleserlich.
e Über der Zeile ergänzt, darunter Streichung *10.*
f Folgt Streichung unleserlich.
g Unterhalb der Zeile ergänzt.
h Folgt Streichung *90 gld.*
i Nachtrag von anderer Hand.

[S. 290]

Heilige[beill].

Item Gregor Panewitcz 3 pferde 12 jor gedinet. Summa 300 gld. minus 12. Item vor seinen schaden 25 gld.

Hans Stossze 3 pferde gedinet 12 jor. Summa 300 gld. minus 12[a]*. Item vor seinen schaden 30 gld.*

Item Cristoff Stortczedil gedinet 12 jor 3 pferde. Summa 300 gld. minus 12. Item vor seinen schaden obiral 50 gld.

Item Merten Letcz unnd Koselitcz 5[b] *pferde gedinet 12 jar. Summa 400*[c] *gld. minus 16.*[d] *Item vor schaden*[e] *28 rh. gld.*

[f]*Item 4 m. haben wir em gegeben am Montage noch Trium Regnum*[924]*.*[f]

---

924 Trium Regnum: Januar 6.

Item Steffan Beyer [g]*unnd Feil haben*[g] *3 pferde gedinet 12 jor. Summa 300*[h] *gld. minus 12*[i]. *Item vor 4 pferde 20 gld.*

Item Hansz Ausz der Mole 1 pfert gedinet 12 jor. Summa 100 gld. [j]*minus 4*[j] *gld. Item vor seinen schaden 15 gld.*

---

a Korrigiert aus *13*.
b Korrigiert aus *4*.
c Über der Zeile ergänzt, darunter Streichung *5[,] 4[,] g*.
d Über der Zeile ergänzt, darunter Streichung *21*.
e Folgt Streichung *36 gld.*
f Nachtrag von anderer Hand.
g Über der Zeile ergänzt.
h Vor der Zeile ergänzt, folgt Streichung *600*.
i Korrigiert aus *13*.
j Über der Zeile ergänzt, darunter Streichung *4*.

[S. 291]

[Heilige]beill.

Item Jorge Ebisz 3 pferde gedinet 12 jor[lang]. Summa 300 gld. minus 12. Item vor seinen schaden 30 gld. [a]*Dem ist vor sein dinst unnd schade eyn dorff gegeben.*[a]

Item Berchterlist 2 pferde gedinet 12 jor. Summa 200 gld. minus 8. Item vor seinen schaden 15 gld.

Item Peter Polag 1 pferdt gedinet 3 jor. Summa 24 gld.

Iterm Peter Woken 1 pferdt gedinet 12 jor. Summa 100 gld. minus 4.

Item vor seinen schaden 10 gld.

Item Arnd Dowing 4 pferde gedinet [b]*12 ½*[b] *jor. Summa 400 [gld.]*[c] *Item vor seinen schaden* [d]*30 gld.*[d] *Arnd Dewing und Czygky aber al 40 gld. 13 gld. schaden.*

Summa 20 pferde.

---

a Nachtrag von anderer Hand.
b Über der Zeile ergänzt, darunter Streichung *12[,] 6*.
c Folgt Streichung *minus 12*.
d Unterhalb der Zeile ergänzt.

[S. 292]

Heilige[beill].

Item Cleyne Francke 2[a] *pferd[e] gedinet 11 jor* [b]*facit 100 und 68 gld.*[b] *1 ½*[c] *gld. 13 gld. unnd gld. unnd 26. Item vor seinen schalden abir al 15 gld.*

Item Czyczky 2[d] pferd[e] 12 jor gedinet. Summa 200[e] gld. minus 8[f] gld. Item 10 gld. schade.

Item Hennig Flyt 1 pferd gedinet 12 jor. Summa 100 gld. minus 4. Item vor den schaden 15 gld.

Item Wenczil Broditcz 1 ½ pferd[e] 10 ½ jor gedinet. Summa 100 gld. unnd 26. Item for seinen schaden 20 gld.

Item Steffan und[g] Horning 3 pferde gedinet 12 jor. Summa 300 gld. minus 12. Item vor irem schaden 20 gld.

Item Storkaw 5[h] pferde 12 jor gedinet 500[i] gld. minus [j]20 gld.[j] Item vor seinen schaden[k] 33 gld.

---

a Über der Zeile ergänzt, darunter Streichung *1 ½*.
b Über der Zeile ergänzt.
c Folgt unleserlich *el.*
d Über der Zeile ergänzt, darunter Streichung *1 ½*.
e Über der Zeile ergänzt und gestrichen, darunter Streichung *150.*
f Über der Zeile ergänzt, darunter Streichung *12.*
g Über der Zeile ergänzt.
h Korrigiert aus *4[,] 4.*
i Auf Rasur.
j Über der Zeile ergänzt, darunter Streichung *20 gld.* Darauf folgt Streichung *12.*
k Folgt Streichung *25 gld.*

[S. 293]

[Heilige]beill.

Item Claws Lossaw 2 pferde 2 jor gedinet. Summa 32 gld.

Item Hans Langenaw 2[a] pferde 12 jar[lang] gedinet. Summa 200[b] gld. minus 8.[c] Item vor seinen schaden 20 gld.

[d]*Seyn bruder Heyntcz hot gedinet mit 1 pferde 12 ½ jor facit 100 gld.*[d]

Item Symon Schuler 2 pferde 12 jor gedinet. Summa 200 gld. minus 8. Item vor seinen schaden 28 gld. [d]*Doruff hat em der kompthur von Osterrode*[925] *4 geringe m. gegeben am Dinstage nach Visitationis Marie im etc. LXVII*[ten] *jare*[926].[d]

Item 8 auszlendische fuszknechte 400 gld. minus 16 gld.

Item Caspar Mette[e] mit 4 pferden vor anderhalben jar weg geczogen 400[f] gld. [g]*minus 16. Sein schade 36 [gld.]*[g]

---

925 Martin Truchsess von Wetzhausen, 1467 Febr. 2–1477 Juni 11, Komtur von Osterode.
926 1467 Juli 7.

Summa 20 pferde.

Item Eberlen 1 pferd 10½ jor gedinet. Summa 84 gld. Item vor seinen schaden 20 gld.

Item Steffan ist man schuldig 150[h] *minus 6 ung. gld.*

Item vor den schaden 10 rh. [gld.]

---

a Über der Zeile ergänzt, darunter Streichung *1 ½*.
b Über der Zeile ergänzt, darunter Streichung *150*.
c Über der Zeile ergänzt, darunter Streichung *6*.
d Nachtrag von anderer Hand.
e Über der Zeile ergänzt.
f Unter der Zeile ergänzt, darüber Streichung *300*.
g Unter der Zeile ergänzt, darüber Streichung *unnd 36 gld*.
h Über der Zeile Streichung *100*.

[S. 294]

Heilige[beill].

Item Jorge Hoke 4 pferde 3 jar gedinet. Summa 100 gld. minus 4 gld.

Item Nickil Griszlaw 2 pferde gedinet 12 jar. Summa 200 gld. minus 8. Item vor seinen schaden 16 gld.

Item Hertel 5 pferde gedinet 12 jar. Summa 500 gld. minus 20. Item vor seinen schaden 60 gld.

Item Nickil Broditcz 1 pferd 5 jar gedinet 40 gld. vor dinst unnd schaden.

Item Jordan Scheller 2 pferde gedinet 12 jor. Summa 200 minus 8. Item schaden 25 gld.

Item Procob hot gedinet sint dem streit mit 2 pferden facit 200 gld. ung. Item mit 1 pferd 4½ jor facit 30 gld. ung. Item schaden genomen 4 pferd[e] facit 20 gld. rh.

Summa 15 pferde.

[S. 295]

[Heilige]beill.

Summa summarum 86 pferde.

Summa summarum 8.000 gld. 400 und 12 gld. des dinstes obiral abegerechent.

Summa summarum des schadens obir al 850 gld.

Item Baldenbach 2 pferde dinen her Slach wol einbescheid wirt thun. [a]*Her hat daz gelt zcu Tapiaw gnomen.*[a]

Item Melcher Eylaw 4 pferde davon werden des sons gesellen wol entscheiden.

Item Casper Norenberger hot gedinet 7 jor[lang] mit 2 pferden facit 100 unnd 12 gld. ung. Idem schaden genomen 6 pferde facit 30 rh. gld.

Item Nickel Broditcz 1 pferd 5 jar gedinet facit 40 gld. 70 m. vor dinst unnd schaden.

---

a Nachtrag von anderer Hand.

[S. 296]

Heiligebeil.

Item Hanns Masewitcz hot gedinet sint dem streite mit einem jungen unnd mit 1 pferde facit 150 ung. gld.

Item [a] *fussknecht Steffan Wolkenstein Metten von Taschen Jorge Czeithaw Geogisch Jorge Slesiger gerechent uff 250 ung. gld. unnd sindt czum streite her ein gekomen.*

Caspar Vitker hot gedinet mit 2 pferden 10 jor[lang] facit 60 gld. unnd 100 gld. ung. Item mit 1 pferde gedinet 7 jor[lang] facit 56 ung. gld. Item 2 pferde schaden uff 10 gld. rh.

[b]*Item 1 gro thuch hot em Cord Hoppelsson gegeben.*[b]

Bernt Krokaw hat im dinste gehat 7[c] *pferde 12*[d] *jor facit 650 gld. 22 gld. Item 30 gld. vor seynen schade pferde.*

Vallentin Winczer hot 12 ½ jor gedinet vor eyn fusknecht facit 50 gld. minus 2 gld.

Strewman hot uff 8 pferde abegerechent 6 jor lang gedienet facit 350 gld. 34 gld.

[S. 297]

Marienwerder.

Dis ist der hoffelewte dinst czu Marienwerder an ung. gld.

Bernhardt Lewszaw hot im dinste gehat 4 pferde 12 jor macht 400 gld. minus 16 gld. Her hat 2 pferde 8 jor gehat macht 100 gld. 28 gld.

Summa 500 unnd 12 gld.

[e]*Doruff hat her 100 m. entfangen von dem bischoffe czu Resenburg.*[e]

Egker hot imdinste gehat 3 pferde 12 jor macht 288 gld.

[e]Doruff hot her entfangen 75 m. angelde unnd an gewande vom bisschoffe.[e]

Reimer hot imdinste gehat 3 pferde 12 jor macht 288 gld.

[e]*Doruff hot her entfangen 75 m. an gelde unnd an gewande vom bisschoffe.*[e]

Henszel Mweth hot im dinste gehat 1 pferdt 11 jor macht 88 gld. unnd 1 pferder 2 jor macht 16 gld.

Summa 100 unnd 4 gld.

[e]*Item doruff hat her entfangen uff eyn*[f] *pferd 25 m. vom bisschschoffe.*[e]

Hans hot im dinste gehot 1 pferd 5 jor macht 40 gld.

[g]*Doruff hot her entfangen 25 m. an gelde unnd an gewande vom bisschoffe.*[g]

---

a Folgt Streichung *ho.*
b Nachtrag von anderer Hand.
c Über der Zeile ergänzt, darunter Streichung *9.*
d Über der Zeile ergänzt, darunter Streichung *10.*
e Nachtrag von anderer Hand.
f Unter der Zeile ergänzt, darüber Streichung *iglich.*
g Nachtrag von anderer Hand.

[S. 298]

Marien[werder].

[a]*Pauel Siber hot 1 pferd 12 jor gehat macht 100 gld. minus*[b] *4.*

Heinrich hot imdinste gehat 1 pferdt 2 jor macht 16 gld.

[Zeichen] Meetel hot im dinste gehat 1 pfert 11 jor macht 88 [gld.] Her hot 1 pfert 9 jor gehat macht 72 gld. Summa 100 gld. 60 gld.

Matcz Juchtel hot imdinste gehat 1 pfert 11 jor macht 88 gld. Her hot 1 pferdt 2 jor macht 16 gld. Summa 100 gld. 4 gld.

Niclasch hot im dinste gehat 1 pferd 2 jor macht 16 gld. unnd 1 pferdt gehat 1 jor macht 8 gld.

Summa 24 gld.

Gothardt hat 1 pferdt 12 jorlang gehat macht 100 gld. minus 4.[c]

[d]*Item 55 m. an gewand angeld und honnik darouff entfpangken im*[e] *10 m. am gelde im etc. XCIII*[ten] *jare uff Ephiefania Domini.*[927].[d]

[S. 299]

[Marien]werder.

Thomas Slesiger hot imdinste gehat 1 pferd 11 jor macht 88 gld.

Matcz vom Tume hot imdinste gehat 1 pferd 5 jor macht 40 gld.

---

927 1493 Januar 6.

Bartusch hot imdinste gehat 1 pferd 2 jor macht 16 gld.

[Zeichen] Schreiber hot imdinste gehat 1 pfert 5 jor macht 40 gld.

[Zeichen] Windisch hot imdinste gehat 1 pferd 11 jor macht 88 gld.[928]

Galger Trometer hot imdinste gehat 1 pferd 11 jor macht 88 gld.

Czipszer hot 1 pfert 12 jor lang hot macht 96[f] *[gld.]*

[g]*25 [gld.] hot her doruff entfangen vom bischoffe.*[g]

---

a Vor der Zeile Streichung *43 [m.] 100.*

b Folgt Streichung *10.*

c Folgen Streichungen [*45 m.*]

d Nachtrag.

e Folgt unleserlich *[dt].*

f Fälschlich notiert *CXVI.*

g Nachtrag von anderer Hand.

[S. 300]

Marien[werder].

Greger Czipsczer hot imdinste gehat 2 pferde 11 jor macht 150 gld. 26 gld. Her ist todt.

Czedelicz hot 11 jorlang 1 ½ pferde gehat macht 100 gld. unnd 32 gld.

Summa summarum des dinstes ist 2.442 gld.

[a]*Dorauff entpfhangen.*

Item 25 m. vom hern bischoff seliger czu Resennburg.[a]

[b]*Item 1 pffert meister Heinrich von Richtenberg.*[b]

[c]*Item 8 elen gewant.*

Item 4 m. unnd 1 laken gewant an 10 m. angeslagenn.[c]

[d]*Item 1 tonne honig vor 15 m. am Sonntag noch Viti et Modesti im etc. XC*[ten] *jor.*[929] *Hanns Muedth enntpfangen.*[d]

Dis sint die toden hoffelewte.

Jocub Scholcze hot 1 pferd imdinste gehat 6 jor machte 48 gld. Item szo hot her 1 pfert vorlorn macht 8 gld. rh.

Weczinger hat 2 pferde 9 jor gehat macht 44 gld. unnd 100. Item her hot 1 pferdt vor 8 gld. vorlorn.

---

928 S. OBA 16124 (wie Anm. 917), fol. 1r.

929 1490 Juni 20.

Hirszberger hot imdinste gehot 2 pferde 5 jor macht 80 gld. Item so hot her 1 pfert vorlorn macht 8 rh. gld.

---

a Nachträge von anderer Hand.
b Nachtrag von anderer Hand.
c Nachträge von anderer Hand.
d Nachtrag von anderer Hand.

[S. 301]

[Marien]werder.

Newesteter hot imdinste gehat 1 pfert 8 jor macht 64 gld.

Kannengisser hot 8 jor gedinet vor einenn pososener macht 64 gld.

Michel Franckenstein ein fuszknecht hot gedinet 8 jor macht 32 gld.

Hans Schutcze hot 6 jor gedinet mit 3 pferden macht 150 gld. minus 6 gld. Den dinst her Bernhardt Lwssaw gegeben.

Lange Jorgen hot 6 jor 1 pferd gehat macht 48 gld.

Summa summarum dinste unnd schaden der toden 548 gld.

[S. 302]

Marien[werder].

Dis sint die fuszknechte czu Marienwerder.

Grosze Jocub hot gedinet 11 jor macht 88 gld. unnd ist ein pososener.

Gregor Eyszer hot gedinet 12 jor macht 48 gld.

Lemke hot gedinet 9 jor macht 36 gld.

Phirlgrabe hot gedinet 12 jor macht 100 gld. minus 4 gld. Ist ein pososener geweszen.

Item entpfangen 38 m. von her Kwasz das sie [imnerwrder] eynrwmeten.

Peter Hoffeman hot 12 jor gedinet macht 48 gld.

Stamper hot 6 jor gedinet macht 24 gld.

Gleser hot 11 jor gedinet macht 44 gld.

[S. 303]

[Marien]werder.

Merten Hoke hot 5 jor gedinet macht 20 gld.

Jeniche hot 4 jor gedinet macht 16 gld.

Gregor Strosburger hot 5 jor gedinet macht 20 gld.

Jacub Prewssze hot 8 jor gedinet macht 32 gld.

Ulrich hot 12 jor gedinet macht 48 gld.

Molnickel hot 12 jor gedinet macht 48 gld.

Merten Reyne hot 5 jor gedinet macht 20 gld.

Frentczel Newe hot gedinet 7 jor macht 28 gld.

[S. 304]

Marien[werder].

Caspar Seteler hot gedinet 6 jor macht 24 gld.

Matcz Sateler hot gedinet 6 jor macht 24 gld.

Peter hot 6 jor gedinet macht 24 gld.

Austen hot 10 jor gedinet macht 40 gld.

Merten vom Schune hot gedinet 10 jor macht 40 gld.

Polnische Michel hot gedinet 8 jor macht 32 gld.

Cleyne Slesier hot gedinet 10 jor macht 40 gld.

Bartel Scholtcze hot gedinet 10 jor macht 40 gld.

[S. 305]

[Marien]werder.

Andr[is] Sneider hot 12 jor gedinet macht 48 [gld.]

Michel Drescher hot gedinet 12 jor macht 48 gld.

Schorenbrant hot gedinet 5 jor macht 20 gld.

Michel Czwetel hot 12 jor gedinet macht 48 gld.

Ortel hot gedinet 10 jor macht 40 gld.

Jorge hot gedinet 3 jor macht 12 gld.

Stentczel Reitawsz hot 3 jor gedinet macht 12 gld.

Anderleyn hot 4 jor gedinet macht 16 gld.

[S. 306]

Marien[werder].

Rotekristoff hot 5 jor gedinet macht 20 gld.

Eilias hot 3 jor gedinet macht 12 gld.

Brosien hot 3 jor gedinet macht 12 gld.

Matcz hot[a] 3 jor gedinet macht 12 gld.

Item Lorentcz hot 3 jor gedinet macht 12 gld.

Peter Gerusch hot gedinet 3 jor macht 12 gld.

Item Jorge Swartcz hot 2 jor gedinet macht 8 gld.

Nickel Geselle hot gedinet 8 jor macht 32 gld.

[S. 307]

[Marien]werder.

Matcz Geselle hot gedinet 8 jor macht 32 gld.

Jenchen hot 6 jor gedinet macht 24 gld.

Nickel vom Lossen hot 3 jor macht 12 gld.

Michel Smit hot 8 jor gedinet macht 32 gld.

Scholtcze von Auszwitcz hot gedinet 11 jor macht 44 gld.

Nickel Grosse hot 11 jor gedinet macht 44 gld.

Vallentin hot 4 jor gedinet macht 16 gld.

Nickel Arnold ein posesener 12 jor gedinet macht 100 gld. minus 4.

[S. 308]

Marienwerder.

Hans Lorentcz hot gedinet 1 jor macht 4 gld.

Jocub Lange hot gedinet 1 jor macht 4 gld.

Lange Hans hot gedinet 12 jor macht 48 gld.

Steffen Hesze hot 12 jor gedinet macht 48 gld.

Hans Neweman hot gedinet 9 jor macht 36 gld.

Symon Kawlhowpt hot 8 jor gedinet macht 32 gld.

Hans Persig hot 8 jor gedinet macht 32 gld.

Jocub Dr[i]szpe hot 10 jor gedinet macht 40 gld.

[S. 309]

Andris Rachbat hot 10 jor gedinet macht 40 gld.

Simon vonn der Neisze hot 12 jor gedinet macht 48 gld.

Disz sind die knechte die zcu Stargard haben gelegen.

Matcz Spange hot 11 jor gedinet vor einen pososener macht 88 gld.

Peter Achteszennicht hot gedinet 5 jor vor eyn pososener macht 40 gld.

Steffen Smit ist dirslagen worden unnd hot ritter Merten 1 pfert uff getragen das hot gedinet 11 jor macht 88 gld. unnd hot 7 jor 1 pferd gehat macht 56 gld.

Summa 100 gld. 44 gld.

Hans Lemke ist ein fuszknecht hot gedinet 3 jor macht 12 gld.

[S. 310]

Marien[werder].

Pawel Ma[r]ienburg hot gedinet 10 jor macht[b] 40 gld.

Summa summarum 2.162 gld.

Der fuszknechte summa Item[c] unnd 40 gld.

Summa summarum der resigen unnd fuszknechte dinste 4.600 gld. unnd 4 gld.

Disz ist der Marienwerder unnd hoffelewte do selbest schade an rh. gld.

Bernhardt vonn Lewszaw hot vorlorn 3 pferde macht 24 gld.

Egker hot 6 pferde vorlorn macht 48 gld.

Rymer hot 10 pferde vorlorn macht 80 gld.

---

a Folgt Streichung *10.*

b Folgt Streichung *9.*

c Ziffer ist nicht angegeben.

[S. 311]

[Marien]werder.

Hans Mwet hot 8 pferde vorlorn macht 64 gld.

Hans Ebert hot 2 pferde vorlorn macht 16 gld.

Mettel hot 8 pferde vorlorn macht 64 gld.

Matcz Jowcht hot vorlorn 3 pferde macht 24 [gld.]

Niclasch hot 2 pferde vorlorn macht 16 gld.

Gothard hot 1 pfert vorlorn macht 8 gld.

Thomas Sleszier hot 3 pferde vorlorn macht 24 gld.

[S. 312]

Marien[werder].

Windisch hot 4 pferde vorlorn macht 32 gld.

Czipszer hot 1 pfert vorlorn macht 8 gld.

Gregor Czipszer hot 2 pferde vorlorn macht 16 gld.

Czedelitcz 2 pferde vorlorn macht 16 gld.

Summa summarum der reszigen schade pferde 430 gld.

Dis ist der resigen schade an eren gerete an rh. gld.

Item Egker hot vorlorn 3 pantczer macht 15 gld. Item 3 kolner macht 3 gld. unnd 3 eiszenhutte macht 3 gld. Item 3 schisgeczewch macht 3 gld.

Summa summarum 24 gld.

[S. 313]

[Marien]werder.

Reimer 3 pantczer vorlorn macht 15 gld. Item vorlorn 3 golner macht 3 gld. Item 3 armbruste 3 gld. Item 2 blech macht 2 gld. Item 4 eiszenhutte macht 4 gld.

Summa 27 gld.

Item Henszel Mwet 3 pantczer macht 15[a] gld. 3 kolner 3 gld. Item 1 hůt 1 gld. Item 1 blech 1 gld. Item 3 armbruste 3 gld.

Summa 23 gld.

Hans hot vorlorn 1 schiszgeczewg macht 1 gld.

Hans Ebert hot 2 armbruste vorlorn macht 2 gld.

Metel 2 pantczer vorlorn macht 10 gld. Item 2 kolner 2 gld. Item 4 armbruste macht 4 gld.

Summa 16 gld.

Matcz Jawchte vorlorn den cleinen schreiber 2 pantczer macht 10 gld. 2 kolner 2 gld. Item 2 eiszenhutte 2 gld. Item 2 armbruste 2 gld. 1 blech 1 gld.

Summa 17 gld.

[S. 314]

Marien[werder].

Niclasch hot 1 pantczer vorlorn vor 5 gld. 1 kolner vor 1 gld. Item 1 blech vor 1 gld. Item 2 schiszgeczewg 2 gld.

Summa 9 gld.

Gothartd 1 golner vorlorn macht 1 gld. Item ein a[r]mbrust vor 1 gld. Item 2 hutte macht 2 gld.

Summa 4 gld.

Thomas Slesiger hot vorlorn 1 armbrust 1 gld.

Matcz vom Tume 1 armbrust 1 gld.

Bartusch 2 armbrust vorlorn macht 2 gld.

Matcz Windisch hot vorlorn 1 pantczer vor 5 gld. Item 1 blech 1 gld. 1 golner 1 gld. Item 4 armbruste 4 gld.

Summa 11 gld.

Trometer hot vorlorn 1 armbrust vor 1 gld. Item 1 tromete 1 gld.

[S. 315]

[Marien]werder.

Cziptczer 2 armbruste 2 gld.

Gregor Cziptczer 2 pantczer 10 gld. 2 golner 2 gld.

Summa 12 gld.

Czedelicz hot vorlorn 5 armbruste macht 5 gld.

Summa 150 gld. unnd 9 gld. an gerete.

Disz ist der fuszknechte schaden an irem gerete am rh. gld.

Greger Eyszer hot 3 armbruste vorlorn macht 3 gld.

Sullegraben hot vorlorn 5 armbruste macht 5 gld. Item 3 schilde 3 gld.

Summa 8 gld.

Peter Hoffeman 2 schilde macht 2 gld. unnd 4 armbruste macht 4 gld.

---

a Folgt Streichung *panczer*.

[S. 316]

Marien[werder].

Stamper 2 armbruste 2 gld.

Gleser 2 armbruste 2 gld.

Gregor Stroszburg 1 armbrust 1 gld.

Austen 1 armbrust 1 gld.

Lemken 3 armbrust unnd 1 schilt macht 4 gld.

Merten vom Sthume 2 armbruste vorlorn 2 gld.

Polnische Michel 1 armbrust 1 gld.

Cleine Slesier 1 armbrust 1 gld.

Scherenbrant 1 armbrust 1 gld.

[S. 317]

[Marien]werder.

Enderleyn 2 armbrust macht 2 gld.

Nickel Grosse 1 armbrust macht 1 gld.

Nickel Arnolt 1 schilt vorlorn 1 gld. Item 1 armbrust 1 gld. 1 eiszenhut 1 gld. Summa 3 gld.

Hans Lorentcz 1 armbrust 1 gld.

Jocub Lange 1 armbrust 1 gld.

Lange Hans 1 armbrust 1 gld.

Steffen Hese hot vorlorn 1 armbrust 1 gld.

Hans Neweman.

[S. 318]

Marien[werder].

Simon Kawlhowpt 1 armbrust 1 gld.

Matcz Spange hot 3 schilde vorlorn 3 armbruste macht 6 gld.

Peter Achtesnicht hot vorlorn 3 armbruste 3 gld.

Hanns Lemke hot vorlorn 2 armbruste macht 2 gld.

Summa 54 gld.

Summa summarum der resige unnd fuszknechte schade 213 gld. vor des gerete.[a]

[S. 319]

[Marien]werder.[a]

[S. 320 leer]

[S. 321]

Newenmarcket.

Dis ist der dinst den her Ulrich vonn Kniszberg mit denn Newenmarckter hot abegerechent am dinste noch Conversionis Pauli[930] czu ung. gld. unnd dor noch im ander register der schade zcu rh. gld.

Item Heintcze Szeydelitcz hot 13 pferde am dinste 11[b] *jorlang das brenget 1.150 unnd 14 gld.*

930 Januar 25.

Item Nickel Szeidelitcz hot 6 pferde im dinste 3 jorlang das brenget 150 gld. minus 6 gld.

Item Apitcz Szeidelitcz hot 7 pferde imdinste 11½ jorlang das brenget 650 minus 6 gld.

Hans Swenckenfelt hot am dinste 6 pferde 12 jorlang das brenget 600 minus 24 gld.

Item Caspar Czetschko ist vorstorben unnd hat 4 pferde am dinste 7 jorlang das brenget 200 unnd 24 gld.

[S. 322ar; Rückseite unbeschrieben; eingelegter Zettel: 12,5 x 11 cm; Bleistift: ad fol. 175]

Item Nickel vom Sedel zcum Newnmargkte hot keynen dinst gehat unnd ist eynes leynenwebers knecht eyn prewsse unnd ist in den dinst geschreben.

Item Cristoff Czedelitcz hat keyn resig pferde gehalden in 8 joren denn pflugpferde denn nw hat 2 pferde daz em hat em der voith czum Sthume[931] gegeben der ander tawg nicht.

[S. 322]

Newen[marckt].

Item Cristofft Magnus hot 13 pferde im dinste 12½ jorlang das brenget 130 gld. Item noch 1 pferd ein einrossz 2 jor das brenget 16 gld.

Hans Magnus hot imdinste 5 pferde 12 jorlang das brenget 500 gld. minus 20 gld.

Item Brone is tod unnd hat 1 pferd im dinste 10 jorlang das brenget 80 gld.

Item Nickel Howgewit hat im dinste 3 pferde 4½ jorlang das brenget 100 unnd 8 gld. Her is todt.

Item Conradt Reynszburg ist todt unnd hat 4 pferd[e] im dinste 11 jorlang das brenget 350 unnd 2 gld.

Item Cristofft Czedelitcz hot am dinste 7 pferde 12½ jorlang das brenget 700 gld. Item eyn eintrossz. Cristoff Procop ist bey im gestorben. Der hat 1 pferd 7 jorlang am dinste das brenget 56 gld.

[S. 323]

[Newen]marckt.

Item Straws hot im dinste 6 pferde 6 jorlang das brenget 300 minus 12 gld. unnd ist todt.

Item Lomitcz Geiszeler hot am dinste 2 pferde 12½ jorlang das brenget 200 gld.

---

931 Eventuell Konrad von Lichtenhain, 1466, Vogt von Stuhm.

Item Seyferdt Metche hot am dinste 4 pferde 7 jorlang das brenget 200 unnd 8 gld. Item 1 pferd 12½ jor das brenget 100 gld.

Item Nickel Ryme ist todt unnd hot 7 pferde am dinste 12 jorlang das brenget 650 unnd 22 gld.[c]

Item Cuntcze Somerfelt hot 6 pferde am dinste 12 jorlang das brenget 600 minus 24 gld.

Item Cuntcze Nymsche hot 2 pferde am dinste 12 jorlang das brenget 200 minus 8 gld.

[S. 324]

Neuwen[marckt].

Item Hans Mesze hot 2 pferde am dinste 11 jorlang das brenget 150 unnd 26 gld. unnd ist todt.

Item Jurge Jugeram hot 11 pferde am dinste 12½ jor das brenget 1.100 gld.

Item Steinkirche hot am dinste 7 pferde 6 jorlang das brenget 300 unnd 36 gld.

Item Furstensteyn hot uff ein pferdt dinst 12½ jor das brenget 100 gld. Item 1 pferd 7 [jor] das brenget 56 gld.

Item Thame Szeidelitcz der tod ist unnd Hans Szcidelitcz haben am dinste 18 pferde 12 jorlang das brenget 1.700 unnd 28 gld.

Item Hans Schindel hot im dinste 3 pferde 2½ jor das brenget 60 gld.

[S. 325]

[Neuwen]marckt.

Item Brenhardt Birchen hot 6 pferde am dinste 12½ jorlang das brenget 600 gld.

Item Hans Birchen ist todt unnd hot am dinste 4 pferde 5 jor[lang] das brenget 150 unnd 10 gld.

Item Bele hot 1 pferd am dinste 12[d] jorlang das brenget 100 gld. minus[e] 6 gld.

Item Mattis Haschke ist todt unnd hot 5 pferde am dinste 6½ jorlang das brenget 250 gld. unnd 10 gld.

Item Guntczel Haschke hot am dinste 2 pferde 1½ jorlang das brenget 24 gld.

Item Bowitcz hot im dinste 9[f] pferde 6½ jorlang das brenget 450 unnd 18 gld. und ist tod.

[S. 326]

Neuwen[marckt].

Item Nickel Brawchewitcz hot am dinste 9 pferde 4½ jor[lang] das brenget 300 unnd 24 gld.

g Item 1 rh. gld. haben wir em gegeben am Freitage noch Michaelis im LXVIIIten [932].g

gDisser hot ein uszgeschnitten brieff.g [933]

Item Andris Redelitcz hot am dinste 2 pferde 7 jorlang das brenget 100 unnd 12 gld.

Item Nickel Elbel hot am dinste 4 pferde 8½ jorlang das brenget 250 unnd 22 gld. unnd ist todt.

Item Laslo Schindel ist todt unnd hot 6 pferde am dinste 11 jorlang das brenget 500 unnd 38 gld.

gDoruff hat em der.g

Item Rakewitcz hot 1 pferd am dinste 11 jorlang das brenget 88 gld.

Item Jorge Czedelitcz hot am dinste 6 pferde 12½ jorlang das brenget 600 gld.

[S. 327]

[Neuwen]marckt.

Item Mattis Lemburgk hot 9 pferde am dinste 10 jorlang das brenget 700 gld. 20 gld.

g*Item 1 rh. gld. hot her entfangen am Freitage Michaelis*[934].g

Item Michel Nasse hot 2 pferde am dinste 2 pferde 6 jor brenget 100 minus 4 gld.

Item Landiskron hot 8 pferde am dinste 10½ jor das brenget 700 minus 38 gld.

Item Merten Cirsburg hot am dinste 1 pferd 12½ jor das brenget 100 gld.

Item Peter Sarchen hot am dinste 4 pferde 10½ jorlang das brenget 250 unnd 2 gld.

g*Beczalt von dem hochwirdigen hern Merten Truchszes hoemeister im etc. LXXXIten jor am tage Sancte Marie Magdalene*[935].g

Item Rabe hot 2 pferde am dinste 12½ jorlang die hot her gelossen den dinst uff 100 unnd 20 gld.

932 1468 September 30.

933 S. GStA PK, XX. HA Hist. StA Königsberg, Perg.-Urk. 3273, Schiebl. XIII 68; OBA 16214 (wie Anm. 571); GStA PK, XX. HA Hist. StA Königsberg, OBA 17116.

934 Michaelis: September 29.

935 1481 Juli 22.

[S. 328]

Neuwen[marckt].

Item Unger Hans hot 2 pferde am dinste 12 ½ jorlang das brenget 200 gld.

Item Hans Ewerhardt hot am dinste 15 pferde 12½ jor[lang] das brenget 1.500 gld.

Item Jurge Jeger hot am dinste 4 pferde die brengen 400 gld. 12 ½ jorlang.

Item Nickel Opitz hot am dinste 4 pferde 12 jorlang das brenget 400 minus 16 gld.

Item Hans Swenckenfelt hot am dinste 5 pferde 12 ½ jorlang das brenget 500 gld.

Item Kirsten Katczsch hot 5 pferde am dinste 12 jorlang das brenget 500 minus 20 gld. Hot gelt czum Schonberg genomen.

[S. 329]

[Neuwen]marckt.

Item Hentcze Katczsch hot am dinste 4 pferde 7 ½ jorlang die brengen 250 [gld.] minus 10 unnd ist todt.

Item Dobeschitcz hot 4 pferde am dinste 12 ½ jorlang das brenget 400 gld.

Item Peterley hot 2 pferde am dinste 12 ½ jorlang das brenget 200 gld.

Item Hans Jonn 1 pferd am dinste 12 ½ jorlang das brenget 100 gld.

Item Alde[h] Nickel hot 1 pferd 12 ½ jorlang am dinste das brenget 100 gld.

Item Prawsz hot 3 pferdt am dinste 11 jorlang das brenget 300 minus 36 gld.

[S. 330]

Neuwen[marckt].

Item Freitag hot am dinste 1 ½ pferdt 12 ½ jor das brenget 150 gld.

[i]*Item des hern gnad hot Niclos Crompach von Freitags wegen gancz entscheiden unnd hot seinen g[naden] gelowbt vor alle noch manungen.*[i]

Item Nickel Engelman eyn prewsze hot gelt uffinn sedel genomen hot 1 pferdt 6 jorlang brenget 48 gld.

Item Kneipel hat am dinste 1 pferdt 12 ½ jorlang das brenget 100 gld.

Item Swartcze Merten hot 1 pferd am dinste 10 jorlang das brenget 80 gld.

Item Nickel Borgeny hot 1 pferd am dinste 4 jor das brenget 32 gld.

Item Hermanszdorff hot 2 pferde am dinste 11 jorlang das brenget 150 unnd 26 gld. unnd ist todt.

[S. 331]

[Neuwen]marckt.

Item Puntczer hot 5 pferde am dinste 5 jorlang das brenget 200 gld. unnd ist todt.

Item Gregor Sneider hot 1 pferd am dinste 10 ½ jorlang das brenget 84 gld. unnd ist tod.

Item Bernhardus hot 1 pferd am dinste 6 jorlang 48 gld. Ist tod.

Item Lawterbach hot 1 pferd am dinste 12 jorlang das brenget 100 minus 4 gld.

Item Blinde Jurge hot am dinste 1 pferd 12 ½ jorlang das brenget 100 gld.

Item Meyses hot am dinste 8 pferde von anh[e]ben bys uff Michaelis im LXV jor.[936] Do ist her gestorben. Do hot her von seinen dinste seinen weibe bescheiden 100 gld. die hot her dem burgermeister mechtig gemacht unnd den andern dinst unnd schaden hot her Unssz Lieben Frawen bescheiden.

---

a Unterhalb des Eintrags verbleibt Freiraum.
b Korrektur aus *12*.
c Folgt Streichung *Doruff haben wir em gegeben […] [gld.] […]*.
d Korrigiert aus *11 ½*.
e Folgt Streichung 5 ½.
f Folgt Streichung *jor*.
g Nachtrag von anderer Hand.
h Zuvor Streichung *ad*.
i Nachtrag von anderer Hand.

[S. 332]

Newen[marckt].

Disz sint die fuszknechte zcum Newenmarkte ins[a] Melmos rotte.

Item Melmos hot am dinste 5 pferde 11 ½ jorlang das brenget 500 gld.

Item Zeler hot am dinste 1 pferd 12 ½ jorlang das brenget 100 gld.

Item Andris Winckeler hot 1 pferd am dinste 12 ½ jorlang das brenget 100 gld.

Item Hans Sommerfelt hot 1 pferdt am dinste 12 ½ jorlang das brenget 100 gld.

Item Cratczherdt hot 1 pferd am dinste 12 ½ jorlang das brenget 100 gld.

Item Nickeleyn hot gedinet vor ein fuszknecht 12 ½ jor das brenget 50 gld.

---

936 1465 September 29.

[S. 333]

[Newen]marckt.

Item Hans Ulbrecht hot gedinet 5 jor vor 1 fuszknecht das brenget 20 gld.

Item Michel Schultisse hot gedinet 10 jor vor 1 fuszknecht das brenget 40 gld.

Item Peter Parchewitcz hot gedinet vor 1 fuszknecht 8 jor brenget 32 gld.

Item Nitsche hot gedinet 1 ½ jor das brenget 6 gld.[b]

[S. 334]

Neuwen[marckt].

Disz sint die fuszknechte in Hinritcze rotte.

Item Hinritcze hot dinste uff 1 ½ pferd[e] 12 ½ jor das brenget 150 gld.

Item uff die[c] rotte haben sie 3 ½ pferde 12 ½ jorlang das brenget 350 gld.

Item Nickel Monch hot gedinet 12 ½ jor brenget 50 gld.

Item Peter Hundesfelt hot gedinet 12 ½ jor das brenget 50 gld.

Peter Hewner hot gedinet 12 ½ jor[lang] das brenget 50 gld.

Peter Molner hot gedinet 12 ½ jor brenget 50 gld.

Item Nickel Weyszkirche hot gedinet 12 ½ jor[lang] das brenget 50 gld.

[S. 335]

[Neuwen]marckt.

Item Baltczer Scholtcz ist todt.

Item Crunpach hot gedinet 12 ½ jor[lang] das brenget 50 gld.

Item Nickel Hoffeman hot gedinet 12 ½ jor das brenget 50 gld.

Item Lemburgk hot gedinet 12 ½ jor[lang] das brenget 50 gld.

Item Lonitcz Jost hot gedinet 12 ½ jor das brenget 50 gld.

Item Gertener hot gedinet 9 ½ jor[lang] das brenget 40 gld. minus 2 gld.

Item Greger Trometer hot gedinet 10 jor[d] das brenget 40 gld.

[S. 336]

Neuwen[marckt].

Item Hans Stange hot gedinet 11 jor das brenget 44 gld.

Item Clawis Smit hot gedinet 6 jor das brenget 24 gld.

Item Mattis Kind hot gedinet 7 ½ jor das brenget 30 gld.

Item Jocub Smit hot gedinet 10 jor brenget 40 gld.

Item Merten Zeler hot gedinet 8 jor das brenget 32 gld.

Item Pawel Hoffemann hot gedinet 3 jor das brenget 12 gld.

Item Nickel unnd Pechman haben dinst uff 1 ½ pferdt 12 jor das brenget 150 gld. minus 6 gld.

[S. 337]

[Neuwen]marckt.

Item Heydehayn unnd Legenitcz haben 1 ½ pferdt amdinste gehat 12 ½ jor das brenget 150 gld.

Item Michel Botten hot gedinet 10[e] jor das brenget 40 gld.

Item Doner hot gedinet 10 jor [das] brenget 40 gld.

Item Lucas ein prewsze von Littesdorff der ist uff Marienburg komen do man dy brucke abebrante. Dem habe ich sein dinst angeslagen vor 50 gld. ummb seines getrawis dinstis unnd der zcu sagen wille die euwer gnade dem haubtman unnd Hintcze Seydelitcz hot zcugesaget etc.

[f]*Lockaw ist men schuldig 350 ung. gld. vor seinen dinst.*

Item 40 rh. gld. vor den schaden unnd ist an Maxems rotte gerechent.[f]

a Folgt Streichung *Memols*.
b Unterhalb des Eintrags verbleibt Freiraum.
c Folgt Streichung *h*.
d Über der Zeile ergänzt.
e Über der Zeile ergänzt, darunter Streichung *11*.
f Nachtrag von anderer Hand.

[S. 338]

Neuwen[marckt].

Disz sint die vorstorben die do haben weib unnd kindt gelossen etc.

Item Jorge Newmann hot gedinet 11 jor das brenget 44 gld.

Item Hans Titcze hot gedinet 6 jor das brenget 24 gld.

Item Czirlick ist gestorben unnd hot gedinet 6 jor mit eime pferd unnd hot das gelt zur Eylaw genomen.

Item Merten Czan hot gedinet mit eime pferde 4 jor das [brenget] 32 gld.[a]

[S. 339]

[Neuwen]marckt.

Item disse fuszknechte sint vorstorbenn unnd nicht weib noch kindt gelossen.

Item Hans Hawscheffel hot gedinet ½ jor das brenget 2 gld.

Item Stulpenickel hot gedinet 4 jor[lang] das brenget 16 gld.

Item Mattis Wend hot gedinet 4 jor das brenget 16 gld.

Item Jocub Reiche 4 jor das brenget 16 gld.

Item Hans Fedeler 6 jor das brenget 24 gld.

Item Jorge Roremeister 6 jor das brenget 24 gld.

Item Hans Locke hot gedinet 8 jor das brenget 32 gld.

[S. 340]

Neuwen[marckt].

Item Newsteter 8 jor gedinet das brenget 32 gld.

Item Mattis Koch hot gedinet 11 jor[lang] das brenget 44 gld.

Item Hans Richter hot gedinet 6 jor das brenget 44 gld.

Item Hans Reynisch hot gedinet 12 ½ jor brenget 46 gld.

Item Oppergelt hot gedinet 9 jor brenget 36 gld.

Item Jorge Winckeler hot gedinet 7 jor das brenget 28 gld.

Item Setczeschran hot gedinet 6 jor das brenget 24 gld.

[S. 341]

[Neuwen]marckt.

Item Baltczer Scholtcze hot gedinet 11 jor das brenget 44 gld.

Haszenfuszknechte.

Item Jenchen Krumpnasze ½[b] jor das brenget 2 gld.

Item Wentczel Kroe hot gedinet 3 jor das brenget 12 gld.

Item Nymerstete hot gedinet 4 jor das brenget 16 gld.

Item Michel Gorer 4 jor das brenget 16 gld.

Item Nickel Puschke 2 jor gedinet [das] brenget 8 gld.

Item Andris Waynknecht 3 jor [das] brenget 12 gld.

[S. 342]

Neuwen[marckt].

Item Fischer 7 jor gedinet brenget 28 gld.

Item Martin Cannitcz ½ jor das brenget 2 gld.

Item Mouch 8 jor gedinet das brenget 32 gld.

Item Adam 11 jor gedinet das brenget 44 gld.

Item Thomas Rasche 6 jor das brenget 24 gld.

Item Crutcze Predel 4 jor summa 16 gld.

Item Witczel 7 jor gedinet [das] brenget 28 gld.

[S. 343]

[Neuwen]marckt.

Item Hans Knorpe 1 jor das brenget 4 gld.

Item do Hans Willisch hot gedinet 5 jor das sint 20 gld.

Item[c] meister Ulrich hot gedinet 1 jor mit 1 pferd das brenget 8 gld.

Item Molmos fuszknechte die vorstorben sint.

Item Matt[is] Knorich hot gedinet 2 jor[lang] das brenget 8 gld.

Item Bernhardt Sneider 1 jor das brenget 4 gld.

Item Mekel Korszener 3 jor das brenget 12 gld.

Item Anesorge hot gedinet 4 ½ jor das sint 18 gld.

Peter Leuckhardt [hot gedinet] 11 jor das brenget 44 gld.

[S. 344]

Neuwen[markt].

Item Anthonius Stolti 3 jor das brenget 12 gld.

Item Nickel Herman 4 jor das brenget 16 gld.

Item Jorge Herman 11 jor das brenget[d] 44 gld.

Item Hans Fogel 11 jor gedinet brenget 44 gld.

Item Wentczel Stein 11 jor brenget 44[e] gld.

Item Hans Hayer 2 jor brenget 8 gld.

[Item] Krigisch 1 pferd 10 jorlang brenget 80 gld.

---

a Folgt Streichung in neuer Zeile *Item*. Unterhalb des Eintrags verbleibt Freiraum.

b Folgt Streichung *bo*.

c Folgt Streichung *V*.
d Folgt Streichung *d*.
e Korrigiert aus *47*.

[S. 345]

[Neuwen]markt.

Disz ist Fritsche Hoe[nn]ests rotte.

Item Fritsche Hoennest hot am dinste 12 jorlang 5 pferd[e] das brenget 500 minus 20 gld. Item noch 5 pferde 11 jorlang das brenget 400 unnd 40 gld. Item 2 pferde 10 jorlang das brenget 150 unnd 10 gld.

Summa 1.000 gld. unnd 80 ung. gld.

Item Bertram Bergk[a] *hot 8 pferde am dinste 12 jorlang das brenget 7½ unnd 18 gld.*[b]

Item Melwitcz hat am dinste 2 pferde 12½ jor jorlang das brenget 200 gld.

Item Fewerhacke hat 1 pferdt am dinste 12 jorlang das brenget 100 minus 4 gld.

Item Merten vom Stocke hat am dinste 2 pferde 12 jor das brenget 200 minus 8 gld.

[S. 346]

Neuwen[marckt].

Item Casperleyn hat am dinste 1 pferdt 10 jor das brenget 80 gld.

Item Matt[is] vonn Donen hot 1 pferd am dinste 12½ jor[lang] das brenget 100 gld.

Item Wilkenheysze hat am dinste 5 pferde 8 jor das brenget 100 unnd 24 gld. unnd ist todt.

Item Veyth hot 1 pferdt am dinste 11½ jor das brenget 100 minus 8 gld.

Item Ludwig Burger hot am dinste 1 pferd 12½ jor das brenget 100 gld.

Item Kritcz ist todt unnd hot 2 pferde am dinste 10½ jor das brenget 150 unnd 18 gld.

[S. 347]

[Neuwen]marckt.

Item Roder ein fuszknecht hot gedinet 9½ jor das brenget 40 minus 2 gld.

Item Marcus hot gedinet 10 jor das brenget 40 gld.

Item Cristofft hot gedinet 10 jor das brenget 40 gld.

Item Arnold hot vor[c] gedinet 32 gld.

Item Brunaw ist todt unnd hat 2 pferde am dinste 8 jor das brenget 100 unnd 28 gld.

Item Heynrich Francke hot gedinet 10 jor mit 1 pferde das brenget 80 gld.

---

a Buchstabe *r* über der Zeile ergänzt.

b Folgt Streichung *Summa 848 ung. gld. der beiden Fritcze unnd Bergk.*

c Über der Zeile ergänzt.

[S. 348]

Item Spremberg hot 1 pferd am dinste 6 jor[lang] das brenget 48 gld.

Item Knobeloch ein prewsze hot 4 pferde am dinste 12 jor[lang] das ist angeslagen uff 200 gld.

[a]Item im gegeben 2 ½ halb laken.

Item nach 3 m.

Item 10 ell[en] gewand und 1 post[latsche] gld.[a]

Conitcz.

Item disz sint die Konitczer mit irem[b] dinste.

Item Meschwitcz hot 2 pferde am dinste 12 ½ jorlang das brenget 200 gld. [c]*minus 8 gld.*[c] *Item noch 1 pferdt 11 ½ jor das brenget 100 gld. minus 8. Item* [d]*noch 1 pferd*[d] *5 jor das brenget 40 gld.*

[e]Meschwitcz ist noch nicht beczalt.[e]

Item Theichnitcz hot 1 pferd am dinste 12 jor das brenget 100 minus 7 gld. [f]*Item noch 2 pferdt 7 jor das brenget 100 und 12 gld. Item noch 3 pferde 5 jor das brenget 100 und 20 gld. Item noch 2 pferde 4 jor das brenget 64 gld.*[f] [g]*Item 6 rh. gld. haben wir em doruff gegeben am Suntage zcu Ostern im LXVIII*[ten] [937].[g] [h]*Her bogert das*[i] *dorff Hemrichsdorff vor seinen dinst unnd schaden allene zcu seinem leben. Item 12 huben bogert her zcu Gra[weinne] do Tawrin uffe gewanet hot. Item her hat es mit unns also vorlossen sonen den andern gelt geben wurde dan iren son gelt j[arn]e behalde.*[h]

Item Hans Ploschwitcz hot 2 pferde am dinste 6 jor das brenget 100 minus 4 gld.

---

937 1468 April 17.

[S. 349]

Conitcz.

Item Greger Ploschwitcz hat am dinste 5 pferde 8 jor[lang] das brenget 300 und 20 gld. Item noch mit 3 pferde 2 jor das brenget 48 gld. Item noch 2 pferde ½ jor[lang] das brenget 8 gld.

Summa 450[j] *gld. 22 gld.*

Hanns Ploschwitcz hat 1 pferde 7 jor im dinste gehat macht 100 unnd 12 ung. gld. Item 10 rh. gld. vor den schaden.

Item Pankratcz hot uff 1 pfert dinst gebest vonn Henszel Worszen 12½ jor das brenget 100 gld. Item noch 1 pferdt 9 jor das brenget 72 gld. Item noch 1 pferd 6 jor das brenget 48 gld.

Summa 200 ung. gld. 20 gld.

Item Ulbrecht Kochssdorff hot 6 pferde am dinste 12½ jor[lang] das brenget 600 gld. Item noch 1 pferdt 5 jor 40 gld.

Item Hincke seyn bruder hot am dinste 6 pferde 5 jor[lang] das brenget 200 gld.[k] *unnd ist todt.*

Item Hans Jekel hot 1 pferd am dinste 6 jor das brenget 48 gld.

---

a Nachträge von anderer Hand.
b Folgt Streichung *schadenn*.
c Über der Zeile nachgetragen.
d Unter der Zeile nachgetragen.
e Vor der Zeile ergänzt.
f Nachträge.
g Nachtrag von anderer Hand.
h Nachträge von anderer Hand.
i Folgt Streichung unleserlich.
j Korrigiert aus *250*.
k Über der Zeile ergänzt.

[S. 350]

Ko[nitcz].

Item Andris Czenckerer hot 1 pferdt am dinste 9 jor[lang] das brenget 72 gld.

Item Hincze Meyssen hot 1 pferd am dinste 10 jor[lang] das brenget 80 gld.

Item Thomel 1 pferd am dinste 10 jor das brenget 80 gld.

Item Hans Francke hot 1 pferd am dinste 1½ jor das brenget 12 gld.

Item Gunter Schoff hot 2 pferd[e] am dinste 5½ jor[lang] das brenget 88 [gld.] Item noch 4 pferde 5 jor[lang] das brenget 150 gld. und 10.

Item Konigk hot 3 pferde am dinste 12½ jor[lang] das brenget 300 gld.

[S. 351]

[Ko]nitcz.

Item Konigesbruder hot gedinet vor 1 f[usz]k[necht] 11½ jor[lang] das hot her gelossenn vor 15 gld. und ist todt.

Item Hans[a] Hebean hot 1 pfferd am dinste 9 jor[lang] das brenget 72 gld.

Item Peter[b] Keymen hot gedinet vor 1 fuszknecht 9 jor[lang] das brenget 36 gld.

Item Knoplach[c] hot 1 pferd am dinste 1½ jor das brenget 12 gld.

Item Mattis Kindt ein prewsze unnd ist mit Lange Nickel mit 1 pfferd uff Marienburg komen do die brucke branthe dem habe ich sein dinste angeslagen vor[d] 60 gld. mit all seinen schaden.

---

a Folgt Streichung *Hese.*

b Über der Zeile ergänzt.

c Buchstabe *o* über der Zeile korrigiert.

d Folgt Streichung *40 gld.*

[S. 352]

Neuwen[marckt].

Disz ist der schade der Newenmarckter.

Item Hentcze Seydelitcz unnd sein bruder Nickel Szeydelitcz haben vorlorn 65 pfferde die sint angeslagen vor 400 rh. gld.

Item Opitcz Szeydelitcz hot vorlorn 21 pferde dy sint angeslagen vor 150 gld. rh.

Item Hans Swenckenfelt hot vorlorn 12 pfferde die sint angeslagen vor 90 gld. rh.

Item Caspar Czetczschko hot vorlorn 9 pferde sint angeslagen vor 50 gld. rh.

Item Cristoff Magnus hot vorlorn 39 pfferde die sint angeslagen vor 200 gld. rh.

Item Hans Magnus hot vorlorn 3 pferde die sint angeslagen vor 15 gld. rh.

[S. 353]

[Neuwen]marckt.

Item Brone hot vorlorn 2 pferde sint angeslagen vor 10 gld. rh.

Item Nickel Howgewitcz hot vorlorn 3 pferde die sint angeslagen vor 15 gld.

Item Conrad Renszburg hot vorlorn 10 pferde die sint angeslagen vor 50 gld.

Item Cristoff Czedelitcz hot vorlorn 15 pferde die sint angeslagen vor 80 gld.

Item Straws hot vorlorn 3 pferde die sint angeslagen vor 15 gld.

Item Seifridt Metche hot vorlorn 8 pferde die sint angeslagn vor 40 gld. rh.

[S. 354]

Neuwen[marckt].

Item Nickel Ryme hot vorlorn 24 pferde dy sint angeslagen vor 100 gld.

Item Cuntcze Sommerfelt hot vorlorn 13 pferde die sint angeslagen vor 50 gld.

Item Cuntcze Nymptsche hot vorlorn 8 pferdt dy sint angeslagen vor 30 gld.

Item Hans Mesze hot vorlorn 3 pferde die sint angeslagen vor 10 gld.

Item Jorge Ingeram hot vorlorn 37 pferde die sint angeslagen vor 200 gld. rh.

Item Steynkirche hot vorlorn 10 pferde die sint angeslagn vor 50 gld.

[S. 355]

[Neuwen]marckt.

Item Furstenstein hot vorlorn 12 pferde die sint angeslagen vor 5 gld.

Item Thamme unnd Hans Szeidelitcz haben vorlorn 20 pferde die sint angeslagen vor 70 gld.

Item Hans Schindel hot vorlorn 3 pferde die sint angeslagen vor 15 gld.

Item Bernhardt Bachen hot vorlorn 14 pferde dy sint angeslagen vor 60 gld.

Item Gele hot vorlorn 2 pferd[e] die sint angeslagen vor 8 gld.

Item Mattis Haschke unnd sein bruder Guntczel haben vorlorn 5 pferde die sint angeslagen vor 20 gld. rh.

[S. 356]

Neuwen[marckt].

Item Borwitcz hot vorlorn 10 pferde die sint angeslagen vor 50 gld.

Item Nickel Brawchewitcz hot vorlorn 6 pferde die sint angeslagen vor 30 gld.

Item Nickel Elbel hot vorlorn 6 pferde dy sint angeslagen vor 30 gld.

Item Laslo Schindel hot vorlorn 18 pferde dy sint angeslagen vor 90 gld.

Item Rakewitcz hot vorlorn 2 pferde dy sant angeslagen vor 8 gld.

Item Jurge Zczedelitz hot vorlorn 16 pferde die sint angeslagen vor 80 gld.

[S. 357]

[Neuwen]marckt.

Item Mattis Lamburg hot vorlorn 11 pferde dy sint angeslagen vor 50 gld.

Item Landiskron hot vorlorn 12 pferde die sint angeslagen vor 50 gld.

Item Mertenn Kuszberg hot vorlorn 2 pferde dy sint angeslagen vor 5 gld.

Item Zarchen hot vorlorn 3 pferde die sint angeslagen vor 10 gld.

Item Unger Hans hot vorlorn 7 pferde die sint angeslagen vor 30 gld.

Item Hans Ewerhardt hot vorlorn 58 pferde die sint[a] *angeslagen vor 300 gld.*

[S. 358]

Neuwen[marckt].

Item Jorge Jeger hot vorlorn 16 pferde die sint angeslagen vor 50 gld.

Item Nickel Opitcz hot vorlorn 36 pferde dy sint angeslagen vor 100 gld. rh. unnd 10 gld.

Item Hans Swenckenfeld hot vorlorn 16 pferde die sint angeslagen vor 70 gld. rh.

Item Kirstenn Kotczsch hot vorlorn 23 pferde die sint angeslagen vor 50 gld.

Item Heintcze Kotczsch hot vorlorn[b] 5 pferde den schaden hot her Unnsz Liben Frawen gegeben.

Item Dobeschitcz hot vorlorn 13 pferde dy sint[c] angeslagen vor 40 [gld.]

[S. 359]

[Neuwen]marckt.

Item Peterleyn hot vorlorn 5 pferde die sint angeslagen vor 15 gld.

Item Hans Jonn hot vorlorn 2 pferde dy sint angeslagen vor 5 gld.

Item Alde Nickel hot vorlorn 1 pferd das ist angeslagen vor 5 gld.

Item Prawszer hot vorlorn 11 pferde dy sint angeslagen vor 30 gld.

Item Rabe hot vorlorn 2 pferde die sint angeslagen vor 6 gld.

Item Knorpel hot vorlorn 1 pferdt das ist angeslagen vor 4 gld.

[S. 360]

Neuwen[marckt].

Item Freytag hot 5 pferde vorlorn dy sint angeslagen vor 15 gld.

Item Melmos hot vorlorn 11 pferde die sint angeslagen vor 50 gld.

Item Zeler hot 2 pferde vorlorn sint angeslagen vor 10 gld.

[Item] Andris Winckeler hot 1 pferd vorlorn ist angeslagen vor 3 gld.

[Zeichen] [Item] Sommerfeld hot 1 pferd vorlorn ist angeslagen vor 3 gld.

Item Cratczhardt hot 1[d] pferdt vorlorn [e]dys istt[e] angeslagen vor 3 gld.

[S. 361]

[Neuwen]marckt.

Item Hinritcze mit seiner rotthe haben vorlorn 8 wagenpferde sint angeslagen vor 24 [gld.]

Item Crumpach hot[f] 1 pferd vorlorn ist angeslagen vor 5 gld.

Item Nickeley unnd Pechman haben 2 pferd[e] vorlorn die sint angeslagen vor 3 gld.

Item Legenitcz unnd Heydehayn haben vorlorn 2 pferde die sint angeslagen vor 3 gld.

Item Swartcze Merten hot vorlorn 3 pferde die sint angeslagen vor 10 gld.

[Item] Jorge Newman hot 1 pferdt vorlorn ist angeslagen vor 3 gld.

---

a Wort doppelt.
b Folgt *hot vorlorn*.
c Folgt Streichung *Angeslagen ge*.
d Korrigiert aus *3*.
e Über der Zeile ergänzt, darunter Streichung *das ist*.
f Folgt Streichung *5*.

[S. 362]

Hoennest.

Item Fritcze Hoennest rotthe schaden.

Item Fritcze Hoennest hot vorlorn 45 pferde die sint angeslagen vor 100 unnd 10 gld.

Item Bertram Burgk hot vorlorn 15 pferde die sint angeslagen vor 40 gld.

Item Melwitcz hot vorlorn 9 pferde sint angeslagen vor 20 gld.

Item Fewerhacke hot vorlorn 4 [pferde] die sint angeslagen vor 10 gld.

Item Merten vom Stocke hot vorlorn 4 pferde dy sint angeslagen vor 10 gld.

Item Casperleyn hot 1 pferd vorlorn ist angeslagen vor 3 gld.

[S. 363]

Hoennest.

Item Mattis von Donen hot 1 pferd vorlorn ist angeslagen vor 3 gld.

Item Wilkenhersze hot 4 pferde vorlorn sint angeslagen vor 10 gld.

Item Veith hot vorlorn 4 pferde die sint angeslagen vor 10 gld.

Item Bunaw hot vorlorn 5[a] pferde Unnsz Liben Frawen den dinst bescheiden.

Item Spremberger hot vorlorn 2 pferde die sint angeslagen vor 6 gld.

[S. 364]

Conitczer schade.

Item disz ist der Konitczer schaden.

Item Meswitcz hot vorlorn 5 pferde dy sint angeslagen vor 25 gld.

Item Teichwitcz hot vorlorn 18 pferde dy sint angeslagen vor 80 gld.

Item Gregor Ploschwitcz hot vorlorn 18 [pferde] die sint angeslagen vor 80 gld.

Item Pankratcz hot vorlorn 9 pferde die sint angeslagen vor 30 gld.

Item Ulbrecht Kochszdorff hot vorlorn mit seinen bruder 41 pferde die sint angeslagen vor 100 gld.

Item Hans Jeckel hot 1 pferd vorlorn das ist angeslagen vor 5 gld.

[S. 365]

Conitczer.

Item Andres Czencker hot vorlorn 2 pferde dy sint angeslagen vor 8 gld.

Item Heintcze Meissener hot 2 pferde vorlorn die sint angeslagen vor 8 gld.

Item Hans Francke hot 1 pferd vorlorn das ist angeslagen vor 4 gld.

Item Gunter Schoff hot vorlorn 7 pferde die sint angeslagen vor 20 gld.

Item Konigk hot vorlorn 7 pferde die hot her Unnsz Liben Frawen gegebenn.

Item Hans Hek[eri]n hot vorlorn 2 pferde die sint angeslagen vor 4 gld. rh. gld.

[S. 366]

Jorge Czolner hot 11 pferde[b] 2 ½ jor im dinste gehat macht 200 gld. 20 gld. Her hot noch 7 pferde 4 ½ jor im dinste gehat macht 250 gld. 2 gld.

Her hot 9 pferde vorlorn macht 72 gld. rh.[c]

---

a Folgt Streichung *s*.

b Folgt Streichung *10.*
c Unterhalb des Eintrags verbleibt Freiraum.

[S. 367–368 leer]

[S. 369]

Dis ist Hanns vonn der Sale unnd der hoffelewte nebenn im imdinste die ausszin lande sein gereten.

Hanis vonn der Sale hot 14 pferde imdinste 10 ½ jor[lang] facit 1.150 unnd 26 gld.

Qweise hot am dinste gehat 8 pferde 3 jor[lang] facit 100 und 92 gld.

[a]*Item 10 rh. gld. haben wir em gegeben am tage Agathe im LXXI*[ten].[938]

Item 8 m.[b] *noch em gegeben am pferde.*

Item 12 ½ m. en benomen in der herberge.[a]

Caspar Cerpisch hot imdinste gehat 4 pferde 7 jor[lang] facit 200 gld. unnd 24 gld.

Disz ist Hanns vonr Sale schade.

Hanns vonr Sale hot 30 pferde vorlorn facit 200 gld. 42.

Scheipitcz hot vorlorn[c] 6 pferde facit 48 gld.

Qweisse hot vorlorn 20 pferde facit 100 gld. unnd 60.

[S. 370]

Dis ist Hanns Czobeltitcz dinst.

Hanns Sabelticz hot imdinste gehat 12 pferde 10 jor[lang] facit 900 gld. 60 gld. Item her hot gehat 2 fuszknechte die haben gedinet 6 jor[lang] facit 48 gld.

[d]Item Apitcz Vonszdorff hot 9 pferde 10 jor[lang] gehatt facit 700 gld. unnd 20 unnd hot der unns geweisset Hans Czabeltitcz der vonn seinner wegen mit unns abegerechent hot ein macht brieff unnd hot forder ein auszgesniten tzetell.

Dalewitcz hot 14 resige pferde gehat 12½ jor[lang] facit 1.400 [gld.] Hans Czabelticz hot von seinent wegen mit unns abegerechent unnd dor ober einen macht brieff gehat. [e] *Hot unnsers hoemeisters gnade sich gentzlich mit ime vortragen noch inhalt seyns brieffs unnd zweyer ausgesniten czetell im etc. LXXX*[ten] *jor am Obennde Sancte Marie Magdalene*[939].[e] [940]

938 1471 Februar 5.
939 1480 Juli 22.
940 S. OBA 16927 (wie Anm. 515), fol. r.

Disz ist Hanns[f] Czabelticz schaden.

Item Hanns Czabelticz hot vorlorn 20 pferde facit 100 gld. unnd 60 gld.

Dalewitcz hot vorlorn 17 pferde facit 100 gld. unnd 40 gld.

Apitcz Wonszdorff hot 6 pferde vorlorn facit 48 gld.

Casper Label hot 5 pferde vorlorn facit 40 gld. [g]Hot sein dinst Unnsers Lieben Frauwen geben.[g]

---

a Nachträge von anderer Hand.
b Über der Zeile ergänzt.
c Folgt Streichung 6.
d Eintrag am linken Rand um 90 Grad gedreht.
e Nachtrag von anderer Hand.
f Folgt Streichung *Sch*.
g Nachtrag von anderer Hand.

[S. 371]

Disz ist Otto Schertwitcz dinst.

Item Otto Schertwitcz hot im dinste gehat 4 pferde 6 jor[lang] facit 100 unnd 92 gld.

Disz ist sein schade.

Otto Schertwitcz hot 5 pferde vorlorn facit 40 gld.

Summa 200 unnd 32 [gld.]

Dis ist Hans Hawers dinst unnd seiner gesellen neben im.

Hans Hayer hot 10 pferde im dinste 12½ jor[lang] facit 1.000 gld.

[a]*Doruff haben wir em gegeben 60 ung. gld. am pferde.*

Item 100 rh. gld. am gelde am Dinstag noch Occuli.

Item 100 m. 44 m. an gewande am Dinstage nach Occuli.[a]

Hanns Antczeit hot 5 pferde imdinste 9 jor[lang] facit 300 unnd 60 gld.

Cristoff Zeidelitcz hot 8 pferde 12½ jor[lang] facit 800 gld.

[b]*Item doruff hat er entphangen an schauwben gewande unnd anderer ware zwehundert unnd 35 m. am Obend Katherine [Invocavit] im etc. LXXXVI*[941] *jar.*[b]

---

941 1486 November 25.

a Nachträge von anderer Hand.
b Nachtrag.

[S. 372]

Hentczen Pomesdorff hot imdinste gehat 7 pferde 12½ jor[lang] facit 700 gld.

Hanns Swebechen hot 2 pferde 12½ jor[lang] gehat facit 200 gld.

[a]Vor seinen dinst unnd schaden haben wir Swebechen gegeben czwene hengeste die wir von Josken gekowfft haben vor 100 m.[b] Ouch sosein wir em 50 rh. gld. schuldig die wir em mit den 100 m. sollen beczalen.[a]

Nickel Lange hot imdinste gehat 3 pferde 8 jor[lang] facit 192 gld. [c]Der ist gewunt gewurden.[c]

Bernhardt Blangkenstein hot gedinet mit[d] 7 pferden 4 jor[lang] facit 200 unnd 24 gld.

Andreas der schreiber hot 1 pferdt 10 jor[lang] gehat facit 80 gld.

Wilrich Strochswitcz hot gedinet 12½ jor[lang] mit 8 pferden facit 800 gld.

[S. 373]

Hoendorff hot imdinste gehat 2 pferde 8 jor[lang] facit 128 gld.

Heinrichsdorff hot imdinste gehat 6 pferde 11 jor[lang] facit 500 gld. unnd 28 gld.

[e]Diessenn dinst enntphaet Karlewitz.[e]

Cristoff Hawbitcz hot imdinste gehat 2 pferde 12½ jor[lang] facit 200 gld.

Schoff hot 6 pferde 4 jor[lang] gehat facit 92 gld. unnd 100 gld.

[e]Item [do]ruff entff[angen] 47½ m. ann gelde unnd gewande im etc. LXXXIII[ten] jare am tage Michaelis[942].[e]

Caspar Slichtung hot imdinste gehat 12 pferde 12½ jor[lang] facit 1.200 gld.

[e]Doruff haben wir bruder Merten Truchsess hoemeister deutschs ordenns an gelde gewandt unnd schauwben 100 ung. gld. am tag Purificatio Verginnis im etc. LXXXII[ten] jare[943] unnd hatt unnssz den schaden gleich anderen gute lewten erlaeszen.[e]

Hentcze Sagk hot im dinste gehat 4 pferde 4½ jor[lang] facit 150 minus 6 gld.

942 1483 September 29.
943 1482 Februar 2.

[S. 374]

Caspar Sagk hot imdinste gehat 2 pferde 5 jor[lang] facit 80 gld. Her hot 1 pferdt gehat 3 jor[lang] facit 24 gld.

Michel Scholtcze hot imdinste gehat 3 pferde 12[f] *jor[lang] facit 300 gld. minus 12 gld.*

[g]Item Michal und Wenczel dinst und schaden hot Michel czu 50 ung. gld. gelaszen und was er entpfangen hat das sal ouch tod sein von ir beider dinsten so hot er 25 m.[h] uff dy 50 gld. entpfangen am Montag nach Aller manne Vasznacht im LXXXII[944] und so er uff dem Rom weg[i] starb sal das nachgelaszen geld Unsz Liben[j] Frauen dyrloszen sein.[g]

Merten Meysen hot 1 pferdt 9 jor gehat facit 72 gld.

Wentczel Scholtcze hot imdinste 10[k] pferde 2 jor[lang] gehat facit 100 unnd 60 gld. Der is todt.

[l]Item von sollichen gelde sal man Pawel bede geben 20 m. Item Michel Scholcze gegeben 3 m. am Donnerstag vor Reminiscere.[l]

Ulrich Czoszky hot 12 jor[lang] gehat 5 pferde facit 450 gld. unnd 30 gld.

Jungehans 9 pferde gehat 9 jor[lang] gehat facit 600 gld. 48[m] gld.

---

a Nachtrag.

b Folgt Streichung *solln*.

c Nachtrag.

d Folgt Streichung *1*.

e Nachtrag von anderer Hand.

f Folgt Streichung *½*.

g Nachtrag von anderer Hand.

h Folgt Streichung eines unleserlichen Zeichens.

i Folgt Streichung *b*.

j Folgt Streichung *Liben*.

k Folgt Streichung *jore*.

l Nachtrag von anderer Hand.

m Korrigiert aus *48*.

[S. 375]

Hans Beytsch hot 2 pferde 9 jor[lang] gehat facit 100 unnd 44 gld.

Hans Gressel hat gedinet mit seym vettern Matt[is] Gressel 3 jor mit eyme pferde unnd sen vetter 2 jor mit 2 pferde unnd dor[isch] hat her ouch gedinet 1 ½ jar mit 3 pferde facit 92 ung. gld.

---

944 1482 Februar 25.

Hentcze Hake hot 2 pferde 9 jor[lang] gehat facit 100 gld. 44.

Disz ist Hans Howeisz schaden unnd seiner gesellen neben im.

Hans Hoyer hot vorlorn 20 pferde facit 100 gld. 60 gld.

Seidelitcz hot vorlorn 20 pferde facit 100 gld. umnd 60 gld.

Hentcze Bomesdorff hot 20 pferde vorlorn facit 100 gld. und 60.

Swobe hot 4 pferde vorlorn facit 32 gld.

[S. 376]

Nickel Langenaw hot 4 pferde vorlorn facit 32 gld.

Bernhard Blanckenstein hot 5 pferde vorlorn facit 40 gld.

Hanns Heinrichsdorff hot 20 pferde vorlorn facit 100 gld. und 60.

Hoendorff hot 8 pferde ferlorn facit 64 gld.

Schoff hot 4 pferde vorlorn facit 32 gld.

Hauwgbitcz hot 4 pferde vorlorn facit 32 gld.

[S. 377]

Andreas Haweisz schreiber hot 2 pferde vorlorn facit 16 gld.

[a]*Hat unnsern orden qwitiret am Freytag vor Phingsten im etc. LXXXIII*[ten] [945].[a]

Slichtung hot vorlorn 20 pferde facit 100 gld. unnd 60 gld.

Caspar Sagk hot 7 pferde vorlorn facit 56 gld. Die her mit seinen vater hot gehat.

Steffen Nadelitczke hot 6 pferde vorlorn facit 50 gld. minus 2 gld.

Michel Scholtcze hot 8 pferde vorlorn facit 64 gld.

Junge Hans hot vorlorn 5 pferde facit 40 gld.

[S. 378]

Item Hans Beytsche hot 2 pferde vorlorn facit 16 gld.

Item Hans Gressel mit seyme vettern hat 3 pferde schaden genomen facit 15 rh. gld.

Hentcze Holke hot 2 pferde vorlorn facit 16 gld.

Merten Meisener hot 2 pferde vorlorn facit 16 gld.

Wilrich Straszwitcz hot vorlorn 15 pferde facit 120 gld.

Heinrich[b] Czoszky hot vorlorn 6 pferde facit 48 gld.

Hans Aensche hot 3 schaden pferde facit 24 gld.

---

945 1483 Mai 16.

a Nachtrag von anderer Hand.
b Folgt Streichung *Ste.*

[S. 379]

Swartcze Hans hot gedinet in Hans Hoyersz rotte mit 1 pferde 12½ jor[lang] facit 100 gld.

Swartcze Hans hot 2 pferde vorlorn facit 16 gld.

Dis ist des Heinrichs Pilgerim den men den prewsschen Pilgerim nennet dinst.

Heinrich Pilgerim hot imdinste gehat mit seinen bruder Hans Pilgerim 9 pferde 10½ jor[lang] facit 750 unnd 6 gld.

Disz ist Pilgerims schade.

Heinrich Pilgerim hat 12 pferde verlorn facit 100 gld. unnd 4. Die 4 gld. haben wir em dorzu gerechent den her sich gargelumplich hot lossen s[tun]den.[a]

Nickel Kekeritcz hot 12 pferde im dinste gehat 2½ jor[lang] facit 200 gld. 40 gld. unnd ist tod.

Nickel Kokeritcz hot vorlorn 16 pferde facit 100 gld. unnd 28 gld.

[S. 380]

Sperling[b] *hat gedinet mit 2 pferden 10 jor macht 160 gld.*

Item Bernhardt von Netczen hat im dinst gehabt 1 pferd 11½ jar.

Item noch ein pferd ouch[c] 11½ jar minus ein firtel jars.

Item ein pferd 11 jar[lang].

Item noch ein pferd 7 jar[lang].

Summa so hat her uber al gehabt 4[d] pferde 7 jar lang im dinste.

Der dinst macht 300 unnd 26 ung. gld.

Sein schade.

Item her hat varlorn 6 pferde facit 30 rh. gld.[e]

a Oder *senden.*
b Folgt Streichung *ist.*
c Folgt Streichung.
d Folgt Streichung *7.*
e Unterhalb des Eintrags verbleibt Freiraum.

[S. 381]

Dis ist Maxsens rotte dinst unnd seiner gesellen neben im unnd sein ausszin lande gereten.

Maxszem [hot] im dinste gehat 5 pferde 10 ½ jor[lang] facit 400 gld. unnd 30 gld. Her hot 5 pferde gehat 10 jar[lang][a] facit 400 [gld.] Her hot[b] gedinet 4 ½ jor[lang] mit 5 pferde facit 100 unnd 90 gld.

Summa 1.000 gld. unnd 20 gld.

[c]9 ½ m. 12 sol. in der herberge vorczert die wir em benomen haben 24 m. vor ein ledisch tuch gegeben.[c]

Weighard hot imdinste gehat 9 pferde 10 jor[lang] facit 700 und 20 gld.

Drautsche hot imdinste gehat 5 pferde 8 jor[lang] facit 320 gld.

Seelstrang hot imdinste gehat 3 pferde 10 ½ jar[lang] facit 250 gld. unnd 2 gld.

[d]Diessen dinst hat Karlewitcz entfpangen. Man hat ein quitan[cie].[d] [946]

Pentcz hot imdinste gehat 4 pferde 3 jor[lang] facit 96 gld. [e]und 100.[e] Her hot 6 pferde 3 jor[lang] gehat facit 150 gld. minus 6.

[S. 382]

Caspar Trawgkwitcz hot imdinste gehat 9 pferde 3 jor[lang] facit 200 unnd 16 gld.

Niclasche Trawgkwitcz hot 4 pferde gehat 3 jor[lang] facit 100 gld. minus 4.

Locko hot imdinste gehat 5 pferde 9 jor[lang] facit 360 gld.

Nickel Scholtewitcz hot gedinet 10 ½ jor[lang] mit 7 pferden facit 500 gld. unnd 86.

Bose Jorge hot 11 jor gehat 5 pferde facit 400 gld. unnd 40 gld.

[f]Diessenn dinst inhant Heinrich von Lwttich.[f] [947]

John Schoff hat im dinste gehat 3 pferde 10 jar[lang] lang facit 200 ung. gld. Daruff entpfangen 8 m. an gelde unnde 1 pferd vor 12 ung. gld. am Obend Reminiscere im etc. LXXVII[ten] jar.[948] Den schaden hot her dirlossenn.

---

a Über der Zeile ergänzt.

b Folgt Streichung *gehat.*

c Nachtrag.

d Nachtrag von anderer Hand.

e Vor der Zeile ergänzt.

---

946 S. GStA PK, XX. HA Hist. StA Königsberg, OBA 17340.

947 S. OBA 17614 (wie Anm. 508).

948 1477 März 1.

f Nachtrag von anderer Hand.

[S. 383]

Jon Schopf hot ymdinste gehat 3 pferde 10 jor[lang] facit 200[a] *[gld.]*

[b] *Item des hern gnad hat im gegeben im etc. LXXVII*[ten] *jar am Abende Circumscisionis*[949] *vor 40 ung.*[c] *unnd noch 48 gld. rh.*[c] *am schaden*[d] *8 m. an gelde unnd 1 pferd vor 12 ung. gld. Das geld unnd pferd gab im her Men[g]inger. So bleibt man im noch schuldig 200 ung. gld. obengeschrieben und sollen gefallen ob 2 jar.*[b]

Jorge Lotticz hot imdinste gehat 3 pferde 7 jar[lang] facit 150 gld. unnd 18.

Scheten hot 2 pferde gehat 3 jor[lang] facit 48 gld.

Disz ist Maxsen schade unnd der gesellen neben im die auszim lande gereten sein.

Maxsen hot vorlorn 5 pferde facit 40 gld.

Cristoff vonn Batit hot vorlorn 11 pferde facit 88 gld.

Jorge Lottitcz hot 3 pferde vorlorn facit 24 gld.

[S. 384]

Drawtschen hot vorlorn 12 pferde facit 100 gld. minus 4.

Hans Lockaw hot 5 pferde vorlorn facit 40 gld.

Soltczkawitcz hot vorlorn 10 pferde facit 80 gld.[e]

Caspar Tawcheritcz mit seime sone hot vorlorn 7 pferde facit 56 gld.

Weichard knecht hot 11 pferde vorlorn facit 88 gld.

[S. 385]

Jorge S[w]che hot 5 pferde vorlorn facit 40 gld.

[Hans] Seelstrang hot 3 pferde vorlorn facit 24 gld.

Peter Pentczk hot vorlorn[f] 5 pferde facit 40 gld.

Bose Jorge hot vorlorn 10 pferde facit 80 gld.

Nickel Dobritcz hot 3 pferde vorlorn facit 24 gld.

Hentcze Pollerritcz hot vorlorn 2 pferde facit 16 gld.

[S. 386]

Lemchein hot 3 pferde vorlorn facit 24 gld.

949 1476 Dezember 31.

[Melchior] Promenitcz hot 3 pferde vorlorn facit 24 gld.[950]

Scheren hot 2 pferde vorlorn facit 16 gld.

Peter Sneyder ein fuszknecht hot 6 jor[lang] gedinet facit.[g]

a Folgt Streichung *unnd 40 gld.*
b Nachtrag von anderer Hand.
c Über der Zeile ergänzt.
d Folgt ein vertikaler Strich.
e Folgt Streichung einer schlecht lesbaren Zeile *Jon Schopf hot [6] pferde verlorn facit [48] gld.*
f Folgt Streichung eines vertikalen Strichs.
g Unterhalb des Eintrags verbleibt Freiraum.

[S. 387]

Dis sein die toden unnd ir dinst bey her Hans vonr Sale.

Cristoff Qweisz hot 8 pferde imdinste gehat [a]4 ½ jor[a] facit 500 und 10 gld.

Gunter vonn Drawtsche hot 5 pferde imdinste gehat 8 jor[lang] facit 300 gld. unnd 20.

Casper Tretschamer hot imdinste gehat 2 pferde 5 jor[lang] facit 80 gld.

[Mattis] Promenitcz hot imdinste gehat 2 pferde 10 jor[lang] facit 100 gld. unnd 60 gld.[951]

Hentcze Belewitcz hot imdinste gehat 2 pferde 5 jor[lang] facit 80 gld.

Nickelchen Dobrisch hot im dinste gehat 3 pferde 10 ½ jor facit[b] 250 unnd 2 gld.

[S. 388]

Serichen hot imdinste gehat 7 pferde 10 ½ jor[lang] facit 500 unnd 88 gld. Vinit.

Peter Nebiger hot imdinste gehat mit dem haben wir nicht abegerechent.

Cristoff vonn Barth hot 9 pferde imdinste gehat 3 jor[lang] facit 200 unnd 16 gld. Seyn son unnd sein vater haben Maxsen einen machtbrieff gegeben das her[e] den dinst unnd schaden manen sal.

Der weise Hawbitcz hot 5 pferde imdinste gehat 10 jor[lang] facit 400 gld. Das ist inseime letczten Unnsz Lieben Frawen gegeben mit sampt dem schaden.

Caspar vonn Loben hot imdinste gehat 5 pferde 3 jor[lang] facit 10 gld. unnd 20 gld. Hans Szabelticzt hot von seynent wegen mit unns abegerechent unnd hot einen macht brieff gehat.

950 S. OBA 16117 (wie Anm. 902), fol. 1v.
951 S. OBA 17498 (wie Anm. 600); GStA PK, XX. HA Hist. StA Königsberg, OBA 17781.

[S. 389]

Dis sein die toden in Hans Hoyersz rotten.

Steffen Nadelitczke hot gedinet 7 ½ jor[lang] mit 10 pferden facit 600 gld. unnd Hans Hoyer hot mit uns van seinent wegen abegerechent mit einem machtbrieffe.

Cristoff Heinrichsdorff hatte 4 pferde 11 jor[lang] facit 350 gld. unnd 2 gld.

[c]Diessem dinst inhant Karlewitcz unnd sich darumb vortragen noch lewth eins brieffs.[952] [c]

Item Segemund Ditterichinger hot imdinste gehat 4 pferde 9 jor[lang] facit 250 gld. unnd 28 gld.

Her hot schaden genomen an 6 pferden facit 40 gld.[d]

[S. 390–391 leer]

[S. 392]

Am Mittewachen nach Reminiscere im LXXII[ten] [953] haben wir 2 schauben van Fewcht Fewchter gekowfft vor 100[e] m. geringe geldes unnd sullen dem genanten Fewchter uff Martini im LXXII[ten] [954] 50 m. geben unnd uff die Ostern im LXXIII[ten] [955] sullen wir Fewchter 50 m. geben. Sollich schawben haben wir Muckenwalt der in Casper Nostitcz rotte hot gelegen gegeben.[f]

---

a Über der Zeile ergänzt.
b Folgt Streichung *500*.
c Nachtrag.
d Unterhalb des Eintrags verbleibt Freiraum.
e Korrigiert aus *200*.
f Unterhalb des Eintrags verbleibt Freiraum.

[S. 393]

Mwszigks dinst.

Her Mwszig hat im dinste gehat mit seynen gutten lewten 300 pferde unnd 30 pferde 12 ½ jor lang facit 30.000 gld. unnd 3.000 gld.

Item unnszir here homeister seliger hot em ouch 10 pferde zcu gesait die hot her gehat 12 ½ jor facit 1.000 gld.

---

952 S. OBA 17774 (wie Anm. 508); GStA PK, XX. HA Hist. StA Königsberg, OBA 17881; GStA PK, XX. HA Hist. StA Königsberg, OBA 17888.
953 1472 Februar 26.
954 1472 November 11.
955 1473 April 18.

Item 15 ung. gld. haben her Mussig gegeben am tage Vincentii[956] *die wir em bey seiner knechte haben gesant.*[a]

[S. 394 leer]

[S. 395]

Muszickes schaden unnd seyner gutten lewte neben im.

Her Muszigk hot 36 pferde vorlorn facit 250 gld. unnd 38 gld.

Poszkarszy hot 7 pferde vorlorn facit 56 gld.

Wirko hot 15 pferde vorlorn facit 100[b] gld.

Valentin hot 2 pferde vorlorn facit 16 gld.

Oeetschig hot 16 pferde vorlorn facit 100 gld. 28 gld.

Legel hat 2[c] pferde vorlorn facit 16[d] gld.

Lamatcz hat 3 pferde vorlorn facit 24 gld.

Bewor hot 9 pferde vorlorn facit 72 gld.

Matczeiky hat 2 pferde vorlorn facit 16 gld.

Solatczko hat 3 pferde vorlorn facit 24 gld.

[S. 396]

Jacubko hot 5 pferde vorlorn facit 40 gld.

Hannschko hot 4 pferde vorlorn facit 32 gld.

Wencko hot 2 pferde vorlorn facit 16 gld.

Swancko hot 3 pferde vorlorn facit 24 gld.

Thomke czu Wonitcz hot 18 pferde vorlorn facit 136 gld.

Thomsze hat 6 pferde vorlorn facit 48 gld.

Her Peter hot 19 pferde vorlorn facit 150 gld. unnd 2 gld.

Jocub Czarny hot 3 pferde vorlorn facit 24 gld.

Brotranko hat 8 pferde vorlorn facit 62 gld.

Jhon Laszin hot 3 pferde vorlorn facit 24 gld.

Cziky hot 10 pferde vorlorn facit 80 gld.

Golii hat 2 pferde vorlorn facit 16 gld.

[S. 397]

Scheppani hot 3 pferde vorlorn facit 24 [gld.]

956 Januar 22.

Spatczky hot 2 pferde vorlorn facit 16 gld.

Andratczky hot 7 pferde vorlorn facit 56 gld.

Girsig hot[e] 2 pferde vorlorn facit 16 gld.

Piegko hot 5 pferde vorlorn facit 40 gld.

Schigkentantcz hot 1 pferd vorlorn facit 8 gld.

Jhan Kurke hot 13 pferde vorlorn facit 100 gld. 4 gld.

Kinde hot 7 pferde vorlorn facit 56 gld.

Jhon Rodenstein hat 11 pferde vorlorn facit 88 gld.

Matt[is] Hardetczko hot 5 pferde vorlorn facit 40 gld.

Pan Andris[f] hat 9 pferde vorlorn facit 72 gld.

Weselko hot 2 pferde vorlorn facit 16 gld.

Michna unnd Scheferenko haben vorlorn 28 pferde facit 224 gld.

Czernofftczky hot 62 pferde vorlorn facit[g] 496 gld.

[S. 398]

Girsig Hws hot 13 pferde vorlorn facit 104 gld.

Papkw hot 11 pferde vorlorn facit 88 gld.

Item Kirszky hot 27 pferde vorlorn facit 216 gld.

Bernhard hat 9 pferde vorlorn facit 72 gld.

Czellitcz hot 3 pferde vorlorn facit 24 gld.

Passche hat 5 pferde vorlorn facit 40 gld.

Wilhelm von Rosental hat 32 pferde vorlorn facit 250 unnd 6 gld.

Neydurszky hat 6 pferde vorlorn facit 48 gld.

Phelips hot 7 pferde vorlorn facit 56 gld.

Czederofftky hot 3 pferde vorlorn facit 24 gld.

Wentczora hot 5 pferde vorlorn facit 40 gld.

Bredofftczky hot 2 pferde vorlorn facit 16 gld.

Her Ditterich hot 11 pferde vorlorn facit 88 gld.

[S. 399]

Nickel hat 12 pferde vorlorn facit 96 gld.

Her Sagk hat 7 pferde facit 56 gld.

Tirlich hat 9 pferde vorlorn facit 72 gld.

Scharest hat 10 pferde vorlorn facit 80 gld.

Batkowfftky hat vorloren 13 pferde facit 100 gld. unnd 4 gld.

Czeppany hot 6 pferde vorlorn facit 48 gld.

Procup hot 7 pferde vorlorn hot 56 gld.

Matt[is] hoth[h] 1 pferde vorlorn facit 8 gld.

Swartcze Kreysse hot 3 pferde vorlorn facit 24 gld.

Nohoda hat 6 pferde vorlorn facit 48 gld.

Lorentcz hat 5 pferde vorlorn facit 40 gld.

Raskosch hat 7 pferde vorlorn facit 56 gld.

Wopher hat 6 pferde vorlorn facit 48 gld.

Matcz Kraysze hat 6 pferde vorlorn facit 48 gld.

Cuntcz von Ilgenburg hot 3 pferde vorlorn facit 24 gld.

[S. 400]

Caspar Widdram hot 3 pferde vorlorn facit 24 gld.

Jocub Colmeisze hat 5 pferde vorlorn facit 40 gld.

Summa der schade pferde ist 500 unnd 70 pferde.

Summa summarum der schade pferde[i] an golde gerechent ist 4.500 gld. unnd 7 gld.[j]

---

a Unterhalb des Eintrags verbleibt Freiraum.
b Über der Zeile ergänzt, darunter Streichung *16.*
c Über der Zeile ergänzt, darunter Streichung *3.*
d Über der Zeile ergänzt, darunter Streichung *24.*
e Folgt Streichung *l.*
f Folgt Streichung *ff.*
g Folgt Streichung *4 ½.*
h Folgt Streichung *h.*
i Über der Zeile ergänzt.
j Unterhalb des Eintrags verbleibt Freiraum.

[S. 401]

Am Obende Nativitatis Marie im LXVII[ten] jare[957] haben wir bruder Ulrich von Kindsbergk[958] oberster marschalk abegerechent mit den gutten lewten in her Bernhardis rotten hirnachgescreben.[959]

Ins erste Hans Meysener hat gedienet 13 jar mit 4 pferden das brengt 400 und 16 gld.

Idem nach mit 1 pferde 9 jar brengt 87 gld.

Item nach mit 1 pferde 8 jar brengt 64 gld.

Item so her her nach 2 fusknechte 13 jar gehalde brengt 100 gld. und 4 gld.

[a]Wir haben seynen son beczallet.[a]

Borse hat gedienet mit 5 pferde 13 jar brengt 500 und 20 gld.

Ludel hat gedienet mit 4 pferde 13 jar brengt 400 und 16 gld.

Fridrich Kursz hat gedinet mit 2 pferden 12 jar brengt 200 gld. minus 8 gld. Idem hat vor 1 pferd 1 jar[b] brenget 4 gld.

[S. 402]

Sigel hat mit 2 pferden gedinet 12 jar[lang] brengt 200 und 8 gld. Idem nach mit 1 pferde 9 jar brengt 72 gld.

Schewbel hat gedienet mit 2 pferden 13 jar[lang] brengt 200 und 8 gld. Idem nach mit 1 pferde 12 jar brengt 100 gld. minus 4 gld.

Hensel Unger hat gedienet mit 1 pferde 9 jar brengt 72 gld.

Peter Stotkinger hat gedienet mit 1 pferde 11 jar brengt 88 gld. Idem nach mit 1 pferde 7 jar brengt 66 gld.

Meister Hans hat mit 1 pferde gedinet 13 jar brengt 100 und 4 gld. Idem nach 1 pferdt 4 jar brengt 32 gld.

Casper Unger hat gedienet mit 1 pferde 13 jar brengt 100 und 4 gld. Idem nach mit 1 pferde 7 jar brengt 56 gld.

[S. 403]

Stenczel hat gedienet mit einem pferde 9 jar brengt 72 gld.

957 1467 September 7.

958 Ulrich von Kinsberg, 1467 Juni 11–1476, Oberster Marschall.

959 S. die Liste: GStA PK, XX. HA Hist. StA Königsberg, OBA 16106. Gelistet ebenfalls: OBA 16116 (wie Anm. 548).

Steffan Lewthener hat gedienet ½ jar vor einen fuszknecht brengt 2 gld. und nach 1 jar vor einen pasosener brengt 8 gld. Dornoch hat her gedinet mit 2 pferden 10 jar brengt 100 und 60 gld.

Fuse hat mit einem pferde gedienet 13 jar brengt 100 und 4 gld.

Somer hat gedienet 4 jar vor einen fuszknecht brengt 16 gld. Idem nach mit 1 pferde 9 jar brengt 72 gld.

[Zeichen] Letczke hat gedienet mit einem pferde 7 jar brengt 56 gld. Idem nach mit einem pferde 3 jar brengt 24 gld.

[S. 404]

Thomel Vierrosser hat gedienet vier jar vor einen fuszknecht brengt 12 gld. und mit 1 pferde 9 jar brengt 72 gld.

Nickel Hertel hat gedienet mit 4 pferden 13 jar brengt 400 und 16 gld. nach mit 2 pferden 8 jar brengt 100 und 28 gld.[960]

Grwesz[c] hat gedienet mit 7 pferden 13 jar brengt[d] 700 und 28 gld.

[e]Item 6 ½ m. haben wir em gegeben am tage Vincentii im LXIX^{ten}[961].[e]

Clawsz Obel hat gedienet mit 2 pferden 12 jar brengt 200 minus 8 gld. Idem nach mit 4 pferden 8 jar brengt 250 und 6 gld.

Gassener hat gedienet mit 2 pferden 12 jar brengt 200 minus 8 gld. Idem nach mit 1 pferde 11 jar brengt 88 gld.

[S. 405]

Mathyassch hat gedienet mit 3 pferden 13 jar[lang] brengt 300 und 12 gld. Idem nach mit 1 pferde 8 jar brengt 64 gld.

Jan Kytlitcz hat gedienet mit 3 pferden 13 jar[lang] brengt 300 und 12 gld. Idem nach mit 1 pferde 9 jar brengt 72 gld.

Peter Pomerenigk hat gedienet mit eine pferde 12 ½ jar brengt 100 gld. Idem nach mit 1 pferde 11 jar brengt 78 gld.

Jurge Swobe hat mit 2 pferden gedienet 9 jar[lang] brengt 100 und 44 gld.

[S. 406]

Jurge Laudener hat gedienet mit 4 pferden 13 jar brengt 400 und 16 gld.

Gutte Hans hat gedienet mit 3 pferden 13 jar[lang] brengt 300 und 12 gld.

Wolffswengel hat gedienet mit 1 pferde 13 jar brengt 100 und 4 gld. Idem nach mit 1 pferde 3 jar brengt 24 gld.

---

960 S. OBA 16590 (wie Anm. 726), fol. 1r.

961 1469 Januar 22.

Erhart hat gedienet mit 1 pferde 13 jar brengt 100 und 4 gld.

[S. 407]
Cleine Fritcze hat gedienet mit 2 pferden 8 jar[lang] brengt 100 und 28 gld. Idem nach mit 1 pferde 3 ½ jar brengt 28 gld.

Wantko Holowitcz hat gedienet mit 2 pferden 13 jar[lang] brengt 200 und 8 gld.

Symko hat gedienet mit einem pferde 9 jar[lang] brengt 72 gld.

Thomke hat gedienet mit 2 pferden 13 jar[lang] brengt 200 und 8 gld. Idem nach mit 1 pferde 11 jar brengt 88 gld.

[S. 408]
Jurge Vihweg hat gedienet mit 1 pferde 9 jar brengt 72 gld. Idem nach mit 1 pferde 8 jar brengt 64 gld.

Heincze hat gedienet mit 5 pferden 9 jar brengt[f] 300 und 60 gld.

Nickel Czedelicz hat gedienet mit 4 pferden 6 jar[lang] brengt 250 minus 10 gld. und ist todt.

Jurge Prewsse hat gedienet mit 2 pferden 8 jar[lang] brengt 100 und 28 gld.

[S. 409]
Nickel Beyer hat gedienet mit 7 pferden 1 ½ jar[lang] brengt 79 gld.

Storm hat gedienet mit 7 pferden 2 ½ jar[lang] brengt 100 und 40 gld.

Her Jon Thunckel hat gedienet mit 14 pferden 6[g] *jar[lang] brengt 650 und 22 gld.*

Hans Polner hat gedienet mit 7 pferden 10 jar brengt 500 und 60 gld.

[S. 410]
Felgenhewer hot gedienet mit 4 pferde 10 jar brengt 300 und 20 gld.

Viouge hat gedienet mit 1 pferde 5 jar brengt 40 gld.

Her Haschke hat gedienet mit 16 pferden 1 ½ jar brengt 200 minus 8 gld. Ouch ist em der herre van Gleichen uff den ersten reisen 150 gld. scholdig gebleben.

Swarcze Wantko hat gedienet mit 4 pferden 6 jar brengt 100 und 60 gld. und ist todt.

[S. 411]
Wandrowitcz hat gedienet mit 4 pferden 6 jar[lang] brengt 100 und 76 gld. Idem nach mit 2 pferden 2 jar brengt 32 gld.

Setczkonye hat gedienet mit einen [pferd] 3 ½ jar[lang] brengt 36 gld.

Grosse Matczko hat gedienet mit 1 pferde 5 jar brengt 40 gld.

Rulandt hat gedienet mit 2 pferden 10 jar brengt 100 und 60 gld.

Schabeholcz hat gedienet mit 1 pferde 8 jar brengt 64 gld.

[S. 412]

Cristoffer Jode hat gedienet mit 1 pferde 11 jar brengt 48 gld.

Michael Honigfelt hat gedienet mit 1 pferde 13 jar brengt 100 und 4 gld.

Gregor Letczke hat mit einem pferde gedienet 13 jar brengt 100 und 4 gld.

Bleissener hat gedienet mit 1 pferde 13 jar brengt 100 und 4 gld.

Jurge Moczegroch hat gedienet mit 1 pferde 13 jar[lang] brengt 100 und 4 gld.

[S. 413]

Cluge hat gedienet mit 1 pferde 13 jar[lang] brengt 100 und 4 gld.

Jurge Sproe hat gedienet mit 3 pferden 4 jar brengt 100 und 28 gld. Der ist todt.

Niclas Kretczmer hat gedienet mit 2 pferden 3 jar[lang] brengt 68 gld. Der ist todt.

Kawleperske hat gedienet mit 1 pferde 13 jar brengt 100 und 4 gld.

Dese nachgeschriebenen seint todt.

Peter Keseesser hat mit einem pferde gedienet 10 jar[lang] brengt 80 gld. Der ist todt.

---

a Nachtrag von anderer Hand.
b Folgt Streichung *8*.
c Neben der Zeile ergänzt, daneben Streichung unleserlich.
d Wort doppelt.
e Nachtrag von anderer Hand.
f Folgt Streichung *4*.
g Über der Zeile ergänzt, darunter Streichung *7*.

[S. 414]

Storenfriede hat gedienet mit 1 pferde 8 jar[lang] brengt 64 gld. Idem nach mit 1 pferde 5 jar brengt 40 gld. Ist tod.

Jacob Unger hat gedienet mit 1 pferde 10 jar brengt 80 gld. Ist tod.

Grwnefranck hat mit 1 pferde gedienet 11 jar[lang] brengt 88 gld. Ist tod.

Nicolassch von der Sweidenitcz hat gedienet mit 1 pferde 9 jar[lang] brengt 72 gld. und ist tod.

Jacube hat gedienet mit 1 pferde 9 jar[lang] brengt 72 gld.

[S. 415]
Michael vam Leenfelde hat gedienet mit 2 pferden 13 jar[lang] brengt 200 und 8 gld. Ist todt.

Idem noch mit 4 pferden 7 jar brengt 200 und 14 gld.

Allexius hat gedienet mit 1 pferde 4 jar[lang] brengt 32 gld.[a]

[S. 416]

Disz nachgeschrieben ist derselben gutten lewte schaden.

Hans Meysener hat vorloren 16 pferde angeslagen vor hundert und 28 gld.

Borsche hat vorloren 10 pferde angeslagen vor 80 gld.

Ludek hat 12 pferde[b] vorloren angeslagen vor 100 minus 4 gld.

Friedrich Korsz hat vorloren 8 pferde angeslagen vor 64 gld.

Sigel hat vorloren 5 pferde angeslagen vor 40 gld.

[S. 417]
Scheerobel hat vorlorn 9 pferde angeslagen 72 gld.

Hans Wedemer hat vorloren 2 pferde angeslagen vor 16 gld.

Michael vom Leenfelde hat vorloren 7 pferde angeslagen 56[c] gld.

Peter Schotkruger hat vorloren 3 pferde angeslagen 24 gld.

Henszel Unger hat[d] vorloren 2 pferde angeslagen vor 16 gld.

[S. 418]
Meister Hans hat 3 pferde vorloren angeslagen vor 24 gld.

Caspar Unger hat vorloren 2 pferde angeslagen vor 16 gld.

Swarczel hat vorlorn 6 pferde angeslagen vor 48 gld.

Steffen Lewthener hat vorloren 3 pferde angeslagen vor 24 gld.

Frise hat 2 pferde vorlorn angeslagen vor 16 gld.

[S. 419]
Somer hat vorloren 2 pferde angeslagen vor 16 gld.

Thoma Gotcze hat 1 pferdt vorloren angeslagen vor 8 gld.

Thomel Vierrosser hat 2 pferdt vorloren angeslagen vor 16[e] gld.

Thoma Rawther hat 1 pferdt vorlorn angeslagen vor 8 gld.

Hertel hat vorloren 15 pferde angeslagen vor 100 und 20 gld.

[S. 420]
Quoesz hat vorloren 20 pferde angeslagen vor 100 und 60 gld.

Lotcze hat vorloren 7 pferde angeslagen vor 56 gld.

Claws Ubel hat vorlorn 18 pferde angeslagen vor 100 und 44 gld.

Gassener hat vorloren 5 pferde angeslagen vor 40 gld.

Matiassch hat vorloren 9 pferde angeslagen vor 72 gld.

[S. 421]

Jan Kittelitcz hat vorlorn 6[f] pferde angeslagen vor 48 gld.

Peter Pomernicke hat 6 pferde vorloren angeslagen 48 gld.

Jorge Swobe hat 2 pferde vorloren angeslagen vor 16 gld.

Jurge Lawdener hat 8 pferde vorloren facit 64[g] gld.

Wolffsswengel hat 1 pferdt vorloren angeslagen vor 8 gld.

[S. 422]

Erhardt hat 1 pferdt vorloren angeslagen vor 8 gld.

Cleine Fritcze hat 11 pferde vorloren angeslagen vor 88 gld.

Wantko Holowitcz hat vorloren 7 pferde angeslagen vor 56 gld.

Gutte Hans hat vorloren 6 pferde angeslagen vor[h] 48 [gld.]

Symke hat vorloren 3 pferde angeslagen vor 24 gld.

[S. 423]

Thomko hat vorloren 6 pferde angeslagen vor 48 gld.

Jurge Vihwegk hat vorloren 4 pferde angeslagen vor 32 gld.

Hencze hat vorloren 6 pferde angeslagen vor 48 gld.

Nickel Czedelitcz hat vorloren 6 pferde angeslagen vor 48 gld.

Jurge Prewsse hat vorloren 2 pferde angeslagen vor 16 gld.

[S. 424]

Nickel Beyer hat 8 pferde angeslagen vor 64 gld.

Storm hat 10 pferde vorloren angeslagen vor 80 gld.

Herr Jon Thunkel hat vorloren 24 pferde angeslagen vor 200 minus 8 gld.

Hans Polner hat vorloren 7 pferde angeslagen vor 56 gld.[i]

[S. 425]

Folgenheuwer hat 4 pferde vorlorn angeslagen vor 32 gld.

Her Hasschke hat 6 pferde vorloren angeslagen vor 48 gld.

Swarcze Wantko hat 6 pferde vorlorn angeslagen vor 48 gld.

Wandrowitcz hat 9 pferde vorlorn angeslagen vor 72 gld.

Setczkonie hat 1 pferdt vorloren angeslagen vor 8 gld.

Hans Rulandt hat 4 pferde vorloren angeslagen vor 32 gld.

[S. 426]

[j]Schabeholtcz hat 4 pferde vorloren angeslagen vor 32 gld.

[k]Christoffer Jode hat 2 pferde vorloren angeslagen vor 16 gld.

Philipps Bewtheler hat 1 pferdt vorloren angeslagen vor 8 gld.

Gregor Letczky hat 3 pferde vorloren angeslagen vor 24 gld.

Michael Honigfelt hat 2 pferde vorlorn machet 16 gld.

Unrwh hat 1 pferdt vorloren machet 8 gld.

Jurge Sproe hat 3 pferde vorloren machet 24 gld.

---

a Unterhalb des Eintrags verbleibt Freiraum.
b Folgt Streichung *r*.
c Über der Zeile ergänzt, darunter Streichung *16*.
d Folgt Streichung *gedienet*.
e Korrigiert aus *17*.
f Über der Zeile ergänzt, darunter Streichung *7*.
g Über der Zeile ergänzt, darunter Streichung *44*.
h Folgt Streichung *44*.
i Folgt Streichung *angeslagen*.
j Vor der Zeile eine Zeichnung eines Kopfes und eines Handzeichens.
k Vor der Zeile eine Zeichnung eines Kopfes.

[S. 427]

Disz ist der vorstorbenen gutten lewte schaden.

Keseesser hat 1 pferdt vorloren brengt 8 gld.

Strorenfrede hat vorloren 2 pferde facit 16 gld.

Jacob Unger hat 1 pferdt vorloren facit 8 gld.

Jacobe hat 1 pferdt vorloren brengt 8 gld.

Letczke hat czwe pferde vorloren brengt 16 gld.[a]

[S. 428]

Disz seint die fusknechte.

Weisse Wasschke selb dritte hat gedienet 4 jar[lang] brengt 48 gld.

Watczlaw hat gedienet 4 jar brengt 16 gld.

Jon Kusky hat gedienet 4 jar[lang] brengt 16 gld.

Kofers gedienet 4 jar brengt 16 gld.

Polatczko gedienet 1 ½ jar[lang] brengt 6 gld. und ist todt.

Kannengisser gedienet 8 jar[lang] brengt 22 gld.

Clemens Klwer hat gedienet 2 jar brengt 8 gld.

Lokatker[b] hat gedienet 2 jar brengt 8 gld.

Girszick gedienet 2 jar brengt 8 gld.

[S. 429]

Matschen Waschke hat gedienet 2 jar[lang] brengt 8 gld.

Hans Wedemer selb ander 13 jar gedienet brengt 52 gld.

Nickel Unger [c]selb ander[c] gedienet 9 jar brengt 72 gld.

Lenhardt Becker hat gedienet selb ander 11 jar brengt 88 gld.

Lasschitczer gedienet 12 jar brengt 48 gld.

Apitcz hat gedienet 11 jar[lang] brengt 52 [gld.]

Nickel Meyer gedienet 13 jar brengt 52 [gld.]

Oszwalt gedienet 6 jar brengt 24 gld.

Swenczel hat gedienet 4 jar brengt 16 gld.

[S. 430]

Thoma von Rauwer hat gedienet 12 jar brengt 48 gld.

Koppele gedienet 13 jar brengt 52 gld.

Jocob Plowissch gedienet 12 jar brengt 48 gld.

Dorczu haben die obgeschreben fusknechte 8 pferde 3 jar gehalden brengt 200 minus 8 gld.

Disse nachgeschriebenn seint todt.

Steffan Sneider 9 jar gedienet bringt 36 gld.

Thoma Gotcze 10 jar gedienet bringt 40 gld.

Bauch 6 jar gedienet brengt 24 gld.

Jurge van Bremen hat gedienet 10 jar brengt 40 gld.

[S. 431]

Polacko hat gedienet 8 jare brengt 32 gld.

Gregor Thisse hat 9 jar gedienet brengt 36 gld.

Jurge Unger gedienet 11 jar brengt 44 gld.

Theeckschene ein pasosener hat gedienet 10 jar[lang] brengt[d] 80 gld.

Lobischer eyn pasosener hat gedienet 3 jar[lang] brengt 24 gld.

Kolweis ein fuszknecht hat gedienet 3 jar brengt 12 gld.[e]

---

a Unterhalb des Eintrags verbleibt Freiraum.
b Zuvor Streichung *k*.
c Über der Zeile ergänzt.
d Folgt Streichung.
e Unterhalb des Eintrags verbleibt Freiraum.

[S. 432 leer]

[S. 433]

Der behemen rotte czu Stroszburg.

Sudszky hatt gedienet mit 4 pferden 8 jar[lang] brenget 250 unnd 6 gld.

Hinrich mit seinem bruder 7 pferd[e] dinst 6 ½ jar[lang] brenget 364 gld.

Hanns Grunebergk hatt gedienet mit 5 pferde 1 jar brenget 40 gld.

Szalena hatt gedienet mit 7 pferden 5 ½ jar[lang] brenget 300 unnd 8 gld. Ist tod.

Jan Czischkan hatt gedienet mit 2 pferden 8 jar[lang] brenget 128 gld.

Mikolasch Krayl hatt gedienet mit 4 pferden 6 jar[lang] brenget 200 minus 8 gld. Ist todt.[a]

[S. 434]

Thoma hatt gedienet mit 2 pferden 3 jar[lang] brenget 48 gld. Ist todt.

Pauwel hatt gedienet mit 2 pferden 8 jar[lang] brenget 128 gld.

Wantko hatt gedienet mit 3 pferden 8 jar[lang] brenget 200 minus 8 gld.

Watczlaff hatt gedienet mit 2 pferden 8 jar[lang] brenget 128 gld.

Sczepan mit 2 pferden 8 jar gedienet brenget 128 gld.

[S. 435]

Gynderich Hoh hatt gedienet mit 2 pferden 5 jar brenget 80 gld. Item noch 1 ½ jar mit 2 pferden brenget 24 gld.

Huy Jan mit 1 pferd gedienet 8 jar[lang] brenget 64 gld.

Martin hatt gedienet mit 2 pferden 8 jar[lang] brenget 128 gld.

Jan Kraytzy hatt gedienet mit 1 pferd 8 jar[lang] brenget 64 gld. Item noch mit 1 pferd 6 jar[lang] brenget 48 gld.

Jacob mit einem pferd gedienet 8 jar[lang] brenget 64 gld. Item noch mit einem pferd 6 jar[lang] brenget 48 gld.

[S. 436]

Gregor hatt gedienet mit 4 pferden 8 jar brenget 250 unnd 6 gld.

Ginderich hatt gedienet 1 ½ jar mit 2 pferden brenget 24 gld.

Cleyne Mathis hatt gedienet mit 2 pferden 1 ½ jar brenget 24 gld.

Hupke hatt mit 1 pferd gedienet 9 jar brenget 72 gld.

Vogeler hatt mit 2 pferden gedienet 1 ½ jar[lang] brenget 24 gld.

[S. 437]

Hanns Reder hatt mit 4 pferden gedienet 6 jar brenget 200 minus 8 gld.

Rache hatt mit 1 pferd gedienet 8 jare brenget 64 gld.

Mathis Thezeler hatt gedienet mit 2 pferden 1 ½ jar[lang] brenget 24 gld.

Piersack hatt mit 5 pferden gedienet 8 jar[lang] brenget 320 gld.

Radetzky 2 pferde dienst 6 jar[lang] brenget[b] 100 minus 4 gld.

---

a Bleistiftnotiz *Et[at] Min[isterium] [Tit] 60 a–b.*

b Folgt Streichung *1.000.*

[S. 438]

Bernhardt Czedlitcz rotte zcu Stroszburgk.

Bernhart Czedelitcz hat gedinet mit 9 pferden 12 ½ jor machet 900 gld. unnd 36 gld. ung.[a]

Swartcze Wentczel hot mit einem pferd gedinet 6 ½ jor facit 52 gld.

Hasse hat gedinet mit 3 pferden 6 ½ jar facit 150 gld. unnd 6 gld.

Cantenhaymer hat gedinet mit 8 pferden 12 ½ jor macht 800 gld. unnd 32 gld.

Hawszberger hot mit 7 pferden gedinet 5 ½ jor macht 300 gld. unnd 8 gld. unnd ist todt.

Benedick hat mit 2[b] pferden 10 jor gedinet macht 100 gld. unnd 60 gld. Item her hat 1 pferd 10 jor gehat macht 76 gld. unnd ist todt.

Moringer hat gedinet mit 2 pferden 4 jor macht 64 gld. unnd ist todt.

[S. 439]

Hans Bomgartner hat mit 1 pferd gedinet 5 jor facit 40 gld. Ist todt.

Andris Slesiger hat 1 pferd im dinste gehat 4 jor macht 32 gld. unnd ist todt.

Bastian eyn fuszknecht hat 10 jor lang gedinet macht 40 gld.

Krabath eyn fuszknecht 5 jor gedinet macht 20 gld.

Lorentcz Unger hat mit 2 pferden 10 jor gedinet macht 100 unnd 60 gld. Her hat noch 1 pferd 4 jor lang gehat macht 32 gld.

Slaback hat 2 pferde 12 ½ jor im dinste gehat macht 200 gld. unnd 8 gld. Her hot noch 1 pferd 9 jorlang gehat macht 72 gld. Item noch mit 2 pferden 5 jorlang gedinet brenget 80 gld. Item noch mit 1 pferd 2 ½ jor facit 20 gld.

Caspar Goder hat 1 pferd 12 ½ jor gehat macht 100 gld. unnd 4 gld. Her hat noch 1 pferd 9 jorlang gehat macht 72 gld.

[S. 440]

Kurtczman hat gedinet mit 3 pferden 12 ½ jor macht 300 gld. 12 gld.

Hawszer hat im dinste gehat 1 pferd 11 jor macht 88 gld.

Hans im Keller hat im dinste gehat 1 pferd 10 jor macht 80 gld.

Hans Zepitczky hat 1 pferd im dinste gehat 12 jor facit 100 gld. minus 4 gld.

Peter Steyrer hat 1 pferd im dinste gehat 7 jor macht 56 gld. unnd noch 1 pferd 6 ½ jor macht 52 gld.

Marczinko hat gedinet mit 4 pferden 5 jor macht 100 unnd 60 gld. Der den Colmen halff gewynen.

Thomas Steyrer eyn fuszknecht hat 5 jor gedinet macht 20 gld.

[S. 441]

Martucko von Cronienaw der andir eyn fuszknecht 5 jor gedinet macht 20 gld. unnd 1 pferd 8 jor lang gehat macht 63 gld.

Andris Wasser eyn fuszknecht hat gedinet 1 ½ jor facit 6 gld.

Weisze Hensel eyn fuszknecht hat gedinet 7 jor macht 28 gld. unnd hot 1 pferd 6 jor lang gehat brenget 48 gld.

Jorge Mattornitcz hat gedinet 12 ½ jor vor 1 fusknecht macht 52 gld. Her hat 2 pferd[e] vorlorn machen 16 gld.

Schadendorff eyn fuszknecht hat 12 ½ jor gedinet macht 52 gld.

Cuntze von Tabur eyn fuszknecht hat gedinet 6 jor macht 24 gld. unnd ist todt.

Stracke[c] eyn fuszknecht hat 12 ½ jor gedinet macht[d] 52 gld.

[S. 442]

Steffan Weiszhan eyn fuszknecht hat 4 jor gedinet macht 16 gld. unnd ist todt.

Andris Moler eyn fuszknecht hat 10 jor gedinet macht 40 gld. unnd ist todt.

Hans Morlen hot 1 pferd 2 jor gehat macht 16 gld. unnd ist todt.

Caspar Unger eyn fuszknecht hat 6 jor gedinet macht 28 gld.

Carbath hat 4 pferde 5 jorlang im dinste gehat macht 100 unnd 60 gld.

Pfilip Kosers hat 4 pferde[e] 3 jor im dinste gehat macht 72 gld.

Peter Wunderlich hot 1 pferd 12 ½ jor gehat macht 100 unnd 4 gld.

[S. 443]

Nicolaus Stolle hat 1 pferd 12 ½ jor im dinste gehat macht 100 gld. 4 gld.

Bosze Michel hat mit 7 pferden 6 ½ jor gedinet macht 350 gld. unnd 14 gld. unnd ist todt.

Nicolasch hat 1 pferd[f] 8 jorlang im dinste gehat macht 63 gld.[g]

---

a In dem Buchfalz an der oberen Kante ein Ausrufezeichen (!).

b Über der Zeile ergänzt.

c Korrigiert aus *Starke*.

d Folgt Streichung *55*.

e Folgt Streichung *2 j[or]*.

f Folgt Streichung *10*.

g Unterhalb des Eintrags verbleibt Freiraum.

[S. 444]

Dis sein die Stroszburger fuszknechte.

Bartusch Kale selb dritte unnd mit 1 pferd daz brenget 2 ½ pferde 8 jor lang gedinet macht 100 gld. unnd 60 gld. So hat her 2 pferde vorlorn machen 16 gld.

Jostel Selbander hat gedinet vor eyn fuszknecht 7 jor macht 56 gld.

Hans Rakawitcz eyn pososener selbander hat gedinet 7 jor macht 56 gld.

Secker eyn fuszknecht hot 2 jor gedinet macht 8 gld.

Nickel Wewer eyn fuszknecht hot 2 jor gedinet macht 8 gld.

Frantczky Kundeler eyn fuszknecht hat 3 jor gedinet macht 12 gld.

[S. 445]

Jorge Robowitcz selbandir hat gedienet 1 ½ jor macht 12 gld. unnd ist todt.

Nickel Dorinck eyn fuszknecht hat [a]1 ½[a] jor gedienet macht 6[b] gld. Ist todt.

Nickel Tilisch eyn fuszknecht hat 4 jor gedinet macht 16 gld. Ist todt.

Jocub Birgkholtcz eyn fuszknecht hat gedinet 1 ½ jor facit 6 gld.

Merten Crawsze hat gedinet 8 jor facit 32 gld.

Hans Frise selbandir haben gedinet 6 jor macht 47 gld. unnd dor czu noch eyn fuszknecht 1 ½ jor macht 6 gld. unnd sein alle todt.

Jocub Beiderman eyn pasosener 4 ½ jar gedinet macht 36 gld. unnd ist todt.

Michel Bedder selbander gedinet 1 ½ jor macht 12 gld.

Jurge Durholtcz eyn pososener hat gedienet 1 ½ jor macht 12 gld. unnd ist todt.

Blwendorn eyn fuszknecht hat gedinet 1 ½ jor macht 6 gld.

Hans Rabe eyn fuszknecht hat 8 jor gedinet macht 32 gld.

[S. 446]

Lange Matt[is] eyn fuszknecht hat 2 jor gedinet macht 8 gld. unnd ist todt.[962]

Bartusch Sneider hat gedinet 1 jor vor eyn fuszknecht macht 4 gld.

Selienschw hat gedinet 3 ½ jor macht 14 gld.

Vaith Nickel hat 5 jor gedienet macht 20 gld.

Hans Scholtisse hat 2 jor gedinet macht 8 gld.

Michel Leider hat gedinet 1 ½ jor brenget 6 gld. Ist todt.

Nickel Seiferd hat 1 ½ jor gedienet macht 6 gld.

Hans Emerich hat gedinet 3 ½ jor brenget 14 gld. unnd ist tod.

Vencentcz Ulrich hot 1 ½ jor gedinet brenget 6 gld. unnd ist tod.

Nickel Werner hat 1 ½ jor gedienet brenget 6 gld. unnd ist todt.

[S. 447]

Jocub Salomon hat gedienet 3 ½ jor brenget 14 gld.

Beberstein hat 3 ½ jor gedinet brenget 14 gld. unnd ist todt.

Nickel Lawben hat 5 jor gedinet brenget 20 gld. unnd ist todt.

Nickel Gregor hat 1 ½ jor gedienet brenget 6 gld. unnd ist todt.

Heider Nickel selbandir hat 2 jor gedienet brenget 16 gld.

Hans Bornman hat gedienet selbander 5 jor brenget 40 gld. unnd ist todt.

Lange Pauel selbander ½ jor gedienet brenget 4 gld. unnd ist todt.

Lemerbugk[c] eyn fuszknecht ½ jor gedinet brenget 2 gld.[d] Unnd 1 pferd 6 jor brenget 48 gld. unnd 1 pferd vorloren brenget 8 gld.[e]

[S. 448–460 leer, zwei unpaginierte Seiten folgen]

[Einband]

[f]Inder jorczal unsers herren Iesu Cristi M° CCCC° LXVII° ist gestorben der hochwirdige furste unnd grosmechtige herre her Ludwig von Erlichshawsen[963] hoemeister deutschs ordens unnd ist verscheiden am Sonnobennde vor Quasimodogeniti[964] demane quasi hora Sexta unnd ist begangen im Vigilen am

962 S. OBA 16106 (wie Anm. 959), S. 12.

963 Ludwig von Erlichshausen, 1450 März 21–†1467 April 4, Hochmeister.

964 1467 April 4.

Sontage Quasimodogeniti unnd[g] mit selemessen am Montage unnd leich begraben zu Konisberg im Thume im kore unnd czur beigrafft ist geweszen der edele unnd hochgeborne furste hertczog Baltazar vom Sagen[965] unnd Jorge vonn Sliven unnd vil ander fremde geste.

a Über der Zeile ergänzt, darunter Streichung *4*.
b Korrigiert aus *16*.
c Zuvor Streichung der Zeile *Lemerb*.
d Folgt Streichung *ist todt*.
e Unterhalb des Eintrags verbleibt Freiraum.
f Mit Bleistift Notiz *cop*.
g Folgt Streichung unleserlich.

965 Balthasar, Herzog von Schlesien-Sagan, †1472 Juli 15.

[S. 1]

Extract der Quitanncien.

Der dinstlewthe so dem wirdigen orden in vorgannge[ne]m grossen kriege gedinet unnd bei zceitt der hochwredigen fursten unnd hern hern Ludewig von Erlichshawsen,[966] hern Heinrichen Rewssen von Plawen,[967] hern Heinrichen von Richtennberg,[968] hern Mertten Truchsses,[969] unnd hern Hannsen von Thieffen,[970] hohmeistere tewtschs ordenns, alle gottseliger. Desgleichen und itzunder bei zceitt des hochwredigsten durchlawchten hochgebornnen fursten unnd hern hern Friderichen itzigen hohmeister tewtschs ordenns hertzogen zw Sachssen,[971] lanndtgraffen in Doringen unnd marggraffen zw Meissen. Uberannwortt, vorgnugt, betzalt und[a] einsteils enntlich enntricht. Wie die hirnach klerlich mit nahmen fernner anngetzeigt sein unnd durch fromin briffen renntmeister in diesse ordennung geschrieben. Am tag Marie Magdalene. Anno XV^{C} unnd vier.[972]

a Mit Ergänzungszeichen über der Zeile nachgetragen.

966 Ludwig von Erlichshausen, 1450 März 21–†1467 April 4, Hochmeister.
967 Heinrich d. M. Reuß von Plauen, 1469 Okt. 15–†1470 Jan. 2, Hochmeister.
968 Heinrich Reffle von Richtenberg, 1470 Sept. 29–†1477 Febr. 20, Hochmeister.
969 Martin Truchsess von Wetzhausen, 1477 Aug. 4–†1489 Jan. 3, Hochmeister.
970 Johann von Tiefen, 1489 Sept. 1–†1497 Aug. 25, Hochmeister.
971 Herzog Friedrich von Sachsen, 1498 Sept. 29–†1510 Dez. 14, Hochmeister.
972 1504 Juli 22.

[S. 2 leer]

[S. 3, mit Lederstreifen am Rand]

Extract der quitanncien durch hernn Ludewig von Erlichshawsen hern Heinrichenn Rewssen Plawen unnd hernn Heinrichen von Richtennberg hohmeistere betzalt wie volget.

Her Heinrich Rews vonn Plawen der Junger[e] here zw Grewiz ist durch hern Ludewig vonn Erlichshawsen 2.000 rh. gld. enntricht unnd fortan mit im unnd hern Veit, hern zw Glawchaw, abgerechent das in der orden noch schuldig bleibt 4.300 rh. gld. Die selbtenn sollen sie von der Balei Elsas enntphaen und betzalt werden. Anno XIIII^{C} und LV stenn [jare].[973]

Heintz Seidelitz zw Temmersdorf gesessenn ist durch hern Heinrichen Rewssen von Plawen 50 m. gering uf seinen solt gegeben. Anno LXVIII ten.[974]

[S. 4]
Heintz Seidelitz bek[e]nnthnis das herr Heinrich Rews vonn Plawen mit ime Hanns[a] Schwenkenfelde und Ucherwitz abgerechent hott. Das ine der ordenn schuldig was 1.400 unnd 44 ung. gld. unnd 600 m., 10 rh. gld. Dorawf sie betzalt bis uf 500 m. An welchen 500 m. kenn das dritte teil auch betzalt ist unnd zwei teil unnbetzalt. Die machenn 333 m. und 8 sc. unnd so die betzalt werden zw gesagt als dann iren howptbrieff zw uberanntwortten. Anno LXXIX ^{ten}.[975]

Hanns Kleinschmit ist von wegen Wilhelm von dem Hagen 300 m. enntricht. Anno LXXIIII[976] durch hern Heinrichenn vonn Richtennberg.

Herman vonn Weissennbach ist durch herenn Heinrichenn vonn Richtenberg mit 400 gld. alles dinsts und schulde ganntz betzalt. Anno LXXVI ^{ten}.[977]

[S. 5]
Philipp Schepis Bunthir gnannt ist alles solts entscheiden, durch den heren von Plawen. Anno LXVIII ten.[b] [978]

---

a Folgt Streichung *Schwenkenfelde*.
b Unterhalb des Eintrags verbleibt Freiraum.

---

973 1455. S. GStA PK, XX. HA Hist. StA Königsberg, OBA 13486. [1515]. S. GStA PK, XX. HA Hist. StA Königsberg, OBA 20408.
974 1468. S. OBA 16128 (wie Anm. 648).
975 1479. S. OBA 16824 (wie Anm. 544).
976 1474. S. GStA PK, XX. HA Hist. StA Königsberg, OBA 16470.
977 1476. [1475]. S. GStA PK, XX. HA Hist. StA Königsberg, OBA 16587.
978 1468. S. GStA PK, XX. HA Hist. StA Königsberg, OBA 16163.

[S. 6–8 leer]

[S. 9, mit Lederstreifen am Rand]

Extract der quitanncien bei zceitt hernn Merthenn Truchsses hohmeisters uberliebert unnd vorgnugt.

Nicles von Hermansdorf, Ronenberg gnant, und her Wetzlaw von Sollowitz aws fullermacht diesser hiernach geschrieben abgerechent von wegen in selbst[a] und des hern von Blanckenstein, Borian Brawn, Qwals, Bschincken, Hans Scherckewalds, Clymmen, hern Zkalsken und seines bruders, Haberts, Pech, Lincken, Hoeseneck 500 m. gering. Darawf entpfangen und fordan zwgeben jerlich 1.000 m., bissolang es betzalt wirt.[979]

Christof von Hermszdorf und herr Watzlaw von Sullewitz sein 1.000 m. entricht uf den contract von iren und irer freunde wegen. Anno XIIII^C XCI.[980]

Her Watzlaw von Sullewitz unnd Niclas von Hermansdorf sein 1.000 m. enntricht uf den contract von irent und irer freunde wegen awsgericht. Anno etc. LXXXVIII.[981]

[S. 10]

Her Wetzlaw vonn Sullewitz ist mit 100 minus 4 ung. gld. von wegen seines brudern, Haberts, alles seines solts gantz entricht. Auch quitirt er die 1.000 m. darine, die Nicles von Hermansdorf awf den awfgerichten conntract entpfangen hot. Anno etc. LXXXVII.[982]

Nickl vonn Herm[an]sdorf unnd her Watzlaw von Sullewitz sein uf den[b] ufgerichten conntract 500 m. entscheiden. Anno XIIII^C LXXXVII.[983]

Nickl von Hermansdorf, Ronberg gnant, uf Blanckenstein, hot 400 ung. gld. eher der contract des von Blanckenstein und ander gutter lewte uf gericht entpfangen. Die sollen mit der letzten gelt eingerechent[c] werden. Anno etc. LXXXVII.[984]

Ludewig Slabernndorf ist von wegen Hannsen Slaberndorf seines brudern solt gantz enntscheiden. Anno XIIII^C LXXXIII.[985]

979 [1487]. S. GStA PK, XX. HA Hist. StA Königsberg, OBA 17306=17307.
980 1491. S. GStA PK, XX. HA Hist. StA Königsberg, OBA 17602.
981 1488. S. GStA PK, XX. HA Hist. StA Königsberg, OBA 17394.
982 1487. S. GStA PK, XX. HA Hist. StA Königsberg, OBA 17305.
983 1487. S. GStA PK, XX. HA Hist. StA Königsberg, OBA 17309.
984 1487. S. Perg.-Urk. 3567 (wie Anm. 513).
985 1483. S. GStA PK, XX. HA Hist. StA Königsberg, OBA 17101.

Hertzog Johans vom Sagen ist 4.000 und 700 rh. gld. entricht. Anno etc. LXXXII sten.[986]

[S. 11]

Niclas von Hermansdorf bekenthnis das 1.000 m. und etlich doruber an der summen und letzten betzalung sollen abgekurzt werden. Anno LXXXVIII.[987]

Mangnus von Lowl ist 40 ung. gld. entricht. Anno LXXXII.[988]

Hans von Rewdenitz ist alles seins dinsts gantz entricht. Anno LXXXVII.[989]

Veit Fewchter ist entricht 200 ung. gld. Anno LXXX stenn.[990]

Georg Christerer ist von wegen Veit Fewchter 100 ung. gld. entricht. Anno LXXXII.[991]

Veith Fewchter ist enntricht 100 ung. gld. Anno LXXXIIII stenn.[d] [992]

Gregor Fullengrabe, lantvoigt zw Ulmmitz, ist 600 ung. gld. entricht und damit alles seins dinsts entscheiden. Anno LXXXV sten.[993]

[S. 12]

Her Benedictus von Waldenstein ist 100 gld. entricht. Anno LXXXV.[994]

Herzog Hanns vom Sagenn ist aller schult, dinsts und solts von wegen hern hern Rudolffen und hern hern Balthasarn, hertzogen vom Sagen, gebruder etc. gantz entricht. Anno etc. LXXXIII stenn.[995]

Hanns Valkenhayn und Melchior Eicke sein 600 minus 25 m. gering entricht von wegen Hansen Trennen solt und dinst, dem das dorf Babezin vorsatzt was und damit ganz entscheiden. Anno etc. LXXXVI.[996]

Nickel[e] Warnsdorf und Casper, gebruder, sein 100 ung. gld. entricht uf irenn solt. Anno etc. LXXXVI.[997]

Heinrich Poschel ist alles seins dinsts entricht. Anno LXXXIIII.[998]

---

986 1482. S. Perg.-Urk. 3504 (wie Anm. 566).
987 1488. S. GStA PK, XX. HA Hist. StA Königsberg, OBA 17406.
988 1482. S. GStA PK, XX. HA Hist. StA Königsberg, OBA 17047.
989 1487. S. OBA 17359 (wie Anm. 508).
990 1480. S. GStA PK, XX. HA Hist. StA Königsberg, OBA 16889.
991 1482. S. GStA PK, XX. HA Hist. StA Königsberg, OBA 17020.
992 1484. S. OBA 17135 (wie Anm. 541).
993 1485. S. GStA PK, XX. HA Hist. StA Königsberg, OBA 17186.
994 1485. S. GStA PK, XX. HA Hist. StA Königsberg, OBA 17178.
995 1483. S. Perg.-Urk. 3512 (wie Anm. 567).
996 1486. S. OBA 17284 (wie Anm. 678).
997 1486. S. GStA PK, XX. HA Hist. StA Königsberg, OBA 17286.
998 1484. S. OBA 17154 (wie Anm. 848).

Hanns Hornn ist seins dinsts gantz entricht und mit eingetzogen Balthasar Raetsch, der sein pferde eintzeit lang gehabt. Anno etc. LXXXIII.[999]

[S. 13]

Casper Loben zw Mortius ist seins dinsts und seines brudern Hanses ouch des dinsts Georgen Worschen beiderseits ganz entricht. Anno LXXXVIII.[1000]

Albrecht Kruger, burgermeister zw Kolberg, 150 m. entricht und gantz betzalt. Anno LXXXV.[1001]

Benedictus, bischof zw Camyn, ist von wegen seines brudern hern Bernt[hart]s vom Zynnenberge, dem der orden vor seinen dinst noch 100 ung. [gld.] uf zwen termyn zwgeben schuldig, 50 ung. gld. uf Johannis Baptista[1002] entricht. Anno LXXXVII.[1003]

Benedictus, bischof zw Camyn, ist von wegen seines brudern hern Bernharts vom Zynnenberg uf Elisabet aber 50 ung. gld. entricht. Anno LXXXVI.[1004]

Fraw Elisabet Phillipps, bischofs nachgelaessen hawsfraw, ist 200 m. von wegen hern Benisch, thumprobst zw Ulmitz, entricht. Anno LXXXIII.[1005]

Fraw Hese Rakynne zw Thorn ist 500 ung. gld. minus 10 von wegen hern Benisch von [f] Wallenstein entricht und damit aller schult betzalt. Anno LXXXIIII sten.[1006]

[S. 14]

Die stadt von Zcingten ist 150 m., so ime die von Barttennstein schuldig waren, gantz betzalt. Anno LXXXIIII.[1007]

Heinrich Blumen und Conradt Op[s]el sein gantz entscheiden. Die[g] 6.000 m.[h], so in der orden schuldig was. Anno.[1008]

Wannke Holubitz erwan hern Bernnharts schreiber ist 100 gld. betzalt die im her Bernnhart uberweist hot. Anno LXXXIII.[1009]

999 1483. S. OBA 17096 (wie Anm. 790).
1000 1488. S. OBA 17405 (wie Anm. 541).
1001 1485. S. GStA PK, XX. HA Hist. StA Königsberg, OBA 17204.
1002 Juni 24.
1003 1487. S. GStA PK, XX. HA Hist. StA Königsberg, OBA 17335.
1004 1486. S. GStA PK, XX. HA Hist. StA Königsberg, OBA 17255.
1005 1483. S. GStA PK, XX. HA Hist. StA Königsberg, OBA 17069.
1006 1484. S. GStA PK, XX. HA Hist. StA Königsberg, OBA 17151.
1007 1484. S. GStA PK, XX. HA Hist. StA Königsberg, OBA 17118.
1008 [1492]. S. OBA 17707 (wie Anm. 692).
1009 1483. S. GStA PK, XX. HA Hist. StA Königsberg, OBA 17105.

Georgi von Loben ist 1.800 und 60 ung. gld. von wegen seins dinsts betzalt und ganz entricht. Anno LXXXVIII.[1010]

Ditterich von Zcigelheim ist alles seins solts uf zwei pferde entscheiden. Anno LXXXVIII.[1011]

Hanns Blumberg, schoffer zwr Schweinitz, ist von wegen Hansen von Globecken seines frundes 80 ung. gld. uf seinen solt betzalt. Anno LXXXII.[1012]

Georg von Rawneck ist von wegen Fritzen von Rawneck seines brudern 200 rh. gld. entricht uf die 1.000 ung. gld., die im der orden noch schuldig ist. Anno LXXXVI.[1013]

[S. 15]

Merthenn Klucks, annders Uttenhoffer gnant, ist von seint ouch von Hansen Klucks seins ohmen wegen ganntz entricht. Anno etc. LXXX.[1014]

Musickes rotte uf Soldaw gelegen ist gantz entricht. Anno LXXIX.[1015]

Bertolt von Techewitz ist mit sampt seinem bruder Karl alles ires solts bis uf 56 ung., 10 rh. gld. entricht. Anno LXXXV.[1016]

Annshelm und Hanns von Tettaw, gebruder, sein ires solts und dinsts gantz betzalt. Anno LXXX.[1017]

Cristof und Hans Suszken, gebruder, Nickel Froberg und Fritze Eyaw sein ires dinsts, solt und schaden gantz betzalt, lawts des Meissen hertzogen Conradts von Olsen quitantz. Anno LXXXIIII.[1018]

Allexius Rabennaw ist seins dinsts und schadens gantz betzalt lawts der stadt Warttenburg in der Schlesien brif. Anno LXXXIIII.[1019]

Ruel Liebenntaler ist seins dinsts gantz entricht. Anno LXXXIIII.[1020]

1010 1488. S. OBA 17408 (wie Anm. 678).

1011 1488. S. GStA PK, XX. HA Hist. StA Königsberg, OBA 17414.

1012 1482. S. GStA PK, XX. HA Hist. StA Königsberg, OBA 17030.

1013 1486. S. GStA PK, XX. HA Hist. StA Königsberg, OBA 17235.

1014 1480. S. GStA PK, XX. HA Hist. StA Königsberg, OBA 16905.

1015 1479. S. GStA PK, XX. HA Hist. StA Königsberg, OBA 16801.

1016 1485. S. GStA PK, XX. HA Hist. StA Königsberg, OBA 17185.

1017 1480. S. GStA PK, XX. HA Hist. StA Königsberg, OBA 16883.

1018 1484. S. GStA PK, XX. HA Hist. StA Königsberg, OBA 17115.

1019 1484. [1483]. S. OBA 17066 (wie Anm. 857).

1020 1484. S. GStA PK, XX. HA Hist. StA Königsberg, OBA 17158.

[S. 16]

Katherina Grewssings hot 200 rh. gld. von wegen ires mannes entpfangen. Anno LXXXVI.[1021]

Friderich von Mosthenn hot 300 m. entpfangen. Anno LXXXI.[1022]

Georg Grewssing hot entpfangen 300 rh. gld. Anno LXXXVII.[1023]

Hanns Weichart ist von wegen Hansen Weichartsseines vatern gantz entricht. Anno LXXXII.[1024]

Friderich Nawenndorf ist von wegen und mitsampt seinem bruder gantz entscheiden. Anno LXXXIIII.[1025]

Hans Lemberg ist 60 m. uf seinen dinst gegeben. Anno LXXXIII.[1026]

Her Heinrich von Erthmansdorf, ritter, und sein bruder Heide sein ires dinsts gantz entricht. Anno LXXX.[1027]

Heinrich Stenntzsch ist alles seines dinsts, solts und schadens ganntz entricht. Anno LXXXIII.[1028]

[S. 17]

Bernt von Hermszdorf zw Arnszdorf ist uf ein pfert alles seins dinsts gantz entricht. Anno LXXXV ten.[1029]

Her Went von Erlenburg ist 200 ung. gld. von wegen seines vatern und brudern dinst geben, bleiben noch 200 gld. Anno LXXXVI ten.[1030]

Hanns Rewdenitz ist alles seins dinst entscheiden bis uf 100 minus 8 ung. gld. und 48 rh. gld. Anno LXXXV ten.[1031]

Hans Re[w]denitz ist uf die hinderstellig schult betzalt bis uf 70 rh. gld. Anno LXXXVI ten.[1032]

Hans Hawgewitz ist jzw gottj seins dinsts und solts gantz enntricht und betzalt. Anno LXXXVI ten.

1021 1486. S. GStA PK, XX. HA Hist. StA Königsberg, OBA 17243.

1022 1481. S. GStA PK, XX. HA Hist. StA Königsberg, OBA 16969.

1023 1487. S. GStA PK, XX. HA Hist. StA Königsberg, OBA 17348.

1024 1482. S. GStA PK, XX. HA Hist. StA Königsberg, OBA 17054.

1025 1484. S. GStA PK, XX. HA Hist. StA Königsberg, OBA 17130.

1026 1483. S. GStA PK, XX. HA Hist. StA Königsberg, OBA 17082.

1027 1480. S. GStA PK, XX. HA Hist. StA Königsberg, OBA 16911.

1028 1483. [1484]. S. GStA PK, XX. HA Hist. StA Königsberg, OBA 17134.

1029 1485. S. GStA PK, XX. HA Hist. StA Königsberg, OBA 17170.

1030 1486. S. GStA PK, XX. HA Hist. StA Königsberg, OBA 17228.

1031 1485. S. GStA PK, XX. HA Hist. StA Königsberg, OBA 17184.

1032 1486. S. OBA 17265 (wie Anm. 508).

Hans von Eiserberg und Heinrich Colditz, gebruder, sein von wegen Nicles Weissenbach solt, dinst und scheden gantz entricht. Wan her hot ine dem orden bescheiden und ubergeben. Anno LXXXII ten.[1033]

[S. 18]

Hans Blumberg schoffer zw Schweinitz ist von wegen Hans von Globecks solt 100 und 70 ung. gld. gegeben. Anno LXXXVI ten.[1034]

Hans Fehme hot Ebart von Mentzingen 100 ung. gld. gegeben. Anno LXXVIII ten.[1035]

Nickel Aptitz ist alles seins dinsts gantz entscheiden. Anno LXXXVI ten.[1036]

Nickel Aptitz ist alles seines dinsts so er zum Newenmarckt gelegen[k] und gerechent ist unnde auch ganz entscheiden. Anno LXXXI.[1037]

Hans Menick ist von wegen Berttrem Menicke und Heinrich Loeckewin alle ires solts gantz entscheiden. Anno LXXXII ten.[1038]

Christof Nawendorf ist alle seiner schult gantz entscheiden. Anno LXXVII ten.[1039]

Peter Rabenaw ist alles solts und schadens gantz entscheiden. Anno LXXXIII ten.[1040]

Friderich Pilgerim mitsampt seinen brudern ist von wegen Hans Pilgerims seines brudern alles des dinsts und schadens gantz entscheiden. Anno LXXXVII ten.[1041]

[S. 19]

Nickel von Heinitz ist mit sampt seinen brudern von wegen Fritzen unnd Hannsen irer vetter solt und scheden ganz entricht. Anno LXXXII ten.[1042]

Allexius Rabnaw ist alles seins dinsts und schedenn gantz enntricht. Anno LXXXIII ten.[1043]

1033 1482. S. GStA PK, XX. HA Hist. StA Königsberg, OBA 17035.
1034 1486. S. GStA PK, XX. HA Hist. StA Königsberg, OBA 17208.
1035 1478. S. GStA PK, XX. HA Hist. StA Königsberg, OBA 16742.
1036 1486. S. GStA PK, XX. HA Hist. StA Königsberg, OBA 17253.
1037 1481. S. OBA 16951 (wie Anm. 541).
1038 1482. S. OBA 17009 (wie Anm. 784).
1039 1477. S. GStA PK, XX. HA Hist. StA Königsberg, OBA 16690.
1040 1483. S. OBA 17078 (wie Anm. 889).
1041 1487. S. GStA PK, XX. HA Hist. StA Königsberg, OBA 17349.
1042 1482. S. GStA PK, XX. HA Hist. StA Königsberg, OBA 17010.
1043 1483. S. OBA 17078 (wie Anm. 889).

Hanns Debitzsch, zum Newenmarckt wonende, ist alles seins solts und schedens gantz entscheiden. Anno LXXXIX ten.[1044]

Bernhart Zcyenhaws hot von wegen seins vorfarn Creppels solt entpfangen 6 rh. gld., ein last weis vor 15 m. und ein pfert vor 20 ung. gld. bis er weittern bescheit bringt. Anno XCIII ten.[1045]

Bernhart Zcedelitz hot entpfangen 13 ung. gld. Anno LXXXIII ten.[1046]

Her Hans Sack, pfarrer zw Konigswalde, ist von wegen Henitzen und Nickel von Waldaw, seiner mutter bruder, alles solt gantz enntricht. Anno LXXXIIII.[1047]

[S. 20]

Georg vonn Rawneck ist von wegen Fritzen von Rawneck seines brudern solt, dinst und schaden gantz entricht. Anno LXXVII ten.

Georg Peschen, Contz vom Iglofstein, Hans Lewben und Sigmunt von Eylaw, testamentarien Roles Bloszdorf, [l]sagen queit[l] die 1.600[m] ung. gld., die bermettem Bloszdorf uf Zcyngren vorschrieben sein gewest.[1048]

Jan von Dobeneck brief darzu er meldet under anderm, das im der orden 350 ung. gld. uf zween termin[en] geben sal. Anno XCIIII.[1049]

Johannes Audermann ist alles seins solts und dinsts gantz betzalt. Anno LXXXVIII.[1050]

Melcher Magnes hot von wegen seins vatern solt[s] 57 m. entpfangen. Anno LXXXI ten.[1051]

Her Wilhem von Monichenn, ritter, ist 40[n] ung. und 94 rh. gld., ouch etlich pferde unnd ware, die im her Heinrich von Richtennberg schuldig gewest, gantz betzalt. Anno LXXVII ten.[1052]

[S. 21]

Girsick vonn Koschin aws fullermacht hern Benisch vonn Waltstein, thumprobst zw Ulmutz, ist von wegenn hern Benisch von Waltstein, hern

1044 1489. S. GStA PK, XX. HA Hist. StA Königsberg, OBA 17478.
1045 1493. S. OBA 17749 (wie Anm. 541).
1046 1483. S. GStA PK, XX. HA Hist. StA Königsberg, OBA 17091.
1047 1484. S. GStA PK, XX. HA Hist. StA Königsberg, OBA 17122.
1048 [1480]. S. GStA PK, XX. HA Hist. StA Königsberg, OBA 16892.
1049 1493. S. OBA 17765 (wie Anm. 782).
1050 1488. S. GStA PK, XX. HA Hist. StA Königsberg, OBA 17449.
1051 1481. S. OBA 16941 (wie Anm. 639).
1052 1477. S. GStA PK, XX. HA Hist. StA Königsberg, OBA 16684.

Bernharts vonn Zynnerberg, bruder desselben, hern Bernts vom Zcynenberge solt, dinst unnd scheden gantz betzalt. Anno LXXXIIII ten.[1053]

oDesgleichen von hern Hincken wegen betzalt und quittirt.o

Der stadt von Thorn bsigelt bekennthnis wie vor ine gelowtbart ist und der orden qweit ledig und los gesagt ist worden von wegen hern Bernhartts vom Zynnenbergs solt, dinst und schaden. Anno LXXXIIII ten.[1054]

Bethe[k]enn[tn]is, das Schernofsky gantz betzalt ist unnd Staltzkin unnd Schernofsky schwester seins her den orden nye dinst gehabt haben und Bosemichel.[1055]

Baltzer Rackel von wegen Hans Rackels seines vettern dinst sein gantz entscheiden.

a Wort doppelt *selbst.*
b Wort doppelt *uf den.*
c Buchstaben *ein* über Streichung an Wortanfang ergänzt.
d Folgt Streichung in neuer Zeile *Hanns Cleinschmit ist von wegen.*
e Kleiner Tintenkreis vor der Zeile.
f Folgt Streichung *Walkenstein.*
g Folgt Streichung *vi.*
h Mit Ergänzungszeichen über der Zeile nachgetragen.
i Kleiner Tintenkreis vor der Zeile.
j Mit Ergänzungszeichen über der Zeile nachgetragen.
k Folgt Streichung *gantz.*
l *sagen queit* vermutlich neben der Zeile ergänzt.
m Über Streichung röm. Zahl *100* ergänzt.
n Folgt Streichung unleserlich.
o Vor der Zeile ergänzt.

[S. 22–28 leer]

[S. 29, mit Lederstreifen am Rand]

Extract der quitanncien bei zceitt hern Hannsen von Thieffenn hohmeisters uberliebert unnd vorgnugt.

Herr Heinrich Rews vonn Plawen, die zceit comthur zwr Balge,[1056] ist aws fullermacht hern Heinrichen des Eltern und hernn Heinrichen des Jungern von

1053 1484. S. GStA PK, XX. HA Hist. StA Königsberg, OBA 17126.
1054 1484. S. GStA PK, XX. HA Hist. StA Königsberg, OBA 17125.
1055 [1487]. S. wohl GStA PK, XX. HA Hist. StA Königsberg, OBA 17345.
1056 Heinrich d. J. Reuß von Plauen, 1496 März 25–1499 Juli 18, Komtur von Balga und Oberster Trappier.

Plawen seiner[a] gebruder 800 rh. gld. hinderstelligs solts gantz entricht. Anno etc. XCVII stenn.[1057]

Christof vonn Hermansdorf ist mit 1.000 rh. gld. alles seines solts unnd zwspruche gantz entscheiden lawts des entscheidts brives von hertzog Georgenn von Sachssen etc. awsganngen. Anno etc. XCIII sten.[1058]

Cristof von[b] Hermszdorf der Junger awff Blannckennstein gesessen ist aws fullermacht von wegen Cristof von Hermszdorf seines vatern und her Watzlaw von Sullewitz awf solen, dieser hirnach geschrieben Nicles von Hermszdorf, Ronenberg gnant, seines vettern und hern Watzlaw von Sullewitz von eren und irer bruder wegen, ouch von wegen des hern von Blanckennstein, Borian Braun, Qwals, Bschincken, Hans Schergiszwolden, Leonharts Clements, hern Skalszkin und seins brudern Habarts S[u]dow, Pechlinszkenn und Horschenetzkin, dinst und schaden gantz entricht. Anno XIIII^C^ XCV sten.[1059]

[S. 30]

Veit Fowchtir ist von wegen Hans von Ponnaw und Anndcra Potitz 300 und 60 m. gering entricht. Anno etc. LXXXVIII.[1060]

Clement Ruchener, burger zw Barttenstein, ist von wegen der Unwirden 50 m. entricht. Anno XIIII^C^ XCI.[1061]

Christof Beier unnd Lorenntz Iawerwitz sein ires dinsts gantz entricht lawts der zcettelt zwgesagt, so balt sie heim qwemen ir quitantz zw schicken. Anno XCIII sten.[1062]

Brosie Kelnein ist 100 und 13½ m. und fraw Kethe, sein schwester, Frantz Seidelitz nachgelaessen haws fraw, von obgnants Frantzen Seidelitz solt entricht. Anno XCII sten.[1063]

Hans Glawbitz ist gantz betzalt am Durnnstag nach Conceptionis Marie. Anno XCIII sten.[1064]

Peter Wurssen ist aller enntscheiden. Anno etc. XCV sten.[1065]

1057 1497. S. GStA PK, XX. HA Hist. StA Königsberg, Perg.-Urk. 3732, Schiebl. 95 Nr. 16.

1058 1493. S. GStA PK, XX. HA Hist. StA Königsberg, OBA 17768.

1059 1495. S. GStA PK, XX. HA Hist. StA Königsberg, Perg.-Urk. 3710, Schiebl. 93 Nr. 68.

1060 1488. [1486]. S. GStA PK, XX. HA Hist. StA Königsberg, OBA 17227.

1061 1491. S. GStA PK, XX. HA Hist. StA Königsberg, OBA 17611.

1062 1493. S. OBA 17784 (wie Anm. 544).

1063 1492. S. OBA 17701 (wie Anm. 736).

1064 1493 Dezember 12. [1493 Dezember 13] S. GStA PK, XX. HA Hist. StA Königsberg, OBA 17789.

1065 1495. [1490]. S. OBA 17566 (wie Anm. 600).

[S. 31]

Michel Hawgewitz hot seins vatern dinst Casper Hawgewitz, Hansen Falkennstein zw Prewssen ubergeben, der dan gantz betzalt ist. Anno XCII sten.[1066]

Nickel Debitzsch ist von wegen Georgen Debitzsch seines vateren solt gantz entricht bis uf 300[c] ung. gld., zw gesaget, so er die erste entpfang entph[an]get den schade[d] brif zw uberanntwortten. Anno XCVI sten.[1067]

Her Nicles Wilkow ist 500 m. enntricht und forder mit im vortragen, das die stadt Gilgennberg mit etlichen dorffern nach seinem tode an den orden fallen sal. Anno etc. XCVI stenn.[1068]

Nickel von Hermansdorf uf Blanckennstein und herr Watzlaw von Sullewitz sein nach uf gerichtem contract 1.000 m. entricht. Anno etc. XC sten.[1069]

Cristof von Hermansdorf von wegen seines vatern Nickels und her Watzlaw von Sullewitz sein nach ufgerichtem contract aber 1.000 m. entricht. Anno XCIIII sten.[1070]

[S. 32]

Christof von Hermansdorf, Ronberg gnant, und her Watzlaw von Sullewitz sein aber nach uf gerichtem contract 1.000 m. entricht. Anno etc. XCIII stenn.[1071]

Niclas von Hermansdorf und her Watzlaw von Sullewitz sein aber nach ufgerichtem contract 1.000 [m.] entricht. Anno etc. LXXXIX.[1072]

Cristof Ronberg von Hermansdorf und her Watzlaw von Sullewitz sein aber nach awfgerichtem contract 1.000 m. entricht. Anno etc. XCII sten.[1073]

Der Rewssen von Plawen und hern zw Grewtz, desgleich graf Albrecht von Kirchperg und her Veit vonn Schonnberg sein alle ires dinsts und scheden entscheiden mit dem das hern Heinrich Rews von Plawen im orden die Prewsche Elaw zw seinen leptagen zwgmessen ist em gegeben wurden und anderm inhalt vi[delicet] in der quitantz. Anno etc. XCII stenn.[1074]

1066 1492. [1490]. S. GStA PK, XX. HA Hist. StA Königsberg, OBA 17576.
1067 1496. S. GStA PK, XX. HA Hist. StA Königsberg, OBA 17937.
1068 1496. S. GStA PK, XX. HA Hist. StA Königsberg, Perg.-Urk. 3716, Schiebl. XXXIX 10.
1069 1490. S. GStA PK, XX. HA Hist. StA Königsberg, OBA 17547.
1070 1494. S. GStA PK, XX. HA Hist. StA Königsberg, OBA 17805.
1071 1493. S. GStA PK, XX. HA Hist. StA Königsberg, OBA 17772.
1072 1489. S. GStA PK, XX. HA Hist. StA Königsberg, OBA 17475.
1073 1492. S. GStA PK, XX. HA Hist. StA Königsberg, OBA 17686.
1074 1492. S. GStA PK, XX. HA Hist. StA Königsberg, OBA 17672.

Bohunken ist mit zwen tonnen honigs gantz entricht vi[delicet] in seiner zcettel. Anno etc.[1075]

[S. 33]

Georg unnd Michel Eisaxs, gebruder, haben dem orden ubergeben alle zwspruche und gerechtikeit so ine nach tode hern Nicles Wilke, irer mutter bruder, heimfallen mocht. Anno XCVI sten.[1076]

Michel von Wolgstet ist von wegen Lorenz und Oszwalt Trutzler und Caspern ires vettern ouch Hansen Schochern zw Schonnaw solt, dinst und schaden bis uf ein klein summa gantz entricht. Anno etc. XCII.[1077]

Bartholomeus Schmit ist gegeben 86 m. uf seinen brif. Anno XCVII ten.[1078]

Hans Wolf von Reichennaw ist alles seins dinsts gantz enntricht. Anno XCIII ten.[1079]

Hanns Schlichting zw Damptz ist von wegen seins vatern alles seins dinsts gantz enntricht. Anno XCIII ten.[1080]

Bartholomeus Schmit ist geben 50 m. uf seinen brif. Anno XCV ten.[1081]

[S. 34]

Sigmunth Prommitz ist von wegen Matts Prommitz seins vatern alles solts und dinsts gantz entscheiden. Anno XCIII ten.[1082]

Nickel Pomszdorf ist alles seins solts und dinsts gantz entricht. Anno XCVI ten.[1083]

Her Heinrich Rews von Plawen der Elter her zw Grewtz hot uf die 1.000 gld. 200 gld. entpfangen. Anno XCVI ten.[1084]

Hans Rost ist von wegen doctor Thomas Werneri 30 rh. gld. den jungen von Kittelitz belangende entricht. Anno XCII ten.[1085]

1075 [1489]. S. OBA 17481 (wie Anm. 639).
1076 1496. S. OBA 17900 (wie Anm. 679).
1077 1492. S. GStA PK, XX. HA Hist. StA Königsberg, OBA 17673.
1078 1497. S. OBA 17960 (wie Anm. 621).
1079 1493. S. GStA PK, XX. HA Hist. StA Königsberg, OBA 17787.
1080 1493. S. GStA PK, XX. HA Hist. StA Königsberg, OBA 17755.
1081 1495. S. GStA PK, XX. HA Hist. StA Königsberg, OBA 17840.
1082 1493. S. OBA 17781 (wie Anm. 951).
1083 1496. S. GStA PK, XX. HA Hist. StA Königsberg, OBA 17877.
1084 1496. S. GStA PK, XX. HA Hist. StA Königsberg, OBA 17897.
1085 1492. S. GStA PK, XX. HA Hist. StA Königsberg, OBA 17728.

Veit und Arnolt von Uttennhofen, gevettere, sein von wegen Veitten und Heinrichs von Uttenhoffen ires solts gantz entricht. Anno XCII ten.[1086]

Nickel Gebisch ist von wegen Hans und Harthmans[e] Koler, gebruder, ires brudern halb Eraszmus Koler alles solts unnd dinsts gantz entscheiden. Anno XCV ten.[1087]

Ein instrument, das Sigmunt Stange, howpthman zw Welaw, alles seinen solt, dinst und schaden an seinem letzsten dem orden heimgegeben und vortestamentirt hot. Anno XCII ten.[1088]

[S. 35]

Matts Rewber ist alles seins dinsts und schadens gantz entscheiden. Anno XCII ten.[1089]

Connradt Those ist von wegen Otto Thosen, seins brudern, und Hansen Thosen, seines vettern, dinst und scheden gantz enntricht. Anno XCIII ten.[1090]

Mats Promitz zw Ottendorf ist von wegen Hans Glawbitz alle seins solts und scheden ganntz entscheiden. Anno XCIII ten.[1091]

Hans Unwirde hot uf seinen dinst 50 ung. gld. entpfangen. Anno XCV ten.[1092]

Veith vom Reitzenstein hot entpfangen 400 rh. gld. von wegen Nickel Faseman, der sie Heintz Fasemans tochtir bescheiden hott. Anno XCIIII ten.[1093]

Der stadt von Breszlaw bekenthnis, das Hans Themeritz aller schult gantz entricht sei. Anno XCVI ten.[1094]

Hans Roder zw Phelaw ist uf seinen solt 150 ung. gld. gegeben. Anno XCV ten.[1095]

[S. 36]

Seiffert von Bernnstein ist von wegen Casper von Bernnsteins solts und scheden gantz enntricht.[1096]

1086 1492. [1489]. S. GStA PK, XX. HA Hist. StA Königsberg, OBA 17496.
1087 1495. S. OBA 17850 (wie Anm. 912).
1088 1492. [1491]. S. GStA PK, XX. HA Hist. StA Königsberg, OBA 17641.
1089 1492. S. OBA 17697 (wie Anm. 535).
1090 1493. S. OBA 17754 (wie Anm. 787).
1091 1493. S. OBA 17789 (wie Anm. 1064).
1092 1495. S. GStA PK, XX. HA Hist. StA Königsberg, OBA 17854.
1093 1494. S. GStA PK, XX. HA Hist. StA Königsberg, OBA 17794.
1094 1496. S. GStA PK, XX. HA Hist. StA Königsberg, OBA 17882.
1095 1495. S. OBA 17873 (wie Anm. 541).
1096 [1491]. S. GStA PK, XX. HA Hist. StA Königsberg, OBA 17644.

Lorenntz Jawernitz ist alles seins dinsts und scheden ganntz entscheiden. Anno XCIIII ten.[1097]

Erhart Thobennecker hot uf seinen dinst 250 m. entpfangen. Anno XCV sten.[1098]

Hanns Unwirde hot 50 ung. gld. entpfangen, uf die 200 gld. nach inhalt seins howpthbrifs. Anno XCIIII ten.[1099]

Hans Unwirde hot 50 ung. [gld.] uf den vortrag von wegen seins vaterns vatern entpfangen. Anno XCVI ten.[1100]

Hans Kewschberger, Sanct Johans Ordens, ist von wegen Peters seins bruder solt und scheden gantz entricht bis uf 300 m. Anno XC ten.[1101]

Conntz Stannge ist von wegen Frantz Stannge seines vatern solt und scheden gantz entscheiden. Anno XCVII ten.[1102]

[S. 37]

Her Stenntzel von Donnen, Casper Sack und Hanns Walroder, furmunde frawen Margaretha, hern Abrahams von Donen, nachgelaessen witwe und vier kinder beckenthnis, das die fraw und ir kinder uf die 1.000 ung. gld. der ablosung des camerampts Dolstet die helfte haben entpfangen. Anno XCII ten.[1103]

Sigmunt Rotzsch ist von wegen Peter Zcenitz solt gantz entscheiden. Anno XCV ten.[1104]

Sigmunt Tawbennheim ist von wegen Fritzen Cristof Heinrich Rutszel und Tietz Korbis, Rutzel Korbis solt, dinst und scheden gantz entscheiden.[1105]

Hans Rost ist von wegen doctor Thomas f Werneri 30 rh. gld. den jungen Kittelitz belanngende entricht. Anno XCII ten.[1106]

Ruddolf Todtlewe ist von wegen Hansen Schweinichen solt gantz entscheiden. Anno XCVI ten.[1107]

1097 1494. S. GStA PK, XX. HA Hist. StA Königsberg, OBA 17820.
1098 1495. S. GStA PK, XX. HA Hist. StA Königsberg, OBA 17833.
1099 1494. S. GStA PK, XX. HA Hist. StA Königsberg, OBA 17814.
1100 1496. S. OBA 17905 (wie Anm. 541).
1101 1490. S. OBA 17569 (wie Anm. 744).
1102 1497. S. OBA 17959 (wie Anm. 600).
1103 1492. S. OBA 17693 (wie Anm. 580).
1104 1495. S. OBA 17834 (wie Anm. 863).
1105 [1496]. S. OBA 17878 (wie Anm. 788).
1106 1492. S. OBA 17728 (wie Anm. 1085).
1107 1496. S. GStA PK, XX. HA Hist. StA Königsberg, OBA 17938.

[S. 38]

Jann Schalszkin ist von wegen Jacob Zarnowszky solt ganntz enntscheiden. Anno XCIII ten.[1108]

Pawel Romer ist wegen Friderich Pilgerim der 58 rh. gld. vor wein entricht. Anno LV ten.[1109]

Hans Kottewitz zw Kwnen ist von wegen seines brudern Christof Cottewitz solt ganntz entricht. Anno XCIII ten.[1110]

Her Thietz von Sparnneck hot von wegen Thomas vom Reitzennstein uf die 100 gld., so im der orden schuldig ist, 40 m. entpfangen. Anno XC sten.[1111]

Thomas vom Reitzensteinn hot uf die summa, so im der orden schuldig ist, 100 gld. entpfangen. Anno XCI ten.[1112]

Thomas vom Reitzenstein hot uf die summa, so im der orden schuldig gewest, 100 gld. rh. entpfangen. Anno XCIII ten.[1113]

Casper Wustewoy ist von wegen Balthasars seins vatern solt ganntz entscheiden. Anno.[1114]

Heinrich Hawgewitz ist alles seins solts, dinsts und schadens gantz enntricht. Anno XCII sten.[1115]

[S. 39]

Ulrich Opsel hot sich in fullermacht von wegen Casper Nostitz[g] sone seines solts, dinst umd scheden halb vortragen. Also das ine der orden noch 1.000 ung. gld. uf zcwen termin zw geben schuldig bleibt und so solchs betzalt wirt, als dann sollen sie alle schadebrif uberantwortten. Anno XCV ten.[1116]

Casper Nostitz zw Rottennburg und uf Schochaw hot uf seinen solt 500 ung. gld. entpfangen. Anno XCVI ten.[1117]

Ambrosius Pompowfsky und Cristof, burggraf,[h] von Donen quitantz das fraw Margarethaw her Abrahams von Donen nachgelaessen witwe und ir kinder 800 m. so der orden berurttem hern Abraham vor seinen solt, dinst und schaden schuldig gewest entphangen hott. Anno XCIII ten.

1108 1493. S. GStA PK, XX. HA Hist. StA Königsberg, OBA 17771.
1109 1455. [1495?]. S. GStA PK, XX. HA Hist. StA Königsberg, OBA 17866.
1110 1493. S. GStA PK, XX. HA Hist. StA Königsberg, OBA 17779.
1111 1490. S. GStA PK, XX. HA Hist. StA Königsberg, OBA 17572.
1112 1491. S. GStA PK, XX. HA Hist. StA Königsberg, OBA 17620.
1113 1493. S. GStA PK, XX. HA Hist. StA Königsberg, OBA 17773.
1114 [1495]. S. GStA PK, XX. HA Hist. StA Königsberg, OBA 17839.
1115 1492. [1496]. S. OBA 17884 (wie Anm. 835).
1116 1495. S. OBA 17843 (wie Anm. 580).
1117 1496. S. GStA PK, XX. HA Hist. StA Königsberg, OBA 17916.

Georg von Dobenneck hot 20 gld. ung. uf sein solt entpfangen, die sollen im an der betzalung abgehen. Anno XCIII.[1118]

Matts Zcyrawn ist alles seins dinsts gantz entricht. Anno XCI ten.[1119]

Niclas Qweis ist mitsampt seinen brudern von wegen ires vatern solt gantz entricht, zwgesagt inwendig eins virtels ires denselbten hewptbriff zw uberantwortten. Anno XCVIII ten.[1120]

[S. 40]

Casper Hugewitz ist [i]von wegen Heinrich Hugewitz seins vatern[i] uf die 600 ung. gld. so im der orden schuldig ist 200 ung. gld. betzalt, die andern 400 gld. zwbehalen uf zwen termin vortragen zw Breszlaw zw entpfangen. Anno XCIII ten.[1121]

Albrecht Kruger, borgermeister zw Kolberg, ist 22 ung. gld. und 25 rh. gld. betzalt und qwwit auch die 100 ung. [gld.], die der orden dem bischof von Camyn schuldig was. Anno LXXXIX ten.[1122]

Hans von der Olsen[itz].

Hanns von der Olsenitz ist uf den vortrag zw Leiptzig nidergelegt 200 ung. gld. betzalt. Anno XCI.[1123]

Hanns von der Olesnitz ist uf den vortrag zw Leiptzig nider gelegt 200 ung. gld. betzaltt und damit die gantz summa als 600 ung. gld. entricht. Anno XCII ten.[1124]

Christof Beier ist alles seins solts ganntz entscheiden unnd betzalt. Anno XCIII ten.[1125]

Burchart Muntzer ist alles seins solts gantz entscheiden und betzalt. Anno XCIII ten.[1126]

Her Boet von Eilennberg hot von wegen hern Wents seins vettern solt 30 ung. gld. entpfangen. Anno LXXXIX ten.[1127]

1118 1493. S. GStA PK, XX. HA Hist. StA Königsberg, OBA 17775.
1119 1491. S. GStA PK, XX. HA Hist. StA Königsberg, OBA 17612.
1120 1498. [1488]. S. wohl OBA 17451 (wie Anm. 508).
1121 1493. S. OBA 17759 (wie Anm. 514).
1122 1489. S. GStA PK, XX. HA Hist. StA Königsberg, OBA 17502.
1123 1491. S. OBA 17585 (wie Anm. 580).
1124 1492. S. GStA PK, XX. HA Hist. StA Königsberg, OBA 17671.
1125 1493. S. GStA PK, XX. HA Hist. StA Königsberg, OBA 17785.
1126 1493. S. OBA 17780 (wie Anm. 806).
1127 1489. S. GStA PK, XX. HA Hist. StA Königsberg, OBA 17462.

[S. 41]
Hans Kewschperger Sanct Johanns Ordens ist von wegen Peter seins brudern solt gantz entscheiden. Anno XCI sten.[1128]

Alisch von Schanowa uf Arnaw gesessen ist alles seins solts, dinst und scheden gantz entricht. Anno XCI ten.[1129]

Hanns Lemberg ist mitsampt Matts seins brudern solt, dinst unnd schaden ganntz betzalt. Anno XCIIII ten.[1130]

Cristof der Elter unnd Cristof der Junger Hermszdorff, gebruder, sein von wegen ires vattern Cristof Hermszdorg[j], Ronnenberg gnant, ouch von wegen Nickel von Budissenn, Sulschewitz gnannt, alles ires solts, dinsts und schaden ganntz betcalt und zw gesagt iren schadebrif zw uber schicken. Anno XCVI ten.[1131]

Wolfgang Hermszdorf hot sich aws fullermacht hern Alisch von Schannaw, uf Arnnaw gesessen, seins solts halb vortragen uf 400 ung. gld. und dorawff entpfangen 250 ung. gld. und die andern 150 gld. sollen dornach uf Sanct Merthens tag[1132] uber ein jar gegeben werden. Anno XC ten.[1133]

[S. 42]
Erhart unnd Jacob vonn Dobenneck haben mitsampt iren brudern 350 ung. gld. entpfangen zwgesagt den hewptbrif dem Rewssen von Plawen gen Grewtz zw uberanntwortten. Anno XCVIII ten.[1134]

Her Niclas Wilkow ist 200 m. geben uf den vortrag der stadt Gilgennburgs halben. Anno XCVI.[1135]

Georg von Dolen hat sich aws fullermacht Mats vom Reitzennstein seins solts vortragen uf 300 rh. gld. zwbetzalen uf drei termyn. Anno XCI ten.[1136]

Valten unnd Casper Dalewitzer[k], gebruder, sein von wegen ires vatern Hans[l] auch ires vatern bruder solt unnd scheden ganntz enntscheidenn. Anno LXXXVIII ten.[1137]

1128 1491. S. OBA 17656 (wie Anm. 744).
1129 1491. S. GStA PK, XX. HA Hist. StA Königsberg, OBA 17640.
1130 1494. S. GStA PK, XX. HA Hist. StA Königsberg, OBA 17826.
1131 1496. S. GStA PK, XX. HA Hist. StA Königsberg, OBA 17917.
1132 November 11.
1133 1490. S. GStA PK, XX. HA Hist. StA Königsberg, OBA 17535.
1134 1498. S. OBA 18016 (wie Anm. 782).
1135 1496. S. GStA PK, XX. HA Hist. StA Königsberg, OBA 17950.
1136 1491. S. GStA PK, XX. HA Hist. StA Königsberg, OBA 17643.
1137 1488. S. GStA PK, XX. HA Hist. StA Königsberg, OBA 17412.

Baltzer Bernnfelder ist von wegen Casper Lossow von Fridelannt alles solts, dinsts unnd schadens gantz betzalt. Anno XCII ten.[1138]

Margaretha von Dolen ist alles solts [m] dinsts und schaden, so Mats vom Reitzenstein ir bruder ir ubergeben unnd Erhart erdint hot ganntz enntscheiden. Anno LXXX ten.[1139]

[S. 43]

Hanns Zcolnner hott Georgen Zcolnners solt seines vettern hern Georgen Zcolnner der in den orden getzogen ist gutwillig mit gegeben. Anno XCIII ten.[1140]

Peter Gebeltzky ist von wegen Fritz unnd Hans Rabenaw unnd Hannsen Ditterich, Saraw gnannt, alles ires dinst ganntz entscheiden. Anno XC ten.[1141]

Nickel Karlewitz ist von wegen Hans Selstrangs solt, dinst und schaden gantz betzalt. Anno XCVI ten.[1142]

Nickel Karlewitz ist von wegen Nickel und Heintzen von Gerszdorf, gnant von Tettaw, solts des dritten teils seins anteils als 224 ung. gld. entscheiden. Anno XCVII ten.[1143]

Bernnhart von der Heiden ist von wegen Niclas von Hermanszdorf, Ronnenburg gnant, 10 ung. gld. gegeben. Anno LXXXIX ten.[1144]

---

a Mit Ergänzungszeichen über der Zeile nachgetragen.
b Folgt Streichung *Hermannsdorf.*
c Mit Ergänzungszeichen über der Zeile nachgetragen.
d Wort doppelt *schade.*
e Folgt Streichung *Koller.*
f Buchstabe *I* korrigiert.
g Zuvor Streichung *Noswitz*, darüber ergänzt.
h Mit Ergänzungszeichen über der Zeile nachgetragen.
i Über der Zeile ergänzt.
j gemeint *Hermssdorf.*
k Buchstaben *er* über der Zeile ergänzt.
l Mit Ergänzungszeichen über der Zeile nachgetragen.
m Wort doppelt *solts.*

1138 1492. S. GStA PK, XX. HA Hist. StA Königsberg, OBA 17744.
1139 1480. S. GStA PK, XX. HA Hist. StA Königsberg, OBA 16912.
1140 1493. S. OBA 17767 (wie Anm. 716).
1141 1490. S. wohl OBA 17567 (wie Anm. 508).
1142 1496. S. GStA PK, XX. HA Hist. StA Königsberg, OBA 17920.
1143 1497. S. OBA 17968 (wie Anm. 541).
1144 1489. S. GStA PK, XX. HA Hist. StA Königsberg, OBA 17477.

[S. 44–48 leer]

[S. 49, mit Lederstreifen am Rand]

Extract der quitanncien bei zceit hertzog Friderichs vonn Sachssen[1145] etc. hohmeisters uberliebert unnd vorgnugt.

Hanns Roder zw Phela ist 100 ung. gld. geben unnd enntricht awf den vortrag, so der herr vonn Eisennburg als er hohmeisters stadthelder was awfgericht unnd voltzogen etc. Anno XCIX stenn.[1146]

Anndres Knobloch ist 36 m. betzalt unnd entricht die im ehe Gebesattel, comthur zwr Balge,[1147] seliger schuldig gewest Durnnstags vor Lucie. Anno etc. XCIX sten.[1148]

Hanns Unnwirde ist vonn wegen Hansz Unwirden seins vatern solt, dinst unnd schaden ganntz enntricht am Monntag zw Pfingstenn. Anno etc. XCIX sten.[1149]

Hanns Debitcz unnd Nickel Debitcz, sein bruder, sein 300 ung. gld. hinderstelligs solts von wegenn Georgen Debitcz, ires vatern brudern, entricht Mitwoch vor Purificatio[nis] Marie. Anno XCIX stenn.[1150]

[S. 50]

Simonn Rabennaw ist von wegen Hanns Rabennaw, seines brudern, dem das dorf Hermszdorf pfanntweise eingesatzt, der halb abgeloset unnd gantz vorgnugt. Monntag nach Egidy. Anno etc. XCIX stenn.[1151]

Balthasar Pirrich ist[a] vonn wegen Jacob Schonneichen seines stifvatern solt, dinst und scheden gantz enntricht. Sonnabents nach Martini. Anno XV^{C} stenn.[1152]

Nickel Brawnaw ist vonn wegen und aws follermacht Casper Brawnaw seines vatern des solts, dinsts unnd schaden, so Hanns Luckaw belanngende unnd an ine gefallen gantz entricht. Monntags nach Anndre. Anno XCIX stenn.[1153]

1145 Herzog Friedrich von Sachsen, 1498 Sept. 29–†1510 Dez. 14.

1146 1499. S. GStA PK, XX. HA Hist. StA Königsberg, OBA 18217.

1147 Hieronimus von Gebsattel, 1489 Sept. 26–1495 Dez. 8, Komtur von Balga und Oberster Trappier.

1148 1499 Dezember 12. S. GStA PK, XX. HA Hist. StA Königsberg, OBA 18206.

1149 1499 Mai 20. S. GStA PK, XX. HA Hist. StA Königsberg, OBA 18134.

1150 1499 Januar 30. S. GStA PK, XX. HA Hist. StA Königsberg, OBA 18089.

1151 1499 September 2. S. OBA 18172 (wie Anm. 678).

1152 1500 November 14. S. GStA PK, XX. HA Hist. StA Königsberg, OBA 18346.

1153 1499 Dezember 2. S. GStA PK, XX. HA Hist. StA Königsberg, OBA 18202.

Hanns Debitcz unnd Nickel Debitcz, sein bruder, sein aber 300 ung. gld. von wegen Georg Debitcz ires vatern bruder solt betzalt unnd damit ganntz aller schult enntricht. Mitwoch nach Con[v]ersio[nis] Pawl. Anno XCIX sten.[1154]

Hanns von Schoberwitz ist von wegen Ditterich von Schoberwitz seines vatern solt ganntz entricht. Freittag nach Quasimodogeniti. Anno[b] XCIX stenn.[1155]

[S. 51]

Phillip Grewssing zw Prappel ist 100 rh. gld. von wegen des silbergeschirs, so ehe Friderich von Guttennburg bei im vorsatzt oder seinem vater betzalt. Am tag Cathedra Petri. Anno XCIX sten.[1156]

Clawus vonn Marwitz ist von wegen Melcher unnd Hansen seiner bruder des solts unnd dinsts halb Casper vonn Marwitz ires vatern ganntz enntricht. Durnnstags nach Reminiscere. Anno XV^{C}.[1157]

Hanns Stannge ist von wegen Ditterichen Stanngen seines vatern bruder solt ganntz enntricht. Mitwoch nach Thome. Anno XV^{C}.[1158]

Peter Lossaw ist seines dinsts ganntz entricht. Montag nach dem Heiligen Cristtag. Anno XV^{C}.[1159]

Lorenntz Mynkewitz ist von wegen Jan Schof seines weibes vater solt ganntz entscheiden. Durnnstag nach Pfingstenn. Anno XV^{C}.[1160]

[S. 52]

Hanns Zeidelitz ist awf den solt Hannsen Zeidelitz seines vatern unnd seines vatern bruder solt 20 m. gegeben am Heiligen Cristabennt. Anno XV^{C}.[1161]

Georg Zcedelitz ist von wegen Nickel Hungers solt des tochter er hot ganntz enntricht. Durnnstags nach Innocentum. Anno XV^{C} unnd drei.[1162]

Nickel Sponn ist aws fullermacht Nickel und Heinrichs vonn Gerszdorf, gnannt von Tettaw, gebruder solt ganntz entscheiden. Mitwoch nach Trium Regum. Anno XV^{C} und vier.[1163]

1154 1499 Januar 30. S. OBA 18089 (wie Anm. 1150).

1155 1499 April 12. S. GStA PK, XX. HA Hist. StA Königsberg, OBA 18121.

1156 1499 Februar 22. S. GStA PK, XX. HA Hist. StA Königsberg, OBA 18100.

1157 1500 März 18. S. GStA PK, XX. HA Hist. StA Königsberg, OBA 18248.

1158 1500 Dezember 23. S. GStA PK, XX. HA Hist. StA Königsberg, OBA 18370.

1159 1499 Dezember 30. S. GStA PK, XX. HA Hist. StA Königsberg, OBA 18214.

1160 1500 Juni 11. S. GStA PK, XX. HA Hist. StA Königsberg, OBA 18287.

1161 1500 Dezember 24. S. GStA PK, XX. HA Hist. StA Königsberg, OBA 18371.

1162 1502 Dezember 29.

1163 1504 Januar 10. S. GStA PK, XX. HA Hist. StA Königsberg, OBA 18873.

Georg Nawenndorf zum Lewten bei Somerfelt ist vonn wegen Heintz Nawenndorf seines vatern solt gantz entricht am [Donnerstag nach dem] Aschtag. Anno XV^{C} unnd vier.[1164]

Gindersich Seidelitz zw Strelitz ist vonn wegen Cristof Seidelitz seines vettern solt gantz enntricht am [Dienstag] Abennt Brigitte. Anno XV^{C} unnd vier.[1165]

[S. 53]

Clemennt Lemberg vonn Melnaw ist von wegen Casper Lemberg seines vatern auch Melchior Lemberg seines vatern brudern solt ganntz entscheidenn am [Dienstag] Abennt Birgitte. Anno XV^{C} unnd vier.[1166]

Hanns Seidelitz ist von wegen Hannsen Seidelitz seines vatern unnd Tham Seidelitz seines vatern brudern solt ganntz entricht. Freittag nach Innocentum. Anno XV^{C} und drei.[1167]

Hanns Abstitz, Schuttel gnannt, ist von wegen Peter Liptitz unnd Hannsen seines sonns solt ganntz enntricht. Am tag Martini. Anno XV^{C}.[1168]

Nickel Benewitz ist von wegen Casper Benewitz seines vattern solt ganntz enntricht. Dinstags nach Egidy. Anno XVC und drei.[1169]

Cristof Metzschelnitz, genannt Sunke, ist aws vollermacht Hansen Aptitz von wegen Peter Liptitz und Hansen seines sons solt gantz entricht am [achten] tag [nach] Trium Regum. Anno XV^{C} unnd drei.[1170]

[S. 54]

Georg vonn Thewmen ist von wegen Casper von Thewmen seines vatern brudern solt ganntz enntricht am tag [Montag nach] Nicolai. Anno XV^{C} unnd zwei.[1171]

Cristof Clawus zw Libennaw bei Breszlaw ist aws vollermacht Anthonio Schoneichen kinder des tocher er hot vonn wegen Iheronimus Schonneichen solt ganntz entricht. Mitwoch nach Trium Regum. Anno XV^{C} unnd drei.[1172]

1164 1504 Februar 21. S. GStA PK, XX. HA Hist. StA Königsberg, OBA 18883.

1165 1504 Juli 23. S. GStA PK, XX. HA Hist. StA Königsberg, OBA 18929.

1166 1504 Juli 23. S. GStA PK, XX. HA Hist. StA Königsberg, OBA 18930.

1167 [1502 Dezember 30]. S. GStA PK, XX. HA Hist. StA Königsberg, OBA 18726.

1168 1500 November 11. [1501] November 11. S. GStA PK, XX. HA Hist. StA Königsberg, OBA 18538.

1169 1503 September 5. S. GStA PK, XX. HA Hist. StA Königsberg, OBA 18829.

1170 1503 Januar 14. [1502 Januar 13]. S. GStA PK, XX. HA Hist. StA Königsberg, OBA 18570.

1171 1502 Dezember 5. S. GStA PK, XX. HA Hist. StA Königsberg, OBA 18718.

1172 1503 Januar 11. S. GStA PK, XX. HA Hist. StA Königsberg, OBA 18746.

Cristof Zcigeller ist vonn wegen Michel Zcigeller seines vettern solt ganntz enntricht. Sonnabents nach Nativitat[is] Marie. Anno XV^{C} und zwei.[1173]

Matts Brawn ist von wegen der von Heinitz solt gantz entscheiden. Anno XCIX sten.[1174]

Nickel und Georg her von Tworkaw sein aws an gerechtikeit Ulrichs Wunschs solt gantz entscheiden. Anno XV^{C} und zwei.[1175]

[S. 55]

Nickel Karlewitz ist von wegen Cristof und Hansen von Gerszdorf von Ruppersdorf gebruder solt bis uf 50 rh. gld. entricht. Anno XV^{C} und zwei.[1176]

Her Nicles Wilkow, ritter, ist 200 m. gegebenn unnd entricht. Anno XCIX ^{ten}.[1177]

Nickel Karlewitz hot[c] von wegen der von Gersdorf zw Ruppersdorf 100 rh. gld. entpfangen. Anno XCIX ^{ten}.[1178]

Nickel Karlewitz hot von wegen der von Gersdorf zw Ruppersdorf 100 rh. gld. enntpfangen. Anno.

Nickel Karlewitz hot von wegen der von Gersdorf zw Ruppersdorf 100 rh. gld. entpfanngen. Anno XV^{C}.[1179]

Graf[d] Ber unnd graf Wol[f]ganng gebruder graffen von Honnstein unnd heren zum vier raden haben von wegen ires vatern 500 rh. gld. entpfangen. Damit gnanter ir vater graf Hans alles solts, dinsts und schadens auch alle ander schult unnd zw spruche zum orden sein gantz entscheiden. Anno XCIX ten.[1180]

[S. 56]

Michel Polichen unnd Qwant sein von wegen Ernnst Knoblach ganntz enntscheiden.[1181]

Thomas vom Reitzennstein ist seins solts gantz entricht.[1182]

Leonnhart unnd Cristof Schkop sein von wegen Cristoffs Schkop ires vatern solt, dinst unnd schadenn ganntz enntricht. In halts seines quitantz so umb

1173 1502 September 10. S. GStA PK, XX. HA Hist. StA Königsberg, OBA 18687.
1174 1499. S. GStA PK, XX. HA Hist. StA Königsberg, OBA 18164.
1175 1502. S. GStA PK, XX. HA Hist. StA Königsberg, OBA 18591.
1176 1502. S. GStA PK, XX. HA Hist. StA Königsberg, OBA 18658.
1177 1499. [1496] S. OBA 17950 (wie Anm. 1135).
1178 1499. S. GStA PK, XX. HA Hist. StA Königsberg, OBA 18103.
1179 1500. S. GStA PK, XX. HA Hist. StA Königsberg, OBA 18237.
1180 1499. [1497] S. GStA PK, XX. HA Hist. StA Königsberg, OBA 17955.
1181 [1499]. S. GStA PK, XX. HA Hist. StA Königsberg, OBA 18170. Mit Quittungsvermerken bis 1504.
1182 [1503]. S. GStA PK, XX. HA Hist. StA Königsberg, OBA 18759.

gebrechung willen ires angebornnen ingesiegels in der scheppen buch. In craft eins gehegten dinges zw Konigsperg in der alden stadt getzeichent und geschrieben ist.

Nickel Qweis quitanntz uber 100 rh. gld. von wegen Georgen von Schlieben der Luttich solt halb.[1183]

Des hern bischofs vonn Heilsperg quitanntz uber 3.000 m. von wegen der vorpfannten cleinot halb gen R[i]ge unnd ander annforderung halb.

Hanns Tawern ist aws fullermacht Sigmunts Tisslaw, Heide gnannt, zw[e] Retzcit gesessen gantz entscheidenn.[1184]

[S. 57]

Anndres Krawse unnd Georg Schultz, burger zw Danntzig, sein aws vollermacht aller schult so der wirdig ordenn Heinrich Stuber unnd Jacob Nuszberg schuldig gewest ganntz umd gar sein enntscheiden. Anno 1501[f].

Der vonn Eilennberg unnd hern Titzen vonn Sparnecks quitanntz der ablosung halb des schlos Barttennstein damit ganntz vorgnug. Anno 1502[f].[1185]

Heinrich Letz quitantz ist ganntz enntscheiden von wegenn Heinrichs Rwels alles seines dinsts unnd gepurlichen anteil und gerechtikeit die berurtter Rwel an den dorffern Corttmedrin unnd Newe Mul im Tapiawschen unnd Kewttern und Schiterittenn im Insterburgschen gelegen. Anno 1508[f].

Georg vonn Schlieben ist vonn wegen der vonn Luttich soltt ganntz entscheiden.

Casper vonn Rechennberg ist alles seins dinsts enntscheiden unnd er hot den hawptbrif uber antwortt.[1186]

Her Hanns von Donen ist von wegen her Cristof von Donen solt ganntz entscheiden vonn wegen seins vatern unnd vater bruder.

[S. 58]

Jacob Seidel ist mit seiner mutter Katherina von wegen Nickel Durfelt berurtter Katherinan gros vatter solt ganntz entscheiden.[1187]

Hanns Dammitz unnd Hanns Seidaw sein von wegen Nickel von Dammitz solt, dinst und schaden, welcher an Connradt Dammitz zw fordern gewachssen ganntz enntricht und bezcalt.[g] [1188]

1183 [1505]. S. GStA PK, XX. HA Hist. StA Königsberg, OBA 19050.
1184 [1506]. S. GStA PK, XX. HA Hist. StA Königsberg, OBA 19126.
1185 1502. S. GStA PK, XX. HA Hist. StA Königsberg, OBA 18638.
1186 [1468]. S. GStA PK, XX. HA Hist. StA Königsberg, Perg.-Urk. 3187, Schiebl. 95 Nr. 44.
1187 [1509]. S. GStA PK, XX. HA Hist. StA Königsberg, OBA 19249.
1188 [1510]. S. GStA PK, XX. HA Hist. StA Königsberg, OBA 19278.

a Über der Zeile ergänzt.
b Folgt Streichung *XV*.
c Folgt Streichung *uf*.
d Davor Streichung *v*.
e Folgt Streichung *Retzitz*.
f In arabischer Schreibweise.
g Unterhalb des Eintrags verbleibt Freiraum.

[S. 59]

Extract der quitancien bei zceit marggravenn Albrechts von Brandenburg[1189] hohmeisters uberlibertt und vornugt.

Hanns vonn Warnnssdorff ist awf den solt von wegenn seins vaternn 164 m. enntricht. Durnnstags nach Inventio[nis] Sancte Cruce 1512[a].[1190]

Gregorg Bramnitz ist uff seinen und seiner bruder schultbrieff 150 m.[b] entricht nemlich 130 m.[b] an ainem pferdt angeschlagen und 20 m.[b] an gelt empfanngen. Montag nach Misericordia Domini. Anno 1516[1191].[a]

Caspar vonn Prommitz vonn Lassendorff ist uff[c] den schultbrieff von seinem vettern Melchior Brommitz darkomen lauts der quitanzenn gantz untricht worden alss nemlich ist d[ie] summa 200 und 10 gld. ung. gewesen. Dafur ist im gebe worden 100 m.[d] an monz und ann pferden fur 50 m. Acte am Mitwoch nach Urbani. Anno 1518[e].[1192]

a In arabischer Schreibweise.
b Als Symbolzeichen.
c Über der Zeile ergänzt.
d Als Symbolzeichen.
e In arabischer Schreibweise.

1189 Markgraf Albrecht von Brandenburg-Ansbach, 1511 Febr. 14–1525 April 8.
1190 1512 September 16. S. GStA PK, XX. HA Hist. StA Königsberg, OBA 19578.
1191 1516 April 7.
1192 1518 Mai 26. S. GStA PK, XX. HA Hist. StA Königsberg, OBA 21892.

[S. 60–72 leer]

[S. 73, mit Lederstreifen am Rand]

Extract der quitanncienn durch hernn Connradt vonn Lichtennhain[1193] comthur zw Hollanndt auch durch annder comthur hernn unnd voithe betzalt wie volget etc.[a]

[S. 74]

Veit Fewchter ist durch hern Hannsen von Thieffenn[1194] als er comthur zw Brandenburg was 300 und 60 m. betzalt vonn wegen Sigmunts Eylaw. Anno LXXXVII ten.[1195]

Karl unnd Berttolt von Techewitz gebruder sein durch hern Herman Kop,[1196] voigt zw Soldaw, 56 ung. gld. unnd 10 rh. [gld.] betzalt. Damit sein sie ires dinsts ganntz entscheidenn. Anno LXXXVII ten.[1197]

Veit Fewchter ist 360 m. enntricht von wegen Hanns von Ponnaw unnd Annders Potitz durch hernn Hannsen von Thiefen comthur zw Branndenburg. Anno LXXXVI ten.[1198]

Hanns Makel, Mut gnannt, ist von seint auch Georgen Zcedelitz wegen ganntz enntricht durch hernn Niclas Gebesattel,[1199] obirsten marschal. Anno LXXX ten.[1200]

[S. 75]

Casper Lemberg ist 90 m. uf seinen solt entricht durch hern Steffan von Streitberg, groscompthur. Anno LXXXII ten.[1201]

Casper Lemberg ist 10 m. minus 8 [sc.] betzalt uf seinen solt durch hern Steffan von Streitberg, groscompthur. Anno LXXXII ten.[1202]

1193 Konrad d. J. von Lichtenhain, 1467 Juni 11–1473 Juli 14/Konrad von Lichtenhain d. J., 1485 Mai 26–1488 April 24.

1194 Johann von Tiefen, 1480 Juli 6–1489 Sept. 1, Komtur von Brandenburg.

1195 1487. S. GStA PK, XX. HA Hist. StA Königsberg, OBA 17302.

1196 Hermann Kopp von Kritzschwitz, 1484 Sept. 24–1490 Dez. 6, Vogt von Soldau.

1197 1487. [1486]. S. GStA PK, XX. HA Hist. StA Königsberg, OBA 17264.

1198 1486. S. OBA 17227 (wie Anm. 1060).

1199 Nikolaus von Gebsattel, 1476 Febr. 11–1488 April 21, Oberster Marschall.

1200 1480. S. GStA PK, XX. HA Hist. StA Königsberg, OBA 16909.

1201 1482. S. GStA PK, XX. HA Hist. StA Königsberg, OBA 17048.

1202 1482. S. ebd.

Wilhelm von Rosmital, Tomcke von Scherbitz und Jan von Radenstein sein 200 m. und 10 m. entricht uf Musiken rotte durch hern Conradt von Lichtenhain, compthur zw Hollant. Anno LXIX ten.[1203]

Ulrich Landeskronn ist durch hern Conradt von Lichtenhain, compthur zw Hollant, 300 ung. gld. vor seinen dinst und schaden zuvollergnug betzalt. Anno LXX ten.[1204]

Fritz Hogennest unnd Cristof Worck ist durch hern Conradt von Lichtenhain, comthur zw Hollant, 500 und 60 m. uf seinen solt gegeben und bleibt ine schuldig 100 und 40 m. Anno LXIX sten.[1205]

Heintze Mangnus ist durch hern Connradt von Lichtennhain, comthur zw Hollant, 100 ung. gld. vor seinen dinst gegeben. Anno LXXI ten.[1206]

[S. 76]

Hanns Mellebitz ist durch hern Conradt von Lichtenhain 50 ung. gld. geben uf seinen dinst und bleibt im noch schuldig 100 ung. gld. in zwen jaren zw betzalen. Anno LXIX stenn.[1207]

Nickel Optitz ist durch hern Connradt von Lichtenhain, comthur zw Hollannt, 150 ung. gld. uf seinen solt gegeben und bleiben noch 200 ung. gld. Anno LXX ten.[1208]

Bernt Biechen ist uf seinen solt gegeben 150 ung. gld. und Nickel Eberhart 20 ung. gld. unnd Clemens Gele 25 ung. gld. durch hern Conradt von Lichtenhain, comthur zw Hollant. Anno LXX ten.[1209]

Hans[b] Kelner ist von wegen Winkelern und Hofman 12 ung. gld. durch hern Lichtenhainn betzalt und bleibt noch 12 ung. gld. Anno LXXXVII ten.[1210]

Hans Seidelitz hot vor seinen dinst und schaden 500 ung. gld. von hern Lichtenhain entpfangen. Anno LXX ten.[1211]

Nickel Brawchewitz hot vor seinen dinst und schaden 300 ung. gld. von hern Lichtenhain entpfangen. Anno LXX ten.[1212]

1203 1469. S. OBA 16199 (wie Anm. 437).
1204 1470. S. GStA PK, XX. HA Hist. StA Königsberg, OBA 16217.
1205 1469. S. GStA PK, XX. HA Hist. StA Königsberg, OBA 16173.
1206 1471. S. GStA PK, XX. HA Hist. StA Königsberg, OBA 16262.
1207 1469. S. OBA 16177 (wie Anm. 600).
1208 1470. S. OBA 16230 (wie Anm. 571).
1209 1470. S. OBA 16231 (wie Anm. 571).
1210 1487. [1470] S. GStA PK, XX. HA Hist. StA Königsberg, OBA 16239.
1211 1470. S. OBA 16213 (wie Anm. 571).
1212 1470. S. OBA 16214 (wie Anm. 571).

[S. 77]

Contz Somerfelt hot von hern Lichtenhain 100 und 22 ung. gld. vor seinen solt entpfangen. Anno LXX ten.[1213]

Cristof Zcedelitz zum Newenmarckt und Brethen houptman bekenthnis, das her Lichtenhain mit meister Jacob hot abgerechent und ine mit 15 gld. alles seins dinst gantz entscheiden hot. Anno LXX ten.[1214]

Fritz Hogennest ist abgerechent alles solts 800 ung. gld. und Cristof von Borck ist sein solt gerechent uf 600 ung. gld. Darawf haben sie entpfangen 400 ung. gld. Anno LXVIII ten von hern Lichtenhain.[1215]

Cristof Zcedelitz bekenthnis, das Lorentz Cerseler solt ist abgerechent und hot darawf entpfangen 50 ung. gld. von hern Lichtenhain. Anno LXX ten.[1216]

Peterlein ist sein solt abgerechent uf 150 m. Dorauf entpfangen 50 m. vonn hern Lichtenhain. Anno LXX ten.[1217]

Hans Schonneichen bekenthnis von wegen Tame der zw im komen und bekant, das her sich mit hern Lichtenhain vortragen umb sein nachgelt, das er im noch sal geben 21 ung. gld. Damit ist er gantz entricht. Anno LXIX ten.[1218]

[S. 78]

Georg Ingerman hot uf 82 gld. 32 m. 19 sol. entpfangen von her Lichtenhain. Anno LXXI ten.[1219]

Cristof Zcedelitz bekenthnis, das Aldenickel 20 ung. gld., Schwartz Merthen 20 ung. gld., meister Anders 12 ung. gld., Rabe 20 ung. gld., Hans Jan 20 ung. gld., und Knorpel 20 ung. gld. von hern Lichtenhain haben entpfangen. Anno LXX ten.[1220]

Albrecht Kockszdorf hot entpfangen von hern Lichtenhain 100 ung. gld. und 88 m. Anno LXIX ten.

Hanns Ebert hat uf die 1.000 ung. gld. 500 ung. gld. entpfangen und Thomas Straws hot auch 50 ung. gld. entpfangen vonn hern Lichtenhain. Anno LXX ten.[1221]

1213 1470. S. GStA PK, XX. HA Hist. StA Königsberg, OBA 16222.
1214 1470. S. OBA 16224 (wie Anm. 571).
1215 1468. S. GStA PK, XX. HA Hist. StA Königsberg, OBA 16166.
1216 1470. S. GStA PK, XX. HA Hist. StA Königsberg, OBA 16225.
1217 1470. S. GStA PK, XX. HA Hist. StA Königsberg, OBA 16229.
1218 1469. S. GStA PK, XX. HA Hist. StA Königsberg, OBA 16185.
1219 1471. S. OBA 16203 (wie Anm. 571).
1220 1470. S. OBA 16223 (wie Anm. 571).
1221 1470. S. OBA 16233 (wie Anm. 571).

Casper Bene hot awf seinen dinst 300 ung. gld. entpfangen vonn hern Lichtenhain. Anno LXIX ten.[1222]

Cristof Zcedelitz, Hans Pirchen, und Hans Ebert bekenthnis, das Georg Ryme nach abrechnung uf seinen solt 150 gld. ung. hot entpfangen von hern Kinsberg, obirsten marschall.[1223] Anno LXIX ten.[1224]

[S. 79]

Hanns Melesitz hot vor seinen dinst 25 ung. gld. von hern Lichtennhain entpfangen. Anno LXX ten.[1225]

Cristof Koetzk hot 40 ung. gld. vor seinen dinst entpfangen von hern Lichtenhainn. Anno LXX ten.[1226]

+[c] Hans Scherthewitz bekenthnis, das Hans Sommerfelt unnd Hans Cratzthart 12 ung. gld. von hern Lichtenhain haben entpfangen. Anno LXX ten.[1227]

Der stadt Hollant bekennthnis, das Hans Lucke von hern Lichtenhain 100 ung. gld. hot entpfangen. Anno LXX ten.[1228]

Opitz Seidelitz hot von hern Lichtenhain vor seinen dinst 400 ung. gld. minus 15 [gld.] entpfangen und Michel Nassen 100 ung. gld. entpfangen. Anno LXX ten.

Her Stentzel von Donen, Casper Sack und Hans Wallroder, furmunde frawen Margaretha, hern Abrahams vonn Donen witwe und vier kinder bekenthnis, das die fraw und ire kinder uf die 1.000 ung. gld. der ablosung des camerampts Dolstet die helfte entpfangen haben. Anno XCII ten.[1229]

[d]*Ist zw hern H[ans] von Tiffen qui[t] geschrie[ben].*[d]

[S. 80]

Lorenntz Konig ist von hern Lichtenhain 36 ung. gld. gegeben vor seinen solt. Anno LXX ten.[1230]

Wolfganng Jagenrewthir ist durch hern Hansen von Thieffen zw Brandenburg 909 ½ m. gegeben vor seinen dinst. Anno LXXXII ten.[1231]

1222 1469. S. GStA PK, XX. HA Hist. StA Königsberg, OBA 16176.
1223 Ulrich von Kinsberg, 1467 Juni 11–1476, Oberster Marschall.
1224 1469. S. GStA PK, XX. HA Hist. StA Königsberg, OBA 16189.
1225 1470. S. GStA PK, XX. HA Hist. StA Königsberg, OBA 16241.
1226 1470. S. GStA PK, XX. HA Hist. StA Königsberg, OBA 16247.
1227 1470. S. GStA PK, XX. HA Hist. StA Königsberg, OBA 16243.
1228 1470. S. OBA 16206 (wie Anm. 571).
1229 1492. S. OBA 17693 (wie Anm. 580).
1230 1470. S. OBA 16242 (wie Anm. 549).
1231 1482. S. GStA PK, XX. HA Hist. StA Königsberg, OBA 17026.

Hans Schwennkenfelder hot sich hern Lichtenhain vortragen von wegen des dinsts seins vorfarn Contze Reigenspurg halben das ime der orden 200 ung. gld. schuldig bleibt. Darawf hot er entpfangen 30 gld. Anno LXX ten.[1232]

Heintz Seidelitz zw Teppelbude hot 100 rh. gld. die Herttel gehabt von hern Steffan von Streitberg zw Breszlaw enntpfangen. Anno LXXIX ten.[1233]

Georg Ingerman ist betzalt das im der orden noch schuldig bleibt 82 ung. gld. von hern Lichtenhain. Darwf entpfangen 144 m., das ander bleibt im schuldig. Anno LXX ten.[1234]

Cristof Kotze ist durch hern Lichtenhain 100 ung. gld. uf seinen solt gegeben. Anno LXIX ten.

[S. 81]

Peter Kassche vonn Wolffsdorf ist durch hern Hannsen vonn Thieffen comthur zw Brandenburg alle seins dinst vorgnugt und vortragen, das er dorvor zw seinen lebtagen uffin schlos Brandenburg oder Prewschen Elaw mit zcymlicher notdurft ist enthalten unnd vorsorgt wurden. Anno LXXXII ten.[1235]

Heintz Seidelitz quitannz uber 750 m., die er uf die vorpfannten dorffer im Elawischen enntpfanngen hot.[f] [1236]

[S. 82–86 leer]

[S. 87, Eintragung um 180 Grad gedreht]

Comthur.[f]

[S. 88, Eintragung um 180 Grad gedreht]

Allexius Rabenaw ist seins dinsts und schadens gantz beschzalt lawts der stadt Warttemburg in der Schlesen brif. Anno LXXXIIII.[f] [1237]

---

a Unterhalb des Eintrags verbleibt Freiraum.

b Folgt Streichung *Keller*.

c Rechts neben der Zeile ergänzt.

d Neben der Zeile ergänzt. Vermutlich wurde die Seitenkante beschnitten, sodass Teile der Angabe fehlen.

1232 1470. S. OBA 16228 (wie Anm. 571).

1233 1479. S. GStA PK, XX. HA Hist. StA Königsberg, OBA 16823.

1234 1470. S. GStA PK, XX. HA Hist. StA Königsberg, OBA 16215.

1235 1482. S. GStA PK, XX. HA Hist. StA Königsberg, OBA 17031.

1236 [1480]. S. OBA 16866 (wie Anm. 678).

1237 1484. S. GStA PK, XX. HA Hist. StA Königsberg, OBA 17120.

e Folgt Streichung *Renipurg*.
f Unterhalb des Eintrags verbleibt Freiraum.

[S. 89, mit Lederstreifen am Rand]

Extract der vortrege unnd awsgeschnitten tzetteln auch eins teils ganntcze cassirtte brive bei czeit hern Ludewigs von Erlichshawsen, hern Heinrichen Rewssen vonn Plawen, unnd hern Heinrichen von Richtennberg hohmeistere awsganngenn wie volget.

Drei abschrift durch hern Ludewig von Erlichshawsen awsgangen erstlich uf Casper Nostritz und Hansen Hoyer howptlewte und ire geselschaft mit 100 und dreihen pferden und etlichen fusknechten und wegen dem orden zw dinen awfgenohmen die annder berurttenn Casper Nostwitz, Hansen Hoyer, Ditterich Stangen, Schoneichen und Cristof Rabenaw mit irer geselschafft auch dem orden ein zceit lang zw dinen awfgenehmen.[1238]

Die dritte, das Casper Nostewitz die Conitz solde ein nehmen und im zw gesagt vor allen hoflewthen ine ins erste zwbetzalen.[1239]

[S. 90]

Mit Casper Banewitz ist durch hern Heinrichen Rewssen von Plawen abgerechent unnd im schuldig gebliebenn 350 ung. gld. und vortragen im die uff etlich termin zwbetzalen.

Mit Hanns Lemberge ist durch hern Heinrichen Rewssen von Plawen abgerechent unnd im schuldig geblieben 450 und 19 ung. gld. Vortragen im die uff etlich termin zw betzalen.[1240]

Mit Hanns Luckawen ist durch hern Heinrich Rews von Plawen abgerechennt unnd im schuldig geblieben 350 ung. gld. vortragen im die uf etlich termyn zw betzalen.[1241]

Mit Cristof Strotzel ist durche hern Heinrichen Rewssen von Plawen abgerechent unnd im schuldig geblieben 66 m. 1 f. und fernner vortragen im die uf etlich termin zwgeben.[1242]

Mit Franntz Seidelitz ist durch hern Heinrichen Rewssen von Plawen abgerechent und im schuldig geblieben 400 ung. gld. minus 16. Doruf

1238 [1478]. S. GStA PK, XX. HA Hist. StA Königsberg, OBA 16738.
1239 [1478]. S. ebd.
1240 [1469]. S. GStA PK, XX. HA Hist. StA Königsberg, Perg.-Urk. 3258, Schiebl. XIII 67.
1241 [1468]. S. GStA PK, XX. HA Hist. StA Königsberg, OBA 16161.
1242 [1468]. S. GStA PK, XX. HA Hist. StA Königsberg, Perg.-Urk. 3183, Schiebl. XIII 59.

entpfangen 100 ung. gld. und fernner vortragen das ander uf termin zw geben.[1243]

[S. 91]

Mit Fewerhocken ist durch hern Heinrichen Rewssenn von Plawen abgerechennt und im schuldig geblieben 80 m. unnd fernner vortragen im dieselbienn uf etlich termin zw betzalen.[1244]

Ein cassirte vorschreibung Jocusch Bogendorf uber 500 unnd 46 m., die im der orden schuldig ist und zw betzalen von hern Heinrichen Rewssen von Plawen zw gesagt unnd vorschrieben.[1245]

Ein cassirte vorschreibung Erhart Uttennhoffer uber 200 m., die im der orden schuldig ist, und zwbetzalen von hern Heinrichen Rewssen von Plawen zw gesagt unnd vorschrieben.[1246]

Ein vorschreibung von hern Heinrichen von Richtenberg awsgangen, das er von Connradt Hopsel 600 m. geliehen hott.[1247]

Mit Nickel Brawchewitz und Georg Brawchewitz[a] ist durch hern Heinrichen von Richtenberg abgerechent unnd im schuldig geblieben 150 ung. gld. und fernner vortragen dieselbien uf etlich termin zwbetzalen.[1248]

[S. 92]

Ein vorschreibung von hern Heinrichen von Richtenberg awsgannngen, darine er Georg von Loben die stadt Gilgennberg mit sampt etlichen dorffern vor 1.800 und vor 60 ung. gld. und vor 150 und 30 rh. gld., die im der orden vor seinen dinst schuldig ist in pfantweise einstellet und einrewmet.[1249]

Ein vorschreibung von hern Heinrichen von Richtenberg awsgannngen darine er hern Niclas Wilkaw vorschreibet das dorf Lanngendorf unnd dorf Landeskronn.[1250]

Mit Cristof unnd Hanns Magnus ist durch hern Heinrichen Rewssen vonn Plawen abgerechent unnd ine schuldig geblieben 650 unnd 30 ung. gld. und fernner vortragen in die uf etlich termyn zwgeben.[b] [1251]

1243 [1467]. S. GStA PK, XX. HA Hist. StA Königsberg, OBA 16099.
1244 [1469]. S. Perg.-Urk. 3209 (wie Anm. 571).
1245 [1469]. S. GStA PK, XX. HA Hist. StA Königsberg, Perg.-Urk. 3221, Schiebl. XIII 63.
1246 [1469]. S. GStA PK, XX. HA Hist. StA Königsberg, Perg.-Urk. 3222, Schiebl. XIII 64.
1247 [1475]. S. GStA PK, XX. HA Hist. StA Königsberg, OBA 16547.
1248 [1470]. S. Perg.-Urk. 3273, Schiebl. XIII 68 (wie Anm. 933).
1249 [1488]. S. OBA 17408 (wie Anm. 678).
1250 [1490]. S. OBA 17545 (wie Anm. 679).
1251 [1468]. S. Perg.-Urk. 3186 (wie Anm. 500).

a Darüber neuzeitliche Bleistiftnotiz *Brauchisch*.
b Unterhalb des Eintrags verbleibt Freiraum.

[S. 93–96 leer]

[S. 97, mit Lederstreifen am Rand]

Extract der vortrege unnd awsgeschnittenn zcetteln auch eins teils ganntze cassirtte brive bei tzeit hern Merthen Truchsses hohmeisters awsganngen wie volget.

Mit Merthenn Kothenner ist von wegen Scheppans abgerechent unnd im schuldig geblieben 100 unnd 36 ung. gld. Darawf vast enntpfanngen lawts der zcettel.[1252]

+[a] Vortrags brief mit Hannsen Schlichting von Danisch und Casper Stentz auch in macht seins schwagers Gunthir Dierhs von wegen Niclas Leszlaws solt vi[delicet] in der zcettel und darawf vast entpfangen lawts derselbien zcettel.[1253]

Mit Friderich Bernfelt ist von wegen Casper Lossen abgerechent unnd im schuldig geblieben 100 und 12 m. Darawf vast entpfanngen lawts der zcettel.[1254]

Mit Casper Lobtitz ist abgerechent von wegen seines vatern bruder solt Nickel Lobtnitz und im schuldig geblieben 100 ung. gld. Darawf entpfangen lawts der zcettel.[1255]

[S. 98]

Mit Nickel Karlewitz ist abgerechent von wegen Berttolt unnd Cristof von Breszdorf von Pawelszdorf und schuldig geblieben 150 ung. gld. Darawf enntpfangen lawts der zcettel.[1256]

Mit Conntz Bertramszburg[b] und Nicles Qweissen nachgelaessen sone ist abgerechent von wegen obberurtten Qweissen vater und ires vettern Cristofs solt und ire schuldig geblieben 700 ung. gld. Darawf vast entpfangen lawts der zcettel.[1257]

1252 [1488]. S. GStA PK, XX. HA Hist. StA Königsberg, OBA 17404.
1253 [1487]. S. OBA 17375 (wie Anm. 508).
1254 [1481]. S. GStA PK, XX. HA Hist. StA Königsberg, OBA 16984.
1255 [1486]. S. OBA 17279 (wie Anm. 508).
1256 [1486]. S. OBA 17242 (wie Anm. 495).
1257 [1488]. S. OBA 17451 (wie Anm. 508).

Mit Heintz vom Berge abgerechent alles seins solts und im schuldig geblieben 400 und 20 m. und im alle jare 30 m., welchen solt er Fa[wgstinum] [Sawgst] ubergeben unnd darawf vast entpfangen lawts der zcettel.[1258]

Mit Casper Lemberg abgerechent unnd im schuldig geblieben 400 ung. gld. Darawf vast enntpfanngen lawts der zcettel.[1259]

Mit Friderich Stenntz ist abgerechent unnd im schuldig geblieben 450 minus 2 ung. gld. Darawff vast enntpfanngen lawts der zcettel.[1260]

[S. 99]

Mit Jacob Meissenner ist abgerechent unnd im schuldig geblieben 350 und 9 m. Darauf vast enntpfangen lawts der zcettel.[1261]

Hans Schindel ist von wegen Casper Schindels seins vatern 24 m. gegeben unnd so er beweist uber den andern bringt sal im ouch gegeben werden.[1262]

Mit Baltzer [c] Nickeritz ist von wegen Nickel Nickeritz seins brudern abgerechennt und im schuldig geblieben 100 und 45½ ung. gld. Darawf entpfangen lawtts der zcettel.[1263]

Pawel Kesekorps nachgelaessen wittwe ist ires mannes solt bis 40 ung. gld. ganntz enntricht unnd dorawf entpfangen lawts der zcettel.[1264]

Michel Pamszdorf hot awf seins vatern solt vast gelt enntpfanngen lawts des brives.[1265]

Meister Merthen[d] von der Fritze, Nicles Hawennpusch und Niclas Waiszeitten sein vorschrieben 250 m. der name halben in der Schlesien gescheen. Darawf entpfangen lawts der zcettel.[1266]

[S. 100]

Mit hern Went von Eilennburg ist von wegen seines vatern und brudern dinst abgerechent und im schuldig geblieben 400 ung. gld. Darawf 200 vorgnugt.[e] [1267]

1258 [1479]. S. GStA PK, XX. HA Hist. StA Königsberg, Perg.-Urk. 3454, Schiebl. XIII 52.
1259 [1467]. S. zunächst OBA 16122 (wie Anm. 713).
1260 [1487]. S. OBA 17354 (wie Anm. 508).
1261 [1479]. S. OBA 16808 (wie Anm. 621).
1262 [1487]. S. GStA PK, XX. HA Hist. StA Königsberg, OBA 17372.
1263 [1482]. S. GStA PK, XX. HA Hist. StA Königsberg, OBA 17045.
1264 [1483]. S. OBA 17106 (wie Anm. 600).
1265 [1485]. S. OBA 17183 (wie Anm. 508).
1266 [1483]. S. OBA 17067 (wie Anm. 621).
1267 [1486]. S. OBA 17228 (wie Anm. 1030).

Mit Georg Zcedelitz abgerechennt unnd im schuldig geblieben 200 unnd 62 ung. gld. Darwf vast entpfangen lawts der zcettel.[1268]

Mit Melcher Knoblachsdorf abgerechent unnd im schuldig geblieben 500 ung. gld. Darawf vast enntpfangen lawts der zcettel.[1269]

Casper Sack ist von wegen Casper Behemen solt 24 m. gegeben und vast mehr gelts.[1270]

Mit[f] Dietterich Loben ist abgerechent und im schuldig geblieben 200 unnd 24 ung. gld. Darawf entpfangen 200 minus 10 m.[1271]

Niclas Hoffeman hot vast gelt uf seinen solt enntpfangen lawts der zcettel.

Mit Melchior Magnus ist abgerechent und im schuldig geblieben 650 ung. gld. Darawf vast enntpfangen lawts der zcettel.[1272]

[S. 101]

Casper vonn Tewmen hot von wegen seins brudern vast gelt uf seinen solt entpfangen lawts der zcettel.[1273]

Mit Georgen Gosschinkin ist abgerechent und ime schuldig geblieben 500 und 22 m. Darawf etlichs entpfangen lawts der zcettel.[1274]

Mit Heintz Nawendorf abgerechent und im schuldig geblieben 550 unnd 26 ung. gld. Darawf etlichs entpfangen lawts der zcettel.[1275]

Mit Hannsen Glawbitz abgerechent und im schuldig geblieben 200 ung. gld. Darawf enntpfangen 58 ung. gld.[1276]

++ [g] Mit Hanns Qwosz und Hansen Kalckrewte, Snawcke genant, ist abgerechent und in schuldig geblieben 1.150 und 2 gld. ung. Darawf entpfangen 150 m.[1277]

Mit Cristof Cottewitz ist abgerechent und im schuldig geblieben 400 ung. gld. Darawf vast entpfangen lawts der zcettel.[1278]

1268 [1489]. S. OBA 17513 (wie Anm. 514).
1269 [1486]. S. OBA 17269 (wie Anm. 655).
1270 [1486]. S. OBA 17238 (wie Anm. 514).
1271 [1488]. S. OBA 17407 (wie Anm. 508).
1272 [1487]. S. wohl OBA 17323 (wie Anm. 514).
1273 [1483]. S. OBA 17090 (wie Anm. 651).
1274 [1483]. S. OBA 17063 (wie Anm. 514).
1275 [1487]. S. OBA 17373 (wie Anm. 600).
1276 [1490]. S. OBA 17537 (wie Anm. 600).
1277 [1487]. S. OBA 17374 (wie Anm. 655).
1278 [1490]. S. OBA 17563 (wie Anm. 581).

Mit Merten Wustel ist abgerechent und im schuldig geblieben 150 ung. gld. Darawf vast enntpfangen lawts der zcettel.[1279]

[S. 102]

Matts von Ellingen ist uf 600 ung. gld. von wegen seins brudern 100 unnd 12 m. gegeben.[1280]

Mit Otte Schopperitz ist von wegen seins vatern brudern solt abgerechent und schuldig geblieben 200 ung. gld. Darawf entpfangen 100 und 32 m.[1281]

Casper Hugewitz von Metzeln ist von wegen Cristofs und Jurgen Lantzkroner uf ein rechnung ires solts 2 tonnen honigs gegeben.[1282]

Mit Steffan Reich ist abgerechennt unnd im schuldig geblieben 50 ung. gld. Darawf enntpfangen 30 m.[1283]

Sigmunt Rotsch hot von wegen seins halben bruder wegen Merten Tschenitz 74 m. entpfangen.[1284]

Mit Casper von Marwitz ist abgerechent und schuldig geblieben 550 und 26 ung. gld. Darawf vast entpfangen lawts der zcettel.[1285]

Mit Rulant von der Wickeraw ist von wegen seins vorfarn abgerechent unnd im schuldig geblieben 80 m. gering. Darawf entpfangen 20 m.[1286]

[S. 103]

Mit Peter Roger ist abgerechennt unnd im schuldig geblieben 77 m.[1287]

Mit Georg von Loben ist von wegen 18 seiner fuszknecht abgerechent und im schuldig gebliebenn 300 ung. gld. und vortragen die uf 6 terminen zw geben.[1288]

Connradt Damwitz ist uf den solt seins brudern 54 m. unnd etlich mer gegeben.[1289]

Mit Melchior Prommitz ist abgerechent und im schuldig geblieben 250 und 14 ung. gld. Darawf entpfangen 30 gld.[1290]

1279 [1484]. S. GStA PK, XX. HA Hist. StA Königsberg, OBA 17136.
1280 [1487]. S. OBA 17371 (wie Anm. 793).
1281 [1483]. S. GStA PK, XX. HA Hist. StA Königsberg, OBA 17051.
1282 [1487]. S. OBA 17360 (wie Anm. 537).
1283 [1484]. S. GStA PK, XX. HA Hist. StA Königsberg, OBA 17137.
1284 [1489]. S. OBA 17491 (wie Anm. 508).
1285 [1485]. S. OBA 17188 (wie Anm. 508).
1286 [1485]. S. OBA 17172 (wie Anm. 600).
1287 [1488]. S. GStA PK, XX. HA Hist. StA Königsberg, OBA 17418.
1288 [1488]. S. GStA PK, XX. HA Hist. StA Königsberg, OBA 17410.
1289 [1485]. S. OBA 17196 (wie Anm. 621).
1290 [1486]. S. OBA 17277 (wie Anm. 621).

Mit Erhart Zcolnner abgerechent und im schuldig geblieben 100 ung. gld. und 35 rh. gld. Darawf 50 ung. gld. entpfangen.[1291]

Leonhart hern Awgstin Truscheler Junge gewest und in hern Blanckenstein rotte hot 25 m. uf seinen solt entpfangen.[1292]

Hans Debists hot awf seinen solt vast gelt entpfangen lawts des vortrags zcettel.[1293]

Mit Hans Procop und Heintzen seins vettern ist abgerechent und in schuldig geblieben 400 und 96 ung. gld. Darawf entpfangen lawts der zcettel.[1294]

[S. 104]

Hans Ploszwitz hot von wegen Bernt von der Nettze vast vil gelts entpfangen lawts der zcettel.[1295]

Casper Schlichting hot uf seinen solt 100 und 65 ung. gld. entpfangen.

Mit hern Jan Tunckel ist abgerechent und im schuldig geblieben 200 ung. gld. Darawf etlich gelt entpfangen.[1296]

Mit Peter Lossen ist abgerechent unnd im schuldig geblieben 500 gld. ung. minus 21 [gld.] Darawf vast enntpfangen lawts der zcettel.[1297]

Mit dem alten Heintzen Stentz ist abgerechent und im schuldig geblieben 200 und 16 ½h m. Darauf entpfangen 65 m.[1298]

Mit Pankratz Georg von Lewbens knecht ist abgerechent und im schuldig geblieben 50 m. Darawf entpfangen 20 m.[1299]

Mit Otto Knoblochsdorf abgerechent und im schuldig geblieben 500 unnd 32 ung. gld. Daruf entpfangen lawts der zcettel.[1300]

Mit hern Abraham von Donen ist von wegen seiner bruder hern Hansen und hern Baltzers abgerechent und im schuldig geblieben 2.500 ung. gld. vortragen uf termyn und dorawf etlich gelt entpfangen lawts des vortrags.[1301]

1291 [1488]. S. OBA 17420 (wie Anm. 514).

1292 [1485]. S. GStA PK, XX. HA Hist. StA Königsberg, OBA 17182.

1293 [1490]. S. wohl OBA 17574 (wie Anm. 600).

1294 [1487]. S. OBA 17325 (wie Anm. 508).

1295 [1479]. S. GStA PK, XX. HA Hist. StA Königsberg, OBA 16844.

1296 [1481]. S. GStA PK, XX. HA Hist. StA Königsberg, OBA 16991.

1297 [1481]. S. OBA 16932 (wie Anm. 600).

1298 [1480]. S. OBA 16887=16888 (wie Anm. 600).

1299 [1488]. S. GStA PK, XX. HA Hist. StA Königsberg, OBA 17409.

1300 [1486]. S. GStA PK, XX. HA Hist. StA Königsberg, OBA 17278.

1301 [1487]. S. GStA PK, XX. HA Hist. StA Königsberg, OBA 17331.

[S. 105]

Mit Casper Ficken ist abgerechent und im schuldig geblieben 200 und 16 ung. gld. Daruf enntpfangen 200 und 4 m. Dornach aber 44 m.[1302]

Bernhart von der Heiden ist vortragen von wegen Niclas Clitten solt uf ein pfert inhalts der zcettel.[1303]

Mit List vonn Kokeritz ist von wegen Ha[n]sen von Kokeritz abgerechent unnd im schuldig geblieben 100 ung. gld.[1304]

Mit Connradt Thosen ist von wegen Otto Tosen seins brudern und Hansen Tosen seins vettern abgerechent und im schuldig geblieben 200 und 20 ung. gld. Darawf entpfangen lawts der zcettel.[1305]

Hans Byen hat von wegen Tietzen Byeen vast gelt uf den solt entpfangen lawts der zcettel.[1306]

Mit Baltzen Wusewoy ist abgerechent und im schuldig geblieben 96 ung. gld. Darawf vast entpfangen lawts der zcettel.[1307]

Mit Lannge Hans abgerechent unnd im geblieben schuldig 300 m. Darawf vast entpfangen lawts der zcettel.[1308]

Mit Peter Lossen abgerechent und im schuldig geblieben 300 unnd 20 m.[1309]

[S. 106]

Mit Hans Rackel abgerechent unnd im schuldig geblieben 600 ung. gld. Darawf vast enntpfangen lawts der zcettel.[1310]

Mit Hannsen Lemberg ist abgerechent und im schuldig geblieben 500 unnd 19 ung. gld. Darawf vast entpfangen lawts der zcettel.

Mit Sigmunt Qwas nachgelaessen hawsfraw ist abgerechent und schuldig geblieben 233 ung. gld. Darawf vast enntpfangen lawts der zcettel.[1311]

Nickel Brawchewitz ist abgerechennt und im schuldig blieben 150 ung. gld. Darawf 100 und 10 m. entpfangen.[1312]

1302 [1484]. S. GStA PK, XX. HA Hist. StA Königsberg, OBA 17117.
1303 [1486]. S. OBA 17252 (wie Anm. 621).
1304 [1486]. S. GStA PK, XX. HA Hist. StA Königsberg, OBA 17230.
1305 [1487]. S. GStA PK, XX. HA Hist. StA Königsberg, OBA 17304.
1306 [1485]. S. OBA 17180 (wie Anm. 655).
1307 [1483]. S. OBA 17103 (wie Anm. 600).
1308 [1481]. S. OBA 16987 (wie Anm. 600).
1309 [1487]. S. OBA 17321 (wie Anm. 600).
1310 [1472]. S. GStA PK, XX. HA Hist. StA Königsberg, Perg.-Urk. 3339, Schiebl. 95 Nr. 28.
1311 [1482]. S. OBA 17039 (wie Anm. 600).
1312 [1484]. S. OBA 17116 (wie Anm. 933).

Mit Casper Harris nachgelaessen witwe ist sich von wegen seins solts uf 250 m. zwgeben vortragen lawts des vortrags.[1313]

Mit Ulrich vonn Rechennberg ist von wegen Casper Rechenberg seins brudern abgerechent unnd im schuldig geblieben 250 und 2 ung. gld. Doruf etlich gelt[i] enntpfangen lawts des brives.

Mit Hansen von Waldaw abgerechent und im schuldig geblieben 200 und 24 ung. gld. Darawf 100 ung. gld. entpfangen.[1314]

[S. 107]

Hanns Lemburgs des kawfmans ein[j] bekennthnis, das im der orden 800 m. vor wachs unnd ander ware schuldig ist. Daruf vorgnugt 150 m.[1315]

Mit Hanns Zcossen abgerechent und im schuldig geblieben 200 unnd 40 ung. gld. Darawf vast entpfangen lawts der zcettel.[1316]

Mit Clawus Pirch und Merthen ist abgerechent und ine schuldig geblieben 400 m. Darawf er auch Elisabet sein nachgelaessen hawsfraw vast gelt haben entpfangen lawts den zcedeln.[1317]

Mit Ulrich Wunsch ist abgerechennt unnd im schuldig geblieben 500 ung. gld. Darawf vast gelt entpfangen lawts des brives.[1318]

Mit Simon Seidenhefter abgerechent und im schuldig geblieben 100 ung. gld. Darawf vast entpfangen lawts der zcettel.[1319]

Mit Casper Stenntz abgerechent und im schuldig geblieben 96 ung. gld. Daruf 90 m. entpfangen.[1320]

Mit Hannsen Tschamer,[k] Antzat gnant, und seinem bruder ist abgerechennt unnd im schuldig geblieben 400 ung. gld. Darawf enntpfangen 100 ung. gld.[1321]

[S. 108]

Mit Nickel Karlewitz ist abgerechent von wegen der Selstrenge unnd im schuldig geblieben 250 und 2 ung. gld.[1322]

1313 [1487]. S. OBA 17319 (wie Anm. 621).
1314 [1484]. S. OBA 17121 (wie Anm. 600).
1315 [1483]. S. OBA 17082 (wie Anm. 1026).
1316 [1482]. S. OBA 17012 (wie Anm. 514).
1317 [1480]. S. GStA PK, XX. HA Hist. StA Königsberg, OBA 16882.
1318 [1483]. S. OBA 17084 (wie Anm. 651).
1319 [1483]. S. OBA 17087 (wie Anm. 639).
1320 [1487]. S. GStA PK, XX. HA Hist. StA Königsberg, OBA 17313.
1321 [1487]. S. OBA 17361 (wie Anm. 537).
1322 [1487]. S. OBA 17340 (wie Anm. 946).

Clawus Obels vortrag vor seinen dinst unnd etlich nachgelaessen Colmischguttir.[1323]

Mit Georg von Dirhe ist abgerechent von wegen seins brudern Cristof Dirhe unnd im schuldig geblieben 100 ung. gld. Daruf entpfangen 25 ung. gld.[1324]

Hans von Drawtschen ist etlich gelt uf seinen dinst gegeben lawts der zcettel.

Mit Clement Rechenberg ist von wegen seins vatern abgerechent und im schuldig geblieben 250 ung. gld. Darawf 159 m. entpfangen.[1325]

Mit Matts von Grawdenitz ist abgerechent und im schuldig geblieben 200 m. Darawf wast entpfangen lawts der zcettel.

Mit Thime Lunkewitz und seinem bruder ist abgerechent unnd schuldig geblieben 600 und 72 ung. gld. Darawf vast entpfangen lawts des brives.[1326]

[S. 109]

Janicko Jesschkowitz, juden, vortrag[l] von wegen etlicher guttir die im im krig entwant sein.[1327]

Cassirte[m] vor eynung, Georgen von Loben unnd hern Niclas Wilkaw uber Gilgenburg und ander pfanntguttir.[1328]

Ein cassirter brif von wegen Niclas von Hermszdorf, Ronnenburg gnant, und hern Watzlaw von Sullewitz gnant, von wegen ires brudern und dieser hirnachgeschrieben des hern von Blanckenstein, Borian Brawn, Qwalls Bschincken, Hanns Scherckewalt, Leonarts Clymmen, hern Skalszken und seins brudern Haberts Suraw Pechlinscken und Horsenetzkin alles ires dinsts abgerechent uf 4.700 und 80 ½ ung. gld. Darawf entpfangen in dato 500 m.[1329]

Vortrag mit frawen Berdent, Jacob Zcolners nachgelaessen frawe, und mit irem eidem Hans Lemberg und Hans Trost irem vormunden, von wegen 800 m. Auch dornach von wegen 1.200 m. Dorvor den Mittelholf[n] ufir Nerge mitsampt etlichen dorffern vorsatzt auch doruf 45[0] m. entpfangen.[1330]

1323 S. zudem OBA 17419 (wie Anm. 600).

1324 [1484]. S. GStA PK, XX. HA Hist. StA Königsberg, OBA 17123.

1325 [1487]. S. OBA 17370 (wie Anm. 600).

1326 [1486]. S. OBA 17283 (wie Anm. 600).

1327 [1488]. S. Perg.-Urk. 3586 (wie Anm. 591).

1328 [1488]. S. OBA 17411 (wie Anm. 679).

1329 [1487]. S. OBA 17306=17307 (wie Anm. 979).

1330 [1477]. S. OBA 16670 (wie Anm. 692).

[S. 110]

Vortrag mit Hannsen von Zcossen umb 200 und 40 ung. gld., den von Heynnitz solt. Anno XIIII^{C} und LXXXII ^{ten}.[o] [1331]

---

a Rechts neben der Zeile ergänzt.
b Buchstaben *Ber* mit Ergänzungszeichen über der Zeile nachgetragen.
c Über der Zeile ergänzt, darunter Streichung *Nickel.*
d Über der Zeile ergänzt, darunter Streichung *Nicles.*
e Folgt Streichung *II.*
f Tintenflecken unterhalb des Wortes.
g Zwei verschmierte Kreuze links neben der Zeile ergänzt.
h Über der Zeile ergänzt, darunter Streichung *69.*
i Wort doppelt *gelt.*
j Über der Zeile ergänzt.
k Folgt Streichung *u.*
l Wort doppelt *vortrag.*
m Kleiner Tintenkreis rechts neben der Zeile.
n Eher *Mittelhof.*
o Unterhalb des Eintrags verbleibt Freiraum.

[S. 111–114 leer]

[S. 115, mit Lederstreifen am Rand]

Extract der vortrege unnd awsgeschnittenn zcettelnn auch eins teils ganntze cassirtte brive bei tzeit hern Hannsen von Thieffen hohmeisters awsgangen wie volget.

Sigmunt Promnitz ist von wegen Matts Prommitz seines vatern abgerechennt, so das im der orden 150 unnd 10 ung. gld. schuldig bleibt. Darawf in dato entpfangen 90 m. gering.[1332]

Mit Georgen von Tworkaw ist von wegen Ulrich Wunschs abgerechennt, so das im der orden noch schuldig bleibt 164 ung. gld. und darawf etlich gelt enntpfanngen lawtts der zcettel.

Mit Nickel Hunger ist abgerechent, so das im der ordens 1.300 ung. gld. schuldig ist und darawf vast gelt entpfangen lawtts der vortrege.[1333]

Mit Peter Gebeltzky ist abgerechent, so das im der ordenn 300 unnd 4 ung. gld. schuldig ist und darawf in dato 100 und 30 m. entricht lawts der tzettel.[1334]

1331 1482. S. GStA PK, XX. HA Hist. StA Königsberg, Perg.-Urk. 3488, Schiebl. 93 Nr. 69; OBA 17012 (wie Anm. 514).
1332 [1489]. S. OBA 17498 (wie Anm. 600).
1333 [1486]. S. OBA 17281 (wie Anm. 507).
1334 [1489]. S. OBA 17499 (wie Anm. 872).

[S. 116]

Mit Nickl Sponn ist von wegen Nickel und Heintz von[a] Gerszdorf, gnant von Tettaw, solt abgerechennt, so das im der orden schuldig bleibt 400 und 48 gld. ung. schuldig bleibt.[1335]

Mit Heinrich von Luttich ist von wegen Bose Jurgen solt abgerechennt und schuldig geblieben 400 ung. gld.[1336]

Mit Hannsen und Nickel Debitzsch ist von wegen vier bruder abgerechennt und schuldig geblieben 300 ung. gld.[1337]

Mit Gindersig Seidelitz ist von wegen Cristof Seidelitz seins vettern abgerechent und schuldig geblieben 800 ung. gld. und darawf vast gelt entpfangen lawtts der zcettel.[1338]

Mit Peter Gebeltzky ist abgerechent und schuldig geblieben 300 unnd 5 gld. Darawf in dato entricht 100 und 30 m.[1339]

Mit Ernnst Knoblachsdorf ist von wegen Heintzen Knoblachsdorf abgerechennt und im schuldig geblieben 600 gld. ung. Darawf vast gelt enntpfangen lawts der zcettel.[1340]

Mit Cristof Cottewitz ist abgerechennt und im schuldig geblieben 400 ung. gld. Darawf vast entpfangen lawts der zcettel.[1341]

[S. 117]

Mit Allexannder Temmeritz zw Breszlaw ist von wegenn Hans Silbers abgerechennt und im schuldig gebliebenn 100 ung. gld.[1342]

Sigmunt Rotzsch hot von wegen Merthen Tschenitz 350 minus 1 m. uf seinen solt entpfanngen.[1343]

Cristof Pluncke hott 300 m. entpfangen und im schuldig geblieben 200 m. Darawf vast entpfangen lawts der zcettel.[1344]

1335 [1494]. S. OBA 17795 (wie Anm. 621).
1336 [1491]. S. GStA PK, XX. HA Hist. StA Königsberg, OBA 17628.
1337 [1496]. S. OBA 17936 (wie Anm. 600).
1338 [1490]. S. OBA 17516 (wie Anm. 600).
1339 [1490]. S. OBA 17566 (wie Anm. 600).
1340 [1491]. S. OBA 17584 (wie Anm. 600).
1341 [1490]. S. OBA 17563 (wie Anm. 581).
1342 [1493]. S. OBA 17748 (wie Anm. 580).
1343 [1489]. S. OBA 17491 (wie Anm. 508).
1344 [1493]. S. OBA 17753 (wie Anm. 588).

Mit Peter Gebeltzky ist von wegen[b] Fritzen unnd Hansen Rabenaw auch Hansen Ditterich, Saraw gnant, abgerechennt und ime schuldig geblieben 300 ung. gld.[1345]

Mit Hannsen Roder ist von wegen seins vatern abgerechent unnd im schuldig geblieben 900 ung. gld. Darawf in dato entpfangen 125 m.[1346]

Mit Melcher Knoblachsdorf ist abgerechent und im schuldig geblieben 300 m. Darawf entpfangen lawts der zcettel.[1347]

Mit hern Hansen Rewschburg ist von wegen Peter seins brudern abgerechent und im schuldig geblieben 300 m.[1348]

[S. 118]

Mit Niclas Ryme nachgelaessen fraw ist von wegen Hansen Ryme abgerechent und schuldig geblieben 300 m. Darawf vast gelt entpfangen lawts der zcettel.[1349]

Mit Hannsen Froberg abgerechennt und im schuldig[c] geblieben 450 und 2 ½ m.[1350]

Mit Jacob Schoneichen ist abger[e]chent und im schuldig geblieben 450 ung. gld. unnd 70 m. Dorawf Baltzer Pirch 100 m. enntpfanngen.[1351]

Mit Veit Fewchtern ist abgerechennt von wegen Wilhelm Leips und im schuldig blieben 6 tonnen honigs und 40 m.[1352]

Matts Prommitz hot von wegen seiner bruder 37 ½ m. entpfangen.[1353]

Mit Lorenntz Moelbach ist abgerechennt und bleiben im schuldig 65 ung. gld.[1354]

Der Rewssen von Plawen vortrag ires solts unnd uber das schlos Preusch Elaw.

Mit Casper Wildennhain abgerechennt und ime schuldig blieben 334 ½ m.[1355]

Mit Heinrich Tawbennheim ist abgerechennt und im schuldig geblieben 350 minus 15 m.[1356]

1345 [1490]. S. OBA 17567 (wie Anm. 508).

1346 [1493]. S. Perg.-Urk. 3678, Schiebl. 95 Nr. 54 (wie Anm. 794).

1347 [1494]. S. OBA 17824 (wie Anm. 600).

1348 [1490]. S. OBA 17571 (wie Anm. 744).

1349 [1493]. S. OBA 17782 (wie Anm. 621).

1350 [1490]. S. wohl OBA 17522 (wie Anm. 902).

1351 [1490]. S. GStA PK, XX. HA Hist. StA Königsberg, OBA 17531. Auf dem Schuldzettel 500 gld. vermerkt.

1352 [1490]. S. GStA PK, XX. HA Hist. StA Königsberg, OBA 17564.

1353 [1467]. S. GStA PK, XX. HA Hist. StA Königsberg, OBA 17651.

1354 [1489]. S. GStA PK, XX. HA Hist. StA Königsberg, OBA 17467.

1355 [1496]. S. OBA 17927 (wie Anm. 506).

1356 [1497]. S. wohl GStA PK, XX. HA Hist. StA Königsberg, OBA 17977.

[S. 119]

Mit Schwartz Hans ist abgerechent und im schuldig geblieben 128 m. Doruf entpfangen 12 m.[1357]

Mit Jan Schalkenszky ist von wegen Jacob Sarnofsky abgerechent und im schuldig geblieben 300 ung. gld. Darawf vast gelt enntpfangen lawts der zcettel.[1358]

Mit Rudolf Todtlebe ist von wegen Hansen Schweinichen abgerechent und im schuldig geblieben 350 unnd 10 ung. gld. Darawf vast entpfangen inhalts der zcettel.[1359]

Mit Hansen Naptitz ist von wegen Wilhelm Naptitz abgerechennt und im schuldig geblieben 200 ung. gld. Darawf vast enntpfangen lawts der zcettel.[1360]

Mit Simon von Luchaw, burger zw Konigspurg, abgerechent und im schuldig geblieben 250 12 m. Darawf vas enntpfanngen lawts der zcettel.[1361]

Mit Bernt von der Heiden abgerechent von wegen Ulrich Wunsch und im schuldig geblieben 76 m. Darawf vast entpfangen inhalts der zcettel.[1362]

Mit Cristof Peier ist abgerechent und im schuldig geblieben 96 ung. gld. Darawf vast entpfangen inhalts der zcettel.[1363]

Der von Done vortrag uber das camerampt Tulstet.[1364]

[S. 120]

Mit Hannsen Stanngen ist von wegen Ditterich Stanngen abgerechent und im schuldig geblieben 350 und 30 ung. gld. Darawf vast entpfangen lawts der zcettel.[1365]

Mit Peter Losso ist abgerechennt und im schuldig geblieben 200[d] 29 m.[1366]

Mit Ernnst Unruhe ist abgerechent [e]von wegen Casper Schlichting[e] und im schuldig geblieben 600 ung. gld. Darawf vast entpfangen lawts der zcettel.[1367]

1357 S. zudem OBA 17898 (wie Anm. 621).
1358 [1489]. S. GStA PK, XX. HA Hist. StA Königsberg, OBA 17506.
1359 [1490]. S. OBA 17523 (wie Anm. 600).
1360 [1490]. S. OBA 17517 (wie Anm. 508).
1361 [1489]. S. OBA 17470 (wie Anm. 621).
1362 [1496]. S. GStA PK, XX. HA Hist. StA Königsberg, OBA 17922.
1363 [1490]. S. OBA 17575 (wie Anm. 600).
1364 [1492] S. GStA PK, XX. HA Hist. StA Königsberg, OBA 17691.
1365 [1491]. S. OBA 17659 (wie Anm. 600).
1366 [1490]. S. OBA 17528 (wie Anm. 621).
1367 [1497]. S. GStA PK, XX. HA Hist. StA Königsberg, OBA 17970.

Mit Hannsen Brunaw ist von wegen Hans Luckaw abgerechent und im schuldig geblieben 200 ung. gld.[1368]

Clement Rungen kinder vortrag von wegen etlichs geliehens gelts.[1369]

Mit Schwartz Hans abgerechent und im schuldig geblieben 70 m.[1370]

Mit Leonnhart[f] Schkoppe ist von wegen Cristoff Schkoppe abgerechennt und bleiben im schuldig 300 ung. gld.[1371]

Mit Dietterich von[g] Schoburwitz ist abgerechent und im schuldig geblieben 300 ung. gld. Darawf vast entpfangen lawts der zcettel.[1372]

Katherina Koppischine vortrag von wegen Bernt von der Heiden unnd Ulrich Wunsch von wegen 100 m.[1373]

[S. 121]

Mit Hansen Knobloch abgerechent und ime schuldig geblieben 200 ung. gld. Dorawf vast enntpfangen lawts der zcettel.[1374]

Mit Nickel Warnnszdorf ist abgerechent und im schuldig geblieben 1.200 ung. gld. Dorawf entpfangen 60 m.[1375]

Mit Sigmunt Tawbenheim abgerechent und im schuldig geblieben 100[h] ung. gld. Darawf entpfangen 46 m.[1376]

Vortrag mit Thomas vom Reitzenstein von wegen Erharts von Wildennstein solts.

Baltzer und Nickel Unwirde haben von wegen Greger und Nickel Unwirde solt 45 gld. ung. entpfangen.[1377]

Mit Lorenntz Jawewitz abgerechent und im schuldig geblieben 200 minus 7 ung. gld. Daruf entpfangen 90 m.[1378]

Mit Hannsen Mut abgerechent und im schuldig geblieben 100 unnd 18 m.[1379]

1368 [1496]. S. GStA PK, XX. HA Hist. StA Königsberg, OBA 17947.
1369 [1492]. S. OBA 17681 (wie Anm. 621).
1370 [1496]. S. OBA 17898 (wie Anm. 621).
1371 [1497]. S. GStA PK, XX. HA Hist. StA Königsberg, OBA 17995.
1372 [1489]. S. OBA 17460 (wie Anm. 621).
1373 [1492]. S. GStA PK, XX. HA Hist. StA Königsberg, OBA 17918.
1374 [1490]. S. OBA 17529 (wie Anm. 600).
1375 [1491]. S. zudem GStA PK, XX. HA Hist. StA Königsberg, OBA 17626.
1376 [1490]. S. OBA 17536 (wie Anm. 600).
1377 [1494]. S. OBA 17815 (wie Anm. 639).
1378 [1489]. S. OBA 17497 (wie Anm. 600).
1379 [1491]. S. OBA 17648 (wie Anm. 600).

Mit Contz Stangen ist von wegen Frantz Stangen abgerechent und im schuldig geblieben 300 ung. gld. Darawf vast entpfangen lawts der zcettel.[1380]

[S. 122]

Mit Cristof Hugewitz ist abgerechennt und im schuldig gebliebenn 200 ung. gld. Darawf vast entpfangen lawts der zcettel.[1381]

Mit Gerisch abgerechennt und im schuldig geblieben 150 ung. gld. Darawf entpfangen lawts der zcettel.[1382]

Mit Peter Worssin abgerechent und im schuldig gebliebenn 150 ung. gld. Darawf entpfangen 100 unnd 30 m.[1383]

Mit Heinrich Blumichen von wegen Connradt Hopsel abgerechen[t] und im schuldig geblieben 60 m. gering. Darawf vast entpfangen lawts der zcettel.[1384]

Hans Hoch buchfurer vortrag uber 20 rh. gld. schult von wegen Nickel Spon. Darawf entpfangen 25 m.[1385]

Mit Georg Kynwange vortragen von wegen des gutts Glabune und im schuldig geblieben 80 m. Darawf entpfangen lawts des brif.

Mit Mats Prommitz ist von wegen seiner bruder abgerechent und im schuldig geblieben 250 ung. gld. Darawf entpfangen 52 ung. gld.[1386]

[S. 123]

Mit Cristof Zceme ist von wegen ouch Cristof Zceme abgerechennt und im schuldig geblieben 200 unnd 24 m. Darawf entpfangen lawts der zcettel.[1387]

Mit Hannsen Vorburger abgerechent und im schuldig geblieben 20 m. Darawf entpfangen lawts der zcettel.[1388]

Mit Nickel Kappe von wegen seins vatern dinst unnd[i] sc[h]ade ist abgerechent und im schuldig blieben 400 minus 16 ung. gld. Darawf entpfangen lawts der zcettel.[1389]

1380 [1491]. S. OBA 17658 (wie Anm. 600).
1381 [1491]. S. OBA 17621 (wie Anm. 600).
1382 [1491]. S. OBA 17592 (wie Anm. 621).
1383 [1490]. S. OBA 17566 (wie Anm. 600).
1384 [1492]. S. OBA 17707 (wie Anm. 692).
1385 [1494]. S. OBA 17796 (wie Anm. 89).
1386 [1492]. S. OBA 17741 (wie Anm. 600).
1387 [1492]. S. OBA 17679 (wie Anm. 600).
1388 [1490]. S. GStA PK, XX. HA Hist. StA Königsberg, OBA 17542.
1389 [1491]. S. OBA 17582 (wie Anm. 621).

Mit Casper Sack von wegen Casper und Nickel Bemen ist abgerechent und im schuldig geblieben 200 unnd 13 m. Darawf entpfangen lawts der zcettel.[1390]

Mit Georgen Seidelitz ist von wegen Frantz Seidelitz abgerechent und im schuldig geblieben 100 unnd 12 ½ m. Darawf vast entpfangen lawts der zcettel.[1391]

Vorschreibung Mischen von Kobelaw das dorf Brosinsdorf im Caymischen.[1392]

Mit Michel Pamszdorf ist von wegen seins vatern abgerechent und im schuldig geblieben 600 m. Darawf entpfangen lawts der zcetteln.[1393]

[S. 124]

Her Niclas Wilken vortrag uber die stadt Gilgenberg.[1394]

Mit Cristof Zcigeler ist von wegen seins vatern abgerechent und ist im schuldig geblieben 400 rh. gld.[1395]

Mit Jacob Meissenners nachgelaessen witwe abgerechent und ir schuldig geblieben 100 m.[1396]

Hans Procup ist uf seinen solt gegeben 88 ½ m.[1397]

Mit Hannsen Tawern ist von wegen Sigmunnt Tiszlaw, Heide gnant, abgerechent und im schuldig geblieben 300 und 20 ung. gld. Darawf vast entpfangen lawts der zcetteln.[1398]

Mit Hannsen vonn der Heiden abgerechent unnd im schuldig geblieben und betzalt 130 m.

Mit Casper Lemberg ist von wegen Melchior Lemberg abgerechent und im schuldig geblieben 500 minus 20 ung. gld.[1399]

Mit Casper Wildennhain abgerechennt unnd im schuldig geblieben 200 unnd 40 ung. gld.[1400]

1390 [1493]. S. OBA 17752 (wie Anm. 621).

1391 [1492]. S. OBA 17700 (wie Anm. 600).

1392 [1490]. S. GStA PK, XX. HA Hist. StA Königsberg, Perg.-Urk. 3615, Schiebl. XXXIV 115.

1393 [1485]. S. wohl OBA 17183 (wie Anm. 508).

1394 [1488/1496]. S. wohl GStA PK, XX. HA Hist. StA Königsberg, Perg.-Urk. 3587, Schiebl. XXXIX 7; Perg.-Urk. 3716 (wie Anm. 1068).

1395 [1493]. S. OBA 17776 (wie Anm. 864).

1396 [1490]. S. OBA 17558 (wie Anm. 736).

1397 [1490]. S. OBA 17530 (wie Anm. 600).

1398 [1495]. S. GStA PK, XX. HA Hist. StA Königsberg, OBA 17847.

1399 [1496]. S. GStA PK, XX. HA Hist. StA Königsberg, OBA 17664.

1400 [1496]. S. OBA 17927 (wie Anm. 506).

[S. 125]

Hanns Gremmels zw Breszlaw bekennthnis uber 100 ung. gld., die im von hern Hannsen von Thieffen geliehen sein.[1401]

Mit Hannsen Unnwirden ist von wegen seins vatern abgerechennt und im schuldig geblieben 600 unnd 48 ung. gld. Darawf enntpfangen inhalts der zcettel.[j] [1402]

[S. 126 leer]

a Wort doppelt *von.*
b Folgt Streichung *ist von.*
c Wort doppelt *schuldig.*
d Folgt Streichung *30.*
e *von wegen Casper Schlichting* mit Ergänzungszeichen über der Zeile nachgetragen.
f Folgt Streichung *Schk.*
g Mit Ergänzungszeichen über der Zeile nachgetragen.
h Folgt Streichung *m.*
i Wort doppelt *und.*
j Unterhalb des Eintrags verbleibt Freiraum.

1401 [1495]. S. GStA PK, XX. HA Hist. StA Königsberg, OBA 17835.
1402 [1491]. S. GStA PK, XX. HA Hist. StA Königsberg, OBA 17590.

10 Zusatzmaterial

10.1 OBA 16116: Auflistung von Sold- und Schadenforderungen der Söldner (1467)

Wohl um 1467.

Geheimes Staatsarchiv Preußischer Kulturbesitz, XX. HA Hist. StA Königsberg, OBA 16116.

Auflistung von Sold- und Schadenforderungen von noch auf Schlössern liegenden Söldnern.

1 Schmalfolioheft (B 11 x H 28 cm) von 2 Blatt Papier, ohne Wasserzeichen, von einer Hand, mit neuzeitlicher Foliozählung.

[fol. 1r]

Item dy noch kegenwertig seyn off den schlossern.

Item Hans Meysener off 4 pferde dinst 8 jor. Summa 500 hungerissche gld. und 16 gld. off das vornfte pfert dinst 12 jor. Summa 100 gld. ane 4 gld. of das sechste pfert dinst 11 jor. Summa 100 gld. minus 12 gld. Off das sebende pfert dinst 8 jor. Summa 64 gld.

Item Hinrich Vorsse hot gedinet 13 jor mit 5 pferdin. Summa 500 und 20 gld.

Item Ludil hot gedynet mit 4 pferden 13 jor. Summa 400 und 16 gld.

Item Fredrich Trus hot gedinet 12 jor mit 2 pferdin. Summa 200 gld. minus 8.[a]

Item Segel hot gedinet mit 2 pferdin 13 jor. Summa 200 und 8 gld. Item eyn pfert neyn jor dinst. Summa[b] 72 gld.

Item Scherobel hot dinst off zwey pferd[en] 13 jor. Summa 200 und 8 gld. und 1 pferd 12 jor. Summa 100 gld. minus 4 gld.

Item Hans Wedemer hot dinst of 1 pferd 8 jor. Summa 100 gld. und 4 gld. Noch 1 pferd 2 jor dinst. Summa 16 gld.

Item Hensel Unger hot dinst of 1 pferd 9 jor. Summa 72 gld.

Item Petir Storkiner hot dinst of eyn pfert 11 jor. Summa 100 gld. minus 12 gld. Noch of eyn pferd dinst 7 jo[r]. Summa 56 gld.

Item meystir Hans hot dinst off eyn pferd 13 jor. Summa 100[c] gld. Noch of eyn pferd 4 jor dinst. Summa 32 gld.

Item Nickel Briger eyn posossener hot dinst 9 jor. Summa 72 gld.

Item Lenhart Becke eyn pososener hot dinst 11 jor. Summa 88 gld.

Item Lusschirczer eyn fusknecht hot dinst 12 jor. Summa 48 gld.

[fol. 1v]

Item Nickel Meyer eyn fusknecht hot dinst 13 jor. Summa 52 gld.

Item Oswalt Lebels knecht eyn fusknecht hot dinst[d] 6 jor. Summa 24 gld.

Item Caspar Unger hot dinst of eyn pferd 13 jor. Summa 100 gld. und 4 gld. noch of eyn pferd dinst 7 jor. Summa 56 gld.

Item Swerczel eyn fusknecht in das lant hot dinst 4 jor 16 gld. Dornoch dinst of eyn pferd 9 jor. Summa 72 gld.

Item Steffenleutener in das lant eyn fusknecht hot dinst eyn ½ jar. Summa 2 gld. Item eyn jor pososener. Summa 8 gld. Dornoch dinst ap 2 pferd[e] 10 jor. Summa 100 gld. und 60 gld. Noch of eyn pferd dinst 9 jor. Summa 72 gld.

Item Frese hot dinst off eyn pferd 13 jor. Summa 100 gld. und 4 gld.

Item Sommer eyn fusknecht hot 4 jor dinst. Summa 16 gld. Dornoch of eyn pferd 9 jor dinst. Summa 72 gld.

Item Tomel Virrosser hot 4 jor dinst zczu vusse. Summa 16 gld. Dornoch off eyn pferd dinst 9 jor. Summa 72 gld.

Item Thoma Forwer fusknecht hot dinst 12 jor. Summa 48 gld.

Item Kuple eyn fusknecht hot dinst 13 jor. Summa 52 gld.

Item 8 pferde habin dy fusknechte gehalden 3 jor. Summa 200 gld. ane 8 gld.

Item Nickel Hertel hot dinst of 4 pferde 14 jor. Summa 400 gld. und 16 gld.[e] Danoch off zwey pferd[e] dinst 8 jor. Summa 100 gld. und 24 gld.

Item Kwos nymp an des her in Veycz stat of 7 pferd[e] dinst 13 jor. Summa 7 gld. und 28 gld.

Item Lotcze of 3 pferd[e] dinst 11 jor. Summa 250 und 14 gld. noch of 2 pferd[e] dinst 9 jor. Summa 100 gld. und 36 gld.

Item Clausubil hot dinst of 2 pferd[e] 12 jor. Summa 200 minus 8 gld. noch of 2 pferd[e] 8 jor. Summa 100 gld. und 28 gld. Obir of 2 pferd[e] 8 jor. Summa 100 gld. minus 12 gld.

Item Gassener of 2 pferd[e] dinst 12 jor. Summa 200 gld. minus 8 gld. Item noch off eyn pferd 11 jor. Summa 100 gld. minus 12 gld.

[fol. 2r]

Item Caspar Godor 1 pferd 13 jor. Summa 100 gld. und 4 gld. noch 1 pferd 9 jor. Summa 72 gld.

Item Hawser 1 pferd 11 jor. Summa 88 gld.

Item Hans Mitteler 1 pferd 10 jor. Summa 80 gld.

Item Hans Zabczicky 1 pferd 12 jor. Summa 100 gld. minus 4 gld.

Item Peter Steyrer 1 pferd 7 jor. Summa 56 gld. Noch 1 pferd 6 ½ jor. Summa 52 gld.

Item Martinkn 4 pferd[e] 5 jor. Summa 100 und 60 gld.[f]

Item Tomas Steyrer eyn fusknecht 5 jor. Summa 20 gld.

Item Marczinkn von Brunerow eyn fusknecht 5 jor. Summa 20 gld. Darnoch 1 pferd 8 jor. Summa 64 gld. Noch eyn fusknecht Andris Waser 1 ½ jor. Summa 6 gld.

Item Weyse Hensel eyn fusknecht 7 jar. Summa 28 gld. Dor noch 1 pferd 6 jor. Summa 48 gld.

Item Jorge Maturnicz eyn fusknecht 8 jor. Summa 52 gld.

Item Schaderdof eyn fusknecht 13 jor. Summa 52 gld.

Item Strak eyn fusknecht 13 jor. Summa 52 gld.

Item Petir Wunderlich 1 pferd 13 jor. Summa 100 und 4 gld.

Item Jor Molner 1 pferd 13 jor. Summa 100 und 4 gld. zol den dinst teylin mit Gregor Schubertin.

Item Myculasch van Suldow 1 pferd 8 jor. Summa 64 gld.[g]

[fol. 2v]

[h]Item Wankn Holubicz 7 schad pferd. Summa 56 gld.

Item Schimkn 3 schad pferd. Summa 24 gld.

Item Tomku 6 schad pferd. Summa 48 gld.

Item Viwek 4 schad pferd. Summa 34 gld.

Item Jorge Prewse 2 schad pferd. Summa 16 gld.

---

a Folgt Radierung *[eyn jor von eyner f… … gedinet summa 4 gld.]*

b Folgt Streichung *[200] gld. und 8 gld.*

c Folgt Wort *hundert.*

d Folgt Dopplung *hot dinst.*

e Folgt Tintenfleck.
f Folgt Streichung *noch 1 pferd.*
g Unterhalb des Eintrags verbleibt Freiraum.
h Die folgenden Einträge sind im unteren Viertel der Seite geschrieben. Darüber verbleibt Freiraum.

[fol. 3r]

Item der vorgenante schade all[e] in reinischen gulde der hofleute an pferdin.

Item Meysner 16 schad pferd. Summa 100 und 28 gld.

Item Jocob Unger 1 schad pferd. Summa 8 gld.

Item Worse 10 schad pferd. Summa 80 gld.

Item Ludl 12 schad pferd. Summa 100 gld. minus 4 gld.

Item Fredrich Krus 8 schad pferd. Summa 54 gld.

Item Segel 5 schad pferd. Summa 40 gld.

Item Scherubil 9 schad pferd. Summa 74 gld.

Item Hans Wediner 2 schad pferd. Summa 16 gld.

Item Hensel Unger 2 schad pferd. Summa 16 gld.

Item Peter Stockinger 3 schad pferd. Summa 24 gld.

Item meystir Hans 3 schad pferd. Summa 24 gld.

Item Kasper Unger 2 schad pferd. Summa[a] 16 gld.

Item[b] Swerczel 6 schad pferd. Summa 40 gld.

Item [St]effer Lertener 3 schad pferd. Summa 24 gld.

Item Fryse 2 schad pferd. Summa 16 gld.

Item Sommer 2 schad pferd. Summa 16 gld.

Item Tomel Virrosser 2 schad pferd. Summa 16 gld.

Item Toma Forwer 1 schad pferd. Summa 8 gld.

Item Kuple 1 schad pferd. Summa 8 gld.

Item Nickel 15 schad pferd. Summa 100 gld. und 20 gld.

Item Kwos 20 schad pferd. Summa 100 und 60 gld.

Item Lutcze 6 schad pferd. Summa 56 gld.

Item[b] Clowobil 18 schad pferd. Summa 100 und 44 gld.

Item Gassener 5 schad pferd. Summa 40 gld.

Item Mathiasch 9 pferd. Summa 72 gld.

Item Kitlicz 6 schad pferd. Summa 40 gld.

Item Petir Pomrenke 6 schad pferd. [Summa] 48 gld.[c]

Item Jor Laudener 8 schad pferd. Summa 64 gld.

Item Guthans 6 schad pferd. Summa 48 gld.

Item Wolfswenger 1 schad pferd. Summa 8 gld.

Item Erhart 1 schad pferd. Summa 8 gld.

Item Cleynfritcze 11 schad pferd. [Summa] 88 gld.

---

a Folgt senkrechter Strich.
b Vor der Zeile Loch in Falz.
c Über der Zeile ergänzt.

[fol. 3v]

Der Behem rotte.

Sutku 4 pferde 8 jor. Summa 250 und 6 gld.

Item Czisku Jon 2 pferde 8 [jor]. Summa 100 und 28 gld.

Item Powel 2 pferde 8 jor. Summa 100 gld. und 28 gld.

Item Wantku 3 pferde 8 jor. Summa 200 gld. ane 8 gld.

Item Venczlo[w] 2 pferde 8 jor. Summa 100 und 28 gld.

Item Stepan 2 pfert 8 jor. Summa 100 und 28 gld.

Item Gyndrich Holy 2 pferd[e] 6 ½ jor. Summa 100 und 4 gld.

Item Hiiy Jan 1 pfert 8 [jor]. Summa 63 gld.

Item Jan Krenczn 1 pferd 8 jor. Summa 64 gld. noch 1 pferd 6 jor. Summa 48 gld.

Item Jan Presack 5 pferd[e] 8 jor. Summa 300 und 20 gld.

Item Bradeczky 2 pfert 6 jor. Summa 100 gld. ane 4 gld.

Item Jacub 1 pferd 8 jor. Summa 64 gld. noch 1 pferd 6 jor. Summa 48 gld.

Item Iseherzy 4 pferd[e] 8 jor. Summa 250 und 6 gld.

Item Hubbe 1 pferd 9 jor. Summa 72 gld.

Item Rach 1 pferd 8 jor. Summa 63 gld.

Item Bernhart Czedlicz 9 [pferd] 13 jor. Summa 900 gld. und 35 gld.

Item [Garten] Hermer 8 pferd[e] 13 jor. Summa 800 gld. und 32 gld.

Item Slanack 2 pferd[e] 13 jor. Summa 200 gld. und 8 gld. Noch 1 pferd 9 jor. Summa 72 gld. noch 2 pferde 5 jor 80 gld. nach 1 pferd 2 ½ jor. Summa 20 gld.

[fol. 4r]

Item Mathiasch of 3[a] pferd[e] 13 jor. Summa 300 gld. und 12 gld. Item nach of eyn pferd 8 jor. Summa 64 gld.[b]

Item Jan Kitlicz of 3 pferd[e] dinst 13 jor. Summa 300 gld. und 12 gld. Noch eyn pfert 9 jor. Summa 72 gld.

Item Petir Ponnrenke of eyn pferd 12 ½ jor. Summa 100 gld. Noch of eyn pferd 11 jor. Summa 100 minus 12 gld.

Item Guthans of 3 pferd[e] 13 jor. Summa 300 gld. und 12 gld.

Item Jor Lenderer off 4 pferd[e] 13 jor. Summa 400 gld. und 16 gld.

Item Volfs Wenger hot dinst of eyn pferd 13 jor. Summa 100 gld. und 4 gld. Noch 1 pferd 3 jor. Summa 24 gld.

Item Erhart Kochemeystir of eyn pferd 13 jor. Summa 100 und 4 gld.

Item Cleynfritcze 2 pferd[e] 8 jor. Summa 100 gld. und 28 gld. Noch 1 pferd 3 ½ jor. Summa 28 gld.

Item Wanko Holobicz 3 pferde 13 jor. Summa 300 gld. und 12 gld.

Item Schimka eyn pferd 9 jor. Summa 72 gld.

Item Tamko 2 pferde 13 jor. Summa 200 gld. und 8 gld. Noch eyn pferd 11 jor. Summa 1.000 gld.

Item Viweck 1 pferd 9 [jor]. Summa 72 gld. Noch eyn pferd 8 jor. Summa 64 gld.

Item Jurge Preuse 2 pferde 8 jor. Summa 100[c] gld. und 28 gld.

Item Sadskomie 1 pferd 3 ½ jor. Summa 36 gld.

Item Konnen Gisser der buchsen schutcze eyn fusk[necht] 8 jor. Summa[d] 32 gld. D[ominus] Bernhardus emit ab eo.

Item Kalen rotte.

Item Bartusch Kale 2 ½ pferd[e] 8 jor. Summa 100 gld. und 60 gld.

Item Jostel eyn pososner 8 jor. Summa 56 gld.

Item Hans Rabe eyn fusknecht 8 [jor]. Summa 32 gld.

[fol. 4v leer]

---

a Korrigiert aus *4*.

b Folgt Streichung *und 12 gld.*

c Neben dem Rand ergänzt, folgt Streichung *64*.

d Folgt Zeichen unleserlich.

10.2 OBA 16117: Auflistung der den Söldnern entstandenen Schäden (1467)

Wohl um 1467.

Geheimes Staatsarchiv Preußischer Kulturbesitz, XX. HA Hist. StA Königsberg, OBA 16117.

Auflistung der den Söldnern in Kriegsdiensten entstandenen Schäden.

1 Blatt Papier (B 21 x H 32,5 cm), Wasserzeichen: Ochsenkopf mit Augen, oben und unten einkonturige Stange, oben Blume, unten Dreieck mit Kreuzsprosse (42 x 157 mm), ähnlich WZIS-Referenznr. DE5580-Clm14130_343, von zwei Händen, Falz löchrig.

[fol. 1r]

[a]Item Hanns Qwasz und Hanns Kalgrewte Snawcke genannt habenn by dem orden ym lannde zw Preusszen 9 jor unt 16 pferdenn dinst gehabt.

Item ann schaden 11 reyszige pferdt eynsteyls geschossinn unnd erstachinn vorloren unnd vorstorbenn.

Item 4 wagnpferdt yn der futerunge vor dirsse varlorn do sy vor gelegen haben mit 4 knechten 4 pantzern unde 4 reynen huttenn.

[a]Item Heintze Nawendorff ist 9 jor am dinste gewest unnd hot 8 pferde unnd 1 wagen gein Prewssen gefurt.

Item 2 pferdt dy em zugeschreben sein.

Item den dreber unnd eyn swartcz pferdt unnd den slewit unnd den schorling unnd eyn blessicht pferd dy her ym floen vor der Conitz vorlorn hot.

Item eyn pferd das der Tunckel geheiszen hod vorlorn do Gabelencz tod bleib.

Item 2 pferd[e] dy ersticken do dy Croner[b] das vyhe abedrungen.

Item 1 pferth wart dirschossen do dy Croner nedirgelegt worden.

Item 1 pfert das em yn graben fyel vor Bolczin.

Item 1 brawn pferd vorloren vor Libesentz.

Item 1 pferd das em Kottzinhayn entrethen hod.

Item eynen gantzen harnisch der ehm zuslagen wart.

Item eyn pantzer ym floen vorloren.

Item abir pantzer unnd koller das em Gabelentz vorlorn had vor der polnisschenn krone.

Item pantzer koller unnd eyne brost unnt 1 hut das allis Gabelentz vorloren hod da her tod bleyb.

[a]Item Fritz Rabenaw hot 21 pferd[e] 8 jor am dinste gehabt.[c]

[fol. 1v]

[a]Item Melchior Promnitz hot 3 pferde am dinste gehabt 11 jar.

Item zu Marienborg dem hoemeister eynen roten ztelder geantwart.

Item da der konig[1403] zum andern mohle vor dy Conitz qwam vorloren eyn groe pferd.

Item do dy Polen var Newnborg logen abir eyn groe pferd vorloren.

Item an Sandt Mertens Obend[1404] ehr dy acht stoter heneyn qwomen vorloren 2 pferde eyn groes unnd eynen rewsszen.

Item als her kegen Pommern gefangen wart vorloren 3 pferde eynen vochs unnd 2 brawne.

[a]Item Hanns Gebeltzig had gedynet 4 jar unnd 12 wochen unnd am dinste 4 pferde gehabt.

Item am schaden 2 pferd[e] eyns in Pommern erschosszen das annder zu Bewten gestorbenn.

Item 4 armbrost vor Stargart vorloren do man das polnissche her wolde stormenn.

[a]Item Matt[es] Promnitz hod 5 pferde am dinste gehabt 4 jor unnd mich bedunckt [da]ch ich sulle 6 pferde gehabt haben als man ym register eigintlich befinden wirt.

Item ym irsten streyte eynen valen zrelder vorloren.

Item 1 groe pferde vor Zcempelberg ym lande zu Polen vorloren.

[a]Item Casper Gabelentz had 1 pferd am dinste gehabt das eyne hot her vorloren uff dem wege das annder ist em dir schussen vor dem Hammersteyn do der konig dovor gewest ist unnd uff dem dritten ist her selbist tod bleben do Pilgrym tod bleben ist als Otto Knobelstorff gefangen wart unde hot vorlorn 2 pantzer 2 koller unnde 2 lippken unde ist zum irsten mit Casperr Nostitze heneyn getzogenn.[c]

1403 Kasimir IV., König von Polen (1447–1492).

1404 November 11.

[fol. 2r]

[a]Item Hannus Froberg hot den gantzen krieg ausz vom anheben bisz zum ende am dinste gelegen.

Item 6 ½ pferd[e] heneyn gefurt.

Item vor der Konitz 1 fochs vorloren.

Item zu Marienborg eyn brawn pferth das yn graben fiel.

Item zw Bisschoffwerde 1 roth pferd vorloren.

Item vor der Lobe 1 brawn pferde vorloren.

Item vor Brauburg 1 schwartzbrwn pferde vorloren.

Item als der konig zum andirn mole vor der Konicz lag vorloren 1 swartz pferdt.

Item vor Pawtzig 2 pferde 1 swartzis unnde 1 weiszes ym Sloen vorlorenn.

Item vor der Stolppe eyn vahl pferth das dirschossen wart.

Item do dy Pommern unns nedirlegitten 3 pferde eynen schymmel 1 swartzes unnde 1 fochs vorloren.

Item eynen schwartzen zcelder vorloren.

Item eynen rothen zcelder vorloren ym Kaler Winckel den ich vonn dem vonn Gleiche beqwam.[d]

[a]Item Hanns Sweynchen hot 9 jar dienst gehabt uff 5 pferde do sein em 3 pferde vorbrandt zur Hammerstein.

[a]Item Hanns Beyer hot 2 pferde am dinste gehatt.

[a]Item Nickel Froberg hod dinst gehabt uff 1 pferd 11 jor.

Item Otto Knobilszdorff 7 pferd[e] am dinste den gantczen krig an 5 firtil jor von 13 pferd[e] am schadin.[e]

[fol. 2v leer]

---

a Vor der Zeile Zeichen.

b Korrigiert aus *Cromer*.

c Unterhalb des Eintrags verbleibt Freiraum.

d Zwischen dieser und der nächsten Zeile ein Loch wegen vertikaler Faltung.

e Unterhalb des Eintrags verbleibt Freiraum. Ein Loch wegen vertikaler Faltung

10.3 OBA 16122: Auflistungen der dem Orden geschenkten Sold- und Schadenforderungen (1467)

Wohl nach 1467.

Geheimes Staatsarchiv Preußischer Kulturbesitz, XX. HA Hist. StA Königsberg, OBA 16122.

Verschiedene Auflistungen von Sold- und Schadenforderungen einzelner Söldner, die diese dem Orden schenkten.

3 Blatt Papier. Blatt 1 (B 22 x H 32 cm), Wasserzeichen: Ochsenkopf mit Augen, oben und unten einkonturige Stange, oben Blume, unten Dreieck mit drei Punkten und zwei Kreuzsprossen (35 x 164 mm), ähnlich WZIS-Referenznr. DE4200-PO-66336, von einer Hand, Blattkanten stark eingerissen, Archivarische Bleistiftnotiz: »Soldbuch des Bundeskrieges A. 52 fol. 77«. Blatt 2 (B 15 x H 21,5 cm), Wasserzeichen, durchtrennt: Ochsenkopf mit einkonturiger Stange und sechsstrahligem Stern mit geraden Enden, von einer Hand, Rückseite unbeschrieben, Archivarische Bleistiftnotiz: »Soldbuch des Bundeskrieges A. 52 fol. 68«. Blatt 3 (B 21,5 x H 30 cm), ohne Wasserzeichen, von einer Hand, Archivarische Bleistiftnotiz: »Soldbuch des Bundeskrieges A. 52 fol. 68«.

[Blatt 1, fol. r]

Jorge Debietsch hat 10 pferde im dinste gehat 12 jor macht 900 und 60 ung. gld.

Den schaden hat her Unser Lieben Frauwen gegeben.

Disser hot ein zettelh [a]ouch ein sonderlichnn vortrags brieff.[a]

Sigimund Diraw hat 10 pferde 6 jor im dinste gehat macht 500 minus 20 ung. gld.

Item 8 pferde nach 6 jor gehat macht 400 und 16 ung. gld.

Den schaden hot her unsirn orden dirlossen.[b]

Koselicz hat seinen dinst Unser Lieben Frawen gegeben.[b]

Caspar Lemberg hat 10 pferde 6 jor im dinste gehat macht 400 [c]ung. gld.[c]

Doruff entfangen 1 pferdt.

[d]*Item die 80 ung. gld. san gantcz unnd gar entschaden.*[d]

Item noch 1 roth tuch.

Dieszer hat ein zettelh.

[Blatt 1, fol. v]

Melchior Lemberg hat 5 pferde 12 jor im dinste gehat macht 500 minus 20 ung. gld.[e]

[Blatt 2, fol. r]

Disse nachgeschreben houffeleuthe czu Schippenpil an irem letczten ende haben iren solt und schaden Unser Lieben Frauwen gegeben.

Czum irsten Ulrich Smit 2 pferde.

Item Ulrich Schirmer 1 pferde.

Item Lange Caspar 2 pferde.

Item der Hinekende Wolffgang 1 pferde.

Item Cristouffe[r] Waltenhauffer 4 pferde.

Item Andreas Stoltczenkouffer 4 pferde.

Item der Alde Blancke 1 pferde.

Item Jon Walman 4 pferde.

Item Hans Freymanner 2 pferde.

Item Hans Waldener 9 pferde.

Item Leszlauw czu Barthen 2 pferde.

Item Jorge Heel 8 pferde.

Item disse nachgesch[reb]en hoffeleuthe czu Reszel am letczten ende han iren solt und schaden Unszer Lieben Frauwen gegeben.

Item[f] Cristouffel Waldecker 4 pferde.

Item Bernhard Lange 2 pferde.

Item Cristouffel Tollecker 2 pferde.

Item Henszel Heer 3 pferde. [g]Item Hans Gleibitcz 1 pferde.[g]

Item Molewanger 12 pferde.

Item Vinczengins Eyszenberger 1 pferde.

Item Nicolaszke der fuszknechte hauptman 4 pferde.

Item Marquart der Beheme 3 pferde.

Item Greter 5 pferde.

Item Henszel Qweitcz 2 pferde.

Item Jost Reitczersteyne 4 pferde.

Item Hans von Wermen 3 pferde.

---

a Nachtrag. Unterhalb des Eintrags verbleibt Freiraum.

b Unterhalb des Eintrags verbleibt Freiraum.

c Über der Zeile ergänzt. Folgt Streichung *und 70 ung. gld.*

d Rechts neben der vorhergehenden Eintragung ergänzt.

e Unterhalb des Eintrags verbleibt Freiraum.
f Folgt Streichung *Walderker*.
g Rechts neben der vorhergehenden Eintragung ergänzt.

[Blatt 2, fol. v leer]

[Blatt 3, fol. r]

Disse nochgeschrebene houffeleuwte in eren letczten ende zcu Resel haben iren solt Unsern Liben Frauwen gegeben.

Item Cristoffell Waldecker 4 pferde.

Item Beirnhardt Lange 3 pferde.

Item Cristoffel Tollecker 2 pferde.

Item Henszell Heer 3 pferde.

Item Hans Gleibitz 1 pferde.

Item Molewanger 12 pferde.

Item Vincencius Eyszenberger 1 pferde.

Item Nicolaschke der fuszknechte houbtman 4 pferde.

Item Marckquart der Beheme 3 pferde.

Item Greter 5 pferde.

Item Henszel Qweitcz 2 pferde.

Item Jost Reiszersteyner 4 pferde.

Item Hans von Wernen 3 pferde.

Item so vorneme ich das Feuchter Molewanger solt unnde schaden manet her tut unrecht unnd euwern erwirdige gnaden mag fagen lassen her Johannes pristerbruder der zcu Sinthe Albrecht ist bey Lochsteten der sein beichtervater was das h[er] ouch seinen solt Unnser Lieben Frauwen haeth gegeben.

Disse nochgeschreben houffeleuwte ztu Schippenpill ann erem letczten ende haben iren solt Unnser Lieben Frauwen gegeben.

Item meister Ulrich der reit smit 2 pferde.

Item Ulrich Schirmer 1 pferde.

Item Caspar Lange 2 pferde.

Item der Hinckende Wolffgang 1 pferde.

Item Waltenhausser Daniel 4 pferde.

Item Andreas Stoltczenkeuffer 4 pferde.

Item der Aldeblancke 1 pferde.

Item Jon Walman 4 pferde.

Item Hans Freymanner 2 pferde.

[Blatt 3, fol. v]

Item Hans Waldenner 9 pferde.

Item Jorge Heel 8 pferde.

Item am letczten ende Mattis Eber frogete ich en ab[a] her seinen solt Unnser Lieben Frauwen geben wolde als her sprochlosz lag dach sprach her mit halben worten Frauwen Unser Frauwen unnd hup seine hende uff kenn hymmele wirt ymant seinen solt nemen es wert em nicht wolgehn.[b] Item so vorneme ich das Jagenreuter Cristoffers Tollecker unnd Blancken solt hat ausschreiben lossen her tut weder seiner selen szelickeit sie haben eren solt Unser Lieben Frauwen gegeben an erem letczten ende etc.

---

a Über der Zeile ergänzt, darunter Streichung unleserlich.

b Folgt unleserliches Zeichen.

10.4 OBA 16123: Auflistung von auszustellenden Schuldbriefen (1467)

Wohl um 1467.

Geheimes Staatsarchiv Preußischer Kulturbesitz, XX. HA Hist. StA Königsberg, OBA 16123.

Auflistung von auszustellenden Schuldbriefen für Söldner.

1 Blatt Papier. 1 Schmalfolioheft (B 11 x H 29,5 cm), Wasserzeichen: Buchstabe P in gotischer Form mit dreiblättriger Blume, Bogenende hinter dem Schaft und mit Dorn, Schaftende gespalten (20 x 77 mm), ähnlich WZIS-Referenznr. DE5580-2Incca867_g3, von einer Hand, mit neuzeitlicher Foliozählung. 2 weitere Zettel (B 11 x H 10,5 cm, B 17 x H 11,5 cm).

[fol. 3r]

Item dissen nachgeschreben sal awer gnode geben glabisbriffe a[u]ff die gasutczste taghe.

+[a] Item Morschen eynen globis briff uff 100[b] minus 6 gld. uff Aller Manne Fastnacht unnde sol solch gelt nicht gefellig wurde sal ir vorczinser werden.

+[c] Item Stgel[e]n eynen briff uff 60 gld. minus 3 gld. uff Allir Mannee Fastnacht.

+[c] Item Scherabel eynen briff uff 60 gld. minus 1 gld. uff Allir Manne Fastnacht zcu [b]eczalen.

+[c] Item Hans Medemer eynen briff uff 14 gld. uff Allir Mann Fastnacht zcu beczalen.

+[c] Item Nickel briff Unger eynen briff uff 8 gld. uff Allir Manne Fastnacht zcu beczalen.

Item Meyerer eynen briff uff 6 gld. uff Allir Mannen Fastnacht.

+[c] Item Ludel eynen briff uff 80 gld. uff Allir Mannen Fustnacht.

+[c] Item Caspar Unnger eynen briff uff 38 gld. uff Allir Mannen Fastnacht.

Item Frisse eynen briff uff 24 gld. uff Alllir Mannen Fastnacht zcu beczalen.

[fol. 3v]

Item Swarczel eynen briff uff 19 gld. uff Allir Mannen Fastnacht.

Item Valentin Frike eynen briff uff 20 gld. uff Allir Mannen Fastnacht zcu beczalen.

+[c] Item Somer eynen briff vor 15 gld. uff Allermanne Fastnacht zcu bezalen.

+[c] Item Beseker[er].

+[c] Item Emssener eynen briff uff 44 gld. uff Aller Mannen Fastnacht.

+[c] Item Peter Stockinger eynen briff uff 36 ½ gld. uff Allirmannen Fastnacht.

+[c] Item Thomel Virrosser eynen briff uff 14 gld. uff Allir Mannen Fastnacht zcu beczalen.

+[c] Item[d] Holtczschrey[n]ir briff uff 33 gld. uff Aller Mannen Fastnacht.

+[e] Item Rulandt eynen briff uff 54 gld. uff Aller Mannen Fastnacht in das mehr geschege sal is vorczinset w[er]dn.

+[e] Item Phimke eynen briff uff 8 gld. uff Aller Mannen Fastnacht.

+[e] Item Jan Kaelitcz eynen briff uff 35 gld. uff Allir Manne Fastnacht zcu beczalen.

[fol. 4r]

+[e] Item Wilhelm eynen briff uff 54 gld. uff Aller Mane Fastnacht.

Item Guthans eynen briff uff 74 gld. uf Aller Manne Fastnacht.

+[e] Item Wancko Halowitcz eynen briff uff 100 gld. uff Allemanne Fastnacht ab ir nicht geschege sol i[s] vor czinset werden.

Unsteen.[e] Item Slabick eynen briff uff 22 rh. gld. vonn Martini[1405] ubir eyn jore zcu beczalen.

Item Thomke eynen briff uff 60 gld. vonn Martini ubir eyn jor 20 gld. unnde noch obir jare 20 gld. bisz i[s] beczalet w[i]r[den].[f]

+[g] Item Bonhardt Czedelitcz eynen briff uff[h] 400 gld. unnde 40 m. uff Pfingesten zcu beczalen. So das nicht geschege sal man im halbin czinsz geben unnde noch ubir 1 jore ganczen czins.

+[i] Item Buntenhaymer eynen briff uff 200 gld. vonn Michaelis[1406] ubir eyn jor 51 gld. unnde voith alle jore 50 biss i[s] beczalet w[i]r[den].

+[i] Item Paulicke eynen briff uff 32 gld. uff Allir Manne Fastnacht.

[fol. 4v]

+[i] Item Sudke eynen briff uff 100 gld. uff Aller Manne Fastnacht zcubeczalen. So das nicht geschege sal i[s] wi[r]den vorczinset.

[j] Item Walde eynen briff uff 40 gld. sal man geben 10 [gld.] uff Aller Manne Fastnacht unnde voith alle jare 10 [gld.] bisz is beczalet w[i]rt.

+[k] Item Hubko eynen briff uff 34 gld. uff Allemannen Fastnacht zcu beczalen.

[l]+[m] Item Jacub eynen briff uff 16 gld. uff Weynachten[1407] zcu beczalen.

+[m] Item Jan Graytczn eynen briff uff 20 gld. uff Aller Mannen Fastnacht zcu beczalen.

+[m] Item Peter Steyerer eynen briff uff 15 gld. von Fastnacht uber eyn jore zcu beczalen.

+[m] Item Hansen eynen briff uff 14 gld. vonn Fastnacht ubir jor zcu beczalen.

[n]Sal ouch eynen briff haben.[n] Item Tytczschken Jan eynen briff uff 16 gld. vonn Fastenacht ubir eyn jor zcu beczalen.

+[o] Item Lodwig eynen briff uff 70 gld. uff Aller Manne Fastnacht czu beczalen.

+[o] Item Prezack eynen briff uff 100 gld. uff Allir Mannen Fastnach zcu beczalen.

---

a Vor der Zeile ergänzt.
b Korrigiert aus 200.
c Vor der Zeile ergänzt.
d Folgt Streichung *Welffingel.*
e Vor der Zeile ergänzt.

1405 November 11.
1406 September 29.
1407 Dezember 25.

f Folgt Streichung in neuer Zeile *Item Hermansdorff.*
g Vor der Zeile ergänzt.
h Wort doppelt.
i Vor der Zeile ergänzt.
j Vor Zeile Streichung unleserlich.
k Vor der Zeile ergänzt.
l Vor Zeile Streichung unleserlich.
m Vor der Zeile ergänzt.
n Neben der Zeile ergänzt.
o Vor der Zeile ergänzt.

10.5 OBA 16125: Auflistung von Zahlungen an Söldner von Liebenmühl (1467)

Wohl um 1467.

Geheimes Staatsarchiv Preußischer Kulturbesitz, XX. HA Hist. StA Königsberg, OBA 16125.

Aufstellung von Zahlungen an Söldner von Liebenmühl.

1 Schmalfolioheft (B 11 x H 30 cm) von 2 Blatt Papier, Wasserzeichen: Ochsenkopf mit anliegenden Augen und Nasenlöchern, mit einkonturiger Stange und einkonturigem, sechsstrahligem Stern mit geraden Enden (24 x 57 mm), ähnlich WZIS-Referenznr. DE4620-PO-74479, von einer Hand, mit neuzeitlicher Foliozählung.

[fol. 1r]

Item hyr noch steet geschreben wie wir dy hoffe lewthe reisige und fuszknechte von der Liebemole entscheiden haben und wen wir entscheiden haben der sal dem hern marschalk abetreten alle rente und dorffer dy sy von unserem orden inne gehat haben.

Item so habe wir gegeben Crawse Nickel 35 m.

Item Merten Sneider und Hans Rotthe habe wir gegeben vor al ir[a] dinst das in unsser orden schuldig gewest ist 34 m. und sint ires dinstes gar entscheden.

Item so habe wir gegeben Hans Sachse 26 m. und 1 f.

Iten[b] Hans Thome habe wir gegeben 100[c] m. und 6 m. und ist seynes dinstes gar entscheiden.

Item so habe wir gegeben Hans Haberlant 35 m.

Item so habe wir gegeben Andres Stoprcz 56 m.

Item so haben wir gegeben Hanns Reschen 35 m.

Item so habe wir gegeben Peter Bogener 10 ung. gld.

Item so habe wir gegeben Merten Wein[ert] 10 m.

Item Hans Trach habe wir gegeben 30 ung. gld.

Item Topper Hanns habe wir gegeben 35 ung. gld.

Item so habe wir gegeben Andresche 65 ung. gld.

[fol. 1v]

Item so habe wir geben Rossenp[u]sch[d] 56 m. und 20 m.

Item Hans Liebesscher habe wir gegeben 15 m.

Item Frenczell Bene habe wir gegeben 20 ung. gld.

Item Caspar Bene habe wir gegeben 250 gld.

Item dem haubtman von der Lyebenmull habe wir gegeben 35 ung. gld.

Item Falkenhayn habe wir gegeben 50 ung. gld.

Item Lichtenwalt habe wir gegeben 30 ung. gld.

Item Ritcze Nase habe wir gegeben 26 m. und ist seines dinstes gar entscheiden.

Item Casper Sack habe wir gegeben 36 m.

Item Cristof Bergman habe wir gegeben 50 m. und ist seines dinstes gar entscheiden.

Item Ihenchin Pheiffer habe wir gegeben 26 m. minus 2 sc. und ist gar entscheiden.

Item so habe wir gegeben der frawen Vornickelie[n] von der Liebemole 25 gld.

Item Konrath vom Walde habe wir gegeben 47 m. und 1 f. und ist seines dinstes gar entscheiden.

Item Jocob Kornsner habe wir gegeben 29 m. und ist gar entscheiden.

[fol. 2r]

Item Mattis Donen habe wir gegeben 61 m. 1 f.[e]

Item Jorgen Ungar habe wir gegeben 35 ung. gld.

Item so habe wir gegeben der frawen Vormekelinne von der Liebemole 25 ung. gld.

Item Hinrich Doring habe wir gegeben 21 ung. gld. 3 f.[f]

[2v–4v leer]

---

a Korrigiert durch Rasur von *[w]ir* zu *ir*.

b Eher *Item*.
c Korrektur durch Rasur.
d Folgt Streichung *[56] m*.
e Folgt Streichung *und ist gar entscheden*.
f Unterhalb des Eintrags verbleibt Freiraum.

10.6 OBA 16170: Schuldenregister des Schadens zu Konitz (1468)

[ca. 1468].

Geheimes Staatsarchiv Preußischer Kulturbesitz, XX. HA Hist. StA Königsberg, OBA 16170.

Schuldenregister des Schadens von Heinrich Reuß dem Jungen und zu Konitz gelegenen Söldnern.

2 Schmalfoliohefte. Heft 1 (B 11 x H 32 cm) von 6 Blatt Papier, Wasserzeichen: Ochsenkopf mit Augen und unten einkonturige Sparren, oben zweikonturige Stange, Blume mit fünf bzw. sieben Blättern (40 x 142 mm, 35 x 142 mm, 33 x 150 mm), ähnlich WZIS-Referenznr. DE0795-M_I_4_999f; DE4860-Ms810_I, von einer Hand, erstes Blatt an oberer linker und rechter Ecke stark eingerissen, Stempelabdruck: S. 22, 24, Adler mit umlaufender Schrift »Königliches Staatsarchiv Königsberg O/Pr.«. Abschrift von 1488 mit neuzeitlicher Seitenzählung. Heft 2 (B 11 x H 32 cm) von 6 Blatt Papier, Wasserzeichen: Ochsenkopf mit Augen, mit zweikonturiger Stange und Vortragekreuz (33 bzw. 38 x 127 mm), ähnlich WZIS-Referenznr. DE8100-IncFol4761_999k, Ochsenkopf mit Augen, auftrechte Schlange, sieben Windungen, an zweikonturiger Stange mit lateinischem Kreuz (33 x 113 bzw. 117 mm), ähnlich WZIS-Referenznr. DE4620-PO-70921, von einer Hand, mit neuzeitlicher Seitenzählung. Stempelabdruck: fol. 26v, Adler mit umlaufender Schrift »Königliches Staatsarchiv Königsberg O/Pr.«. Zweifache Ausfertigung, Werteangaben unterscheiden sich. Im Folgenden sind die Angaben des ersten Heftes aufgeführt.

[S. 1]

Noch diesem register ist man den hofelewtenn die mit dem jungenn Rewszenn von Plawenn zur Konitz in des ordenns dinste gelegen sein.

Zum erstenn meym hernn von Plawenn eyn brawnn hengst vor 100 gld.

Item eyn brawen hengst vor 90 gld.

Item eyn brawn vor 80 gld.

Item aber eyn grawen vor 70 gld.

Item ein rothenn vor 50 gld.

Item eynnen writzbrawn[a] vor 40 gld.

Item eyn cleyn brawns vor 20 gld.

Item eyn swartzbruns vor 36 gld.

Item 2 panczer eyn golner eyn eyszenhut vor 22 gld.

Item 4 armburst vor 8 gld.

Summa 500 unnd 16 gld.

Item Nickel Stange eyn brawn pferdt vor 40 gld.

Item eyn swartz vor 31 gld.

Item eyn vål pferdt vor 26 gld.

Item 2[b] armbrust unnd ein eyszenhut vor 6 gld.

Summa 103 gld.

Item Hans vonn Mylenn eyn roth pferdt vor 26 gld.

Item ein schimmel vor 30 gld.

Item aber eyn rothes vor 25 gld.

Item ein armbrust vor 2 gld.

Summa 84 gld.

Item Michel Petzolt ein brawn pfert vor 40 gld.

Item ein grawes vor 25 gld.

Item ein leyer vor 2 gld.

Summa 92 gld.

Item Swerer 18 vor ein pferdt.

Item der smydt ein pfert vor 23 gld.

Item Jorge Stange ein roth pfert vor 35 gld.

[S. 2]

Item ein grawes vor 17 gld.

Item 2 armbrust vor 4 gld.

Summa 66 gld.

Burgrave Albrecht vonn Kirchp[erg] ein rot pferdt vor 65 gld.

Item ein schymmel vor 50 gld.

Item eins vals vor 55 gld.

Item ein brawns vor 40 gld.

Item 2 armbrust vor 4 gld.

Summa 214 gld.

Her Veith vonn Schonberg ein brun hengst vor 100 gld.

Item ein schymmel vor 100 gld.

Item ein grawenn vor 35 gld.

Item ein brawns ummb 26 gld.

Item eyn vals vor 45 gld.

Item ein rothenblasz vor 26 gld.

Summa 300 gld. unnd 32 gld.

Item Poszern ein brawns vor 45 gld.

Item aber ein brawns vor 30 gld.

Item ein vals vor 12 gld.

Summa 87 gld.

Item Scherre ein swarcz pferdt vor 50 gld.

Item ein graws vor 30 gld.

Summa 80 gld.

Item Pawle ein graw pferdt vor 26 gld. Item ein blasz vor 30 gld.

Summa 56 gld.

Item Ticze Perenwalder ein rot pferdt vor 31 gld.

Item ein swarczes vor 32 gld.

Item ein swarczenn hengst vor 85 gld.

Item ein grawes vor 45 gld.

---

a Eher *swartzbrawn.*

b Über der Zeile ergänzt.

[S. 3]

Item ein rotes vor 26 gld.

Item ein vals 40 gld.

Item ein swartz 40 gld.

Item ein rotenhengst 60 gld.

Item ein appelgraws vor 36 gld.

Item aber ein grawes vor 28 gld.

Item ein swarcz 22 gld.

Item ein rotis 20 gld.

Item ein vals 19 gld.

Item ein panczer 2 lebkenn ein golnner vor 14 gld.

Item 9 armbrust vor 18 gld.

Summa 506 gld.

Item Fanczsch ein brawn pferdt vor 60 gld.

Item ein swarcz vor 45 gld.

Item ein rotes vor 30 gld.

Item ein golnner ein armbrust ein eyszenhut vor 5 gld.

Summa 100 unnd 40 gld.

Item Heynrich von Boer ein brawn pferdt vor 30 gld.

Item ein swarcz vor 40 gld.

Item ein grawes vor 22 gld.

Item aber ein swarczs vor 20 gld.

Item ein armbrust vor 2 gld.

Summa 100 unnd 14 gld.

Item Golis ein roth pferdt vor 25 gld.

Item ein weyszes vor 24 gld.

Item 2 armbrust vor 4 gld.

Summa 53 gld.

Item Kynsczch ein swarczenhengst vor 65 gld.

Item ein rotes vor 35 gld.

Item ein swarczs vor 30 gld.

[S. 4]

Item aber ein rotes vor 33 gld.

Item 2 armbrust vor 4 gld.

Summa 100 unnd 57 gld.

Item Karlewitz ein brawns vor 40 gld.

Item ein rotis vor 37 gld.

Item ein graws vor 20 gld.

Item ein swarcz vor 15 gld.

Item 2 armbrust unnd ein golnner 5 gld.

Summa 100 unnd 17 gld.

Item Czoppericz ein fuchsz vor 50 gld.

Item ein rot pferdt vor 36 gld.

Item ein brwns vor 23 gld.

Item ein grawes vor 46 gld.

Item aber ein graws vor 35 gld.

Item ein brunes vor 20 gld.

Item ein pantzer unnd golner vor 15 gld.

Item ein plate mawszeyszins hut schilt henczke vor 8 gld.

Item 2 armbrust vor 4 gld.

Item 2 gld. vorlorenn.

Summa 240 gld.

Item Caspar Hardegker ein swartz pferdt vor 60 gld.

Item ein schymmel vor 60 gld.

Item ein rotes vor 40 gld.

Item ein brawns vor 38 gld.

Item aber ein brawns vor 35 gld.

Item ein vals 20 gld.

Item 2 armbrust ein leyer 6 gld.

Summa 259 gld.

Item Hans von Gleichnn ein brawn pferdt vor 30 gld.

Item ein rotis 45 gld.

Item aber ein rotis 40 gld.

[S. 5]

Item panczer unnd golnner 10 gld.

Item 2 armbrust vor 4 gld.

Summa 129 gld.

Item [G]roe ein grawenn hengst vor 90 gld.

Item ein vals vor 40 gld.

Item ein brawns vor 55 gld.

Item ein rotis vor 21 gld.

Item ein[a] golner 2 armbrost vor 7 gld.

Summa 213 gld.

---

a Folgt Streichung *armbrust.*

Item Caspar Truczscheler ein brun pfert vor 55 gld.

Item ein grawes vor 35 gld.

Item aber ein graws vor 10 gld.

Item ein armbrust vor 2 gld.

Summa 102 gld.

Item Rudeseell ein brun pfert vor 50 gld.

Item ein graws vor 20 gld.

Item Pock ein graw pferdt vor 35 gld.

Item ein golner hut vor 3 gld.

Item ein armbrust leyer vor 4 gld.

Summa 116 gld.

Item Hans Dupadel ein swarcz pferd vor 50 gld.

Item 3 armbrust vor 6 gld.

Summa 66 gld.

Item Schaff ein swarcz pferd 50 gld.

Item ein rotis 33 gld.

Item aber ein rotis 22 gld.

Item 3 armbrost unnd ein lebke vor 7 gld.

Summa 112[a] gld.

Item Hans Doberitzsch ein brun pferdt vor 44 gld.

[S. 6]

Item ein grawes vor 30 gld.

Item 2 armbrust vor 4 gld.

Summa 78 gld.

Item Hans Steynbach ein val pfert vor 60 gld.

Item ein brawns vor 45 gld.

Item aber ein brawns vor 28 gld.

Item ein swarcz vor 30 gld.

Item ein panczer golner vor 18 gld.

Item 3 armbrost vor 6 gld.

Summa 187 gld.

Item Hans ein swarcz pferdt vor 43 gld.

Item ein rotis vor 25 gld.

Item aber ein swarcz vor 23 gld.

Item ein panczer vor 8 gld.

Item ein eyszenhut unnd poseysze vor 3 gld.

Item 3 armbrust vor 6 gld.

Summa 100 unnd 8 gld.

Item Conrad von Czedewitz ein hengst vor 100 gld.

Item ein brun vor 80 gld.

Item ein swarczer hengst vor 95 gld.

Item ein grawen vor 80 gld.

Item ein volen vor 60 gld.

Item ein brun vor 30 gld.

Item ein swarczs vor 18 gld.

Item eynen jungen blaszen vor 30 gld.

Item ein bruns vor 36 gld.

Item aber ein bruns uff 30 gld.

Item[b] ein vå̊ls uff 30 gld.

Item ein graws vor 36 gld.

Item 2 panczer vor 20 gld.

Item 2 golner vor 5 gld.

Item ein crebis ein[c] brost 3 eyszenhut vor 7 gld.

[S. 7]
Item 8 armbrost vor 16 gld.

Summa 668 gld.

Item Schirentinger eynen oblassenn vor 70 gld.

Item ein rot pfert vor 55 gld.

Item aber ein rotes vor 12 gld.

Item ein rot blessigs vor 25 gld.

Item eyn schimlichs vor 45 gld.

Item ein brawns vor[d] 35 gld.

Item ein rotblasz vor 35 gld.

Item ein brawns 28 gld.

Item ein panczer unnd ein golner vor 10 gld.

Item ein golner 2 eyszenhute vor 4 gld.

Item 5 armbrost unnd 2 leyernner vor 14 gld.

Summa 333 gld.

Item Mattis von Reitzensteyn eyn swarcz pferd vor 38 gld.

Item ein bruns vor 40 gld.

Item ein graws vor 25 gld.

Item ein swarcz vor 25 gld.

Item ein brawns vor 20 gld.

Item ein brawns vor 13 gld.

Item 2 panczer ein golner ein eyszenhut eyn brust vor 22 gld.

Item 7 armbrust 2 leyern vor 18 gld.

Summa 312 gld.

---

a Über der Zeile ergänzt, darunter Streichung *66*.
b Folgt Streichung *s*.
c Folgt Streichung *brost*.
d Folgt Streichung *50*.

Item Freymuth eynen swarczen hengst vor 90 gld.

Item ein schymmel vor 100 gld.

Item aber ein schymmel vor 70 gld.

Item ein schegkicht pfert vor 40 gld.

Item ein rotes vor 34 gld.

[S. 8]

Item 3 armbrost unnd ein hut vor 7 gld.

Summa 341 gld.

Item Geseller eyn brawn hengst vor 70 gld.

Item ein brawns vor 31 gld.

Item ein swarcz vor 29 gld.

Item 2 armbrost vor 4 gld.

Summa 134 gld.

Item Cuncz vonn Zredewicz ein brawn pferd vor 46 gld.

Item eyn brawnis vor 38 gld.

Item ein weysznn hengst vor 60 gld.

Item ein panczer golner eyszenhut vor 14 gld.

Item 2 armbrust vor 4 gld.

Summa 161 gld.

Item Czapff ein rot pferdt vor 25 gld.

Item ein armbrost vor 2 gld.

Summa 27 gld.

Item Ditterich vonn Mechewicz ein swarcz pfert vor 35 gld.

Item ein armbrost vor 2 gld.

Summa 37 gld.

Newendorff ein pferd vor 30 gld.

Item ein panczer golner armbrost vor 14 gld.

Summa 44 gld.

Item Heyncz von Puch eyn vål pferdt vor 45 gld.

Item ein schymmel vor 45 gld.

Item ein grawes vor 35 gld.

[S. 9]

Item ein armbrost vor 2 gld.

Summa 127 gld.

Item Karell vonn Reyczensteyn ein swarczenn hengst vor 60 gld.

Item ein våls vor 50 gld.

Item ein brawn blessigs vor 40 gld.

Item ein wolffel vor 32 gld.

Item ein fuchs vor 30 gld.

Item ein brawns vor 22 gld.

Item ein panczer golner brost eysenhut vor 12 gld.

Item 3 armbrost unnd ein leyer 8 gld.

Summa 254 gld.

Item Heyncze Vaszeman eyn schymmel vor 50 gld.

Item eyn brauns vor 40 gld.

Item ein swarcz vor 42 gld.

Item 2 armbrust vor 4 gld.

Summa 136 gld.

Item Bartel von Feilczsch ein brawns vor 50 gld.

Item ein rotis vor 52 gld.

Item ein swarcz vor 42 gld.

Item ein swarcz mit zweyen weisszenn fuszenn vor 40 gld.

Item ein swarczen hengst vor 70 gld.

Item ein grawes vor 35 gld.

Item ein brawns vor 15 gld.

Item ein grawes vor 20 gld.

Item ein panczer[a] golner vor 13 gld.

Summa 337 gld.

Item Nickel Reitenbach ein swarczen hengst vor 80 gld.

Item ein schymmel vor 70 gld.

[S. 10]

Item aber ein schymmel vor 60 gld.

Item ein swarcz vor 24 gld.

Item ein schymmel mit der schure vor 30 gld.

Item ein brawns vor 20 gld.

Item ein panczener[b] golner eyszenhut eyn plathe knypochel mawszeysszenn vor 21 gld.

Item 4 armbrust vor 8 gld.

Summa 323 gld.

Item Balthasar Reittenbach ein brawn hengst vor 98 gld.

Item ein swarcz grawes vor 70 gld.

Item ein appel graws vor 54 gld.

Item ein brawns vor 42 gld.

Item 2 armbrust ein eyszenhut vor 6 gld.

Summa 270 gld.

Item Tandorffer ein brun pferdt vor 60 gld.

Item ein blasz vor 35 gld.

Item ein bruns vor 90 gld.

Item aber ein bruns 46 gld.

Item ein schymel 25 gld.

Item ein jungk brawn pferdt vor 50 gld.

Item ein rotblasz vor 24 gld.

Item 2 panczer 2 golner 2 eyszenhut vor 28 gld.

Item 4 armbrust 2 leyern vor 12 gld.

Summa 370 gld.

Item Sigel Voith ein brawn pferth vor 70 gld.

Item ein rotblasz vor 38 gld.

Item ein våls vor 50 gld.

Item ein rotes vor 35 gld.

[S. 11]

Item ein graws vor 30 gld.

Item 2 armbrust vor 5 gld.

Summa 228 gld.

---

a Gemeint *panczer*.

b Gemeint *panczer*.

Item Berto ein brawn hengst vor 90 gld.

Item ein vals 78 gld.

Item ein blasz vor 25 gld.

Item Albrun eyn grawes vor 38 gld.

Item 4 armbrust vor 8 gld.

Item ein lebke vor 1 gld.

Summa 240 gld.

Item Casper Rorer ein brawn pferdt vor 50 gld.

Item ein våls vor 40 gld.

Item ein swarcz vor 70 gld.

Item ein brawns vor[a] 38 gld.

Item armbrust eyn leyer ein lebke vor 9 gld.

Summa 199 gld.

Item Casper Neitperger ein brawn pferdt vor 70 gld.

Item ein slor[er] vor 40 gld.

Item eyn brawns 85 gld.

Item ein jung brawns vor 45 gld.

Item 2 armbrust vor 4 gld.

Ite.[b]

Summa 244 gld.

Item Gleissentaler ein geel pferdt vor 38 gld.

Item ein rotis vor 27 gld.

Item ein swarcz vor 20 gld.

Item ein rotblessigs vor 35 gld.

Item ein graws vor 26 gld.

Item 3 armbrost vor 6 gld.

Summa 152 gld.

[S. 12]

Item Ulrich Nothafft ein brun pferdt vor 58 gld.

Item ein swarcz schimmel vor 50 gld.

Item ein rotis vor 38 gld.

Item ein swarcz vor 37 gld.

Item ein rotis vor 22 gld.

Item 2 armbrust ein eyszinnhut 6 gld.

Summa 211 gld.

Item Ulrich Eckel ein graw pfert vor 40 gld.

Item ein armbrust unnd ein eyszenhut 3 gld.

Iten.[b]

Summa 43 gld.

Item Haschalky ein swarcz pfert vor 48 gld.

Item ein bruns vor 43[c] gld.

Item ein rotis vor 26 gld.

Item 3 armbrust 6 gld.

Summa 122[d] gld.

Item Andres Steinbach ein rot pfert vor 40 gld.

Item ein bruns vor 35 gld.

Item ein armbrust leyer unnd brust vor 4 gld.

Summa 79 gld.

Item Karins von Wildenstein ein swarcz pfert 48 gld.

Item ein grawes vor 46 gld.

Item ein swarcz vor 23 gld.

Item ein brawns vor 40 gld.

Item panczer golner vor 12 gld.

Item ein eyszenhut unnd brust 2 gld.

Item 2 armbrust vor 4 gld.

Summa 175 gld.

Item Wolfill von Wolferszdorff ein swarcz pfert vor 80 gld.

Item ein rotenhengst vor 60 gld.

Item ein swarcz vor 46 gld.

Item ein rotblasz vor 40 gld.

[S. 13]

Item ein swarcz bruns vor 37 gld.

Item ein bruns vor 25 gld.

Item 3 armbrust vor 6 gld.

Summa 284 gld.

Item Jungel Tossen ein grawen czel[der] vor 40 gld.

Item ein bruns vor 45 gld.

Item ein blasz vor 40 gld.

Item ein rotis vor 35 gld.

Item ein weissznn hengst vor 65 gld.

Item ein swarcz vor 16 gld.

Item ein bruns vor 80 gld.

Item ein swartzen hengst vor 80 gld.

Item ein wolfil vor 55 gld.

Item ein grawes vor 35 gld.

Item ein panczer golner eyszenhut brust 14 gld. Item 3 armbrust 3 leyer 12 gld.

Summa 537 gld.

Item Derszperger ein brawn pfert 50 gld.

Item aber ein bruns 20 gld.

Item ein brun czelder vor 30 gld.

Item ein grawn hengst 70 gld.

Item ein schimmel 60 gld. Item ein weyszes vor 25 gld. Item ein swarcz vor 35 gld. Item ein halbe plate ein hut 2 golner unnd ein armbrust vor 11 gld.

Summa 301 gld.

Item Bernsteinner ein rot pferdt vor 55 gld. Item ein swarcz vor 45 gld.

Item 2 armbrust unnd ein lebke vor 5 gld.

Summa 105 gld.

Item Veith vonn Glowen ein pf[erd] vor 36 gld.[e]

Item golner lebke vor 3 gld.

Summa 39 gld.

Item Otto Dupadel ein brun pf[erd] vor 38 gld.

Item Rudolff Stechaw ein pf[erd] vor 45 gld.

[S. 14]

Item Nickel Schuler ein pf[erd] vor 45 gld.

Item 3 armbrost vor 6 gld.

Summa 134 gld.

Item Jorge vonn Czill ein pf[erd] vor 18 gld.

Item ein swarcz vor 30 gld. Item ein graws vor 40 gld.

Item 2 armbrust 4 gld.

Summa 92 gld.

Jurge Preger ein pf[erd] vor 26 gld.

Item ein armbrust 2 gld.

Summa 28 gld.

Jost vonn Machewicz ein brawn hengst vor 55 gld.

Item ein rotis vor 45 gld. Item ein swarcz vor 25 gld. Item ein rotes vor 15 gld.

Summa 144 gld.

Item Baltaszar Kneuffel ein hengst vor 40 gld. Item ein fuchs vor 33 gld. Item ein blessigs vor 20 gld. Item ein armbrost unnd ein leyer vor 5 gld.

Summa [f]95 gld.[f]

Polnicz ein vals vor 40 gld. Item ein brawns vor 30 gld. Item ein blasz vor 30 gld. Item ein armbrust 2 leyern vor 6 gld. [g]unnd ein eyszenhut.[g]

Summa 100 unnd 5 gld.

Item Rupprecht ein swarcz pferdt vor 25 gld. Item ein rotis umb 35 gld. Item ein brawns vor 45 gld. Item 3 armbrust vor 6 gld.

Summa 111 gld.

Item Hans von der Grune ein val pf[erd] vor 45 gld. Item ein schymmel vor 30 gld. Item ein clein bruns 20 gld. Item ein bruns vor 60 gld.

Summa 155 gld.

Item Friderich von Kospot ein grawnn hengst vor 63 gld.

[S. 15]

Item ein brawns vor 55 gld. Item aber ein brawns vor 35 gld. Item ein graws vor 25 gld. Item ein armbrust unnd leyer vor 4 gld.

Summa 182 gld.

Item Schocher ein brawn pf[erd] vor 38 gld. Item ein panczer eyszenhut 2 armbrust vor 14 gld.

Summa 52 gld.

Item Jorge vonn Waldaw ein schymmelicht pf[erd] vor 35 gld. Item ein swarcz vor 20 gld. Item ein rotis vor 34 gld.

Item ein brun hengst vor 80 gld.

Item ein graws vor[h] 30 gld. Item ein vals vor 60 gld. Item ein swarcz vor 30 gld. Item ein schymmel vor 33 gld. Item 2 panczer 2 hut 2 golner 2 armbrust.

Summa 356 gld.

Item Heincze Tosse ein vael pf[erd] vor 45 gld.

Item ein swarcz vor 30 gld.

Item 2 armbrust 4 gld.

Summa 79 gld.

---

a Folgt Streichung *x*, jedoch durch Punktierung aufgehoben.

b Zeile nicht fortgeführt.

c Über der Zeile ergänzt *3*.
d Über der Zeile ergänzt, darunter Streichung *79*.
e Folgt Streichung *Item Rudolff Stechaw ein pf[erd] vo[r]*.
f Über der Zeile ergänzt, darunter Streichung *55 gld*.
g Vermutlich Nachtrag.
h Folgt Streichung *50*.

Item Melcher Rechinberger ein rot pf[erd] vor 40 gld. Item ein blasz vor 30 gld.

Item 2 armbrust vor 4 gld.

Summa 74 gld.

Item Epperecht Walman ein swarcz pf[erd] vor 65 gld. Item ein bruns vor 45 gld. Item ein fuchs vor 40 gld. Item ein swarcz vor 30 gld. Item 4 armbrost ein leyer ein hut vor 12 gld.

Summa 192 gld.

Item Ulrich Cristram ein brun hengst vor 70 gld. Item ein blasz vor 45 gld. Item ein fuchs vor 30 gld. Item ein weysz blasz vor 45 gld. Item ein blasz vor 40 gld. Item ein golner eyszenhut hanczkenn vor 5 gld. Item 4 armbust vor 8 gld.

Summa 243 gld.

[S. 16]

Item Sittich vonn Czedewitz ein fuchs vor 33 gld. Item ein brawns vor 50 gld.

Item ein swarcz vor 56 gld. Item ein armbrust unnd eyszenhut vor 4 gld.

Summa 143 gld.

Item Hans von Tettaw ein brawn pferd vor 40 gld. Item ein schymmel vor 55 gld. Item ein brawns vor 30 gld.

Item aber ein brawn hengst vor 70 gld.

Item ein grawenn hengst vor 50 gld.

Item 3 armbrust vor 6 gld.

Summa 251 gld.

Item Hubischer ein val pf[erd] vor 26 gld. Item 2 armbrust vor 4 gld.

Summa 30 gld.

Item Hasseroder ein rottenn hengst vor 68 gld. Item ein rotis vor 48 gld. Item ein vals vor 20 gld. Item ein brawns vor 16 gld. Item ein blasz vor 36 gld. Item ein schymmel vor 35 gld. Item ein graws vor 65 gld. Item ein fuchs vor 70 gld.

Item ein panczer ein eyszenhut vor 11 gld.

Item 5 armbrust vor 10 gld.

Summa[a] 379 gld.

Item Hans von Wolfferszdorff ein valen blasszenn vor 45 gld. Item ein fuchs vor 50 gld. Item ein fuchs mit einer blasszn vor 45 gld. Item aber ein fuchs vor 30 gld. Item ein clein blasz vor 20 gld. Item Hanszenn des einrossers eyn schymel vor 30 gld.

Item ein panczer golner eyszenhut brust unnd armbrust vor 16 gld.

Item 2 armbrust vor 4 gld.

Summa 240 gld.

Item Fulczsch Walman ein schymel vor 45 gld. Item ein brawns vor 40 gld. Item 2 armbrust 4 gld.

Summa 90 gld.

Item Michel Hesse ein brawn pf[erd] vor 60 gld. Item ein schymel vor 14 gld. Item ein bruns vor 40 gld. Item ein schymmel vor 50 gld.

[S. 17]

Item ein fuchs vor 40 gld. Item aber ein brawns vor 24 gld. Item 4 unnd 2 hute vor 10 gld.

Summa 238 gld.

Item Erharth vonn Czedewitz ein swarcz pfert vor 40 gld. Item aber ein swarcz vor 45 gld. Item aber ein swarcz vor 60 gld. Item 1 armbrust vor 2 gld.

Summa 147 gld.

Item Wilhelm Roder ein blessig pf[erd] vor 31 gld. Item ein grawes vor 12 gld.

Item aber ein grawes vor 10 gld.

Item ein armbrust vor 2 gld.

Summa 55 gld.

Item Hans vonn Machewicz ein brun pf[erd] vor 40 gld. Item ein våls vor 30 gld. Item ein brawns vor 35 gld.

Item ein armbrust vor 2 gld.

Summa 107 gld.

Item Heyncze vonn Gerszdorff ein swarcz pf[erd] vor 85 gld. Item ein brawns vor 75 gld. Item ein fuchs vor 40 gld. Item ein scheckichtis vor 45 gld.

Item ein graws vor 45 gld.

Item 4 armbrust vor 8 gld.

Summa 393 gld.

Item Peter Benewicz ein blessig pf[erd] vor 50 gld. Item ein schimel vor 37 gld. Item ein rothblasz vor 35 gld. Item aber ein blasz vor 30 gld. Item 5 armbrust 10 gld.

Summa 162 gld.

Item Caspar Temeritz ein val pfert vor 30 gld. Item ein clein vals vor 18 gld.

Item 2 armburst vor 4 gld.

Summa 52 gld.

Item Hans Solandt ein fuchs vor 30 gld.

Item ein brawns vor 35 gld. Item 2 armbrost vor 4 gld.

Summa 69 gld.

Item Hans Reichenicz ein schymmel hengst vor 70 gld. Item ein graws vor 35 gld. Item ein schymmel vor 17 gld.

[S. 18]

Item ein panczer golner 2 lebkenn vor 14 gld.

Summa 136[b] gld.

Item Hans von Sieb[e]nn ein swarcz pf[erd] vor 22 gld. Item 1 armbrust 2 gld.

Summa 24 gld.

Item Otte vonn Kottewicz ein brun pf[erd] vor 36 gld. Item aber ein bruns vor 45 gld. Item ein swarcz vor[c] 50 gld. Item aber ein swarcz vor 36 gld. Item ein panczer golner brust eyszenhut vor 15 gld.

Item 3 armbrust vor 6 gld.

Summa 188 gld.

Item Sweideler ein brun pf[erd] vor 48 gld. Item ein graws vor 30 gld. Item ein plate panczer golner vor 15 gld. Item ein armbrust vor 2 gld. Item 2 gld. vorlorenn.

Summa 97 gld.

Item Bertolt von Techwicz ein mawsz vål pf[erd] vor 75 gld. Item ein bruns vor 70 gld. Item ein schymel vor 46 gld. Item ein blasz vor 30 gld.

Item ein schimmel vor 25 gld.

Item 3 armbrost vor 6 gld.

Summa[d] 252 gld.

Item Melcher von Wilenn ein vals vor 65 gld. Item ein weisz vor 40 gld.

Item ein fuchs vor 35 gld. Item aber ein bruns vor 30 gld. Item ein eszelmawl vor 35 gld. Item ein blasz vor 28 gld. Item ein graws vor 50 gld. Item vor 27 gld.

Summa 310 gld.

Stockel ein våls vor 20 gld.

Item ein brawns vor 30 gld.

Summa 50 gld.

Item Falkenstein ein schimel vor 40 gld.

Item ein brawns vor 25 gld.

Summa 65 gld.

[S. 19]

Item Krostenn ein brawns vor 40 gld.

Item aber ein brawns vor 25 gld.

Item ein panczer golner vor 14 gld.

Item 2 armbrust eyszenhut vor 5 gld.

Summa 84 gld.

Item Engelharth Tussze ein brawns vor 40 gld. Item ein vals vor 40 gld.

Item ein grawes vor 25 gld.

Summa 100 unnd 5 gld.

Item Gabriel von Czedewicz eine roth pf[erd] vor 40 gld. Item ein brauns vor 25 gld.

Summa 65 gld.

Item Eberhart Roder ein schimel vor 48 gld. Item ein fuchs vor 30 gld. Item ein bruns vor 48 gld. Item ein swarcz vor 32 gld. Item ein rotis vor 20 gld. Item 2 armbrost vor 4 gld.

Summa 172 gld.

Item Sigemund Stange ein swarcz pf[erd] vor 32 gld. Item ein vals vor 65 gld. Item aber ein vals vor 50 gld.

Item ein graws vor 45 gld. Item ein swarczes vor 25 gld. Item 4 armbrust vor 8 gld.

Summa 226 gld.

Item Hans Hobeck ein weisz pferdt vor 40 gld. Item ein swarcz vor 35 gld. Item ein fuchs vor 45 gld.

Item ein armbrust leyer eyszenhut 5 gld.

Summa 125 gld.

Item Jhan von Dobeneck ein våls vor 25 gld. Item ein fuchs vor 45 gld. Item ein blasszenn vor 80 gld. Item ein schymmel vor 45 gld.

Item ein golner 2 eyszenhut vor 6 gld.

Item ein armbrost vor 2 gld.

Summa 203 gld.

[S. 20]
Item Friderich von Dobeneck ein brawn pfert vor 20 gld.

Item ein schimel vor 60 gld.

Item aber ein brawns vor 30 gld.

Item ein sloer vor 85 gld.

Item 2 armbrust vor 4 gld.

Summa 199 gld.

Item Heincz von Ottenhoff ein valn hengst vor 65 gld. Item ein bruns vor 45 gld.

Item ein rotis vor 40 gld.

Item ein swarcz vor 30 gld.

Item aber ein swarcz vor 25 gld.

Item ein panczer golnner eyszenhut brust vor 14 gld.

Item 3 armbrust unnd ein leyer vor 8 gld.

Summa 226 gld.

Item Hans Beheme ein roth pf[erd] vor 75 gld.

Item ein swarcz vor 35 gld.

Item ein vals vor 26 gld.

Item ein brawns 26 gld.

Item aber eins gekaufft vor 20 gld.

Item ein panczer vor 14 gld.

Item 3 armbrust unnd ein leyer vor 8 gld.

Item 7 gld. vorlorenn als yn die pawern vingenn.

Summa 211 gld.

Item Czigelheim ein brun pf[erd] vor 40 gld.

Item ein graws vor 42 gld.

Summa 82 gld.

Item Jurge Marschalk ein swarczen hengst vor 80 gld.

Item aber ein swarcz vor 65 gld.

Item ein vål pf[erd] vor 45 gld.

Item ein swarcz vor 75 gld.

[S. 21]

Item ein rotis vor 60 gld.

Item aber ein rotis vor 20 gld.

Item 2 armburst vor 4 gld.

Summa 349 gld.

Item Reynhart Marschalk ein rot pf[erd] vor 24 gld.

Item aber ein rotis vor 40 gld.

Item 2 armbrust vor 4 gld.

Summa 68 gld.

Item der von[f] Kamencz ein brawn pf[erd] vor 60 gld.

Item ein swarcz vor 20 gld.

Item ein bruns vor 40 gld.

Item ein panczer 2 kolner ein lebke ein armbrust vor 16 gld.

Summa 136 gld.

---

a Folgt Streichung *100.*
b Zuvor Streichung *50.*
c Folgt Streichung *40.*
d Folgt Streichung *100.*
e Folgt Streichung *t.*
f Über der Zeile ergänzt.

Item Ticze Wolframszdorff ein brawn pferd vor 66 gld.

Item ein graws vor 52 gld.

Item ein bruns vor 25 gld.

Item[a] noch ein brawns vor 20 gld.

Item ein rotis vor 13 gld.

Item ein schimel vor 18 gld.

Item 3 armbrost vor 6 gld.

Ite.[b]

Summa 253 gld.

Item Falke von Gladis ein val pf[erd] vor 50 gld.

Item ein rotis vor 50 gld.

Item ein graws vor 40 gld.

Item aber ein graws vor 22 gld.

Item 2 armbrust vor 4 gld.

Summa 166 gld.

Item Hans Koch ein brawn pf[erd] vor 34 gld.

Item ein graws vor 18 gld.

Item 2 armbrust vor 4 gld.

Summa 66 gld.

[S. 22]

Item Heynrich von der Lochaw ein graw pfert vor 38 gld.

Item ein rotis vor 28 gld.

Item ein schymel vor 30[c] gld.

Item ein armbrost vor 2 gld.

Summa 98 gld.

Item Hans Hogendorff ein schymmel vor 28 gld.

Item ein swarcz vor 15 gld.

Summa 43 gld.

Item Hans von der Drosele ein weisz pf[erd] vonn 38 gld.

Item ein bruns vor 30 gld.

Item ein schymmel vor 23 gld.

Item 1 armbrust vor 2 gld.

Summa 93 gld.

Item Hans Glowig ein graw pf[erd] vor 30 gld.

Item ein rotis vor 24 gld.

Item ein armbrust vor 2 gld.

Summa 56 gld.

Item Kone von Ewcz ein graw pf[erd] vor 22 gld.

Item ein rotis vor 15 gld.

Item ein armbrost vor 2 gld.

Summa 39 gld.

Item Drawtschen ein graw pf[erd] vor 40 gld.

Item ein fuchs vor 50 gld.

Item ein swarcz vor 35 gld.

Item ein cleins vor 26 gld.

Summa 151 gld.

Item Hans von Kekeritz ein swarczen hengst 55 gld.

Item ein vals vor 70 gld.

Item aber ein vals vor 45 gld.

[S. 23]

Item ein brawns vor[d] 24 gld.

Item ein roth schloer vor 24 gld.

Item 8 armbrust vor 16 gld.

Summa 234 gld.

Item Friczsche von Kokericz ein blassichtnn hengst vor 55 gld.

Item ein schimel vor 45 gld.

Item ein graws vor 45 gld.

Item ein armbrost vor 2 gld.

Summa 143 gld.

Item Ticze Rabyiel ein rothen blassznn vor 50 gld.

Item ein swarcz vor 45 gld.

Item 2 armbrost vor 4 gld.

Summa 99 gld.

Item Folkelroder ein schymel graws vor 80 gld.

Item ein weyszgraws vor 90 gld.

Item ein weisz vor 85[e] gld.

Item ein bruns vor 60 gld.

Item ein weisz vor 45 gld.

Item ein swarcz vor 30 gld.

Item ein vals vor 40 gld.

Item ein fuchs vor 35 gld.

Item ein bruns vor 55 gld.

Item ein weisz vor 45 gld.

Summa 640 gld.

Item Hans von Rewdenicz ein swa[r]czen hengst vor 90 gld.

Item ein graws vor 70 gld.

Item ein schymmel vor 65 gld.

Item ein brawns vor 49 gld.

Item ein swarcz vor 54 gld.

Item 3 armbrost vor 6 gld.

Summa 324 gld.

[S. 24]

Item Jorge von Rewdenicz ein weysz pfert vor 65 gld.

Item ein brauns [vor] 56 gld.

Item ein fuchs vor 49 gld.

Item ein graws vor 46 gld.

Item ein sloer[f] vor 40 gld.

Summa 257 gld.

Item Grave ein swarcz pf[erd] vor 45 gld.

Item ein rotis vor 35 gld.

Summa 80 gld.[g]

---

a Folgt Streichung *ein*.
b Zeile nicht fortgeführt.
c Folgt Streichung *3*.
d Folgt Streichung *10*.
e Über der Zeile nachgetragen *5*.
f Im Wort Streichung *l*.
g Unterhalb des Eintrags verbleibt Freiraum.

10.7 OBA 16179: Notiz über eine Ausstellung von Schuldbriefen (1469)

1469 April 11. Königsberg.

Geheimes Staatsarchiv Preußischer Kulturbesitz, XX. HA Hist. StA Königsberg, OBA 16179.

Notiz über eine Ausstellung von Schuldbriefen.

1 Blatt Papier (B 22 x H 16,5 cm), Wasserzeichen, durchtrennt: Ochsenkopf mit anliegenden Augen und zweikonturiger Stange, von einer Hand, Rückseite unbeschrieben.

Item Frederich Grunraden 200 m.

Item Anthonius Czenne 200 m.

Item Sigmund Bernwalde 200 m.

Item Jacob Knobelorch 70 m.

Item Hannus Rosenhain 76 m.

Item der brieff obir die schuld ist gegeben zu Konigszbergk am Dinstage nach Quasi modo geniti im etc.[a] LXIX jar.[1408]

---

a Folgt Streichung *LXXX*.

10.8 OBA 16181: Abrechnung mit Söldnern (1469)

1469 April 21.

Geheimes Staatsarchiv Preußischer Kulturbesitz, XX. HA Hist. StA Königsberg, OBA 16181.

Aufstellung einer Abrechnung mit Söldnern.

1 Schmalfolioheft (B 11 x H 31 cm) von 3 Blatt Papier, Wasserzeichen: Ochsenkopf mit anliegenden Augen und Nasenlöchern, mit einkonturiger Stange und einkonturigem, sechsstrahligem Stern mit geraden Enden (30 x 58 mm), ähnlich WZIS-Referenznr. DE4620-PO-74545, von einer Hand, mit neuzeitlicher Foliozählung.

[fol. 1r]

Crewtczburger vortragunge am Freitage vor Adalberti im LXIX[ten] [1409] geschen.

Item Jurge Grawssing ist men schuldig[a] 1.000 ung. gld. minus 40 gld.

Item 300 rh. gld. vor den schaden.

Item sohaben wir unns mit Grewssing vortragen ummb seinen dinst unnd schaden.

Unnd sullen em itczt vor 100 m. silber[b] geben daz her daz ver setczt uff[c] Michaelis im LXIX[ten] [1410] widder iren lasen.

Item 100 m. sullen wir em geben uff die Pfingesten im LXX[ten].[1411]

Item 100[d] m. sullen wir em geben uff die Pfingesten im LXXI[ten].[1412]

Item 100 m. sullen wir em geben uff Pfingesten im LXXII[ten].[1413]

So bleiben wir em noch schuldig 900 unnd 60 ung. gld. vor seinen dinst schuldig.

1408 1469 April 11.

1409 1469 April 21.

1410 1469 September 29.

1411 1470 Juni 10.

1412 1471 Juni 2.

1413 1472 Mai 17.

Do vor sullen wir eme von 12 gld. 1 ung. gld. geben bissolange wir en beczalen uff Lichtmesse zcu geben im.

Do vor sullen wir eme von 12 ung. gld. 1 gld.[f] geben von jar zcu jor uff Lichtmesse bissolange her beczalt wirt unnd solliche beczalunge sal sich an heben uff Lichtemesse im LXX[ten].[1414]

[fol. 1v]

Swartcze Steffan ist men schuldig 400 ung. gld. minus 16 gld. vor seinen dinst.

Item 60 rh. gld. vor den schaden.

Item men sal im in 3 wochen geben 60 rh. gld. uff Suntag Vocem Jocunditatis.

Item men sal[g] em den kornemeisters pferd geben vor 60 m.

So bleiben wir em noch 600 m. uff disse tage zcu geben.

Item 200 m. sal men im geben uff die Ostern im LXXI[ten].[1415]

Item 200[h] m. uff[i] Ostern im LXXII[j].[1416]

Item 200 m. uff Ostern im LXXIII[ten].[1417]

---

a Folgt Streichung *1.000.*
b Folgt Streichung *versetczet.*
c Neben der Zeile ergänzt *[und sulle].*
d Korrektur durch Streichung aus *200.*
e Folgt unleserlich *io.*
f Folgt Streichung *gld.*
g Folgt Streichung unleserlich.
h Folgt Streichung *50.*
i Folgt Streichung *uff.*
j Über der Zeile ergänzt, darunter Streichung *LXXIten.*

[fol. 2r]

Jurge Smit ist men schuldig vor seinen dinst 150 unnd 26 gld.

Item 20 rh. vor den schaden.

Wir haben unns mit em also vortragen daz wir em 16[a] m. czinsz abelosen sollen[b] 12 m. vor 1 m.

Unnd das oberge wil her unsern orden irlossen.[c]

Werner Cracht ist men schuldig 200 unnd 64 ung. gld. vor seinen dienst.

1414 1470 Februar 2.
1415 1471 April 14.
1416 1472 März 29.
1417 1473 April 18.

Item vor den schaden sullen wir em geben 9 m. die wir em ken der Lemke Gertschen beve[men] sullen.

Item 2 m. haben wir Cracht gegeben auch i[m] gegeben am tage [Marci][1418] [Nitsche Delech] alen 9 m.[d]

So haben wir em vorsatczt Stiling vor 200 unnd 64 ung. gld. unnd so her Jurge die beiden pickarten mit abetreten denn so sullen wir em die dorfferchen ouch ein rewmen unnd vorsetczen.

[fol. 2v]

Bernhardt von der Heide ist men schuldig 200 ung. gld. minus 8 gld. vor seinen dinst.

Item 40 rh. gld. vor den schaden.

So haben wir unns mit em also vortragen daz wir em vor seinen dinst unnd schaden daz gut czu Sappoten geben und vor schreiben sullen.[e]

Pewlendorff unnd Cleine Hanns begern Rucken hoff zcu kra[m]waren naw[rikn][f,g]

---

a Über der Zeile ergänzt, darunter Streichung *200.*

b Über der Zeile ergänzt.

c Unterhalb des Eintrags folgt Freiraum für Nachträge.

d Folgt durch Verwischung getilgter Text *So her Jurge die beide dorfferchen.*

e Unterhalb des Eintrags folgt Freiraum für Nachträge.

f Über der Zeile ergänzt, darunter Streichung *nawdin.*

g Unterhalb des Eintrags folgt Freiraum für Nachträge.

[fol. 3r]

Hentcz Schick ist men schuldig 500 ung. gld. vor seinen dinst.

Item 100 rh. gld. vor den schaden.

Titczen ist men schuldig 72 ung. gld. vor seinen dinst unnd die 72 ung. gld. sal men Jurge Hawneck an seiner beczalunge abeslon.

Item sie begern Tiffertal unnd Willamsdorff innerpfenndt vor iren dinst unnd schaden.[a]

Pangratcze ist men schuldig 100 gld. minus 4 gld. vor seinen dinst.

Item 6 rh. gld. vor den schaden.

1418 Oktober 22.

Item Wernersdorff haben wir em vorsatczt vor seinen dinst unnd schaden dach also wicz her des dorffes genewst daz sal her uffczeichenen unnd men sal em das abeslon am dinste.[a]

[fol. 3v–7r leer]

[fol. 7v]
Homeister.

30[b] m.

2.000 m. 80 [m.]

2 [m.]

Summa 2.100[c] m. 80[d] m.[e]

---

a Unterhalb des Eintrags folgt Freiraum für Nachträge.
b Zuvor Streichung *4.000 dreisig.*
c Korrektur durch Streichung aus *200.*
d Über der Zeile ergänzt, darunter ungestrichen *60.*
e Unterhalb des Eintrags folgt Freiraum für Nachträge.

10.9 OBA 16590: Sold- und Schadenregister (1475)

Wohl um 1475.

Geheimes Staatsarchiv Preußischer Kulturbesitz, XX. HA Hist. StA Königsberg, OBA 16590.

Sold- und Schadenregister.

1 Schmalfolioheft (B 11,5 x H 33 cm) von 6 Blatt Papier, Wasserzeichen: Ochsenkopf mit Augen, mit einkonturiger Stange, Blume mit sieben Blättern (40 x 122 mm), ähnlich WZIS-Referenznr. DE4620-PO-65753, Papierstreifen in Heftfalzmitte, von zwei Händen, Heftfalz tlw. löchrig, 1 separates Blatt Papier, fol. 11 (B 10,5 x H 16 cm), mit neuzeitlicher Foliozählung.

 [Zeichen 1], *vor der Zeile ergänzt.*

 [Zeichen 2], *vor der Zeile ergänzt.*

 [Zeichen 3], *vor der Zeile ergänzt.*

[fol. 1r]
[a]Tod 4 jor.[a]

[Zeichen 3] Item Fryse hat dinst uff eyn pherd 13 jor. Summa 100 gld. unde 4 gld.

Item Sommer eyn fusknecht hat 4 jor dinst. Summa 16 gld. Idem hat dinst uff eyn pherd 9 jar. Summa 72 gld.

Tod.[b] Item Latczke hat dinst uff eyn pherd 7 jor. Summa 56 gld. Noch uff eyn pherd 3 jor. Summa 24 gld.

Tod.[b] Item Gregor von Thos eyn fusknecht hat dinst 9 jor. Summa 36 gld.

Tod.[b] Item Janesch Unger eyn fusknecht hat dinst 11 jor. Summa 44 gld.

Item Thomel Vierrosser 4 jor czufusse dinst. Summa 16 gld. Idem hat dinst uff eyn pherd 9 jor. Summa 72 gld.

Tod.[b] Item Teikschew[er] eyn paweser hat dinst 10 jor. Summa 80 gld.

Item Thoma Fawalber eyn fusknecht hat 12 jor dinst. Summa 48 gld.

Item Copule eyn fusknecht hat dinst 13 jor. Summa 52 gld.

Tod.[b] Item Kolweis eyn fusknecht hat dinst 3 jor. Summa 12 gld.

Tod.[b] Item Allexius hat dinst uff eyn pherd 4 jor. Summa 32 gld.

Tod.[b] Item Lankesch eyn paweser hat dinst 3 jor. Summa 24 gld.

Item 8 pherde haben die fusknechte gehalden 3 jor. Summa 200 gld. minus 8 gld.

Item Nickel Hertel hat dinst uff 4 pherde 13 jor. Summa 400 gld. und 16 gld. Idem noch uff 2 pherde dinst 8 jor. Summa 100 gld und 24 gld.

[b]Tod 2 jar.[b] [Zeichen 3] Item Krocz nympt an des herrn Veitcz stad mit 7 pherd dinst 13 jor. Summa 700 gld. und 28 gld.

[b]Tod 4 jor.[b] Item Lotcze hat gedynet mit 3 pherden 11 jor. Summa 250 und 14 gld. noch mit 2 pherde 9 jor. Summa 100 gld. und 36 gld.

[fol. 1v]

[c]Tod 2 jor.[c]

[Zeichen 3] Item Clawsubel hat gedynet mit 2 pherden 12 jor. Summa 200 gld. minus 8 gld. Idem noch gedynet mit 2 pherden 8 jor. Summa 100 gld. und 28 gld. Idem abir mit 2 pherden gedynet hat 8 jor. Summa 100 gld.[d] und 28 gld.

Item Bassener hat gedynet mit 2 pherden 12 jor. Summa 200 gld. minus 8 gld. Idem noch mit eynem pherde gedynet 11 jor. Summa 100 gld. minus 12 gld.

Item Mathiasch hat dinst uff 3 pherde 13 jor. Summa 300 und 12 gld. Noch uff eyn pherd dinst 8 jor. Summa 64 gld.

Item Jan Bitlicz hat dinst uff 3 pherde 13 jor. Summa 300 und 12 gld. Noch mit eynem pherde gedynet 9 jor. Summa 72 gld.

Item Peter Pomeranke hat uff eyn pherd dinst 12 ½ jor. Summa 100 gld. Noch uff eyn pherd 11 jor dinst. Summa 100 gld. minus 12 gld.

Tod.[b] Item Jorge Swob hat dinst uff 2 pherde 9 jar. Summa 100 und 44 gld.

[Zeichen 2] Item Jorge Landener hat dinst uff 4 pherde 13 jor. Summa 400 und 16 gld.

[Zeichen 2] Item Guthannus hat dinst uff 3 pherde 13 jor. Summa 400 und 12 gld.

Item Wolfschwengel hat dinst uff eyn pherd 13 jar. Summa 100 und 4 gld. noch eyn pherd 3 jor dinst. Summa 24 gld.

Item Erhart Kuchemeister hat dinst uff eyn pherd 13 jor. Summa 100 gld. und 4 gld.

Item Kleinfritcze hat dinst uff 2 pherde 8 jor. Summa 100 gld. und 28 gld. Noch uff eyn pherd dinst 3 ½ jor. Summa 28 gld.

Item Wanke Holubicz hat dinst uff 3 pherde 13 jor. Summa 300 gld. und 12 gld.

Item Schymke hat dinst uff eyn pferd 9 jor. Summa 72 gld.

Item Thomke hat dinst uff 2 pherde 13 jor. Summa 200 und 8 gld. Noch uff eyn pherd dinst 11 jor. Summa 90 gld.

[fol. 2r]

Tod.[b] Item Bresselhannus eyn fusknecht hat dinst 2 jar. Summa 8 gld.

[b]Tod 4 jor.[b] [Zeichen 3] Item Vylbeck hat dinst uff eyn pherd 9 jar. Summa 72 gld. Noch uff eyn pherd 8 jor. Summa 64 gld.

[Zeichen 1] Item Haynicz hat dinst uff 5 pherde 9 jar. Summa 300 und 60 gld.

Tod.[b] Item Nickel Czedlicz hat dinst uff 5 pherde 6 jor. Summa 250 gld. minus 10 gld.

Item Jorge Prewse hat dinst uff 2 pherde 8 jor. Summa 100 und 28 gld.

[e][Zeichen 1] Item Nickel Beyer hat uff 7 pherde dinst 1 ½ jor. Summa 84 gld.

[Zeichen 1] Item Storm hat dinst uff 7 pherde 2 ½ jor. Summa 100 und 40 gld.

Tod.[b] Item her Jan Tunckel hat dinst uff 14 pherde 6 jor. Summa 650 gld. und 22 gld.

[f][Zeichen 1] Item Hannus[g] Polner hat dinst uff 7 pherde 10 jor. Summa 550 und 10 gld.

[h][Zeichen 1] Item Valgenhewer[i] hat dinst uff 4 pherde 10 jor. Summa 300 und 20 gld.

Tod.[b] Item here Haschke von Waltss[te] hat dinst 1 ½ jor uff 16 pherde. Summa 200 gld. minus 8 gld. Item der here groff von Bleichen ist em an der ersten reise 150 gld. ung. schuldig gebleben.

Tod.[j] Item Swarczek[k] Wanke hat dinst uff[l] [m]5 jor.[m] 4 pherde. Summa 100 und 16 gld.

[Zeichen 1] Item grafe Jocoff hat 10 jor dinst uff 2 pherde. Summa 150 gld. und 10 gld.

Tod.[b] Item Mandrowen hat dinst uff 4 pherde 5 ½ jor. Summa 100 gld. und 76 gld. Noch uff 2 pherde 2 jor dinst. Summa 32 gld.

[Zeichen 1] Tod.[n] Item Sedskonie hat dinst uff eyn pherd 4 ½ jor. Summa 36 gld.

[Zeichen 1] Piet.[n] Item Brosmatske[o] hat dinst 5 jor uff eyn pherd. Summa 40 gld.

Tod.[b] Item der Weyse Waschke hat dinst selb dritte 4 jor. Summa 48 gld.

[p][non mortus Reruerse].[p] Item Waczlaw eyn fusknecht hat dinst 4 jor. Summa 16 gld.

[Zeichen 1] Item Jan Kussen fusknecht hat dinst 4 jor. Summa 16 gld.

[fol. 2v]

[Zeichen 1] Item Kowan eyn fusknecht hat dinst 4 jor. Summa 16 gld.

Tod.[b] Item Polaczke eyn fusknecht hat dinst 1 ½ jor. Summa 6 gld.

Item Kannegisser der buchsen schotcze eyn fusknecht hat dinst 8 jor. Summa 32 gld. Dominus Reinhardus emit.

[Zeichen 1] Item Clament Klumer eyn fusknecht hat dinst 2 jor. Summa 8 gld.

[Zeichen 1] Item Lakotka eyn fusknecht hat dinst 2 jor. Summa 8 gld.

[Zeichen 1] Item Bnnik eyn fusknecht hat dinst 2 jor. Summa 8 gld.

[Zeichen 1] Item Mathien Vas[ch]ken eyn fusknecht hat dinst 2 jor. Summa 8 gld.

Der[q] prewsen dinst.

Item[r] hat dinst uff 2 pherde 10 jor. Summa 100 gld. und 60 gld.

Item Schabeholcz hat dinst uff eyn pherd 8 jor. Summa 64 gld.

Item Cristoff Jade hat dinst uff eyn pherd 6 jor. Summa 48 gld.

[Zeichen 2] [s]12 jor.[s] Item Michelhonigfeld hat dinst uff eyn pherd 13 jor. Summa 100 gld. und 4 gld.

[b]Tod 1 jor.[b] Item Filpbewtler hat dinst uff 2 pherde 8 jor. Summa 100 gld. und 28 gld.

[Zeichen 2] Item Lotcze Gregor hat dinst uff eyn pherd 13 jor. Summa 100 gld. und 4 gld.

[Zeichen 2] Item Moczigrach eyn paweser hat dinst [t]8 jar.[t] Summa 64[u] gld.

[Zeichen 2] [b]Tod. 2 jor.[b] [Zeichen 3] Item Pleisener eyn paweser hat dinst 13 jor. Summa 100 gld. und 4 gld.

Tod.[b] [Zeichen 3] Item Pawel Unnige hat dinst uff eyn pherd 5 jor. Summa 40 gld.

[Zeichen 2] Item Kluge eyn paweser hat dinst 13 jor. Summa[v] 100 gld. unde 4 gld.

Tod.[b] [Zeichen 3] Item Jorge Spreher hat dinst uff 3 pherde 4 jor. Summa 100 gld. unde 28 [gld.]

Item Jocoff Plobitsch[w] eyn paweser hat dinst 12 jar. Summa [x]100 gld. minus 8 gld.[x]

Tod.[b] Item Niclas Kratczmer hat dinst uff 2 pherde 3 jor. Summa 48 gld.

Item Kawlperske hat dinst uff eyn pherd 13 jor. Summa 100 gld. und 4 gld.

Tod.[b] Item Wonnichen hat dinst uff eyn pherd 9 jor. Summa [y]72 gld.[y] [Rickad].[z] Summa 200 gld. und 8 gld.

[aa]Czu Strosberg.[aa] Item Jorge Molner hat dinst uff eyn pherd 13 jor. Summa 100 gld. und 4 gld. sal den dinst mit Gregor Schuberte teilen.

Item Grose Matske hat dinst uff eyn pherd 5 jor. Summa 40 gld.

Item Mladoch eyn fusknecht zcu Strosberg.

[fol. 3r]

Bartusch Kale rotte.

Item Bartusch Kale hat dinst uff 2 ½ pherd[e] 8 jor. Summa 100 gld. und 60 gld.

Item Jostel eyn paweser hat dinst 7 jor. Summa 56 gld.

[Zeichen 1] Item Rakewicz eyn paweser hat dinst 7 jor. Summa 56 gld. [bb]Bawssen land.[bb]

Tod.[b] Item Hannus Decker eyn fusknecht hat dinst 2 jor. Summa 8 gld.

Tod.[b] Item Nickel Wewer eyn fusknecht hat dinst 2 jor. Summa 8 gld.

[Zeichen 1] Item Franczke Kyndeler eyn fusknecht hat dinst 3 jor. Summa 12 gld.

Tod.[b] Item Jorge Rakewicz eyn paweser hat dinst 1 ½ jor. Summa 12 gld.

Tod.[b] Item Nickel Dorink eyn fusknecht hat dinst 1 ½ jor. Summa 6 gld.

Tod.[b] Item Tilesch eyn fusknecht hat dinst 4 jor. Summa 16 gld.

Tod.b Item Jocoff Birkholcz eyn fusknecht hat dinst 4 jor. Summa 16 gld.

[Zeichen 1] Item Michel Krawse eyn fusknecht hat dinst 8 jor. Summa 32 gld. bbBawssen land.bb

Tod.b Item Hannus Fryse eyn paweser hat dinst 6 jor. Summa 48 gld. [Zeichen 1] Seyn knecht hat dinst 1 ½ jor. Summa 6 gld.

Tod.b Item Jocoff Beduman eyn paweser hat dinst 4 ½ jor. Summa 36 gld.

Tod.b Item Michel Beduman selbander hat dinst 1 ½ jar. Summa 12 gld.

Tod.b Item Jorge Darreholcz eyn paweser hat dinst 1 ½ jor. Summa 12 gld.

[Zeichen 1] Item Bluerid[e]rn eyn fusknecht hat dinst 1 ½ jor. Summa 6 gld. bbBaussen land.bb

Jore.cc Mladoch eyn fusknecht czu Strosberg.

[Zeichen 1] Item Hannus Rabe eyn fusknecht hat dinst 8 jor. Summa 32 gld. ddBaussen land.dd

Tod.b Item Lange Mat[tes] eyn fusknecht hat dinst 2 jor. Summa 8 gld.

Tod.b Item Bartusch Sneider eyn fusknecht hat dinst 1 jor. Summa 4 gld.

Tod.b Item Sebinschuch eyn fusknecht hat dinst 3 ½ jor. Summa 14 gld.

Tod.b Item Voit Nickel eyn fusknecht hat dinst 5 jor. Summa 20 gld.

[Zeichen 1] Item Hannus Scholcze hat dinst 2 jor. Summa 8 gld. ddBawssen land.dd

Tod.b Item Michel Leider eyn fusknecht hat dinst 1 ½ jor. Summa 6 gld.

[fol. 3v]

[Zeichen 1] Item Nickel Seyfert eyn fusknecht hat dinst 1 ½ jor. Summa 6 gld.

Tod.b Item Hannus Emerich hat dinst 3 ½ jor. Summa 14 gld. Pedest.

Tod.b Item Veczencz Vluch eyn fusknecht hat dinst 1 ½ jar. Summa 6 gld.

Tod.b Item Nickel Werner eyn fusknecht hat dinst 1 ½ jor. Summa 6 gld.

[Zeichen 1] Item Jocaff Salman eyn fusknecht hat dinst 3 ½ jor. Summa 14 gld.

Tod.b Item Rebirstein eyn fusknecht hat dinst 3 ½ jor. Summa 14 gld.

Tod.b Item Nickel Lawben hat dinst 5 jor. Summa 20 gld. Pedest.dd

Tod.b Item Nickel Gregor hat dinst 1 ½ jor. Summa 6 gld. Pedest.dd

[Zeichen 1] Item Heydernickel eyn paweser hat dinst 2 jor. Summa 16 gld.

Tod.b Item Hannus Porman eyn paweser hat dinst 5 jor. Summa 40 gld.

Tod.b Item Langepawel eyn paweser hat dinst ½ jor. Summa 4 gld.

Tod.[b] Item Lemerbock eyn fusknecht hat dinst ½ jor. Summa 2 gld. Idem uff eyn pherd 6 jor dinst. Summa 48 gld.

Item der Rehmen rotte.

Item Sudke hat dinst uff 4 pherde 8 jor. Summa 250 gld. und 6 gld.

[Zeichen 1] [Zeichen 3] Item Maresch mit seynen bruder haben dinst uff 7 pherde 6 ½ jor. Summa 350 gld. und 14 gld. [dd]Bawssen landen.[dd]

Tod.[b] [Zeichen 3] Item Hannus Grůnberg hat dinst uff 5 pherde 1 jor. Summa 40 gld. [dd]Dominus erint et solvit.[dd]

Tod.[b] [Zeichen 3] Item Salowa hat dinst uff 7 pherde 5 ½ jor. Summa 300 gld. und 8 gld.

Tod.[b] Item Miculasch Kral hat dinst uff 4 pherde[ee] 6 jor. Summa 200 gld. minus 8 gld.

Tod.[b] Item Jan Ticzln hat dinst uff 2 pherde 8 jor. Summa 100 gld. und 28 gld.

Tod.[b] Item Thoman hat dinst uff 2 pherde 3 jor. Summa 48 gld.

Item Pawel hat dinst uff 2 pherde 8 jor. Summa 100 gld. und 28 gld.

Item Wamke hat dinst uff 3 pherde 8 jor. Summa 200 gld. minus 8 gld.

[ff]Item Waczlaw hat dinst uff 2 pherde 8 jor. Summa 100 gld. und 28 gld.

[fol. 4r]

[gg]2 jor aws dem lande gereten.[gg]

[Zeichen 3] Item Strepan hat dinst uff 2 pherde 8 jor. Summa 100 gld. und 28 gld.

[Zeichen 1] Item Brudnich Holn hat dinst uff 2 pherde 6 ½ jor. Summa 100 gld. und 4 gld.

[hh]Item [Hin]jan hat dinst uff eyn pherd 8 jor. Summa 64 gld.

Tod.[b] Item Martin hat dinst uff 2 pherde 8 jor. Summa 100 gld. und 28 gld.

Item Jan Krayczi hat dinst uff eyn pherd 8 jor. Summa 64 gld. noch uff eyn pherd dinst 6 jor. Summa 48 gld.

Tod.[b] [Zeichen 3] Item Jan Prazak hat dinst uff 5 pherde 8 jor. Summa 300 gld. unde 20 gld.

Tod.[b] Item Hradeczky hat dinst uff 2 pherde 6 jor. Summa 100 gld. minus 4 gld.

Item Jakub hat dinst uff eyn pherd 8 jor. Summa 64 gld. Idem noch uff eyn pherd dinst 6 jor. Summa 48 gld.

[b]Tod 3 jor.[b] [Zeichen 3] Item Gregor hat dinst uff 4 pherde 8 jor. Summa 250 gld. und 6 gld.

Tod.[b] Item Getnich hat dinst uff 2 pherde 1 ½ jor. Summa 24 gld.

Tod.[b] Item Kleyn Mat[tes] hat dinst uff 2 pherde 1 ½ jar. Summa 24 gld.

Item Hubke hat dinst uff eyn pherd 9 jor. Summa 72 gld.

[ii] [Zeichen 1] Item Vogeler hat dinst uff 2 pherde 1 ½ jor. Summa 24 gld. [jj]Langesten wek ger[e]tn.[jj]

[Zeichen 1] Item Hannus Rederer hat dinst uff 4 pherde 6 jor. Summa 200 gld. minus 8 gld. [jj]Lange wek gereten.[jj]

Item Rache hat dinst uff eyn pherd 8 jor. Summa 64 gld.

Tod.[b] Item Mat[tes] Tazeler hat dinst uff 2 pherde 1 ½ jor. Summa 24 gld. Bernhart Czedlicz sal den dinst nemen.

Item Bernhart Czedlicz hat dinst uff 9 pherde 13 jor. Summa 900 gld. unde 36 gld.

Tod.[b] Item Swarcze[kk] Wenczil hat dinst uff eyn pherd 6 ½ jor. Summa 52 gld.

Tod.[b] Item Haze hat dinst uff 3 pherde 6 ½ jor. Summa 150 gld. und 6 gld.

Item Ulrich Gantenheymer hat dinst uff 8 pherde 13 jor. Summa 800 gld. und 32 gld.

Tod.[b] Item Hawsperger hat gedynet mit 7 pherden 5 ½ jor. Summa 300 gld. und 8 gld. Gantenheynder nympt den dinst.

[fol. 4v]

Tod.[b] Item Benedict hat dinst uff 2 pherde 10 jor. Summa 100 gld. und 60 gld. Noch uff eyn pherd 8 ½ jor. Summa 76 gld. Gantenheymer.

Tod.[b] Item Morniger hat gedynet mit 2 pherden 4 jor. Summa 64 gld. Gantenheymer.

Tod.[b] Item Bawmgartener hot gedyndt mit eynem pherde 5 jor. Summa 40 gld. Gantenheymer.

Tod.[b] Item Andres Sleziger hat gedynet mit eynem pherde 4 jor. Summa 32 gld. Gantenheymer.

Tod.[b] Item Bastian eyn fusknecht hat gedynet 10 jor. Summa 40 gld. Gantenheymer.

Tod.[b] Item Crabath eyn fusknecht hat gedynet 5 jor. Summa 20 gld. Gantenheymer.

Tod.[b] Item Lorencz Unger hat gedynet mit 2 pherden 10 jor. Summa 100 gld. und 60 gld. Noch mit eynem pherde 4 jor gedynet. Summa 32 gld. Gantenheymer. Martinke spricht Gantenheymer.[ll]

Tod.[b] [Zeichen 3] Item Slowak hat dinst uff 2 pherde 13 jor. Summa 200 gld. unde 8 gld. noch uff eyn pherd dinst 9 jor. Summa 72 gld. tod.[mm] Noch uff

2 pherde dinst 5 jor. Summa 80 gld. Noch uff eyn pherd 2½ jor dinst. Summa 20 gld. Von Mat[tes] Osterreichs twegen.

[b]Tod 2 jor.[b] [Zeichen 3] Item Caspar Bodir hat dinst uff eyn pherd 13 jor. Summa 100 gld. unde 4 gld. Noch uff eyn pherd 9 jor dinst. Summa 72 gld.

Tod.[b] [Zeichen 3] Item Krczma hat gedynet mit 3 pherden 13 jor. Summa 300 gld. und 12 gld.

Item Hawszer hat dinst uff eyn pherd 11 jor. Summa 88 gld.

Item Hannus im Keler hat dinst uff eyn pherd 10[nn] jor. Summa 80 gld.

Item Hannus Jabcziczky hat dinst uff eyn pherd 12 jor. Summa 100 gld. minus 4 gld.

Item Peter Steyerer hat dinst uff eyn pherd 7 jor. Summa 56 gld. Noch uff eyn pherd dinst 6½ jor. Summa 52 gld.

Item Jorge Prewse hat dinst uff 2 pherde 8 jor. Summa 100 und 28 gld. [oo]Der ist mit dem hern Bernhart in dasz land komen.[oo]

---

a Über der Zeile ergänzt.
b Vor der Zeile ergänzt.
c Über der Zeile ergänzt.
d Folgt Streichung *minus 12 gld.*
e Tintenfleck, darunter *Tod.*
f Gestrichen *Tod.*
g Darüber ungestrichene Ergänzung *Nickel.*
h Zu Beginn der Zeile Rasur *tod.*
i Darüber ungestrichene Ergänzung *H[anns] Petrimann.*
j Vor der Zeile ergänzt, darüber Streichung unleserlich.
k Über der Zeile ergänzt, darunter Streichung *Swarcze.*
l Wort doppelt.
m Mit Ergänzungszeichen neben der Zeile nachgetragen.
n Vor der Zeile ergänzt, über Zeichen 1 geschrieben.
o Tintenfleck über dem Wort.
p Neben der Zeile ergänzt, zwei weitere schwer lesbare Worte, darüber Streichung *Tod* und Zeichen 1.
q Markierung neben der Zeile.
r Unleserliches Wort über der Zeile ergänzt, darunter unleserliche Streichung mit Tintenfleck.
s Neben der Zeile ergänzt.
t Neben der Zeile ergänzt, daneben Streichung *8 jar.*
u Über der Zeile ergänzt, darunter Streichung *100 und.*
v Folgt Streichung unleserlich.
w Folgt Buchstabe *l.*
x Über der Zeile ergänzt, darunter Streichung *[...] gld.*
y Über der Zeile ergänzt.
z Name neben der Zeile ergänzt, folgt Streichung *Idem hat dinst uff 2 pherde 13 jor.*
aa Neben der Zeile ergänzt.
bb Nachtrag.

---

cc Neben der Zeile ergänzt.
dd Nachtrag.
ee Folgt Streichung *Summa.*
ff Tintenfleck vor Zeile, darunter wohl *tod.*
gg Über der Zeile ergänzt.
hh Neben der Zeile Rasur, unleserlich.
ii Neben der Zeile folgt Streichung *tod.*
jj Nachtrag.
kk Folgt Streichung *Wamke.*
ll Folgt unleserlich *[den ... m].*
mm Neben der Zeile mit Ergänzungszeichen nachgetragen.
nn Korrektur durch Streichung aus *9.*
oo Nachtrag.

[fol. 5r]

[Zeichen 1] Item Martynke hat dinst uff 4 pherde 5 jor. Summa 100 und 60 gld.

Item Thoma Steyerer eyn fusknecht hat 5 jor dinst. Summa 20 gld.[a]Ist zcum lessen.[a]

Item Martinke von Crommenaw der ander eyn fusknecht hat dinst 5 jor. Summa 20 gld. Idem dinst uff eyn pherd 8 jor.

Summa 64 gld. Tod.[b] Noch uff eynen fusknecht Andr[is] Wazer 1 ½ jor. Summa 6 gld.

Tod.[c] [Zeichen 3] Item Weise Henzel eyn fusknecht hat dinst 7 jor. Summa 28 gld. Idem uff eyn pherd 6 jor dinst. Summa 48 gld.

Item Jorge Marturnicz hat dinst zcufusse 13 jar. Summa 52 gld.

Item Schadendorff eyn fusknecht hat 13 jar dinst. Summa 52 gld.

Tod.[c] Item Cuntcze von Thaber eyn fusknecht hat dinst 6 jor. Summa 24 gld.

Item Stracke eyn fusknecht hat dinst 13 jor. Summa 52 gld.

Tod.[c] Item Steffan Weishan eyn fusknecht hat dinst 4 jar. Summa 16 gld.

Tod.[c] Item Andr[is] Moler eyn fusknecht hat dinst 10 jor. Summa 40 gld.

Tod.[c] Item Hannus Moͤrle hat dinst uff eyn pherd 2 jor. Summa 16 gld.

Item Caspar Unger eyn fusknecht hat dinst 7 jor. Summa 28 gld.

Tod.[c] Item Charwat hat dinst uff 4 pherde 5 jor. Summa 100 und 60 gld.

[Zeichen 1] Item Filip Kowan hat dinst uff 3 pherde 3 jor. Summa 72 gld.

[Zeichen 1] Item Peter Wunderlich hat dinst uff eyn pherd 13 jor. Summa 100 gld. und 4 gld.

Jore.[d] *Item Jorge Molner hat dinst uff eyn pherd 13 jor. Summa 100 gld. unde 4 gld. Sal den dinst teilen mit Gregor Schubert.*

Tod.[c] Item Niclas Stolle hat dinst uff eyn pherd 13 jor. Summa 100 gld. und 4 gld.

Tod.[c] [Zeichen 3] Item Bozemichel hat dinst uff 7 pherde 6½ jar. Summa 350 gld. unde 14 gld.

Item Miculasch von Soldaw hat dinst uff eyn pherd 8 jor. Summa 64 gld.

[e]Summa Bosemichels das dritte teil[f] 100 gld. und 21 gld.[e]

[fol. 5v]

Alles reinisch gold der schaden pherden.

Item der schaden der hoffelewthe der schaden pherde.

Item Meisner 16 schade pherde. Summa 100 gld. und 28 gld. rh.

Tod.[c] Item Storenfrede 2 schade pherde. Summa 16 rh. gld.

Tod.[c] Item Peter Keseesser 1 schaden pherd. Summa 8 rh. gld.

Tod.[c] Item Jocoff Unger eyn schaden pherd. Summa 8 gld.

Item Worse 10 schaden pherde. Summa 80 rh. gld.

Item Ludil 12 schaden pherde. Summa 100 rh. gld. minus 4 gld. Tod.[c] Jancule 1 schaden pherde. Summa 8 gld.

Item Fredrich Krues 8 schaden pherde. Summa 64 gld. rh.

Item Segil 5 schaden pherde. Summa 40 gld.

Item Scheneubel 9 schaden pherde. Summa 72 gld.

Item Hannus Wedmer 2 schadepherde. Summa 16 gld.

Tod.[c] Item Michel Lenefeld 4[g] schaden pherd. Summa 32[h] rh. gld.

Item Hensel Unger 2 schaden pherd. Summa 16 gld.

Item Peter Stotkinger 3 schaden pherd. Summa 24 gld.

Item meister Hannus 3 schaden pherde. Summa 24 gld.

Item Casper Unger 2 schaden pherde. Summa 16 gld.

Item Swenzel 6 schaden pherde. Summa 48 gld.

Item Steffan Lewthener 3 schaden pherde. Summa 24 gld.

Item Fryse 2 schaden pherde. Summa 16 gld.

Item Sommer 2 schaden pherde. Summa 16 gld.

Tod.[c] Item Latczke 2 schaden pherde. Summa 16 gld.

Tod.[c] Item Thoma Gỏtcze eyn schaden pherd. Summa 8 gld.

Item Thomel Vierrosser 2 schaden pherde. Summa 16 gld.

Item Thoma Fairawer eyn schaden pherde. Summa 8 gld.

[fol. 6r]

Item Capule eyn schaden pherd. Summa 8 rh. gld.

Item Nickel Hertel 15 schaden pherde. Summa 100 unde 20 rh. gld.

Item Kwas 20 schaden pherde. Summa 100 und[i] 60 gld. rh.

Item Lutcze 6 schaden pherde. Summa 56 gld. rh.

Item Clawsubel 18 schaden pherde. Summa 100 und 44 gld. rh.

Item Gassener 5 schaden pherde. Summa 40 gld.

Item Mathiasch 9 schaden pherde. Summa 72 gld.

Item Kytlicz 6 schaden pherde. Summa 48 gld.

Item Peter Pomeranke 6 schaden pherde. Summa 48 gld.

Tod.[c] Item Jorge Swob 2 schaden pherde. Summa 16 rh. gld.

[Zeichen 2] Item Jorge Landener 8 schaden pherde. Summa 64 gld.

[Zeichen 2] Item Guthannus 6 schaden pherde. Summa 48 gld.

Item Wolfeswengil eyn schaden pherde. Summa 8 rh. gld.

Item Erhart 1 schaden pherd. Summa 8 gld.

Item Klein Fritcze 11 schaden pherde. Summa 88 gld.

Item Wanke Holubicz 9[j] schaden pherde. Summa 72[j] gld.

Item Schymke 3 schaden pherde. Summa 24 gld.

Item Thomke 6 schaden pherde. Summa 48 gld.

Item Vylbek 4 schaden pherde. Summa 32 gld.

[Zeichen 1] Item Haynicz 6 schaden pherde. Summa 48 gld.

Tod.[c] Item Nickel Czedlicz 6 schaden pherde. Summa 48 gld.

Item Jorge Prewse 2 schaden pherde. Summa 16 gld.

[Zeichen 1] Item Nickel Beyer 8 schaden pherde. Summa 64 gld.

[Zeichen 1] Item Storm 10 schaden pferde. Summa 80 gld. rh.

[Zeichen 1] Item Hannus Peterman 4 schaden [pherde]. Summa 32 gld.

[fol. 6v]

Tod.[c] Item her Jan Cunckel 33 schaden pherde. Summa 200 gld. minus 8 gld.

[Zeichen 1] Item Nickel[k] Polner 7 schaden pherde. Summa 56 gld.

Tod.[c] [Zeichen 1] *Item* [l] *Hannus Polman 4 schaden pherde. Summa 32 gld.*

Tod.[c] Item hern Haschke 6 schaden pherde. Summa 48 gld.

Tod.[c] Item Swarcze Wanke[m] 6 schaden pherde. Summa 48 gld.

Tod.[c] Item Wandowecz 9 schaden pherde. Summa 72 gld.

[Zeichen 1] Item Sedskonie eyn schade pherd. Summa 8 gld.

[Zeichen 1] Item Grose Jocoff 2 schade pherde. Summa 16 gld.

---

a Nachtrag.
b Neben der Zeile mit Ergänzungszeichen nachgetragen.
c Vor der Zeile ergänzt.
d Neben der Zeile ergänzt.
e Nachtrag.
f Folgt Streichung *f.*
g Über der Zeile ergänzt, darunter Streichung *4.*
h Neben der Zeile mit Ergänzungszeichen nachgetragen, folgt Streichung unleserlich.
i Folgt Streichung *20.*
j Korrektur durch Ergänzung von *2* über der Zeile.
k Über der Zeile ergänzt, darunter Streichung *Hanns.*
l Über der Zeile ergänzt, darunter Name *[Felgenhelver].*
m Folgt Streichung *hat.*

Der prewsen schaden.

Item Ruland 8 schade pherde. Summa 64[a] gld. rh.

Item Schabeholcz 4 schade pherde. Summa 32 gld.

Item Cristoff Jode 2 schade pherde. Summa 16 gld.

Item Michelhonigfelt 2 schadepherde. Summa 16 gld.

Item Filip Bewtler eyn schade pherd. Summa 8 gld.

Item Gregor Lotcze 3 schade pherde. Summa 24 gld.

Tod.[c] Item Pawel Vurne eyn schade pherd. Summa 8 gld.

Tod.[c] Item Jorge Sproher 3 schade pherde. Summa 34 gld.

Item Bartusch Kale 2 schade pherde. Summa 16 gld.

Tod.[c] Item Lemmerbock eyn schade pherde. Summa 8 gld.

Tod.[c] Item Wonnichen 3 schade pherde. Summa 24 gld.

Item Grosmatske eyn schade pherd. Summa 8 gld.

Item Wernichen 3 schade pherde. Summa 24 gld.

Item Jorge Molner 3 schade pherde. Summa 24 gld.

[fol. 7r]

Item Sudke 13 schade pherde. Summa 100 und 12 gld. rh.

[Zeichen 1] Item Maresch mit seynem bruder 11 schade pherde der eyne bruder ist tod. Summa 88 florengld.

Tod.[c] Item Hannus Grůnberg 5 schade pherde. Summa 40 gld.

Tod.[c] Item Salowa 9 schade pherde. Summa 72 gld.

Tod.[c] Item Miculasch Kral 8 schade pherde. Summa 64 gld.

Item Jan Ticzky 3 schade pherde. Summa 24 gld.

Tod.[c] Item Thoman 3 schade pherde. Summa 24 gld.

Item Pawel 4 schade pherde. Summa 32 gld.

Item Warnke 7 schade pherde. Summa 56 gld.

Item Waczlaw 3 schade pherde. Summa 24 gld.

[Zeichen 1] Item Strepan 2 schade pherde. Summa 16 gld.

[Zeichen 1] Item Brudizich Holy 2 schade pherde. Summa 16 gld.

Item Huyjan 2 schade pherde. Summa 16 gld.

Tod.[c] Item Martyn 2 schade pherde. Summa 16 gld.

Item Jan Kranczy 4 schade pherde. Summa 32 gld.

Item Jacub 3 schade pherde. Summa 24 gld.

Item Jan Prazal 9 schade pherd. Summa[b] 72 gld.

Tod.[c] Item Hradeczky 3 schade pherde. Summa 24 gld.

Item Gregorz 9 schade pherde. Summa 72 gld.

Tod.[c] Item Kleyn Mat[tes] 2 schade pherde. Summa 16 gld.

Item Hubke 3 schade pherde. Summa 24 gld.

[Zeichen 1] Item Negeler 2 schade pherde. Summa 16 gld.

[Zeichen 1] Item Hannus Redrer 4 schade pherde. Summa 32 gld.[c]

Item Rathe eyn schade pherde. Summa 8 gld.

Tod.[c] Item Mat[tes] Tazeler 2 schade pherde. Summa 16 gld.

Item Bartusch Kale 2 schade pherde. Summa 16 gld.

[fol. 7v]

Item Bernhart Czedlicz 34 schade pherde. Summa 200 und 72 gld. rh.

Tod.[c] Item Haze 4 schade pherde. Summa 32 gld.

Tod.[c] Item Swarcze Wenczil 3 schade pherde. Summa 24 gld.

Item Ulrich Gantenheyner 20 schade pherde. Summa 100 und 60 gld. rh.

Tod.[c] Item Hawsp[er]ger 9 schade pherde. Summa 72 gld.

Tod.[c] Item Benedict 8 schade pherde. Summa[d] 64 gld.

Tod.[c] Item Moringer 3 schade [pherde]. Summa 24 gld.

Tod.[c] Item Bawmgarthener 1 schade pherde. Summa 8 gld.

Tod.[c] Item Andr[is] Sleziger 2 schade pherde. Summa 16 gld.

Tod.[c] Item Lorencz Unger hat 5 schade pherde. Summa 40 gld.

Item Slowak 7 schade pherde. Summa 56 gld. Tod.[e] Noch aber 6 schade pherde. Summa 48 gld.

Item Caspar Bedir 10 schade pherde. Summa 80 gld.

Tod.[c] Item Krezma 8 schade pherde. Summa 64 gld.

Item Hauser 2 schade pherde. Summa 16 gld.

Item Hannus Imkeler 2 schade pherde. Summa 16 gld.

Item Hannus Nabcziczky 6 schade pherde. Summa 48 gld.

Item Peter Steyerer 4 schade pherd. Summa 32 gld.

[Zeichen 1] Item Martinke 6 schade pherde. Summa 48 gld.

Item Martinke von Cromenaw 1 schade pherd. Summa 8 gld.

Item Jorge Maturnicz 2 schade pherde. Summa 16 gld.

Tod.[c] Item Hannus Mörle eyn schade pherde. Summa 8 gld.

Tod.[c] Item Charwat 6 schade pherde. Summa 48 gld.

[Zeichen 1] Item Filip Kawcz 3 schade pherde. Summa 24 gld.

Tod.[c] Item Niclas Stolle eyn schade pherde. Summa 8 gld.

[fol. 8r]

Tod.[c] Item Bozemichel 18 schade pherde. Summa 100 und 44 gld.

Item Miculasch von Soldaw 3 schade pherde. Summa 24 gld. alles rh. gld.[f]

Item Bartusch Kale 2 schade pherde. Summa 8 rh. gld.[f]

Tod.[c] *Item Lemmerbok eyn schade pherd. Summa 8 gld.*

Bartusch Kale und Lemmerbock sint nicht awsgelescht obene.[g]

---

a Folgt Streichung *32*.

b Dopplung.

c Unterhalb der Zeile mit Ergänzungszeichen nachgetragen.

d Folgt Streichung *64*.

e Neben der Zeile mit Ergänzungszeichen nachgetragen.

f Unter der Zeile ergänzt.

g Nach diesem Eintrag verblieb die Seite frei.

[fol. 8v leer]

[fol. 9r]

Dy Preussen in besunderheit.

Tod.[c] Item Bartusch Romer eyn fusknecht dinst 12 jor. Summa 48 gld.

Item Grosnicolae eyn fusknecht 12 jor. Summa 48 gld.

Item Gregor Becke dinst 10 jor. Summa 40 gld. Pedest.

Item Bartolomeus Pl[um]enaw 12 jar dinst fusknecht. Summa 48 gld.

Item Rachman hat dinst 12 jor[a]. Summa 48 gld.

Item Refelt hat dinst 9 jor. Summa 36 gld.

Item der fraw von Plennchen knecht dinst 8 jor. Summa 32 gld.

Item Mat[tes] Dammeraw hat dinst 12 jor. Summa 48 gld.

Item Urban Steyerer dinst 12 jor. Summa 48 gld.

Item Baltesar Keselungswalde 9 jor dinst[b]. Summa 36 gld.

Item Mat[tes] Kleczkowsky 9 jor dinst. Summa 36 gld.

Tod.[c] Item Jocoff Faman hat dinst 13 jor. Summa 52 gld.

Item Sandu dinst 9 jor. Summa 36 gld.

Item Scholcze von Rawden 9 jor dinst 36 gld.

Tod.[c] Item Merten Plobitsch 9[c] dinst 36 gld.

Item Andr[eas] Kauman dinst 6 jor. Summa 24 gld.

Item Lorencz Fawel dinst 7 jor. Summa 28 gld.

Item Budehybe dinst 4 jor. Summa 16 gld.

[fol. 9v]

Item Klein Nickel hat dinst 5 jor. Summa 20 gld.

Item Klein Martin dinst 5 jor. Summa 20 gld.

Item Trespe 9 jor dinst. Summa 36 gld.

Item Polnesche Baltesar dinst 7 jor. Summa 26 gld.

Item Nickel Kolbe dinst 5 jor. Summa 20 gld.

Item Ludwig dinst 12 jor. Summa 48 gld.

Item Lomman dinst 8 jor. Summa 32 gld.

Item Valtin Hawck 9 jor dinst. Summa 36 gld.

Item Asman Karfner 9 jor dinst. Summa 36 gld.

Item Potterberg 9 jor dinst. Summa 36 gld.

Item Nitczke 5 jor dinst. Summa 20 gld.

Item Eicham 9 jar dinst. Summa 36 gld.

[Zeichen 1] Item Merstenchen 9 jor dinst[d]. Summa 36 gld.

Item Melchiar 9 jar dinst 36 gld.

Item der ander Trespe 9 jar 36 gld.

[Zeichen 1] Item Swarcze Hannus 9 jor 36 gld.

Tod.[c] Item Franczke Osterrode 9 jar 36 gld.

[Zeichen 1] Item Stanke vom Czepit 9 jor 36 gld.

[Zeichen 1] Item Grose Johan 7 jor. Summa 38 gld.

Item Jorge Czymerman 8 jor 32 gld.

Item Rodyna 9 jor. Summa 36 gld.

[Zeichen 1] Item Jorge von Prawsen eyn fusknecht dinst 12 jor. Summa[e] 48 gld.

[fol. 10r]

[Zeichen 1] Item Kweckendorff eyn pherd 5 jor dinst. Summa 40 gld.

[Zeichen 1] Junge Mat[tes] fusknecht dinst 8 jor. Summa 32 gld.

[Zeichen 1] Item Hannus Balder fusknecht dinst 6 jar. Summa 24 gld.

[Zeichen 1] Item Clement eyn fusknecht dinst 5 jor. Summa 20 gld.

Tod.[c] Item Wormichen eyn[f] einrossen dinst 9 jor. Summa 72 gld. 3 schade pherde. Summa 24 gld.

Summa der dinst 1.600 minus 6 gld.

Item der schade.

Item Jorge Molner 3 schade pherde. Summa 24 gld. rh.

Item Kweckendorff eyn schade pherde. Summa 8 gld.[g]

[fol. 10v–12v leer]

---

a Folgt Streichung *dinst.*
b Folgt Streichung unleserlich.
c Korrektur durch Streichung aus *13.*
d Über der Zeile ergänzt.
e Folgt Streichung *l.*
f Folgt Streichung *p.*
g Nach diesem Eintrag verblieb die Seite frei.

10.10 OBA 16645: Auflistung über eine Abrechnung mit Söldnern zur Neumark (1476)

1476.

Geheimes Staatsarchiv Preußischer Kulturbesitz, XX. HA Hist. StA Königsberg, OBA 16645.

Auflistung über eine Abrechnung mit Söldnern.

1 Schmalfolioheft (B 11 x H 31,5 cm) von 1 Blatt Papier, Wasserzeichen: Ochsenkopf mit Augen mit zweikonturiger Stange, Krone, Blume mit sieben Blättern (38 x 142 mm), ähnlich WZIS-Referenznr. DE4620-PO-70713, von einer Hand, Archivarische Bleistiftnotiz, fol. 2v: »Soldbuch des Bundeskrieges A. 52. fol. 188«, Oberkante des Blattes stark eingerissen.

[fol. 1r]

Im etc. LXXVI[ten] jar sint disse nochgeschreben von Newenmarck gancz entscheiden am Obennd Barbare.[1419]

Jacob Brettichen der Rakewicz weyb hot 1 halb laken gewand unnd 4 m. vor 88 ung. gld.

Peter Heyner 1 halb laken gewand et 4 m. vor 50 ung. gld.

Pechman 1 halb laken gewand et 4 m. vor 22 ung. gld.

Freytag ist entscheiden vor 150 ung. gld. unnd Crompach hot es entpfangen.

1419 1476 Dezember 3.

Reynisch 1 halb laken unnd 4 m. vor 23 ung. gld.

Legenicz 1 halb laken unnd 4 m. vor 30 ung. gld.

Die Molerynne 12 ellen gewand vor 10 gld.

Merten Sneider 6 ellen gewand vor 7 m.

Knorpel 1 halb lacken und 8 m. vor 30 ung.

Strawyzinne 4 m.

Item 4 m. hot er der her benomen gen einem korsner und der her wil sich mit irem manne vortragen.

Item 3 halbe laken entpfangen vor 60 m.

Item 4 m.[a] benomen vo ires korsze wegen.

[fol. 1v]

Item Rabe gegeben 4 m. und 8 ellen gewand unnd des her gnad wil im essen unnd trincken geben bis her en gancz entschiedt uff tag unnd stunde.

Brone 3 halbe laken gegeben vor 40 ung. gld.

Hans Thomels frawe 8 m. vor 22 ung. gld.

Summa des geldes das en gegeben ist fa[cit] 44 m.

Item Posschel gegeben 1 pferd vor 14 m. vor [C]rletcz genomensz.

Item John Schoff 200 ung. gld. daruff entpfangen 8 m. an gelde unnd 11 ½ ung. gld. am pferde in V[espera] Circumcisionis in [anno] LXXVII[ten][1420].[b]

[fol. 2r leer]

[fol. 2v]

Item Pawel Horn ins irsze genomen 11 halbe laken.

Item noch 3 halbe laken.

Item von Hans von Potten genomen 7 halbe laken unnd 18 ellen zcu 10 sc.

---

a Über der Zeile ergänzt, darunter Streichung *ung. gld.*

b Unterhalb des Eintrags verbleibt Freiraum.

1420 1476 Dezember 31.

10.11 OBA 16745: Auflistung über eine Abrechnung mit Söldnern (1478)

1478 Juli 10.

Geheimes Staatsarchiv Preußischer Kulturbesitz, XX. HA Hist. StA Königsberg, OBA 16745.

Auflistung über eine Abrechnung mit Söldnern in Kulm, Strasburg und Althaus.

1 Schmalfolioheft (B 11 x H 30 cm) von 3 Blatt Papier, Wasserzeichen: Buchstabe P in gotischer Form mit vierblättriger Blume, Bogenende hinter dem Schaft und mit Dorn, Schaftende gespalten (22 x 77 mm), WZIS-Referenznr. DE4620-PO-112325, von einer Hand, Außenseiten stark verschmutzt: fol. 1r, 6v, Heftfalz tlw. löchrig, mit neuzeitlicher Foliozählung.

[fol. 1r]

Item[a] erw[i]rdiger meyster welchen dasz gelt nicht gefellet alszo das register inneheldt dem sal man i[s] vorczinsen vonn 12 m. eyne m. bissolange das sie beczalet werden.[b]

Item czu gedencken die briffe ausz der cantczelye vonn denschreybend werden gefreyet.[c]

[Eintragungen um 180 Grad gedreht]

Item hern Bernhardts wegen zeligen.

Item Tomas Komers schuldt.

Item der [kir..n][d] schuldt.

Item der [burger] schuldt zcu Stosb[er]g.[e]

[N...][f]

[fol. 1v leer]

[fol. 2r]

Im etc. LXXVIII[ten] jor.

Disz ist der vortrag unnd entscheth mith denn hofelewthin Colman Stroszberg und Aldehawsz feria 6[ta][g] ante Margarethe.[1421]

Item Worsze off 5 pherde hot entphangnn 50 gld. und 1 laken vor 6 gld. So bleibet man ym 200 minus 6 gld. und sal ym sulch gelt[h] *off Aller Mannevasnacht beczalen*

1421 1478 Juli 10.

ab das nicht geschege so sal man ym sulch gelt vorczinsen vor 12 m. 1 forth von Vasnacht ober 1 jor sal man ym sulche sum[m]e gar beczalen.

Item Segel off 3 pherde hat entphangn 30 gld. unnd 1 laken vor 6 gld. So bleibet man ym 60 gld. minus 3 gld. off Aller Mannevasnacht zu beczaln.

Item Scherobel off 3 pherde hot entphangn 30 gld. 1 laken vor 6 gld. dem Lenbacher 6 gld. So bleibet man ym noch 60 gld. minus 1 gld. off Aller Mannevasnacht zubeczalen.

Item Hans Wedmer off 2 pherde hot entphangen 20 gld. und 1 laken vor 6 gld. So bleibet man ym noch 14 gld. off Aller Mannevasnacht zubeczalen.

Item Nibel Buger em panosner hot entphangen 10 gld. unnd 1 laken vor 6 gld. So bleibet man ym noch 8 gld. off Allermanevasnacht zubeczalen.

Item Laszitczer[i] *ein fuszknecht hot entphangn 10 gld. und 1 laken vor 6 gld. und ist gantcz entscheden.*

Item Nikel Meher ein fuszknecht hot entphangn 5 gld. unnd 1 laken gewandt vor 6 gld. So bleibet man ym noch 6 gld. uff Aller Manevasnacht zubeczalnn.

[fol. 2v]

Item Ludel off 4 pherde hot entphangen 50 gld. und 1 laken vor 16 m. So bleibt man ym 80 gld. minus ½ unnd sal yn beczalen off Allermannevasnacht.

Item Casper Unger off 2 pherde hot entphangenn 10 gld. unnd 1 laken vor 6 gld. So bleibet man ym 38 gld. uff Aller Mannevasnacht zubeczalen.

Item Frisen ein panosner hot entphangen 4 gld. unnd 1 laken vor 6 gld. So bleibet man ym noch 24 gld. off Allermannevasnacht zubeczalen.

Item Swertczil off 1 ½ pherd[e] hot entphangn 4 gld. unnd 1 laken von 6 gld. So bleibet man ym 19 gld. off Aller Mannevasnacht zubeczalen.

Item Falten Fok off 3 pherde hot entphangn 27 gld. 1 laken vor 6 gld.[j] *und 7 ½ m. abegekortczt. So bleibet man ym noch schuldig 20 gld. off Aller Mannevasnacht zubeczalen.* [k]*Unnd ist gantcz entscheden.*[k]

Item Smucz off 1 ½ pherd[e] hot entphangn 14 gld. So bleibet man ym noch 15 off Aller Mannevasnacht zubeczalen.

Item Koppel ein fuszknecht hat entphangn 10 gld. unnd 1 laken vor 6 gld. unnd ist gantcz entscheden.

Item Thamel von Rawher ein fuszknecht hot entphangn 10 gld. unnd 1 laken 6 gld. unnd ist gancz entschedenn.

Item Baszner off 3 pherde hot entphangn 44 gld. 1 laken vor 6 gld. So bleibet man ym 44 gld. off Aller Mannevasnacht zubeczalnn.

Item Peter Pommierembe off 2 pherde hot entphangn 20 gld. 1 laken vor 6 gld. So bleibet man ym noch 36½ gld. off Allermannevasnacht zubeczalnn.

---

a Über der Zeile Streichung *Item her[n].*

b Unterhalb des Eintrags verbleibt Freiraum.

c Unterhalb des Eintrags verbleibt Freiraum bis zur Hälfte des Blattes.

d Blasse Tinte mit Tintenfleck.

e Unterhalb des Eintrags verbleibt Freiraum.

f Durch blasse Tinte nicht lesbar. Unterhalb des Eintrags verbleibt Freiraum bis zur Hälfte des Blattes.

g In arabischer Schreibweise.

h Folgt Streichung *vorczinsen.*

i Über dem Wort nachgetragen *er.*

j Folgt Streichung unleserlich.

k Nachtrag.

[fol. 3r]

Item Thamel Vierroszer off 1½ pherdt hath entphangen 10 gld. und 1 laken vor 6 gld. So bleibet man ym noch 13 gld. off Aller Mannevasnacht zubeczalnn.

Item[a] *Cleinfritcze von Erhardtn wegen off 1 pherdt entphangn 6 rh. gld.*[b] *und ist gantcz enntschednn.*

Item Cleinfritcze off 3 pherde hot entphangen 20 gld. So bleibet man ym noch schuldig 44 gld. Doraff hot her entphangen von unsers hoemeisters gnoden 10 m. das ander stet an off Vasnacht ober 1 jor zubeczaln.

[c]*Item 9½ ung. gld. entphangen an pferd und gelde [an] Vigilia Palmarum.*[c]

Item von Gregorszn[er] wegn off 3 pherde[d] *nymeth sich Clein Fritcze an unnd bleibet an stehn.*

Item Wolffwengel uff 1½ pherd[e] hot entphangen 14 gld. und 1 laken vor[e] *16 m. unnd ist entscheden.*

Item Cristoff von Qwos wegen off 7 pherde hot entphangn 4 gld. So bleibzt man ym noch 200 unnd 29 gld. bleibet an stehn vasz czukunfft seinem zōne.

Item Jorge Maturnitczs ein fusknecht hot entphangn 17 gld. unnd ist entschedenn.

Item Hollitczs von Vihewegs wegn uff 3 pherde hot entphangn 6 gld. unnd 1 laken vor 6 gld. So bleibet man ym noch 33 gld.[f] *czubeczaln wenne der zon dirwechst.*

Item Schymko off 1 pherdt hot entphangn 10 gld. 1 laken vor 6 gld. So bleibet man ym noch 8 gld. off Allermannevasnacht zu beczaln.

Item Schadendorff ein fuszknecht hot entphangn 11 gld. unnd 1 laken vor 6 gld. unnd ist entschedenn.

[fol. 3v]

Item Rolanndt uff 4 pherde hot entphangn unnd von Michel Lenefeldis wegn 40 gld. unnd 1 laken vor 24[g] *m. So bleibet man ym noch 54 gld. off Allermannevasnacht zubeczaln ab das nicht geschege so sal man is ym vorczinsen von 12 m. enie.*

Item Stakkinger off 2 pherde hot entphangn 6 gld. unnd 1 laken vor 6 gld. So bleibet man ym noch 36 gld. off Aller Manevasnacht zu beczaln.

Item Kethlitcz off 2 pherde hot entphangn 20 gld. unnd 1 laken vor[h] *16 m. So bleibet man ym 35 gld. off Aller Manevasnacht zubeczaln.*

Item Wilhelm uff 2 pherde hot entphangn 10 gld. So bleibet man ym noch 54 gld. off Allermannevasnacht zubeczalenn.

Item Jocob Unger off 1 pherdt hot entphangn 1 laken gewandt vor 16 m.[i] und ist entscheden.

Item Guthhanns off 3 pherde hot entphangn 20 gld. und 1 laken gewandt vor 6 gld. unnd bleibet ym noch 74 gld. off Allermannevasnacht zubezaln.

Item Nickel von Meisners wegen off 6 pherde hat entphangn 20 gld. unnd bleibet ym noch 180 gld. dasz sal an scheen vasz der zon hereyn komen wirth.

Item Hertel off 6 pherde hot entphangnn 50 gld. unnd van Krusz wegn 10 gld. So bleibet man ym 500 gld. unnd 22 gld.

Item Cleinbernhardt off 6 tragn pherde unnd 2 pherde von Czachn wegen[j] unnd wurde allis getrede pherde unnd vihe unnd was off dem aldenn hawse ist da sal man ym vor geben 200 gld. Doroff hat her entphangen 100 m. dasz ander beybet an sthen.

[fol. 4r]

Item Wantko Holewitczs off 3 pherde hot entphangen 100 gld. unnd 1 laken vor 6 gld. So bleibet man ym 100 gld. czu beczalenn off Allermanevasnacht. So das nicht geschege sal man ym sulch gelt vorczinsen von 12 m. eine unnd forth aber 1 jor uff Vasnacht sal such gelt gantcz an barem gelde beczalt werdnn.

Item die fuszknechte off 8 wagen pherde han entphangn 2 laken vor 12 gld. unnd sint gantcz entscheden.

Item Wolffwengel von Lenhardt Becken wegn off 1 ½ pherdt hat entphanngen 1 laken vor 14 gld.

Item die Eylendischn fusknechte Prawszner Zcander Thamer Hans Traczpe Padsmon Merthen Plowischtz Matis Schabel 2 laken vor 12 gld. unnd 6 m.

Item Cristoff off 1 pherdt entphangn 1 laken vor 16 m. unnd 1 ½ m. und 4 sc.

Item Honigfeld off 1 pherd hot entphangn 1 laken vor 16 m. unnd 1 ½ m. und 4 sc.

Item Jorge Mahner Jorge Prawsz unnd Michel Seydel entphangn 1 tuch vor 6 gld. unnd itczlichnin 4 m.

Item Contcze von Plenicheym entphangn 2 rh. gld.

Item Cristoff Fleischer entphangen 2 rh. gld.

Item [k] mith Slanigk von Holohnidersig wegen vortragn off 2 pherde hot entphangen 10 rh. gld. unnd sal ym noch 21 gld. rh. die sal man ym gebn off Martini[1422] ober 1 jor und hoth gelobet vor alle nochmanungen.

[fol. 4v]

Item Thumko off 3 pherde hot entphangn 20 gld. unnd 20 hot her dirlaszinn. So bleibet man ym noch 60 gld. das sal man ym gebn off Martini ober 1 jor 20 unnd aber ober ein jor 20 vasz di 60 gld. beczalt werdnn.

Item Peter Keseeszer off 1 pherdt hot her entphangn 6 rh. gld. mit sulchem underscheit das her gewiszenschaft sal brengn unnd gerechtiken habn sulche schult czuvordern.

Item Cristoff von Greschigk entphangn 1 rh. gld.

Sm.[l]

---

a Folgt Streichung *Erhardt.*
b Folgt Streichung *das ander bleibet anschen.*
c Nachtrag.
d Folgt Streichung *hot entphangen.*
e Folgt Streichung *6 gld.*
f Folgt Streichung *off Allermannevasnacht zubeczaln.*
g Folgt Streichung *gld.*
h Folgt Streichung unleserlich.
i Über der Zeile ergänzt, darunter Streichung *gld.*
j Folgt Streichung *hoth entphangen.*
k Folgt Streichung *h.*
l Zeile nicht zu Ende geführt.

Straszberger.

Item Bernhardt Zcedlitcz off 9 pherde entphangen 100 gld. 100 m. unnd 35 m. So bleibet man ym 400 gld. unnd 40 m. die sal man ym beczalnn off Phingsten nest komen so dasz nicht geschege so sal man ym sulch gelt vorczinsen von 12 m. eine uff Phingsten anczuhebn sal man ym halben zcinsz geben for off Martini aber 1 jor

---

1422 November 11.

sal der gantcze zinsz an treten ouch sal her freihe vischereye haben zu seinen tische unnd das dorff Stibitcz notdorft hat zumachn sunder was der here be[satczn] wirth sal her abetrethen.

Item Hermsdorff off 6 pherde gekoffte von Meissnern 2 Hensel Ungern 1 Wolf Swengel 1 Frisdrich[a] *Kruse 1 Maczegroch 1 hot entphangen 100 gld. So bleibet man ym noch 200 gld. die sal man ym geben off Martini zukunftig do vor haben gelobet die erb[a]rn Bernhardt Lenbacher*[b] *Hertel Hans Falbenhayn unnd Bernhard Bude.*

[fol. 5r]

Item Canthenheymer off 8 pherde hot entphangen 150 gld. So bleibet man ym noch 200 gld. sulche schult sal man ym beczaln an zuhebn von Michaelis[1423] *ober 1 jor 50 gld. unnd for uff Michaelis 50 gld. vasz sulche 200 gld. beczalt werdnn. Doroff hot her entphangen vor 24 m. 1 laken.*

Item Pannelig unnd Heynijan off 3 pherde hoth entphangn 26 gld. unnd 1 laken vor 6 gld. So bleibet man ym noch 32 gld. zu beczaln uff Allermannevasnacht unnd hot gelobet vor Hymmjan vor alle nochmanunge.

Item Sutko off 4 pherde hot entphangn 50 gld. unnd 1 laken vor 10 gld. So bleibet man ym noch 100 gld. unnd 80 gld. die sal man ym beczaln off Aller Mannevasnacht so dasz nicht geschege so sal man isz ym vorczinsen von 12 m.[c]

Item Wantko der Beheme off 3 pherde hat entphangn 20 gld. unnd 1 laken vor 16 m. uff Martini[1424] *sal man ym gebn 20 gld. unnd vor 100 gld. hot man ym das dorff Grose Gortcznn vorsatczt abeczulasnn unnd den garthen unnd die wesen die her vor dem schlosze gehalden hat zugebrauchen vasz her abegelasch werth.*

Item Waytczleff off 2 pherde hot Jorsig Hů̈sz von seineth wegn entphangn 1 laken vor 24 m. unnd 4 gld. unnd ist entscheden.

Item Stragk ein fuszknecht entphangn 12 gld. unnd 1 laken vor[d] 7 gld. ist gantcz entscheiden.

Item Waldaw von m[e]ister Hanus wegnn off 2 pherde hat entphangn 10 gld. So bleibet man ym schuldig 40 gld. sal man ym off Allermanne Vasnacht gebn 10 gld. forth alle jor 10 gld. vasz sulcher 40 gld. beczalth werdnn.

[fol. 5v]

Item Hans ym Kelne[r] uff 1 pherdt hat entphangen 13 gld. unnd 1 laken vor 14 gld. unnd ist entscheidnn.

1423 September 29.

1424 November 11.

Item Jostel ein pavosner hot entphangen 8 ½ gld. unnd 1 laken vor 10 gld. unnd ist gantcz entscheden.

Item Rath 1 pherdt hot entphangn 15 gld. unnd 1 laken vor 6 gld. unnd ist gantcz entscheiden von Bartcz Kalo wegen off 2 ½ pherdt unnd hat der statschreybr entphangn 6 m. das ander stet an wihe man isz mit andn taten wurt entscheydenn.

Item Hubko 1 pherd unnd Weiszehensel 1 ½ pherd[e] hot entphangn 10 gld. 1 laken vor 6 gld. So bleibet man ym noch 34 gld. uff Aller Mannevasnacht zu beczaln.

Item Jacube off 2 pherde hot entphangen 20 gld. unnd 1 laken vor 6 gld. So bleibet man ym 16 gld. uff Weynachten[1425] *zubeczaln.*

Item Martczincko von Krumenaw off 1 ½ pherdt hot entphangen 14 gld. unnd 1 laken vor 14 gld. unnd ist gantcz entscheden.

Item Caspar Unger 1 fuszknecht hot entphangn 10 ½ gld. unnd ist gar entschedn.

Item Johan Czaytczi off 2 pherde hat entphangn 12 gld. unnd 1 laken vor 7 gld. So bleibet man ym noch 20 gld. off Aller Mannevasnacht zubeczaln.

Item Peter Steyrer off 2 pherde hot entphangn 10 gld. so bleybet man ym 15 gld. die sal man off Allermanevasnacht beczalen unnd forth ober 1 jor 15 gld.

Item Hawser off 1 pherdt hot entphangn 10 gld. unnd bleibet ym 14 gld. die sal man ym geben von Vasnacht obir 1 jor.

[fol. 6r]

Item Iczeszky Ian off 2 pherde hot entphangn 10 gld. unnd 1 laken 6 gld. So bleibet man ym noch 15[e] gld. die sal man ym off Aller Mannevasnacht obir 1 jor geben dasz her der her marschalg zu ym geno[mme]n.

Item Lodwig von Slawaken wegn off 3 pherde hot entphangn 10 gld. 1 laken vor 14 gld. bleibet man ym[f] *70 gld. minus 1 gld. off Allermannevasnacht zubeczaln.*

Item Schwester zon off 5 gekoffte pherde von Godern 2 pherde von Czezitczky 1 von Salove 1 von Niclasch 1 hat entphangn 100 unnd 77 gld. und 1 laken vor 6 gld. unnd ist gantcz entschedenn.

Item von Bosemichels wegenn off 7 pherde wie man is mith andrn toden wirt haldenn so sal man is ouch halden.

1425 Dezember 25.

Item Prey Sagk off 5 pherde hot entphangn 20 gld. unnd off Weynachten[1426] *20 gld. unnd 1 laken vor 6 gld. So bleibet man ir 100 gld. off Aller Mannevasnacht zubeczaln ab das nicht geschege so sal man is ir vorczinsen von 12 m. unnd ober 1 jor gar beczalen.*

Item Hermszdorff entphangn 6 rh. gld. uff zwiche laste haber.

Summa summarum facit 3.000 undd 24 m. als wirs obirslagenn habnn.

Item disz gewandt als wirs aberschlagnn habn so habe wirs 55 m. hecher auszgebrocht wene isz der kafman awr gnode hat angeschlaen.

Item der kompthur von Osterrode hot noch 32[g] rh. gld. oberig von dem auszgebenn gelde.

Summa summarum an gelde unnde gewande awszgebenn facit 2.190 ½ gld.

Item so bleibet man en noch schuldig 3.500 unnd 300 gld.

[fol. 6v]

Item Hermszdorff enntphangen 8 m.[h]

Register der entschaids Stoszberg Colmin unnd Aldenhauwsz.[h]

a Eher *Fridrich.*

b Folgt unleserliches Zeichen.

c Folgt *rh. 1.*

d Folgt Streichung *7.*

e Korrektur durch Streichung aus *12.*

f Folgt Streichung *15.*

g Korrektur durch Ergänzung aus *30.*

h Unterhalb des Eintrags verbleibt Freiraum.

1426 Dezember 25.

10.12 OBA 16836: Auflistung über eine Abrechnung mit Söldnern (1479)

1479 Oktober 22.

Geheimes Staatsarchiv Preußischer Kulturbesitz, XX. HA Hist. StA Königsberg, OBA 16836.

Auflistung über eine Abrechnung mit Söldnern in Kulm, Strasburg und Althaus.

1 Schmalfolioheft (B 11 x H 32,5 cm) von 2 Blatt Papier, Wasserzeichen: Ochsenkopf mit Augen und rundem Kinn, mit aufrechter Schlange, fünf Windungen, an zweikonturiger Stange mit lateinischem Kreuz (40 x 150 mm), ähnlich WZIS-Referenznr. DE4620-PO-71166, Ochsenkopf mit Augen, mit zweikonturiger Stange und Blume mit sechs Blättern, unten Sparren (38 x 150 mm), ähnlich WZIS-Referenznr. DE4620-PO-70125, von einer Hand, mit neuzeitlicher Seitenzählung, 2 Seiten nicht paginiert, Stempelabdruck: S. 6, Adler mit umlaufender Schrift »Königliches Staatsarchiv Königsberg O/Pr.«.

[S. 1]

Disz ist der vortrag Colmener Straszberg unnd Aldehaws im etc. LXXIXstenn[a] jore[b] am Freitage vor[c] Simonis Jude.[1427]

Stroszbergk.

Item Ludwig von Schlawickenn wegenn hot entphanngen 51 gld. ung. unnde an gewande 18 ung. gld.

Item Waldaw entphangen 22 gld. an gewande 24 m.

Item Proschakynn entphangenn 100 gld. unnd 2 gld. unnd an gewande 18 gld.

Item Kamhenhemer hot entphangen 100 gld. unnd[d] 57 gld. unnd 1 lakenn vor 27 m.

Item Paweligk hot entphangen an gelde 20 gld. unnd an gewande 12 gld.

Item Hubko von Weiszhauszes wegenn hot entphangenn 22 gld. unnd an gewande 12 gld.

Item Sutchko hot entphangen 100 gld. unnd 41 gld. unnd an gewande[e] 24 gld.[f] unnd 15 gld. abegeschlagenn die im der hern hoemeister hot gebnn.

Item Johann Kretczs hot entphangen 14 gld. unnd an gewande 6 gld.

Item Peter Steyrer hot entphangen 16 gld. unnd an gewande 12 gld.

Item Hawser hot entphangen 3 gld. 1 m. unnd 4 sc. unnd an gewande 19 m.

1427 1479 Oktober 22.

[S. 2]

Item Jacubko hot enntphangen 10 gld. an gewande 6 gld.

Item Bernhardt Zedlitcz hot enntphangenn an geldeg[g] 400 gld. unnd 4 tucher gewanndt vor 40 m.[h]

---

a Korrektur durch Ergänzung aus *LXXXtenn*.
b Dopplung.
c Über der Zeile ergänzt.
d Folgt Streichung *61*.
e Folgt Streichung unleserlich.
f Folgt Streichung *an*.
g Folgt Streichung *200 gld*.
h Unterhalb des Eintrags verbleibt Freiraum.

[S. 3]

Calmener.

Item Hermszdorff 2 lakenn gebnn vonn befelunge unnsers hoemeisters gnoden.

Item Relanndt enntphangenn 40 gld. minus 8 sc. an gewannde 14 gld. unnd 8 sc.

Item Scherobel enntphangen 44 gld. unnd an gewande 15 gld.

Item Uriger 8 gld. entphangen.

Item des burgermeister zcu Colmann gebenn 3 tuch gewanndt von bevelunge unnsers hoemeisters gnaden.

Item Ludel enntphangen 58 gld. unnd an gewande 21 gld. unnd ½ m.

Item Caspar Unnger entphangen 32 gld. unnd an gewand 6 gld.

Item Frise ein papfosner hot entphangen 18 gld. unnd an gewande[a] 6 gld.

Item Meher entphanngen an gewannde 6 gld.

Item Jacop Schwartczlynn entphangenn 13 gld.[b] unnde an gewande 6 gld.

Item Summer enntphangenn 15 gld.

Item Caszner entphangenn 38 gld. unnde an gewande 6 gld.

Item Peter Pommeremke entphangen 36 gld.

[S. 4]

Item Cleinfritcz enntphanngen 43 gld.

Item Worsze hot enntphanngen 100 gld. unnd 73 gld. unnd an gewannde 38 m.

Item Segel entphangen 57[c] gld.

Item Hanns Wedmer 14 gld.

Item Michel Hůltcz von Fibex zon wegenn hot entphangen 10 gld. unnd an gewand 6 gld. unnd der obngenante Heletczs globit vor alle nochmanunge.

Item Schimke entphangen 8 gld.

Item Peter Stockingerinne entphangenn 36 gld. sulch golts hat entphangen Kunitcze von Plauchenn.

Item Ketlitcz entphangenn 29 gld. unnd an gewande 6 gld.

Item Wilhelm 42 gld. entphangen unnd an gewande 12 gld.

---

a Folgt Streichung *10.*

b Folgt Streichung *unde.*

c Folgt Streichung *m.*

Holobitzs.

Item Wanntko entphanngen 100 gld. minus 6 gld. an gulde unnd an gewande 6 gld.

Item Wolfschwengel von Lenhardt Peckers wegenn 20 gld.[a]

Item Wanntko der Beheme hot entphanngen an gelde 76 gld. unnd an gewannde 24 gld.

[S. 5]

Item Schlamgk entphanngen 15[b] ung. gld.

Item Cleyn[c] Hinnko entphangen 25[d] gld. an gelde unnd 24 an gewande.[e]

[S. 6]

Item Clobesathels swester entscheiden vor 70 m. robinn 5 tuch gewanth 5 ung. gld. unnd ½ m.

Item vor bir unnd habern den selbigen gebind 1 tuch gewanndt.

Item dem schmide von her Bernfardzts wegenn gebnn ½ tuch vor 5 m.

Beczange dorbey gewest Jorge Mohiet Hans Dickerbeynn meister Caspar der schmidt am Obende Omnium Sanctorum im etc. LXXIX[ten] jor[1428].[e]

---

a Folgt Streichung *Item Canthenheiner hot enntphan[gen].*

b Über der Zahl nochmals den röm. Buchstaben für die Zahl 5 ergänzt, obwohl dieser darunter leserlich und nicht gestrichen ist.

c Folgt Streichung unleserlich.

d Korrektur durch partielle Streichung aus *31.*

1428 1479 Oktober 31.

e Unterhalb des Eintrags verbleibt Freiraum.

10.13 OBA 16837: Aufstellung einer Tuchausgabe (1479)

1479 Oktober 29.

Geheimes Staatsarchiv Preußischer Kulturbesitz, XX. HA Hist. StA Königsberg, OBA 16837.

Aufstellung einer Tuchausgabe.

1 Schmalfolioheft (B 11 x H 32,5 cm) von 6 Blatt Papier, Blatt fol. 6/7 geringere Abmaße, Wasserzeichen: Ochsenkopf mit Augen und rundem Kinn, mit aufrechter Schlange, fünf Windungen, an zweikonturiger Stange mit lateinischem Kreuz (38 x 155 mm, 39 x 138 mm), ähnlich WZIS-Referenznr. DE4620-PO-71166, DE4620-PO-70958, von drei Händen, mit neuzeitlicher, nicht stringenter, korrigierter Foliozählung, Stempelabdruck: fol. 12v, Adler mit umlaufender Schrift »Königliches Staatsarchiv Königsberg O/Pr.«.

[fol. 1r]

Item etc. LXXIX[ten] jar am Freitag noch Symonis unnde Jude ist dis noch geschreben gewand den hoffelewten von Strosberg Colmen unnd Alde Hawsz awsgegebenn und ouch disz nochgeschrebenn geld.

Strosberger.

Item Ludwig von Slabaken wegen geg[eben] 51 gld. ung.[a] unnd 18 gld. an gewand.

Item Hanns Waldaw geg[eben][b] 22 ung. gld. unnd 24[c] m. an gewand.

Item Presakynne geg[eben] 100 und 2[d] ung. gld. unnd 18 gld. an gewande.

Item Ulrich Kontenheymer 157 gld. an golde unnd 27 m. an gewande.

Item Paweligk 20 gld. an gelde unnd 12 gld. an gewand.

Item Hubko und Weyszhans 22 gld. an golde unnd 12 gld. an gewande.

Item Sutko 141 gld. an golde und 24 gld. an gewande und 15 gld. abgeslagen die im der her hoe[meis]ter hat geg[eben].

Item Cratcz Jan 14 gld. an golde und 6 [gld.] an gewande.

Item Peter Steyer 16 gld. an golde unnd 12 gld. an gewande.

Item Hawszer 3 gld. 1 m. und 4 sc. unnd 19 m. an[e] gewand.

[fol. 1v]

Item Jacube 10 ung. gld. an golde unnd 6 gld. an gewande.[f]

Item Berndt Zedelicz hat entphangen 400 ung. gld. et 4 tucher gewand vor 40 m. prewsch.[f]

---

a Unterhalb der Zeile ergänzt.
b Folgt Streichung *10 ung. gld.*
c Folgt Streichung *ge[...]*.
d Folgt Streichung *C*.
e Unter der Zeile ergänzt.
f Unterhalb des Eintrags verbleibt Freiraum.

[fol. 2r]

Colmener.

Item Wolffswengil von Lenhart Berkers wegen 20 gld. an golde.[a]

Item Worssche 100 und 73 gld. an golde unnd 38 m. an gewande.[a]

Item Rwland 40 gld. minus 8 sc. an golde und 14 gld. u[nd] 8 sc. an gewande geg[eben].[a]

Item Hermenszdorff 2 laken gewand geg[eben] von bevelh des hernn hoemeister.[a]

Item Scharhoffel 44 ung. gld. an golde und ½ m. prewsch. und 27 m. an gewande.[a]

Item Nickel Briger 8 ung. gld.[a]

Item Ludel 58[b] ung. gld. und 21 gld. und ½ m. an gewande.

Item dem burgermeister vom Colmen 3 laken geg[eben].

Item Caspar Unger 32 ung. gld. und 6 gld. an gewande.

[fol. 2v]

Item Fryseneryнn 18 gld. an golde und 6 gld. an gewande.

Item Meyer 6 gld. an gewande.

Item Swerzelynn 13 gld. an golde und 6 gld. an gewande.

Item Somer 15 gld. an gulde.

Item Bassener 38[c] ung. gld. und 6 gld. an gewande.

Item Pomerenynk 36 gld. an golde.

Item Cleyn Fritcz 43 gld. an golde.

Item Segir 57 gld. an golde.

Item Hans Wedmer 14 gld. an golde.

Item Holcz von Fihweges zonis wegen 10 gld. an golde und 6 gld. an gewand und hot glowbt vor nochmanung.

Item Schymko 8 gld. an golde.

Item Peter Stockeneynn 36 gld. an golde und Cuncz von Plauthen hat das gold entphangen.

Item Kytlicz 29 gld. an gelde unnd 6 gld. an gewande.

Item Wilhelm 42 gld. an golde unnd 12 gld. an gewand.

Item Wanko Holobicz[d] geg[eben] 94 gld. an golde unnd 6 gld. an gewande.

Item[e] Homko 26 gld. an golde unnd 24 gld.[f]

[fol. 3r]

Item Wanko der Bohme gegeben 76 ung. gld. an golde unnd 24 gld. an gewande.

Item Slabyck geg[eben] 15 ung. gld.

Item.[g]

---

a Unterhalb des Eintrags verbleibt Freiraum.
b Korrektur durch Streichung aus *59*.
c Korrektur durch Ergänzung aus *35*.
d Folgt Streichung *100 gld. minus 6 gld.*
e Folgt Streichung unleserlich.
f Unterhalb des Eintrags verbleibt Freiraum.
g Hiernach verbleibt der Eintrag unvollendet. Unterhalb des Eintrags verbleibt Freiraum.

[fol. 3v–5v leer]

[fol. 6r]

Item Clein Bernhard 1 laken vor 6 gld. von Bursen wegen.

Item Peter Stackinger 1 tuch vor 6 gld.

Item Saszner 1 tuch vor 24 m. von Rolandis wegenn.

Item Holtczs von Viheweg wegen 1 lakenn vor 6 gld.

Item Hertel von Segils wegenn 1 lakenn vor 6 gld.

Item Clein Fritcze von Brigers wegen 1 tuch vor 6 gld.

Item Scherobel 1 tuch vor 6 gld.

Item Hertel von Loszitczers wegen 1 tuch vor 6 gld.

Item Falten Focke von Wedemers wegenn 1 tuch vor 6 gld.

Item Hertel von der Meyheryn wegenn 1 laken vor 6 gld.

Item Hertel von Fresen wegen 1 laken vor 6 gld.

Item Hertel von der Sirertczyn wegen 1 tuch vor 6 gld.

Item[a] Gaszner 1 laken vor 6 gld. von Casper Ungers wegenn.

Item Gaszner 1 laken vor 6 gld. von Swartczs Tamels wegenn.

Item Ludwig Berger 1 laken vor 24 m.

Item Kuppil 1 laken vor 6 gld.

Item Peter Pommeremke 1 laken vor 6 gld.

Item Lodel 1 laken vor 16 gld.

Item Hertel 1 laken vor 6 gld. von Vierraszers wegen.

Item Wancko 1 laken vor 6 gld. von Schymkos wegenn.

Item Wolffwengel 1 laken vor 16 m.

[fol. 6v]

Item Baszner 1 laken vor 16 m. von Jocobs Unger wegen.[b]

Item Martczyncko 1 laken vor 6 gld. von Schadendorffs wegnn.

Item Hertel 1 laken vor 16 m. von Kithlitczs wegen.

Item Falten Sack 1 laken vor 6 gld.

Item Sutko 1 laken vor 16 m.

Item Canthenheymer 1 laken vor 24 m.

Item Martczyncke 1 laken vor 24 m.

Item Paunelligk 1 laken vor 6 gld.

Item Wantko 1 laken vor 10 gld.

Item Waldaw 1 laken vor 6 gld.

Item Hans Kelner 1 laken vor 14 gld.

Item Jostel 1 laken vor 10 gld.

Item Swester zon 1 laken vor 6 gld.

Item Kach 1 laken vor 6 gld.

Item Hubko 1 laken vor 6 gld.

Item der her Marschalg hot entphangen 1 lakenn vor 8 gld. von Czeszlyan wegnn.

Item Czeytcz 1 laken vor 7 gld.

Item Jacubko 1 laken vor 6 gld.

Item Swester zon von Haszisersigs wegenn 1 laken vor 24 m.

Item Stragk 1 lakenn vor[c] 8 gld.

Item Prosaykyn 1 laken vor 6 gld.

Item der vorlornen rotte von Kolman 2 laken vor 12 gld.

Item den fuszknechten den Osterreichern 2 laken vor 12 gld.

[fol. 7r]

Item Wolffwengel 1 laken vor 6 gld. von Lenhar[d]is Bekers wegen.

Item Wantko dem schreiber 1 lakenn vor 6 gld.

Item dem burgermeister vom Colman 1 laken gewanndt vor 6 gld.

Item Cristoff Luden 1 laken vor [d]vor 16 m.[d]

Item Michel Honigkfeld 1 laken v[or] 6 gld.

Item Nickel Seydel[e] 1 laken vor 6 gld.

[f]Jorge Molner

Jorge Praewss.[f]

Item dasz gewanndt stet 600 unnd 40 m. als[g] der kafman geczeichent hat. So habe wirs gesumeth unnd Hecher gebrocht als off 55 m. Als wir isz abneslagenn habnn.[h]

[fol. 7v–8v leer]

[fol. 9r, um 180° gedreht]

Item Clebesatils swester entscheiden vor 70 m. geg[eben] 5 tuch gewand 5 ung. gld. ½ m.

Item vor die bir schuld haber fleisch geg[eben] 1 tuch gewand.

Item dem smede von her Berndts wegen geg[eben] ½ tuch vor 5 m.

Geczewge dobey gewest Jorge Molner Hans Kyckerbeyn meister Caspar der smidt am Obennd Omnium Sanctorum.[1429]

Item her Berndt Cro geg[eben] 1 tuch gewand von bevelh des hern hoe[meis]ters.[h]

[fol. 12v]

Item im etc. LXXIX^{sten} jare am Montag vor Symonis und Jude.[1430]

Item 20 m. 8 sc. dem burgermeister vom Colmen gelegen.

Item 4 m. Wenko dem schreiber gelegen.[h]

---

a Folgt Streichung *Loben.*

1429 Oktober 31.

1430 1479 Oktober 25.

b Über der Zeile ergänzt.
c Folgt Streichung *20.*
d Über der Zeile ergänzt, darunter Streichung *6 gld.*
e Von diesem Wort für eine Linie zu dem Wort *laken.*
f Unter der Zeile ergänzt. Von *Jorge Prawsz* führt eine Linie zu dem Wort *laken.*
g Folgt Streichung unleserlich.
h Unterhalb des Eintrags verbleibt Freiraum.

10.14 OBA 16927: Auflistung von angefertigten Kerbzetteln (1480)

Um 1480.

Geheimes Staatsarchiv Preußischer Kulturbesitz, XX. HA Hist. StA Königsberg, OBA 16927.

Auflistung von angefertigten Kerbzetteln.

1 Blatt Papier (B 22 x H 33 cm), ohne Wasserzeichen, von drei Händen, Stempelabdruck: fol. v, Adler mit umlaufender Schrift »Königliches Staatsarchiv Königsberg O/Pr.«.

[fol. r]

Item Hanns Camenick czedel uff den hoff Tonthyn.

Item ein czedel der czwitracht czwisschen Bartenstein und Zeyntel.

Item Hans Walroders czedel uff Hans vonn Waldaw uff etliche dienst [ver]schribenn.

Item Pauel Kesekorps nochgelassen hawszfraw czedel.

Item eine czedel von der Memele und Wintburick dy her Hanns von Tyessen her Hanse Scherffchn hatt oberantwort von der nottorfft des hawses.

Item Sigmundt Qwosz nochgelossen hawsfraw czedel ober 200 unnd 36 ung. gld.

Item Cristoff Kotwicz czedel ober 400 ung. gld.

Item Caspar Lembergs czedel ober 400 ung. gld.

Item Jorgen Gosschiczken selige erben czedel ober 500 m.

Item Sczyman von Lachaw czedel ober 350 m.

Item Hans Renenberg czedel ober 66 56 m. Beczalt.[a]

Item Macz Czyran czedel ober 200 ung. gld.

Item Peter Lossen czedel ober 500 ung. gld.

Item Hans Weicharts czedel obir 100 und 80 ung. gld. [a]Ganz entscheiden.[a]

Item Lang Hans czedel ober 100 m. unnd 41 m.

Item des Alde Heincz Stencz czedel ober 200 unnd 16 ½ m.

Item her Veyth und Cristoff von Tamencz gebruder bekentnis ober 1.100 ung. gld.

Item Jhan Tunkels czedel ober 200 ung. gld.

Item Heincz vom Berge ober 400 m. und 20 m. czedel.

Item Claws Pirch von Merten Pirch seines bruder selige czedel.

Item was der kemmer von Osterode hatt entpfangen eyne czedel.

Item ein czedel ober die kannen im keller.

Item Nickel Opicz czedel gancz entscheiden mit Pomszdorff.

Item Caspar Sacks czedel.

Item eine czedel Paschke des alden marschalks dyner.

Item eine czedel von Cristburg der schult haben des von Plawen wegen.

Item Hans Ploszwicz czedel.

Item Hans von Czossin czedel.

Item Hans Dalewicz czedel.

Item Jorge Hawgwicz czedel.

Item Fridrich Bernfelt czedel.

Item *Peter Rabenaw czedel.* [a]Gancz entscheiden.[a]

Item Melcher Magnes czedel und qwitancie.

Item Magnes Lobel gancz entscheid.

Item Hans Dobschicz czedel.

Item Jorge Czedlicz czedel.

Item Hansz Fehmen czedel.

Item Jocob Meyssner czedel.

Item Hans Rackel.

Item Nicklis und seines swager czedel.

Item eyn macht Hans von Waldaw Hans Rod gethan.

[b]Item Friederich Stantz ein hengst vor 50 m. entphangen [c]im etc. LXXX jare.[c]

Item sein sone entphangen 23 m. am tage Philippi und Jacobi im etc. LXXXIII[ten] jore[1431].[b]

1431 1483 Mai 1.

[fol. v]

[d]Diesz ist das register uff die awszgesnyten czedeln.[d]

Item Hanns Walrabe geben 38 m. uff den dinst den Hanns vom Walde unsern orden mit 7 pferden hott gethon. Unnd so unns derselbe Walrabe gnuglich beweyszung von Hanssen von Walde vorbrocht wollen wir des noch vormogen gleich andern beczalen.

---

a Nachtrag von anderer Hand.
b Nachtrag von anderer Hand. An der unteren Seitenkante steht ein unleserliches Wort.
c Unterhalb der Zeile ergänzt.
d Eintragung um 90 Grad gedreht.

10.15 OBA 17276: Abrechnung mit den Gesellen des Caspar Noszwitcz (1486)

1486 Dezember 4.

Geheimes Staatsarchiv Preußischer Kulturbesitz, XX. HA Hist. StA Königsberg, OBA 17276.

Abrechnung mit den Gesellen des Caspar Noszwitcz.

1 Schmalfolioheft (B 11 x H 32 cm) von 1 Blatt Papier, ohne Wasserzeichen, von zwei Händen, mit neuzeitlicher Foliozählung.

[fol. 1r]

Item Hanns Gebeltzky hot gedinet 4 jor mit 4 pferden.

Summa facit 100 und 28 gld.

Item Matt[is] Prownitz hot gedinet 4 jor mit 5 pferden.

Summa facit 150 unnd 10 gld.

Caspar Gabelennitz hot gedinet 7 jor mit 1 pferde alsz unns Promnitz unnd Otte Knobelszdorff bericht habenn.

Summa facit 56 gld.

Item Hanns Froberg hot gedient 12 jor mit 6 ½ pferde.

Summa facit 600 unnd 24 gld.

Hanns Sweinchenn hot gedinet 9 jor mit 5 pferde.

Summa facit 350 und 10 gld.

Nickell Frobergk hot gedinet 11 jor mit 1 pferde.

Summa facit 88 gld.

Item Hanns Peyer hott gedinet 6 jor mit 2 pferdenn.

Summa facit 100 gld. minus 4.[a]

[fol. 1v leer]

[fol. 2r]
Item mit Otte Knobelszdorff abgerechnnt am tag Barbare Virginis im etc. LXXXVI[ten] jar.[1432]

Item hot gediennet mit 7 pferdenn 9 ½ jor lang das jor uffs pferdth 8 ung. gld.

Item seine summa macht 500 unnd 32 gld.

Item vor denn schadenn begert er 1 pferdt.

Item mit Melchior Promnitz abgerechnt hot gedienet mit 3 pferdenn 11 jor das jor uffs pferdt 8 gld. ung.

Summa facit 250 unnd 14 gld.

Item vonn Qwosz unnd Snawckenn wege abgerechnnt habenn gedient 9 jor lanng mit 16 pferdenn uffs pferdt 1 jor 8 gld.

Summa facit 1.150 unnd 2 gld. ung.

Item Heintz Newdorpf hot gedient 9 jor mit 8 pferden.

Summa facit 550 und 26 gld. ung.

Item Fritzsch Rabenaw hot gedienet 8 jor mit 21 pferd.

Summa facit 1.350 und 6 gld. ung.

Item inn unserm register vinde wir nicht mher dann 12 pferde ob Hanns Rabenaw mit ime zusamme gedienet hot ist unns unnwissennd.

[fol. 2v, Eintragung um 180 Grad gedreht]
Item hieinne findet man Caspar Noszwitcz gesellenn mit den newlich abegerechent ist. Das trifft ettlich tuwsent gulden.[b]

a Unterhalb des Eintrags verbleibt Freiraum.
b Oberhalb und unterhalb des Eintrags verbleibt Freiraum.

1432 1486 Dezember 4.

10.16 OBA 17282: Abrechnung mit Peter Wulfferich, Caspar von Rechenberg (1486)

1486 Dezember 11. Königsberg.

Geheimes Staatsarchiv Preußischer Kulturbesitz, XX. HA Hist. StA Königsberg, OBA 17282.

Abrechnung des Hochmeisters mit Peter Wulfferich, Bevollmächtigter des Ulrich von Rechenberg, Verweser der Fürstentümer Sagan und Priebus, wegen der Forderung von Caspar von Rechenberg.

3 Blatt Papier, davon zwei ineinander passende Kerbzettel. Blatt 1, Kerbzettel (B 31 x H 23 cm), Wasserzeichen: Ochsenkopf mit Augen, mit zweikonturiger Stange, Krone, Blume mit fünf Blättern (155 x 43 mm), ähnlich WZIS-Referenznr. DE4860-Ms1470_505, mit aufgedrücktem, rundem Wachssiegel unter einer papierenen Auflage, von drei Händen, Rückseite unbeschrieben. Blatt 2, Kerbzettel (B 31 x H 23 cm), ohne Wasserzeichen, von einer Hand, Rückseite: Ulrichs vonn Rechennbergk vortrag vonn wegenn seins brudern Caspar Rechnbergs unnd seins dinsts uff drey pferde inn Maxenn rotthe gehabt. Feria 3ª post Festum Conceptioniszs Marie ann 1486ten. *S. Abb. 7 und Abb. 8. Blatt 3, Abschrift (B 32,5 x H 23 cm), ohne Wasserzeichen, von einer Hand, Rückseite:* Dis ist Ulrich Rechennberges szedell.

[Blatt 1]

Wir bruder Merthenn Truchsses[1433] hoemeister dewtschs ordenns thun kunth unnd bekennen mit dieszem unserm uszgesnittenn brieffe vor allenn unnd iglichenn die ine sheenn adder horenn leszenn nochdem dann der erbar unnd veste Ulrich vonn Rechenbergk vorweszer desz furstennthumbs sagenn unnd prebus seinenn dienner Peter Wulfferich zu unns gschickt und seins brudernn Caspar Rechennbergsz zeligs gedechtnisz diennst unnd soltt laessenn mahnenn wellicher seins brudernn dienst unnd soltt trifft die summa 500 gld. ung. uber dieselbe summa der gnante Ulrich vonn Rechenbergk unnsrn brieff hott furter hot er unns durch denn gemeltenn Peternn Wulffrich thun erlangenn uff 3 pferde diennst die er inn Maxenn rotte gehabt dor wir dann der waerheit inn unnsern registernn sein ersarm habinn wir mit dem gedochtenn Peter Wulfferich uff[a] pfferde abgerechnnt so das die summa trifft 350 und 2 gld. ung. Solliche summa ouch die obeschriebenn gloubenn wir inne und seinenn erbenn noch unnsrm vormogenn wie anndern hernn unnd guttenn leuthenn uff tage unnd zeit zubeczalenn der zu mhere sichereit habenn wir unnser inngesiegell

1433 Martin Truchsess von Wetzhausen, 1477 Aug. 4–†1489 Jan. 3, Hochmeister.

ann diessenn brieff laessenn druckenn unnd gegebnn zu Konigsbergk am Montag noch Conceptionis Mariae im etc. LXXXVIstenn jare.[1434]

[b]Item 70 gld. ung.[c] entphangen uff die obgeschriebenn summa an gelde pferde und gewandt am Montag noch Conceptionis Mariae im etc. LXXXVI[ten] jar.[b]

[d]Item entpfanngenn ann honige unnd ann ware[e] 37½ ung. gld. ann der Mitwoche noch der bekerunge Pauli im etc. LXXXVIII[ten] jar[1435].[d]

---

a Folgt Loch im Papier.
b Nachtrag von anderer Hand.
c Über der Zeile ergänzt.
d Nachtrag von anderer Hand.
e Folgt Rasur *50*.

10.17 OBA 17319: Schuldzettel der Witwe des Caspar Harrisz (1487)

1487 April 10. Königsberg.

Geheimes Staatsarchiv Preußischer Kulturbesitz, XX. HA Hist. StA Königsberg, OBA 17319.

Schuldzettel der Witwe des Caspar Harrisz über deren Schuldforderungsanspruch, Vertreten durch den Bruder der Witwe Sigmund Schonwaldt.

1 Blatt Papier (B 33 x H 24 cm), Kerbzettel, ohne Siegel, Wasserzeichen: Ochsenkopf mit Augen, zweikonturige Stange mit lateinischem Kreuz und aufrechter Schlange mit sechs Windungen (48 x 168 mm), WZIS-Referenznr. DE4620-PO-71110. Rückseite: Caspar Harrisz nochgelessen wittwen vortrag die do wonhet zu Allennstein.

Wir bruder Merten Truchszes hoemeister dewtschs ordens thun kunth und bekennen uffentlich vor allirmeniglich das vor uns erschienen ist unser[a] lieber bsonder Sigemondt Schonwaldt unnd uns vorgebrocht nochdem der erbar unnd veste Caspar Harrisz sein swoger inn gott vorscheiden sein letczten willen also beslossen. Ab seyne hewszfraw bemelten Sigmondts swester einen szon uff disse werld brengen wurde ann denselben soen sollt sein vordynet sollt unnd wes er schaden entpfangen hette komen unnd gefallen. Wurde sie aber eyne tochter

---

1434 1486 Dezember 11.
1435 1488 Januar 30.

czelen so sollt solliche seine dinst unnd scheden unsrem orden heymfallen doch also bescheidlich das unsz[er] orden seyner nochgelossen witwen von sollichem seynem dinst unnd scheden ein moglich leipgedinge ungeverlich uff drittehalb hundertt m. geringer prewsch[er] montcze vorschreiben unnd vormachen sollt. Und noch dem dan die gedocht fraw nicht ein soen sunder ein tochter noch dem willen gotts uff dissen jamertaell brocht haben wir uns mit irem bruder von irer wegen also vortragen unnd bekennen ir inn crafft und macht dieszer awszgesnethen zcettell die obbestympten drittehalb hundert m. geringe unnd globen ir adder wer diessen brieff mit irem guthen willen unnd wissen innhott vor uns unnd unser orden uff tag unnd czeitt an getreyde gellt unnd ander ware noch vormogen zu bezcalen gleich andern guten lewten. Dissen vortrag haben wir mit ime gemacht. Doch also wurden wir durch die ihenen die zu Marienwerder bey Caspar Harrisz geleginn haben bericht das die summa hoher unnd mehr were das sollen unnd wollen wir wie angeczeigt ouch beczalen uff tag unnd czeitt wurde aber des gelds weniger sein das sal ann der oben geschrieben summa abgekurtczt werden. Des zu mehr sicherheitt haben wir disser dinge czwu awszgesnethen zcetell eins lawths unnd einer hantschrifft lossen machen mit unsrem siegell vorsiegellt unnd gegebenn zu Konigszberg am Dinstage noch Palmarum in der jar czall Cristi der mynner zcall im siben unnd achzcigsten jor.[1436]

[b]Dor uff haben wir ime gegeben in dato diesser zcetell 2 last weisze vor 30 m. geringe.

---

a Buchstabe *e* über der Zeile ergänzt.
b Nachtrag.

1436 1487 April 10.

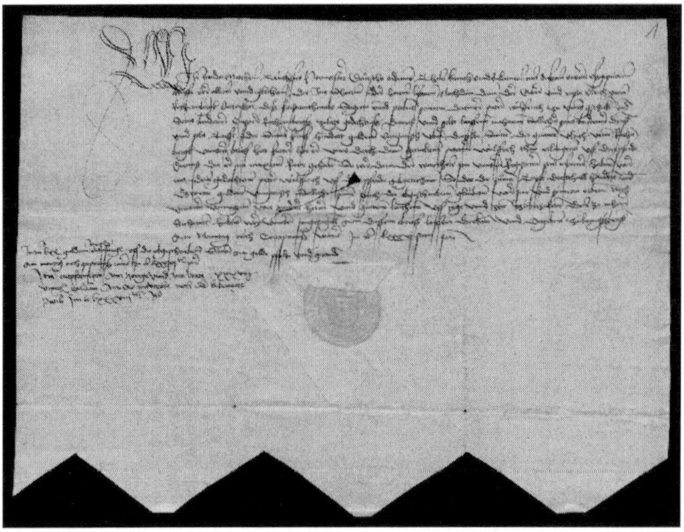

Abb. 7: GStA PK, XX. HA Hist. StA Königsberg, OBA 17282, Bl. 1r.

Abb. 8: GStA PK, XX. HA Hist. StA Königsberg, OBA 17282, Bl. 2r.

11 Register der Edition

Die Register enthalten entsprechend des Quellentextes die aufgenommenen Begriffe in alphabetischer Reihenfolge, wobei ähnliche Schreibweisen entsprechend der häufigsten Nennung behutsam zusammengefasst wurden.

Das Register *Personenregister* enthält neben Personennamen ggf. weiterführende, aus dem Zusammenhang entnommene Informationen, aber auch Personen ohne konkrete Namensbezeichnung. Das *Suchregister* listet Gegenstände wie Waren und Güter auf. Im *Register der geografischen Namen und Bezeichnungen* sind Ortsangaben enthalten.

11.1 Personenregister

11.2 Sachregister

11.3 Register der geografischen Namen und Bezeichnungen

Summary

Debt Management and Repayment of the Claims of the Teutonic Order's Mercenaries in Prussia after the Second Peace of Thorn: Ordensfoliant 259 and 261, supplementary material

The first section of this dissertation deals with the financially troubled situation of the Teutonic Order in Germany around the year 2000 due to insolvency. In the previous decade, the *Deutsch-Ordens Hospitalwerk* (DOH) had expanded by buying up hospitals and other facilities. These acquisitions were not limited to charitable organizations, however, and the company *Tressler GmbH* operated commercially in a broadly defined service sector. Such business expansion was predominantly financed by generously granted loans and, at the end of 2001, the total debt burden amounted to 364 million German Marks. This situation was only overcome by crisis management and the support of the Teutonic Order, the Church and the State acting in cooperation with the creditors. The exposition of this contemporary historical and financial crisis reveals how the Order dealt with the challenging burden of debts. Around 500 years ago, in the upheaval after the signing of the Second Peace of Thorn the Order had to manage a financial crisis as well. The current state of research and the sources are presented in the introduction.

An in-depth examination of the transmission history in the time period of the middle of the 20th century describes the turbulent history which the papers and documents from the archives at Königsberg/Kaliningrad went through. The particular importance of these European cultural assets is clearly demonstrated not only by the efforts of German archivists to safeguard this material during World War II, but also by the work of Allied Officers of the Monuments, Fine Arts and Archives (MFA&A) branch. For this reason, in 1944 the source material was transported westwards from Königsberg/Kaliningrad to the safety of the mine at Grasleben. Nevertheless, despite intensive research Ordensfoliant 260 remains lost without trace. After the war the source material was removed from the mine - with stopovers at the Imperial Palace of Goslar and in Göttingen – and arrived at the Secret State Archives for Prussian Cultural Heritage in Berlin-Dahlem.

In the following sections of this paper, the source material from the second half of the 15th century forms the basis for a comprehensive analysis of the Order's debt management after 1466, based on numerous folios, together with more than 830 promissory notes and further documents.

The second section describes the historical developments after 1466, in particular the administrative, political and territorial changes after the Second Peace of Thorn. It also looks at the effects of the war and the impact of epidemics in this region, as well as at the prevailing climate. Of special interest is the tense financial situation at the time, especially relating to the previously recruited mercenaries. Events around the city Konitz/Chojnice during the Thirteen Years' War are an example of how the claims of the mercenaries were handled.

The third section focuses on debt management, and analyses on the one hand the basis of the claims and on the other hand the specific method of repayment. The mercenaries demanded payment for their period of service plus compensation for their loss of horses and weapons. The debt claims were recorded in writing not only on chirographs, but also in registers. At this point Ordensfoliant 259 should be mentioned as an outstanding source for the administration of the debt claims. The Order's members met the mercenaries' claims by monetary payment and by payment in kind. Various currencies, like guilders and marks, were in common usage and took into account specific exchange rates. Payment in kind included mostly textiles, grain, and honey but also horses. Even stallions changed hands. Other goods too, like spices, can be seen in the registers. Additionally, villages were pledged including milling and fishing rights. It was, however, possible that claimants waived or donated their claims to the Order and this not only in the face of imminent death. There is finally an examination of selected groups and an analysis of mention in the sources of women, including widows, who were dealing with claims. The section concludes with a summary of the results of debt management and the repayment of the claims of the Teutonic Order's mercenaries after the Second Peace of Thorn.

The fourth section reviews the results of the previous chapters. In 1480 and 1492 the Chapter of the Order considered steps to reform the structure of the Order although this was not only on account of the strained financial situation. It was not until Duke Frederick of Saxony was elected Grand Master in 1498 that major changes came about in politics and administration. Despite these changes, the creditors continued to confront the new Grand Master with their debt claims.

The last section presents for the first time the printed edition of folio 259 and 261 plus 17 supplementary materials for forthcoming research projects dealing with economic or war-historical aspects. Additionally, the edition is published digitally, stored in two XML files and tagged appropriately to the Text Encoding Initiative (TEI) guidelines. Indices of persons, subjects and places conclude the section.